档案文献·甲

重庆大轰炸档案文献

轰炸经过与人员伤亡（中）

主 任 委 员：李华强

副主任委员：郑永明　潘　樱

委　　　员：李华强　李旭东　李玳明　郑永明
　　　　　　潘　樱　唐润明　胡　懿

主　　　审：李华强　郑永明

主　　　编：唐润明

副　主　编：罗永华

编　　　辑：唐润明　胡　懿　罗永华
　　　　　　高　阳　温长松　姚　旭

重庆出版集团　重庆出版社

图书在版编目(CIP)数据

重庆大轰炸档案文献·轰炸经过与人员伤亡(中)/唐润明主编. —重庆：重庆出版社，2015.4
ISBN 978-7-229-09601-4

Ⅰ.重… Ⅱ.①唐… Ⅲ.①侵华事件—档案资料—日本 ②侵华事件—档案资料—重庆市 Ⅳ.①K265.606.3

中国版本图书馆CIP数据核字(2015)第051462号

重庆大轰炸档案文献·轰炸经过与人员伤亡(中)
CHONGQING DAHONGZHA DANGAN WENXIAN·HONGZHA JINGGUO YU RENYUAN SHANGWANG(ZHONG)
主编 唐润明 副主编 罗永华

出 版 人：罗小卫
责任编辑：苏晓岚
责任校对：郑 葱
装帧设计：重庆出版集团艺术设计有限公司 吴庆渝 陈 永

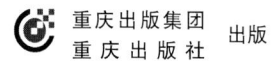

重庆出版集团 出版
重庆出版社

重庆市南岸区南滨路162号1幢 邮政编码：400016 http://www.cqph.com
重庆出版集团艺术设计有限公司制版
自贡兴华印务有限公司印刷
重庆出版集团图书发行有限公司发行
E-MAIL:fxchu@cqph.com 邮购电话：023-61520646
全国新华书店经销

开本：740mm×1030mm 1/16 印张：40.25 字数：550千
2015年6月第1版 2015年6月第1次印刷
ISBN 978-7-229-09601-4
定价：80.50元

如有印装质量问题，请向本集团图书发行有限公司调换：023-61520678

版权所有 侵权必究

《中国抗战大后方历史文化丛书》

编纂委员会

总 主 编：章开沅
副总主编：周　勇

编　　委：（以姓氏笔画为序）
山田辰雄　日本庆应义塾大学教授
马 振 犊　中国第二历史档案馆副馆长、研究馆员
王 川 平　重庆中国三峡博物馆名誉馆长、研究员
王 建 朗　中国社科院近代史研究所副所长、研究员
方 德 万　英国剑桥大学东亚研究中心主任、教授
巴 斯 蒂　法国国家科学研究中心教授
西村成雄　日本放送大学教授
朱 汉 国　北京师范大学历史学院教授
任　　竞　重庆图书馆馆长、研究馆员
任 贵 祥　中共中央党史研究室研究员、《中共党史研究》主编
齐 世 荣　首都师范大学历史学院教授
刘 庭 华　中国人民解放军军事科学院研究员
汤 重 南　中国社科院世界历史研究所研究员
步　　平　中国社科院近代史研究所所长、研究员
何　　理　中国抗日战争史学会会长、国防大学教授
麦 金 农　美国亚利桑那州立大学教授
玛玛耶娃　俄罗斯科学院东方研究所教授

陆 大 钺	重庆市档案馆原馆长、中国档案学会常务理事
李 红 岩	中国社会科学杂志社研究员、《历史研究》副主编
李 忠 杰	中共中央党史研究室副主任、研究员
李 学 通	中国社会科学院近代史研究所研究员、《近代史资料》主编
杨 天 石	中国社科院学部委员、近代史研究所研究员
杨 天 宏	四川大学历史文化学院教授
杨 奎 松	华东师范大学历史系教授
杨 瑞 广	中共中央文献研究室研究员
吴 景 平	复旦大学历史系教授
汪 朝 光	中国社科院近代史研究所副所长、研究员
张 国 祚	国家社科基金规划办公室原主任、教授
张 宪 文	南京大学中华民国史研究中心主任、教授
张 海 鹏	中国史学会会长，中国社科院学部委员、近代史研究所研究员
陈 晋	中共中央文献研究室副主任、研究员
陈 廷 湘	四川大学历史文化学院教授
陈 兴 芜	重庆出版集团总编辑、编审
陈 谦 平	南京大学中华民国史研究中心副主任、教授
陈 鹏 仁	台湾中正文教基金会董事长、中国文化大学教授
邵 铭 煌	中国国民党文化传播委员会党史馆主任
罗 小 卫	重庆出版集团董事长、编审
周 永 林	重庆市政协原副秘书长、重庆市地方史研究会名誉会长
金 冲 及	中共中央文献研究室原常务副主任、研究员
荣 维 木	《抗日战争研究》主编、中国社科院近代史研究所研究员
徐 勇	北京大学历史系教授
徐 秀 丽	《近代史研究》主编、中国社科院近代史研究所研究员
郭 德 宏	中国现代史学会会长、中共中央党校教授
章 百 家	中共中央党史研究室副主任、研究员
彭 南 生	华中师范大学历史文化学院教授
傅 高 义	美国哈佛大学费正清东亚研究中心前主任、教授

温贤美　四川省社科院研究员
谢本书　云南民族大学人文学院教授
简笙簧　台湾国史馆纂修
廖心文　中共中央文献研究室研究员
熊宗仁　贵州省社科院研究员
潘　洵　西南大学历史文化学院教授
魏宏运　南开大学历史学院教授

编辑部成员（按姓氏笔画为序）

朱高建　刘志平　吴畏　别必亮　何林　黄晓东　曾海龙　曾维伦

总　序

章开沅

我对四川、对重庆常怀感恩之心，那里是我的第二故乡。因为从1937年冬到1946年夏前后将近9年的时间里，我在重庆江津国立九中学习5年，在铜梁201师603团当兵一年半，其间曾在川江木船上打工，最远到过今天四川的泸州，而起程与陆上栖息地则是重庆的朝天门码头。

回想在那国破家亡之际，是当地老百姓满腔热情接纳了我们这批流离失所的小难民，他们把最尊贵的宗祠建筑提供给我们作为校舍，他们从来没有与沦陷区学生争夺升学机会，并且把最优秀的教学骨干稳定在国立中学。这是多么宽阔的胸怀，多么真挚的爱心！2006年暮春，我在57年后重访江津德感坝国立九中旧址，附近居民闻风聚集，纷纷前来看望我这个"安徽学生"（当年民间昵称），执手畅叙半个世纪以前往事情缘。我也是在川江的水，巴蜀的粮和四川、重庆老百姓大爱的哺育下长大的啊！这是我终生难忘的回忆。

当然，这八九年更为重要的回忆是抗战，抗战是这个历史时期出现频率最高的词语。抗战涵盖一切，渗透到社会生活的各个层面。记得在重庆大轰炸最频繁的那些岁月，连许多餐馆都不失"川味幽默"，推出一道"炸弹汤"，即榨菜鸡蛋汤。……历史是记忆组成的，个人的记忆会聚成为群体的记忆，群体的记忆会聚成为民族的乃至人类的记忆。记忆不仅由文字语言承载，也保存于各种有形的与无形的、物质的与非物质的文化遗产之中。历史学者应该是文化遗产的守望者，但这绝非是历史学者单独承担的责任，而应是全社会的共同责任。因此，我对《中国抗战大后方历史文化丛书》编纂出版寄予厚望。

抗日战争是整个中华民族（包括海外侨胞与华人）反抗日本侵略的正义战争。自从19世纪30年代以来，中国历次反侵略战争都是政府主导的片面战争，由于反动统治者的软弱媚外，不敢也不能充分发动广大人民群众，所以每次都惨遭失败的结局。只有1937年到1945年的抗日战争，由于在抗日民族统一战线的旗帜下，长期内战的国共两大政党终于经由反复协商达成第二次合作，这才能够实现史无前例的全民抗战，既有正面战场的坚守严拒，又有敌后抗日根据地的英勇杀敌，经过长达8年艰苦卓绝的壮烈抗争，终于赢得近代中国第一次胜利的民族解放战争。我完全同意《中国抗战大后方历史文化丛书》的评价："抗日战争的胜利成为了中华民族由衰败走向振兴的重大转折点，为国家的独立、民族的解放奠定了基础。"

中国的抗战，不仅是反抗日本侵华战争，而且还是世界反法西斯战争的重要组成部分。

日本明治维新以后，在"脱亚入欧"方针的误导下，逐步走上军国主义侵略道路，而首当其冲的便是中国。经过甲午战争，日本首先占领中国的台湾省，随后又于1931年根据其既定国策，侵占中国东北三省，野心勃勃地以"满蒙"为政治军事基地妄图灭亡中国，独霸亚洲，并且与德、意法西斯共同征服世界。日本是法西斯国家中最早在亚洲发起大规模侵略战争的国家，而中国则是最早投入反法西斯战争的先驱。及至1935年日本军国主义者通过政变使日本正式成为法西斯国家，两年以后更疯狂发动全面侵华战争。由于日本已经与德、意法西斯建立"柏林—罗马—东京"轴心，所以中国的全面抗战实际上揭开了世界反法西斯战争（第二次世界大战）的序幕，并且曾经是亚洲主战场的唯一主力军。正如1938年7月中共中央《致西班牙人民电》所说："我们与你们都是站在全世界反法西斯的最前线上。"即使在"二战"全面爆发以后，反法西斯战争延展形成东西两大战场，中国依然是亚洲的主要战场，依然是长期有效抗击日本侵略的主力军之一，并且为世界反法西斯战争的胜利作出了极其重要的贡献。2002年夏天，我在巴黎凯旋门正好碰见"二战"老兵举行盛大游行庆祝法国光复。经过接待人员介绍，他们知道我也曾在1944年志愿从军，便热情邀请我与他们合影，因为大家都曾是反法西斯的战士。我虽感光荣，但却受之有愧,因为作为现役军人,未能决胜于疆场,日本就宣布投降了。但是法国老兵非常尊重中国,这是由于他们曾经投降并且亡国,而中国则始终坚持英勇抗战,并主要依靠自己的力量赢得最后胜利。尽管都是"二战"的主要战胜国,毕竟分量与地位有所区别,我们千万不可低估自己的抗战。

重庆在抗战期间是中国的战时首都,也是中共中央南方局与第二次国共合作的所在地,"二战"全面爆发以后更成为世界反法西斯战争远东指挥中心,因而具有多方面的重要贡献与历史地位。然而由于大家都能理解的原因,对于抗战期间重庆与大后方的历史研究长期存在许多不足之处,至少是难以客观公正地反映当时完整的社会历史原貌。现在经由重庆学术界倡议,全国各地学者密切合作,同时还有日本、美国、英国、法国、俄罗斯等外国学者的关怀与支持,共同编辑出版《中国抗战大后方历史文化丛书》,这堪称学术研究与图书出版的盛事壮举。我为此感到极大欣慰,并且期望有更多中外学者投入此项大型文化工程,以求无愧于当年的历史辉煌,也无愧于后世对于我们这代人的期盼。

在民族自卫战争期间,作为现役军人而未能亲赴战场,是我的终生遗憾,因此一直不好意思说曾经是抗战老兵。然而,我毕竟是这段历史的参与者、亲历者、见证者,仍愿追随众多中外才俊之士,为《中国抗战大后方历史文化丛书》的编纂略尽绵薄并乐观其成。如果说当年守土有责未能如愿,而晚年却能躬逢抗战修史大成,岂非塞翁失马,未必非福?

2010年已经是抗战胜利65周年,我仍然难忘1945年8月15日山城狂欢之夜,数十万人涌上街头,那鞭炮焰火,那欢声笑语,还有许多人心头默诵的杜老夫子那首著名的诗:"剑外忽传收蓟北,初闻涕泪满衣裳!却看妻子愁何在?漫卷诗书喜欲狂。白日放歌须纵酒,青春作伴好还乡。即从巴峡穿巫峡,便下襄阳向洛阳。"

即以此为序。

庚寅盛暑于实斋

(章开沅,著名历史学家、教育家,现任华中师范大学东西方文化交流研究中心主任)

序

中国的抗日战争，是中国人民反对日本帝国主义侵略、争取民族独立和解放所进行的正义战争。抗日战争时期，重庆是中国国民政府的战时首都，是世界反法西斯战争在远东战场的指挥中心。重庆在中国人民抗日战争和世界反法西斯战争中建立了巨大的历史功绩，具有重要的历史地位。

抗战爆发后，特别是抗战进入相持阶段以后，日军集中其陆军和海军的主要航空兵力，从1938年2月至1944年12月，对重庆进行长达7年的战略轰炸，妄图以此彻底"摧毁中国的抗战意志"，达到"迅速结束中国事变"的目的。

近年来，随着国际形势的变化，在中国人民抗日战争和世界反法西斯战争历史的研究和评价方面，国内外出现了一些值得注意的动向。这就要求中国学术界进一步挖掘史料，拿出成果，澄清疑虑，更好地为推动人类进步事业和祖国统一大业服务。这就要求我们既要加强对近代以来中华民族遭受侵略和奴役历史的研究，以进一步增强忧患意识和加快发展的紧迫感，又要深入研究日本侵略中国和亚太各国的历史，揭露日本军国主义的残暴罪行，戳穿日本右翼势力歪曲历史、美化侵略的谎言。

"重庆大轰炸"历时之长，范围之广，所造成的灾难之深重，在二战期间和整个人类战争史上创下了新纪录。重庆大轰炸与七七卢沟桥事变、南京大屠杀、旅顺大屠杀、七三一部队细菌战等一样，给中华民族造成了惨痛的牺牲和巨大损失。这是日本军国主义发动侵华战争对中华民族犯下的滔天罪行和不容抵赖的铁证。但是时至今日，日军轰炸重庆的罪行并未受到法律的清算，这对深受战争侵害的重庆人民来说是极不公正的。随着时间的推移，文物资料的散失,幸存者和见证人的辞世将不可避免,特别是当前日本政府对其战争罪行的恶劣态度,因此,抢救文物资料,清算日本军国主义罪行,已经时不我待。否则,造成的损失将难以弥补。

抗日战争爆发70多年来,中外学者一直在对重庆大轰炸进行艰苦的研究。但是与对南京大屠杀、旅顺大屠杀、七三一细菌部队等日军罪行的研究相比,中外学术界对重庆大轰炸的研究相当滞后,研究基础薄弱,研究成果不多,基本上还处于分散自发研究、民间自发索赔的阶段。因此,日军轰炸重庆的情况不清,重庆人民伤亡和财产损失的数字不准,与"重庆大轰炸"的历史影响相比,我们的研究成果影响不大,特别是未能进入西方主流社会。为此,中外学术界都希望重庆学界对此高度重视,拿出一批研究成果,加入到揭露日军侵华暴行的行列之中。

正是基于这样的认识,我们重庆历史学界、档案学界的同仁,秉承"中国立场,国际视野,学术标准"的基本原则,从基础的档案文献史料的搜集整理入手,开始了重庆大轰炸的深入研究。经过几年的努力,我们从大陆中国第二历史档案馆、重庆市档案馆、重庆市图书馆、四川省档案馆和台湾国史馆、中央研究院近代史研究所、国民党党史馆等单位搜集到一大批档案文献史料,采访并搜集了几百位受害者的证人证言,整理编辑成《重庆大轰炸档案文献史料丛书》出版。

《重庆大轰炸档案文献史料丛书》,主要分为馆藏的档案文献、日志和证人证言三类。

馆藏的档案文献主要内容包括:重庆市档案馆、四川省档案馆、中国第二历史档案馆等和台湾国史馆、中央研究院近代史研究所、国民党党史馆等单位收藏的有关抗战时期日机轰炸重庆经过、人口伤亡、财产损失以及反空袭的档案史料,抗战时期有关区县档案馆所藏的日机轰炸档案史料。

证人证言主要内容包括:经调查采访征集到的有关重庆大轰炸受害者、见证人的证言证词等文字和图片资料等。

重庆大轰炸日志主要内容来自国内外公开出版发行和内部发行的有关重庆大轰炸历史的报、刊、图书文献资料。

我们希望以此为重庆大轰炸的研究提供最基础的史料,作出最实在的贡献。

我们相信,开展"重庆大轰炸"调查与研究工作,具有重大历史和现实意义,有助于揭露日本军国主义的残暴罪行,戳穿日本右翼势力歪曲历史、美化侵略的谎言,防止历史悲剧重演;有助于弘扬以爱国主义为核心的伟大民族精神,增强爱国主义情感;有助于深化中国抗战及世界反法西斯战争的研究,充分发挥历史研究"资政育人"的作用。

周 勇

2010年9月3日

抗日战争胜利纪念日

编辑说明

1. 所辑档案资料,一般以一件为一题,其标题以"1.×××(题名+时间)"表示之,且其标题为编者重新拟定;同属一事,且彼此间有紧密联系者,以一事为一题,下属各单项内容,以"1)×××"表示之,且一般用原标题和时间。换言之,本档案资料的标题级数为三级:"一";"1.";"1)"。

2. 所辑档案资料,不论其原档案文本有无标点,均由编者另行标点;如沿用原有标点者,均加注说明。说明统一采用脚注形式。

3. 所有文稿中,编者如遇有其他问题或需要向读者解释和说明的地方,也一律采用脚注方式。

4. 所有文稿中,年份的使用尊重原文,如原文中为公元纪年的,采用公元纪年并用阿拉伯数字表示(如1939年5月3日);原文中为民国纪年的,采用民国纪年并用汉字表示(如民国二十八年五月三日);表格中的年份,虽原文为民国纪年且为汉字,但为排版方便,一律改为其对应的公元纪年且改用阿拉伯数字。

5. 所有文稿中的数字(无论其原文中为阿拉伯数字"12345"或为汉字数字"一二三四五"),按照出版物的有关规定,均一律改为阿拉伯数字(12345);多位数字(如123456789)之间,不用分隔符。

6. 所辑档案资料,凡遇残缺、脱落、污损的字,经考证确认者,加□并在□内填写确认的字;无法确认者,则以□代之。错别字的校勘用〔〕标明之。增补漏字用[ ]标明之。修正衍文用( )标明,内注明是衍文。改正颠倒字句用()标明,内注明是颠倒。整段删节者,以<上略>、<中略>、<下略>标明之;段内部分内容删节者,以<……>标明之;文件附件删略者,以<略>标明之。

7. 原稿中的如左如右，在左、右后面一律加<>，并在<>内加上"下、上"字，如原稿中的"如左"，改为"如左<下>"，"如右"改为"如右<上>"。

8. 鉴于种种原因，原稿中的一些统计数字，其各分项之和与总数并不相符，为保持档案的原貌，未作改动。

9. 本册档案文献主要由重庆卫戍总司令部、陪都空袭救护委员会（重庆空袭紧急救济联合办事处）等机构及所属相关部门形成的档案组成，其档案除主要来自重庆市档案馆馆藏各相关全宗外，还有少部分来自中国第二历史档案馆，为了读者更好的利用档案，每件档案均注明了出处。

编　者

2014年2月

目 录

总序 …… 章开沅 1	
序 …… 周 勇 1	
编辑说明 …… 1	

一、重庆卫戍总司令部有关日机袭渝情况及伤亡损害的调查 …… 1

  1. 重庆卫戍总司令部调查1939年7月6日敌机袭渝情况及伤亡损害报告表(1939年7月8日) …… 1

  2. 重庆卫戍总司令部调查1939年7月7日敌机袭渝情况及伤亡损害报告表(1939年7月10日) …… 4

  3. 重庆卫戍总司令部调查1939年7月24日敌机袭渝情况及伤亡损害报告表(1939年7月27日) …… 7

  4. 重庆卫戍总司令部调查1939年8月2日敌机第12次袭渝情况及伤亡损害报告表(1939年8月8日) …… 13

  5. 重庆卫戍总司令部关于1939年8月4日日机空袭重庆经过及损害概况给军令部的第一次通报(1939年8月4日) …… 16

  6. 重庆卫戍总司令部调查1939年8月4日敌机第13次袭渝情况暨伤亡损害报告表(1939年8月8日) …… 18

  7. 重庆卫戍总司令部调查1939年8月5日敌机第14次袭渝情况暨伤亡损害报告表(1939年8月8日) …… 20

  8. 重庆卫戍总司令部调查1939年8月23日敌机第15次袭渝情况暨伤亡损害报告表(1939年8月27日) …… 22

  9. 重庆卫戍总司令部调查1939年10月4日敌机第22次袭渝情况暨伤亡损害报告表(1939年10月8日) …… 23

10. 重庆卫戍总司令部调查1939年10月5日敌机第23次袭渝情况暨伤亡损害报告表(1939年10月11日) ……24

11. 重庆卫戍总司令部为1939年11月18日敌机袭川情形给重庆市政府的通报(1939年11月22日) ……25

12. 重庆卫戍总司令部为1939年12月19日日机空袭情形给重庆市政府的通报(1939年12月19日) ……26

13. 重庆卫戍总司令部为1940年4月22日日机空袭情形给重庆市政府的通报(1940年4月23日) ……26

14. 重庆卫戍总司令部为1940年4月25日日机空袭情形给重庆市政府的通报(1940年4月25日) ……28

15. 重庆卫戍总司令部为1940年4月25日敌机空袭详情给重庆市政府的通报(1940年4月27日) ……28

16. 重庆卫戍总司令部为1940年4月30日日机空袭情形给重庆市政府的通报(1940年4月30日) ……30

17. 重庆卫戍总司令部为1940年4月30日日机袭渝详情给重庆市政府的通报(1940年5月2日) ……31

18. 重庆卫戍总司令部为1940年5月18日日机袭渝情形给重庆市政府的通报(1940年5月19日) ……33

19. 重庆卫戍总司令部为1940年5月19、20日日机袭渝情形给重庆市政府的通报(1940年5月20日) ……34

20. 重庆卫戍总司令部为1940年5月20日日机袭渝情形给重庆市政府的通报(1940年5月20日) ……35

21. 重庆卫戍总司令部为1940年5月21日日机袭渝情形给重庆市政府的通报(1940年5月21日) ……36

22. 重庆卫戍总司令部为1940年5月20日日机袭渝情形给重庆市政府的通报(1940年5月20日) ……36

23. 重庆卫戍总司令部为1940年5月22日日机袭渝情形给重庆市政府的通报(1940年5月20〔22〕日) ……37

24. 重庆卫戍总司令部为1940年5月20、21日日机袭渝详情给重庆市政府的通报(1940年5月24日) ……37

25. 重庆卫戍总司令部为1940年5月22日日机袭渝详情给重庆市政府的通报(1940年5月25日)……40

26. 重庆卫戍总司令部为1940年5月26日日机袭渝情形给重庆市政府的通报(1940年5月26日)……41

27. 重庆卫戍总司令部为1940年5月26日日机袭渝详情给重庆市政府的通报(1940年5月29日)……42

28. 重庆卫戍总司令部为1940年5月27日日机袭渝情形给重庆市政府的通报(1940年5月27日)……44

29. 重庆卫戍总司令部为1940年5月28日日机袭渝情形给重庆市政府的通报(1940年5月28日)……46

30. 重庆卫戍总司令部为1940年5月27、28日日机袭渝详情给重庆市政府的通报(1940年6月1日)……49

31. 重庆卫戍总司令部为1940年5月29日日机袭渝情形给重庆市政府的通报(1940年5月29日)……54

32. 重庆卫戍总司令部为1940年5月30日日机袭渝情形给重庆市政府的通报(1940年5月30日)……56

33. 重庆卫戍总司令部为1940年5月29、30日日机袭渝详情给重庆市政府的通报(1940年6月5日)……57

34. 重庆卫戍总司令部为1940年6月6日日机袭渝情形给重庆市政府的通报(1940年6月6日)……59

35. 重庆卫戍总司令部为1940年6月10日日机袭渝情形给重庆市政府的通报(1940年6月10日)……60

36. 重庆卫戍总司令部为1940年6月10日日机袭渝详情给重庆市政府的通报(1940年6月14日)……62

37. 重庆卫戍总司令部为1940年6月11日日机袭渝情形给重庆市政府的通报(1940年6月10〔11〕日)……65

38. 重庆卫戍总司令部为1940年6月11日日机袭渝详情给重庆市政府的通报(1940年6月18日)……68

39. 重庆卫戍总司令部为1940年6月12日日机袭渝情形给重庆市政府的通报(1940年6月12日)……74

40. 重庆卫戍总司令部为1940年6月12日日机袭渝详情给重庆市政府的通报(1940年6月19日) ……77

41. 重庆卫戍总司令部为1940年6月16日日机袭渝情形给重庆市政府的通报(1940年6月16日) ……84

42. 重庆卫戍总司令部为1940年6月16日日机袭渝详情给重庆市政府的通报(1940年6月16日) ……88

43. 重庆卫戍总司令部为1940年6月17日日机袭渝情形给重庆市政府的通报(1940年6月17日) ……93

44. 重庆卫戍总司令部为1940年6月24日日机袭渝情形给重庆市政府的通报(1940年6月24日) ……94

45. 重庆卫戍总司令部为1940年6月25日日机袭渝情形给重庆市政府的通报(1940年6月25日) ……98

46. 重庆卫戍总司令部为1940年6月24、25两日日机袭渝详情给重庆市政府的通报(1940年6月29日) ……99

47. 重庆卫戍总司令部为1940年6月26日日机袭渝情形给重庆市政府的通报(1940年6月26日) ……109

48. 重庆卫戍总司令部为1940年6月27日日机袭渝情形给重庆市政府的通报(1940年6月27日) ……111

49. 重庆卫戍总司令部为1940年6月26、27两日日机袭渝详情给重庆市政府的通报(1940年7月6日) ……112

50. 重庆卫戍总司令部为1940年6月28日日机袭渝情形给重庆市政府的通报(1940年6月28日) ……122

51. 重庆卫戍总司令部为1940年6月29日日机袭渝情形给重庆市政府的通报(1940年6月29日) ……124

52. 重庆卫戍总司令部为1940年6月28、29两日日机袭渝详情给重庆市政府的通报(1940年7月11日) ……125

53. 重庆卫戍总司令部为1940年7月4日日机袭渝情形给重庆市政府的通报(1940年7月4日) ……132

54. 重庆卫戍总司令部为1940年7月4日日机袭渝详情给重庆市政府的通报(1940年7月10日) ……134

目录 5

55. 重庆卫戍总司令部为1940年7月8日日机袭渝情形给重庆市政府的通报(1940年7月8日)··················135

56. 重庆卫戍总司令部为1940年7月9日日机袭渝情形给重庆市政府的通报(1940年7月9日)··················138

57. 重庆卫戍总司令部为1940年7月8、9两日日机袭渝详情给重庆市政府的通报(1940年7月15日)··················141

58. 重庆卫戍总司令部为1940年7月16日日机袭渝情形给重庆市政府的通报(1940年7月16日)··················149

59. 重庆卫戍总司令部为1940年7月16日日机袭渝详情给重庆市政府的通报(1940年7月19日)··················151

60. 重庆卫戍总司令部为1940年7月31日日机袭渝情形给重庆市政府的通报(1940年7月31日)··················156

61. 重庆卫戍总司令部为1940年7月31日日机袭渝详情给重庆市政府的通报(1940年8月4日)··················157

62. 重庆卫戍总司令部为1940年8月9日日机袭渝情形给重庆市政府的通报(1940年8月9日)··················160

63. 重庆卫戍总司令部为1940年8月9日日机袭渝详情给重庆市政府的通报(1940年8月15日)··················163

64. 重庆卫戍总司令部为1940年8月11日日机袭渝情形给重庆市政府的通报(1940年8月11日)··················168

65. 重庆卫戍总司令部为1940年8月11日日机袭渝详情给重庆市政府的通报(1940年8月18日)··················171

66. 重庆卫戍总司令部为1940年8月18日日机袭渝情形给重庆市政府的通报(1940年8月18日)··················177

67. 重庆卫戍总司令部为1940年8月19日日机袭渝情形给重庆市政府的通报(1940年8月19日)··················178

68. 重庆卫戍总司令部为1940年8月19日日机(第2次)袭渝情形给重庆市政府的通报(1940年8月19日)··················179

69. 重庆卫戍总司令部为1940年8月19日日机袭渝详情给重庆市政府的通报(1940年8月23日)··················181

70. 重庆卫戍总司令部为1940年8月20日日机袭渝情形给重庆市政府的通报(1940年8月20日) ……………………………187

71. 重庆卫戍总司令部为1940年8月20日日机袭渝详情给重庆市政府的通报(1940年8月27日) ……………………………190

72. 重庆卫戍总司令部为1940年8月23日日机袭渝情形给重庆市政府的通报(1940年8月23日) ……………………………196

73. 重庆卫戍总司令部为1940年8月23日日机袭渝详情给重庆市政府的通报(1940年8月30日) ……………………………198

74. 重庆卫戍总司令部为1940年9月12日日机(第1次)袭渝情形给重庆市政府的通报(1940年9月12日) ………………201

75. 重庆卫戍总司令部为1940年9月12日日机(第2次)袭渝情形给重庆市政府的通报(1940年9月12日) ………………201

76. 重庆卫戍总司令部为1940年9月12日日机袭渝详情给重庆市政府的通报(1940年9月17日) ……………………………202

77. 重庆卫戍总司令部为1940年9月13日日机袭渝情形给重庆市政府的通报(1940年9月13日) ……………………………205

78. 重庆卫戍总司令部为1940年9月13日日机袭渝详情给重庆市政府的通报(1940年9月18日) ……………………………206

79. 重庆卫戍总司令部为1940年9月14日日机袭渝情形给重庆市政府的通报(1940年9月14日) ……………………………208

80. 重庆卫戍总司令部为1940年9月14日日机袭渝详情给重庆市政府的通报(1940年9月22日) ……………………………209

81. 重庆卫戍总司令部为1940年9月15日日机袭渝情形给重庆市政府的通报(1940年9月15日) ……………………………210

82. 重庆卫戍总司令部为1940年9月16日日机(第1次)袭渝情形给重庆市政府的通报(1940年9月16日) ………………213

83. 重庆卫戍总司令部为1940年9月16日日机(第2次)袭渝情形给重庆市政府的通报(1940年9月16日) ………………214

84. 重庆卫戍总司令部为1940年9月16日日机袭渝详情给重庆市政府的通报(1940年9月29日) ……………………………215

85. 重庆卫戍总司令部为1940年10月6日日机袭渝情形给重庆市
政府的通报(1940年10月6日) ·················218

86. 重庆卫戍总司令部为1940年10月6日日机袭渝详情给重庆市
政府的通报(1940年10月12日) ·················219

87. 重庆卫戍总司令部为1940年10月10日日机袭渝详情给重庆
市政府的通报(1940年10月15日) ·················222

88. 重庆卫戍总司令部为1940年10月16日日机袭渝情形给重庆
市政府的通报(1940年10月16日) ·················223

89. 重庆卫戍总司令部为1940年10月17日日机袭渝情形给重庆
市政府的通报(1940年10月17日) ·················224

90. 重庆卫戍总司令部为1940年10月25日日机袭渝情形给重庆
市政府的通报(1940年10月25日) ·················225

91. 重庆卫戍总司令部为1940年10月26日日机袭渝情形给重庆
市政府的通报(1940年10月26日) ·················226

92. 重庆卫戍总司令部为1940年10月25、26两日日机袭渝详情
给重庆市政府的通报(1940年10月30日) ·················228

93. 重庆卫戍总司令部为1941年3月18日日机袭渝情形给重庆
市政府的通报(1941年3月18日) ·················231

94. 重庆卫戍总司令部为1941年5月3日日机袭渝情形给社会部
的通报(1941年5月3日) ·················232

95. 重庆卫戍总司令部为1941年5月9日日机袭渝详情给社会部
的通报(1941年5月12日) ·················234

96. 重庆卫戍总司令部为1941年5月10日日机袭渝情形给社会部
的通报(1941年5月10日) ·················238

97. 重庆卫戍总司令部为1941年5月10日日机袭渝详情给社会部
的通报(1941年5月14日) ·················239

98. 重庆卫戍总司令部为1941年5月16日日机袭渝情形给社会部
的通报(1941年5月16日) ·················242

99. 重庆卫戍总司令部调查1941年6月1日敌机袭渝情况暨伤亡
损害表(1941年6月7日) ·················244

100. 重庆卫戍总司令部调查1941年6月2日敌机袭渝情况暨伤亡损害表(1941年6月8日) ……249

101. 重庆卫戍总司令部为1941年6月5日日机袭渝情形给军令部的通报(1941年6月5日) ……254

102. 重庆卫戍总司令部、陪都空袭救护委员会为1941年6月7日日机袭渝情形给军令部的通报(1941年6月7日) ……256

103. 重庆卫戍总司令部调查1941年6月7日敌机袭渝情况暨伤亡损害表(1941年6月24日) ……258

104. 重庆卫戍总司令部、陪都空袭救护委员会调查1941年6月11日敌机袭渝情形给重庆市政府的通报(1941年6月13日) ……261

105. 重庆卫戍总司令部调查1941年6月11日敌机袭渝情况暨伤亡损害表(1941年6月18日) ……261

106. 重庆卫戍总司令部、陪都空袭救护委员会调查1941年6月14日敌机袭渝情形给军令部的通报(1941年6月14日) ……264

107. 重庆卫戍总司令部调查1941年6月14日敌机袭渝情况暨伤亡损害表(1941年6月20日) ……266

108. 重庆卫戍总司令部调查1941年6月15日敌机袭渝情况暨伤亡损害表(1941年6月20日) ……268

109. 重庆卫戍总司令部调查1941年6月28日敌机袭渝情况暨伤亡损害表(1941年7月1日) ……270

110. 重庆卫戍总司令部调查1941年6月29日敌机袭渝情形给军令部的通报(1941年6月29日) ……270

111. 重庆卫戍总司令部调查1941年6月29日敌机袭渝情况暨伤亡损害表(1941年7月2日) ……274

112. 重庆卫戍总司令部调查1941年6月30日敌机袭渝情形给军令部的通报(1941年6月30日) ……277

113. 重庆卫戍总司令部调查1941年6月30日敌机袭渝情况暨伤亡损害表(1941年7月5日) ……279

114. 重庆卫戍总司令部调查1941年7月4日敌机袭渝情形给军令部的通报(1941年7月4日) ……282

115. 重庆卫戍总司令部调查1941年7月4日敌机袭渝情况暨伤亡损害表(1941年7月) ·················284

116. 重庆卫戍总司令部调查1941年7月5日敌机袭渝情形给军令部的通报(1941年7月5日) ·················285

117. 重庆卫戍总司令部调查1941年7月5日敌机袭渝情况暨伤亡损害表(1941年7月9日) ·················287

118. 重庆卫戍总司令部调查1941年7月6日敌机袭渝情形给军令部的通报(1941年7月6日) ·················289

119. 重庆卫戍总司令部调查1941年7月6日敌机袭渝情况暨伤亡损害表(1941年7月9日) ·················291

120. 重庆卫戍总司令部调查1941年7月7日敌机袭渝情形给军令部的通报(1941年7月7日) ·················293

121. 重庆卫戍总司令部调查1941年7月7日上午敌机袭渝情况暨伤亡损害表(1941年7月) ·················294

122. 重庆卫戍总司令部调查1941年7月7日下午敌机袭渝情形给军令部的通报(1941年7月7日) ·················295

123. 重庆卫戍总司令部调查1941年7月7日下午敌机袭渝情况暨伤亡损害表(1941年7月) ·················296

124. 重庆卫戍总司令部调查1941年7月8日敌机袭渝情形给军令部的通报(1941年7月8日) ·················298

125. 重庆卫戍总司令部调查1941年7月8日敌机袭渝情况暨伤亡损害表(1941年7月12日) ·················300

126. 重庆卫戍总司令部调查1941年7月10日敌机袭渝情形给军令部的通报(1941年7月10日) ·················303

127. 重庆卫戍总司令部调查1941年7月10日敌机袭渝情况暨伤亡损害表(1941年7月14日) ·················304

128. 重庆卫戍总司令部调查1941年7月18日敌机袭渝情况暨伤亡损害表(1941年7月18日) ·················306

129. 重庆卫戍总司令部调查1941年7月28日敌机袭渝情形给军令部的通报(1941年7月28日) ·················308

130. 重庆卫戍总司令部调查1941年7月28日敌机袭渝情况暨
伤亡损害表（1941年7月31日）……………………………309

131. 重庆卫戍总司令部调查1941年7月29日敌机袭渝情形给
军令部的通报（1941年7月29日）……………………………310

132. 重庆卫戍总司令部调查1941年7月29日敌机袭渝情况暨
伤亡损害表（1941年8月）……………………………………313

133. 重庆卫戍总司令部调查1941年7月30日敌机袭渝情形给
军令部的通报（1941年7月30日）……………………………317

134. 重庆卫戍总司令部调查1941年7月30日敌机袭渝情况暨
伤亡损害表（1941年）…………………………………………320

135. 重庆卫戍总司令部调查1941年8月8日敌机袭渝情况暨伤
亡损害表（1941年8月19日）…………………………………325

136. 重庆卫戍总司令部调查1941年8月9日敌机袭渝情况暨伤
亡损害表（1941年8月20日）…………………………………330

137. 重庆卫戍总司令部调查1941年8月11日敌机袭渝情况暨
伤亡损害表（1941年8月25日）………………………………333

138. 重庆卫戍总司令部调查1941年8月12日敌机袭渝情况暨
伤亡损害表（1941年8月28日）………………………………336

139. 重庆卫戍总司令部调查1941年8月13日敌机袭渝情况暨
伤亡损害表（1941年8月24日）………………………………338

140. 重庆卫戍总司令部调查1941年8月14日敌机袭渝情况暨
伤亡损害表（1941年8月）……………………………………343

141. 重庆卫戍总司令部调查1941年8月22日敌机袭渝情况暨
伤亡损害表（1941年8月29日）………………………………347

142. 重庆卫戍总司令部调查1941年8月23日敌机袭渝情况暨
伤亡损害表（1941年9月30日）………………………………352

143. 重庆卫戍总司令部调查1941年8月30日敌机袭渝情况暨
伤亡损害表（1941年9月2日）…………………………………354

144. 重庆卫戍总司令部调查1941年8月31日敌机袭渝情况暨
伤亡损害表（1941年9月5日）…………………………………357

145. 重庆卫戍总司令部调查1943年8月23日敌机袭渝情形给
重庆市政府的通报(1943年8月23日)……………………358

146. 重庆卫戍总司令部调查1943年8月23日敌机袭渝详情给
重庆市政府的通报(1943年8月23日)……………………360

二、陪都空袭救护委员会(重庆空袭服务救济联合办事处)关于空袭及工作情形的通报 ……………………362

1. 重庆空袭紧急救济联合办事处为检送历次空袭统计表致重庆
市政府公函(1939年8月6日)……………………362

2. 重庆空袭紧急救济联合办事处关于1939年12月19日日机空袭
被灾及工作情形给该处副主任委员贺国光的通报(1939年12
月19日)……………………375

3. 重庆空袭服务救济联合办事处关于1940年5月20日日机空袭
被灾及工作情形给所属医护委员会的通报(1940年5月20日)……376

4. 重庆空袭服务救济联合办事处关于1940年5月22日日机空袭
被灾及工作情形给所属医护委员会的通报(1940年5月22日)……376

5. 重庆空袭服务救济联合办事处关于1940年5月22日日机空袭
被灾及工作情形给所属医护委员会的通报(1940年5月22日)……377

6. 重庆空袭服务救济联合办事处关于1940年5月22日夜日机空袭
被灾及工作情形给所属医护委员会的通报(1940年5月22日)……377

7. 重庆空袭服务救济联合办事处关于1940年5月26日日机空袭
被炸及工作情形给所属医护委员会的通报(1940年5月26日)……379

8. 重庆空袭服务救济联合办事处关于1940年5月26日日机空袭
化龙桥灾害情形给所属医护委员会的通报(1940年5月26日)……380

9. 重庆空袭服务救济联合办事处关于1940年5月27日日机空袭
被灾及工作情形给所属医护委员会的通报(1940年5月27日)……381

10. 重庆空袭服务救济联合办事处关于1940年5月27日日机空袭
被炸及工作情形给所属医护委员会的第二次通报(1940年5
月27日)……………………382

11. 重庆空袭服务救济联合办事处关于1940年5月28日日机空袭

被灾及工作情形给所属医护委员会的第一次通报(1940年5月28日)⋯⋯384

12. 重庆空袭服务救济联合办事处关于1940年5月28日日机空袭被灾及工作情形给所属医护委员会的第二次通报(1940年5月28日)⋯⋯386

13. 重庆空袭服务救济联合办事处关于1940年5月29日日机空袭被灾及工作情形给所属医护委员会的通报(1940年5月29日)⋯389

14. 重庆空袭服务救济联合办事处关于1940年6月6日日机空袭被灾及工作情形给所属医护委员会的通报(1940年6月6日)⋯⋯390

15. 重庆空袭服务救济联合办事处关于1940年6月10日日机空袭被灾及工作情形给所属医护委员会的通报(1940年6月10日)⋯390

16. 重庆空袭服务救济联合办事处关于1940年6月11日日机空袭被灾及工作情形给所属医护委员会的通报(1940年6月11日)⋯391

17. 重庆空袭服务救济联合办事处关于1940年6月11日日机空袭被灾及工作情形给所属医护委员会的第二次通报(1940年6月11日)⋯⋯392

18. 重庆空袭服务救济联合办事处关于1940年6月12日日机空袭被灾及工作情形给所属医护委员会的通报(1940年6月12日)⋯394

19. 重庆空袭服务救济联合办事处关于1940年6月12日日机空袭被灾及工作情形给所属医护委员会的第二次通报(1940年6月12日)⋯⋯395

20. 重庆空袭服务救济联合办事处关于1940年6月16日日机空袭被灾及工作情形给所属医护委员会的通报(1940年6月16日)⋯401

21. 重庆空袭服务救济联合办事处关于1940年6月16日日机空袭被灾及工作详情给所属医护委员会的通报(1940年6月17日)⋯401

22. 重庆空袭服务救济联合办事处关于1940年6月17日日机空袭被灾及工作情形给所属医护委员会的通报(1940年6月17日)⋯405

23. 重庆空袭服务救济联合办事处关于1940年6月24日日机空袭被灾及工作情形给所属医护委员会的通报(1940年6月24日)⋯405

24. 重庆空袭服务救济联合办事处关于1940年6月25日日机空袭被灾及工作情形给所属医护委员会的通报(1940年6月25日)⋯406

25. 重庆空袭服务救济联合办事处关于1940年6月26日日机空袭被灾及工作情形给所属医护委员会的通报(1940年6月26日) …409

26. 重庆空袭服务救济联合办事处关于1940年6月27日日机空袭被灾及工作情形给所属医护委员会的通报(1940年6月27日) …411

27. 重庆空袭服务救济联合办事处关于1940年6月28日日机空袭被灾及工作情形给所属医护委员会的通报(1940年6月28日) …411

28. 重庆空袭服务救济联合办事处关于1940年6月29日日机空袭被灾及工作情形给所属医护委员会的通报(1940年6月29日) …412

29. 重庆空袭服务救济联合办事处关于1940年6月29日日机空袭被灾及工作详情给所属医护委员会的通报(1940年6月30日) …414

30. 重庆空袭服务救济联合办事处关于1940年8月9日日机空袭被灾及工作情形给所属医护委员会的通报(1940年8月9日) ……415

31. 重庆空袭服务救济联合办事处关于1940年8月11日日机空袭被灾及工作情形给所属医护委员会的通报(1940年8月11日) …416

32. 重庆空袭服务救济联合办事处关于1940年8月12日日机空袭被灾及工作情形给所属医护委员会的通报(1940年8月12日) …422

33. 重庆空袭服务救济联合办事处关于1940年8月18日日机空袭被灾及工作情形给所属医护委员会的通报(1940年8月18日) …426

34. 重庆空袭服务救济联合办事处关于1940年8月19日日机空袭被灾及工作情形给所属医护委员会的通报(1940年8月19日) …427

35. 重庆空袭服务救济联合办事处关于1940年8月19日日机空袭被灾及工作情形给所属医护委员会的第二次通报(1940年8月19日) ……………………………………………………………429

36. 重庆空袭服务救济联合办事处关于1940年8月20日日机空袭被灾及工作情形给所属医护委员会的通报(1940年8月20日) …430

37. 重庆空袭服务救济联合办事处关于1940年8月23日日机空袭被灾及工作情形给所属医护委员会的通报(1940年8月23日) …433

38. 重庆空袭紧急救济联合办事处关于1940年9月12日日机空袭被灾及工作情形给所属医护委员会的通报(1940年9月12日) …434

39. 重庆空袭服务救济联合办事处关于1940年9月12日日机空袭被灾及工作情形给所属医护委员会的第二次通报(1940年9月

12日） ·· 435

40. 重庆空袭服务救济联合办事处关于1940年9月13日日机空袭
被灾及工作情形给所属医护委员会的通报（1940年9月13日） ··· 436

41. 重庆空袭服务救济联合办事处关于1940年9月14日日机空袭
被灾及工作情形给所属医护委员会的通报（1940年9月14日） ··· 438

42. 重庆空袭服务救济联合办事处关于1940年9月14日日机空袭
被灾及工作情形给所属医护委员会的第二次通报（1940年9月
14日） ·· 438

43. 重庆空袭服务救济联合办事处关于1940年9月15日20时日机
空袭被灾及工作情形给所属医护委员会的通报（1940年9月
15日） ·· 439

44. 重庆空袭服务救济联合办事处关于1940年9月16日日机空袭
被灾及工作情形给所属医护委员会的通报（1940年9月16日） ··· 440

45. 重庆空袭服务救济联合办事处关于1940年10月6日日机空袭
被灾及工作情形给所属医护委员会的通报（1940年10月6日） ··· 442

46. 重庆空袭服务救济联合办事处关于1940年10月6日日机空袭
被灾及工作情形给所属医护委员会的第二次通报（1940年10月
6日） ·· 442

47. 重庆空袭服务救济联合办事处关于1940年10月16日日机空袭
被灾及工作情形给所属医护委员会的通报（1940年10月16日）···443

48. 重庆空袭服务救济联合办事处关于1940年10月17日日机空袭
被灾及工作情形给所属医护委员会的通报（1940年10月17日）···444

49. 重庆空袭服务救济联合办事处关于1940年10月17日日机空袭
被灾及工作详情给所属医护委员会的通报（1940年10月18日）···444

50. 重庆空袭服务救济联合办事处关于1940年10月25日日机空袭
被灾及工作情形给所属医护委员会的通报（1940年10月25日）···446

51. 重庆空袭服务救济联合办事处关于1940年10月26日日机空袭
被灾及工作情形给所属医护委员会的通报（1940年10月26日）···446

52. 重庆空袭服务救济联合办事处关于1940年10月26日日机空袭
被灾及工作详情给所属医护委员会的通报（1940年10月27日）···449

53. 陪都空袭救护委员会关于1941年6月28日日机空袭被灾及工

作情形给重庆市临时参议会的通报(1941年6月29日) ………451

54. 陪都空袭救护委员会关于1941年6月29日日机空袭被灾及工
作情形给重庆市临时参议会的通报(1941年6月30日) ………452

55. 陪都空袭救护委员会关于1941年6月30日日机空袭被灾及工
作情形给重庆市临时参议会的通报(1941年6月30日) ………453

56. 陪都空袭救护委员会关于1941年7月4日日机空袭被灾及工
作情形给重庆市临时参议会的通报(1941年7月4日) ………455

57. 陪都空袭救护委员会关于1941年7月4日日机空袭被灾及工
作详情给重庆市临时参议会的通报(1941年7月4日) ………455

58. 陪都空袭救护委员会关于1941年7月5日日机空袭被灾地点
及工作情形给重庆市临时参议会的通报(1941年7月6日) ………457

59. 陪都空袭救护委员会关于1941年7月6日日机空袭被灾及工
作情形给重庆市临时参议会的通报(1941年7月7日) ………459

60. 陪都空袭救护委员会关于1941年7月7日日机空袭被灾及工
作情形给重庆市临时参议会的通报(1941年7月7日) ………460

61. 陪都空袭救护委员会关于1941年7月8日日机空袭被灾及工
作情形给重庆市临时参议会的通报(1941年7月8日) ………462

62. 陪都空袭救护委员会关于1941年7月11日日机空袭被灾及工
作情形给重庆市临时参议会的通报(1941年7月12日) ………463

63. 陪都空袭救护委员会关于1941年7月18日日机空袭被灾及工
作情形给重庆市临时参议会的通报(1941年7月18日) ………465

64. 陪都空袭救护委员会关于1941年7月28日日机空袭被灾及工
作情形给重庆市临时参议会的通报(1941年7月28日) ………466

65. 陪都空袭救护委员会关于1941年7月29日日机空袭被灾及工
作情形给重庆市临时参议会的通报(1941年7月29日) ………467

66. 陪都空袭救护委员会关于1941年7月30日日机空袭被灾及工
作情形给该会委员康心如的通报(1941年7月30日) ………468

67. 陪都空袭救护委员会关于1941年8月8日日机空袭被灾及工
作情形给重庆市临时参议会的通报(1941年8月8日) ………471

68. 陪都空袭救护委员会关于1941年8月9日日机空袭被灾及工

作情形给重庆市临时参议会的通报（1941年8月9日）……………472

69. 陪都空袭救护委员会关于1941年8月9日日机空袭被灾及工
作详情给重庆市临时参议会的通报（1941年8月9日）……………472

70. 陪都空袭救护委员会关于1941年8月10日日机空袭被灾及工
作情形给重庆市临时参议会的通报（1941年8月11日）……………473

71. 陪都空袭救护委员会关于1941年8月11日日机空袭被灾及工
作情形给重庆市工务局的通报（1941年8月11日）……………475

72. 陪都空袭救护委员会关于1941年8月12日日机空袭被灾及工
作情形给重庆市临时参议会的通报（1941年8月12日）……………476

73. 陪都空袭救护委员会关于1941年8月13日日机空袭被灾及工
作情形给重庆市临时参议会的通报（1941年8月14日）……………478

74. 陪都空袭救护委员会关于1941年8月14日日机空袭被灾及工
作情形给重庆市临时参议会的通报（1941年8月14日）……………481

75. 陪都空袭救护委员会关于1941年8月22日日机空袭被灾及工
作情形给重庆市临时参议会的通报（1941年8月22日）……………482

76. 陪都空袭救护委员会关于1941年8月23日日机空袭被灾及工
作情形给重庆市临时参议会的通报（1941年8月23日）……………484

77. 陪都空袭救护委员会关于1941年8月30日日机空袭被灾及工
作情形给重庆市临时参议会的通报（1941年8月30日）……………485

78. 陪都空袭救护委员会关于1941年8月31日日机空袭被灾及工
作情形给重庆市临时参议会的通报（1941年8月31日）……………486

79. 陪都空袭救护委员会关于1941年9月1日日机空袭被灾及工
作情形给重庆市临时参议会的通报（1941年9月1日）……………488

80. 陪都空袭救护委员会关于1943年8月23日日机空袭被灾及工
作情形给该会委员康心如的通报（1943年8月23日）……………488

三、陪都空袭服务总队部关于日机空袭及工作情形的通报 ……………490

1. 重庆空袭服务救济联合办事处服务总队部关于1940年7月16
日日机空袭被灾及工作情形的通报（1940年7月16日）……………490

2. 重庆空袭服务救济联合办事处服务总队部关于1940年7月31

日日机空袭被灾及工作情形的通报(1940年7月31日) ……………491

3. 重庆空袭服务救济联合办事处服务总队部关于1940年8月9日
   日机空袭被灾及工作情形的通报(1940年8月9日) ……………492

4. 重庆空袭服务救济联合办事处服务总队部关于1940年8月11
   日日机空袭被灾及工作情形的通报(1940年8月11日) …………494

5. 陪都空袭服务总队部关于1941年5月9日日机空袭被灾及工作
   情形的通报(1941年5月9日) ……………………………………494

6. 陪都空袭服务总队部关于1941年5月10日日机空袭被灾及工
   作情形的通报(1941年5月10日) ………………………………496

7. 陪都空袭服务总队部关于1941年5月16日日机空袭被灾及工
   作情形的通报(1941年5月16日) ………………………………497

8. 陪都空袭服务总队部为紧急服务救济事宜给所属各服务队员
   的通告(1941年5月28日) ………………………………………499

9. 陪都空袭服务总队部关于1941年6月1日日机空袭被灾及工作
   情形的通报(1941年6月1日) ……………………………………499

10. 陪都空袭服务总队部关于1941年6月2日日机空袭被灾及工
    作情形的通报(1941年6月2日) ………………………………501

11. 陪都空袭服务总队部关于1941年6月6日日机空袭被灾及工
    作情形的通报(1941年6月6日) ………………………………502

12. 陪都空袭服务总队部关于1941年6月7日日机空袭被灾及工
    作情形的通报(1941年6月7日) ………………………………504

13. 陪都空袭服务总队部关于1941年6月14日日机空袭被灾及工
    作情形的通报(1941年6月14日) ………………………………505

14. 陪都空袭服务总队部关于1941年6月15日日机空袭被灾及工
    作情形的通报(1941年6月15日) ………………………………506

15. 陪都空袭服务总队部关于1941年6月28日日机空袭被灾及工
    作情形的通报(1941年6月28日) ………………………………507

16. 陪都空袭服务总队部关于1941年6月29日日机空袭被灾及工
    作情形的通报(1941年6月29日) ………………………………508

17. 陪都空袭服务总队部关于1941年6月30日日机空袭被灾及工

作情形的通报(1941年6月30日) …………………………509

18. 陪都空袭服务总队部关于1941年7月4日日机空袭被灾及工
作情形的通报(1941年7月4日) …………………………511

19. 陪都空袭服务总队部关于1941年7月5日日机空袭被灾及工
作情形的通报(1941年7月5日) …………………………513

20. 陪都空袭服务总队部关于1941年7月6日日机空袭被灾及工
作情形的通报(1941年7月6日) …………………………514

21. 陪都空袭服务总队部关于1941年7月7日日机空袭被灾及工
作情形的通报(1941年7月7日) …………………………515

22. 陪都空袭服务总队部关于1941年7月7日日机第二次空袭被
灾及工作情形的通报(1941年7月7日) …………………517

23. 陪都空袭服务总队部关于1941年7月8日日机空袭被灾及工
作情形的通报(1941年7月8日) …………………………517

24. 陪都空袭服务总队部关于1941年7月10日日机空袭被灾及工
作情形的通报(1941年7月10日) ………………………519

25. 陪都空袭服务总队部关于1941年7月18日日机空袭被灾及工
作情形的通报(1941年7月18日) ………………………520

26. 陪都空袭服务总队部关于1941年7月28日日机空袭被灾及工
作情形的通报(1941年7月28日) ………………………522

27. 陪都空袭服务总队部关于1941年7月29日日机空袭被灾及工
作情形的通报(1941年7月30日) ………………………523

28. 陪都空袭服务总队部关于1941年7月30日日机空袭被灾及工
作情形的通报(1941年7月30日) ………………………524

29. 陪都空袭服务总队部关于1941年8月8日日机空袭被灾及工
作情形的通报(1941年8月8日) …………………………526

30. 陪都空袭服务总队部关于1941年8月9日日机空袭被灾及工
作情形的通报(1941年8月9日) …………………………527

31. 陪都空袭服务总队部关于1941年8月11日日机空袭被灾及工
作情形的通报(1941年8月11日) ………………………529

32. 陪都空袭服务总队部关于1941年8月11～12日日机空袭被灾

及工作情形的通报(1941年8月12日) ……………………530

33. 陪都空袭服务总队部关于1941年8月12日日机第二次空袭被
    灾及工作情形的通报(1941年8月12日) …………………532

34. 陪都空袭服务总队部关于1941年8月13日日机空袭被灾及工
    作情形的通报(1941年8月13日) …………………………534

35. 陪都空袭服务总队部关于1941年8月14日日机空袭被灾及工
    作情形的通报(1941年8月14日) …………………………535

36. 陪都空袭服务总队部关于1941年8月22日日机空袭被灾及工
    作情形的通报(1941年8月22日) …………………………536

37. 陪都空袭服务总队部关于1941年8月23日日机空袭被灾及工
    作情形的通报(1941年8月23日) …………………………537

38. 陪都空袭服务总队部关于1941年8月30日日机空袭被灾及工
    作情形的通报(1941年8月30日) …………………………539

39. 陪都空袭服务总队部关于1941年8月31日日机空袭被灾及工
    作情形的通报(1941年8月31日) …………………………540

40. 陪都空袭服务总队部关于1943年8月23日日机空袭被灾及工
    作情形的通报(1943年8月23日) …………………………541

四、陪都空袭救护委员会(重庆空袭服务救济联合办事处)医护委员会下属
机构关于空袭救护工作情形的报告 …………………………………543

1. 重庆空袭服务救济联合办事处医护委员会第二救伤站关于1940
   年5月18日、19日救护情形的报告(1940年5月19日) …………543

2. 重庆空袭服务救济联合办事处医护委员会第二救伤站关于1940
   年5月26日救护情形的报告(1940年5月26日) ………………543

3. 重庆空袭服务救济联合办事处医护委员会第二救伤站关于1940
   年5月27日救护情形的报告(1940年5月27日) ………………545

4. 重庆空袭服务救济联合办事处医护委员会第三救伤站关于1940
   年5月27日救护情形的报告(1940年5月27日) ………………547

5. 重庆空袭服务救济联合办事处医护委员会第二救伤站关于1940
   年5月28日救护情形的报告(1940年5月28日) ………………548

6. 重庆空袭服务救济联合办事处医护委员会第三救伤站关于1940年5月28日救护情形的报告(1940年5月28日)……550

7. 重庆空袭服务救济联合办事处医护委员会第二救伤站关于1940年5月29日救护情形的报告(1940年5月29日)……551

8. 重庆空袭服务救济联合办事处医护委员会第三救伤站关于1940年5月29日救护情形的报告(1940年5月29日)……553

9. 重庆空袭服务救济联合办事处医护委员会第二救伤站关于1940年6月10日救护情形的报告(1940年6月10日)……555

10. 重庆空袭服务救济联合办事处医护委员会第三救伤站关于1940年6月10日救护情形的报告(1940年6月10日)……556

11. 重庆空袭服务救济联合办事处医护委员会第六救伤站关于1940年6月10日救护情形的报告(1940年6月10日)……556

12. 重庆空袭服务救济联合办事处医护委员会第二救伤站关于1940年6月11日救护情形的报告(1940年6月11日)……556

13. 重庆空袭服务救济联合办事处医护委员会第三救伤站关于1940年6月11日救护情形的报告(1940年6月11日)……558

14. 重庆空袭服务救济联合办事处医护委员会第六救伤站关于1940年6月11日救护情形的报告(1940年6月11日)……558

15. 重庆空袭服务救济联合办事处医护委员会救护股关于1940年6月11日空袭救护工作总报告表(1940年6月11日)……559

16. 重庆空袭服务救济联合办事处医护委员会第二救伤站关于1940年6月12日救护情形的报告(1940年6月12日)……560

17. 重庆空袭服务救济联合办事处医护委员会第三救伤站关于1940年6月12日救护情形的报告(1940年6月12日)……561

18. 重庆空袭服务救济联合办事处医护委员会救护股关于1940年6月12日救护工作情形的报告(1940年6月12日)……563

19. 重庆空袭服务救济联合办事处医护委员会救护股关于1940年6月12日空袭救护工作总报告表(1940年6月13日)……563

20. 重庆空袭服务救济联合办事处医护委员会第二救伤站关于1940年6月16日救护情形的报告(1940年6月16日)……565

21. 重庆空袭服务救济联合办事处医护委员会第三救伤站关于1940年6月16日救护情形的报告(1940年6月16日) ……………566

22. 重庆空袭服务救济联合办事处医护委员会第六救伤站关于1940年6月16日救护情形的报告(1940年6月16日) ……………567

23. 重庆空袭服务救济联合办事处医护委员会救护股关于1940年6月16日救护工作情形的报告(1940年6月16日) ……………567

24. 重庆空袭服务救济联合办事处医护委员会救护股关于1940年6月16日空袭救护工作总报告表(1940年6月16日) ……………568

25. 重庆空袭服务救济联合办事处医护委员会第三救伤站关于1940年6月17日救护情形的报告(1940年6月18日) ……………570

26. 重庆空袭服务救济联合办事处医护委员会第三救伤站关于1940年6月24日救护情形的报告(1940年6月25日) ……………570

27. 重庆空袭服务救济联合办事处医护委员会第六救伤站关于1940年6月24日救护情形的报告(1940年6月24日) ……………572

28. 重庆空袭服务救济联合办事处医护委员会救护股关于1940年6月24日日机空袭被灾及救护工作情形的紧急报告(1940年6月24日) ……………573

29. 重庆空袭服务救济联合办事处医护委员会救护股关于1940年6月24日空袭救护工作总报告表(1940年6月24日) ……………574

30. 重庆空袭服务救济联合办事处医护委员会救护股关于1940年6月24日空袭救护工作总报告表(1940年6月25日) ……………574

31. 重庆空袭服务救济联合办事处医护委员会救护股关于1940年6月24日空袭救护工作的总报告表(1940年6月28日) ……………575

32. 重庆空袭服务救济联合办事处医护委员会救护股关于1940年6月25日救护情形的紧急报告(1940年6月25日) ……………575

33. 重庆空袭服务救济联合办事处医护委员会救护股关于1940年6月25日空袭救护工作总报告表(1940年6月25日) ……………576

34. 重庆空袭服务救济联合办事处医护委员会救护股关于更正1940年6月25日报告表的报告(1940年6月26日) ……………576

35. 重庆空袭服务救济联合办事处医护委员会救护股关于1940年6月25日空袭救护工作的总报告表(1940年6月26日) ……………577

36. 重庆空袭服务救济联合办事处医护委员会救护股关于1940年
    6月25日空袭救护工作的总报告表(1940年6月28日) ············578

37. 重庆空袭服务救济联合办事处医护委员会第二救伤站关于1940
    年6月26日救护情形的报告(1940年6月26日) ················578

38. 重庆空袭服务救济联合办事处医护委员会第三救伤站关于1940
    年6月26日救护情形的报告(1940年6月26日) ················579

39. 重庆空袭服务救济联合办事处医护委员会救护股关于1940年
    6月26日空袭救护工作的总报告表(1940年6月26日) ············580

40. 重庆空袭服务救济联合办事处医护委员会救护股关于1940年
    6月26日空袭救护工作的总报告表(1940年6月28日) ············580

41. 重庆空袭服务救济联合办事处医护委员会第二救伤站关于1940
    年6月27日救护情形的报告(1940年6月27日) ················581

42. 重庆空袭服务救济联合办事处医护委员会第三救伤站关于1940
    年6月27日救护情形的报告(1940年6月27日) ················582

43. 重庆空袭服务救济联合办事处医护委员会救护股关于1940年
    6月27日空袭救护工作的总报告表(1940年6月27日) ············582

44. 重庆空袭服务救济联合办事处医护委员会救护股关于1940年
    6月27日空袭救护工作的总报告表(1940年6月28日) ············583

45. 重庆空袭服务救济联合办事处医护委员会第二救伤站关于1940
    年6月28日救护情形的报告(1940年6月28日) ················584

46. 重庆空袭服务救济联合办事处医护委员会第三救伤站关于1940
    年6月28日救护情形的报告(1940年6月28日) ················584

47. 重庆空袭服务救济联合办事处医护委员会第六救伤站关于1940
    年6月28日救护情形的报告(1940年6月28日) ················586

48. 重庆空袭服务救济联合办事处医护委员会救护股关于1940年
    6月28日空袭救济工作的总报告表(1940年6月28日) ············586

49. 重庆空袭服务救济联合办事处医护委员会救护股关于1940年
    6月28日空袭救护工作的总报告表(1940年6月29日) ············587

50. 重庆空袭服务救济联合办事处医护委员会救护股关于1940年
    6月28日空袭救护工作的总报告表(1940年7月1日) ·············588

51. 重庆空袭服务救济联合办事处医护委员会第二救伤站关于1940年6月29日救护情形的报告(1940年6月29日) ……588

52. 重庆空袭服务救济联合办事处医护委员会第三救伤站关于1940年6月29日救护情形的报告(1940年6月29日) ……589

53. 重庆空袭服务救济联合办事处医护委员会救护股关于1940年6月29日空袭救护工作的总报告表(1940年7月1日) ……589

54. 重庆空袭服务救济联合办事处医护委员会第三救伤站关于1940年9月13日救护情形的报告(1940年9月13日) ……590

55. 重庆空袭服务救济联合办事处医护委员会第五乙种医务团关于1940年9月13日救护情形的报告(1940年9月13日) ……591

56. 重庆空袭服务救济联合办事处医护委员会第三救伤站关于1940年10月6日救护情形的报告(1940年10月6日) ……591

57. 重庆空袭服务救济联合办事处医护委员会第五乙种医务团关于1940年10月6日救护情形的报告(1940年10月6日) ……592

58. 陪都空袭救护委员会医护委员会第五重伤医院1941年8月份住院病人明细月报表(1941年9月) ……593

59. 陪都空袭救护委员会医护委员会第九重伤医院1941年8月份住院病人伙食费月报表(1941年9月) ……595

后　记 ……606

一、重庆卫戍总司令部有关日机袭渝情况及伤亡损害的调查

1. 重庆卫戍总司令部调查1939年7月6日敌机袭渝情况及伤亡损害报告表（1939年7月8日）

空袭经过概况	投弹时间	投弹地点	投弹种类	投弹数目	合计	炸毁焚塌建筑物数目	伤亡人口 伤 男	伤亡人口 伤 女	伤亡人口 亡 男	伤亡人口 亡 女	合计	救护部队及施救情况	备考
5日敌机分4批侵袭渝市，第1批由宜昌西飞，经巴东、奉节等处，于23时26分飞过云阳，本市于23时30分发布空袭警报，23时50分飞经丰都，本市于6日0时10分发布紧急警报，0时34分侵入市空投弹；第二批敌机由宜昌西飞，经巴东、万县、忠县，	第1批0时34分；第2批0时50分；第3批1时10分；第4批2时09分。	第一模样〔范〕市场	烧	1	1	倒屋2间						消防队将火扑灭	投下时未炸，晨4时始燃
		蔡家湾	烧	1	1	倒屋1间							未炸
		地母庙街	烧爆	1 1	2	毁屋50余间	1		1		2	消防队、防护团将火扑灭	
		堆店巷	爆	1	1	毁屋45间						消防团队在此施救	毁屋系被燃烧
		豆腐石街	烧	1	1	毁屋60余间						消防团队在此施救	
		茅草坡	烧	1	1	毁屋18间						警察及防护团挖掘施救	
		天主堂街	爆	1	1	毁屋23间						防护团在此施救	
		武库街	爆	2	2	毁屋21间	3	1	1	1	6	新25师有兵1连挖掘	
		牛皮函	烧	1	1	毁屋2间						消防队将火扑灭	

续表

空袭经过概况	投弹时间	投弹地点	投弹种类	投弹数目	合计	炸毁焚塌建筑物数目	伤亡人口 伤 男	伤 女	亡 男	亡 女	合计	救护部队及施救情况	备考
于零时50分侵入市空投弹;第三批敌机由宜昌经奉节、万县、涪陵、双河,于1时10分侵入广阳坝上空投弹,第四批敌机由宜昌经巫山、万县、长寿等处,于2时09分侵入市空投弹后,向东逸去。本市于2时25分发布解除警报。		老街	爆	2	2	毁屋16间	7	3	1	3	14	军警团队在此施救	
		演武厅街社交会堂	爆	2	2	毁礼堂1间							
		唯一电影院	爆	1	1	毁屋6间	2		1		3	防护团10余人挖掘	
		临江门横街	烧爆	1 2	3	毁屋80余间	1	5	1		7	消防队灌救,防护团挖掘	
		江家巷	爆	4	4	毁屋12间							
		夫子池街	爆	2	2	毁屋12间			2	2	4	补7团及防护团在此挖掘	
		夫子池魁星楼	烧	1	1	毁屋7间							
		大阳沟	爆	1	1	倒屋3间							未炸
		仓坪街	爆	3	3	毁屋3间							
		中一路嘉庐	爆	2	2	毁屋20间	6		1		7		
		中一路四德里	爆	3	3	毁屋6间		1			1	红十字会在此施救	
		中一路12号	爆	1	1	毁屋3间							
		四德里后面武器库	爆	3	3	毁屋3间							
		黄家垭口	爆	2	2	毁屋200余间						军警宪及团队均在此施救	
		双龙巷	烧	1	1	毁屋70余间						军警宪及团队均在此施救	
		兴隆街	爆	2	2	毁屋5间			3	1	4		
		鱼鳅石	爆	1	1								未炸
		百子巷	爆	2	2	毁屋15间	7	5	3	2	17	防护团担架营在此挖掘	
		善果街	爆	1	1	毁屋3间							

一、重庆卫戍总司令部有关日机袭渝情况及伤亡损害的调查

续表

空袭经过概况	投弹时间	投弹地点	投弹种类	投弹数目	合计	炸毁焚塌建筑物数目	伤亡人口 伤 男	伤 女	亡 男	亡 女	合计	救护部队及施救情况	备考
		瞿家沟	爆	2	2	毁屋7间	10	4			14	防护团将伤者送红十字会	破片中伤
		大观坪	爆	6	6		30				30	防护团将伤者送红十字会	
		走马街	爆	2	2	毁屋15间	8	8	4	2	22	防护团将伤者送医院	
		十八梯四号	烧	2	2	毁屋10余间						火经团队灌灭	
		大巷子	爆	1	1	倒屋2间							未炸
		审判厅街地方法院	爆	1	1	倒屋1间							未炸
		一牌坊	爆	1	1	倒屋3间							未炸
		中央公园	爆	1	1		3	1	1		5		
		双溪沟第四武器库	爆	1	1	毁屋3间			1		1		死者系警备旅连长
		储奇门河中	爆	1	1								
		龙门浩河中	烧	1	1								
		龙门浩瓦厂湾	烧爆	1 3	4	毁屋3间	3	3			6		爆炸弹未炸
		龙门浩马鞍山附近	爆	1	1								
		海棠溪西南公路局车场空地	爆	1	1								
		海棠溪陈家沟空地	爆	1	1		4	4	3	3	14		
		广阳坝	爆	30	30		4	2	13	9	28		多落江中难查确数
		合计	爆烧	89 15	104枚	倒毁房屋731间	伤亡		男女121 男女64				

续表

空袭经过概况	投弹时间	投弹地点	投弹种类	投弹数目	合计	炸毁焚塌建筑物数目	伤亡人口 伤 男	伤 女	亡 男	亡 女	合计	救护部队及施救情况	备考
附记	1.本表系根据市政府、警察局、36军、防空司令部、宪三团及本部办公室第二组、稽查处等处报告汇制而成； 2."焚""炸"房屋每号门牌概以3间计算； 3.警察第二分局警长杨燮祯、防护团员吴全福值勤时惨遭炸死。													

（中国第二历史档案馆—769—1973）

2. 重庆卫戍总司令部调查1939年7月7日敌机袭渝情况及伤亡损害报告表（1939年7月10日）

空袭经过概况	投弹时间	投弹地点	投弹种类	投弹数目	合计	炸毁焚塌建筑物数目	伤 男	伤 女	亡 男	亡 女	合计	救护部队及施救情形	备考
6日敌机分3批袭渝，第1批敌机约3架，由沙市西飞，经枝江、恩施向渝飞来，本市于23时37分发布空袭警报，7日0时25分飞经丰都，于0时30分发布紧急警报，0时50分即到达本市上空投弹；第2批敌机约6架，由宜昌经奉节、云阳、涪陵、长寿等处，于1时37分飞至广阳坝上空投弹；	第1批零时50分；第2批1时37分；第3批1时50分。	中二路24号	爆	2	2	房屋16间	2				2		
		中二路24号左侧空地	爆	1	1								
		中二路26号	爆			毁屋11间							系被震毁
		枣子岚垭1号	爆	1	1	毁屋16间	1				1		
		枣子岚垭8号附近田中	爆	1	1								
		枣子岚垭102号后坡	爆	1	1		1				1		
		枣子岚垭105号附近田中	爆	3	3		2				2		
		枣子岚垭106号附近田中	爆	1	1								
		临华街6号与7号门前	爆	1	1	毁屋7间							

续表

空袭经过概况	投弹时间	投弹地点	投弹种类	投弹数目	合计	炸毁焚塌建筑物数目	伤亡人口 伤 男	伤 女	亡 男	亡 女	合计	救护部队及施救情形	备考
第3批敌机约9架,经巫山、云阳、万县、垫江、长寿,于1时30分到达本市上空投弹,后向东逸去,本市于2时40分发布解除警报。		临华街10号与11号门前	爆	1	1	毁屋7间							
		临华街12号前坡下	烧	1	1								未炸
		张家花园警察第六分局前树林中	烧	3	3	倒屋6间							当即扑灭
		纯阳洞57号	爆	2	2	毁屋3间	2		2		4	消防队警察等施救	防护团队长钟少林被炸死
		江家巷	爆	1	1	毁屋1间							
		蹇家桥街	爆	2	2	毁屋8间							1弹未炸
		下石板街	烧	1	1	毁屋1间							当时扑灭
		水巷子	爆烧	2 1	3	毁屋15间	2	1			3	消防队施救	1枚未炸
		大河顺城街	爆	1	1	毁屋20间							系宪三团医务所
		小河顺城街	爆	3	3	毁屋25间	1				1		补9团11连驻所
		三层土地街中	爆	1	1	毁屋12间							
		姚家巷15号	爆	1	1								未炸
		姚家巷93号	爆	1	1	毁屋5间			6		6		
		天灯街	爆	1	1	毁屋15间							
		朝天驿	爆	1	1	毁屋约10余间							

续表

空袭经过概况	投弹时间	投弹地点	投弹种类	投弹数目	合计	炸毁焚塌建筑物数目	伤亡人口 伤 男	伤 女	亡 男	亡 女	合计	救护部队及施救情形	备考
		地母亭	爆烧	1 1	2								爆炸弹未炸烧夷弹落空地
		过街楼市政府门口	爆烧	1 1	2	毁屋2间	1	1			2		
		字水街中国银行	爆烧	1 1	2	毁屋20余间	2	5	1		8		
		字水街55号	爆	1	1								落空地
		字水街58号	爆	1	1	毁屋2间							
		字水街83号	爆	1	1								未炸
		新街口	爆	1	1	毁屋3间							未炸
		下陕西街55号	爆	1	1								未炸
		东水门外丰牌丰端街	爆烧	2 1	3	毁屋210间	8	5	9	4	26	军警团队分别抢救	
		东水门外沙湾街	烧	1	1								当即扑灭
		储奇门至太平门河中	爆	6	6								
		龙门浩瓦厂湾电力公司	爆	2	2	毁屋12间	2	1			3		
		龙门浩马鞍山军校印刷厂	爆	2	2	防空洞被毁	3		14	3	20	防护团将伤者送医院	
		龙门浩瓦厂湾	爆	1	1	毁屋2间							落空地
		广阳坝飞机场	爆	21	21								毁机场一角
		广阳坝营房侧	爆	2	2								毁墙一段

续表

空袭经过概况	投弹时间	投弹地点	投弹种类	投弹数目	合计	炸毁焚塌建筑物数目	伤亡人口 伤 男	伤 女	亡 男	亡 女	合计	救护部队及施救情形	备考
		广阳坝飞机场旁公路	爆	3	3								毁路一段
		广阳坝飞机场附近山田间	爆	20	20								
		广阳坝飞机场附近山田间	烧	12	12								
		合计	爆烧	93 25	118	毁倒房屋429间	伤 亡	男 男	女 女		46 33		

附记	1. 本表系根据防空部、警察局、警备部、宪三团、救济联合办事处及本部办公室第三组稽查处报告汇制而成； 2. 燃烧房屋每号门牌以3间计算； 3. 爆炸弹简称"爆"字、烧夷弹简称"烧"字。

（中国第二历史档案馆—769—1973）

3. 重庆卫戍总司令部调查1939年7月24日敌机袭渝情况及伤亡损害报告表(1939年7月27日)

空袭经过概况	投弹时间	投弹地点	投弹种类	投弹数目	合计	炸毁焚塌建筑物数目	伤 男	伤 女	亡 男	亡 女	合计	救护部队及施救情形	备考
本(24)日17时32分,湖北远安发现敌机27架,由东向西飞,经巴东奉节,于18时25分经云阳之昙花寺,本市于	19时30分	千厮门红岩洞	爆	1	1	震坏桥侧房屋6间	5	0	2	0	7		
		镇江寺街	爆	7	7	毁屋7间	4	0	1	0	5		
		吉祥寺	爆	1	1	毁屋4间	0	1	2	1	4		
		韭菜园	爆	2	2	毁屋2间							1枚未炸
		夫子池街	爆	1	1	毁屋8间							

续表

空袭经过概况	投弹时间	投弹地点	投弹种类	投弹数目	合计	炸毁焚塌建筑物数目	伤亡人口 男	伤亡人口 女	伤亡人口 男	伤亡人口 女	合计	救护部队及施救情形	备考
18时30分发布空袭警报,敌机复经开县、渠县,于19时14分飞经广安之大良坪,至19时20分发布紧急警报,敌机经青平、茨竹、北碚等处,于19时30分侵入市空投弹,当经我机与高射部队协力痛击,敌机乃向东南窜去。		夫子池防空洞侧	爆	1	1								未炸
		牛皮凼	爆	1	1								
		定远碑	爆	1	1	毁屋3间							
		报恩堂树坤女校	爆	1	1								未炸
		报恩堂司法行政部	烧	2	2								未炸
		方家什字76号	爆	1	1	毁屋2间							
		会府街21号门首	爆	1	1								未炸
		五福街6号	爆	1	1	毁屋1间							未炸
		忠烈祠21号	烧	1	1								落门外未炸
		骡马店街7号副4号	爆	1	1	毁屋1间							未炸
		黄荆桥2号30号	爆	2	2	毁屋23间							
		铜鼓台街8号	爆	1	1	毁屋15间	0	2	1	1	4		伤者已送市民医院
		潘家沟34号	爆	1	1	毁屋14间							
		王家坡60号侧	爆	1	1	毁屋5间	2	0	0	0	2		
		中三路114号	爆	1	1	毁屋2间							未炸
		中三路131号对面马路	烧	1	1	毁屋6间	8	1	1	0	10		伤者由红十字会治疗队送求精中学重伤医院
		中三路豫丰隆酱园对门	爆	1	1	毁屋1间	1	0	1	0	2		伤者系警察第七分局办事员

一、重庆卫戍总司令部有关日机袭渝情况及伤亡损害的调查　9

续表

空袭经过概况	投弹时间	投弹地点	投弹种类	投弹数目	合计	炸毁焚塌建筑物数目	伤亡人口 伤 男	伤亡人口 伤 女	伤亡人口 亡 男	伤亡人口 亡 女	合计	救护部队及施救情形	备考
		中三路美专校石桥口	烧	1	1		9	0	1	0	10		
		国府路51号	烧	1	1								烟起时即扑灭
		国府路289号	爆	1	1	毁屋2间							
		国府路290、291号	爆	1	1	毁屋3间							
		大田湾39号	爆	1	1	毁屋8间	1	0	0	0	1		
		大田湾市中学操场	烧	1	1								
		大田湾军委会政治部	爆	1	1	毁屋12间	1	0	0	0	1		
		两浮支路三民主义青年团中央团部	爆	1	1	毁屋2间							
		两路口照测灯附近	爆	3	3		5						伤者系分队长陈志明与士兵等
		春森路18号对面	爆	1	1								落水田内未炸
		下南岸中学壅菜田	爆	7	7								5枚未炸
		下南岸中学坎下田内	爆	1	1								未炸
		下南岸中学邱姓坟前	爆	1	1								
		柳树田上面	爆	1	1								

续表

空袭经过概况	投弹时间	投弹地点	投弹种类	投弹数目	合计	炸毁焚塌建筑物数目	伤亡人口 伤 男	伤亡人口 伤 女	伤亡人口 亡 男	伤亡人口 亡 女	合计	救护部队及施救情形	备考
		柳树田坎下	爆	7	7								4枚未炸
		正冲田沟	爆烧	1 1	2								
		佛来司	爆	3	3								
		佛来司31号坎上	爆	1	1								
		遗爱祠100号右面	爆	1	1								
		遗爱祠85号	爆烧	1 1	2	毁屋2间							毁屋系城塞局机器房
		大坪2号门前	烧	2	2								
		大坪2号门左	爆	2	2		1	0	0	0	1		伤者系36A通讯兵
		凤凰梯染房湾	爆烧	3 3	6								
		凤凰梯右前方	爆烧	3 5	8								1枚未炸
		凤凰梯观音庙后面	爆	2	2								
		凤凰梯观音庙右前方田内	烧	1	1								
		凤凰梯观音庙左后方约300米	爆	1	1								
		李子坝建设新村上面	爆烧	2 2	4	毁屋2间	6	0	3	0	9		有2名系触电毙命
		兜子背河内	爆	4	4		6	0	1	0	7		炸覆盐船6艘

续表

空袭经过概况	投弹时间	投弹地点	投弹种类	投弹数目	合计	炸毁焚塌建筑物数目	伤亡人口 伤 男	伤 女	亡 男	亡 女	合计	救护部队及施救情形	备考
		江北刘家台14–46号92–140号	烧	2	2	毁屋380间	0	0	1	1	2		附近房屋经防护团拆卸约66间未列入上数
		刘家台官山坡	爆	1	1								附近房屋经96D及高射炮连拆卸40余间
		大板桥沟	爆烧	2 1	3	毁屋6间	3	1	1	2	7	伤者由担架队送入医院	落荒地
		简家台35–59号											拆卸房屋24间
		江北中和段万天宫	爆	2	2		0	0	2	0	2	死者已由防护团掩埋	
		江北中和段浙江亭	爆烧	3 2	5								落空地
		江北中和段河家石坝	爆烧	3 2	5		0	0	1	0	0		爆炸弹2枚未炸
		江北中和段柏树林	爆	1	1	毁屋3间	12	0	0	0	12	伤者由防护团送入医院	
		江北中和段观音庙	爆	2	2	毁屋3间	1	0	0	0	1		
		相国寺江北新村	爆烧	2 1	3		0	3	0	0	3	伤者由防护团送医院	
		老鹰岩新糟坊	爆	1	1	毁屋15间	4	1	3	2	10		
		老鹰岩老房子	爆	2	2								
		老鹰岩白墙院	爆	2	2								

续表

空袭经过概况	投弹时间	投弹地点	投弹种类	投弹数目	合计	炸毁焚塌建筑物数目	伤亡人口 伤 男	伤亡人口 伤 女	伤亡人口 亡 男	伤亡人口 亡 女	合计	救护部队及施救情形	备考
		老鹰岩沈家堡	爆	1	1								
		老鹰岩郭家祠	爆	1	1								
		老鹰岩黄金坡	爆	1	1								
		老鹰岩长五间	爆	1	1								
		老鹰岩大岚垭	爆	1	1								
		合　计	爆 烧	104 29	133	焚震毁房屋538间	伤 男 亡 男	女 女	男 男	78 28	106		拆卸房屋约106间未列入上数
附记	1.本表系根据防空部、警察局、警备部、宪三团及本部办公室第三组报告汇制而成； 2.各方报告烧去或拆去门牌几号，房屋若干栋，每栋或每一门牌概以3间计算，列入表内； 3.爆炸弹简称"爆"字、烧夷弹简称"烧"字。

（中国第二历史档案馆—769—1972）

4. 重庆卫戍总司令部调查1939年8月2日敌机第12次袭渝情况及伤亡损害报告表(1939年8月8日)

空袭经过概况	投弹时间	投弹地点	投弹种类	投弹数目	合计	炸毁建筑物数目	伤亡人口 伤 男	伤亡人口 伤 女	伤亡人口 亡 男	伤亡人口 亡 女	合计	防护部队施救情形	备考
8月2日22时,敌机约9架过巴东西飞,经奉节,于22时15分过云阳西飞,本市即发布空袭警报,敌机旋经武陵、忠县,于22时40分过垫江西飞,本市于22时50分发布紧急警报,敌机旋经隆盛场、北碚等处,于23时15分侵入市空,经我空军迎击,敌机在市区投弹后向东逸去;又第2批敌机约9架,于22时30分过奉节,经云阳、涪陵、长寿等处侵广阳坝上空,投弹后向东逸去,本市于3日0时35分解除警报。	第1批23时30分;第2批23时35分。	兜子背河边	爆	1	1							警报解除后,本市挖救队、救护队及红十字会救济队、担架第三营等,分赴各灾区工作,内中以兜子背灾情甚重,敌机共密集投弹二三十枚,岩石崩压,死伤甚惨,经尽力抢救,已救出轻重伤男女不少,现正办理给恤事中。	未爆炸
		兜子背华华公司	爆	1	1	毁屋1间							
		兜子背盐务稽核所	爆	1	1	该所全部被毁计5间	54	8	35		97		
		兜子背26号左侧	爆	1	1								未爆炸
		兜子背32号	爆	2	2	毁房3间	5	1	3	2	11		
		兜子背岩上	爆	1	1				21	11	32		
		兜子背	爆	2	2		3		2		5		
		谭家小沟	爆	3	3	8间	45	8	33	2	88		内死宪兵新兵18名
		唐家河口	爆	1	1		18		30		48		
		防护第五区团部	燃	1	1								未爆炸
		谭家坡	爆燃	6 4	10								
		九道拐附近	燃	3	3								落江中未炸
		盐务稽核所背后古姓				震塌房屋2间							
		盐务稽核所对门				震塌房屋1间							
		竹帮街80	爆	1	1	毁屋2间	4		2		6		系兜子背回龙桥处
		李子坝石庙子前	爆燃	1 1	2		4		3		7		山坡空地

续表

空袭经过概况	投弹时间	投弹地点	投弹种类	投弹数目	合计	炸毁建筑物数目	伤亡人口 男	伤亡人口 女	伤亡人口 男	伤亡人口 女	合计	防护部队施救情形	备考
		浮图关防空司令部情报所附近	燃	1	1								未爆炸
		浮图关长途电话房	爆	1	1								将机器损坏
		友仁中学附近	爆	1	1								无损失
		南岸中学	爆明	2 1	3				1		1		
		遗爱祠李家花园	爆	1	1	毁屋16间							
		遗爱祠62	爆	1	1	毁屋9间			1		1		61、62、63、68等号被毁
		遗爱祠宣家花园55	烧	2	2								未爆炸
		遗爱祠城塞局汽车房下面	爆烧	2 1	3								无损失
		遗爱祠130号130号	爆爆	2 1	2 1	毁房2栋约6间 毁房3间	3 1	1 2	5 3	3 1	12 7		系甲130 乙2号
		遗爱祠126号	烧	2	2								系126号附近空地
		遗爱祠145号	爆	1	1	毁屋4间							
		遗爱祠39号	爆	1	1	毁屋13间							
		遗爱祠35至57号沿公路一带	爆	7	7				2	2	4		
		龙家湾	爆烧	2 2	4				1	1	1		

续表

空袭经过概况	投弹时间	投弹地点	投弹种类	投弹数目	合计	炸毁建筑物数目	伤亡人口 男	伤亡人口 女	亡 男	亡 女	合计	防护部队施救情形	备考
		南坪场中嘴	爆	1	1								未爆炸
		菜园坝盐务分所	爆	1	1	毁屋1间							
		黄沙溪	爆	5	5								
		方家山上	爆	3	3		5				5		
		广阳坝机场东边油溪地方	爆	1	1	毁屋1间							第5师13团机枪第2连死兵1
		广阳坝大佛寺后边	爆	2	2	毁屋一部(约3间)							
		广阳坝机场东北角	爆	14	14								无损失
		广阳坝东北龙门地方	爆	13	13	毁屋1间							
		广阳坝张家祠	爆	1	1								无损失
		广阳坝附近赵家湾	爆	4	4		1				1		第5师13团机枪第2连伤兵1
		合　计	爆烧	89 18	107	共毁屋89间	121	42	108	57	328		

附记	本表系根据防空部、警察局、警备司令部、宪三团、本部稽查处及第36军等处报告汇制而成。

（中国第二历史档案馆—769—1973）

5. 重庆卫戍总司令部关于1939年8月4日日机空袭重庆经过及损害概况给军令部的第一次通报（1939年8月4日）

兹将本（四）日敌机袭渝经过、损害概况以及我各机关部队施救概略情形通报如下，即请查照。

一、敌机空袭经过　本月三日23时49分，第1批敌机约9架过宜昌西飞，经巴东、巫山、奉节等处，于0时46分过云阳，本市于0时50分发出空袭警报，敌机旋经万县、忠县、丰都等处，于1时36分折经垫江西飞，本市于1时42分发出紧急警报，敌机旋经长寿隆兴、双河等处盘旋，于2时01分侵入广阳坝上空，投弹后经南川、涪陵边境向东逸去。又同日0时53分宜昌发现第2批敌机约9架由东向西飞，经巴东、万县、长寿、北碚等处，于2时50分侵入市空，仓皇在小龙坎、沙坪坝及市区等处投弹，后经长寿向东逸去，本市于3时28分市发布解除警报。

二、我陆空对敌机战斗情形　当敌机侵入市空时，我机多架预行升空迎击，在化龙桥、小龙坎上空与第2批敌机发生空战约20分钟；同时我探照灯对敌机照射，阵容混乱，遂仓皇投弹后向东逸去。

三、敌机投弹地点与损害概要情形：

1. 石板坡川道拐10号投烧夷弹1枚起火，当即扑灭；

2. 中一路四德里投炸弹2枚，伤2人；

3. 中一路218—220号炸毁，223—225号房屋被震毁；

4. 中一路243号华西汽车公司修理部落炸弹2枚，后面落烧夷弹2枚，全部炸毁；

5. 中一路271—273号房屋震坏；

6. 纯阳洞中烧夷弹数枚起火，延烧至中一路289号，已扑灭；

7. 中一路德园落炸弹1枚；

8. 兴隆街空地投炸弹1枚，无损失；

9. 领事巷德国领事馆后花园投炸弹1枚，死2人，伤4人，均为男子；

10. 张家花园巴蜀学校内投炸弹1枚；

11. 桂香阁卫戍总部政治大队抗敌剧团驻地投炸弹2枚，死2人，伤2人；

12. 南区马路防空部新建防空洞落石头1块,压伤1人;

13. 焦煤山山上投炸弹1枚;

14. 法国领事府附近投炸弹1枚,死1男,毁房屋1栋,压死数人,刻正挖掘中;

15. 中一支路对面川康绥署武器库二门口投烧夷弹1枚起火,当即扑灭;

16. 中一支路投炸弹1枚,损失待查;

17. 张家花园背后聚兴诚银行附近投炸弹3枚,内有2枚未爆炸;

18. 川东师范操场落炸弹1枚,无损失;

19. 广阳坝投炸弹50余枚,内有10余枚落江中,余多落飞机场附近,航空总站炸毁房屋1栋,机场一部被毁,余无损失;

20. 南岸老厂西南方约5里处落炸弹2枚,损失情形待查;

21. 小龙坎、沙坪坝等处落炸弹数枚,损失详情待查。

总计本日共投约爆炸弹76枚,烧夷弹6枚;共伤亡男、女约20人;共毁房屋约9栋(纯阳洞街被焚房屋确数待查,故未列入)。

四、其余详细情形,容后待查。

右〈上〉三项通报

军令部

重庆卫戍总司令部启
(中国第二历史档案馆—769—1973)

6. 重庆卫戍总司令部调查1939年8月4日敌机第13次袭渝情况暨伤亡损害报告表（1939年8月8日）

空袭经过概况	投弹时间	投弹地点	投弹种类	投弹数目	合计	炸毁建筑物数目	伤亡人口 伤男	伤女	亡男	亡女	合计	防护部队及施救情形	备考
本日23时49分，第1批敌机约9架，过宜昌西飞，经巴东、巫山、奉节，于0时46分过云阳西飞，本市于0时50分发布空袭警报，敌机旋经万县、丰都，于1时36分经垫江西飞，本市于1时42分发布紧急警报，敌机复经长寿、双河，于2时01分侵入广阳坝上空投弹，后经南川向东逸去；又0时53分第2批敌机约9架西飞，经巴东、奉节、云阳、万县、忠县、长寿、北碚等处，于2时50分侵入市空，经我空军迎击，敌机仓皇在小龙坎、沙坪坝	第1批4时01分；第2批2时50分。	川道拐10号	烧	1	1							本日敌机去后，未待警报解除，本市各团体、各救护部队、消防队即行出发，赴各灾区抢救，掩埋男女尸体10具，轻重伤者送医院诊治并发放恤金。中一路纯阳洞等处火灾，已亲临督率并指导抢救，当时火势甚大，幸我消防员努力，旋即扑灭。	
		神仙洞后街159号	烧	1	1								
		领事巷6号法领事馆	爆	2	2	毁屋3间	3	1	3		7		
		上南区马路新凿防空洞						1			1		震落石块压伤
		张家花园巴蜀中学	爆	1	1								
		中一支路德园	爆	1	1	毁屋1间			4	2	6		
		中一路263-265号华西公司汽车部	爆	5	5	毁屋20间	2				2		内有2枚未炸,毁汽车16辆
		中一路263号后面	烧	1	1	烧屋20间							
		中一路四德里	爆烧	2 1	3	毁屋8间	2				2		
		中一路167师留守处	爆烧	3 1	4								
		中一路216号	爆	1	1								
		中一路218号	爆	1	1	毁屋16间							216、220、222系炸毁，余均震塌

续表

空袭经过概况	投弹时间	投弹地点	投弹种类	投弹数目	合计	炸毁建筑物数目	伤亡人口 伤 男	伤 女	亡 男	亡 女	合计	防护部队及施救情形	备考
及市区等处投弹，后经长寿、垫江向东逸去，本市于3时28分发布解除警报。		中一路武库街	爆烧	1 1	2								
		纯阳洞195号	爆烧	1 1	2	烧屋80间							
		通远顺城街门原绥署	爆	2	2	毁屋12间	2			1	3		尚有4人生死不明
		兴隆街口	爆	1	1								
		通远门菜市场	爆	1	1	毁屋2间							
		化龙桥	爆烧	1 1	2								
		沙坪坝	烧	1	1								
		小龙坎	烧	1	1								
		南温泉	爆	1	1								
		广阳坝机场	爆烧	36 13	49								内4枚烧夷弹未炸
		广阳坝江中	烧	8	8								
		广阳坝空军总站	爆	1	1	毁屋5间							
		广阳坝汽车站路边	爆	1	1								
		江北瓦店子东南约4里许稻田	爆	1	1	毁屋1间							
		江北瓦店子东约4里山坡上	爆	1	1	毁屋1间							
		合计	爆烧	64 31	95	烧毁屋169间	10	1	7	3	21		

附记	1.本表系根据防空司令部、警察局、救济联合办事处、宪三团、本部稽查处、市政府等处报告汇制而成； 2.爆炸弹简称"爆"字，烧夷弹简称"烧"字。

(中国第二历史档案馆—769—1975)

7. 重庆卫戍总司令部调查1939年8月5日敌机第14次袭渝情况暨伤亡损害报告表(1939年8月8日)

空袭经过概况	投弹时间	投弹地点	投弹种类	投弹数目	合计	炸毁建筑物数目	伤亡人口 伤 男	伤亡人口 伤 女	伤亡人口 亡 男	伤亡人口 亡 女	合计	防护部队及施救情形	备考
本月4日22时50分,有敌机1批约八九架过宜昌,经巴东、奉节等处西飞,有袭渝模样,渝市即于23时44分发布空袭警报,旋经驹龙坝、武陵、忠县、长寿等处,又于5日0时25分发布紧急警报,敌机复绕经广安、白市驿、丁家坳等处,于1时12分侵入市空,经我空军及防空部队迎击,乃仓皇投弹后向东逸去;又第2批敌机约八九架于23时56分过长阳西飞,经恩施、	第1批1时12分;第2批1时36分。	上清寺街215号	爆烧	1 1	2	震毁厕所1间							
		大田湾45号操场坝	烧	1	1								当即扑灭
		牛角沱26号	爆	2	2	毁屋21间	8		3		11	伤者送求精中学重伤医院	毁汽车3辆
		牛角沱河边	爆	4	4		5		10		15		炸沉木船1只毁小划8只
		牛角沱资源委员会	爆	4	4	毁屋9间	6		16		22		毁汽车3辆,大卡车2辆
		牛角沱生生花园西河边	爆	2	2								毁木船3只
		菜园坝大水井福华碗磁厂	爆	1	1	毁屋23间	1	2	1		4		
		大水井复兴面厂	爆	1	1	毁屋8间	2				2		
		菜园坝物华造纸厂	爆	1	1	毁屋20余间	1		1		2		
		兜子背河边	爆	4	4		11				11		3枚落水中炸毁木船3只

续表

空袭经过概况	投弹时间	投弹地点	投弹种类	投弹数目	合计	炸毁建筑物数目	伤亡人口 伤 男	伤 女	亡 男	亡 女	合计	防护部队及施救情形	备考
建始、武陵、长寿、双河等处,于5日1时36分侵入广阳坝上空投弹后,并在市郊附近盘旋,乃经长寿、涪陵等处逸去,渝市即于2时48分解除警报。		石核〔桥〕铺南端大渡口	爆	2	2								损失未据报
		冷水场郊外	爆	4	4								无损失
		沙坪坝郊外	烧	1	1								无损失
		江北瓦店子东端七家桥	爆	1	1								无损失
		广阳坝机场西北江中	爆	30	30								投弹数系概数无损失
		广阳坝营房至机场入口处	爆	2	2								无损失
		广阳坝东端	爆	1	1								无损失
		广阳坝营房前山麓(总汽车站后)	爆	10	10								无损失
		广阳坝大佛寺西端	爆	1	1								无损失
		广阳坝赵家湾东端	爆	3	3								无损失
		合 计	爆烧	74 3	77	毁屋82间	34	2	31	0	67		毁汽车8辆大小船15只

附记	1. 本表系根据防空部、警察局、宪三团、36军及本部稽查处、办公室第三组等处报告汇制而成; 2. 飞机架数因黑夜不易判别,故列约数; 3. 爆炸弹简称"爆"字,烧夷弹简称"烧"字; 4. 各方报告中有报毁房屋几栋者,每栋概以3间计算,列入表内。

(中国第二历史档案馆—769—1975)

8. 重庆卫戍总司令部调查1939年8月23日敌机第15次袭渝情况暨伤亡损害报告表（1939年8月27日）

空袭经过概况	投弹时间	投弹地点	投弹种类	投弹数目	合计	炸毁建筑物数目	伤亡人口 伤 男	伤亡人口 伤 女	伤亡人口 亡 男	伤亡人口 亡 女	合计	防护部队及施救情形	备考
本(23)日17时42分,有敌机26架过宜昌西飞,至18时18分经圆保寺续向西飞,本市于18时35分发布空袭警报,敌机复经忠县、丰都等处,至19时15分又过长寿西飞,本市遂发布紧急警报,敌机乃经茨竹、清平、依风、北碚,分2批先后侵入渝市郊外,第1批经我空军尾追,于19时37分仓皇投弹;第2批更经我空军及高射部队联合射击,亦于19时47分仓皇投弹,均向东逸去,本市乃于20时28分发布解除警报。	第一批19时37分;第二批19时47分。	绿店子附近	爆	2	2	毁屋3间	3	2	0	0	5		
		草店子附近	爆	2	2								
		沙磁区晒光坪	爆	2	2	毁屋3间	0	0	1	1	2		
		白家院子	爆	4	4		1	1	0	0	2		内有1枚未炸
		马家岩	烧	2	2								
		覃家岗	烧	1	1	毁屋6间							
		覃家岗附近之双朝门	爆烧	21 3	24	毁屋6间							
		周家坡	爆	2	2								
		牛奶场	爆	2	2								
		土湾半山荒地	爆	1	1								
		大龙坎	爆	1	1		2	1	0	0	3		
		大堰塘	爆	1	1	毁屋6间	2	2	1	2	7		
		马家岩	爆	2	2								
		周家坡	烧	1	1								
		砖房子附近	爆	3	3								
		砖房子	烧	1	1								
		小龙坎堰田湾郊田	爆	35	35		0	0	1	1	2		拟轰炸中央无线电台,未中
		黄金湾狮子口(化龙桥附近)	爆烧	5 2	7	毁屋6间							拟轰炸虎头岩下之炼铜厂,未中

续表

空袭经过概况	投弹时间	投弹地点	投弹种类	投弹数目	合计	炸毁建筑物数目	伤亡人口 伤 男	伤亡人口 伤 女	伤亡人口 亡 男	伤亡人口 亡 女	合计	防护部队及施救情形	备考
		小龙坎附近之土湾对山垭口	爆	2	2		1	1	0	0	2		内有1弹未炸
		合　计	爆烧	85 10	95	毁屋30间	9	7	3	4	23		

附记	1.本表系根据新29师、防空部、警察局、警备部、本部稽查处报告汇制而成； 2.炸毁或震毁房屋，如有报几栋者，每栋概以3间计算列入表内； 3.此次被投各弹，多落田中及荒地，损失较微； 4.爆炸弹简称"爆"字，烧夷弹简称"烧"字。

（中国第二历史档案馆—769—1975）

9. 重庆卫戍总司令部调查1939年10月4日敌机第22次袭渝情况暨伤亡损害报告表（1939年10月8日）

空袭经过情形	投弹时间	投弹地点	投弹种类	投弹数目	合计	炸毁焚塌建筑物数目	伤亡人口 伤 男	伤亡人口 伤 女	伤亡人口 亡 男	伤亡人口 亡 女	合计	防护部队及施救情形	备考
本(10)月3日23时21分,宜昌发现敌机9架西飞,经野三关、龙驹坝续向西飞,本市于4日0时25分发布空袭警报,旋经万县、忠县、丰都、长寿,于1时05分过茨竹西飞,本市乃发布紧急警报,敌机复经清平、合川、依凤,于1时24分在市郊投弹,复经小观音、太平场、涪陵、彭水、黔江东逸,本市于2时16分发布解除警报。	4日1时24分	下土湾牛奶场	爆烧	10 1	11								
		牛奶场河边	爆	4	4								
		化龙桥红岩嘴河内	爆	20	20								
		红岩嘴山上及河边	爆烧	3 1	4								
		江北棕树沱前边瓦厂嘴	爆	5	5	毁屋2间	0	1	0	0	1		
		江北石马乡	爆	11	11	毁屋12间	3	5	4	4	16		
		合计	爆烧	53 2	55	毁屋14间	3	6	4	4	17		

续表

空袭经过情形	投弹时间	投弹地点	投弹种类	投弹数目	合计	炸毁焚塌建筑物数目	伤亡人口 伤 男	伤 女	亡 男	亡 女	合计	防护部队及施救情形	备考
附记	1.本表系根据第36军、空袭紧急救济联合办事处及本部稽查处报告汇制而成； 2.江北石马乡损害情形系概数； 3.在化龙桥附近投弹时，我空军与照测队协同作战，故高射炮未射击。													

（中国第二历史档案馆—769—1971）

10. 重庆卫戍总司令部调查1939年10月5日敌机第23次袭渝情况暨伤亡损害报告表（1939年10月11日）

空袭经过概况	投弹时间	投弹地点	投弹种类	投弹数目	合计	炸毁焚塌建筑物数目	伤男	伤女	亡男	亡女	合计	防护部队及施救情形	备考
(1)4日23时湖北江陵发现敌机27架向西飞行，经五峰、利川续向西飞，本市于5日0时17分发布空袭警报，敌机复经忠县、丰都、涪陵西飞，本市于0时59分发布紧急警报，复经太平场、綦江、江津，于1时34分至白市驿投弹，后经我空军及照测部队协力应战，敌机经璧山、垫江、丰都、忠县逸去；(2)又4日23时27分宜昌发现第2批敌机9架西飞，经五峰、恩施、石柱、忠县、涪陵、江津、合川、北碚，于5日2时35分至永兴场附近投弹，复经綦江、南川东逸；(3)又5日0时27分宜昌发现第3批敌机9架西飞，经巴东、奉节、云阳、忠县、垫江、长寿，于2时11分至广阳坝投弹，后	第一批1时34分；第二批2时35分；第三批3时10分；第四批2时54分；第五批第一次3时25分；第二次3时28分。	白市驿飞机场	爆烧	113 1	114								
		白市驿附近杨家坝	爆	2	2	毁屋9间	1	1	0	0	2		
		白市驿附近小河沟	爆	2	2								
		白市驿附近矮桥子	爆	2	2								
		白市驿附近老丰岩	爆	3	3								
		白市驿附近黄泥堡	爆	4	4	毁屋1间							
		白市驿附近大水缺	爆	3	3								
		小龙坎上桥	爆	4	4								
		歌乐山西永场夏家桥郊田内	爆	1	1								
		歌东山招龙湾	爆	73	73	毁屋3间	2	1	2	2	7		

续表

空袭经过概况	投弹时间	投弹地点	投弹种类	投弹数目	合计	炸毁焚塌建筑物数目	伤亡人口 伤 男	伤 女	亡 男	亡 女	合计	防护部队及施救情形	备考
经长寿、涪陵、石柱东逸；(4)又5日0时28分湖北荆门发现第4批敌机9架西飞，经巴东、巫山、忠县、涪陵、长寿、北碚，于2时54分至白市驿投弹后，复经太平场、涪陵东逸；(5)又5日1时宜昌发现第5批敌机9架西飞，经巴东、巫山、奉节、梁山、大竹、垫江、长寿、北碚，于3时25分至白市驿投弹，后经市空于3时38分复至广阳坝投弹，后经长寿、涪陵逸去，本市于4时10分发布解除警报。		广阳坝	爆烧	7 2	9								
		新市场	爆	1	1	毁屋1间							
		合计	爆烧	215 3	218	毁屋14间	3	2	2	2	9		

附记	1.本表系根据第36军与空袭紧急救济联合办事处及本部稽查处报告汇制而成； 2.投弹多落荒地与河中，故损害甚少； 3.机场损失未列入； 4.爆炸弹简称"爆"字，烧夷弹简称"烧"字。

（中国第二历史档案馆—769—1971）

11. 重庆卫戍总司令部为1939年11月18日敌机袭川情形给重庆市政府的通报(1939年11月22日)

谨将本(十一)月十八日敌机袭川情形，分陈如次，即希查照。

一、十八日15时43分沙洋发现敌机27架向西飞行，经宜昌、巴东、巫山、谋道溪(万县东南)续向西飞，本市于17时30分发布空袭警报；

二、17时45分敌机飞经丰都后，即分2批，一沿江南岸，一沿江北岸，向西续进，本市于18时发布紧急警报；

三、江南之一批，经过涪陵、长寿，于18时28分至双河，乃拆回经丰都、石柱向东逸去；江北之一批，经过垫江、长寿，于18时到达茨竹附近，盘旋后，经

双河折回涪陵、建始,向东逸去;本市于19时20分解除警报;

四、查该批敌机经过各地均未投弹。

上四项通报:

重庆市政府

(0053—12—95—2)

12. 重庆卫戍总司令部为1939年12月19日日机空袭情形给重庆市政府的通报(1939年12月19日)

兹将本(十九)日敌机空袭情形及投弹地点分述如左〈下〉:

一、本(十九)日7时55分,湖北潜江发现敌机36架(第1批),经浩子口、沙市,于8时30分到达子良街,即分批西飞,于9时43分经黔江到达彭水,本市于10时发布空袭警报,10时15分该批敌机复经涪陵续向西飞,本市于10时23分发布紧急警报,10时24分即折返石柱,向东逸去。

二、8时40分湖南慈利发现敌机36架(第2批),经桑植、龙山、彭水、南川、桐梓、赤水等处,于11时35分到达自流井后,即分为2批,其一批27架于11时47分在宜宾投弹,并散发传单后,折返涪陵,经丰都、忠县,于14时08分在梁山投弹,向东逸去。另一批9架,经资中、内江、隆昌、富顺、江安等地,于13时30分在南川投弹后,向东逸去,本市于14时32分发布解除警报。

三、据报江北郊外曾投弹若干枚,唯投弹地点及损害情形均在调查中。

右〈上〉三项通报:

重庆市政府

(0053—12—169)

13. 重庆卫戍总司令部为1940年4月22日日机空袭情形给重庆市政府的通报(1940年4月23日)

兹将昨(二十二)日敌机两次空袭情形及投弹地点分呈如左〈下〉:

一、第一次空袭情形。

昨日9时45分,潜江闻敌机机声,自东而西,经江陵、沙市、沵市、江口,至宣恩、咸丰间之小关,机声隆重,高度不明,仍向西飞行,本市遂于11时10分悬红色信号球1个;11时14分黔江又闻隆重机声,高度不明,且依然西飞,本市乃于11时19分发布空袭警报;11时50分涪陵又闻隆重机声,复于11时55分发布紧急警报。11时51分经长寿北飞,机数仍不明,仅于12时07分发现敌机1架向东北飞行,12时17分经梁山、万县东逸,本市遂于12时35分发布解除警报。

二、第二次空袭情形。

1. 第1批于昨日16时09分在浩子口发现,敌机10架自东而西飞,经沙市、浉市、公安、松滋、西孰斋、澧县、慈利等处,17时18分至桑植,本市于17时28分悬红色信号球1个;17时40分龙山敌机10架西飞,本市于17时45分发布空袭警报;18时10分彭水敌机10架西飞,本市于18时15分发布紧急警报。20时05分飞至宜宾机场投弹后折返,经南溪、合江、江津、綦江、彭水、来凤东逸。

2. 第2批于17时08分在潜江发现,敌机10架自东而西飞,经浩子口、浉市、西斋、来凤、黔江、彭水、南川、綦江、江津、合江、南溪等处,于21时06分至宜宾投弹后折返,经泸县、正安、道真、酉阳、来凤东逸。

3. 第3批于18时11分在潜江发现,敌机10架自东而西飞,经浩子口、浉市、西斋、来凤、黔江、彭水、南川、巴县之龙岗、江津、合江、泸县,于21时28分至宜宾投弹后折返,经南溪、江安、泸县、合江、永川、江津、南川、彭水东逸,本市于23时正发布解除警报。

4. 宜宾被炸地区损失情形待查。

右〈上〉二项通报:

重庆市政府

重庆卫戍总司令部启

(0053—12—169)

14. 重庆卫戍总司令部为1940年4月25日日机空袭情形给重庆市政府的通报（1940年4月25日）

据防空司令部报告，（二十五）日敌机两次空袭情形及投弹地点通报如左〈下〉：

一、昨二十四日21时30分沙洋闻第1批敌机隆重机声自东而西，经江陵、建始、长寿、合川，于0时23分窜至遂宁机场投弹后向西逸去；22时58分浩子口又闻第2批敌机机声，架数不明，经江陵、潜江、长寿西飞，1时35分窜至北碚、浮图关一带上空盘旋，向白市驿机场附近投照明弹10余枚后，旋分2批向东南逸去，本市于22时35分悬挂红球1个，22时48分发布空袭警报，23时42分发布紧急警报，至2时45分警报解除。

二、本二十五日4时28分，沙市闻敌机机声轰轰，架数不明，由东向西飞行，经施南、石柱，至长寿境，迨至天大明始知为敌机1架，折向东飞，经涪陵、丰都逸去。本市于4时55分发布空袭警报，至6时55分解除。

右〈上〉二项通报：

重庆市政府

重庆卫戍总司令部启

（0053—12—169）

15. 重庆卫戍总司令部为1940年4月25日敌机空袭详情给重庆市政府的通报（1940年4月27日）

案查四月二十五日敌机两次空袭概况，经以第1939号通报在卷，兹再据各方报告，将损害详细情形列表，随文送上，即请查照。此致：

重庆市政府

重庆卫戍总司令部启

重庆卫戍总司令部调查4月25日敌机第24次袭渝市西之白市驿情况暨伤亡损害报告表

空袭经过概况	投弹时间	投弹地点	投弹种类	投弹数目	合计	炸毁焚塌建筑物数目	伤亡人口 伤 男	伤 女	亡 男	亡 女	合计	救护部队及施救情形	备考
4月24日21时30分,沙洋发现第1批敌机约16架西飞,经宜都、建始、长寿、合川,于25日0时23分窜至遂宁机场投弹后,经梁山向东逸去;22时58分浩子口又发现第2批敌机约16架西飞,经江陵、恩施、黔江、北碚,于25日1时35分窜白市驿机场投弹后,经綦江、彭水逸去。本市于24日22时48分发布空袭警报,23时42分发布紧急警报,25日2时45分发布解除警报。	第1批25日0时23分;第2批25日1时35分。	白市驿机场	爆	5	5								
		白市驿附近方姓家	爆	1	1	毁屋4间							
		白市驿附近张姓家	爆	1	1	毁屋5间							
		白市驿附近左方陈沈氏家	爆	2	2	毁屋4间							
		白市驿正街牟陈氏家	爆	1	1	毁屋3间							
		正街邓姓茶社	爆	1	1	毁屋3间							
		联保办公处	爆	2	2	毁屋8间							
		上街张甫巨茶社	爆	2	2	毁屋1间							
		陈相甫酒馆	爆	2	2	毁屋1间							
		张焕廷茶铺	爆	1	1	毁屋1间							
		周泽明糖果铺	爆	1	1	毁屋2间							
		唐尧天旅栈				震毁屋1间							
		中街张伯南药铺	爆	1	1	毁屋1间							
		天申斋铺	爆	1	1	毁屋1间							
		肖海青酒馆	爆	1	1	毁屋1间							
		附近巫森云农业	爆	1	1	毁草屋3间							
		朱正科农业	爆	1	1	毁屋1间							
		冯张氏家	爆	1	1	毁草屋1间							
		向兴发家	爆	1	1	毁草屋1间							
		郑禹钦水烟店	爆	1	1	毁草屋1间							
		许任氏家	爆	1	1	毁屋2间							
		黄明生面馆	爆	1	1	毁屋1间							

续表

空袭经过概况	投弹时间	投弹地点	投弹种类	投弹数目	合计	炸毁焚塌建筑物数目	伤亡人口 伤 男	伤 女	亡 男	亡 女	合计	救护部队及施救情形	备考
		植丰油房	爆	1	1	毁屋1间							
		夏青云理发店	爆	1	1	毁屋1间							
		下街刘张氏家	爆	3	3	毁屋12间							
		刘银川斋馆	爆	1	1	毁屋2间							
		陈祥林面馆				震毁小房1间							
		黄成兴药铺	爆	1	1	毁屋1间							
		杨寿山酒店	爆	1	1	毁屋1间							
		熊长发茶社	爆	1	1	毁屋1间							
		彭金余家	爆	1	1	毁屋1间							
		中街涂张氏家门首	爆	1	1								工人张焕廷,妇女杨尹氏、周肖氏3名,敌机临空时在街上乱跑,被炸毙
		合计	爆烧	40	40	毁屋67	死 男女 伤 男女		4	1	5		

附记	1.本表系根据重庆防空司令部、重庆警备司令部、空袭救济服务联合办事处、宪兵十二团、本部稽查处报告汇制而成; 2.遂宁及白市驿机场损害详情,由空军第一路司令部迳行呈报; 3.此次敌机轰炸时,曾在遂宁、白市驿上空投照明弹20余枚; 4.爆炸弹简称"爆"字。

16. 重庆卫戍总司令部为1940年4月30日日机空袭情形给重庆市政府的通报(1940年4月30日)

兹据防空司令部报告称:本(三十)日敌机2批袭渝情形及投弹地点通报如左〈下〉:

一、第1批(机数昏夜难辨)于1时11分经当阳、长阳、恩施、涪陵、长寿西

飞,3时41分在广阳坝投弹后折返长寿,经涪陵、彭水、黔江东逸;

二、第2批敌机9架于1时21分经沙市、江陵、长阳、宣恩、咸丰、丰都、涪陵、长寿西飞,4时05分在白市驿投弹后折返涪陵,经丰都、梁山(5时09分在梁山投弹)、开江、奉节,5时57分复在巫山投弹后东逸;

三、敌机分批在白市驿、广阳坝仓皇投弹数十枚,皆落郊外,我无损害;

四、本市于2时38分发布空袭警报,3时20分发布紧急警报,4时53分发布解除警报。

右〈上〉通报:

重庆市政府

重庆卫戍总司令部启

(0053—12—169)

17. 重庆卫戍总司令部为1940年4月30日日机袭渝详情给重庆市政府的通报(1940年5月2日)

查四月三十日敌机袭渝损害概况,业经本部以坤字第2029号通报在卷。兹复据各方呈报该次空袭损害详细情形到部,用特造具空袭暨伤亡损害详细报告表1份,随文送上,即请查照。此致:

重庆市政府

重庆卫戍总司令部调查4月30日敌机第25次袭渝（广阳坝及白市驿）情况暨伤亡损害报告表

空袭经过概况	投弹时间	投弹地点	投弹种类	投弹数目	合计	炸毁焚塌建筑物数目	伤亡人口 伤 男	伤亡人口 伤 女	伤亡人口 亡 男	伤亡人口 亡 女	合计	防护部队及施救情形	备考
4月30日敌机分2批袭渝，第1批敌机多架，于1时11分，经当阳、长阳、恩施、涪陵、长寿西飞，3时41分在广阳坝投弹，折返涪陵、彭水东逸；第2批敌机9架于1时21分经沙市、长阳、咸丰、丰都、长寿，4时05分在白市驿投弹后折返涪陵、丰都，在梁山投弹，继经开江、奉节，5时57分复在巫山投弹，本部2时38分发空袭警报，3时20分发紧急警报，4时53分发解除警报。	第一批4月30日3时41分；第二批4月30日4时05分。	广阳坝航空六十四站	爆	1	1	毁屋13间	3		1		4	本日广阳坝、白市驿两地被炸后，由重庆空袭救济联合办事处分组出动救护，已将轻重伤难民分别送往各委托医院诊治，或由该救护人员迳行裹扎敷药，其死难灾民亦已分别收殓埋葬，所有此次死伤各民工、市民恤金，均由该处抚济组于5月1日派员前往查考。	
		广阳坝机场西南角	烧	1	1	荒地							
		广阳坝机场正南面	爆	2	2	荒地							
		航空站汽车房	爆	1	1	毁汽车屋3间							
		广阳坝赵家湾	爆	2	2	荒地							
		广阳坝涡涵	爆	8	8	荒地							
		广阳坝大慈寺后	爆	2	2	水面							
		广阳坝荷包土	爆	2	2	荒地							
		广阳坝江家山	爆	2	2		1				1		死牛1头
		广阳坝河家湾	爆	13	13	荒地							
		广阳坝河口场	爆	13	13	荒地							以上系广阳坝损害情形
		白市驿歇马台庙子	烧爆	1 3	4	震毁庙宇全院约5间	32		21		53		建修机场工人在该庙住宿
		白果树院子	爆	2	2	震毁房屋2间		1		1	2		
		黄金坝一带	爆	8	8	因地形山坡未损建筑	4	4	9	4	21		

续表

空袭经过概况	投弹时间	投弹地点	投弹种类	投弹数目	合计	炸毁焚塌建筑物数目	伤亡人口 伤 男	伤 女	亡 男	亡 女	合计	防护部队及施救情形	备考
		吴家院子	爆	2	2	震毁房屋6间	1	1	2	1	5		
		花坟院子	爆	1	1	震毁房屋1间				1	1		死耕牛1头
		许家湾一带	烧爆	1 4	5	空地							
		岩湾一带	爆	6	6	空地							
		二龙桥	爆	3	3	空地							
		流差坝子	爆	5	5	空地							
		新铺子	烧爆	1 2	3	震毁草瓦屋约6间							
		弥罗寺附近	爆	2	2	空地							
		水井湾一带	爆	7	7	空地							以上系白市驿损害情形
		合计	爆烧	91 4	95	毁屋36间	死伤		男女 40	男女 47	87		
附记	1.本表系根据重庆防空司令部、重庆警备司令部、空袭救济服务联合办事处、宪兵第三团、本部稽查处报告汇制而成； 2.本日敌机在广阳坝方面尚投有多数爆弹，落在水面，无法统计； 3.爆炸弹简称"爆"字，烧夷弹简称"烧"字。												

(0053—12—169)

18. 重庆卫戍总司令部为1940年5月18日日机袭渝情形给重庆市政府的通报(1940年5月19日)

据重庆防空司令部报告,昨(十八)日敌机分批空袭情形及投弹地点如下:本月十八日17时05分,敌机第1批9架自湖北房县西飞,18时正飞过紫阳,同时并有第2批、第3批各敌机9架,皆由房县西飞。当判测该机有侵川企图,遂于18时26分悬红球1个。旋第1批敌机于18时38分飞越开江,乃于

18时45分发布空袭警报。嗣查第1批敌机经由营山、射洪,于20时40分飞抵成都投弹。第2批敌机经由营山、简阳,于20时56分飞抵成都机场投弹。第3批敌机经由紫阳、蓬溪,于21时正飞抵成都上空,旋即飞返。其第4批敌机于19时23分由沙洋西飞,经秭归、梁山、简阳,又折返至自流井分为2批,1批飞至遂宁投弹后,由广安、梁山飞回;1批飞至隆昌、荣昌,当以距离本市太近,乃于0时15分发布紧急警报,旋此批敌机飞至永川后,复分2批经由彭水及丰都等地飞回,乃于1时37分发放解除警报。除详情续陈外,理合报请鉴核。等情。相应通报查照。此上:

重庆市政府

重庆卫戍总司令部启

(0053—12—169)

19. 重庆卫戍总司令部为1940年5月19、20日日机袭渝情形给重庆市政府的通报(1940年5月20日)

据重庆防空司令部先后报告,昨(十九)、今(二十)两日敌机2次分批空袭情形及投弹地点如下:

一、第1次敌机多架,于昨(十九)日16时38分起,计分5批袭川:

1. 第1批敌机9架,于16时38分经湖南华容、慈利、桑植、来凤及四川黔江、彭水、南川、江津、合江、泸县、南溪,于19时55分在宜宾投弹后,经合江、綦江、彭水东逸。

2. 第2批敌机9架,于17时11分经湖北潜江、江陵、建始、武陵、忠县、丰都、涪陵、江津、泸县,于20时44分在宜宾投弹后,经永川、江津、南川、彭水东逸。

3. 第3批敌机9架,于17时19分经沙洋、当阳、巴东、云阳、达县、营山、南充、三台,于20时45分在成都之凤凰山投弹后,20时55分在新泽〔津〕附近上空与我机空战,敌机向三台、营山、宣汉、巫溪东窜。

4. 第4批敌机9架,于18时42分经当阳、巴东、奉节、云阳、达县、阆中、三台、成都,于21时50分在新泽〔津〕投弹后折返资阳,经遂宁、合川、涪陵、丰都,向利川逸去。

5. 第5批敌机多架,于21时35分经沙洋、宜昌、奉节、云阳、万县,于23时48分在梁山先后投弹3次后,遂纷纷向东逸去。

6. 各处损害情形正在调查中。

7. 本市于18时07分发布空袭警报,18时54分发布紧急警报,二十日0时15分发布解除警报。

二、第2次空袭情形如下:

1. 本日5时47分,湖北沙洋发现敌机27架,经荆门、当阳、宜昌、秭归、奉节、云阳、忠县,于7时35分在梁山投弹后折返利川、恩施,向东逸去,损害情形容当续报。

2. 本市于7时20分发布空袭警报,8时07分发布解除警报。

等情,据此。相应通报查照。此上:

重庆市政府

重庆卫戍总司令部启

（0053—12—169）

20. 重庆卫戍总司令部为1940年5月20日日机袭渝情形给重庆市政府的通报(1940年5月20日)

据重庆防空司令部报告,本(二十)日敌机第2次空袭情形及投弹地点如下:本(二十)日18时13分,湖北潜江发现敌机9架,经江陵西飞,于19时26分过宣恩,本市于19时28分发布空袭警报;20时12分过长寿,本市于20时15分发布紧急警报;20时30分,该批敌机在巴县之双河上空与我空战后,于20时36分窜至广阳坝上空,仓皇投弹后折返,经涪陵、丰都、彭水、黔江东逸,本市于21时35分发布解除警报。等情,相应通报查照。右〈上〉通报:

重庆市政府

重庆卫戍总司令部启

（0053—12—169）

21. 重庆卫戍总司令部为1940年5月21日日机袭渝情形给重庆市政府的通报（1940年5月21日）

据防空司令部报称：本（二十一）日上午8时41分，湖北沈家集发现敌机27架，经荆门、当阳、宜昌、秭归西飞，10时15分过云阳，本市即发布空袭警报；旋敌机至达县转向西南飞行，至渠县后乃折回，经大竹至梁山投弹东逸（当时梁山至万县线路被炸坏，以致损失情形不明，现正赶修线路中），11时43分本市即发布解除警报。等情。据此，相应通报查照。右〈上〉通报：

重庆市政府

重庆卫戍总司令部启
（0053—12—169）

22. 重庆卫戍总司令部为1940年5月20日日机袭渝情形给重庆市政府的通报（1940年5月20日）

兹将昨（二十一）晚敌机袭渝经过及损害概略情形，通报如下，即希查照。

一、空袭经过 敌机3批，第1批架数不明，20时10分由潜江西飞，经宜都、长阳、资邱、利川、忠县、梁山、邻水，于22时46分至白市驿投弹后向东，经南川、涪陵、黔江逸去；第2批架数不明，21时46分由潜江西飞，经江口、长阳、忠县、梁山、大足、邻水、广安、岳池、合川，于本（二十二）日0时32分至白市驿投弹后，向东经南川、涪陵、彭水逸去；第3批架数不明，22时43分由沙洋西飞，经江陵、长阳、资邱、利川、忠县、涪陵、长寿，于本（二十二）日1时16分至广阳坝投弹后，向东经涪陵、丰都逸去。

二、本市于昨（二十一）日21时14分悬挂红球1个，40分发布空袭警报，22时20分发布紧急警报，至本（二十二）日2时始发解除警报。

三、敌机投弹地点、损害详情，俟确实查明后续报。右〈上〉通报：

重庆市政府

重庆卫戍总司令部启
（0053—12—169）

23. 重庆卫戍总司令部为1940年5月22日日机袭渝情形给重庆市政府的通报(1940年5月20〔22〕日)

顷据重庆防空司令部报称:

"一、本日(二十二)晨5时23分,沙洋发现敌机18架(第1批),经五峰、宣恩、咸丰西飞,又7时30分道真(贵州县名)发现敌机28架(第2批),经綦江、永川、江津、璧山东飞,于9时26分,2批同时侵入市空,在白市驿投弹多枚(损害情形容后再报),后经合川、长寿、涪陵、丰都向东逸去。

二、本市系于6时18分悬红球1个,6时45分发布空袭警报,7时28分发布紧急警报,10时23分解除警报。"

等情,相应通报查照。此上:

重庆市政府

重庆卫戍总司令部启
（0053—12—169）

24. 重庆卫戍总司令部为1940年5月20、21日日机袭渝详情给重庆市政府的通报(1940年5月24日)

案查本(五)月二十及二十一两日敌机袭渝情形及损害概况,业经于本月二十日及二十二日以2394及2409号通报在案,兹复据各方先后将损害详细情形报告到部,相应列表,随文送上,即请查照。此上:

重庆市政府

附表2份

重庆卫戍总司令部启

1）重庆卫戌总司令部调查5月20日敌机袭渝近郊（广阳坝）情况暨伤亡损害报告表

空袭经过情形	投弹时间	投弹地点	投弹种类	投弹数目	合计	炸毁焚塌建筑物数目	伤亡人口 伤 男	伤 女	亡 男	亡 女	合计	防护部队施救情形	备考
本(20)日18时13分，潜江发现敌机9架，经九陵、宣恩、长寿、巴县之双河，20时36分在广阳坝投弹后，经涪陵、丰都、黔江逸去；本市于19时18分发布空袭警报，20时15分发布紧急警报，21时35分发布解除警报。	20日20时36分	广阳坝机场东北角水田	爆炸	4	4	毁营房4间	1				1		
		广阳坝机场东北角河边	爆炸	14	14								
		广阳坝机场东北角营房	爆炸	9	9.								
		广阳坝机场北方稻田	爆炸	5	5								
		广阳坝机场东边旱田	爆炸	2	2								
		合计	爆炸	34			1				1		
附记	1.本表系根据重庆防空司令部、宪兵第三团、宪兵第十二团之报告汇制而成； 2.炸弹数目系以炸后之弹痕计算，因弹痕有相混者，故其□□不详； 3.伤者系二九师八五团三连列兵，已由该团医务处治疗。

2)重庆卫戍总司令部调查5月21日敌机袭渝近郊情况暨伤亡损害报告表

空袭经过情形	投弹时间	投弹地点	投弹种类	投弹数目	合计	炸毁焚塌建筑物数目	伤亡人口 男	伤亡人口 女	伤亡人口 男	伤亡人口 女	合计	防护部队施救情形	备考
一、本(21)日20时10分，潜江发现敌机多架（第1批），经宜都、长阳、利川、忠县、梁山、邻水，22时46分在白市驿投弹后，经南川、黔江东逸；二、21时46分潜江发现敌机多架（第2批），经长阳、梁山、邻水、广安、合川，0时32分在白市驿投弹后，经南川、彭水东逸；三、22时46分沙洋发现敌机一批（第3批），经江陵、利川、涪陵，于22日1时16分在广阳坝投弹后，经丰都东逸。本市于21时40分发布空袭警报，22时20分发布紧急警报，22日2时解除警报。	第一批22日46分；	白市驿南端新飞机场附近	爆炸	41	41								
	第二批22日0时32分；	白市驿北端张家村	爆炸	31	31	震坏房屋4间			1	1	11		炸死者计航空会航空总站通讯兵2名，老百姓12名
	第三批22日1时16分。	白市驿东南端张家坡	爆炸燃烧	100 1	101	炸毁电杆数根烧毁房屋11间			4		4		
		广阳坝机场内	爆炸	18	18		9				9		29师85团列兵8名，老百姓1名
		广阳坝新市街	爆炸	20	20	炸毁房屋2间							
		新市街飞机场公路侧稻田	爆炸	9	9	震毁房屋7间							
		机场附近第13油弹库	爆炸	5	5								
		合计	爆炸燃烧	224 1	225	炸毁电杆数根损毁房屋16间烧毁房屋11间	9		15		24		

续表

空袭经过情形	投弹时间	投弹地点	投弹种类	投弹数目	合计	炸毁焚塌建筑物数目	伤亡人口 伤 男	伤 女	亡 男	亡 女	合计	防护部队施救情形	备考
附记	1.本表系根据重庆防空司令部、空袭救济服务联合办事处、宪兵第三团、宪兵第十二团之报告汇制而成； 2.受伤者已由重庆市空袭服务救济联合办事处分别转送各重伤医院或当时敷药，炸死者已由该处抚济组会同当地保甲分别掩埋。													

(0053—12—169)

25. 重庆卫戍总司令部为1940年5月22日日机袭渝详情给重庆市政府的通报(1940年5月25日)

案查本(五)月二十二日敌机袭渝情形及损害概况，业经于本月二十二日以坤字第241号通报在案，兹复据各方先后将损害详细情形报告到部，相应列表随文送上，即请查照。右〈上〉通报：

重庆市政府

重庆卫戍总司令部启

重庆卫戍总司令部调查5月22日敌机袭渝西郊(白市驿)情况暨伤亡损害报告表

空袭经过情形	投弹时间	投弹地点	投弹种类	投弹数目	合计	炸毁焚塌建筑物数目	伤 男	伤 女	亡 男	亡 女	合计	救护部队及施救情形	备考
本(22)日5时23分，沙洋发现敌机18架，经五峰、宣恩、咸丰西飞(第1批)；又7时30分，道真发现敌机28架(第2批)，经綦江、永川、江津、璧山东飞，于9时26分两批同时侵入白市驿投弹后，经合川、长寿、涪陵、丰都向东逸去。本市于6时45分发布空袭警报，7时28分发布紧急警报，10时23分发布解除警报。	9时26分	白市驿机场及街道	爆	140	140	炸毁房屋280余间	10		37		47		
		合计	爆	140	140	炸毁房屋280余间	10		37		47		

续表

空袭经过情形	投弹时间	投弹地点	投弹种类	投弹数目	合计	炸毁焚塌建筑物数目	伤亡人口 伤 男 女	伤亡人口 亡 男 女	合计	救护部队及施救情形	备考
附记	\multicolumn{11}{l}{1.本表系根据重庆防空司令部、重庆警备司令部、空袭服务救济联合办事处、宪兵第三团、宪兵第十二团、本部稽查处之报告汇制而成； 2.机场内停放驱逐机6架，5架被毁，1架被伤，其炸毁之原因，系因该6架飞机均系单翼，不能多载油量，于降落加油时，致敌机突至而被炸毁； 3.白市驿全街房屋均被炸毁，其受伤人数中据查有1人系飞行员，2人系修机工人； 4.白市驿机场及营房均被炸毁，不堪应用，29队机械班、油弹库均震坏，死30人； 5.重伤者已由空袭救济服务联合办事处转送重伤医院，轻伤者经该处医护委员会当时敷药裹治，死者由该处抚济组会同当地保甲分别掩埋。}

(0053—12—169)

26. 重庆卫戍总司令部为1940年5月26日日机袭渝情形给重庆市政府的通报（1940年5月26日）

据重庆防空司令部及宪兵第三团、重庆市警察第八分局、炮兵第四十五团先后报称：

一、空袭经过。

本(二十六)日午前9时31分，湖北沙洋发现第1批敌机计27架，经宜都、宣恩、彭水、涪陵、綦江西飞，至江津、永川折向东飞，于13时45分在白市驿投弹后，经涪陵、丰都、石柱逸去；又10时正湖北潜江发现第2批敌机计36架，经十里铺、宜都、资邱、利川、石柱、丰都、长寿、邻水、合川、清平，于13时45分与第1批敌机同时在白市驿投弹，后沿龙岗、南川、黔江逸去；又10时29分潜江发现第3批敌机计36架，沿沙市、五峰、咸丰、石柱、涪陵、广安、青坪，亦于13时45分侵入化龙桥、红岩嘴投弹，后沿太平、南川、彭水、酉阳逸去。本市系于10时30分悬挂红球1个，10时50分发空袭警报，11时43分发布紧急警报，14时40分发布解除警报。

二、我陆空对敌机战斗情形。

重庆防空司令部所属各高射部队，于13时50分发现敌机自西北方向侵入市空向西南逸去,高度约4800公尺,当即加以迎击,计炮45团第2连发射16发,第3连71发,第5连28发,第6连发射弹数,因电话线路被炸,无从询问。作战结果,计击落敌机2架,1架残骸已于小观音发现,另1架正寻觅中。

三、敌机投弹地点及损害情形。

1. 化龙桥国民公报社投爆炸弹15枚,死6人,伤7人,毁房5栋;

2. 化龙桥复旦中学投爆炸弹9枚,死9人,毁房2栋;

3. 化龙桥龙隐路投爆炸弹35枚,死17人,伤36人,毁房12栋;

4. 红岩嘴投爆炸弹1枚,毁房1栋;

5. 化龙桥新村投爆炸弹12枚,死5人,伤22人,毁房5栋;

6. 化龙桥小桥河边投爆炸弹3枚,死27人,伤37人;

总计爆炸弹75枚,共死64人,伤103人。

右〈上〉三项通报:

重庆市政府

重庆卫戍总司令部启

(0053—12—169)

27. 重庆卫戍总司令部为1940年5月26日日机袭渝详情给重庆市政府的通报(1940年5月29日)

案查本(五)月二十六日敌机袭渝情形及损害概况,业经于本月二十六日以坤字第2492号通报在案,兹复据各方先后将损害详细情形报告到部,相应列表随文送上,即请查照。右〈上〉通报:

重庆市政府

附表1份

重庆卫戍总司令部启

重庆卫戍总司令部调查5月26日敌机袭渝情况暨伤亡损害报告表

空袭经过情形	投弹时间	投弹地点	投弹种类	投弹数目	合计	炸毁焚塌建筑物数目	伤亡人口 伤 男	伤 女	亡 男	亡 女	合计	防护部队施救情形	备考
本(26)日敌机99架,分3批袭渝:第1批27架9时31分经沙洋、宣恩、彭水、涪陵、綦江、江津、永川,13时45分在白市驿投弹后,经涪陵东逸;第2批敌机36架,10时经潜江、宜都、利川、丰都、长寿、邻水、合川,13时45分与第1批同时在白市驿投弹后,经黔江东逸;第3批敌机36架,经潜江、五峰、涪陵、广安,13时45分在化龙桥投弹后,经南川、彭水东逸。本市10时50分发布空袭警报,11时43分发布紧急警报,14时40分发布解除警报。	13时45分	白市驿机场及附近空地	爆	450	450	炸毁机场之茅草房7间							
		化龙桥新村义良汽车修理部	爆	7	7	炸毁房屋3间							
		化龙桥黄家花园	爆	9	9	炸毁房屋32间	2	4			6		
		化龙桥小桥侧	爆	4	4	炸沉及炸毁民船65只	2		16	5	23		炸入江中之炸弹数目不详
		化龙桥正街195号	爆	4	4	炸毁房屋13间	29		13		42		
		化龙桥复旦中学校	爆烧	202	22	炸毁房屋8间	30		9		39		尚有未爆炸弹3枚
		化龙桥国民公报馆	爆烧	61	7	炸毁房屋5间	5		6		11		尚有未爆炸弹1枚
		化龙桥上面	爆烧	92	11	炸毁房屋1间							
		黄角〔桷〕堡	爆烧	41	5		9	3			12		
		交通部汽车零件厂	爆	10	10	炸毁房屋3间							尚有未爆炸弹3枚
		龙隐路	爆烧	305	35	炸毁房屋21间	12	5	7	4			尚有未爆炸弹5枚
		中央日报社	爆	3	3	炸毁房屋1栋							
		交通部防空洞	爆	1	1				2	2	4		系该部职员
		红岩嘴	爆烧	341	35	炸毁房屋23间	8		7	1	16		

续表

空袭经过情形	投弹时间	投弹地点	投弹种类	投弹数目	合计	炸毁焚塌建筑物数目	伤亡人口 伤 男	伤 女	亡 男	亡 女	合计	防护部队施救情形	备考
		交通银行	爆	13	13	炸毁房屋2间	2		5		7		
		农民银行	爆	2	2								
		义良铁工厂	爆	3	3				1		1		
		汽车修理厂	爆	3	3		22				22		
		合计	爆燃	612 12	624	炸毁房屋约100余间民船65只	121	12	66	12	211		
附记	1.本表系根据重庆防空司令部、重庆警备司令部、空袭服务救济联合办事处、内政部警察总队宪兵第三团、宪兵第十二团、本部稽查处之报告汇制而成； 2.伤亡者已由空袭服务救济联合办事处会同各防护团体分别救济、医治、掩埋； 3.未爆炸弹已令饬军政部要塞工兵第一团特务连迅速调查掘取。													

(0053—12—169)

28. 重庆卫戍总司令部为1940年5月27日日机袭渝情形给重庆市政府的通报（1940年5月27日）

兹将本（二十七）日敌机空袭经过及我损害概略各情形通报如下，即希查照。

一、空袭经过。

本（二十七）日敌机99架，分3批袭渝，第1批敌机36架，于7时46分经潜江、松滋、长阳、利川、忠县、长寿、邻水、合川，于13时12分在北碚投弹后，经丰都、涪陵、石柱东逸。第2批敌机27架，于8时08分经沙洋、松滋、彭水、綦江、永川、璧山，于11时51分在磁器口投弹后，经长寿、涪陵、丰都、彭水东逸。第3批敌机36架，于8时10分经临利、公安、慈利、桑植、来凤、酉阳、彭水、道真、南川、綦江，于14时17分在小龙坎投弹后，经隆盛、长寿、垫江、石柱东逸。本市于9时28分发布空袭警报，10时16分发布紧急警报，15时12分发布解除警报。

二、我陆空对敌机战斗情形。

重庆防空司令部所属各高射部队，于11时55分发现敌机由西北方面侵入市空时，我炮45团第3、5、6各连，均予以连续射击，当见敌机队形疏散，仓皇向东逸去。

三、敌机投弹地点及损害情形。

1. 磁器口民生公司趸船投爆炸弹6枚，死2人，伤16人，毁木船7只；

2. 磁器口滑拖嘴投爆炸弹30枚，死23人，伤41人，毁木船20余只；

3. 磁器口鹅井巷投爆炸弹4枚，死27人，伤5人，毁木船3只，一防空洞口炸坏；

4. 磁器口二十四兵工厂投爆炸弹18枚，死2人，伤18人，毁炼钢厂压钢厂、机器厂（毁机器2部）、子弹房（子弹无损失）；

5. 磁器口石口坡高射炮阵地投爆炸弹1枚，炸毁电缆及指挥仪，火炮亦被泥土溅满；

6. 磁器口河中及对岸投弹约30余枚，损失不详；

7. 土湾裕丰纱厂投烧夷弹18枚，爆炸弹20枚，死21人，伤20人，毁民房18间及该厂之一分厂全毁；

8. 上土湾投爆炸弹7枚，死23人，伤34人，毁瓦房5间、草房4间；

9. 土湾军政部织纱厂投弹15枚，伤17人，毁办公房屋5间；

10. 土湾渝鑫钢铁厂投弹17枚，死8人，伤8人，毁房屋66间；

11. 磁器口军政部被服厂被炸起火，损害详情正在调查中；

12. 北碚投弹地点及损害情形，正在调查中。

总计共投爆炸弹约150余枚，烧夷弹约10余枚，死约120余人，伤约150余人。

右〈上〉三项通报：

重庆市政府

重庆卫戍总司令部启

（0053—12—169）

29. 重庆卫戍总司令部为1940年5月28日日机袭渝情形给重庆市政府的通报（1940年5月28日）

兹将本（二十八）日敌机袭渝经过、损害概况、各机关部队施救概略情形通报如下，即希查照。

一、空袭经过——本（二十八）日敌机3批袭渝，第1批敌机36架，8时18分于湖北潜江发现，经十里铺、长阳、建始、恩施、石柱、长寿、邻水、合川、依凤，11时20分侵入市空投弹后，于11时29分经木洞、南川、彭水、酉阳等地东去。第2批敌机26架，8时35分于湖北沙市发现，经董市、五峰、黔江、彭水、长寿、邻水、合川、北碚，11时30分侵入市空投弹后，于11时35分经南川、太平场、涪陵、丰都、石柱、黔江等地东去。第3批敌机36架，9时正于湖北沔阳发现，经丰县、桑植、酉阳、彭水、道真、江津、浮图关，13时06分至广阳坝上空投弹后，于13时14分经长寿、涪陵、垫江、石柱等地东去（以上3批，每批后有1架尾随飞行）。

本市于9时20分悬红球1个，9时55分发布空袭警报，同时悬红球2个，10时34分（下球）并发布紧急警报，14时34分悬红球2个，14时40分改悬绿球1个并发布解除警报。

本日解除警报时，因市区及江北电灯线被炸，电力厂不能输电，故仅龙门浩、警官校两处电动警报器发布解除警报，其余各地系令由警报台用手摇警报器发布，并以机器脚踏车补助传播。

二、我陆空对敌机战斗情形。

高射炮战斗情形：敌机98架，至11时20分起分3批侵入市空（由北向南），高度约5800到6000公尺，我炮兵第45团第2、3、4、5、6连均予猛烈射击，约共消耗弹药240发，其中2架似有负伤模样。

三、敌机投弹地点与损害情形。

1. 两浮支路政治部附近投爆炸弹1枚，损坏轿车1辆；
2. 三民主义青年团中央团部投爆炸弹2枚；
3. 中三路巴中内投弹8枚，死8人，伤9人，毁房屋数间；
4. 中三路财政部投弹3枚，毁房屋数间；

5. 中三路117号至127号投弹6枚，死7人，伤5人；

6. 康宁路投弹1枚，毁民房数间；

7. 康宁路后面投弹5枚，死14人，伤20人；

8. 俄使馆门前投弹8枚，死5人，伤10人；

9. 中二路川东师范教育部附近一带投弹数十枚，炸塌房屋四五十栋，伤五六十人，死者尚在挖掘中；

10. 南区公园投弹十余枚，死二三十人，伤三四十人，毁汽车数辆；

11. 上清寺附近落弹数枚，塌房屋四五栋，伤十余人，死7人；

12. 桂花园附近落弹数枚，塌房屋4栋，死1人，伤2人；

13. 纯阳洞附近落弹3枚，神仙洞250号房内落弹1枚，共塌房屋四五栋，死2人，伤5人；

14. 两路口汽车站附近落弹1枚；

15. 中央广播电台落弹数枚，伤数人；

16. 巴县中学战地党政委员会内落弹2枚，一落地洞上，一落饭厅内，死2人；

17. 燕喜洞一带落弹十余枚，烧毁房屋二三十间，死21人，伤二三十人；

18. 飞来寺落弹3枚，死6人，伤3人；

19. 张家花园枣子岚垭马安山附近一带落弹4枚，死2人，伤2人，震毁民房5间；

20. 萧家沟后面落弹2枚，毁民房5间；

21. 大田湾桃园落弹5枚，死3人，伤1人；

22. 大田湾61号附近落弹1枚，毁房1间；

23. 大溪沟落破片一块，伤1人；

24. 大田湾水田内落弹4枚，死1人，伤3人；

25. 大田湾58号附近落弹1枚，死2人；

26. 大田湾财部渝办事处落弹4枚，毁轿车2辆；

27. 上石板坡落弹11枚；

28. 罗家湾伤兵管理处落弹2枚，死5人，伤6人，内伤上校1员，死中校1

员；

29. 珊瑚坝河坝落弹4枚；

30. 菜园坝宪兵营房附近落弹2枚，死宪兵卫兵1名，伤传达兵1名；

31. 东水门白鹤亭落弹1枚；

32. 南岸玄坛庙后落弹1枚，无损失；

33. 南岸兴龙寺落弹2枚，无损失；

34. 江北四方井街、高脚土地街落弹1枚，伤2人，毁房屋数栋，江北稽查所全毁；

35. 江北金沙门打铁街4号对面落弹1枚；

36. 江北金沙门河滩落弹5枚，毁房数栋；

37. 江北城外官山坡47号落弹3枚，毁房屋多栋；

38. 江北保定门河边落弹1枚；

39. 江北金沙门土堆落弹6枚，死伤50人，尚挖掘中；

40. 江北永平门落弹11枚，均落荒地，无损失；

41. 三青团江北执行所落弹1枚，死6人，伤10余人；

42. 江北中山林落弹55枚，死10余人，伤20余人；

43. 江北谢家沟落弹10枚，死30余人，伤60余人；

44. 江北马号街落弹3枚，死10余人，伤30余人；

45. 江北新城门落弹20枚，死12人，伤20人；

46. 江北金沙门落烧夷弹数枚；

47. 花街子落弹1枚，死4人，伤5人；

48. 牛角沱落弹3枚，死10余人，伤30余人；

49. 据炮45团及新25师报告，广阳坝亦曾投弹，损失情况不明。

总计本日共投弹290余枚，共伤约420余人，共亡约250余人，共毁房约250余间。

四、本日空袭后，救联处、防护团及本部担架排等，均全体出动，分任各项救护工作，颇为努力。

五、其余详细损害情形，俟后续报。右〈上〉通报：

重庆市政府

重庆卫戍总司令部启

（0053—12—169）

30. 重庆卫戍总司令部为1940年5月27、28日日机袭渝详情给重庆市政府的通报（1940年6月1日）

案查五月二十七及二十八两日敌机袭渝情形及损害概况，业经于各该日以坤二防字第2498及2513号通报在案，兹复据各方先后将损害详细情形报告到部，相应列表随文送上，即请查照。此上：

重庆市政府

附表2份

重庆卫戍总司令部启

1）重庆卫戍总司令部调查5月27日敌机袭渝情况暨伤亡损害报告表

空袭经过情形	投弹时间	投弹地点	投弹种类	投弹数目	合计	炸毁焚塌建筑物数目	伤亡人数 伤 男	伤 女	亡 男	亡 女	合计	防护部队施救情形	备考
本(27)日敌机99架，分3批袭渝：第1批36架，7时46分经潜江、长阳、利川、忠县、长寿、邻水、合川，13时12分在北碚投弹后，经丰都东逸；第2批27架，8时08分经沙洋、松滋、彭水、綦江、璧山，11时51分	1.13时12分 2.11时51分 3.14时17分	土湾豫丰纱厂	爆燃	28 1	29	房屋及棉花损毁甚多	13	7	15	6	41		内有1枚未炸
		大鑫路	爆	9	9	房屋数十间							
		土湾大鑫厂	爆	4	4	房屋6间被毁		7	1		8		
		土湾宣社	爆燃	1 1	2	炸毁房屋1间	1		1		2		
		小龙坎上土湾马路边	爆	3	3	炸毁房屋5间	4		3		7		
		小龙坎龙洞湾	爆	7	7	炸毁房屋7间			6	1	7		
		磁器口江边	爆	38	38	炸毁民船18只	54	6	54		114		
		上土湾	爆	7	7	炸毁房屋9间	19	15	13	10	57		

续表

空袭经过情形	投弹时间	投弹地点	投弹种类	投弹数目	合计	炸毁焚塌建筑物数目	伤亡人数 伤 男	伤 女	亡 男	亡 女	合计	防护部队施救情形	备考
在磁器口投弹后,经丰都东逸;第3批36架,8时10分经公安、慈利、来凤、酉阳、南川、綦江,14时17分在小龙坎投弹后,经长寿、石柱逸去。本市于9时28分发布空袭警报,10时16分发布紧急警报,15时12分发布解除警报。		磁器口对面桂花园	爆	5	5		2		1		3		尚有1枚未炸
		北碚镇	爆燃	14 10	24	炸毁房屋16栋	25		20		45		
		北碚癞疤路	爆	4	4	炸毁房屋40余间	35		7		42		
		北碚复旦大学	爆	5	5	炸毁房屋50余间	20		7		27		查尚有2名学生踪迹不明
		合计	爆燃	125 12	137		173	28	134	18	353		
附记	1.本表系根据重庆防空司令部、重庆警备司令部、空袭服务救济联合办事处、宪兵第三团、宪兵第十二团、本部稽查处之报告汇制而成; 2.轻伤者由国立江苏医学院、赈委会中医救济医院及空袭服务救济联合办事处分别治疗、裹扎,重伤者已送入市民医院及重伤医院; 3.死亡者由三峡实验区区署派工收殓; 4.无家可归之难民数十人,均已送第六收容所收容。													

2)重庆卫戍总司令部调查5月28日敌机袭渝情况暨伤亡损害报告表

空袭经过情形	投弹时间	投弹地点	投弹种类	投弹数目	合计	炸毁焚塌建筑物数目	伤亡数目 伤 男	伤 女	亡 男	亡 女	合计	防护部队施救情形	备考
本(28)日敌机分3批袭渝：第1批36架，8时18分经潜江、松滋、长阳、利川、涪陵、长寿、邻水、合川，11时20分在重庆市区投弹后向南川、彭水东逸；第2批26架，8时35分经沙市、五峰、黔江、彭水、长寿、邻水、合川，11时20分在重庆市区投弹后经涪陵、丰都、石柱、黔江东逸；第3批36架，9时经澧县、慈利、来凤、酉阳、彭水、道真、江津，13时05分在广阳坝投弹后，经长寿、涪陵、石柱东逸。本市于9时55分发布空袭警报，10时34分发布紧急警报，14时40分发布解除警报。	1.11时20分 2.11时30分 3.13时05分	牛角沱139、192、196号	爆	1	1	炸毁房屋3所	2		1		3	本日敌机投弹后，我防护团及消防救护担架各队，均赶往南区马路及两路口一带施行救护工作，重伤者送往市民医院及宽仁医院治疗。轻伤者随时予以诊治敷药，死者分别予以掩埋。	
		美专校对面棚户	爆	1	1	炸毁房屋30余间	1	2			3		其中1枚未爆
		大田湾土坡	爆	4	4		16		4		20		
		桂花园	爆燃	6 1	7	炸毁房屋10余间	1	1			2		
		春森路19号	爆	1	1		9	4	1		14		
		中三路124、125号及盐务总局	爆	8	8	世界红十字会中国分会全炸	2	2	2		6		其中1枚未爆
		巴中校内	爆	2	2		2		1		3		
		玄坛庙	爆	3	3								
		纯阳洞205号及电报局	爆	2	2	炸毁房屋4间	3		1		4		
		果园	爆	1	1		4	2			6		
		张必果家祠	爆	1	1		9	6	.		15		
		盐锅骑石	爆	1	1		9	6			15		
		中四路30号	爆	1	1		1		1		2		
		美专校5号苏联总顾问住所防空洞附近	爆	1	1								
		苏联大使馆门前	爆	3	3	门窗玻璃震毁							
		罗家湾30、34号	爆	2	2	炸毁房屋7间	2				2		

续表

空袭经过情形	投弹时间	投弹地点	投弹种类	投弹数目	合计	炸毁焚塌建筑物数目	伤亡数目 伤 男	伤 女	亡 男	亡 女	合计	防护部队施救情形	备考
		枣子岚垭106、92号后	爆	2	2	炸毁房屋2间	3	1	1	1	6		
		张家花园45号侧	爆	1	1								未爆
		高家庄22号	爆	1	1								未爆
		重庆车站	爆	3	3		22		3	2	27		内爆炸弹1枚着该地附近防空洞洞口，正挖掘中
		大田湾61号及水田	爆	9	9		4		4	1	9		
		大中路95、166、177、174号	爆	4	4	炸毁房屋24间	13	2	9	7	31		
		飞来寺2、6、12号	爆	5	5	炸毁房屋8间	9		5	3	17		其中2枚未炸
		康宁路2、3、4、7、12、13、15号棚户	爆烧	19 1	20	炸毁房屋16间 草棚15间	10		7	1	18		其中3枚未炸
		上南区马路3、198号	爆	2	2								其中1枚未炸
		消防沟146号	爆	1	1			1			1		
		燕喜洞	爆	30	30	炸毁房屋4间	14	1	17	2	34		燕喜洞41号1枚未炸
		大水井	爆	2	2	炸毁房屋5间	4	2	1	2	9		
		支路坡	爆烧	12 4	16		34	15	38	2	89		

一、重庆卫戍总司令部有关日机袭渝情况及伤亡损害的调查

续表

空袭经过情形	投弹时间	投弹地点	投弹种类	投弹数目	合计	炸毁焚塌建筑物数目	伤亡数目 伤 男	伤 女	亡 男	亡 女	合计	防护部队施救情形	备考
		下南区马路75号	爆	1	1								未爆炸
		南区支马路80号	爆	1	1								未爆炸
		肖家沟后街	爆	1	1								未爆炸
		乡村公寓	爆	1	1								未爆炸
		吉人巷	爆	1	1	炸毁房屋3间	5				5		
		马号街	爆	1	1	炸毁房屋2间			4	1	5		
		放生池	爆	1	1	炸毁房屋4间		2			2		
		永平门	爆	2	2	炸毁房屋5间	2	1	3	3	9		其中1枚未炸
		新城	爆	14	14	炸毁房屋12间	8	2	11	4	25		其中1枚未炸
		文昌宫	爆	2	2	炸毁房屋3间	2	1	1		4		
		荒林街13号	爆	1	1	炸毁房屋8间	6	2	1	3	12		
		保定门外	爆	2	2	炸毁房屋6间	6	2			8		
		戈阳观2、3、29、30、41号	爆 燃	4 1	5	炸毁房屋12间	5	4	1	1	11		
		中山林5号	爆	1	1	炸毁房屋1间	11		1		12		
		谢家沟31、43、47号	爆	4	4	炸毁房屋31间	9	6	3	1	19		
		中和段145、151号	爆	9	9		8		3		11		
		兴隆桥7、14号及山坡	爆	5	5	炸毁房屋1间	14		6		20		

续表

空袭经过情形	投弹时间	投弹地点	投弹种类	投弹数目	合计	炸毁焚塌建筑物数目	伤（男）	伤（女）	亡（男）	亡（女）	合计	防护部队施救情形	备考
		水月庵	爆	3	3	炸毁房屋14间	5			1	6		
		水府宫官山坡	爆	2	2	炸毁房屋23间	37	5	11	3	56		
		金河小铁街7号	爆	2	2		2				2		
		廖家台河坝	爆	2	2		3				3		
		中四路57号	爆	1	1	炸毁房屋2间							
		江北河坝一带	爆燃	7 5	12	炸毁房屋80—90间							
		神仙洞	爆	6	6	炸毁房屋7栋	32		13		45		
		江北治平中学	爆	2	2				2	2	4		
		江北中山林	爆	5	5		16	1	3	1	21		
		江北新龙桥侧	爆	2	2	炸毁房屋50余间	24	8	7	4	43		
		合计	爆燃	212 12	224		312	70	178	49	859		

附记	1.本表系根据重庆防空司令部、重庆警备司令部、空袭救济服务联合办事处、宪兵第三团、宪兵第十二团、本部稽查处之报告汇制而成； 2.敌机侵入市空时，我高射部队曾予猛烈射击； 3.本日投弹后即有4处起火，当由各消防队立刻救熄； 4.各处投下未爆之炸弹，已令要塞工兵第一团特务连分别侦查掘取。

(0053—12—169)

31. 重庆卫戍总司令部为1940年5月29日日机袭渝情形给重庆市政府的通报（1940年5月29日）

兹将本（二十九）日敌机空袭经过及我损害概略各情形分述如下，希即查照。

一、空袭经过。

本(二十九)日敌机63架,分2批袭渝:第1批敌机27架,于8时35分由沔阳西飞,经澧县、来凤、黔江、彭水、南川、江津、璧山,于11时55分至本市上空,在沙坪坝、小龙坎、磁器口一带投弹后,沿南川、道真、酉阳向东逸去;第2批敌机36架,于9时09分由荆门西飞,经当阳、雅安、巴东、奉节、云阳、开江、巴中、营山、渠县、广安、岳池、武胜、合川,于12时13分至本市上空,在沙坪坝、小龙坎、磁器口一带投弹后,沿南川、酉阳东逸。本市于10时25分发出空袭警报,11时03分发紧急警报,12时55分解除警报。

二、我陆空对敌机战斗情形。

本(二十九)日敌机在市空,高度约6500公尺左右,我炮兵第45团3、6连迎头痛击,共发射炮弹五六十发,炸点尚佳。

三、敌机投弹地点及损害情形。

1. 上土湾大新农场投爆炸弹20余枚,毁房屋10余间;

2. 小龙坎树仁〔人〕小学投爆炸弹4枚(内1枚未炸),毁房屋10余间,死1人;

3. 小龙坎大公学校附近投爆炸弹6枚,毁房屋10余间,死2人;

4. 沙坪坝正街金城银行对面投爆炸弹3枚,伤5人,毁房屋10余间;

5. 重庆大学投爆炸弹30枚;

6. 川康银行对面投爆炸弹3枚,伤5人;

7. 炮兵45团2营营部及团部被服库、修理厂投爆炸弹10余枚,毁房屋20余间,被服材料全毁;

8. 重庆大学投爆炸弹50余枚(内未爆炸弹10余枚),伤1人,毁房屋数十间;

9. 杨家坪附近投爆炸弹20余枚,伤27人,死15人(内未爆炸弹1枚);

10. 航委会氧气厂投爆炸弹2枚,伤1人,死1人;

11. 磁器口米子堆燃烧弹3枚,毁房屋90余间(内2枚未炸);

12. 磁器口凤凰山投爆炸弹1枚;

13. 磁器口大碑投爆炸弹6枚,伤11人,死6人毁房屋40余间;

14. 磁器口七坝河投爆炸弹5枚；

15. 磁器口羊家屋投爆炸弹13枚，伤1人，死2人；

16. 磁器口金沙街投爆炸弹3枚，伤3人；

17. 磁器口教育院投爆炸弹1枚，死14人；

18. 磁器口半边街投燃烧弹1枚，焚毁房屋5间，死2人；

19. 磁器口李家湾投爆炸弹1枚，伤2人。

总计共投爆炸弹约180余枚，燃烧弹约4枚，伤约60余人，死约40余人。

右〈上〉通报：

重庆市政府

重庆卫戍总司令部启

（0053—12—169）

32. 重庆卫戍总司令部为1940年5月30日日机袭渝情形给重庆市政府的通报（1940年5月30日）

据重庆防空司令部报称：

一、本（三十）日7时32分，沙洋发现敌机27架西飞，经恩施、涪陵，于10时31分在合江监视队部附近投弹数枚，并以机枪扫射，后续经永川、江津、綦江、南川，于11时59分绕至广阳坝投弹后，折向东遁，并于12时22分敌机1架，在涪陵投弹4枚，南门外中弹起火，当由该地保五团全体出动，旋即扑灭。

二、本市于8时35分悬红球1个，9时07分发布空袭警报，9时45分发布紧急警报，12时05分悬红球2个，至12时37分发布解除警报。

三、损害情形另再详报。

右〈上〉三项通报：

重庆市政府

重庆卫戍总司令部启

（0053—12—169）

33. 重庆卫戍总司令部为1940年5月29、30日日机袭渝详情给重庆市政府的通报（1940年6月5日）

案查五月二十九及三十两日敌机袭渝情形及损害概况，业经于各该日以坤二防字第2532及2548号通报在案，兹复据各方先后将损害详细情形报告到部，相应列表随文送上，即请查照。此上：

重庆市政府

附表2份

重庆卫戍总司令部启

1）重庆卫戍总司令部调查5月29日敌机袭渝情况暨伤亡损害报告表

空袭经过情形	投弹时间	投弹地点	投弹种类	投弹数目	合计	炸毁焚塌建筑物数目	伤亡人数 伤 男	伤 女	亡 男	亡 女	合计	防护部队施救情形	备考
本（29）日敌机63架，分2批袭渝：第1批27架，8时30分经沔阳、澧县、来凤、彭水、南川、江津、璧山，11时55分在沙坪坝、磁器口、小龙坎一带投弹后，经道真、酉阳东逸；第2批36架，9时09分经荆门、当阳、巴东、云阳、开江、营山、广安、合川，12时13分在沙坪坝、小龙坎、磁器口一带投弹后，经南川、酉阳逸去。本市于10时25分发	1. 11时55分 2. 12时13分	沙坪坝杨家坟	爆	8	8	毁房5间	8	1	15		24		
		皂桷树附近	爆	6	6	毁房1间	5		5		10		
		磁器口半边街	爆	4	4	毁房3间	2		2		4		
		半边街政治部印刷所	爆燃	10 1	11	毁房3间	5		2		7		
		国立教育学院	爆	5	5	毁房屋1栋	6	2	12	1	21		
		火烧沟童家院附近	爆	7	7		5		2	2	9		
		小龙坎吴家湾	爆	3	3	毁屋4间			1		1		
		小龙坎大公职校附近	爆燃	25 2	27	毁房屋5间							
		小龙坎重庆市府沙磁区办事处	爆	2	2	毁食堂1栋							内有1枚未炸
		小龙坎103号起108号止	爆燃	1 1	2	房屋全毁							
		小龙坎国际电台家属宿舍	爆	1	1	毁房3间							
		沙坪坝川康银行对面	爆	1	1	毁房屋2间							

续表

空袭经过情形	投弹时间	投弹地点	投弹种类	投弹数目	合计	炸毁焚塌建筑物数目	伤亡人数 伤 男	伤亡人数 伤 女	伤亡人数 亡 男	伤亡人数 亡 女	合计	防护部队施救情形	备考
布空袭警报，11时03分发布紧急警报，12时55分发布解除警报。		沙坪坝金城银行对面	爆	1	1	毁房屋10余间							
		沙坪坝重庆大学内	爆	35	35	工学院炸毁一半							内有未爆炸弹3枚
		沙坪坝省立职校	爆燃	1 1	2		12	4		2	18		
		徐家院附近	爆燃	3 1	4	毁房屋5间	8	3			11		
		杨家堡附近	爆	11	11	毁房屋4栋	5			2	7		
		大碑罗湾一带	爆燃	15 3	18		11		4		15		
		沙坪坝25—28及45—52号	爆	4	4	房屋全毁	2				2		
		沙坪坝第六小学对面	爆	5	5	毁房屋8间	5				5		
		凤凰山一带	爆	23	23		8	3	13	5	29		
		合计	爆燃	171 9	180		82	13	56	12	163		
附记	1.本表系根据重庆防空司令部、重庆警备司令部、空袭救济服务联合办事处、宪兵第三团、宪兵第十二团、本部稽查处之报告汇制而成； 2.受伤者由空袭服务办事处救护组施行医治，其伤重者并已送第三重伤医院，死亡者由该处抚济组当时收殓； 3.未爆炸弹已饬要塞工兵第一团特务连从速掘取； 4.无家可归之难民70余人已送第六收容所收容。

2)重庆卫戍总司令部调查5月30日敌机袭渝情况暨伤亡损害报告表

空袭经过情形	投弹时间	投弹地点	投弹种类	投弹数目	合计	炸毁焚塌建筑物数目	伤(男)	伤(女)	亡(男)	亡(女)	合计	防护部队施救情形	备考
本(30)日敌机27架，于7时32分经沙洋、恩施、涪陵，于10时37分在合川投弹，并用机枪扫射，后绕经永川、江津、綦江、南川，11时59分在广阳坝投弹后东飞；12时22分，敌机1架在涪陵投弹后，经彭水东逸。本市于9时07分发布空袭警报，9时45分发布紧急警报，12时37分发布解除警报。	11时59分	河口场附近河边	爆	16	16		2	1			3		
		河口场正街	燃	3	3	焚毁民房4间	1				1		
		龙王嘴小河坝	爆	61	61				1	1			
		广阳坝河坝后面	爆	45	45								
		广阳坝对岸	爆	4	4								
		合计	爆燃	126 3	129		3	1	1		5		
附记	1.本表系根据重庆防空司令部、重庆警备司令部、空袭救济服务联合办事处、宪兵第三团、宪兵第十二团、本部稽查处之报告汇制而成； 2.本日10时37分，敌机27架在合川投弹并用机枪扫射，计投弹45枚，伤178人，死72人； 3.本日12时22分，敌机1架在涪陵投爆炸及燃烧弹各4枚，毁房屋300余间，其中起火者当即扑灭，共伤84人，死61人，现无家可归者1150余人。													

(0053—12—169)

34. 重庆卫戍总司令部为1940年6月6日日机袭渝情形给重庆市政府的通报(1940年6月6日)

据重庆防空司令部报告称：兹谨将本(六)日敌机分批空袭及投弹地点分呈如左〈下〉：

一、1.本日9时55分，江陵发现第1批敌机27架西飞，经长阳、开县、广安，于13时33分至遂宁投弹后东逸；

2.本日10时36分，洋溪发现第2批敌机27架西飞，经枝江、五峰、丰都、邻水、广安，在岳池盘旋后，于13时28分至遂宁投弹后东逸；

3.本日10时44分，曲尺河发现第3批敌机33架西飞，经鱼洋关、五峰、恩施、利川，于12时25分至梁山投弹后东逸；

4. 本日11时45分，陕西雒南发现第4批敌机36架向西南飞，经安康、万源、达县、渠县、岳池、合川、北碚，于13时50分至白市驿投弹后，折向东飞，至涪陵分为2批，一批于14时41分经石柱东逸，另一批10架绕经垫江、渠县、达县、宣汉，向北逸去（以上4批，每批有敌侦察机1架尾随侦察）。

二、本市于10时45分悬红色信号球1个，11时22分发布空袭警报，12时45分发布紧急警报，14时37分发布解除警报。

三、各处损害详情正在调查中，容续呈报。

等情，相应通报查照。右〈上〉通报：

重庆市政府

（0053—12—169）

35. 重庆卫戍总司令部为1940年6月10日日机袭渝情形给重庆市政府的通报（1940年6月10日）

本（十）日敌机袭渝，据重庆防空司令部、重庆市警察局、本部稽查处、宪兵第三、第十二两团及本部派往各区调查人员先后报告各情如左〈下〉：

一、本（十）日敌机分4批袭渝：

第1批：36架，9时29分经澧县、宣恩、咸丰、黔江、彭水，11时08分到达涪陵后，即折返丰都，经石柱、恩施东逸。

第2批：27架，11时02分经秭归、巴东、奉节、云阳、开县、宣汉、达县、渠县、广安、合川、依凤，13时在磁器口一带投弹后，经江津、涪陵、丰都、石柱东逸。

第3批：27架，10时30分经叶家河、五峰、小关、咸丰、黔江、彭水、丰都、涪陵、长寿、邻水、垫江，绕梁山、石柱、邻水、合川、清平，13时26分在新市区一带投弹后，经南川、彭水、西阳东逸。

第4批：36架，11时27分经洛宁（河南）、城安、安康、巫溪、云阳、武陵、忠县、丰都、垫江，折返忠县，13时35分在梁山投弹后，经开江、宣汉向北逸去。

二、渝市于9时58分悬红球1个，10时34分发布空袭警报，12时48分发布紧急警报,14时36分发布解除警报。

三、敌机投弹地点及损害情形:

1. 国府路122号后面落爆炸弹1枚,重伤女1人;

2. 大溪别墅1号落爆炸弹1枚;

3. 外宾招待所右侧落弹3枚,内有2枚未炸,正挖掘中;

4. 学田湾1、2、3号(青海省府驻渝办事处、十五集团军驻渝办事处)附近落弹4枚,伤2人;

5. 枣子岚垭经济部合作事业管理局门前落弹1枚;

6. 枣子岚垭78号落弹1枚,伤女1人,又86、68、35、36、37、38、39、40、41、42、43、44、45、46、47、48、49、55、56等号,共落弹5枚,房屋均震塌;

7. 罗家湾43号前后落弹4枚,伤45团驾驶兵董云华1名;

8. 学田湾珏庐前面马路中落弹1枚;

9. 张家花园下段落弹5枚,伤2人,死1人;

10. 中三路新村内落弹1枚,毁房屋3间;

11. 两路口较场落弹2枚(7号斜对面);

12. 中二路派出所落弹1枚,房屋全毁;

13. 渝舍落弹2枚,伤马1匹;

14. 兴华铁厂落弹1枚,塌房屋5间,伤3人;

15. 牛角沱碗厂9号落弹1枚;

16. 上清寺街荫园周围共落弹6枚,伤2人,房屋自194号起至222号止震坏,七七米厂全毁;

17. 交通部内落弹1枚;

18. 公路局停车场前面落弹1枚,未爆炸;

19. 生生花园落弹2枚,伤3人;

20. 重庆村航空委员会落弹2枚,毁房2间;

21. 大田湾39号落弹1枚,毁房屋数间;

22. 政治部饭厅落弹1枚,毁房2间;

23. 大田湾半边街落弹3枚,毁房5间;

24. 重庆市立中学落弹1枚，毁草房数间；

25. 两浮支路落弹1枚，毁54至56及9号房屋，又死伤各1人；

26. 中央广播电台附近落弹1枚；

27. 燕喜洞落弹数枚；

28. 珊瑚坝落弹数枚；

29. 磁器口中家湾一带落弹30余枚，伤44人，死3人。

共计投弹约90余枚，毁房屋约60余栋，死约5人，伤约60余人。

四、我高射部队击伤敌机2架。

五、敌机曾投下荒谬传单数种，经转饬所属收集焚毁。

六、其他详情容后续报。

右〈上〉通报：

重庆市政府

重庆卫戍总司令部启
（0053—12—169）

36. 重庆卫戍总司令部为1940年6月10日日机袭渝详情给重庆市政府的通报（1940年6月14日）

查本（六）月十日敌机袭渝概况，业经该日以坤二防字第2808号通报在案，兹复据各方先后将损害详情呈报到部，相应列表随文送上，即请查照。此上：

重庆市政府

附表1份

重庆卫戍总司令部启

一、重庆卫戍总司令部有关日机袭渝情况及伤亡损害的调查

重庆卫戍总司令部调查6月10日敌机袭渝情况暨伤亡损害报告表

空袭经过情形	投弹时间	投弹地点	投弹种类	投弹数目	合计	炸毁焚塌建筑物数目	伤(男)	伤(女)	亡(男)	亡(女)	合计	防护部队施救情形	备考
本(10)日敌机126架,分4批袭川:第1批36架,9时29分经澧县、宣恩、咸丰、黔江、彭水,11时08分到达涪陵,后折返丰都,经石柱、恩施东逸;第2批27架,11时02分经秭归、巴东、奉节、云阳、开县、宣汉、达县、广安、合川,13时在磁器口一带投弹后,经涪陵、石柱东逸;第3批27架,10时30分经叶家河、五峰、咸丰、黔江、彭水、涪陵、长寿、邻水、垫江、绕梁山、石柱、合川、清平,13时26分在新市区一带投弹后,经南川、彭水、酉阳东逸;第4批36架,11时27分经洛宁(河南)、城安、安康、巫溪、云阳、武陵、忠县、垫江,折返忠县,13时35分在梁山投弹后,经开江、宣汉向北逸去。本市于10时34分发布空袭警报,12时48分发布紧急警报,14时36分发布解除警报。	1. 13时 2. 13时26分	磁器口孙家湾	爆	2	2	毁房屋5间	1	1	2	5	9		
		嘉陵江两岸	爆	9	9								
		上罗家湾6、8、11、12号	爆	4	4	毁房屋4间	3	1			4		
		上罗家湾10、13、15、25号	爆	3	3	炸塌房屋5栋	1				1		
		渝舍	爆	1	1	倒塌房屋5间							
		中二路警察派出所	爆	2	2	炸毁房屋8间							
		中二路湖南省银行驻渝办事处	燃	1	1	毁房屋7间							
		飞来寺一号	爆	1	1	炸塌房屋1栋							
		中二路华兴铁工厂	爆	1	1	炸塌房屋8栋							
		重庆市国民基础小学	爆	1	1	毁校舍1栋	1				1		
		枣子岚垭24、34、42、44、49、54号	爆 燃	7 1	8	毁房屋20余间							
		枣子岚垭62、68、70、71、72、75号	爆	8	8	毁房屋15间							毁汽车3辆
		枣子岚垭76、77、78、86、90号	爆	7	7	毁房屋13间	1		1		2		
		枣子岚垭96、101、102号	爆	3	3	毁房屋5间							
		罗家湾18、19、20、31、33、35、40、44号	爆	13	13	毁房屋12间	1				1		44号1枚未爆炸
		张家花园40号	爆	1	1								

续表

空袭经过情形	投弹时间	投弹地点	投弹种类	投弹数目	合计	炸毁焚塌建筑物数目	伤亡人数 男	伤亡人数 女	亡 男	亡 女	合计	防护部队施救情形	备考
		国府路127、224号	爆	2	2	毁房屋9间	1				1		
		大溪别墅1号	爆	1	1	毁房屋2间							
		学田湾2、3、4、5、6号	爆	8	8	毁房屋23间							
		神仙洞251、264号	爆	2	2	毁房屋3间							
		国府路德使馆坎下	爆	1	1	炸断该处公路							
		两路口市立中学	爆	2	2	毁房屋9间							
		俄国使馆	爆	1	1	毁房屋1间							
		两浮支路政治部	爆	2	2	毁厨房1间	3				3		
		两浮支路停车站外及55号	爆	3	3	毁房屋2栋	2	1	1		4		
		上清寺附近新村5号	爆	2	2	该号房屋全毁							
		上清寺街180、209号	爆	2	2	毁房屋4间	2	1			3		
		上南区马路158号	爆	1	1	屋顶被毁							
		燕喜洞街31、32、33号	爆	1	1	毁房屋2栋1间							
		下罗家湾38、48号	爆	4	4	毁房屋2间							
		合计	爆燃	95 2	97		15	5	4	5	29		

附记	1.本表系根据重庆防空司令部、重庆警备司令部、空袭救济服务联合办事处、宪兵第三团、宪兵第十二团、本部稽查处之报告汇制而成； 2.本日各处电话杆线损坏甚多，当时不能通话达600余家，电话局随即饬工抢修； 3.死伤者由空袭救济服务联合办事处会同各救护队施救； 4.本日敌机飞经浮图关上空之际，投下荒谬宣传品甚多，当经各警卫员警拾获，悉予销毁。

37. 重庆卫戍总司令部为1940年6月11日日机袭渝情形给重庆市政府的通报(1940年6月10〔11〕日)

本(十一)日敌机袭渝,据重庆防空司令部、重庆市警察局、本部稽查处、宪兵第三、第十二两团及本部派往各区调查人员先后报告各情如左〈下〉:

一、本日敌机共126架,分4批袭渝。

第1批27架,10时15分于宜都发现,经渔洋关、聂家河、五峰、鹤峰、咸丰、黔江、彭水、涪陵、南川、长寿,至13时26分侵入渝市上空投弹后,13时36分经小观音、石柱东逸。

第2批36架,10时45分于山阳发现,经安康、平利、城口、开县、丰都、涪陵、清平场,至12时36分侵入市空,至江北投弹后,于12时44分经依风场、武胜、广安、渠县、达县、宣汉、城口东逸。

第3批36架,10时56分于长阳发现,经鹤峰、宣思〔恩〕、利川、忠县、石柱、丰都、涪陵、长寿、茨竹、合川、北碚,至13时25分侵入市空投弹后,于13时36分经龙岗、綦江、道真东逸。

第4批27架,于长阳发现,经利川、石柱、丰都、涪陵、垫江、长寿、邻水、清平场、北碚,至13时44分侵入市空投弹后,于13时52分经龙岗、太平场、涪陵、丰都、黔江东逸。

二、渝市于10时40分悬红球1个,11时05分发布空袭警报,11时46分发布紧急警报,14时55分发布解除警报。

三、敌机投弹地点及损害情形。

1. 江北城区一带

中山林投弹1枚,毁民房4间;

三山庙街投弹3枚,死2人,伤1人,毁房10余间;

高脚土地街投弹2枚,毁民房10余间;

新城棺山坡投弹1枚,毁民房1间;

新城外街投弹1枚,毁民房2间;

聚贤岩投弹2枚,死3人,伤10人;

金沙门打铁街投弹3枚;

紫云宫门口投弹1枚,毁油厂门面;

木关沱投弹1枚,死2人,伤16人;

撑花街投弹1枚,毁民房1间;

谢家沟投弹3枚,毁民房10余间;

清真寺投弹1枚,死2人;

马号街投弹1枚,毁民房1间;

何家祠堂投弹1枚,死3人,伤3人;

地方法院投弹1枚,死2人,伤1人;

衙门口投弹1枚,毁民房10余间;

节孝祠投弹1枚,死2人;

书院街投弹1枚,毁民房9间;

观阳门内顺城街投弹1枚,死4人,伤3人;

文昌街投弹1枚,死4人,伤1人;

水府宫棺山坡投弹2枚,毁民房8间;

大板桥沟投弹1枚,伤10人,死5人;

郊外李家花园投弹1枚,皂角岭投弹3枚,伤14人。

2. 浮图关至化龙桥一带

红岩嘴投爆炸弹6枚,毁房屋8间,死1人,伤3人;

化何街投爆炸弹3枚;

化新村投爆炸弹2枚;

黄角堡投爆炸弹10枚,毁房屋1间;

龙隐路投爆炸弹22枚,毁房5间,死1人,伤13人;

巴渝中学投爆炸弹2枚;

徐家坡投爆炸弹19枚,毁房屋13间,死2人,伤10人;

县政计划委员会投爆炸弹1枚;

浮图关中央训练团投弹共约200枚,毁教室、寝室、小组讨论会室房屋各一部;

木帮街投爆炸2枚,燃烧弹1枚,死2人,伤6人;

浮图关内投爆炸弹1枚,毁房屋2间;

普渡桥投弹1枚,死1人,伤1人。

3.市区(损害详情尚未查明)

大溪别墅东着弹1枚;

张家花园投爆炸弹1枚;

川东师范投爆炸弹2枚,燃烧弹1枚;

枣子岚垭一心里附近着爆炸弹1枚;

罗家湾着爆炸弹1枚;

苏联大使馆附近着爆炸弹6枚;

仙人山附近着爆炸弹6枚;

中二路中着爆炸弹1枚;

南区公园着爆炸弹2枚;

两路口车站附近着爆炸弹2枚;

滥泥污街着爆炸弹5枚;

太平桥街着爆炸弹2枚;

菜园坝一带着爆炸弹11枚,燃烧弹3枚,起火;

老两路口青年会附近着燃烧弹2枚,起火,又爆炸弹1枚;

重庆新村着爆炸弹1枚;

徐家坡徐家院着爆炸弹30余枚;

巴县中学附近着爆炸弹3枚;

兜子背一带着爆炸弹10余枚;

白鹤亭附近着爆炸弹2枚,1弹未炸。

共计投弹400余枚,损毁死伤详情,除市区外,计毁房屋150余间,死40余人,伤80余人。

四、其他详情容后续报。

右〈上〉通报:

重庆市政府

重庆卫戍总司令部启

(0053—12—169)

38. 重庆卫戍总司令部为1940年6月11日日机袭渝详情给重庆市政府的通报（1940年6月18日）

案查本（六）月十一日敌机袭渝损害概况，业经于该日以坤字第2832号通报在案，兹复据各方先后将损害详情呈报到部，相应列表随文送上，即请查照。右〈上〉通报：

重庆市政府
附表1份

重庆卫戍总司令部启

重庆卫戍总司令部调查6月11日敌机袭渝情况暨伤亡损害报告表

空袭经过情形	投弹时间	投弹地点	投弹种类	投弹数目	合计	炸毁焚塌建筑物数目	伤亡人数 伤 男	伤 女	亡 男	亡 女	合计	防护部队施救情形	备考
本（11）日敌机126架，分4批袭渝：第1批27架，10时15分经宜都、五峰、咸丰、黔江、彭水、涪陵，12时38分侵入市空投弹后，经石柱东逸；第2批36架，10时45分经山阳、安康、平利、城口、开县、梁山、忠县、涪陵，13时25分在江北投弹后，经广安、达县逸去；第3批36架，10时56	1. 12时38分 2. 13时25分 3. 13时26分 4. 13时44分	醋房院街	爆	1	1	毁房7栋	2				2		
		炭码头	爆	2	2	毁木船5只	2		1		3		
		神仙洞街248、249、251、252、253、254号	爆	10	10	毁房15栋6间							
		太平桥街	爆	1	1	毁房17栋	8	5	2	3	18		
		燕喜洞街	爆	1	1	毁房3栋							
		滥泥湾街	爆	2	2	毁房1栋	2	1	1		4		
		下南区马路	爆燃	7 1	8	毁房27栋	1				1		
		兜子背	爆燃	16 1	17	毁房72栋			3	1	4		
		余家院	爆	2	2	毁房5栋	2	1			3		
		石盘街	爆燃	6 2	8	毁房7栋	34	2	10	2	48		

续表

空袭经过情形	投弹时间	投弹地点	投弹种类	投弹数目	合计	炸毁焚塌建筑物数目	伤亡人数 伤 男	伤 女	亡 男	亡 女	合计	防护部队施救情形	备考
分经长阳、利川、忠县、石柱、丰都、涪陵、长寿,13时26分在市区投弹后,经綦江、道真东逸;第4批27架,经长阳、利川、石柱、丰都、涪陵、垫江、长寿、邻水,13时44分在市区投弹后,经丰都、黔江逸去。本市于11时05分发布空袭警报,11时46分发布紧急警报,14时55分发布解除警报。		王家坡	爆燃	20 1	21	毁房6栋	15				15		
		铁路坝	爆	2	2								
		南区支路	爆	3	3	毁房20栋	3		3	1	7		
		南区公园	爆	1	1								
		大溪别墅8号	爆	1	1								
		罗家湾8、2、11、13、22、27号	爆	9	9	毁房2栋16间							
		罗家湾4、25、26、31、44、42号	爆燃	6 2	8	毁房22间	1	1			2		
		中三路中国银行右侧	爆	1	1	毁房1间	2		1		3		
		中三路132号门前	爆	1	1	毁房5间							
		中一路18至43号	燃	2	2	毁房60栋	1				1		
		老两路口孟园	爆	1	1	毁房2栋							
		中二路渝舍对面	爆	1	1								
		大田湾田沟	爆	1	1								
		中二路新村	爆	3	3	毁房4栋							
		中二路金城别墅角	爆	1	1	毁房1栋							
		中三路予园	爆	2	2								
		中三路重庆村涵洞	爆	1	1	毁房10余间							

续表

空袭经过情形	投弹时间	投弹地点	投弹种类	投弹数目	合计	炸毁焚塌建筑物数目	伤亡人数 伤 男	伤亡人数 伤 女	伤亡人数 亡 男	伤亡人数 亡 女	合计	防护部队施救情形	备考
		中二路40、91、97、123、167、181号	爆	6	6	毁房19间	1	1			2		
		飞来寺1、2、6、8、12号	爆	12	12	毁房21间							
		康宁路13、18号	爆燃	6 1	7	毁房2间							
		红岩嘴	爆	6	6	毁房8间	3		1		4		
		化河街化新村	爆	5	5								
		黄角堡	爆燃	10 2	12	毁房1间							
		龙隐路	爆燃	22 2	24								
		巴渝中学	爆	2	2								
		徐家坡	爆	19	19	毁房13间	9	1	1	1	12		
		县政计划委员会	爆	1	1								
		木帮街	爆燃	2 1	3		5	1	2		8		
		浮图关	爆	1	1	毁房2间							
		嘉陵新村	爆	1	1								
		虎头岩	爆	1	1								
		新城	爆	3	3								
		贫平〔民〕院	爆	2	2	毁房4间							
		节孝祠街	爆燃	1 1	2	毁房8间							
		三山庙街	爆	3	3	毁房10间							
		米亭子街	爆	2	2	毁房10间							
		天主堂	爆	1	1	毁房4间							
		小市场街	爆	1	1	毁房10间							

一、重庆卫戍总司令部有关日机袭渝情况及伤亡损害的调查

续表

空袭经过情形	投弹时间	投弹地点	投弹种类	投弹数目	合计	炸毁焚塌建筑物数目	伤亡人数 伤 男	伤 女	亡 男	亡 女	合计	防护部队施救情形	备考
		衙门口街	爆	3	3	毁房8间	1				1		
		公园口街	爆	2	2	毁房5间	1	2	1		4		
		芭蕉湾	爆	2	2	毁房10间							
		文昌宫	燃	1	1	毁房3间	2				2		
		谢家祠	爆	4	4	毁房11间							
		中山林	爆	4	4	毁房1间							
		金纱街	爆	1	1	毁房35间							
		高脚土地街	爆	3	3	毁房13间	1	1			2		
		左顺城街	爆	3	3	毁房8间	4	1	3	1	9		
		六事局街	爆	7	7	毁房24间							
		保定门外街	爆	1	1	毁房3间							
		保定门河坝	爆	6	6								
		东升顺城街	爆	1	1	毁房4间							
		普道桥	爆	5	5	毁房2间	3	5	1	2	11		
		水沟街5、18号	爆	1	1	毁房4间	1	1	2	2	6		
		江北地方法院	爆	1	1	毁房5间	5	1	1	1	8		
		林家巷	爆	1	1	毁房5间	1	1	1	1	4		
		岳家沟	燃	1	1								
		镇安门	爆	1	1	毁房3间							
		洗布塘街	爆	1	1	毁房1间							
		弋阳观	爆	2	2	毁房7间	1	1		2	4		
		书院街	爆	1	1	毁房15间	1	1			2		
		军需学校	爆	1	1	毁房2间							
		江北正街	爆	1	1	毁房8间	1				1		
		小府宫河坝	爆燃	11 3	14								

续表

空袭经过情形	投弹时间	投弹地点	投弹种类	投弹数目	合计	炸毁焚塌建筑物数目	伤亡人数 男	伤亡人数 女	伤亡人数 男	伤亡人数 女	合计	防护部队施救情形	备考
		聚贤岩7号坡下	爆燃	1 1	2		7	2	1	4	14		
		金沙兴隆街5、22至46号	爆	3	3	毁房22间							
		兴隆外街1至5号	爆燃	1 1	2								
		水府宫官山坡94号外侧	爆	2	2	毁房11间							
		大板桥沟坡上	爆	1	1		10		4		14		
		兴隆桥沟3号	爆	3	3								
		道座厅	爆	2	2	电线杆1根							
		枣子岚垭11、15、19、26号	爆	6	6	毁房18间							
		飞来寺俄国大使馆	爆	4	4	毁房屋数间							
		飞来寺德国海通社	爆燃	4 2	6	焚毁房屋11栋							
		皂角岭	爆	3	3	毁房17间							
		大湾空地	爆	4	4		4		1		5		
		金山门至保定门一带河坝	爆燃	10 9	19								
		金山门26号	爆燃	1 1	2	毁小院1栋							
		永平街6、7、8、9号	爆	1	1								
		小较场14号	爆	1	1	毁房13间	2				2		
		新龙外街134号	爆	1	1	毁房2间	2				2		

续表

空袭经过情形	投弹时间	投弹地点	投弹种类	投弹数目	合计	炸毁焚塌建筑物数目	伤亡人数 伤 男	伤 女	亡 男	亡 女	合计	防护部队施救情形	备考
		打铁街8、17号	爆	1	1	毁房2间							
		中二路72至76号	爆燃	4 6	10	炸焚房屋64间	5				5		
		川师内	爆	4	4	毁房10余间							
		南区中路街心	爆	2	2	防空洞口被震毁	15				15		
		化龙桥河坝空地	爆燃	5 2	7		3		2		5		
		化龙桥交通银行上面	爆	3	3								
		化龙桥庞家岩附近	爆	4	4								
		化龙桥复旦中学	爆	8	8	毁房数间							
		菜园坝王家坡	爆	2	2	毁房5间	1				1		
		公园9号	爆	1	1	毁房1栋							
		合计	爆燃	356 41	397	毁房262栋535间	162	29	42	21	254		
附记	\multicolumn{13}{l	}{1.本表系根据重庆防空司令部、重庆警备司令部、空袭救济服务联合办事处、宪兵第三团、宪兵第十二团、本部稽查处之报告汇制而成； 2.轻伤者经当时敷药裹治后，各自返家；重伤者分别送入第七、八、十二、十四重伤医院；死者已分别掩埋； 3.本日有防护团员吕正才、陈国斌二人殉职。}

(0053—12—169)

39. 重庆卫戍总司令部为1940年6月12日日机袭渝情形给重庆市政府的通报（1940年6月12日）

本（十二）日敌机袭渝，据重庆防空司令部、宪兵第三团、重庆警备司令部江北区派出所、本部稽查处及本部派员调查，先后报告各情，汇报如左〈下〉：

一、本日敌机共117架，分4批袭渝。

第1批27架，8时49分于聂家河发现，经宣恩、黔江、隆盛，10时50分在垫江盘旋，复经涪陵、南川，于12时45分侵入渝市上空，在朝天门一带投弹后，经涪陵东逸。

第2批27架，12时04分于采花发现，经黔江、石柱、南川、綦江，于12时15分侵入江北上空投弹后，由涪陵、黔江东逸。

第3批27架，9时59分于华容发现，经澧县、大庸、永顺、黔江、涪陵、南川、綦江，12时35分侵入渝市上空，在上清寺投弹后，由北碚、涪陵东逸。

第4批36架，10时02分于陕西雒南发现，经山阳、平利、城口、万县、梁山、双河、木洞，于12时15分侵入江北上空投弹后，由北碚、铜梁、渠县、大竹、万源向北逸去。

二、渝市于9时24分悬红球1个，9时44发布空袭警报，10时10分发布紧急警报，13时55分用警报车发布解除警报。

三、渝市各电话线路，于12时25分均被炸毁，不通，本部于警报解除后饬属分途赶修中。

四、敌机投弹地点及损害情形。

甲、新市区方面

1. 国府门首投爆炸弹1枚，门牌尽毁，卫兵死1伤1，内部第一栋楼房投爆炸弹2枚，一部分被炸毁；

2. 国府路外宾招待所门首投爆炸弹2枚，无损失；

3. 蒲草田投爆炸弹1枚，燃烧弹1枚，毁房24栋；

4. 梯圣街投爆炸弹1枚，毁房8栋，伤男2人；

5. 建设路投爆炸弹1枚，未炸；

6. 罗家湾投爆炸弹9枚，燃烧弹1枚，毁屋35栋；

7. 中四路投爆炸弹10枚,毁屋6栋,伤女1人;

8. 曾家岩投爆炸弹8枚,毁屋17栋;

9. 枣子岚垭投爆炸弹10枚,燃烧弹1枚,毁屋20栋,死男1人;

10. 大溪别墅投爆炸弹5枚,毁屋5栋;

11. 菜园坝投爆炸弹5枚,损失不详。

乙、城市区方面

1. 民生路(旧劝工局)街口投爆炸弹、燃烧弹各1枚,毁房5栋,燃烧3栋;

2. 临江门顺城街投爆炸弹1枚,毁房屋3栋;

3. 临江门72号投爆炸弹1枚,毁房屋1栋,震塌12栋;

4. 临江门兴隆台投爆炸弹2枚,毁房屋3栋,震塌6栋;

5. 五四路投爆炸弹1枚,毁房屋3栋,死男2女2,伤男女各1;

6. 民权路口空地投爆炸弹1枚,无损失;

7. 保安路投爆炸弹1枚,房屋震塌约24间;

8. 民族路新川戏院投爆炸弹1枚,毁房1栋;

9. 机房街投爆炸弹1枚,毁房屋13栋;

10. 民族路69号投燃烧弹3枚,已着火,毁房8栋;

11. 观阳巷投爆炸弹1枚,毁房屋约11栋;

12. 棉花街投爆炸弹1个,震毁房屋45栋,死男1小孩1;

13. 千厮门投燃烧弹3枚,毁房121栋;

14. 临江码头投燃烧弹3枚,毁房屋25栋;

15. 朝天门投爆炸弹1个,死男女12人,毁房屋1栋;

16. 中正路216号投爆炸弹3个,毁房屋15栋;

17. 中正路245号投爆炸弹12个,毁房屋12栋(内有1个未炸);

18. 中正路278号投爆炸弹3枚,毁房屋11栋;

19. 中正路304号投爆炸弹3枚,毁房屋14栋;

20. 新生路口投爆炸弹1个,毁房屋1栋;

21. 新生路空地投爆炸弹1个,无损失;

22. 新生活运动促进会投炸弹2个,毁房屋1栋;

23. 民权路68号投爆炸弹1个,毁房屋1栋;

24. 木货街投爆炸弹2枚,死男女5人,毁房3栋;

25. 民生路68号投爆炸弹3个,毁房3栋;

26. 民生路114号投爆炸弹3个,毁房8栋。

丙、江北区方面

1. 野猫洞平民村脚投爆炸弹2枚,死19人,伤12人;

2. 沙家沟锅厂投爆炸弹2枚,毁房屋15间;

3. 梁沱河岸投爆炸弹5枚,死7人,伤9人,木船4只、轮船2只被炸毁;

4. 鹞鹰石投爆炸弹1枚,死7人,伤18人,毁木船7只;

5. 打鱼湾投爆炸弹5枚,死15人,伤25人,毁房屋6间、木船4只;

6. 东升门投爆炸弹2枚,死45人,毁屋25间;

7. 杨家溪投爆炸弹2枚,毁屋5间;

8. 木关沱一带投爆炸[弹]9枚,死5人,伤6人,毁房屋35间、木船8只;

9. 金沙门一带投爆炸弹4枚,死103人,毁房屋11间;

10. 观联阳门投爆炸弹4枚,毁房4间;

11. 江北嘴码头投爆炸弹1枚,毁木船4只;

12. 问津门投爆炸弹1枚,死1人,伤2人;

13. 垮城墙投爆炸弹3个,死3人,伤1人;

14. 演武厅投爆炸弹1枚,毁屋8间;

15. 奎星楼九龙巷投爆炸弹2枚,毁屋11间;

16. 上横街投爆炸弹1枚,毁房7间,伤2人;

17. 平儿院投爆炸弹6枚,毁房22间;

18. 火神庙投爆炸弹6枚,毁屋10间;

19. 新城菜园投爆炸弹2枚,死伤约55人;

20. 放生池街投爆炸弹3枚,毁房22间;

21. 三山庙投爆炸弹4枚,毁屋28间;

22. 荒林街投爆炸弹1枚,毁屋3间;

23. 四楞碑投爆炸弹1枚,毁房8间;

24. 水府宫一带投爆炸弹4枚,毁屋22间;

25. 宝盖寺街投爆炸弹1枚,毁屋8间;

26. 聚宝岩街投燃烧弹1枚,毁屋75间。

以上共计:爆炸弹185枚,燃烧弹14枚,毁房屋847栋,毁木船26只,毁轮船2只,死159人,伤166人。

五、都邮街重庆国货公司防空洞中弹倒塌,已由重庆市空袭服务救济联合办事处派挖救队前往抢救,已救出30余人。

六、较场口十八梯之观音岩防空洞,窒死民众甚多,已由重庆市空袭服务救济联合办事处派队前往抢救。

七、其他详情容后续报。

右〈上〉通报:

重庆市政府

重庆卫戍总司令部启

(0053—12—169)

40. 重庆卫戍总司令部为1940年6月12日日机袭渝详情给重庆市政府的通报(1940年6月19日)

案查本(六)月十二日敌机袭渝损害概况,业经于该日以坤二防字第2858号通报在案,兹复据各方先后将损害详情呈报到部,相应列表随文送上,即请查照。右〈上〉通报:

重庆市政府

重庆卫戍总司令部启

重庆卫戍总司令部调查6月12日敌机袭渝情况暨伤亡损害报告表

空袭经过情形	投弹时间	投弹地点	投弹种类	投弹数目	合计	炸毁焚塌建筑物数目	伤亡人数 伤 男	伤 女	亡 男	亡 女	合计	防护部队施救情形	备考
本(12)日敌机170架,分4批袭渝:第1批27架,8时49分经聂家河、宣恩、黔江、垫江、涪陵、南川,12时45分在市区投弹后,经涪陵东逸;第2批27架,10时04分经采花、黔江、石柱、南川、綦江,12时15分在江北县上空投弹后,经涪陵东逸;第3批27架,9时59分经华容、大庸、黔江、南川,12时33分在市区投弹后,经涪陵东逸;第4批36架,10时02分经陕西雒南、四川万源、梁山、双河,12时15分在江北县投弹后,经万源向北逸去。本市于9时44分发布空袭警报,10时10分发布紧急警报,13时55分发布解除警报。	1. 12时45分 2. 12时15分 3. 12时33分 4. 12时15分	治平巷	燃	1	1	10余间							
		长安后街	爆	1	1	2间							
		筷子街	燃	2	2	14栋							
		二郎庙街	爆	1	1	6间							
		罗汉寺街	爆	2	2	13间	2	1			3		
		药王庙	爆	1	1	1间							
		中正街	爆	4	4	28间							
		书院街	爆	3	3	4间	3	2	5	2	12		
		炮台街	爆	1	1	四川旅行社全部房屋							
		民族路龙王庙	燃	2	2	28间							
		小梁子	爆	2	2	7间							
		机房街	爆	2	2	10间	4	3	2	1	10		
		育婴堂	爆	1	1	13间	2	1	2		5		
		观阳巷	爆	1	1	2间							
		棉花街	爆	1	1	9间							
		九尺坎	爆	1	1	3间							
		铁板街	爆	1	1	1间							
		龙王庙45号	爆	2	2	全部房屋							
		小河顺城街8号	爆	2	2	3栋							
		赣江街5号	爆	1	1								
		朝天背街	爆 燃	2 1	3	47间	16		10	1	27		
		朝天大码河坝	爆	1	1								
		新码头河坝	爆	1	1								
		麻柳湾河坝	爆	2	2								
		贺家码头	爆	1	1								

续表

空袭经过情形	投弹时间	投弹地点	投弹种类	投弹数目	合计	炸毁焚塌建筑物数目	伤亡人数 男	伤 女	亡 男	女	合计	防护部队施救情形	备考
		千厮门街	燃	2	2	1至77号全焚毁							
		兴隆巷	爆	5	5	25间							
		盐井巷17号	爆	2	2	4栋							
		蔡家湾口	爆	2	2	1至180号全街烧毁							
		蔡家湾口	爆	3	3	纸码头1至64号全街烧毁，延烧码头1至27号、石板坡1至58号、洪岩祠1至5号、天成巷1至15号							
		鸡市巷	爆	1	1	9间	1	1	3	2	7		
		梅子坡	爆	1	1	4间	2	1	1	1	5		
		汲泉巷	爆	1	1	2间							
		米亭子	爆	1	1	7间							
		磁器街	爆	3	3	2间	2		3		5		
		牛皮凼	爆	4	4	8间	1		2		3		
		兴隆街	爆	1	1	4间							
		五四路	爆	2	2	5间	3		1	3	7		
		天主堂	爆	1	1								
		新生路	爆	3	3	7间							
		夫子池	爆	3	3	38间	1		1		2		
		中华路	爆	6	6	14间			1		1		
		大井巷	爆	1	1	6间							
		临江路	爆	2	2	10间		1			1		
		戴家巷	爆	1	1	7间	1		1		2		
		来龙巷	爆	1	1	4间							
		凉亭子	爆	1	1	14间							

续表

空袭经过情形	投弹时间	投弹地点	投弹种类	投弹数目	合计	炸毁焚塌建筑物数目	伤亡人数 伤 男	伤亡人数 伤 女	伤亡人数 亡 男	伤亡人数 亡 女	合计	防护部队施救情形	备考
		丁口横街	爆	1	1	12间	2		3		5		
		兴隆街口	爆	1	1	4间							
		中华路	爆	1	1	5间							
		至诚巷	爆	2	2	2间							
		保安路	爆	5	5	16间	1		3		4		
		正阳街	爆	4	4	29间	3	1	2	2	8		
		木货街	爆	1	1	7间	1		1	1	3		
		民权路	爆	7	7	27间		2			2		
		鼎新路	爆	1	1	1间							
		西四街北端	爆	1	1	24号至26号炸毁							
		中央公园水池	爆	1	1	天生元新华报社炸毁	2		5		7		
		中央公园孔雀亭	爆	1	1	18、19、20、35号均毁							
		东升楼街	爆	1	1	1间		1			1		
		尚家凉亭	爆	1	1		1				1		
		中大街19号市商会内	爆	2	2	5间							
		忠烈祠36号	爆	2	2	全院							
		会府仓坝子	爆	1	1	全院	19		4		23		
		民生路72、132、168、170、172号	爆	3	3	14间							
		民生路114、116、118、228号	爆燃	2 1	3	10间							
		若瑟堂17号	爆	1	1	3间	1	1			2		
		安乐洞地母亭	爆	2	2		20	6	37	7	70		
		鲁祖庙56号	爆	1	1								
		天星桥	爆	1	1	2间							

续表

空袭经过情形	投弹时间	投弹地点	投弹种类	投弹数目	合计	炸毁焚塌建筑物数目	伤亡人数 男	伤 女	亡 男	女	合计	防护部队施救情形	备考
		菜园坝街	爆	2	2	4间							
		下南区马路	爆	5	5	5间							
		枣子岚垭97、44、38、63、82号	爆	5	5	11间							
		枣子岚垭80、83、85、86、88号	爆	5	5	15间							
		罗家湾29、31、32、33、37号	爆燃	4 2	6	20间							
		罗家湾40、41、42、43、49号	爆	5	5	14间							
		中四路22、31、35、130、132号	爆	11	11	4栋6间		1			1		
		中四路142、143、145号	爆	3	3	3栋							
		曾家岩20、25、26、27、28号	爆燃	3 1	4	5栋							
		曾家岩44、81、102、137、138号	爆	5	5	1栋13间							
		梯圣阁19、20号	爆	1	1	2栋							
		国府路16、50、55、257、289、295号	爆燃	4 2	6	4栋							
		上清寺43、44、45、46号	爆	1	1	4栋							
		打渔湾	爆燃	3 1	4	5间	3	1	1		5		
		杨家溪	爆	3	3	15间	2	2	8	7	19		
		棺材巷	爆	1	1	15间	2				2		

续表

空袭经过情形	投弹时间	投弹地点	投弹种类	投弹数目	合计	炸毁焚塌建筑物数目	伤亡人数 伤 男	伤亡人数 伤 女	伤亡人数 亡 男	伤亡人数 亡 女	合计	防护部队施救情形	备考
		沙井街	爆	1	1	3间		1			1		
		诚厚街	爆	2	2	9间							
		王家菜园	爆	1	1								
		垮城墙	爆	2	2	3间			2		2		
		潮音寺	爆	2	2	2间	2				2		
		三倒么门	爆	1	1	1间							
		魁星阁	爆	1	1	3间							
		鲤鱼石	爆燃	1 1	2	5间							
		武库街	爆	1	1	10间							
		九龙巷	爆	1	1	5间							
		演武厅	爆	1	1	5间							
		三洞桥正街72号	爆	1	1	5间							
		谢家沟	爆燃	1 1	2	3间							
		鹞鹰石	爆	7	7		16	17			33		
		三洞桥河边	燃	1	1		1		2	1	4		
		新城边	爆	2	2				1		1		
		火神庙	爆	3	3		1				1		
		镇安门	爆燃	1 1	2	1间							
		江北县府旧址	爆	1	1								
		江北新街	爆	2	2	12间							
		宝盖寺	爆	1	1	15间							
		四楞碑	爆	1	1	8间							
		三山庙街	爆	2	2	20间	1				1		
		放生池	爆	2	2	7间	1				1		
		上横街	爆	1	1	3间							
		菜什字	爆	1	1								

一、重庆卫戍总司令部有关日机袭渝情况及伤亡损害的调查 83

续表

空袭经过情形	投弹时间	投弹地点	投弹种类	投弹数目	合计	炸毁焚塌建筑物数目	伤亡人数				合计	防护部队施救情形	备考
							伤		亡				
							男	女	男	女			
		磨房街	爆	1	1	2间	1				1		
		王家巷	爆	1	1	1间							
		高脚土地街	爆	4	4								
		保定门外街	爆	1	1								
		保定门外河坝	爆燃	9 1	10								
		观阳左顺城街	爆	3	3	2间							
		普渡桥	爆燃	8 2	10		4		1	3	8		
		观阳新码头	爆燃	8 1	9	3间			1	1	2		
		观阳右顺城街	爆燃	4 1	5	24间	1	1			2		
		军需学校	爆	2	2	22间							
		汇川码头	燃	1	1								
		江北正街	燃	1	1	4间							
		三洞桥正街29号	爆	1	1		1	1			2		
		水府宫官山坡144号	爆	1	1	12间							
		水府宫官山坡41号防空洞	爆	2	2	128间							
		水府宫官山坡26号右侧	爆	1	1	136间							
		金沙打铁街8号	爆	1	1	7间							
		金沙门河坝	爆	3	3								
		聚贤岩1号	爆	1	1	2间							
		五桂石街	爆	1	1	1间	8	2	2	2	14		
		燕子岩	爆	1	1								
		三洞桥正街5号附近	爆	1	1		2	2	9	8	21		

续表

空袭经过情形	投弹时间	投弹地点	投弹种类	投弹数目	合计	炸毁焚塌建筑物数目	伤亡人数 伤 男	伤 女	亡 男	亡 女	合计	防护部队施救情形	备考
		草药街口	爆	1	1	5间	1		2		3		
		朝天门	爆	1	1	1栋			7	5	12		
		国府礼堂	爆	11	11	礼堂被毁	3		1		4		
		米花街警世堂19号	爆	2	2	2栋							
		合计	爆 燃	290 28	318	毁房61栋 1449间	138	47	126	48	359		

附记：
1. 本表系根据重庆防空司令部、重庆警备司令部、空袭救济服务联合办事处、宪兵第三团、宪兵第十二团、本部稽查处之报告汇制而成；
2. 重伤者经各救护队分别送入第一、二、四、五、十一、十二重伤医院，轻伤者当予敷药裹扎各自返家，死者经空袭办事处抚济组分别掩埋，无家可归之难民51人，均经第一收容所收容；
3. 本市十八梯大隧道两头出路拥挤，中间太长，在敌机未临空时，民众多在洞中休息，一闻机声后，即拥入洞内之，两头一挤，洞中空气被阻，不能流通，致闷死男性29人，女性32人，因拥挤、践踏而受轻伤者计男性98人，女性114人，重伤者男性39人，女性31人，共计死伤343人；
4. 本市电话局及南岸等分局均被炸，市区电线损毁甚多，警报解除后，电话局及电灯厂均派工抢修。

(0053—12—169)

41. 重庆卫戍总司令部为1940年6月16日日机袭渝情形给重庆市政府的通报（1940年6月16日）

本（十六）日敌机袭渝，据重庆防空司令部、重庆市警察局、宪兵第三、第十二两团及本部派往各区调查人员先后报告各情如左〈下〉：

一、本（十六）日敌机117架，分4批袭渝：

第1批敌机36架，于10时20分经陕西之平民、华阴、雒南、镇安、汉阴、紫阳、四川之城口、宣汉、营山、广安、武胜、合川、铜梁、荣昌、龙岗，13时37分在重庆市区投弹后，经广安、垫江、大竹、宣汉北逸。

第2批敌机27架，10时34分经公安、澧县、来凤、彭水、涪陵、长寿、大竹，15时08分又在重庆市区投弹后，经南川、彭水东逸。

第3批敌机27架,10时58分经澧县、桑植、来凤、黔江、涪陵、长寿、清平,14时53分仍在重庆市区投弹后,经涪陵、彭水、黔江东逸。

第4批敌机27架,12时10分经渔阳关、五峰、宣恩、咸丰、黔江、涪陵、邻水、广安、南充、岳池、合川,15时08分亦在重庆市区投弹后,经綦江、南川、彭水东逸。

二、本市于11时36分悬挂红球1个,11时52分发布空袭警报,12时37分发布紧急警报,15时40分发布解除警报(解除警报因线路炸坏,乃用警报车及绿色信号球1个解除警报)。

三、第1批敌机侵入市空时,与我空军发生空战,闻在弹子石附近击落敌机6架,计在陕南、茨竹、涪陵、南岸等4处各发现残骸1架,其余2架正侦查中。

四、敌机投弹地点及损害情形。

1. 太华楼巷、石门街、打铜巷、民生公司、马王庙等五处各落燃烧弹1枚,五处均起火,当即扑灭,毁房屋数十间,人无伤亡;

2. 陕西路落爆炸弹1枚,无伤亡;

3. 新街口落爆炸弹2枚,无死伤;

4. 左营街警备部落爆炸弹1枚,该部大门震塌;

5. 警备部附近落燃烧弹1枚,毁房屋3栋;

6. 中正路西冷饭店落爆炸弹1枚,毁房屋1栋;

7. 神仙洞街192、194号落爆炸弹1枚,毁房2栋,震塌3栋;

8. 观音岩卫戍总部前面及后侧共落爆炸弹7、8枚,燃烧弹2、3枚;

9. 中一路306、307号落燃烧弹1枚,毁房屋5栋,震塌15栋;

10. 国府路落弹26枚,毁房屋160余间;

11. 枣子岚垭落弹15枚,毁房屋30余间;

12. 学田湾落弹8枚,毁房屋10余栋;

13. 大溪沟老街、三元桥街、大德里、黄花街、重庆防空司令部前面计五处起火,重伤3人,轻伤8人;

14. 军委会广场落爆炸弹2枚;

15. 林森路落爆炸弹5枚(1枚未爆炸),燃烧弹8枚,有2处起火,伤1人;

16. 刁家巷落爆炸弹2枚,燃烧弹3枚,毁房20余间;

17. 东华观巷落燃烧弹2枚,毁房26间;

18. 酒行街落爆炸弹4枚,燃烧弹4枚,毁房25间,伤男女各2人,死男女各5人;

19. 老关庙落燃烧弹2枚,毁房20间;

20. 胡家巷落燃烧弹1枚,毁房20间;

21. 花巷子落爆炸弹1枚,未爆炸;

22. 黄荆巷落燃烧弹2枚,毁房13间;

23. 柑子市落燃烧弹5枚,毁房34间,烧死5人;

24. 储奇门街及河坝落燃烧弹4枚,毁房14间;

25. 太平桥落爆炸弹1枚,伤男3人,女2人,死男3人;

26. 大巷子落爆炸[弹]2枚,震毁房屋4间;

27. 警察第三分局后院落爆炸弹1枚,未爆炸;

28. 酒行街及柑子市一带河边,毁船62只,内有汽油100余箱焚毁;

29. 南岸陈家沟落爆炸弹1枚,伤1人;

30. 玄坛庙落爆炸弹2枚,毁房4间,1枚落河中;

31. 小较场14号投燃烧弹1枚,毁房1间;

32. 新生路特号投燃烧弹1枚,毁房2间;

33. 金紫支马路投爆炸弹1枚,无损失;

34. 胡家巷投烧夷弹1枚,毁房5间;

35. 储奇顺城街投烧夷弹2枚,毁房17间;

36. 储奇行街投爆炸、燃烧弹各1枚,无损失;

37. 芝江巷38号投爆炸弹1枚,无伤亡;

38. 铜元局码头投烧夷弹1枚,无死伤;

39. 珊瑚坝飞机场空坝投爆炸弹1枚;

40. 珊瑚坝内河官塘投爆炸弹1枚;

41. 十一分局侧面投爆炸弹1枚;

42. 凤栖路投爆炸弹1枚，伤男3人；

43. 高家庄12、22号投爆炸弹2枚，无损失；

44. 人和街36号投爆炸弹2枚；

45. 张家花园63号及某训练所投爆炸弹4枚，毁房2间；

46. 张家花园74号投爆炸弹10枚，毁房5间，死男3人；

47. 双溪沟19号附近投爆炸弹1枚，毁房3间，死男12人；

48. 黄家花园23号投燃烧弹1枚，无伤亡；

49. 大溪别墅1号投爆炸弹1枚；

50. 曾家岩90号附近投爆炸弹3枚，毁房2间；

51. 梯圣关投爆炸弹5枚，毁房3间；

52. 蒲草田投爆炸弹9枚，毁房10间；

53. 邵家湾投爆炸弹12枚，燃烧弹1枚，毁房3间；

54. 观阳门码头投爆炸弹2枚，毁房4间，伤男女各1人；

55. 太洪岗投燃烧弹1枚，毁房3间；

56. 美丰仓库及其前马路中投弹2枚，内有1枚未爆发；

57. 过街楼投爆炸[弹]2枚，内有1枚未爆发；

58. 沙井湾城墙投爆炸弹1枚；

59. 黑巷子投燃烧弹1枚；

60. 白鹤亭河边投爆炸弹1枚，无损失；

61. 汲泉巷投爆炸弹2枚，毁房3间；

62. 双溪沟投燃烧弹3枚，爆炸弹8枚，毁房15间，死男13人，伤男20人。

共计投弹约218枚，死约40余人，毁房屋约670余间，伤约58人。

五、本部前后左右投爆炸弹七八枚，燃烧弹二三枚，对面商店数家起火，正扑灭中。所有本部礼堂门前卫兵室及各办公室文具、桌椅等件，多被震毁，伤卫兵3名，现正积极清理打扫中。

六、本市被炸后，各处电灯电话线路及自来水管，均被炸毁，正饬属抢修中。

七、其他详情容后续报。

右〈上〉通报：

重庆市政府

重庆卫戍总司令部启
（0053—12—169）

42. 重庆卫戍总司令部为1940年6月16日日机袭渝详情给重庆市政府的通报（1940年6月16日）

案查本（六）月十六日敌机袭渝情形及损害概况，业经于该日以坤二防字第2953号通报在案，兹复据各方先后将损害详情呈报到部，相应列表随文送上，即请查照。右〈上〉通报：

重庆市政府

附表1份

重庆卫戍总司令部启

重庆卫戍总司令部调查6月16日敌机袭渝情况暨伤亡损害报告表

空袭经过情形	投弹时间	投弹地点	投弹种类	投弹数目	合计	炸毁焚塌建筑物数目	伤亡人数 伤男	伤女	亡男	亡女	合计	救护部队施救情形	备考
本（16）日敌机117架，分4批袭渝：第1批36架，10时20分经陕西平民、华阴、镇安、紫场[阳]，四川城口、营山、武胜、荣昌，13时37分在市区投弹后，经垫江、宣汉北逸；第2批27架，10	1. 13时37分	神仙洞后街194号门前	爆	1	1	2栋							
	2. 15时08分	中一路365号至中二号1号	燃	1	1	震毁15栋，烧毁12栋	3				3		
	3. 14时53分	国府路外宾招待所	爆	5	5	房屋全部被毁							内有2弹未爆
	4. 15时08分	国府及四围	爆燃	36 1	37	毁117栋，燃毁6栋							内有2弹未爆
		双溪沟	爆燃	1 3	4	2栋	21		13		34		

续表

空袭经过情形	投弹时间	投弹地点	投弹种类	投弹数目	合计	炸毁焚塌建筑物数目	伤（男）	伤（女）	亡（男）	亡（女）	合计	救护部队施救情形	备考
时37分经公安、澧县、来凤、彭水、涪陵、长寿，15时08分在市区投弹后，经南川、彭水东逸；第3批27架，10时58分经澧县、来凤、涪陵、长寿，14时53分在市区投弹后，经涪陵、彭水东逸；第4批27架，12时10分经渔阳关、宣恩、涪陵、邻水、广安、南充、合川，15时08分在市区投弹后，经綦江、彭水东逸。本市于11时52分发布空袭警报，12时37分发布紧急警报，15时40分发布解除警报。		电力厂门口	爆	3	3								1枚未爆
		张家花园警察总队	爆	24	24	65栋							
		仁〔人〕和街18号及附近	爆	14	14	24栋							
		临华后街山沟内	爆	1	1	4栋	1				1		
		张家花园荒山上	爆	3	3								1枚未爆
		张家花园孤儿院	爆	1	1	3栋							
		张家花园高家庄止园	爆	2	2	3栋							
		大溪沟老街	燃	1	1	15号—126号烧毁			1		1		
		罗家湾荒地	爆	2	2	3间							
		枣子岚垭山上	爆	2	2								1枚未爆
		观阳门	爆	1	1	5栋							
		金沙门河坝	燃	7	7								
		溅澜溪双碑	爆	5	5				1		1		
		瓦店子	爆	2	2	3栋	5	2	3		10		
		守备街	爆	4	4	23栋	5	7	3	6	21		
		林森路铺壁街	燃	3	3	85间	18	6	9	4	37		
		三元桥1号起28号止	燃	10	10	55栋							

续表

空袭经过情形	投弹时间	投弹地点	投弹种类	投弹数目	合计	炸毁焚塌建筑物数目	伤亡人数 男	伤亡人数 女	伤亡人数 男	伤亡人数 女	合计	救护部队施救情形	备考
		正金紫门码头河边	燃	8	8		7	3	15	5	30		损失木船60余只,汽船1只,汽油100余桶
		大巷子行营后门及16号	爆	2	2	11间		2	1		3		
		花街子29号至31号	燃	3	3	24间							
		刁家巷后	爆	1	1	4间	2				2		
		东华观山货公司	燃	1	1	10间							
		林森路军委会内外	爆	7	7	20余栋	3	9	2	5	19		
		林森路储奇顺城街20号	爆	2	2	19栋							
		储奇门外河边	爆燃	5 2	7	50余栋	26	19	8	12	65		
		林森路356号起至储奇门	爆燃	6 2	8	65栋	14	16	2	5	37		
		望龙门	燃	2	2	24间	7				7		
		大红岗巷口4至7号	爆燃	1 1	2	20间							
		太华楼5至14号	燃	2	2	60栋							
		中正街15号	爆	1	1	6间							
		金沙岗1至5号	爆	1	1	15间							
		陕西路20号	爆	1	1	10间							
		美丰第一仓库	爆	3	3	2间							

续表

空袭经过情形	投弹时间	投弹地点	投弹种类	投弹数目	合计	炸毁焚塌建筑物数目	伤亡人数 伤 男	伤 女	亡 男	亡 女	合计	救护部队施救情形	备考
		赣江街3至20号	爆	2	2	60间							
		沙金湾	爆	2	2	23间							
		朝天门顺城街8号至9号	燃	1	1	40间							
		神仙口附近	燃	1	1								
		东水门外白鹤亭	爆燃	9 3	12		8	3	3	2	16		
		朝天门码头	爆	1	1								
		民生第一仓库	爆燃	2 1	3	10间							
		左营街警备部	燃	1	1	1间							
		朝天门船舶管理所	爆	2	2	2间							
		马王庙内	爆	1	1	6间							
		大河顺城街47号	爆	1	1								
		陕西路水检所门前	爆	1	1								
		过街楼	爆	1	1								
		陕西路民教馆	爆	3	3								1枚未爆
		三进元巷86、87号	爆	1	1	6间							
		丝业公司	爆	1	1	3间							
		陕西路198号	爆	1	1								
		国府路22、17、66、82号	爆	5	5	19间	2				2		

续表

空袭经过情形	投弹时间	投弹地点	投弹种类	投弹数目	合计	炸毁焚塌建筑物数目	伤亡人数 伤 男	伤亡人数 伤 女	伤亡人数 亡 男	伤亡人数 亡 女	合计	救护部队施救情形	备考
		国府路114、129、145、248、249号	爆	9	9	3栋30余间							
		国府路241、255、194至244号	爆	6	6	2栋45间							
		学田湾1、2、3、4、5、7、10号	爆燃	12 1	13	16间							
		张家花园巴蜀学校	爆	5	5	2栋	4		6		10		
		中一路305、307、309、311号	燃	1	1	15栋							
		酒行街	爆燃	2 3	5	25间	25	2	6	2	35		
		珊瑚坝机场	燃	2	2								
		南岸凤溪路	爆	1	1		4				4		
		南岸李子坝	爆	3	3								
		玄坛庙江边	爆	1	1								
		南岸江边	爆	1	1				4		4		
		小较场14号	燃	1	1	1间							
		中正路449、519号	燃	2	2								
		枣子岚垭62、78、79、80、95号	爆	5	5	7栋							

续表

空袭经过情形	投弹时间	投弹地点	投弹种类	投弹数目	合计	炸毁焚塌建筑物数目	伤亡人数 伤 男	伤 女	亡 男	亡 女	合计	救护部队施救情形	备考
		曾家岩26、22、54、70、73、76、67号	爆燃	10 5	15	10栋							
		水巷子	爆	1	1	5栋							
		老关庙	燃	4	4	20间	2	1		1	4		
		黄花园4、27、47号	爆燃	6 1	7	6栋	1		1		2		
		合计	爆燃	233 72	305	725栋526间	158	74	75	41	348		
附记	1.本表系根据重庆防空司令部、重庆警备司令部、空袭救济服务联合办事处、宪兵第三团、宪兵第十二团、本部稽查处之报告汇制而成； 2.本日敌机被击落，在老鹰岩发现1架，机身全毁，死敌3人；土桥附近发现1架； 3.本日被炸工厂计有大溪沟联华造船厂及张家花园七七纺纱厂； 4.本日敌机投弹后，防护团及消防、拆卸、救护、防护各队人员，携带器材、药品驰往各灾区工作，对死伤者分别予以救治、掩埋，无家可归者并予收容。												

(0053—12—169)

43. 重庆卫戍总司令部为1940年6月17日日机袭渝情形给重庆市政府的通报（1940年6月17日）

据重庆防空司令部报告称：

一、本（十七）日敌机共75架，分3批袭渝。

第1批22架，15时23分于长阳发现，经五峰、恩施、咸丰、黔江、石柱、丰都、涪陵、长寿、邻水（与第2批合并）、广安、岳池、南充、渠县、大竹、广安、合川，19时在清平场仍分为2批，经茨竹场、白塔，至19时15分侵入渝市市空，19时16分在广阳坝投弹后，19时34分经木洞、太平场、涪陵、利川东逸。

第2批26架，16时10分于长阳发现，经走马坪、鹤峰、小关、石柱、丰都、长寿、邻水（与第1批合并）、广安、岳池、南充、渠县、大竹、广安、合川，19时在清平场分为2批，经白塔，至19时19分在白市驿投弹后，19时30分经涪陵、丰都、三峨山、石柱、利川东逸。

第3批27架,17时10分于宜都发现,经渔洋关、中营坪、宣恩、忠路、石柱、丰都、垫江、忠县、长寿、隆盛关、茨竹场、木耳场、双河、白塔,至19时55分侵入渝市市空,在广阳坝投弹后,20时经木洞、长寿、涪陵东逸。

二、本部于16时07分悬红球1个,16时26分发布空袭警报,同时悬红球2个,并用警报车传布;17时15分发布紧急警报,同时红球2个卸下,并用警报车传布;17时55分又悬红球2个,18时45分复又卸下;20时21分发布解除警报,同时悬绿球1个并用警报车传布。

三、损害概况。

仅据报广阳坝起火,余情正询查中。

等情,据此,特此通报查照。

右〈上〉通报:

重庆市政府

重庆卫戍总司令部启

(0053—12—169)

44. 重庆卫戍总司令部为1940年6月24日日机袭渝情形给重庆市政府的通报(1940年6月24日)

将本(二十四)日敌机空袭经过及我损害概略各情形,分呈如下:

一、空袭经过。

本(二十四)日敌机共124架,分4批袭川:

1. 第1批27架,于11时10分于董市发现,西飞至下坪,于11时38分共发现36架,经宣恩时,有1架在恩施投弹后,仍全批西飞,经黔江、涪陵、长寿,绕至涪陵、道真、正安、綦江、鱼洞溪,14时30分在江北投弹后,经北碚、涪陵、石柱东逸。

2. 第2批27架,12时09分于董市发现,经恩施、涪陵、邻水、茨竹,于14时33分侵入渝市上空投弹后,经南川、彭水、酉阳东逸。

3. 第3批27架,12时10分于慈利发现,经酉阳、沿河、綦江、合江、泸县,绕由荣昌、永川丁家坳，15时50分于大中坝投弹后，经龙岗、南川、彭水东逸。

4. 第4批34架，12时34分于潼关发现，经雒南、商县、安康、巴中、岳池、铜梁，14时58分于北碚投弹后，经邻水、达县、宣汉北逸。

5. 本市于11时39分悬红球1个，12时02分发布空袭警报，12时47分发布紧急警报，13时07分悬红球2个，14时05分降球，于16时05分又悬红球2个，至16时26分发布解除警报。

二、我陆空对敌机战斗情形。

本（二十四）日敌机在市空，高度约7500公尺左右，我高射炮兵迎头痛击，炸点尚佳。

三、敌机投弹地点及损害情形。

甲、市区方面

1. 国府路落爆炸弹5枚，燃烧弹2枚，毁房屋4间，炸毁房屋8间，洪冶翻砂厂全毁；

2. 电力厂内外落爆炸弹4枚，内1枚未爆炸，落煤堆中，冷水塔循环水管被破片伤一洞，即可修复，毁卡车1辆，其余机器全无损伤；

3. 三元桥街落爆炸[弹]4枚，毁房屋8间；

4. 人和街落爆炸弹2枚，毁房屋18间；

5. 中一路防护分团落爆炸弹2枚，毁房屋5间，震坏7间；

6. 兴隆街空地落爆炸弹2枚，伤男2人；

7. 上安乐洞落爆炸弹3枚，毁房屋7间，震坏15间；

8. 白骨塔落爆炸弹1枚，毁房屋3栋；

9. 武库街落爆炸弹2枚，毁房屋5间，震坏4间，伤男3人；

10. 民生路第83、84两号落爆炸弹2枚，毁房8间，震坏12间，第86号落爆炸弹1枚，第122号落爆炸弹1枚，第126号落爆炸弹1枚，未爆炸，毁房屋10间；

11. 临江路口落爆炸弹1枚，毁房屋3间，1栋，伤男3人；

12. 鲁祖庙落爆炸弹1枚，毁房屋3栋，震坏9间；

13. 地母亭落爆炸弹1枚，未爆炸，毁房屋2间；

14. 和平路落爆炸弹6枚,毁房屋40余间,死3人,伤10余人;

15. 第三模范市场落爆炸弹5枚,毁房屋10余栋,死男1人,伤男2人;

16. 石灰市落爆炸弹2枚,毁房屋6栋,伤男1人;

17. 学院街第13号落爆炸弹1枚,毁房屋3栋,震毁4栋;

18. 学院街落燃烧弹1枚,毁房屋3栋4间;

19. 百子巷落爆炸弹3枚,毁房屋3间,死2人;

20. 仓坝子落爆炸弹2枚,毁房屋4栋,死1人,伤男3人;

21. 吴师爷巷落爆炸弹2枚,毁房屋3栋10余间,伤2人,死1人;

22. 冉家巷落爆炸弹1枚,毁房屋2栋;

23. 至圣宫街落爆炸弹2枚,毁房屋5栋,震毁7栋,伤5人,死2人;

24. 四贤巷22号落爆炸弹1枚,毁房屋2栋4间;

25. 火药局街落爆炸弹1枚,毁房屋2栋;

26. 金汤街落爆炸弹2枚,毁房屋3栋,震毁4栋,伤2人;

27. 劝学所落爆炸弹2枚,毁房屋3栋;

28. 小较场落爆炸弹3枚;

29. 大阳沟落爆炸弹1枚;

30. 民权路冠生园右首空场上落爆炸弹1枚;

31. 民权路第1号门首马路上落爆炸弹1枚,未爆炸;第14号落爆炸弹1枚,第159号门首马路上落爆炸弹1枚,未爆炸;

32. 较场口第185号落燃烧弹1枚;

33. 荒市街第8号落爆炸弹1枚;

34. 鼎新街落爆炸弹2枚(第55、61号各1);

35. 米亭子第27号至42号落爆炸弹1枚,房屋全毁;

36. 韩家祠落爆炸弹1枚;

37. 磁器街孙家祠落爆炸弹1枚;

38. 中正路第173号落爆炸弹1枚;

39. 中正路神仙口落爆炸弹1枚;

40. 至诚巷落爆炸弹2枚;

41. 中营街警察局内外各落爆炸弹1枚(外1枚未爆炸);

42. 保安路落爆炸弹1枚;

43. 桂花街落爆炸弹2枚;

44. 小较场警察分局落爆炸弹2枚;

45. 东华观巷落爆炸弹多枚;

46. 刁家巷落爆炸弹5枚;

47. 巴县县政府落爆炸弹1枚;

乙、江北方面

1. 刘家台棺山坡落爆炸弹6枚,毁房屋6间,伤2人;

2. 刘家台洗脚梯落爆炸弹2枚,毁房屋10间,伤2人;

3. 赵家湾修理厂落爆炸弹2枚,毁房屋30间,死男1人;

4. 新登口兵工厂合作社落爆炸弹1枚,毁房屋3间;

5. 金陵兵工厂总计部落爆炸弹1枚,毁房屋1栋;

6. 陈家馆新登口河坝落爆炸弹2枚,死男2人,伤男3人,沉木船2只;

7. 头塘附近落爆炸弹1枚,毁房屋1间;

8. 头塘附近小石坝水井湾落爆炸弹3枚;

9. 蹇家台第3、4号落爆炸弹1枚,伤女1人,死男孩1人;

10. 萧家亭落爆炸弹1枚,毁房屋1栋,死男1人。

丙、其他

北碚、白市驿、大中坝等处,均曾落弹,其损害容详查后续报。

总计共投爆炸弹约110余枚,燃烧弹约6枚;伤约40余人,死约20人;毁房屋约400余间。

右〈上〉通报:

重庆市政府

重庆卫戍总司令部启

(0053—12—169)

45. 重庆卫戍总司令部为1940年6月25日日机袭渝情形给重庆市政府的通报（1940年6月25日）

据重庆防空司令部报告及本部派员调查，敌机轰炸情形汇报如左〈下〉：

一、本日（二十五）日敌机154架，分5批袭渝

1. 第1批26架，10时41分于施南发现，经丰都、彭水、涪陵、南川、綦江，于13时20分侵入渝市上空，在浮图关、菜园坝等处投弹后，循原路逸去；

2. 第2批32架，11时14分于恩施发现，经利川、石柱、丰都、涪陵，于13时50分侵入渝市上空，在浮图关投弹后，仍循原路逸去；

3. 第3批34架，10时41分于宣恩发现，经小关、石柱、彭水、涪陵、南川、道真、綦江，于13时50分侵入渝市上空，在浮图关投弹后仍循原路逸去；

4. 第4批36架，10时45分于雒南发现，经商县、山阳、安康、岚皋、城口、开县、忠县，于12时34分在梁山投弹后，经宣汉北逸；

5. 第5批26架，11时14分于芷江发现，经慈利、大庸、永顺、酉阳、涪陵，于14时15分在白市驿投弹后，循原路逸去。

二、本市于10时31分悬挂红球1个，10时52分发布空袭警报，11时30分发布紧急警报，16时05分发布解除警报。

三、损害概况

1. 上菜园坝落爆炸弹5枚，燃烧弹2枚，毁房8栋；

2. 大水井落爆炸弹5枚，燃烧弹9枚；

3. 铁跌〔路〕坝落爆炸弹2枚，燃烧弹1枚；

4. 天星桥落爆炸弹4枚（未爆炸者2枚）；

5. 米帮河坝落爆炸弹35枚，燃烧弹18枚；

6. 兜子背落爆炸弹34枚，燃烧弹15枚，毁房屋100余栋；

7. 浮图关重庆防空司令部情报所落爆炸弹7枚，燃烧2枚，焚毁房屋2栋，震毁8间，死机务站抢修兵1人，通讯线路被炸毁，正星夜修复中；

8. 两浮路一带落爆炸弹10余枚，燃烧弹3枚，毁卡车1辆，该处信号球台震毁；

9. 茶亭落爆炸弹2枚，震坏房屋10余间；

10. 王家花园落爆炸弹5枚,震毁房屋3栋;

11. 中央训练团落爆炸弹2枚,毁礼堂一角;

12. 中央情报所落爆炸弹1枚,房屋全部震毁;

13. 新市场落爆炸弹30余枚,燃烧弹10余枚,焚毁房屋30余栋,新市场警察派出所亦被炸毁。

四、总计落爆炸弹约130余枚,燃烧弹20余枚,余落江中及荒郊者约100余枚;毁房屋共计约200余栋,死10人,伤20余人;菜园坝及兜子背均起火,旋经消防队扑灭。

五、损害详情及白市驿灾况容再详报。

右〈上〉通报:

重庆市政府

重庆卫戍总司令部启

(0053—12—169)

46. 重庆卫戍总司令部为1940年6月24、25两日日机袭渝详情给重庆市政府的通报(1940年6月29日)

案查本(六)月二十四及二十五两日敌机袭渝情形及损害概况,业经于该日以坤二防字第3156及3176号通报在案,兹复据各方先后将损害详情呈报到部,相应列表随文送上,即请查照。右〈上〉通报:

重庆市政府

重庆卫戍总司令部启

1）重庆卫戍总司令部调查6月24四日敌机袭渝情况暨伤亡损害报告表

空袭经过情形	投弹时间	投弹地点	投弹种类	投弹数目	合计	炸毁焚塌建筑物数目	伤亡人数 伤 男	伤 女	亡 男	亡 女	合计	防护部队施救情形	备考
本(24)日敌机124架,分4批袭渝:第1批36架,11时10分经董市、宣恩(内有1架在施南投弹后,仍随批西飞),经黔江、涪陵、长寿,绕涪陵、道真、綦江,14时30分在江北投弹后,经涪陵、石柱东逸;第2批27架,12时09分经董市、涪陵、邻水,14时33分在市区投弹后,经南川、彭水、东逸;第3批27架,12时09分于董市发现,经恩施、涪陵、綦江、合川、泸县、荣昌、永川,15时50分在巴县、江津间之大中坝机场投弹后,经南川、彭水东逸;第4批34架,13时34分经潼关、商县、安康、巴中、岳池,14时58	1. 14时30分 2. 14时33分 3. 15时50分 4. 14时58分	小较场12号	爆	1	1	2栋							
		大梁子488、568、573、620、618号	爆燃	4 1	5	6栋							1枚未爆
		米花街圣经会侧	燃	1	1	1栋							
		韩家祠堂	爆	3	3	26间	1				1		
		民权路158至161号	爆	2	2								
		桂花街警察分所	爆	1	1								
		荒市街	爆	1	1	4间			2	2	4		
		鼎新街81号	爆	1	1	7间	1				1		
		落虹桥	爆			震毁4间			2	1	3		
		民权路	爆	2	2	6间	1				1		
		尚武街50号	爆	1	1	4间	1				1		
		瓷器街	爆	3	3	8间3栋							1枚未爆
		米亭子	爆	2	2	5间							1枚未爆
		大同路	爆	1	1	5间							
		兴隆街	爆	3	3	2间	2				2		
		香〔响〕水桥7号	爆	1	1	11间							
		中华路16、60、104、170号	爆	5	5	16间							1枚未爆
		学院街1至6号又20、46号	爆	2	2	18间	1	1	2	1	5		

续表

空袭经过情形	投弹时间	投弹地点	投弹种类	投弹数目	合计	炸毁焚塌建筑物数目	伤亡人数 伤 男	伤 女	亡 男	亡 女	合计	防护部队施救情形	备考
分在北碚投弹后,经邻水、宣汉北逸。本市于12时02分发布空袭警报,12时47分发布紧急警报,16时26分发布解除警报。		民生路66号	爆	1	1	4间							
		老街3号				震毁2间							
		大码头17号	爆	1	1	3间							
		中正路533、484、571、630号	爆燃	5 1	6	9间	1	2			3		
		保安路183、199、44号	爆燃	5 1	6	4间							1枚未爆
		至诚巷18号	爆	1	1	1间	3				3		
		小较场6至34号	爆	3	3	6间							
		川盐一里院内	爆	1	1	10间							
		临江顺城街22号	爆	1	1	40间							
		定远碑1号	爆	1	1								
		响水桥46、53号	爆	1	1				1		1		
		善果街	爆	1	1								未爆
		青年里	爆	1	1	4间							
		林森路265号	爆	2	2	3间							
		神仙口	爆	1	1	23间	2	2	2	1	7		
		中一路93号	爆	2	2	1栋							
		上安乐洞30、52、140、142号	爆	2	2								
		白骨塔	爆	1	1								

续表

空袭经过情形	投弹时间	投弹地点	投弹种类	投弹数目	合计	炸毁焚塌建筑物数目	伤亡人数 伤 男	伤亡人数 伤 女	伤亡人数 亡 男	伤亡人数 亡 女	合计	防护部队施救情形	备考
		武器库	爆	3	3								
		民生路83、84、86、112、126号	爆	4	4	11间							
		临江路口	爆	1	1								
		民生路69号	爆	1	1	12间							
		地母亭	爆	1	1								未爆
		劝学所8号	爆	1	1	6间							
		百子巷	爆燃	7 1	8	12栋	2	5		1	8		
		仓坝子	爆	2	2	8间							
		金汤街	爆	1	1								
		石灰市	爆	2	2								
		至圣宫	爆	2	2								
		吴师爷巷	爆	2	2	2栋			4	2	6		
		南纪正街70号	爆	1	1	4栋							
		国珍街50至57号	爆	1	1	8栋	2				2		
		鱼鳅石	爆	1	1	1栋	1				1		
		厚慈街	爆燃	1 1	2	23栋	1		1		2		
		永兴当巷	爆	2	2	1栋							
		漆家巷	爆	2	2	1栋							
		清真寺街	爆	2	2								
		韩家巷	爆燃	1 1	2	5栋							
		体心堂	爆	2	2	5栋							
		茶叶巷	爆	1	1								
		三元桥空地	爆	2	2								

一、重庆卫戍总司令部有关日机袭渝情况及伤亡损害的调查

续表

空袭经过情形	投弹时间	投弹地点	投弹种类	投弹数目	合计	炸毁焚塌建筑物数目	伤亡人数 伤 男	伤 女	亡 男	亡 女	合计	防护部队施救情形	备考
		电力厂	爆	3	3								
		国府路55、37、38、73、133号	爆燃	5 1	6	3栋10间							
		人和街1号	爆	1	1								
		三元桥38、59、65号	爆	3	3	4栋							
		巴蜀小学	爆	5	5								
		大溪沟河内	爆	35	35	3栋							
		新登街口合作社	爆	3	3	9间	4	2			6		
		简家台官山坡4、16号	爆	3	3	6栋	1	1		1	3		1枚未爆
		刘家台官山坡1至7号	爆	1	1	7栋							
		刘家台官山坡17号	爆	2	2	1栋							
		刘家台60、148号	爆	1	1	1栋6间							
		肖家坪1、4号	爆	2	2	1间							1枚未爆
		新登街河边	爆	1	1	1间							
		第三模范市场38号	爆	1	1	6间							
		英领使馆	爆	1	1	4间							
		法大使馆	爆	1	1	防空洞震毁一部			3	2	5		

续表

空袭经过情形	投弹时间	投弹地点	投弹种类	投弹数目	合计	炸毁焚塌建筑物数目	伤亡人数 男	伤亡人数 女	伤亡人数 男	伤亡人数 女	合计	防护部队施救情形	备考
		火药局五福宫1、2、3、4号	爆	1	1								
		江北头塘一带	爆	5	5	2栋							
		江北猫儿湾及小屋基	爆	3	3	1栋							
		江北垭口及五家坡	爆	11	11	1栋	2		1		3		多落荒地
		江北刘家台口西足滩	爆	2	2	125间	12	5	7	3	27		
		和平路17号	爆	2	2	3栋	17	4	7	2	30		
		和平路54至56号	爆	1	1	3栋							
		和平路27至35号	爆	1	1	5栋			3		3		
		和平路170号后方	爆	1	1	8间							
		和平路139至152号	爆	2	2	13栋							
		和平路173至183号	爆	1	1	10栋							
		和平路86至88号	爆	2	2	23栋		1			1		
		和平路188号	爆	1	1	3栋							
		放牛巷宪兵司令部办事处	爆	1	1	5间							
		领事巷英国大使馆	爆	2	2	1栋							

续表

空袭经过情形	投弹时间	投弹地点	投弹种类	投弹数目	合计	炸毁焚塌建筑物数目	伤亡人数 伤 男	伤 女	亡 男	亡 女	合计	防护部队施救情形	备考
		传结堂街207号	爆	3	3	6栋							
		马蹄街84号	爆	1	1	3栋							
		上安乐洞街69至98号	爆	2	2	5栋							
		回水沟张家院	爆	1	1	5栋			5	3	8		
		天官府街5号	爆	1	1								未爆
		天官府街37至39号	爆	2	2	5栋							
		天官府街11至13号	爆	2	2	8栋							
		回水沟16、17、18、19、20号	爆	3	3	5栋							
		螃蟹井街	爆	3	3	10栋							
		北碚新村	爆燃	10 10	20	8间	1	1	6		8		
		北碚学堂坝	爆燃	5 3	8	9间							
		北碚卢沟桥路	爆	1	1	4间							
		北碚北平路	爆	8	8	18间							
		北碚武昌路	爆	6	6	12间							
		北碚嘉陵路	爆	8	8	60间							
		北碚菜市	爆	7	7	62间							
		北碚河坝底下	爆	4	4	41间							

续表

空袭经过情形	投弹时间	投弹地点	投弹种类	投弹数目	合计	炸毁焚塌建筑物数目	伤亡人数 伤 男	伤 女	亡 男	亡 女	合计	防护部队施救情形	备考
		北碚张家湾孤儿院	爆	1	1	5间							
		北碚大明厂	爆	1	1	2间							
		北碚中央工业实业社	爆	1	1	1间							
		北碚学堂湾	爆	1	1	1间							
		北碚高坎南山	爆	2	2	1间							
		北碚岩湾	爆	1	1	2间							
		北碚上海路	爆	1	1	2间							
		北碚李子湾	爆	3	3								
		北碚代角湾	爆	2	2				1		1		
		北碚李园小学	爆	3	3	2间	2	10	9		21		
		北碚魏家湾冯家院	爆	2	2		1	3	1		5		
		北碚新村瓦厂	爆	3	3		2	5	1		8		
		合计	爆燃	267 63	230	毁房212栋667间	61	41	60	18	180		

附记	1.本表系根据重庆防空司令部、重庆警备司令部、空袭服务救济联合办事处、宪兵第三团、宪兵第十二团、本部稽查处之报告汇制而成； 2.本日警报解除后，重庆空袭服务办事处会同各救护队，将重伤者分别送入第一、二、四、五重伤医院及江苏医学院，轻伤者经敷药后各自返家，死者亦随时予以掩埋； 3.重庆空袭办事处在复旦大学内设立临时收容所，收容无家可归者50余人。

2）重庆卫戍总司令部调查6月25日敌机袭渝情况暨伤亡损害报告表

空袭经过情形	投弹时间	投弹地点	投弹种类	投弹数目	合计	炸毁焚塌建筑物数目	伤亡人数 伤 男	伤 女	亡 男	亡 女	合计	防护部队施救情形	备考
本(25)日敌机118架,分4批袭渝:第1批26架,10时41分于施南发现,经丰都、彭水、涪陵、南川、綦江,于13时20分在浮图关、菜园坝等处投弹后,循原路逸去;第2批32架,11时14分于恩施发现,经利川、石柱、丰都、涪陵,于13时50分在浮图关投弹后,仍循原路逸去;第3批34架,10时41分于宣汉发现,经小关、石柱、彭水、涪陵、南川、道真、綦江,于13时50分在浮图关一带投弹后,仍循原路逸去;第4批26架,11时14分于芷江发现,经慈利、大庸、永顺、酉阳、涪陵,于14时15分在白市驿投弹后,循原路逸去。本市于10时52分发布空袭警报,11时30分发布紧急警报,16时05分发布解除警报。	1. 13时20分	兜子背	爆燃	34 12	46	67栋	13		11		24		
	2. 13时50分	大水井	爆燃	5 9	14	55栋							
		萧家沟	爆	1	1								
	3. 13时50分	米帮河坝	爆燃	3 1	4		4				4		毁木船5只
	4. 14时15分	上菜园坝	爆	5	5	4栋							
		河坝	爆	4	4								
		天星桥大兴木厂	爆	3	3		1	1	5		7		
		两路口教门厅	燃	1	1	1栋	2				2		
		李子坝街17、61、63号	爆	5	5	4间	5				5		
		李子坝街24、26、62号空地	爆	4	4	11间	1		1		2		
		主席官邸空地	爆	3	3	1间							
		建设新村2号	爆	2	2	50间		1		1			
		化龙桥同家花园	爆	1	1	3栋							
		黄沙溪木货街	爆	2	2								
		岩洞湾	爆	2	2								
		新市场正街	爆燃	7 2	9	25栋	1	1		1	3		
		萧家湾	爆	10	10	5栋		1			1		
		浮图关正街	爆燃	8 4	12	38栋							
		黄沙溪竹货街	爆	3	3	8栋							

续表

空袭经过情形	投弹时间	投弹地点	投弹种类	投弹数目	合计	炸毁焚塌建筑物数目	伤亡人数 伤 男	伤 女	亡 男	亡 女	合计	防护部队施救情形	备考
		榨房街	燃	2	2	3栋							
		凤凰梯	爆	9	9		6				6		1枚未爆
		大坪	爆	12	12		1				1		
		佛来洞	爆	1	1	3栋							
		徐家坡	爆	8	8	7栋	2	2			4		
		遗爱祠	爆燃	4 2	6	17栋				1	1		
		镇南乡胡家祠堂44号	爆	1	1								
		铜元局中美村空地	爆	1	1								
		浮图关中训团	爆	5	5	40余间							
		中央情报所	爆	1	1	1栋							
		防空司令部情报所	爆燃	7 2	9	2栋							
		两浮路	爆燃	15 3	18	震毁该处信号球台							
		浮图关茶亭	爆	2	2	15间							
		王家花园	爆	5	5	3栋							
		白市驿上街侧	爆	9	9								
		白市驿上街191号后	爆	6	6								
		白市驿中下街	爆	9	9								
		白市驿中街后宝山	爆	9	9								
		白市驿矮桥子	爆	12	12								

续表

空袭经过情形	投弹时间	投弹地点	投弹种类	投弹数目	合计	炸毁焚场建筑物数目	伤亡人数 伤 男	伤 女	亡 男	亡 女	合计	防护部队施救情形	备考
		白市驿沙石杆	爆	11	11								
		合计	爆燃	229 38	267	毁房242栋 122间	36	5	18	2	61		
附记	\multicolumn{13}{l}{1.本表系根据重庆防空司令部、重庆警备司令部、空袭服务救济联合办事处、宪兵第三团、宪兵第十二团、本部稽查处之报告汇制而成； 2.死伤者由重庆空袭服务办事处会同各救护队分别施救及掩埋； 3.本日高射部队奉令未射击； 4.另有敌机1批计36架，10时45分雒南发现，经商县、山阳、安康、岚皋、城口、开县、忠县，于12时34分在梁山投弹后，经宣汉北逸。}

（0053—12—169）

47.重庆卫戍总司令部为1940年6月26日日机袭渝情形给重庆市政府的通报（1940年6月26日）

本（二十六）日敌机袭渝，据重庆防空司令部及本部派往各区调查人员先后报告各情如左〈下〉：

一、空袭经过

1.本（二十六）日9时05分，渔洋关发现敌机2批各27架西飞，经恩施、利川、石柱、丰都、垫江、邻水、长寿、合川、北碚，于11时13分至本市上空投弹后，经涪陵、彭水向东逸去；

2.本（二十六）日9时40分，资邱发现敌机1批计36架西飞，经五峰、恩施、石柱、丰都、垫江、长寿、木洞，于11时35分至本市上空投弹后，经丰都、黔江向东逸去。

3.本市于9时33分悬挂红色信号球一个，9时53分发布空袭警报，10时30分发布紧急警报，13时10分发布解除警报。

二、敌机投弹地点及损害情形

1.中二路117号后面落爆炸弹1枚，毁房2间；

2.川东师范内落爆炸弹6枚，烧毁房屋3栋，炸毁房屋10余间；

3. 上清寺中国银行后面落爆炸弹1枚；

4. 中四路新马路附近落爆炸弹5枚，交通部宿舍被震毁，另毁房10余间；

5. 中四路154号渔村落爆炸弹1枚，毁房2间；

6. 曾家岩48、49号落爆炸弹1枚，房屋全毁；

7. 曾家岩河边落弹1枚，未爆炸；

8. 中央党部落爆炸弹2枚，燃烧弹1枚，毁房5间；

9. 国府路大溪别墅附近落爆炸弹2枚；

10. 国府内落爆炸弹1枚，毁房10余间；

11. 黄家垭口四德公寓落爆炸弹1枚，毁房2间；

12. 黄家垭口后面山地落爆炸弹6枚，毁空库房1间；

13. 重庆警备部落爆炸弹2枚，燃烧弹1枚，房屋大部被震毁，死病犯5名；

14. 青年会落爆炸弹3枚，房屋半数损坏；

15. 公园路落爆炸弹1枚，震坏房屋10余间；

16. 中央公园球场落爆炸弹1枚；

17. 外交部落爆炸弹约6枚，房屋大部损坏；

18. 新生路42号及附近落爆炸弹3枚，毁房屋10余间；

19. 桂花园临江会馆本部干训班及附近落爆炸弹约50余枚，损毁房屋数十间，死伤10余人；

20. 孔部长住宅落爆炸弹6枚，毁房屋10余间；

21. 浮图关嘉陵新村落爆炸弹1枚；

22. 民权路202—222号203—229号落爆炸弹10余枚，房屋全毁；

23. 新川戏院落爆炸弹2枚，1枚未爆；

24. 中正路东段落爆炸弹10余枚，毁房30余幢，伤3人，死2人；

25. 中正路西段落爆炸弹20余枚，毁房数十栋；

26. 大阳沟落爆炸弹4枚，毁房20余间。

共计投弹约168枚，毁房屋约240余间又60余栋，死约10余人，伤约10余人。

三、其他详情容后续报

右〈上〉通报：

重庆市政府

重庆卫戍总司令部启

（0053—12—169）

48. 重庆卫戍总司令部为1940年6月27日日机袭渝情形给重庆市政府的通报（1940年6月27日）

本（二十七）日敌机袭渝，据重庆防空司令部及本部派出调查人员先后报告各情如左〈下〉：

一、本（二十七）日敌机99架，分3批进袭渝市

第1批27架，于8时46分在湖北松滋发现，经长阳、利川、石柱、垫江、邻水、茨竹，于11时14分侵入市空投弹后，于11时30分经涪陵、丰都、石柱等地东逸；

第2批32架，于9时15分在湖北宜都发现，经利川、丰都、邻水、广安、岳池、合川，于11时15分侵入市空投弹后，于11时34分经南川、彭水、黔江东逸；

第3批36架，于9时35分在湖北长阳发现，经施南、丰都、邻水、长寿、清平、北碚，于11时30分侵入市空投弹后，于11时35分经龙岗、涪陵、石柱东逸。

二、本市于9时32分悬红球1个，9时50分悬红球2个，同时发布空袭警报，10时30分下球并发布紧急警报，11时47分悬红球2个，12时18分发布解除警报。

三、本日系由空军应战，高射部队未予射击，战果如何？容后查报。

四、损害情形

1. 中央训练团下方河坝落弹数枚；

2. 化龙桥军政部电讯修理厂落弹3枚，伤工友1名，毁房屋六七栋；

3. 化龙桥军政部第二修理厂被毁，烧坏坐车6辆；

4. 庞家岩落爆炸弹数十枚,秀昌蓄产公司全厂被炸毁,伤工友3名,该厂后面防空洞外伤50余人,死29人;

5. 化龙桥附近之新市场苗圃落弹20余枚,多落空地,仅烧毁房屋2间,伤12人;

6. 李子坝正街国际问题研究所落弹2枚,未爆炸;50号至51号落弹2枚,震毁房屋11栋;52号至56号前后各落弹1枚,毁房6栋;13号主席官邸落弹4枚,伤厨役1名;

7. 李子坝上街16号右侧空地落弹7枚,毁房3栋;6号前后左右及本部通信指挥部落弹多枚,房屋全部被毁,伤8人;

8. 李子坝河街32号至36号落弹4枚(未爆弹2枚),房屋全毁;

9. 土湾豫丰纱厂落弹50余枚,起火,正灌救中;

10. 土湾军政部纺织厂落燃烧弹数枚;

11. 土湾对岸落弹数枚,损害不明。

总计落弹约150—160枚,毁房屋约40余栋;伤约80余,死约30人。

五、其余详细情形,容后续报。右〈上〉通报:

重庆市政府

重庆卫戍总司令部启

(0053—12—169)

49. 重庆卫戍总司令部为1940年6月26、27两日日机袭渝详情给重庆市政府的通报(1940年7月6日)

案查六月二十六及二十七两日敌机袭渝损害概况,业经于各该日以坤二防字第3195及3215号通报在案,兹复据各方先后将损害详情呈报到部,相应列表随文送上,即请查照。右〈上〉通报:

市政府

附表2份

重庆卫戍总司令部启

1）重庆卫戍总司令部调查6月26日敌机袭渝情况暨伤亡损害报告表

空袭经过情形	投弹时间	投弹地点	投弹种类	投弹数目	合计	炸毁焚塌建筑物数目	伤亡人数 伤 男	伤 女	亡 男	亡 女	合计	防护部队施救情形	备考
本(26)日敌机90架，分3批袭渝，第1、2两批各27架，9时05分经恩施、利川、石柱、丰都、垫江、邻水、长寿、合川、北碚，11时13分在市区投弹后，经涪陵、彭水东逸；第3批26架，9时40分经资邱、五峰、恩施、石柱、丰都、垫江、长寿，11时35分在市区投弹后，经丰都东逸。本市于9时53分发布空袭警报，10时30分发布紧急警报，13时10分发布解除警报。	1.11时13分 2.11时35分	民权路中国银行	爆	2	2	1栋							
		长安街2号	爆	3	3								1枚未爆
		育婴院1号	爆	1	1	1间							
		兴隆巷10号	爆	2	2	1间							
		书院街33号	爆	1	1	4间							
		机房街	爆	5	5	61间			1		1		1枚未爆
		民族路	爆 燃	10 1	11	22间							1枚未爆
		纸盐河街	爆	1	1	10间	2		1		3		
		夫成巷	爆	1	1	9间							
		民权路50号	爆	1	1	2间							
		复兴路12号	爆	1	1	8间							
		江家巷	爆	1	1								
		江家巷5号	爆	1	1	5间	1	1	1	1	4		
		民权路	爆	2	2		3				3		
		新生路	爆	3	3								
		中正路463、464、470、545、593号	爆	5	5	8间							
		左营街9至14号	爆	2	2	2间							
		新生路5、25、42、46号	爆	4	4	6间							

续表

空袭经过情形	投弹时间	投弹地点	投弹种类	投弹数目	合计	炸毁焚塌建筑物数目	伤亡人数 男	伤亡人数 女	伤亡人数 男	伤亡人数 女	合计	防护部队施救情形	备考
		公园路8号	爆	6	6	6间							
		保安路54、73、145、198、219号	爆	5	5	12间							
		民族路203、46、219号	爆	4	4	3间							
		五四路5号	爆	1	1	5间							
		中华路	爆	2	2	3间							
		民国路	爆	3	3								1枚未炸
		正阳街25、45号	爆	5	5	10间							
		小较场3、23、34号	爆	4	4	4间							
		同仁里9号	爆	1	1	3间							
		联升街	爆	2	2	31间							
		林森路	爆	1	1	10间							
		中央公园外交部	爆	3	3	7间	2				2		
		征收局巷	爆	1	1	1间							
		巴县县府球场	爆	1	1								
		中央公园	爆	2	2								
		太平门外河中	爆	14	14								
		神仙洞街255号	爆	1	1	2间							
		四德里	爆	1	1	4间							
		富成路10、13号	爆	3	3	6间							
		富成路	爆	2	2								

续表

空袭经过情形	投弹时间	投弹地点	投弹种类	投弹数目	合计	炸毁焚塌建筑物数目	伤亡人数 男	伤 女	亡 男	女	合计	防护部队施救情形	备考
		红庙河边	爆	1	1		4		1		5		
		杨家花园	爆	6	6								
		南区公园	爆	1	1								
		俄使馆附近	爆燃	1 1	2								
		国府路286、294、302、306、310号	爆燃	7 1	8	36间							
		大溪沟别墅3、9号	爆	2	2	1间							
		学田湾25号	爆	2	2								
		曾家岩4、19号	爆	1	1								
		国府路259、342号	爆	3	3	9间							
		学田湾锡村	爆	1	1								
		中央党部	爆	2	2	7间							
		罗家湾25、35号侧	爆	1	1								
		双溪沟11至55号	爆燃	10 1	11	45栋	6	1			7		
		黄家花园27号	爆	1	1								
		枣子岚垭64、77号	爆	2	2	4间							
		飞来寺	爆	1	1								
		康宁路19号	燃	1	1								
		大田湾	爆燃	3 1	4	1间							

续表

空袭经过情形	投弹时间	投弹地点	投弹种类	投弹数目	合计	炸毁焚塌建筑物数目	伤亡人数 男	伤亡人数 女	伤亡人数 男	伤亡人数 女	合计	防护部队施救情形	备考
		中三路	爆	4	4								
		两浮支路	爆	2	2	2间	3		1		4		
		中二路123、136号	爆	3	3								
		教门厅罗家坎	爆	1	1				4		4		
		美专校17号	爆	1	1	12间	4				4		
		聚兴诚银行对面	爆燃	1 1	2								
		美专校大礼堂附近	爆	5	5	6间							
		警察七分局门口	爆	1	1								
		桂花园联中校侧8、16、17、19号	爆	5	5	1栋			3		3		
		桂花园后面土坡	爆	5	5				1		1		
		桂花园本部干训班	爆	3	3	1栋							
		桂花园25、28、422号	爆燃	4 2	6	15间	4	4	2		10		1枚未炸
		大田湾54、57号	爆燃	4 1	5	31间		1	1		2		
		聚新村7号侧	爆	1	1	15间							
		中二路127、134、156号	爆	3	3	18间	37	27	2		66		
		康宁路13、19号	爆燃	2 2	4	5间							

续表

空袭经过情形	投弹时间	投弹地点	投弹种类	投弹数目	合计	炸毁焚塌建筑物数目	伤亡人数 伤 男	伤 女	亡 男	亡 女	合计	防护部队施救情形	备考
		铜元局中美村47号前空地	爆	5	5								1枚未炸
		新民村裕华农场	爆	5	5	1栋	1				1		
		新民村14、17号	爆	1	1	2栋							
		铜元局正街	爆	3	3	65、66号震坏44至36、39号震塌							
		英厂街42、43、44、48号	爆	1	1	4栋							
		英厂街空坪	爆	3	3		4				4		
		长汉沟空坪	爆	1	1								
		南坪场石堡沟18号前	爆	1	1	1间							
		六楞碑	爆	1	1								
		川东师范内	爆	6	6	1栋							
		中二路财政部	燃	5	5	17间							
		铜元局何家湾	爆	2	2	1栋	2		1		3		
		千厮门外盐码头	爆	1	1	28间							
		海棠溪盐店湾	爆	8	8		1				1		
		海棠溪朱家湾沟中	爆	1	1								
		国府内	爆	1	1	10间							
		上清寺交通部宿舍	爆	1	1	1栋							

续表

空袭经过情形	投弹时间	投弹地点	投弹种类	投弹数目	合计	炸毁焚场建筑物数目	伤亡人数 伤 男	伤 女	亡 男	亡 女	合计	防护部队施救情形	备考
		中二路117号后面	爆	1	1	2间							
		中四路新马路附近	爆	4	4								
		中四路54号渔村	爆	1	1	2间							
		曾家岩河边	爆	1	1								该弹未爆,现掘出,重1千公斤
		黄家垭口后面山上	爆	6	6	1栋							
		重庆警备部	爆燃	2 1	3	6栋			5		5		
		民权路新川戏院	爆	2	2								
		浮图关嘉陵村	爆	1	1								
		全计	爆燃	257 18	275	毁房屋468间 73栋	74	29	25	5	113[①]		
附记	1.本表系根据重庆防空司令部、重庆警备司令部、空袭服务救济联合办事处、宪兵第三团、宪兵第十二团、本部稽查处之报告汇制而成; 2.敌机投弹后,防护、救护各队人员即携带器材、药品,驰往各灾区分别施救,所有轻重伤均施以急救手术后,抬送附近医院医治,死者交各管防护区团负责照料待领,无家属具领者,由工务班予以掩埋; 3.本日市区电线损坏甚多,警报解除后,电力厂及电话局随即派工强修。												

①此数有误,前4项之和应为133人。

2）重庆卫戍总司令部调查6月27日敌机袭渝情况暨伤亡损害报告表

空袭经过情形	投弹时间	投弹地点	投弹种类	投弹数目	合计	炸毁焚塌建筑物数目	伤亡人数 伤 男	伤 女	亡 男	亡 女	合计	防护部队施救情形	备考
本（27日）敌机95架，分3批袭渝：第1批27架，于8时46分在湖北松滋发现，经长阳、利川、石柱、垫江、邻水、茨竹，于11时14分在市区投弹后，于11时30分经涪陵、丰都、石柱东逸；第2批32架，于9时15分在湖北宜都发现，经利川、丰都、邻水、广安、岳池、合川，于11时15分在市区投弹后，于11时34分经南川、彭水、黔江东逸；第3批36架，于9时35分在湖北长阳发现，经施南、丰都、邻水、长寿、清平、北碚，于11时30分在市区投弹后，经涪陵、石柱东逸。本市于9时50分发布空袭警报，10时30分发布紧急警报，12时18分发布解除警报。	1.11时14分 2.11时15分 3.11时30分	沙井湾附近田中	爆	4	4								
		和尚坟田内	爆	3	3		3		2		5		
		浮图关苗圃及坡上	爆	5	5								
		石栏杆	爆	4	4								
		和尚田	爆	3	3								
		塔坟	爆	5	5								
		八块田	爆	6	6								
		七牌坊马路旁	爆	1	1								
		三里职业学校	爆	3	3								
		经济部采金局	爆燃	9 3	12	1栋	9		2		11		
		大坪	爆	2	2								
		浮图关嘉陵新村	爆	1	1								
		二岩空地	爆	12	12								
		七牌坊下面田内	爆	2	2								
		教门厅	爆	7	7								
		茶亭	爆燃	9 2	11	1栋	5				5		
		主席官邸附近	爆	2	2								
		土湾大公校田中	爆	1	1	1栋							
		土湾大公铁工厂田内	爆	3	3								
		土湾裕丰纱厂	爆燃	10 7	17	10栋	9		11		20		

续表

空袭经过情形	投弹时间	投弹地点	投弹种类	投弹数目	合计	炸毁焚场建筑物数目	伤亡人数 伤 男	伤亡人数 伤 女	伤亡人数 亡 男	伤亡人数 亡 女	合计	防护部队施救情形	备考
		纺纱厂工人家属住所	燃	2	2	1栋							
		石门坎上及河边	爆燃	2 2	4	2栋							
		李家花园油料厂空地	爆	4	4								
		中央大学职员宿舍	爆	12	12	1栋							
		中央大学金工厂	爆	3	3	1栋							
		石门村中央大学前	爆	6	6	1间		1			1		
		化龙桥庞家岩畜产公司	爆	6	6	8间	24	6	19	5	54		
		化龙桥庞家岩对面	爆	1	1	1栋	11	9	5	2	27		
		化龙桥电信修造厂	爆燃	10 1	11	6栋			2		2		
		化龙桥正街16号	爆	1	1	1间							
		李子坝正街72至79号	爆	1	1	8间							
		李子坝永利贸行附近	爆	2	2		4	1	2		7		
		李子坝虎头岩坎下	爆	1	1		1				1		
		中华书局三堆店坎下	爆	1	1	1栋	3				3		
		李子坝50、56、64号附近一带	爆	11	11	3栋5间	4		2		6		

续表

空袭经过情形	投弹时间	投弹地点	投弹种类	投弹数目	合计	炸毁焚塌建筑物数目	伤亡人数 伤 男	伤 女	亡 男	亡 女	合计	防护部队施救情形	备考
		江北石门	爆	5	5								
		江北盘溪附近	爆	4	4		68		13		81		1枚未爆
		中央实业所	爆	1	1	3间							
		李子坝汽车修理厂	爆	15	15	4间							
		土湾建国制油厂	爆燃	1 1	2								1枚未爆
		沙坪坝工校二寝室至化学村	爆燃	5 1	6	6栋	13				13		2枚未爆
		沙坪坝机工厂	爆	7	7	16间	4				4		
		沙坪坝清油厂附近	爆	5	5	5间	1	1			2		
		沙坪坝土湾江边	爆	5	5		8		4		12		
		土湾大鑫炼钢厂宿舍	爆	5	5	2栋							
		土湾纺纱厂水泥堆栈	爆	12	12				1		1		
		李子坝正街41号	爆	2	2								1枚未爆
		合计	爆燃	220 19	239	毁房37栋51间	167	18	63	7	255		
附记	1.本表系根据重庆防空司令部、重庆警备司令部、空袭服务救济联合办事处、宪兵第三团、宪兵第十二团、本部稽查处之报告汇制而成； 2.本日系由空军应战，高射部队未予射击； 3.未爆炸弹已饬要塞工兵第一团特务连掘取； 4.死伤者已由重庆空袭服务联合办事处同各救护队分别施救及掩埋； 5.庞家岩死伤市民54人，因其未入防空洞躲避，在洞口中弹所致。													

(0053—12—169)

50. 重庆卫戍总司令部为1940年6月28日日机袭渝情形给重庆市政府的通报(1940年6月28日)

本(二十八)日敌机袭渝,据防空司令部及本部派员调查,经过先后各情汇报如左〈下〉：

一、本日敌机90架,分3批袭渝。

第1批36架,于10时27分在湖北走马坪发现,经来凤、咸丰、黔江、彭水、道真、正安、江津,于12时38分侵入市空,在两浮路及下城一带投弹后,经长寿、涪陵、丰都、石柱东逸;

第2批27架,于10时15分在湖北渔洋关发现,经五峰、恩施、石柱、涪陵、邻水、长寿,于12时20分在江北相国寺一带投弹后,经涪陵、丰都、石柱东逸;

第3批27架,于10时30分在湖北长阳发现,经五峰、恩施、利川、石柱、涪陵、龙岗,于12时30分在上清寺、曾家岩一带投弹后,经涪陵、丰都、石柱东逸。

二、本市于10时35分悬红球1个,11时02分悬红球2个,发布空袭警报;11时50分发布紧急警报,13时10分悬红球2个,13时17分发布解除警报。

三、我陆空部队与敌机作战情形。

本日高射部队未令射击,由空军作战,战果另报。

四、投弹地点及损害情形。

1. 学田湾第25号落爆炸弹1枚,毁房7间;

2. 国府路第309号落爆炸弹2枚,毁房10间;燃烧弹1枚,毁车棚3间,汽车2辆;

3. 国府路第310号落燃烧弹1枚,毁乒乓球房1间;

4. 中四路第89号落燃弹2枚,毁房4间;

5. 中四路第30号落爆炸弹1枚,死1人,伤3人;

6. 中四路第57号落爆炸弹3枚,毁房屋9间;

7. 中四路第4、10、11、12、36各号落爆炸弹2枚,毁房7栋,死4名,伤6名;

8. 求精中学宽仁医院12号病院落爆弹1枚,毁手术室、仪器室、消毒室全部;

9. 桂花园临江会馆落爆炸弹2枚,毁房屋6间;

10. 桂花园山上落爆炸弹4枚,无损失;

11. 李子坝(桂花园下)马路上落弹1枚,伤小贩石工共2名,毁黄包车2辆;

12. 李子坝下之嘉陵江中落弹多枚,毁茅棚数间,伤1人;

13. 李子坝正街4号、41号及河街22号落弹多枚,损失不详;

14. 上南区马路135到140号落爆炸弹2枚,房屋全毁,死1人;

15. 上石板坡落爆炸、燃烧弹各1枚,损失不详;

16. 川道街落爆炸弹4枚,毁茅屋10余间,1弹未爆发;

17. 麦子市落燃烧弹1枚,自586号至598号房屋全毁;

18. 和平路落爆炸弹2枚,燃烧弹1枚,自586号至598号房屋全毁,燃烧弹未爆发;

19. 黄荆桥街中落重炸弹1枚,全街房屋俱毁;

20. 麦子市街585号河岸防空洞口落燃烧弹1枚,死13人;

21. 二十梯、放牛巷、水湾、百子巷、铜鼓台巷各落炸弹1枚,潘家沟、骡马店各落弹2枚,棉絮街落炸弹4枚,所有房屋除炸毁者外,几全部震坏;

22. 关庙巷又新戏院、米亭子一带落弹10余枚,毁房屋10余栋;

23. 嘉庐落炸弹2枚,毁房屋数间;

24. 江北相国寺一带落弹甚多,详情待查;

25. 考试院、审计部被炸,损失不详。

右〈上〉共投爆炸弹约200余枚,燃烧弹约10枚;毁房屋约200栋,烧房屋约10余栋;死19名伤12名(尚有被炸地点因调查时间仓促,死伤数未能尽知,容后查明详报)。

五、损害详情,容再续报。

右〈上〉通报:

市政府

重庆卫戍总司令部启

(0053—12—169)

51. 重庆卫戍总司令部为1940年6月29日日机袭渝情形给重庆市政府的通报(1940年6月29日)

据重庆防空司令部及本部派员调查,先后报告各情如左(下):

一、本(二十九)日敌机共117架,分4批袭渝。

第1批27架,于9时35分在湖北五峰发现,经下坪、恩施、忠路、石柱、彭水、黔江、涪陵、南川、綦江、龙岗,于11时44分在本市两路口、菜园坝一带投弹后,经双河坝、涪陵、丰都、石柱东遁;

第2批36架,于9时40分在陕西雒南发现,经商南、山阳、平利、巫溪、云阳、武陵、忠县、永兴,于12时30分在沙坪坝一带投弹后,经北碚、大足、宣汉逸去;

第3批27架,于9时50分在湖北松滋发现,经五峰、黔江、彭水、石柱、丰都、三峨山、涪陵、江津,至11时45分在本市牛角沱投弹后,经涪陵、丰都、黄河坝、忠县逸去;

第4批27架,于9时32分在湖北长阳发现,经五峰、石柱、丰都、涪陵、木洞、江津、合川,在隆昌上空盘旋后,复向永川西飞,于13时08分侵入白市驿上空投弹后,经永兴、南川逸去。

二、渝市于9时35分悬红球1个,9时50分发布空袭警报,11时15分发布紧急警报,13时25分悬红球2个,13时42分发布解除警报同时悬绿球1个。

三、敌机投弹地点及损害情形。

1. 两路口、菜园坝一带投燃烧弹20枚,爆炸弹约100余枚,毁房屋约100余栋;

2. 小龙坎、沙坪坝一带投燃烧弹4枚,爆炸弹40余枚,毁房屋5栋,死1人;

3. 牛角沱附近投燃烧弹1枚,未炸;投爆炸弹5枚,无损失;

4. 观音岩兵工署附近投爆炸弹1枚,毁民房1栋;

5. 两路口重庆村投弹1枚,毁民房1栋;

6. 白市驿机场投爆炸弹60余枚,无损失;

一、重庆卫戍总司令部有关日机袭渝情况及伤亡损害的调查

7. 江北区投弹约50枚,死11人,伤8人,毁房屋30间,木船16只。

共计爆炸弹约250枚,燃烧弹约26枚。

四、其他详情,容后续报。

右〈上〉通报:

重庆市政府

重庆卫戍总司令部启

(0053—12—169)

52. 重庆卫戍总司令部为1940年6月28、29两日日机袭渝详情给重庆市政府的通报(1940年7月11日)

案查六月二十八及二十九两日敌机袭渝情形暨损害概况,业经于各该日以坤二防字第3266与3284号通报在案,兹复据各方先后将损害详情呈报到部,相应列表随文送上,即请查照。右〈上〉通报:

市政府

附表2份

1)重庆卫戍总司令部调查6月28日敌机袭渝情况暨伤亡损害报告表

空袭经过情形	投弹时间	投弹地点	投弹种类	投弹数目	合计	炸毁焚塌建筑物数目	伤亡人数 伤 男	伤亡人数 伤 女	伤亡人数 亡 男	伤亡人数 亡 女	合计	防护部队施救情形	备考
本(28)日敌机90架,分3批袭渝:第1批36架,10时27分经走马坪、来凤、咸丰、黔江、彭水、道真、正安、江津,12时38分在市区投弹后,经长寿、石柱东逸;第2批27架,10时15分经鱼阳关、五峰、恩	1.12时38分	民生路	爆	1	1	2栋							
		米亭子	爆	1	1	2栋							
	2.12时20分	民权路	爆	2	2	1间							
		尚武巷	爆	2	2	3栋							
	3.13时36分	民生路	燃	1	1	1栋							
		大观坪3、6号	爆	2	2	1间							
		大观坪龙家院	爆	1	1	2间	3	1	2		6		
		善果街26号	爆	3	3	13间	4	2			9		
		小巷子21号	爆	1	1	9间							

续表

空袭经过情形	投弹时间	投弹地点	投弹种类	投弹数目	合计	炸毁焚塌建筑物数目	伤亡人数 伤 男	伤亡人数 伤 女	伤亡人数 亡 男	伤亡人数 亡 女	合计	防护部队施救情形	备考
施、石柱、涪陵、长寿，12时20分在江北投弹后，经涪陵、石柱东逸；第3批27架，10时30分经岳阳、五峰、恩施、利川、石柱、涪陵，13时36分在市区投弹后，经涪陵、石柱东逸。本市于11时02分发布空袭警报，11时50分发布紧急警报，13时14分发布解除警报。		月台坝19号	爆	1	1	5间							
		守备街1号	爆	2	2	10间							
		马家岩	爆	2	2	1间	21	10	4	9	44		
		响水桥鲍家院	爆	1	1	4间	1	1	1		3		
		林森路566号	爆	1	1	1间							
		培德堂206号	爆	2	2	9间			3	1	4		
		蜈蚣岭司法部后	爆	2	2	10间							
		铜鼓台街新民街	爆	7	7	22间		1	2	2	5		
		劝学所1号	爆	1	1	2间							
		连花池街2号	爆	1	1	2间							
		水市巷29号	爆	3	3	30间							
		吴师爷巷1号	爆	1	1	3间							
		曹家巷21号	爆	1	1	5间							
		金汤街19号	爆	1	1	3间							
		和平路110号	爆燃	3 1	4	4间							
		潘家沟8号	爆	2	2	30间	1		1	1	3		
		棉絮街26号	爆燃	4 1	5	10间	1	2	2		5		
		百子巷29号	爆	1	1	3间							
		铜鼓台巷	爆	2	2	6栋							
		五福官	爆	3	3	10间							

续表

空袭经过情形	投弹时间	投弹地点	投弹种类	投弹数目	合计	炸毁焚塌建筑物数目	伤亡人数 伤 男	伤亡人数 伤 女	伤亡人数 亡 男	伤亡人数 亡 女	合计	防护部队施救情形	备考
		黄家垭口神仙洞新街66号	爆	3	3	3栋							
		兴隆街上下空坪	爆 燃	2 1	3	17间	4				4		
		中一路阴荫庐	爆	2	2								
		林森路	燃	2	2	7栋							
		凤凰台	爆 燃	1 1	2	16栋							
		水沟	爆 燃	1 1	2	2栋							
		厚慈街	爆	1	1	26栋							
		坎井	爆	2	2	2栋							
		书邦公所	爆	1	1	2栋							
		马蹄街	爆 燃	4 2	6	8栋	1		1		2		
		回水沟	爆	2	2	5栋							
		十八梯	燃	2	2	22栋							
		领事巷	爆	5	5	3栋							
		放牛巷	爆	4	4	16栋							
		凉亭子	燃	1	1								
		二十梯	爆			3栋							
		螃蟹井	爆	5	5	13栋							
		清真寺	爆	3	3	28栋							
		宝善街	爆 燃	1 1	2	34栋	6	3	11	8	28		
		猪行街	爆	1	1	2栋							
		猪行街河边	爆	2	2		1		1		2		
		珊瑚坝	爆	11	11	轮渡趸船1只							
		上南区马路	爆	2	2	7栋			1		1		

续表

空袭经过情形	投弹时间	投弹地点	投弹种类	投弹数目	合计	炸毁焚塌建筑物数目	伤亡人数 伤 男	伤亡人数 伤 女	伤亡人数 亡 男	伤亡人数 亡 女	合计	防护部队施救情形	备考
		川道拐	爆	3	3	2栋	2		2	2	6		
		一字顺城街	爆	1	1	2栋							
		文觉寺	爆	1	1	1栋	1				1		
		鱼鳅石	爆 燃	4 2	6	4栋	7				7		
		监狱坝	爆	2	2		3				3		
		上石板坡	爆	2	2	12栋							
		石板坡后街	爆	1	1	5栋		1			1		
		下石板坡				5栋							
		国府路145、309、310号	爆 燃	3 1	4	6栋							
		中四路10、25、57、66、89号	爆 燃	5 2	7	12栋							
		学田湾25号	爆	1	1	1栋							
		上清寺孝友村路政司	爆	3	3	12间							
		中宣部门口田内	爆	1	1								
		上清寺公路局	爆	2	2	1栋							
		上清寺96号	爆	1	1	12间							
		上清寺公路局材料库	爆	1	1	1栋							
		牛角沱9、16、23号附近	爆	3	3	10间							
		中三路巴中校内	爆	3	3	40间							
		牛角沱26号	爆	1	1								
		牛角沱川康银行	爆	1	1	1栋							
		牛角沱四维小学	爆	1	1	5间							

一、重庆卫戍总司令部有关日机袭渝情况及伤亡损害的调查

续表

空袭经过情形	投弹时间	投弹地点	投弹种类	投弹数目	合计	炸毁焚塌建筑物数目	伤亡人数 伤 男	伤 女	亡 男	亡 女	合计	防护部队施救情形	备考
		牛角沱天成工厂	爆	3	3	10间							
		牛角沱河边	爆	1	1		4	4	3		11		
		上清寺130、204号	爆	1	1	3间							
		大田湾夔园	爆	1	1								
		中央广播电台	爆	4	4	3栋	1				1		
		大田湾51号	爆	2	2	1间	1		1		2		
		李子坝正街	爆	2	2	9间	7				7		
		半山新村	爆	2	2	9间							
		李子坝河街	爆	8	8	18间							
		南坪厂镇河嘴街31号附近	爆	2	2		3		2		5		
		南坪厂镇河嘴街17号	爆	1	1	5间	7				7		
		河嘴街下面河边	爆	1	1								
		相国寺汉中制革厂	爆	3	3								
		相国寺河边	爆	4	4								
		董家溪复兴粉厂	爆	4	4	全毁							
		合计	爆 燃	187 19	206	毁房274栋341间	86	25	38	25	174		

附记	1.本表系根据重庆防空司令部、重庆警备司令部、空袭救济服务联合办事处、宪兵第三团、宪兵第十二团、本部稽查处之报告汇制而成； 2.无家可归之难民，经空袭救济办事处送入第一、四两收容所收容； 3.死伤者经空袭救济办事处会同各救护队分别施救及掩埋。

2)重庆卫戍总司令部调查6月29日敌机袭渝情况暨伤亡损害报告表

空袭经过情形	投弹时间	投弹地点	投弹种类	投弹数目	合计	炸毁焚塌建筑物数目	伤亡人数 男	伤亡人数 女	伤亡人数 男	伤亡人数 女	合计	防护部队施救情形	备考
本(29)日敌机117架,分4批袭渝:第1批27架,9时35分经五峰、恩施、石柱、涪陵,11时44分在市区投弹后,经涪陵石柱东逸;第2批36架,9时40分经雒南、商县、山阳、巫溪、云阳、忠县,12时30分在沙坪坝投弹后,经北碚、宣汉北逸;第3批27架,9时50分经松滋、五峰、黔江、彭水、石柱、涪陵,11时45分在市区投弹后,经涪陵、忠县逸去;第4批27架,9时32分经长阳、五峰、石柱、涪陵,绕江津、合川、隆昌,12时08分在白市驿投弹后,经南川逸去。本市于9时58分发布空袭警报,11时15分发布紧急警报,13时42分发布解除警报。	1. 11时44分 2. 12时30分 3. 11时45分 4. 13时08分	勤居巷6、8号	爆	2	2	3栋							
		萧家沟后街	爆	3	3	30栋							
		上菜园坝	爆燃	36 11	47	52栋							
		铁路坝	爆燃	8 4	12								
		菜园坝正街	爆燃	6 3	9	52栋	1	1			2		
		天星桥	爆燃	3 3	6	155栋							
		大水井	爆燃	13 7	20	86栋			1		1		
		滥泥湾	爆燃	2 1	3	21栋							
		下南区马路	燃	2	2	34栋							
		龙家岩3、5、6、7、10号	爆	14	14	3栋							
		自来水厂	爆	1	1								
		梯圣街19号	爆	1	1								
		曾家岩63、66、55、40、179号	爆燃	14 1	15	2栋							
		中二路196号	爆	1	1	3间							
		牛角沱晨成工厂	爆	4	4	3间	6		1	1	8		
		两浮支路空坝	爆	2	2								
		两浮支路岗亭	爆	1	1	1栋							

续表

空袭经过情形	投弹时间	投弹地点	投弹种类	投弹数目	合计	炸毁焚塌建筑物数目	伤亡人数 男	伤亡人数 女	伤亡人数 男	伤亡人数 女	合计	防护部队施救情形	备考
		中三路警备部防空洞	爆	1	1	塌洞一端							
		两浮路三青团部	爆	3	3	5间							
		中二路马路涵洞	爆	1	1	塌洞一端	4				4		
		大田湾操场	爆	1	1								
		廖家台街37号	爆	1	1	1栋							
		大板桥沟坡山上	爆	3	3	2栋							
		大板桥沟63号	爆	1	1								
		简家台河坝20至22号	爆	2	2	5栋	2				2		
		简家台河坝	爆	11	11								
		简家台街52、57、61、103号附近	爆	6	6	38间			2	1	3		
		简家台官山坡14号右侧	爆	1	1								
		简家台官山坡上	爆	5	5		2		2		4		
		刘家台50号	爆	1	1	1间							
		新登口河坝	爆	3	3								
		新登口2、3、10号	爆	2	1	6间							

续表

空袭经过情形	投弹时间	投弹地点	投弹种类	投弹数目	合计	炸毁焚场建筑物数目	伤亡人数 伤 男	伤 女	亡 男	亡 女	合计	防护部队施救情形	备考
		陈家馆河坝1号附近	爆	6	6		2		1	1	4		
		磁器口大公学校附近	爆	3	3								
		磁器口豫丰纱厂	燃	1	1	1间							
		小龙坎	燃	1	1								
		江北相国寺新村	爆	4	4								
		江北汉中制革厂	爆	31	31	1栋							1枚未爆
		沙坪坝中央大学	爆	21	21	2栋13间							
		土湾军政部织布厂	爆	1	1	2栋							
		合计	爆燃	218 35	253	毁房453栋70间	18	1	7	3	29		
附记	1.本表系根据重庆防空司令部、重庆警备司令部、空袭服务救济联合办事处、宪兵第三团、宪兵第十二团、本部稽查处之报告汇制而成； 2.未爆炸弹已饬要塞工兵第一团特务连掘取； 3.死伤者业经各救护队分别施救及掩埋。													

（0053—12—169）

53.重庆卫戍总司令部为1940年7月4日日机袭渝情形给重庆市政府的通报（1940年7月4日）

本（四）日敌机袭渝情形及损害概况，据重庆防空司令部及本部派往被炸区域调查人员先后报告各情如左〈下〉：

一、空袭经过。

1.本日敌机89架，分3批袭川：第1批36架，于10时45分经长阳、野三关、利川、忠县、石柱、丰都、垫江、邻水、广安、岳池、武胜、合川、潼南、大足，复

一、重庆卫戍总司令部有关日机袭渝情况及伤亡损害的调查

折返潼南，于14时55分在遂宁投弹后，经南充、岳池、广安、邻水、垫江东逸；第2批27架，于10时50分经资邱、恩施、利川、石柱、丰都、垫江、长寿、合川、铜梁、大足、荣昌、泸县、合江、永川、江津，14时27分在沙坪坝投弹，复经涪陵、石柱东逸；第3批26架，11时06分经走马坪、来凤、彭水、涪陵、南川、綦江，14时55分在沙坪坝投弹，复经长寿、涪陵、石柱东逸。

2. 本市于11时08分悬红球1个，11时30分发布空袭警报，12时57分发布紧急警报，15时35分发布解除警报。

二、敌机投弹地点及损害情形。

1. 沙坪坝重庆大学及附近落弹50余枚，毁房屋1栋，震毁房屋数10间（含农学系、建筑系、理学院办公室、礼堂、教员宿舍、理学院女宿舍），死5人，伤3人；

2. 沙坪坝中央大学落弹10余枚，毁教室、宿舍10余间；

3. 沙坪坝上海机器厂落爆炸弹5枚，燃烧弹2枚，震毁房屋10间，伤1人；

4. 中国制药厂落爆炸弹4枚，燃烧弹2枚，烧毁及震毁房屋20余间（中弹起火，随即经消防队救熄）；

5. 沙坪坝砖瓦厂落爆炸弹2枚，燃烧弹1枚（中弹起火，随即经消防队救熄）；

6. 沙坪坝中渡口落爆炸弹80余枚，震毁房屋5间，死1人，伤4人，该处河中落弹数十枚；

7. 江北罗湾落弹3枚。

以上共投弹200余枚，毁房屋100余间，死6人，伤8人。

三、其他损害详细情形，容后续报。

右〈上〉通报：

重庆市政府

重庆卫戍总司令部启

（0053—12—169）

54. 重庆卫戍总司令部为1940年7月4日日机袭渝详情给重庆市政府的通报(1940年7月10日)

案查本(七)月四日敌机袭渝情形暨损害概况,业经于该日以坤二防字第3388号通报在案,兹复据各方先后将损害详情呈报到部,相应列表随文送上,即请查照。右〈上〉通报:

重庆市政府

附表1份

重庆卫戍总司令部启

重庆卫戍总司令部调查7月4日敌机袭渝情况暨伤亡损害报告表

空袭经过情形	投弹时间	投弹地点	投弹种类	投弹数目	合计	炸毁焚塌建筑物数目	伤(男)	伤(女)	亡(男)	亡(女)	合计	防护部队施救情形	备考
本(4)日敌机89架,分批袭川;第1批36架,10时45分经长阳、利川、忠县、石柱、垫江、邻水、广安、合川、大足,14时55分在遂宁投弹后,经南充、岳池逸去;第2批27架,10时50分经资邱、利川、石柱、垫江、合川、大足、泸县、永川、江津,14时27分在沙坪坝投弹后,经涪陵、石柱东逸;第3批26架,11时06分经走马坪、来凤、涪陵、綦江,14时55分在沙坪坝投弹后,经涪陵石柱东逸。本市于11时30分发布空袭警报,12时57分发布紧急警报,15时35分发布解除警报。	1.14时27分 2.14时55分	沙坪坝中央大学	爆	8	8	4栋	1				1		
		沙坪坝重庆大学	爆	42	42	9栋	4		5		9		
		沙坪坝上海机器厂	爆	7	7	10间							
		沙坪坝中国制药厂	爆燃	4 2	6	20间							
		沙坪坝砖瓦厂	爆燃	2 1	3								
		沙坪坝中渡口	爆	85	85	5间	15	1	1		17		
		沙坪坝中渡口河中	爆	25	25								
		沙坪坝杨公桥附近	爆	34	34	3间	3				3		
		沙坪坝监护三十中队	燃	2	2		1	1			2		
		沙坪坝汪家岩	爆	5	5	1间							

续表

空袭经过情形	投弹时间	投弹地点	投弹种类	投弹数目	合计	炸毁焚塌建筑物数目	伤亡人数 伤 男	伤亡人数 伤 女	伤亡人数 亡 男	伤亡人数 亡 女	合计	防护部队施救情形	备考
		沙坪坝大成工厂	燃	1	1								
		沙坪坝正街	爆	6	6	5栋							
		南开中学	爆	6	6	2栋							
		江北罗湾	爆	3	3	3间							
		合计	爆燃	227 6	233	损毁房屋20栋42间	24	2	6		32		

附记	1.本表系根据重庆防空司令部、重庆警备司令部、空袭服务救济联合办事处、宪兵第三团、宪兵第十二团、本部稽查处之报告汇制而成； 2.敌机投弹后，即有3处起火，经消防队赶到后，随即救熄； 3.死伤者由空袭服务办事处会同各救护队分别救护及掩埋。

(0053—12—169)

55. 重庆卫戍总司令部为1940年7月8日日机袭渝情形给重庆市政府的通报（1940年7月8日）

本（八）日敌机袭渝情形及损害概况，据重庆防空司令部及本部派往被炸区域调查人员先后报告各情如左〈下〉：

一、空袭经过。

1. 本（八）日敌机90架，分3批袭渝：第1批36架，于9时20分在宜都发现西飞，经宣恩、黔江、丰都、涪陵、南川，于11时25分在本市上空投弹后，经长寿、涪陵向东逸去；第2批27架，于11时55分在宜都发现西飞，经恩施、利川、石柱、忠县、丰都、涪陵、长寿，于12时44分在本市上空投弹后，经南川、彭水向东逸去；第3批27架，于12时20分在长阳发现西飞，经建始、武陵、石柱、忠县、丰都、涪陵、垫江、长寿、邻水，于14时09分在本市上空投弹后，经南川向东逸去。

2. 本市于9时50分悬挂红色信号球1个，10时27分发布空袭警报，11时发布紧急警报，14时55分解除警报。

二、敌机投弹地点及损害情形。

1. 国府路范庄门前落爆炸弹4枚,炸毁房屋10余间;

2. 国府路德使馆附近落炸弹1枚,炸毁房屋5间;

3. 国府路外宾招待所对面落烧夷弹2枚,燃烧房屋20余间;

4. 国府路大溪别墅门前落爆炸弹1枚,震毁房屋20余间;

5. 国民政府门前落爆炸弹2枚;

6. 曾家岩市立第十二小学附近落爆炸弹4枚,毁房屋10余间;

7. 学田湾与国府间空地落爆炸弹3枚;

8. 国府路中兴公司钢铁部机厂落爆炸弹4枚,毁屋20余间;

9. 国府路66号大成铸造厂落爆炸弹3枚,毁屋20余间;

10. 国府路21号落爆炸弹1枚,震毁房屋10余间;

11. 大溪沟江边落爆炸弹3枚,炸毁木船5只;

12. 中四路108—114号落爆炸弹4枚,毁屋20余间;

13. 李子坝正街落烧夷弹1枚,被焚房屋16间,卡车1辆,汽油4桶;

14. 李子坝河街落爆炸弹1枚,炸毁房屋10间;

15. 遗爱祠落爆炸弹14枚,烧夷弹1枚,炸毁房屋13间,死亡男女35人,友仁中学防空洞被炸;

16. 徐家坡落爆炸弹11枚,炸毁房屋12间,亡2男;

17. 嘉陵新村落爆炸弹4枚;

18. 上南区马路62—88号落爆炸弹2枚,伤男6女1;

19. 雷家坡3号落爆炸弹1枚,毁房1栋;

20. 石板坡后街10号落爆炸弹1枚,毁房1栋;

21. 石板坡新街117号落爆炸弹1枚,毁房1栋;

22. 上石板坡107号落爆炸弹1枚;

23. 上石板坡46号落爆炸弹1枚;

24. 第二监狱落爆炸弹5枚,伤10余人;

25. 川道拐13号落弹1枚;

26. 王家坡落炸弹10余枚,防空洞2个被炸,伤亡10余人;

一、重庆卫戍总司令部有关日机袭渝情况及伤亡损害的调查

27. 防空司令部防空洞左侧上落爆炸弹5枚,洞口左侧炸毁;

28. 学田湾10号落爆弹1枚;

29. 学田湾12—17号落弹9枚,炸毁房2栋;

30. 空军招待所落爆炸弹5枚,炸毁屋4间;

31. 罗家湾7号对面防空洞落爆炸弹2枚;

32. 枣子岚垭70—74号落爆炸弹3枚,毁屋2栋;

33. 枣子岚垭19号—104号各落爆炸弹1枚;

34. 张家花园45号左侧即警察六分局落爆炸弹2枚,该分局全部震毁;

35. 黄家花园86号落爆炸弹2枚,炸毁房屋3间,伤男2女4亡男1;

36. 黄家花园133号左侧落爆炸弹1枚,房屋全部震毁;

37. 黄家花园4号及114号各落爆炸弹1枚,房屋全部震毁;

38. 临华后街中国农民银行门前落爆炸弹1枚,伤亡男女各1;

39. 张家花园62、54、52、59号共落爆炸弹5枚,炸毁房屋12间又8栋;

40. 人和街61—68号落爆炸弹4枚,炸毁房屋3栋;

41. 中二路渝舍落爆炸弹数枚,1枚未爆炸;

42. 中一路41号落烧夷弹,1枚未炸;

43. 中一路120号落爆炸弹2枚,炸毁房屋7栋。

44. 黄家垭口落弹1枚,炸毁房屋10余栋;

45. 教门山落爆炸弹1枚;

46. 中一支路21号、22号落烧夷弹1枚,爆炸弹1枚;

47. 黄家垭口菜市场落爆炸弹1枚,炸毁房屋31栋;

48. 黄家垭口空坝落爆炸弹3枚,2枚未爆,炸毁屋10栋,伤男1女1;

49. 纯阳洞82号落爆炸弹1枚,毁房9间;

50. 神仙洞203号、251号、252号、256号共落爆炸弹4枚,毁房屋2间;

51. 中一路175号落爆炸弹2枚,炸毁房屋19栋;

52. 中一路电报局后落爆炸弹1枚;

53. 中一路一心花园空坝及嘉卢后空坝各落爆炸弹1枚,伤男1;

54. 归元寺空坝落爆炸弹1枚;

55. 中二路154号落爆炸弹1枚,毁屋1间;

56. 中二路106号、127号各落爆炸弹1枚;

57. 飞来寺306号落爆炸弹2枚,毁房2间;

58. 中二路167号落爆炸弹1枚;

59. 宽宁路13号落弹1枚,炸毁房屋3间;

60. 中三路102号、127号、143号落爆炸弹3枚,炸毁房屋36间;

61. 春生路15号、17号共落爆炸弹3枚,炸毁房屋17间;

62. 堰塘坡落爆炸弹1枚,炸毁房屋2间;

63. 燕喜洞落爆炸弹2枚;

64. 兜子背河边落爆炸弹3枚,未爆炸;

65. 领事巷落爆炸弹3枚;

66. 圣旨碑落爆炸弹1枚,炸毁房屋6间;

67. 卫戍总部防空洞顶上落爆炸弹1枚,伤男1亡男1;

68. 张家花园中华职业学校、巴蜀学校共落爆炸弹5枚,炸毁房屋12间。

以上共投爆炸弹167枚,烧夷弹6枚,炸毁房屋310间又120栋;伤男女70人,亡男女59人,炸毁汽车1辆,汽油4桶。

三、其他损害详细情形,容后续报。

右〈上〉通报:

市政府

重庆卫戍总司令部启

(0053—12—169)

56. 重庆卫戍总司令部为1940年7月9日日机袭渝情形给重庆市政府的通报(1940年7月9日)

据重庆防空司令部及本部派出之调查人员先后报告,本(九)日敌机袭渝各情如左〈下〉:

一、本(九)日敌机共90架,分3批袭渝。

第1批36架,于上午9时50分在湖北鹤峰发现,经过宣恩、黔江、彭水、涪陵、南川,于11时13分侵入市空,在江北投弹后,经依凤、清平、涪陵等地东逸。

第2批27架,于上午10时15分在湖北宣恩发现,经过黔[江]、彭水、涪陵、小观音,于11时14分侵入市空,在市区及南岸投弹后,经长寿、涪陵等地东逸。

第3批27架,于上午10时04分在湖北鹤峰发现,经芭蕉、黔江、彭水、涪陵、綦江,于11时42分经〔侵〕入鱼洞溪上空投弹后,经南川、涪陵、石柱东逸。

二、本市于上午10时03分悬红球1个,10时15分悬红球2个,同时发布空袭警报,10时55分红球落下并发布紧急警报,下午0时10分悬红球2个,0时42分发布解除警报。

三、本日系由空军应战,战果如何？容后查报。

四、损害情形。

1. 七星岗巴县汽车公司中弹1枚,毁房8间；

2. 民权路50号中爆炸、烧夷弹各1枚,毁房4间；

3. 天主堂街17号中爆炸弹1枚,毁房1间；

4. 大同路中爆炸弹3枚；

5. 吉祥寺街中爆炸弹1枚；

6. 夫子池空地中爆炸弹3枚；

7. 韦家院坝2号中爆炸弹1枚,毁房2栋；

8. 临江路82号中烧夷弹1枚,毁房1栋；

9. 大井巷中爆炸弹1枚,毁房1栋；

10. 保安路204号中爆炸弹1枚,毁房5间；

11. 民生路99号至284号共中爆炸弹7枚,毁房28间；

12. 下安乐洞2号中爆炸弹1枚,毁房19间,伤男人20女人1；

13. 德兴里35号中爆炸弹1枚,毁房10间；

14. 蜈蚣岭9号中爆炸弹1枚；

15. 劝学所9号至11号中爆炸、烧夷弹各1枚,毁房10间；

16. 下安乐洞24号至37号共中爆炸弹6枚、烧夷弹1枚,毁房6栋,伤男

4、死男2女1；

  17. 报恩堂2号中爆炸弹1枚，毁房4栋；

  18. 保节院60号坎下中爆炸弹2枚，毁房21间；

  19. 上安乐洞52号侧中爆炸弹1枚；

  20. 宰房沟24号中爆炸弹3枚、烧夷弹1枚，毁房30间，死男女各1人；

  21. 新民街45号中爆炸弹1枚，毁房6间；

  22. 第三模范市场中爆炸弹1枚；

  23. 忠烈祠街中爆炸弹1枚；

  24. 曹家巷1号中爆炸弹1枚，毁房1间；

  25. 德兴里8号中爆炸弹1枚，毁房7间，伤男1〔人〕；

  26. 川道拐街中爆炸弹2枚，毁房7间，伤男1；

  27. 南纪正街71号中烧夷弹1枚，烧房4栋；

  28. 一人巷中爆炸弹1枚，毁房5间；

  29. 潮音寺中爆炸弹1枚，毁房10间；

  30. 王家菜园中爆炸弹2枚，毁房16间（北）；

  31. 打渔湾河坝中爆炸弹1枚，伤男3（北）；

  32. 民生厂中爆炸弹11枚，未爆炸弹2枚，烧夷弹2枚，毁房10间，伤男5女8（北）；

  33. 三洞桥河坝中爆炸弹31枚，毁房3间，伤男3（北）；

  34. 平民村中爆炸弹2枚，毁房10间（北）；

  35. 金厂沟中爆炸、烧夷各1枚，毁房15间，伤男5女3、死男4女2（北）；

  36. 中和段中爆炸弹4枚，毁房3间（北）；

  37. 中二路纪明坊中爆炸弹1枚，毁房4间；

  38. 康宁路16号中爆炸弹1枚；

  39. 高朝门18号中爆炸弹1枚，毁房4间，伤男6女3、死男2（南）；

  40. 荒地中爆炸、烧夷弹各1枚；

  41. 虾蟆口河边中爆炸弹3枚，毁木船3只，伤1人、死3人（北）；

  42. 万天宫岩下中爆炸弹1枚，毁房4间（北）；

43. 三洞桥街警察派出所前面中爆炸弹2枚,毁房20间(北);

44. 地藏巷附近中弹4枚,毁房20间,伤6人死2人(北);

45. 谢家沟中爆炸弹8枚,毁房屋12栋,伤男7女2(北);

46. 石灰市稽查处中爆炸弹1枚;

47. 杨家什子中爆炸弹1枚;

48. 牛皮凼中爆炸弹1枚,毁防空洞1〔个〕,死45人;

49. 水泥厂附近中爆炸弹15枚,毁房5间,伤男6死男2(南);

50. 临江门吉祥寺中爆炸弹1枚,毁房9间;

51. 七星坎中烧夷弹1枚,烧房3间;

52. 关岳庙中爆炸弹1枚,毁房2间;

53. 约〔若〕瑟巷中爆炸弹3枚,毁房7间;

54. 连花池中爆炸弹2枚,伤男9女7,死男5女3。

总共投弹158枚,毁房20栋332间,死伤男女176人。

附记:一、大同路军令部侧防空洞命中1弹,洞口被封,刻正督饬所属挖掘,死亡人数续呈报;

二、军政部兵役署、会计处各中1弹,仅损失职员私物及办公室各种文具;

三、括号内(北)字表示江北,(南)字表示南岸;

五、其余详细情形,容后续报。

右〈上〉通报:

重庆市政府

重庆卫戍总司令部启

(0053—12—169)

57. 重庆卫戍总司令部为1940年7月8、9两日日机袭渝详情给重庆市政府的通报(1940年7月15日)

案查本(七)月八、九两日敌机袭渝情形暨损害概况,业经于各该日以坤二防字第3485及3538号通报在案,兹复据各方先后将损害详情呈报到部,相

应列表随文送上,即请查照。右〈上〉通报:

重庆市政府

附表2份

重庆卫戍总司令部启

1)重庆卫戍总司令部调查7月8日敌机袭渝情况暨伤亡损害报告表

突袭经过情形	投弹时间	投弹地点	投弹种类	投弹数目	合计	炸毁焚塌建筑物数目	伤亡人数 伤 男	伤 女	亡 男	亡 女	合计	防护部队施救情形	备考
本(8)日敌机90架,分3批袭渝:第1批36架,于9时20分在宜都发现西飞,经宣恩、黔江、丰都、涪陵、南川,于11时25分在市区投弹后,经长寿、涪陵东逸;第2批27架,于11时55分在宜都发现西飞,经恩施、利川、石柱、忠县、涪陵、长寿,于12时44分在市区投弹后,经南川、彭水东逸;第3批27架,于12时28分在长阳发现西飞,经建始、武陵、石柱、忠县、丰都、涪陵、垫江、长寿、邻水,于14时09分在本市上空投弹后,经南	1. 11时25分 2. 12时44分 3. 14时09分	大溪沟三元桥66号	爆	1	1	3间							
		大溪沟码头河边	爆	4	4	炸毁木船4只			1		1		
		国府路69、76号	爆	3	3	20间							
		大溪沟老街5号空地	爆	1	1								
		国府路蒲草田河沟	爆	5	5								
		上清寺聚兴村1号	爆	3	3	9间							
		国府右侧	爆	6	6	1间							
		国府路148、265、279、292、304号	爆燃	9 1	10	47间							
		中三路中国银行侧	爆	1	1	1间							
		中三路第79号	爆	1	1	1间							
		川东师范	爆	2	2								
		□□□	爆	□	□				1		1		
		遗爱祠门口及荒地	爆	1	1				1		1		
		遗爱祠也是园	爆	1	1	1栋	36				36		该地私人防空洞被炸塌

续表

突袭经过情形	投弹时间	投弹地点	投弹种类	投弹数目	合计	炸毁焚塌建筑物数目	伤亡人数 伤 男	伤 女	亡 男	亡 女	合计	防护部队施救情形	备考
川向东逸去。本市于10时27分发布空袭警报，11时发布紧急警报，14时55分发布解除警报。		遗爱祠徐家坡一带	爆	7	7	3栋							
		徐家坡30、31号	爆	2	2	1栋							
		徐家坡青年会坎下	爆	1	1	1栋							
		王家坡84号及附近荒地	爆	2	2	20间							
		兜子背铁路侧	爆	3	3	15间							尚有未爆炸弹1枚
		菜园坝米帮河边	燃	1	1								
		燕喜洞街42号前坎上	爆	1	1								
		上石板坡105号	爆	1	1	5间							
		燕喜洞20号对面坡上	燃	1	1	7间							
		川道拐1号	爆	1	1	4间	2				2		
		川东师范内教育部	爆	1	1	1间							
		枣子岚垭	爆	2	2		9	2	14		25		炸塌防空洞1所
		下罗家湾	爆	3	3	1栋							
		黄家垭口31、68号	爆	2	2	7间	1		1		2		
		中一支路24、45号	爆	2	2	4间							
		中一支路169至181号	爆	2	2	16间	2				2		

续表

突袭经过情形	投弹时间	投弹地点	投弹种类	投弹数目	合计	炸毁焚塌建筑物数目	伤亡人数 伤 男	伤亡人数 伤 女	伤亡人数 亡 男	伤亡人数 亡 女	合计	防护部队施救情形	备考
		中一路聚兴诚银行花园	爆	3	3	2间							
		中一路一心花园	爆	2	2	1间							
		张家花园万化祠	爆燃	1 1	2	2间							
		张家花园54号	爆	1	1	6间							
		张家花园孤儿院内	爆	6	6	2栋							
		张家花园74号	爆	1	1	1栋							
		张家花园巴蜀学校	爆	6	6								
		张家花园翻纱厂侧	爆	1	1	1栋							
		大溪沟仁和街73号	爆	6	6	1间							3枚未爆
		大溪沟仁和街47、60号	爆	3	3	18间							
		枣子岚垭70、73、74、19、32号	爆	6	6	4栋							
		枣子岚垭90、104号	爆	3	3								
		张家花园68、114、120、125号	爆	7	7	11栋	3	4	1	1	9		
		大溪别墅9号	爆	□	□								
		□□□□	爆	□	□						2		

续表

突袭经过情形	投弹时间	投弹地点	投弹种类	投弹数目	合计	炸毁焚塌建筑物数目	伤亡人数 伤 男	伤 女	亡 男	亡 女	合计	防护部队施救情形	备考
		□□□□□□□□	爆	□	□								
		中四路113、128、129、144号	爆燃	3 1	4	38间							
		三元桥26、36、67号	爆	6	6								
		本部防空洞上及附近	爆	3	3		1		1		2		
		国府路17、53、54、58、至66号	爆	7	7	33间							
		国府路68、69、174、137、148、139、83号	爆	11	11	2栋46间							
		国府路248、255、258、259、268、269号	爆	10	10	6间							
		国府路281、282、286、306、139、310号	爆	7	7	1栋4间							
		学田湾5至15号及17号	爆	22	22	30间							
		中三路100、145、127号	爆	3	3	30间	1				1		
		春森路15、17号	爆	2	2	24间							
		南岸铜元局后苏家坝	爆	1	1								

续表

突袭经过情形	投弹时间	投弹地点	投弹种类	投弹数目	合计	炸毁焚塌建筑物数目	伤亡人数 伤 男	伤 女	亡 男	亡 女	合计	防护部队施救情形	备考
		南岸铜元局前河边及江中	爆	8	8								
		李子坝交通银行侧	爆	3	3	5间							
		南纪门外雷家坡顶上	爆	1	1	25间	4	2			6		
		石板坡后街19号	爆	1	1	6间							
		石板坡新街	爆	1	1	9间							
		石板坡第二监狱	爆燃	4 1	5	1栋			7		7		1枚未爆
		上石板坡街	爆	1	1	5间							
		上石板坡口	爆燃	1 1	2								未爆炸
		江北头塘菜子坝	爆	1	1								
		江北通顺桥	爆	1	1								
		江北陈家馆	爆	1	1								
		合计	爆燃	241 7	248	损毁房屋30栋570间	27	8	62	1	98		
附记	1.本表系根据重庆防空司令部、重庆警备司令部、空袭救济服务联合办事处、宪兵第三团、宪兵第十二团、本部稽查处之报告汇制而成； 2.死伤者经空袭服务办事处会同各救护队分别施救及掩埋； 3.未爆炸弹已饬要塞工兵团特务连掘取； 4.本日雷家坡、神仙洞街、学田湾、国府路等处电线被毁甚多。													

2)重庆卫戍总司令部调查7月9日敌机袭渝情况暨伤亡损害报告表

空袭经过情形	投弹时间	投弹地点	投弹种类	投弹数目	合计	炸毁焚塌建筑物数目	伤亡人数 伤 男	伤 女	亡 男	亡 女	合计	防护部队施救情形	备考
本(9)日敌机90架,分3批袭渝:第1批36架,于9时55分在湖北鹤峰发现,经过宣恩、黔江、彭水、涪陵、南川,于11时13分在江北投弹后,经涪陵东逸;第2批27架,于10时15分在湖北宣恩发现,经黔江、彭水、涪陵,于11时14分在市区及南岸投弹后,经长寿、涪陵东逸;第3批27架,于10时04分在湖北鹤峰发现,经黔江、彭水、涪陵、綦江,于11时42分在鱼洞溪投弹后,经南川、涪陵、石柱东逸。本市于10时15分发布空袭警报,10时55分发布紧急警报,12时42分发布解除警报。	1. 11时13分 2. 11时14分 3. 11时42分	民生路82号 关岳庙	爆 燃	1 1	2	中亭全毁							
		天主堂18号	爆	1	1	1栋							
		民生路99、145、268号	爆 燃	3 1	4	28间							
		韦家院25号	爆	1	1	25间							
		民生路警训班	爆	1	1	1栋							
		民生路德兴里	爆	2	2	22间							
		民生路286号	爆	1	1	6间							
		中一路32号	爆	1	1	4间							
		下安乐洞	爆	2	2				9		9		炸塌防空洞1所,死伤正在挖掘中
		安乐洞果园37号	爆	4	4	6间	2		2		4		
		下安乐洞1号	爆	4	4	10间							
		临江门吉祥街	爆	1	1	4间							
		临江门82号	爆	1	1	2间							
		大井巷17号	爆	1	1	5间							
		夫子池空地	爆	2	2								
		夫子池街23号	爆	1	1	26间							
		中华路	爆	1	1	4间							
		石灰市税捐局	爆	1	1	1栋							

续表

空袭经过情形	投弹时间	投弹地点	投弹种类	投弹数目	合计	炸毁焚塌建筑物数目	伤亡人数 伤 男	伤 女	亡 男	亡 女	合计	防护部队施救情形	备考
		冉家巷10、17号	爆	2	2	2栋							
		劝学所街9号	爆	1	1	15间							
		蜈蚣岭8号	爆	1	1	2间							
		曹家巷口	爆	1	1	3间							
		新民街47号	爆	1	1	15间	1				1		
		骡马店街24号	爆	1	1	3间							
		南纪门正街	爆燃	1 2	3	25间	1		2		3		
		新市区124号	爆	2	2	15间	1				1		
		双溪沟9号对面	爆	1	1	6间							
		南纪门街75号	爆	1	1	7间	2		1	1	4		
		南纪门王家滩河坝	爆	1	1								
		牛皮函街	爆	2	2	4间			14		14		炸塌私人防空洞1所
		川道拐街65号	爆	1	1	15间							
		南岸高朝门18号附5号	爆	1	1	1间	2		6		8		
		南岸水泥厂空地	爆	1	1								
		潮音寺18号	爆	1	1	10间							
		王家菜园17号	爆	1	1	16间							
		王家菜园空地	爆	1	1								
		打渔湾河坝	爆	1	1		2				2		

续表

空袭经过情形	投弹时间	投弹地点	投弹种类	投弹数目	合计	炸毁焚塌建筑物数目	伤亡人数 伤 男	伤 女	亡 男	亡 女	合计	防护部队施救情形	备考
		忠和段	爆	13	13	19间	6	2	3	4	15		
		金厂沟	爆燃	2 1	3	20间	6	6	4	5	21		
		青草坝街	爆燃	6 1	7	22间	3		1		4		
		三洞桥正街	爆燃	6 1	7	160间	2				2		
		河街	爆燃	25 1	26	10间	6	2			8		多数落入水中
		九道拐	爆	1	1	30间							
		民生工厂	爆	7	7		3	5	4	3	15		
		土地滩	爆	8	8		2	2		3	7		
		中街	爆燃	5 1	6	13间	7		5	11	23		
		合计	爆燃	117 9	126	损毁房屋6栋553间	46	17	45	33	141		
附记	1.本表系根据重庆防空司令部、重庆警备司令部、空袭救济服务联合办事处、宪兵第三团、宪兵第十二团、本部稽查处之报告汇制而成； 2.死伤暨无家可归者，均经各救护队分别施救、收容及掩埋； 3.本日夫子池、天主堂街、劝工局街、牛皮函等处损毁电线甚多。													

(0053—12—169)

58. 重庆卫戍总司令部为1940年7月16日日机袭渝情形给重庆市政府的通报（1940年7月16日）

本（十六）日敌机袭渝，据重庆防空司令部及本部派出调查人员先后报告各情如左〈下〉：

一、本（十六）日敌机52架，分2批袭渝。

第1批27架，于9时36分在湖北长阳发现，经芭蕉、利川、忠县、石柱、丰都、垫江、长寿、邻水、茨竹、关口，于11时20分在江北、上清寺、大溪沟、国府路一带投弹，经太平、南川、彭水、黔江东逸；

第2批25架,于10时50分在湖北长阳发现,经五峰、咸丰、黔江、涪陵、南川、綦江、龙岗,于13时04分在南纪门、太平门、龙门浩、朝天门一带投弹后,经涪陵、丰都、石柱东去。

二、本市于9时45分悬红球1个,10时12分悬红球2个,发布空袭警报;11时07分下球,发布紧急警报;11时41分悬红球2个,12时16分下球,13时20分悬球2个,13时42分发布解除警报。

三、本日由空军作战,高射炮奉令不射击,战果待报。

四、损害情形。

1. 中正路中国银行新屋旁落爆炸弹1枚;

2. 军委会投爆炸弹4枚,毁房屋数栋,死伤卫兵数名;

3. 鱼市口投燃烧弹1枚,毁房起火,旋扑灭;

4. 中央公园公共防空壕口落爆炸弹1枚,伤1人;

5. 中央公园事务所防空壕落爆炸弹1枚,伤7人;

6. 中央公园中山亭内死1人;

7. 民生路114至124号投爆炸弹3枚,毁房10余栋;

8. 林森路154至176号落爆炸弹数枚,房屋全毁;

9. 临江路口投爆炸弹2枚,毁房屋数栋;

10. 德兴里投爆炸弹2枚,毁房屋20余栋;

11. 金汤街投爆炸弹1枚;

12. 武库街落爆炸弹6枚,毁房屋6栋;

13. 牛角沱河边投爆炸弹3枚,另燃烧弹1枚,毁来船数艘,伤1人;

14. 牛角沱天成工厂落爆炸弹2枚,毁房屋1栋;

15. 中四路中央银行落燃烧弹1枚,起火,旋扑灭;

16. 中四路3号至中华池一带中弹起火,毁房屋30余栋;

17. 中四路铁园落爆炸弹4枚,均在泥田中;

18. 学田湾2号落弹1枚,防空司令部左前方落弹1枚,毁房屋1间;

19. 国府路球场落弹2枚,球场震毁;

20. 国府路大成铸造厂落弹1枚,颇有损失;

21. 国府路188、189、218、219号均被炸毁,伤小孩1〔人〕;

22. 国府路226号及范庄各有未爆弹1枚;

23. 电灯厂后落爆炸弹2枚,边江吸水管炸毁;

24. 张家花园3号前荒地落弹1枚;

25. 张家花园11、19、50至52各落爆炸弹1枚,房屋全毁;

26. 演武厅隧道口落爆炸弹1枚,伤13人;

27. 桂花街落爆炸弹1枚,毁房屋数栋;

28. 关庙街落爆炸弹3枚,毁房屋数栋;

29. 较场口投爆炸弹1枚,毁电力厂变压所房屋1栋;

30. 太平门江边救火第一救火船及趸船均炸毁;

31. 百子巷、吴师爷巷一带落爆炸弹4枚,毁房屋10余栋;

32. 新民街潘家沟一带落爆炸弹3枚,毁房屋10余栋;

33. 和平路落弹2枚,毁房屋数栋;

34. 江北相国寺正街投燃烧弹1枚,旋即扑灭;

35. 江北相国寺河街投弹2枚,毁房屋8间,又燃烧弹1枚,当即扑灭;

36. 江北相国寺河边投弹3枚,炸毁木船7只,伤5人,死2人;

37. 南岸龙门浩被炸,损害情形不明。

总共落弹约100余枚,毁房屋约200余栋,死伤约40余人。

五、其余详细情形容后续报。

右〈上〉通报:

重庆市政府

重庆卫戍总司令部启

(0053—12—169)

59. 重庆卫戍总司令部为1940年7月16日日机袭渝详情给重庆市政府的通报(1940年7月19日)

案查本(七)月十六日敌机袭[渝]情形及损害概况,业经于该日以坤二防字第3699号通报在案,兹复据各方先后将损害详情呈报到部,相应列表随文

送上,即请查照。右〈上〉通报:
市政府
附表1份

重庆卫戍总司令部启

重庆卫戍总司令部调查7月16日敌机袭渝情况暨伤亡损害报告表

空袭经过情形	投弹时间	投弹地点	投弹种类	投弹数目	合计	炸毁焚塌建筑物数目	伤人数 男	伤人数 女	亡人数 男	亡人数 女	合计	防护部队施救情形	备考
本(16)日敌机52架,分2批袭渝:第1批27架,在湖北长阳发现,经芭蕉、利川、忠县、石柱、丰都、垫江、长寿、邻水、茨竹、关口,于11时20分在市区及江北投弹,经南川、彭水东逸;第2批25架,于10时50分在湖北长阳发现,经五峰、咸丰、黔江、涪陵、南川、綦江,于13时04分在市区及南岸投弹后,经涪陵、石柱东逸。本市于10时12分发布空袭警报,11时07分发布紧急警报,12时42分发布解除警报。	1.11时20分 2.13时04分	临江横街38号	爆	1	1	毁房7间							
		定远碑3号	爆	1	1								
		牛皮凼8号	爆	1	1	2间							
		中华路43、60号	爆燃	3 1	4	4栋							1枚未爆
		米亭子5号	爆	1	1	9间							
		民权路82号	爆	3	3	20间							
		荒市街8号	爆	2	2	14栋	1				1		
		木货街76号	爆	1	1	2栋							
		老衣服街4号	爆	2	2	21栋	14				14		
		老街21号	爆	1	1								未爆
		中正路515号	爆	1	1								
		民国路街心	爆	1	1	1栋							
		川盐1号	爆	1	1	1栋							
		保安路121号、197号	爆	5	5	31间							2枚未爆
		草药街14号	爆	1	1	30间							
		凯旋路	爆燃	1 1	2	4栋							
		林森路166至177号	燃	1	1								
		中央公园	爆	2	2	1栋	7		1		8		1枚未爆
		西大街口	爆	2	2	3栋1间							

续表

空袭经过情形	投弹时间	投弹地点	投弹种类	投弹数目	合计	炸毁焚塌建筑物数目	伤亡人数 伤 男	伤 女	亡 男	亡 女	合计	防护部队施救情形	备考
		刁家巷48号	爆	1	1				1		1		
		林森路军委会	爆	3	3	5间	3		2		5		
		大观坪	爆燃	2 1	3	13间		1		6	7		
		马家巷	爆	1	1		7		1		8		未爆
		王家坝1、2号	爆	1	1								
		德兴里23至26号	爆	2	2	4栋		1			1		
		金汤街	爆	1	1								
		民生路114至124号	爆	3	3	5栋							
		临江路口	爆	1	1								
		百子巷152至155号	爆	1	1	4间							
		吴师爷巷29号	爆	1	1	9间	1				1		
		新民街56、78、86号	爆	3	3								
		潘家沟23号	爆	1	1								
		潘家沟4号	爆	1	1								
		和平路22号	爆	1	1								
		清真寺巷	爆	2	2	1栋							
		回水沟	爆	1	1								
		厚慈街	爆	1	1	9栋			1		1		
		蒋家院	爆	1	1	3栋							
		凉亭子	爆燃	1 2	3	13栋							
		黄家园5、44、133号	爆	5	5	8间							
		张家花园3、13附近	爆燃	1 1	2	2栋4间							

续表

空袭经过情形	投弹时间	投弹地点	投弹种类	投弹数目	合计	炸毁焚塌建筑物数目	伤亡人数 伤 男	伤 女	亡 男	亡 女	合计	防护部队施救情形	备考
		张家花园43、48至60号	爆	9	9	5栋22间							
		张家花园44号	爆	2	2	15间							
		高家庄18、22号	爆	4	4	2间							
		人和街49、51、62号	爆	4	4	15间							
		张家花园63、64号	爆	7	7	36间							
		国府路65、152、202、231、244号	爆	8	8	20间							
		国府路62、73、148、192、217号	爆	6	6	47间							
		三元桥	爆	2	2								
		大溪沟	爆	1	1								
		大德里17号	爆	1	1								
		中四路特园	爆	5	5								
		中四路96、97、57号	爆燃	3 2	5	26栋							
		学田湾3、17号	爆	2	2								
		曾家岩21号	爆	3	3	3间							
		上清寺113号坡上	爆	1	1								
		天成工厂及河边	爆燃	1 1	2	1间							
		相国寺码头河边	爆	1	1								
		相国寺1号后面河边	爆	1	1		5	1	1		7		

续表

空袭经过情形	投弹时间	投弹地点	投弹种类	投弹数目	合计	炸毁焚塌建筑物数目	伤亡人数 男	伤亡人数 女	亡 男	亡 女	合计	防护部队施救情形	备考
		相国寺1至7号	爆燃	1 1	2	7栋	2	1			3		
		相国寺11号及49号	爆燃	1 1	2	2栋							
		窍角沱第一新校秋塘	燃	1	1								
		水口厂附近水池	爆	1	1								
		姚家巷	爆	1	1	9栋		1			1		
		盐井巷34号	爆	1	1	1栋							
		机房街	爆	1	1	6间							
		罗汉寺	爆燃	1 1	2	3间							
		行街	爆	1	1	4间							
		普善堂4号	爆	1	1	6间							
		王家坝石子桥下	爆	2	2								
		善果街12号	爆	1	1	4间							
		林森路155至172号	燃	1	1	11栋							
		巴县县府内	爆	2	2	8间							
		戴家巷1号	爆	1	1								
		合计	爆燃	140 15	155	损毁房屋144栋299间	34	4	5	7	50		
附记	1.本表系根据重庆防空司令部、重庆警备司令部、空袭救济服务联合办事处、宪兵第三团、宪兵第十二团、本部稽查处之报告汇制而成； 2.未爆炸弹已饬要塞工兵第一团特务连掘取； 3.伤亡及无家可归之难民，业经空袭服务办事处会同各救护队分别施救及掩埋。												

60. 重庆卫戍总司令部为1940年7月31日日机袭渝情形给重庆市政府的通报（1940年7月31日）

本（三十一）日敌机袭川，据重庆防空司令部及本部派出调查人员先后报告各情如左〈下〉：

一、本（三十一）日敌机共108架，分3批袭川。

第1批36架，于10:34在陕西潼关发现，经雒南、商县、安康、达县、渠县、广安、合川、铜梁，于12:40在北碚投弹，12:55在铜梁投弹后，经合川、巴中、安康逸去；

第2批18架，于12:50在湖北燕子坪发现，经新塘、黔江、彭水，于14:58在涪陵投弹后，经丰都、石柱逸去；

第3批54架，于12:22在宜都发现，经恩施、利川、梁山、忠县、垫江、邻水、长寿、清平、木耳，于14:30侵入市空，在曾家岩、上清寺、牛角沱一带投弹后，经永兴、双河、彭水、石柱逸去。

二、本市于11:57悬红球1个，12:04分发布空袭警报，12:28发布紧急警报，16:00发布解除警报。

三、本日因空军作战，高射炮未射击，战果容后续报。

四、损害情形。

1. 上清寺街144号交通部门前投爆炸弹18枚，毁房屋34栋，死男1伤女1；

2. 牛角沱附近（福新面粉公司）投爆炸弹25枚，毁房屋10余栋，民船15只，死5人伤12人；

3. 牛角沱生生花园内投爆炸弹2枚，内1枚未爆炸，毁房屋4栋；

4. 李子坝（农本局嘉陵新村附近）投爆炸弹44枚，毁房屋15栋，民船20余只，死男2伤男女各2人；

5. 曾家岩特园投爆炸弹3枚，均未爆炸，毁房屋2栋；

6. 两浮支路罗家花园附近投爆炸弹2枚，无损害；

7. 江北陈家馆331号中国兴业公司钢铁部投爆炸弹22枚，内1枚未爆炸，毁房屋6栋；

8. 江北相国寺街14号投爆炸弹1枚,毁屋1栋,伤男一;

9. 江北相国寺河边投爆炸弹3枚,毁民船9只。

总共投弹120枚,毁房屋77栋,炸毁民船47只,死男女8人,伤男女18人。

五、其余详细情形,容后续报。

右〈上〉通报:

重庆市政府

重庆卫戍总司令部启

（0053—12—169）

61. 重庆卫戍总司令部为1940年7月31日日机袭渝详情给重庆市政府的通报(1940年8月4日)

查七月三十一日敌机袭渝概况,业经于该日以坤二防字第4068号通报在案,兹复据各方先后将损害详情呈报到部,相应列表,随文送上,即请查照。右〈上〉通报:

重庆市政府

附表1份

重庆卫戍总司令部启

重庆卫戍总司令部调查7月31日敌机袭渝情况暨伤亡损害报告表

空袭经过情形	投弹时间	投弹地点	投弹种类	投弹数目	合计	炸毁焚塌建筑物数目	伤亡人数 伤 男	伤 女	亡 男	亡 女	合计	防护部队施救情形	备考
本(三十一)日敌机108架,分3批袭川:第1批36架,于10时34分在潼关发现,经雒南、商县、安	1. 12时40分	中四路24、26、29号	爆燃	4 1	5	毁房1栋1间							
	2. 14时30分	四维学校	爆	1	1	2间							
		牛角沱21、91号	爆	3	3	9间							
		牛角沱江边	爆	18	18								
		桂花园20、62号	爆	2	2	9间							

续表

空袭经过情形	投弹时间	投弹地点	投弹种类	投弹数目	合计	炸毁焚塌建筑物数目	伤亡人数 伤 男	伤 女	亡 男	亡 女	合计	防护部队施救情形	备考
康、广安、合川、铜梁,于12时40分在北碚投弹,12时55分在铜梁投弹后,经合川、安康逸去;第2批18架,于12时50分在湖北燕子坪发现,经新塘、黔江、彭水,于14时58分在涪陵投弹后,经石柱逸去;第3批54架,于12时32分在宜都发现,经恩施、利川、梁山、忠县、邻水、长寿,于14时30分在市区、江北、北碚一带投弹后,经石柱逸去。本市于12时04分发布空袭警报,12时28分发布紧急警报,16时整发布解除警报。		上清寺100、126、146号	爆	4	4	21间							
		重庆村	爆	1	1								
		大田湾	爆	1	1								
		江北新村	爆	10	10	4间							
		江北美亚绸厂	爆	1	1								
		江北廖家花园	爆	12	12	15间	25	2	10	2	39		
		江北华兴街	爆	4	4	17间		1	2		3		
		江北相国寺	爆	35	35	24间	130	15	3	4	152		
		江北第五陆军医院	爆	1	1	1间							
		江北中兴钢铁厂	爆	15	15	3栋	2		1	3	6		
		江北兴业公司	爆	20	20	2间							
		江北相国寺河边	爆	20	20	毁船35只							
		江北董家溪	爆	25	25		11		2		13		
		江北任家花园	爆	12	12	5间							
		江北廖家桥	爆	4	4		4	1	1		6		
		江北新街	爆	2	2		5	1	1		7		
		江北寿龙寺	爆	3	3	11栋							
		北碚中正路国民兵队	爆	1	1	8间							
		北碚中山路59、65至73号	爆燃	1 1	2	78间							
		北碚中山路97至99号	爆	1	1	25间		1			1		
		北碚南分路1至6号	爆	2	2	33间	1				1		
		北碚上海路1至7号	燃	2	2	32间			2		2		
		北碚公共体育场	燃	2	2	31间							
		北碚黄桷山11号防空洞	爆	1	1		4	3	14	5	26		

续表

空袭经过情形	投弹时间	投弹地点	投弹种类	投弹数目	合计	炸毁焚塌建筑物数目	伤亡人数 伤 男	伤 女	亡 男	亡 女	合计	防护部队施救情形	备考
		北碚新村电话局	爆燃	1 1	2	25间							
		上清寺144号门前	爆	18	18	34栋		1	1		2		
		牛角沱生生花园	爆	2	2	4栋							内1枚未爆
		李子坝	爆	44	44	15栋	2	2	2		6		
		曾家岩特园	爆	3	3	2栋							均未爆炸
		上清寺警察分所	爆	1	1	1栋							
		上清寺135、143号	爆	2	2	3间	1	1			2		
		交通部内	爆	1	1								
		四川公路局	爆燃	1 1	2								
		遗爱祠	爆	9	9	6栋	3	2	2		7		
		嘉陵新村	爆	6	6	5栋							
		王家坡	爆	4	4	5栋		1			1		
		铁路坝	爆	1	1								
		米帮河坝	爆	2	2								
		大水井	爆	2	2	3栋	1				1		
		中四路96号	爆	2	2								
		农本局河边	爆	12	12	炸毁炭船12只	6	2	3		11		
		两浮支路	爆	3	3		1		1		2		
		教门厅	爆	2	2								
		合计	爆燃	328	328	损毁房屋90栋又354间及木船47只	196	30	46	16	288		

续表

空袭经过情形	投弹时间	投弹地点	投弹种类	投弹数目	合计	炸毁焚塌建筑物数目	伤亡人数 伤 男	伤 女	亡 男	亡 女	合计	防护部队施救情形	备考
附记		1.本表系根据重庆防空司令部、重庆警备司令部、空袭救济服务联合办事处、宪兵第三团、宪兵第十二团、本部稽查处之报告汇制而成； 2.死伤者及无家可归难民，业经各救护队及空袭服务办事处分别施救及掩埋； 3.未爆炸弹已饬要塞工兵团特务连掘取； 4.本日铜梁、涪陵两县被炸。											

（0053—12—169）

62. 重庆卫戍总司令部为1940年8月9日日机袭渝情形给重庆市政府的通报（1940年8月9日）

据重庆防空司令部、重庆市警察局、宪兵第三团、宪兵十二团、重庆警备司令部、江北派出所及本部派往被炸各地调查人员先后呈报，敌机本（九）日袭渝经过及损害概况各情如左〈下〉：

一、空袭经过。

1. 10时30分宜都发现敌机一批计63架西飞，经施南、利川、石柱、丰都、涪陵、长寿、垫江、南川、道真、綦江，合另一批27架，于14时39分同时侵入本市上空投弹后，经隆盛、三峨山、黄河坝向东逸去；

2. 10时37分长阳发现敌机一批计27架西飞，经五峰、施南、石柱、丰都、南川、綦江，合另一批63架，于14时39分同时侵入本市上空投弹后，经隆盛、三峨山、黄河坝各东逸去；

3. 本日高射部队作战情形如下：(1)敌机高度约6800公尺，(2)航速约95公尺/秒，(3)我高射部队共发射炮弹29发，(4)敌机1架受伤落后；

4. 本市于11时03分悬红球1个，11时30分发布空袭警报，12时10分发布紧急警报，15时55分解除警报。

二、损失情形。

1. 南岸民生码头落爆炸弹3枚，伤男4人，死男3人；

2. 南岸资源委员会桐油厂落燃烧弹4枚，焚毁桐油6000桶，伤2人；

3. 南岸烟雨段马路7至15号落爆炸弹13枚，毁房45间，伤3人，死2人；

4. 烟雨堡落爆炸弹10枚,毁房45间,伤7人,死15人;

5. 海棠溪正街落爆炸弹13枚,毁房75栋,伤9人,死28人;

6. 林森路93、94、96、97号落燃烧弹3枚,毁房4栋;

7. 打铜街1至7号落爆炸弹2枚,毁房4栋;

8. 陕西街四川建设银行门前街心落爆炸弹2枚;

9. 小什字上海银行门前落爆炸弹1枚;

10. 中正路81号落爆炸弹1枚,毁房1栋;

11. 中正路300号对面落爆炸弹4枚,燃烧弹2枚,毁房80间;

12. 民权路落爆炸弹4枚,毁房35间;

13. 曾家岩65、127、130、140、150、47号落爆炸弹10枚,燃烧弹6枚,毁房11间,伤男女各1人;

14. 国府路259号落燃烧弹3枚,毁房4间;

15. 中四路30、53、57、80、81、82、91、99、127、131号落爆炸弹12枚,毁房1栋又17间;

16. 白象街89至95号落爆炸弹5枚,燃烧弹2枚;

17. 操场坝1至21号落爆炸弹4枚;

18. 中央公园球场落爆炸弹2枚;

19. 储奇门顺城街落爆炸弹1枚,毁房1间;

20. 江家巷11、25号落爆炸弹3枚,毁房9间,伤男1人;

21. 五四路空坝落爆炸弹2枚;

22. 民权路空坝落爆炸弹1枚;

23. 公园路青年会内落爆炸弹4枚,燃烧弹1枚,毁房9栋,伤男5人女2人,死男2人;

24. 中正路293号落爆炸弹3枚,毁房9栋,伤男2人;

25. 民权路228号落爆炸弹3枚,毁房7栋;

26. 小较场24号落爆炸弹2枚,毁房1栋;

27. 依仁巷4号落爆炸弹1枚,毁房1栋;

28. 保安路88号落爆炸弹3枚,燃烧弹2枚,毁房11栋;

29. 正阳巷7号落爆炸弹2枚,毁房5栋;

30. 正阳街57号落燃烧弹1枚;

31. 莲花街74号落弹2枚,1枚未爆,毁房2栋;

32. 陕西路218、217、219、220号落爆炸弹1枚,毁房4栋;

33. 芭蕉园8号落爆炸弹1枚,毁房2栋;

34. 曹家巷5号落爆炸弹1枚,毁房3栋;

35. 九道门4号至8号落爆炸弹1枚,毁房5间;

36. 中四路83、84、85、87、89、130、138号落爆炸弹3枚,燃烧弹1枚,毁房8间;

37. 建设路落爆炸弹1枚,毁房5间;

38. 赣江街84号落爆炸弹,毁1栋;

39. 太华楼街6号落爆炸弹1枚,毁房1栋;

40. 石门街77、78号落爆炸弹1枚,毁房2栋;

41. 中正路155号落爆炸弹2枚,毁房1栋,伤男15人,死男3人;

42. 机房街落爆炸弹1枚,毁房15栋;

43. 育婴堂落爆炸弹1枚,毁房1栋,伤男2人,死男1人;

44. 兴隆街落爆炸弹2枚,毁房3栋;

45. 罗汉寺落爆炸弹2枚,毁房7栋;

46. 二郎庙落爆炸弹1枚,毁房1栋,伤男1人;

47. 水巷子落爆炸弹3枚,燃烧弹1枚,毁房7栋;

48. 九尺坎落爆炸弹2枚,毁房2栋;

49. 行街落爆炸弹1枚,毁房5栋;

50. 民权路落爆炸弹1枚,毁房1栋;

51. 金沙岗落爆炸弹1枚,毁房4栋;

52. 白象街28、32、6至12号、48至54号落爆炸弹5枚,燃烧弹2枚,毁房29间;

53. 北岸官山坡134、135、137至160号落爆炸弹2枚,燃烧弹3枚,毁房39间,伤男4人女1人,死男1人;

一、重庆卫戍总司令部有关日机袭渝情况及伤亡损害的调查　163

54. 北岸陈家馆芭豆林落爆炸弹1枚,伤男2人,死男15人;

55. 北岸黄角堡3号落爆炸弹1枚,毁房1间;

56. 北岸陈家馆街67至78号落爆炸弹1枚,毁房12间;

57. 北岸陈家馆河街29、35号落爆炸弹2枚,死男2人;

58. 耗子院落燃烧弹1枚;

59. 美丰银行落爆炸弹1枚,毁房15间;

60. 中央公园防空壕落爆炸弹1枚;

61. 萧家凉亭仓坝子落爆炸弹8枚,燃烧弹2枚,毁房50间;

62. 鸡街落爆炸弹7枚;

63. 保安路落爆炸弹1枚;

64. 江海银行落爆炸弹2枚,1枚未炸;

65. 中国银行落弹2枚,1枚未炸;

66. 海棠溪公路旁山坡落爆炸弹25枚,伤15人,死10人;

67. 长安寺电话局防空洞落弹1枚,死5人,伤8人;

68. 沙湾正街及沙湾河边落爆炸弹2枚,毁房10间,伤1人,死1人。

共计投弹236枚,毁房195栋又431间,伤86人,死88人。

三、其他详情,容后续报

右〈上〉通报:

重庆市政府

重庆卫戍总司令部启

（0053—12—169）

63. 重庆卫戍总司令部为1940年8月9日日机袭渝详情给重庆市政府的通报（1940年8月15日）

案查本月九日敌机袭渝概况,业经于该日以坤二防字第4271号通报在案,兹复据各方先后将损害详情呈报到部,相应列表,随文送上,即请查照。

重庆市政府

重庆卫戍总司令部启

重庆卫戍总司令部调查8月9日敌机袭渝情况暨伤亡损害报告表

空袭经过情形	投弹时间	投弹地点	投弹种类	投弹数目	合计	炸毁焚塌建筑物数目	伤亡人数 伤 男	伤 女	亡 男	亡 女	合计	防护部队施救情形	备考
本(9)日敌机90架袭渝:10时30分宜都发现敌机第1批计63架西飞,经施南、利川、石柱、丰都、涪陵、长寿、垫江、南川、道真,向綦江飞行;10时37分长阳发现敌机;第2批计27架西飞,经五峰、施南、石柱、丰都、南川,至綦江与第1批会合,于14时39分同时侵入市空投弹后,经隆盛、三峨山、黄河坝向东逸去。本市于11时03分悬红球1个,11时30分发布空袭警报,12时10分发布紧急警报,15时50分解除警报。	14时39分	林森路93、94、96、97号	燃	3	3	损毁房屋4栋							
		打铜街4至7号	爆	2	2	4栋							
		陕西街中国建设银行门前	爆	2	2								
		小什字上海银行门前	爆	1	1								
		中四路81号	爆	1	1	1栋							
		中四路300号对面	爆燃	4 2	6	80间							
		民权路	爆	5	5	35间							
		曾家岩上下段65、127、130、140、150、47号	爆燃	10 6	16	11间	1	1			2		
		国府路259号	燃	3	3	4间							
		中四路30、53、57、180、181、182、191、199号	爆	12	12	1栋27间							
		中四路83、84、85、87、89、130、138号	爆燃	3 1	4	8间							
		白象街89至95号	爆燃	5 2	7								
		白象街28、32、6至12、48至54号	爆燃	5 2	7	29间							
		操场坝1至21号	爆	4	4								
		中央公园球场及防空壕	爆	3	3								

续表

空袭经过情形	投弹时间	投弹地点	投弹种类	投弹数目	合计	炸毁焚塌建筑物数目	伤亡人数 伤 男	伤 女	亡 男	亡 女	合计	防护部队施救情形	备考
		储奇门顺城街1号	爆	1	1	1栋							
		江家巷11、25号	爆	3	3	9间	1				1		
		五四路空坝	爆	2	2								
		公园路青年会	爆燃	4 1	5	9栋	5	2	2		9		
		中正路293号	爆	3	3	9栋	2				2		
		民族路228号	爆	3	3	7栋							
		小较场24号	爆	2	2	1栋							
		依仁巷4号	爆	1	1	1栋							
		保安路88号	爆燃	3 2	5	11栋							
		正阳巷7号	爆	2	2	5栋							
		正阳街57号	燃	1	1								
		莲花街14号	爆	2	2	2栋							未爆
		陕西路218、217、219、229号	爆	1	1	2栋							
		曹家巷5号	爆	1	1	3栋							
		九道门4至8号	爆	1	1	5间							
		建设路	爆	1	1	5间							
		赣江街84号	爆	1	1	1栋							
		太华楼街6号	爆	1	1	1栋							
		石门街77、78号	爆	1	1	2栋							
		中正路155号	爆	2	2	1栋	15		3		18		
		机房街	爆	1	1	15栋							
		育婴堂	爆	1	1	6栋	2		1		3		

续表

空袭经过情形	投弹时间	投弹地点	投弹种类	投弹数目	合计	炸毁焚塌建筑物数目	伤亡人数 男	伤亡人数 女	伤亡人数 男	伤亡人数 女	合计	防护部队施救情形	备考
		兴隆巷	爆	2	2	3栋							
		罗汉寺	爆	2	2	7栋							
		二郎庙	爆	1	1	1栋	1				1		
		水巷子	爆 燃	3 1	4	7栋							
		九尺坎	爆	2	2	2栋							
		行街	爆	1	1	5栋							
		金沙岗	爆	1	1	4栋							
		美丰银行	爆	1	1	15间							
		萧家凉亭仓坝子	爆 燃	8 1	9	50间							
		鸡街	爆	7	7								
		保安路	爆	1	1								
		江海银行	爆	2	2								1枚未炸
		中国银行	爆	2	2								1枚未炸
		长安寺电话局防空洞	爆	1	1		8		5		13		
		二府衙34号	爆	2	2	3栋			1		1		
		姚家巷口	爆	1	1	11栋	5	2			7		
		大阳沟68号	爆	2	2	2间							
		大阳沟94至97号	爆	2	2	4间							
		金库巷	燃	4	4	85间							
		月亮街	爆	1	1				2	1	3		
		茶亭及正街	爆	3	3	17间							
		南岸盐店湾河边	爆	2	2								
		南岸新□花园	爆	3	3	1间	1				1		
		南岸大黄柏树	爆	1	1								

续表

空袭经过情形	投弹时间	投弹地点	投弹种类	投弹数目	合计	炸毁焚塌建筑物数目	伤亡人数 男	伤亡人数 女	伤亡人数 男	伤亡人数 女	合计	防护部队施救情形	备考
		南岸观音堂	爆	4	4	1间	17		13		30		
		南岸民生码头	爆燃	20 3	23	损毁房屋18栋	33	10	70	10	12		
		南岸资委会桐油厂	燃	4	4		2				2		焚毁桐油6000桶
		南岸烟雨段马路7至15号	爆	10	10		7		15		22		
		海棠溪正街	爆	13	13	75栋	8	1	27	1	37		
		南岸佘家巷	爆	2	2	6栋	8	1	5	1	15		
		南岸兴隆街	爆	1	1	8栋	9		4		13		
		南岸敦厚中段	爆	21	21	18栋	11	4	4	2	21		
		南岸敦厚上段	爆	10	10	3栋	6	1	6	1	14		
		南岸菜园村	爆	11	11	4栋	6	2	5	1	14		
		南岸烟雨段	爆	12	12	7栋	5	2	18		25		
		南岸烟雨堡	爆燃	3 3	6	19栋	10	2	11	6	29		
		南岸丁家嘴	爆燃	10 1	11	4栋	6	1	5	2	14		
		南岸海棠溪公路旁山坡	爆	25	25		15		10		25		
		江北官山坡134至160号	爆燃	2 3	5	39间	4	1	1		6		
		江北陈家馆一带	爆燃	5 3	8	51栋	4	1	4		9		
		江北巴豆林坡上	爆	1	1		2		15		17		
		江北黄角堡	爆	1	1	1栋							
		江北耗子院	燃	1	1								
		江北沙湾正街及河边	爆	2	2	10间	1		1		2		

续表

空袭经过情形	投弹时间	投弹地点	投弹种类	投弹数目	合计	炸毁焚塌建筑物数目	伤亡人数 伤 男	伤 女	亡 男	亡 女	合计	防护部队施救情形	备考
		江北沙湾福裕钢铁厂	爆	3	3	12间							
		江北二十一工厂私人防空洞	爆	1	1	毁防空洞1所							死伤在挖取中
		合计	爆燃	302 47	349	损毁房屋333栋又505间	195	31	228	25	479		
附记	1.本表系根据重庆防空司令部、重庆警备司令部、空袭救济服务联合办事处、宪兵第三团、宪兵第十二团、本部稽查处之报告汇制而成； 2.死伤者已由空袭服务办事处及各救护队分别施救及掩埋； 3.未爆炸弹已饬要塞工兵第一团特务连前往掘取。												

(0053—12—169)

64. 重庆卫戍总司令部为1940年8月11日日机袭渝情形给重庆市政府的通报(1940年8月11日)

本(十一)日敌机袭渝情形及损害概况，据重庆防空司令部、重庆市警察局、宪兵第三团及本部派往被炸区域调查人员先后报告各情如左〈下〉：

一、空袭经过。

1. 本(十一)日敌机90架，第1批36架于11时10分在松滋发现，第2批54架于11时36分在长阳发现，均经资邱、施南、利川、石柱，于12时50分两批在忠县会合，经梁山、垫江、广安、岳池、合川、清平、北碚等地，于14时06分侵入本市市空，经〔在〕江北、中正路、太平门、浮图关一带投弹后，经涪陵、彭水、石柱逸去；

2. 13时04分敌机1架在万县投弹；

3. 本市于11时50分悬红球1个，12时18分发布空袭警报，13时15分发布紧急警报，15时33分发布解除警报。

二、敌机投弹地点及损害情形。

甲、江北区：

1. 大板桥沟投爆炸弹1枚,伤1人;

2. 大板桥福建公庄坡投爆炸弹1枚,落荒地,无损失;

3. 会馆湾官山坡投爆炸弹5枚,毁房屋10间,伤1人;

4. 大板桥沟内垭口投爆炸弹3枚,炸毁房屋5间,死5人,伤1人;

5. 大湾高拜台黄角〔桷〕树顶上投爆炸弹1枚,炸毁房屋4间,死10人,伤4人;

6. 忠和段投爆炸弹25枚,炸毁棚户5间,伤男9人女3人,死男16人女9人;

7. 皂角岭高射炮兵连驻地附近投爆炸弹5枚,炸毁房屋10间,死1人,伤2人;

8. 陈家馆山坡投爆炸弹6枚,炸毁房屋10间,死3人,伤5人;

9. 陈家馆正街投爆炸弹1枚,炸毁房屋16间。

乙、城内区:

1. 保安路警察局落爆炸弹2枚,燃烧弹1枚,炸毁房屋9间,伤3人;

2. 磁器街31号、55号落爆炸弹1枚,未爆;

3. 中正路566号、573号落爆炸弹2枚,炸毁房屋2间,1枚未爆;

4. 中华路10号落爆炸弹1枚,炸毁房屋3间;

5. 神仙口落爆炸弹1枚,炸毁房屋5间;

6. 民权路20、10号落爆炸弹4枚,炸毁房屋18间;

7. 杨柳街中段落炸弹1枚,未爆;

8. 新生路新运总会落爆炸弹2枚,炸毁房屋2栋;

9. 新生路南京理发厅左侧空地落爆炸弹1枚;

10. 新生路口落爆炸弹1枚于空地;

11. 玉带街落爆炸弹1枚,伤男2,死男1女1,炸毁房屋5间;

12. 林森路250号、256号、310号各落爆炸弹1枚,轻伤1人;

13. 段牌坊落爆炸弹2枚;

14. 林森路中国银行办事处门前马路上落爆炸弹1枚;

15. 林森路361号落爆炸弹1枚,炸毁自来水管4处。

丙、新市区：

1. 苏联大使馆落爆炸弹2枚，炸毁房屋3间（内有武官室1间），伤华人1名；

2. 南区马路落空中爆炸弹2枚；

3. 两浮支路政治部落爆炸弹3枚，燃烧弹1枚，烧毁房屋4栋，伤1人；

4. 康临〔宁〕路1号、小园4号各落爆炸弹1枚，炸毁房屋2间；

5. 浮图关马路投爆炸弹4枚，伤6人；

6. 中央训练团投爆炸弹6枚，炸毁房屋3间；

7. 遗爱祠马路上投爆炸弹2枚，炸塌水沟一段，沟内约有10余人，正挖掘中；

8. 李子坝正街投爆炸弹5枚，燃烧弹2枚，伤2人，毁房屋3栋；

9. 遗爱祠派出所落爆炸弹5枚，炸毁房屋7栋，伤男1；

10. 徐家坡落爆炸弹11枚，1枚未爆，炸毁房屋4栋；

11. 佛来洞马路落爆炸弹3枚，炸毁房屋1栋，伤男6；

12. 浮图关正街新市场派出所落爆炸弹4枚，燃烧弹2枚，未燃烧，炸毁房屋8栋；

13. 黄沙溪竹帮街42号投爆炸弹1枚，伤男3；

14. 李子坝正街21、36、35、23号各落爆炸弹1枚，炸毁房屋5栋，伤男4；

15. 建设新村3、10号各落爆炸弹1枚，炸毁房屋5栋，伤男4；

16. 李子坝河街24、23号各落爆炸弹1枚，炸毁房屋3栋；

17. 半山新村4号落爆炸弹1枚，无损失；

18. 蒲茸〔草〕田46、44号各落爆炸弹1枚；

19. 国府路246、202号各落爆炸弹1枚，炸毁房屋3间；

20. 枣子岚垭89号落爆炸弹1枚；

21. 曾家岩64号落爆炸弹1枚，炸毁房屋4间；

22. 南区公园落烧夷弹1枚，爆炸弹2枚，均未爆炸；

23. 兜子背落爆炸弹2枚，烧夷弹1枚，死男1人，伤男女各2人，燃烧棚户3间，震毁9间；

24. 王家坡落爆炸弹1枚,无损失;

25. 徐家坡落爆炸弹11枚,1枚未爆炸,炸毁房屋4栋。

丁、江南区:

1. 烟雨堡投爆炸弹6枚,烧夷弹1枚,炸毁房屋34间,伤男1人;

2. 尊义段落爆炸弹2枚,烧夷弹1枚,炸毁房屋1间,伤男2人;

3. 玛瑙溪落爆炸弹8枚,烧夷弹1枚,炸毁房屋7间;

4. 高朝门落爆炸弹13枚,烧夷弹3枚,炸毁房屋3间,伤男4人女2人,死男5人女3人;

5. 黑岩洞中落爆炸弹2枚,伤男12人女10人,死男8人女4人。

以上合计共投爆炸弹185枚(未爆炸7枚),烧夷弹11枚(未燃3枚),伤男74人,女17人,死男50人,女17人(外遗爱祠水沟内约10余人正挖掘中),炸毁房屋136间又35栋。

三、其他损害详细情形,容后续报。

右〈上〉通报:

重庆市政府

重庆卫戍总司令部启

(0053—12—169)

65. 重庆卫戍总司令部为1940年8月11日日机袭渝详情给重庆市政府的通报(1940年8月18日)

查本(八)月十一日敌机袭渝概况,业经于该日以坤二防字第4306号通报在案,兹复据各方先后将损害详情呈报到部,相应列表,随文送上,即请查照。右〈上〉通报:

重庆市政府

附表1份

重庆卫戍总司令部启

重庆卫戍总司令部调查8月11日敌机袭渝情况暨伤亡损害报告表

空袭经过情形	投弹时间	投弹地点	投弹种类	投弹数目	合计	炸毁焚塌建筑物数目	伤亡人数 伤 男	伤 女	亡 男	亡 女	合计	防护部队施救情形	备考
本(11)日敌机90架,分2批袭渝:第1批36架,11时10分在松滋发现,经长阳、施南、利川、忠县,向渝市飞行;第2批54架,11时36分于长阳发现,经利川、石柱、忠县、垫江、广安、合川、北碚,与第1批会合,于14时06分在市区投弹后,均经关口、涪陵、彭水东逸。本市于11时50分悬红球1个,12时18分发布空袭警报,13时15分发布紧急警报,15时33分发布解除警报。	14时06分	保安路警察局	爆燃	2 1	3	毁房屋9间	3				3		
		磁器街31、55号	爆	1	1								
		中三路566、573号	爆	2	2	2间							1枚未炸
		中华路10号	爆	1	1	3间							
		神仙口	爆	1	1	5间							
		民权路10、20号	爆	4	4	18间							
		杨柳街中段	爆	1	1								未炸
		新生路新运总会	爆	2	2	2栋							
		新生路空地	爆	2	2								
		玉带街	爆	1	1	5间	2		1	1	4		
		段牌坊	爆	2	2								
		林森路250、256、310号	爆	3	3								
		林森路中国银行门前	爆	1	1								
		林森路361号	爆	1	1								
		苏联大使馆	爆	2	2	3间	1				1		
		南区马路	爆	1	1								
		两浮支路政治部	爆燃	3 1	4	4栋	1				1		
		康宁路1号小园4号	爆	1	1	2间							
		浮图关马路	爆	4	4		6				6		
		中训团	爆	6	6	3间							
		遗爱祠马路	爆	2	2				15		15		
		李子坝正街	爆燃	5 2	7	3栋	2				2		

续表

空袭经过情形	投弹时间	投弹地点	投弹种类	投弹数目	合计	炸毁焚塌建筑物数目	伤亡人数 伤 男	伤 女	亡 男	亡 女	合计	防护部队施救情形	备考
		遗爱祠派出所	爆	5	5	7栋	1				1		
		徐家坡	爆	11	11	4栋							1枚未炸
		佛来洞马路	爆	3	3	1栋	6				6		
		浮图关新市场派出所	爆燃	4 2	6	8栋							
		黄沙溪竹帮街42号	爆	1	1		3				3		
		李子坝正街21、23、35、36号	爆	4	4	5栋	4				4		
		李子坝河街23、24号	爆	2	2	3栋							
		建设新村3、10号	爆	2	2	1栋							
		半山新村4号	爆	1	1								
		蒲草田44、46号	爆	2	2								
		国府路202、246号	爆	2	2	3间							
		枣子岚垭89号	爆	1	1								
		曾家岩64号	爆	1	1	4间							
		南区公园内	爆燃	2 1	3								均未炸
		兜子背	爆燃	2 1	3	9间	2	2	1		5		
		王家坡	爆	1	1								
		保安路181号门前	爆	1	1								未炸
		李子坝武汉疗养院附近路侧	爆	3	3								

续表

空袭经过情形	投弹时间	投弹地点	投弹种类	投弹数目	合计	炸毁焚塌建筑物数目	伤亡人数 伤 男	伤 女	亡 男	亡 女	合计	防护部队施救情形	备考
		中二路川东师范内	爆	1	1	2间							
		空井巷7号	爆	1	1	9间							
		大田湾53号	爆	2	2	1栋	1				1		
		大田湾法国大使馆	爆	2	2								
		大田湾农民银行	爆	1	1	1栋							
		国府路188号	爆	1	1	6间							
		遗爱祠青年会宿舍	爆	1	1	1间							
		两浮支路81号	爆	1	1	1间							
		南岸烟雨堡	爆燃	6 1	7	34间	1				1		
		南岸尊义段	爆燃	2 1	3	1间	2				2		
		南岸玛瑙溪	爆燃	8 1	9	7间							
		南岸高朝门	爆燃	13 3	16	13间	4	2	5	3	14		
		南岸黑岩洞	爆	2	2		12	10	8	4	34		
		南岸铜元局洋瓦厂	爆	1	1								
		南岸铜元局正街	爆	1	1								
		南岸大营门	爆	1	1	1间	1				1		
		南岸铜元局江边	爆	3	3								

续表

空袭经过情形	投弹时间	投弹地点	投弹种类	投弹数目	合计	炸毁焚塌建筑物数目	伤亡人数 伤 男	伤亡人数 伤 女	伤亡人数 亡 男	伤亡人数 亡 女	合计	防护部队施救情形	备考
		南岸铜元局摇光房	燃	1	1	1间							
		南岸铜元局第二铜壳所	爆	1	1	1栋							
		南岸铜元局工务处	爆	1	1	1栋							
		南岸铜元局钳工房及镀电房	爆	2	2								
		南岸观音滩	爆	2	2	12间							
		南岸观音滩附近防校	爆 燃	5 1	6	18间							
		南岸陈家湾	爆	1	1		1				1		
		南岸戴家院子	爆 燃	3 1	4	2间	2				2		
		南岸南坪场空地	爆 燃	2 1	3								
		南岸南坪场正街	爆	1	1	7间							
		南岸南坪场中心小学	爆	1	1	1栋							
		南岸水泥厂内	爆 燃	8 1	9	3间							
		南岸新街	爆	.1	1	19间							
		南岸水岭岗1号	爆 燃	3 1	4	5栋							
		南岸上河街美亚油厂对坎	爆	3	3								
		南岸三圣殿坎下	爆	3	3								
		南岸天星桥14号	燃	1	1								
		南岸上河街24号	爆	2	2	6栋	5	1	2		8		

续表

空袭经过情形	投弹时间	投弹地点	投弹种类	投弹数目	合计	炸毁焚塌建筑物数目	伤亡人数 伤 男	伤亡人数 伤 女	伤亡人数 亡 男	伤亡人数 亡 女	合计	防护部队施救情形	备考
		南岸响水洞10号附近	爆	3	3	1栋							
		南岸马家店附近	爆	1	1								
		南岸小舜庙	爆	1	1				1		1		
		江北头塘右侧	爆	2	2	1间							
		江北陈家馆	爆	1	1	6间							
		江北陈家馆官山坡	爆	1	1	5间	3	2	3		8		
		江北陈家馆蒋家花园	燃	2	2	2栋							
		江北二十一厂	爆	9	9	32间	3				3		
		江北皂角岭至大湾	爆	30	30	2栋	13	7	21	1	42		
		江北大板桥沟	爆	1	1		1				1		
		江北大板桥福建公庄坡	爆	1	1								
		江北会馆湾官山坡	爆	5	5	10间	1				1		
		江北大板桥沟内垭口	爆	3	3	5间	1		5		6		
		江北大湾高拜台黄角〔桷〕树顶	爆	1	1	4间	4		10		14		
		江北忠和段	爆	25	25	5间	9	3	16	9	37		
		江北高石坎	爆	2	2	1栋							
		江北黄牛湾	爆	2	2	1栋							
		江北赵家岭	爆	2	2	1栋			11		11		
		江北大石桥沟	爆燃	18 2	20		4	3	1		8		

续表

空袭经过情形	投弹时间	投弹地点	投弹种类	投弹数目	合计	炸毁焚塌建筑物数目	伤亡人数				合计	防护部队施救情形	备考
							伤		亡				
							男	女	男	女			
		江北五里店	爆燃	20 3	23	15栋	12	5	3	2	22		
		合计	爆燃	310 28	338	损毁房屋83栋又262间	112	35	103	20	270		
附记		1.本表系根据重庆防空司令部、重庆警备司令部、空袭救济服务联合办事处、宪兵第三团、宪兵第十二团、重庆市警察局、本部稽查处之报告汇制而成； 2.死伤者当经重庆空袭服务救济联合办事处及各救护队分别救济掩埋； 3.未爆炸弹已饬要塞工兵第一团特务连掘取。												

(0053—12—169)

66. 重庆卫戍总司令部为1940年8月18日日机袭渝情形给重庆市政府的通报(1940年8月18日)

兹将本(十八)日敌机袭渝经过情形通报如左〈下〉：

一、本(十八)日1时04分,敌机1批(架数不明),由渔洋关西飞,经五峰、鹤峰、宣恩、黔江、石柱、丰都、涪陵,于3时侵入本市上空投弹后,经涪陵、彭水东逸。

二、本市于1时40分悬红球1个,1时53分发布空袭警报,2时35分发布紧急警报,3时35分解除警报。

三、敌机投弹地点及损害情形。

1. 民族路182号投烧夷弹3枚,毁房屋5栋;

2. 民国路1号投爆炸弹2枚,毁房屋2栋,伤男2女1;

3. 保安路53号投爆炸弹1枚,毁房屋2栋;

4. 依仁巷4号投爆炸弹1枚,毁房屋1栋;

5. 民权路10号投爆炸弹2枚,毁房屋1间;

6. 来龙巷37号投爆炸弹1枚,毁房屋16间;

7. 国泰空坝(带家巷)投烧夷弹1枚;

8. 江家巷投烧夷弹1枚,死男1人;

9. 韭菜园空坝投烧夷弹1枚；

10. 临江路空坝投烧夷弹1枚，死男1人；

11. 丁口横街投烧夷弹1枚，毁房屋6间，伤女1人；

12. 二圣宫投弹炸弹1枚，毁房屋5间；

13. 新码头投爆炸弹1枚，毁房屋6间；

14. 兴隆台街投爆炸弹1枚，伤男1死男1。

共计爆炸弹10枚，烧夷弹8枚，毁房屋10栋又34间，死男女3人，伤男女5人。

四、其他详情，容后通报。

右〈上〉通报：

重庆市政府

重庆卫戍总司令部启

(0053—12—169)

67. 重庆卫戍总司令部为1940年8月19日日机袭渝情形给重庆市政府的通报（1940年8月19日）

窃查本月十九日本市空袭，兹据防空司令部、警察局分别报告及本部派员调查所得损失各情，报告于后：

一、本（十九）日敌机1批计9架，于0时4分在湖北建始发现，经利川、忠县、丰都、涪陵、长寿，于1时42分侵入市空，在本市枣子岚垭、中二路、大溪沟、遗爱祠一带投弹后，经双河、涪陵、石柱东去。

二、本日0时34分悬红球1枚，0时50分发布空袭警报，1时27分发布紧急警报，2时30分悬红球2枚，2时42分发布解除警报。

三、损害概况如下。

1. 枣子岚垭91、62、102、97、60、95号投爆炸弹7枚，燃烧弹2枚，起火二处，毁房6栋；

2. 罗家湾17、39号投爆炸、燃烧弹各1枚，起火，毁房1间；

3. 中二路渝舍旁投爆炸弹2枚，毁房7间，上和园门首有未爆炸弹1枚；

4. 飞来寺投弹1枚；

5. 南区公园松野投燃烧弹1枚，毁房3间；

6. 滥泥湾中爆炸弹2枚，起火，毁房数间；

7. 国珍街中弹数枚；

8. 国府路141、142、143号投爆炸弹1枚，被炸房屋3栋；

9. 燕喜洞河街投爆炸弹3枚，烧夷弹4枚，已炸6枚，未炸1枚（在公路附近），毁瓦房16间，棚房14间；

10. 神仙洞街252号投爆炸弹2枚。

共计爆炸弹约20枚，燃烧弹约10枚，毁房屋约10栋又40间。

四、其他详情，容后续报。

右〈上〉通报：

重庆市政府

重庆卫戍总司令部启

（0053—12—169）

68. 重庆卫戍总司令部为1940年8月19日日机（第2次）袭渝情形给重庆市政府的通报（1940年8月19日）

本（十九）日敌机袭渝，兹据重庆防空司令部及本部派往各区调查人员报告各情如左〈下〉：

一、空袭经过。

1. 本日敌机126架（内驱逐机9架），分3批袭渝：

第1批轰炸机81架，于9时20分在浣市发现西飞，经松滋、宣恩、咸丰、黔江、石柱，至涪陵分为3批各27架，其中两批绕经道真、江津、邻水，于12时57分及13时04分先后窜入本市上空投弹，另一批绕经泸县、荣昌，于13时05分在大中坝投弹后，均经小观音、南川向东逸去；

第2批驱逐机9架，于11时在巴东珠沙土发现西飞，在第1批轰炸机尚未侵入市空投弹以前，即窜入本市上空，盘旋数周后，绕经璧山向东逸去；

第3批轰炸机36架，于11时04分在潼关发现南飞，经雒南、商县、安康、城口、巫溪、武陵、涪陵、木洞,于13时45分窜入本市上空投弹后,经新店子、清平、邻水、广安、渠县向北逸去。

2. 本市于9时50分悬红球1个,10时35分发布空袭警报,11时20分发布紧急警报,13时58分悬红球2个,14时40分发布解除警报。

二、敌机投弹地点及我损害情形。

1. 中一路落爆炸弹1枚,毁房5栋(68、69、70、72、74门牌),死女2人;

2. 民生路口落燃烧弹2枚,毁房1栋;

3. 售珠市街落爆炸弹、燃烧弹多枚,燃烧区自71号起至125号止;

4. 民权路落爆炸弹、燃烧弹多枚,燃烧区自南京商场起至关庙,延至较场口;

5. 木货街落爆炸弹、燃烧弹多枚,燃烧区亘全街;

6. 磁器街落爆炸弹、燃烧弹多枚,燃烧区亘全街;

7. 米花街落爆炸弹、燃烧弹多枚,燃烧区亘全街;

8. 中正路中段落爆炸弹、燃烧弹多枚,燃烧区自487号起至500余号止;

9. 保安街警察总局后面落爆炸弹若干枚,燃烧弹2枚,燃烧区亘警察总局后面一带;

10. 中华路落爆炸弹1枚,毁36号房屋1栋;

11. 国府路范庄落爆炸弹5枚,毁房10余间;

12. 国府路291号后面落爆炸弹1枚,毁房10余间;

13. 学田湾落爆炸弹4枚,毁房3栋;

14. 林森路落爆炸弹、燃烧弹若干枚,燃烧区自404号起至416号止;

15. 军委会卫兵室及汽车室落爆炸弹、燃烧弹若干枚,损失及燃烧情形不明(拒绝调查);

16. 武库街落爆炸弹、燃烧弹若干枚,毁房数栋;

17. 两路口车站新川宾馆落爆炸弹若干枚,毁房20余间;

18. 两浮支路落爆炸弹1枚,无损失;

19. 张家花园落爆炸弹2枚,无损失;

20. 勤居巷落爆炸弹1枚,毁房数间;

21. 大苑落爆炸弹6枚,毁房1栋;

22. 国府路高庐落爆炸弹1枚；

23. 德领事馆附近落爆炸弹2枚；

24. 国府路杨总司令森公馆落爆炸弹3枚，毁房3间；

25. 国府路珏庐落爆炸弹1枚，毁房1栋；

26. 美专校附近落爆炸弹8枚，燃烧弹1枚，毁房4间；

27. 牛角沱隐园落爆炸弹2枚，毁房2间；

28. 大田湾47号落爆炸弹1枚，毁房3间；

29. 大田湾5号门前落爆炸弹1枚，未爆炸；

30. 大田湾田中落爆炸弹11枚；

31. 两浮支路政治部落爆炸弹4枚，毁房3间；

32. 浮图关、桂花园一带马路上落爆炸弹6枚；

33. 菜园坝落爆炸弹8枚，毁房8间，震毁10余间；

34. 杨柳街落燃烧街〔弹〕1枚；

35. 左营街防空部工程处落燃烧弹若干枚，已起火；

36. 警备部附近落燃烧弹若干枚，该部前后门均起火。

共计爆炸弹　燃烧弹　死伤男女　焚毁房屋（待查）。

三、据唐局长面称：本日敌[机]轰炸，在现在燃烧地区投燃烧弹甚多，火头有10余处，而自来水公司水源断绝，加以风势又紧，故抢救难于收效。现用人力挑水，一面拆卸房屋，火路已逐渐堵绝等语。时已加派三十二补训处补充团前往帮助挑水，饬唐局长出动全力抢救矣。

四、损害详情，容后续报。

右〈上〉四项通报：

市政府

重庆卫戍总司令部启
（0053—12—169）

69. 重庆卫戍总司令部为1940年8月19日日机袭渝详情给重庆市政府的通报（1940年8月23日）

查本（八）月十九日敌机两次袭渝概况，业经于该日以坤二防字第4457

号及4458号通报在案。兹复据各方先后将损害详情呈报到部,相应分别列表,随文送上,即请查照。右〈上〉通报:

重庆市政府

附表2份

重庆卫戍总司令部启

1）重庆卫戍总司令部调查8月19日（第1次）敌机袭渝情况暨伤亡损害报告表

空袭经过情形	投弹时间	投弹地点	投弹种类	投弹数目	合计	炸毁焚塌建筑物数目	伤亡人数 伤 男	伤亡人数 伤 女	伤亡人数 亡 男	伤亡人数 亡 女	合计	防护部队施救情形	备考
本(19)日敌机1批计9架,于0时4分在湖北建始发现,经利川、忠县、丰都、涪陵、长寿,于1时42分在市区投弹后,经双河、涪陵、石柱东逸。本市于0时34分悬红球1个,0时50分发布空袭警报,1时27分发布紧急警报,2时42分发布解除警报。	1时42分	枣子岚垭60、62、91、95、97、102号	爆燃	7 2	9	毁房6栋							2枚未炸
		罗家湾17、39号	爆燃	1 1	2	1间							
		中二路渝舍旁	爆	2	2	7间							上和园门首有1弹未炸
		飞来寺	爆	1	1								
		南区公园公野	燃	1	1	2间							
		滥泥湾	爆	2	2	5间							
		国珍街	爆	5	5								
		国府路141、142、143号	爆	1	1	3栋							
		燕喜洞河街	爆	3 4	7	30间							1枚未爆
		神仙洞街252号	爆	2	2								
		中一路	爆	1	1	2栋							
		俄大使馆门房	爆燃	1 1	2	1间							
		合计	爆燃	26 9	35	损毁房屋11栋又47间							
附记	\multicolumn{13}{l	}{1.本表系根据重庆防空司令部、重庆警备司令部、空袭服务联合办事处、宪兵第三团、宪兵第十二团、本部稽查处之报告汇制而成; 2.未爆炸弹已饬要塞工兵第一团特务连掘取。}

2)重庆卫戍总司令部调查8月19日(第2次)敌机袭渝情况暨伤亡损害报告表

空袭经过情形	投弹时间	投弹地点	投弹种类	投弹数目	合计	炸毁焚塌建筑物数目	伤亡人数 伤 男	伤 女	亡 男	亡 女	合计	防护部队施救情形	备考
本(19)日(第2次)敌机126架(内驱逐机9架),分3批袭渝:第1批轰炸机81架,于9时20分在浣市发现西飞,经松滋、宣恩、咸丰、黔江、石柱,至涪陵分为3批各27架,其中两批绕经道真、江津、邻水,于11时57分及13时04分先后窜入市空投弹,另一批绕经泸县、荣昌,于13时05分在大中坝投弹后,均经小观音、南川向东逸去;第2批驱逐机9架,于11时在巴东珠沙土发现西飞,在第1批轰炸机尚未侵入市空投弹以前,即窜入本市上空盘旋数周后,绕经璧山东逸;第3批轰炸机36架,于11时04分在潼关发现南飞,经雒南、商县、安康、城口、巫溪、武陵、涪陵、木洞,	1. 12时57分	中一路68、69、70、72、74号	爆	1	1	5栋	1			2	3		
	2. 12时04分	民生路口	燃	2	2	1栋							
		售珠市街71至125号	爆 燃	5 5	10	55栋							
	3. 13时05分	中华路36号	爆	1	1	1栋							
		国府路范庄	爆	5	5	15间							
	4. 13时45分	国府路291号后面	爆	1	1	15间							
		学田湾	爆	4	4	3栋							
		武库街	爆 燃	3 3	6	10栋							
		中二路新昌餐馆	爆	2	2	24间	1			2	3		
		两浮支路	爆	2	2	45间							
		中二路车站	爆	1	1	4栋							
		张家花园1、64、11、号	爆	7	7	1栋							
		张家花园孤儿院	爆	2	2		10	6	8	3	27		
		张家花园六分局	爆	1	1	2间							
		春森路1至4、8、9、10号	爆	3	3	6栋							
		勤居巷	爆	1	1	5间							
		文苑	爆	6	6	3栋							
		国府路高庐	爆	1	1								
		德领事馆附近	爆	2	2								
		国府路杨森住宅	爆	3	3	3间							
		国府路珏庐	爆	1	1	1栋							

续表

空袭经过情形	投弹时间	投弹地点	投弹种类	投弹数目	合计	炸毁焚毁建筑物数目	伤亡人数 伤 男	伤 女	亡 男	亡 女	合计	防护部队施救情形	备考
于13时45分窜入市空投弹后，经新店子、清平、邻水、广安、渠县向北逸去。本市于9时50分悬红球1个，10时35分发布空袭警报，11时20分发布紧急警报，14时40分发布解除警报。		美专校附近	爆燃	8 1	9	4间							
		牛角沱隐园	爆	2	2	2间							
		大田湾5、47号	爆	2	2	3间							5号1枚未炸
		大田湾田中	爆	11	11								
		两浮支路政治部	爆	4	4	3间							
		浮图关桂花园一带路上	爆	6	6								
		菜园坝	爆	8	8	8间							
		杨柳街	燃	1	1								
		罗家湾华居前面	爆	2	2	2栋							
		罗家湾31、35号	爆	5	5								
		枣子岚垭和园前面	爆	7	7	1间							
		巴县中学内中央组织部	爆	15	15		1		4		5		
		枣子岚垭和园70、73号	爆	3	3	10间							
		中二路川东师范	爆	1	1								
		国府路警卫大队	爆	3	3								
		两路口金城别墅	爆	1	1	4栋							
		枣子岚垭90号	爆	3	3	1栋							
		林森路367、369、386、387、389号	爆	2	2	5栋							

续表

空袭经过情形	投弹时间	投弹地点	投弹种类	投弹数目	合计	炸毁焚塌建筑物数目	伤亡人数 伤 男	伤亡人数 伤 女	伤亡人数 亡 男	伤亡人数 亡 女	合计	防护部队施救情形	备考
		林森路404、414号	燃	1	1	5栋							
		林森路军委会内	爆	20	20								
		花街子21至35、22至46号	爆	1	1	20栋							
		花街子52至64号	爆	1	1	7栋							
		花街子16、17、18、59至69号	爆	1	1	8栋							
		厚慈街141至146号	燃	3	3	11栋							
		厚兹街91至121、92至122号	爆燃	1 1	2	31栋							
		厚慈街167、171号	爆	1	1	3栋							
		厚慈街212、214号	爆	1	1	2栋							
		响水桥60至72号	爆	1	1	2栋							
		民生路79、81、91、93、126、128号	爆燃	2 1	3	7间							
		中华路37至53号、57至65号	爆燃	1 1	2	9栋							
		和平路108至122号	燃	2	2	8栋							
		和平路1至22号	燃	2	2	17栋							
		百子巷				全街焚毁							
		棉絮街				全街焚毁							
		黄荆桥				全街焚毁							

续表

空袭经过情形	投弹时间	投弹地点	投弹种类	投弹数目	合计	炸毁焚塌建筑物数目	伤亡人数 伤 男	伤亡人数 伤 女	伤亡人数 亡 男	伤亡人数 亡 女	合计	防护部队施救情形	备考
		鱼市街				全街焚毁							
		关庙街				全街焚毁							
		草药街				全街焚毁							
		鼎新街				全街焚毁							
		老街				全街焚毁							
		木货街				全街焚毁							
		火巷子				全街焚毁							
		守备街				全街焚毁							
		十八梯				全街焚毁							
		双桅子巷				全街焚毁							
		甘子堡				全街焚毁							
		下回水沟				全街焚毁							
		凉亭子				全街焚毁							
		第三模范市场1至27号				全被焚毁							
		走马街82至116号				全被焚毁							
		大梁子三圣店口起苍坪街止				全被焚毁							
		米花街139至187号				全被焚毁							
		潘家沟2号至新民路口				全被焚毁							
		较场口由民权路57号至十八梯口				全被焚毁							
		蔬菜街				全街焚毁							
		兴隆街				全街焚毁							
		衣服街				全街焚毁							
		演武厅				全街焚毁							
		较场口				全街焚毁							

续表

空袭经过情形	投弹时间	投弹地点	投弹种类	投弹数目	合计	炸毁焚塌建筑物数目	伤亡人数 男	伤 女	亡 男	亡 女	合计	防护部队施救情形	备考
		石灰市				全街焚毁							
		金紫门轮渡趸船				焚毁	3		5		8		
		磁器街				全街焚毁							
		保安路警察总局后面一带				焚毁							
		大田湾15、56、23号	爆	6	6	34间							1枚未炸
		至圣宫	爆燃	12	3								
		康宁路12、14、42号	爆	6	6	4间							
		江北廖家台河坝	燃	2	2								
		合计	爆燃	1782 7	205	焚毁大小街巷30余条又损毁房屋221栋386间	15	6	17	7	45		

附记	1.本表系根据重庆防空司令部、重庆警备司令部、空袭服务联合办事处、宪兵第三团、宪兵第十二团、重庆市警察局、本部稽查处之报告汇制而成； 2.本日有10余处同时起火，各消防部队均全力施救； 3.被焚街巷所投弹数无法清查，上列数目仅就可以调查者而列入； 4.无家可归难民，均经各救护团体予以救济； 5.未爆炸弹已伤要塞工兵第一团特务连掘取。

(0053—12—169)

70. 重庆卫戍总司令部为1940年8月20日日机袭渝情形给重庆市政府的通报（1940年8月20日）

本（二十）日敌机袭渝，兹据重庆防空司令部及本部派员调查情形，汇报如左〈下〉：

一、空袭经过。

1. 本（二十）日敌机共126架，分4批袭渝：

第1批36架，10时46分于潼关发现南飞，经雒南、商县、山阳、安康、镇平、巫溪、丰都、垫江、茨竹，13时14分侵入重庆市空投弹后，经原路北逸；

第2批36架，11时26分于长阳发现西飞，经走马坪、施南、利川、丰都、长寿，13时37分侵入江北上空投弹后，经木洞、长寿、丰都东逸；

第3批27架，11时14分于高店子发现西飞，经花果坪、咸丰、丰都、涪陵、南川、永兴，13时34分侵入重庆市空，13时40分在南岸投弹后，经茨竹、长寿、涪陵东逸；

第4批27架，11时04分于松滋发现西飞，经渔洋关、燕子坪、来凤、咸丰、利川、丰都、涪陵、南川、綦江、江津，13时35分及13时54分分两次在白市驿投弹后，经綦江、南川东逸。

2. 本市于11时25分悬红球1个，11时57分发布空袭警报，12时40分发布紧急警报，14时17分悬红球2个，15时发布解除警报。

二、我陆空部队与敌机战斗情形。

本日由高射炮射击，高度5000至6000公尺，炮兵第四十五团二、三、四、五、六连共射击炮弹200余发，第1批敌机击落2架，第2批击伤2架，第3批经我射击后，队形散乱。击落敌机坠落地点正搜查中。

三、敌机投弹地点及我损害情形。

渝市区方面：

1. 夫子池防空壕落爆炸弹1枚，死2人伤3人；

2. 临江路第7号落爆炸弹1枚，毁房5间；

3. 复兴路落燃烧弹2枚，全街被焚并波及铁板街、韭菜巷、顺城街等处，毁房约700、800栋（尚在燃烧中）；

4. 江家巷落爆炸弹2枚，毁房约六七间；

5. 鸡街落爆炸弹2枚，又中国国货公司门首落爆炸弹1枚，均无甚损失；

6. 会仙桥、小梁子等街落燃烧弹数枚，全街起火，其损失情形不详（尚在燃烧中）；

7. 苍平街、天官街、米花街、机房街等处落燃烧弹2枚,全街焚毁,约毁房屋600、700栋(尚在燃烧中);

8. 大梁子一园附近落燃烧弹1枚,上烧至苍坪街,下尚在延烧中,房屋损失无法统计;

9. 望龙门商业场西二、三、四路、陕西街等处共落燃烧弹数枚,均起火,尚在燃烧中,约毁房屋1000余栋,望龙门封闭一防空洞,死亡正在调查中;

10. 白象街56号落爆炸弹2枚,炸毁小防空洞1个,死3人,伤2人,并落有燃烧弹1枚,约毁房屋300余栋,火已扑灭;

11. 东水门大码头落爆炸弹1枚,死男4女1;

12. 打铜街落爆炸弹1枚,毁房2间;

13. 模范市场落燃烧弹2枚,2处起火;

14. 民生公司落燃烧弹1枚;

15. 曹家巷落爆炸弹2枚,毁房2间;

16. 川盐银行落重爆炸弹1枚,毁屋顶一层;

17. 水巷子落燃烧弹1枚,毁房数间;

18. 小什字半边街落燃烧弹多枚,起火;

19. 华光楼落爆炸弹、燃烧弹多枚,起火;

20. 行街落燃烧弹1枚,起火;

21. 香水街落燃烧弹多枚,起火;

22. 千厮门至姚家巷落燃烧弹多枚,起火。

迁建区方面:

据第十二补训处电话报称:白市驿至新桥间落爆炸弹200余枚,我无损失。

江北方面:

1. 简家台潘家码头河边投燃烧弹及爆炸弹各1枚,均无损失;

2. 毛溪沟内山坡投燃烧弹1枚,尚无损失;

3. 民生工厂内投爆炸弹1枚,毁民房8间。

江南方面:

1. 水泥厂投爆炸弹30余枚,燃烧弹10余枚,毁房10余栋;
2. 罗家坝投爆炸弹30余枚,燃烧数枚,毁房10余栋,死伤约10余人;
3. 白字桥投爆炸弹4枚,均落田中,无损失;
4. 海棠溪烟雨堡竹园投燃烧弹数枚,未起火;
5. 弹子石曹府渡投爆炸弹4、5枚,毁房3间。

共计爆炸弹 燃烧弹 死伤男女 焚毁房屋(待查)

四、损害详情,容后续报。

右〈上〉通报

市政府

重庆卫戍总司令部启

(0053—12—169)

71. 重庆卫戍总司令部为1940年8月20日日机袭渝详情给重庆市政府的通报(1940年8月27日)

查本(八)月二十日敌机袭渝概况,业经于该日以坤二防字第4493号通报在案。兹复据各方先后将被炸损害详情呈报到部,相应列表,随文送达,即希查照。右〈上〉通报:

重庆市政府

附表1份

重庆卫戍总司令部启

重庆卫戍总司令部调查8月20日敌机袭渝情况暨伤亡损害报告表

空袭经过情形	投弹时间	投弹地点	投弹种类	投弹数目	合计	炸毁焚塌建筑物数目	伤（男）	伤（女）	亡（男）	亡（女）	合计	备考
本(20)日敌机共126架,分4批袭渝:第1批36架,10时46分于潼关发现南飞,经雒南、商县、山阳、安康、镇平、巫溪、丰都、垫江、茨竹,13时14分侵入市空投弹后,经原路逸去;第2批36架,11时26分于长阳发现西飞,经走马坪、施南、利川、丰都、长寿,13时37分侵入江北上空投弹后,经木洞、长寿、丰都逸去;第3批27架,11时14分于高店子发现西飞,经花果坪、咸丰、丰都、涪陵、南川、永兴,13时34分侵入市空,13时40分在南岸投弹后,经茨竹、长寿、涪陵东逸;第4批27架,11时04分于松滋发现西飞,经渔洋关、燕子坪、来凤、咸丰、利川、丰	1.13时14分 2.13时37分 3.13时40分 4.13时35分 5.13时54分	东水顺西街	燃	4	4	损毁房屋2栋	2				2	
		陕西街	爆燃	1 3	4	3栋						
		林森路	爆燃	1 1	2	1栋又150间						
		连花街	爆	1	1	3栋						
		打铜街	爆	1	1	2栋						
		黄学巷	燃	1	1	4栋						
		第一模范市场	燃	2	2	34栋						
		模范市场	燃	2	2	8栋						
		中正路	爆燃	4 21	25	66栋又241间	15				15	1枚未炸
		报恩巷	燃	1	1	1间						
		赣江街	爆	1	1	1栋						
		芭蕉园	爆	1	1	1间						
		东正街	爆燃	2 1	3	41栋						
		曹家巷	爆燃	3 1	4	3栋						
		大华楼巷	爆			3栋						
		长安街	爆	2	2	5栋	1				1	1枚未炸
		机房街	燃	10	10	101栋又30间						
		民族路	燃	7	7	170栋						
		棉花街	燃	6	6	170栋						
		筷子街	燃	4	4	68栋						
		复兴巷	燃	2	2	13栋						
		铁板街	燃	1	1	5栋						
		九尺坎	燃	1	1	5栋						
		罗汉寺	燃	3	3	48栋						
		药王庙	燃	2	2	41栋						

续表

空袭经过情形	投弹时间	投弹地点	投弹种类	投弹数目	合计	炸毁焚塌建筑物数目	伤亡人数 伤 男	伤 女	亡 男	亡 女	合计	备考
都、涪陵、南川、綦江、江津，13时35分及13时54分两次在白市驿投弹后，经綦江、南川东逸。本市于11时25分悬红球1个，11时57分发布空袭警报，12时40分发布紧急警报，14时17分悬红球2个，15时整发布解除警报。		行街	燃	1	1	1栋						
		水巷子	爆燃	2 4	6	14栋						
		二郎庙	燃	2	2	20栋						
		纸盐河街	爆燃	3 5	8	102间						
		镇江寺街	爆燃	2 6	8	49间		1			1	
		洪岩〔崖〕洞街	燃	5	5	70间		1			1	
		地母庙	爆	2	2	9间	2		1		3	
		千厮门码头	爆	2	2							1枚未炸
		天成巷	爆	2	2	115间						
		新河后街				15间						
		千厮正街				2间						
		千厮门水巷子左面	爆燃	12 2	14	35间						
		临江门连花洞	爆	1	1		24	12			36	
		民权路	爆燃	6 7	13	17间						
		来龙巷	爆	3	3	35间						
		新生路	爆燃	1 2	3	1栋						
		夫子池空坝	爆	2	2		6	1	2	3	12	
		临江路	爆燃	2 2	4							
		香水顺城街	燃	2	2							
		香水桥街	燃	1	1							
		复兴路	爆	1	1							
		戴家巷	燃	1	1							
		西来街	爆	1	1				1		1	
		五四路	爆燃	21 12	33	15栋又120间						

续表

空袭经过情形	投弹时间	投弹地点	投弹种类	投弹数目	合计	炸毁焚塌建筑物数目	伤亡人数 伤 男	伤 女	亡 男	亡 女	合计	备考
		正阳街	爆燃	1 16	17	110栋						
		小较场巷同仁里	燃	5	5	10间						
		朝阳街	燃	30	30	420间						
		白象街	爆燃	1 4	5	50间						
		西三街2号	爆	1	1	40间						
		西大街24号	爆	1	1	40间						
		公园大门口	爆	1	1							
		公园葛领	燃	1	1	5间						
		巴山门前	爆	1	1							
		箭道子	爆	1	1	4间						
		张家凉亭1至18号	爆燃	1 2	3	50间						
		王家坝1至12号	燃	1	1	34间						
		大通寺1至7号	燃	1	1	53间						
		民生北码头1至24号	燃	1	1	74间						
		南岸民康布厂	爆燃	2 2	4	1栋	6		2		8	
		南岸裕华窑厂	爆燃	6 2	8	7间	15		3		18	
		南岸庆新纱厂	爆燃	12 2	14	1间						
		南岸庆新村	爆燃	1 1	2	1间						
		南岸孙家花园	爆燃	4 3	7							
		南岸鹅公堡	爆燃	1 2	3		2				2	

续表

空袭经过情形	投弹时间	投弹地点	投弹种类	投弹数目	合计	炸毁焚塌建筑物数目	伤亡人数 男	伤亡人数 女	亡 男	亡 女	合计	备考
		南岸裕华纱厂	爆	7	7	17间	16	22	1	2	41	
		南岸窍角正街	爆燃	1 1	2	3间	3				3	
		南岸大佛段89、95号	爆燃	2 3	5	2间	2				2	
		南岸汉和奥建筑公司	爆燃	3 18	21	3间	7		3		10	
		南岸利民肥皂厂	爆燃	3 2	5	1间	1				1	
		南岸洽生工业公司	爆燃	1 2	3	2间	1				1	
		南岸复兴面粉公司	爆燃	1 1	2	1间	1	1			2	
		南岸大佛段168号	爆燃	5 2	7	4间	2				2	
		南岸大佛段163号	爆燃	6 4	10	1间	2				2	
		南岸响水洞	爆燃	4 1	5							
		南岸玛瑙溪中华制革厂	爆燃	2 2	4							
		南岸四川水泥厂	爆燃	4 3	7	2间						
		高朝门1至38号	燃	3	3	9间						
		南岸烟雨堡	爆燃	8 2	10	3间	1		1		2	
		中大街1至16、2至20、28号	燃	1	1	85间						
		厘金局巷1至5号				41间						
		操场坝	爆	1	1							

续表

空袭经过情形	投弹时间	投弹地点	投弹种类	投弹数目	合计	炸毁焚塌建筑物数目	伤亡人数 伤 男	伤 女	亡 男	亡 女	合计	备考
		元宝街	爆燃	1 1	2	31间						
		王爷庙1至59号				105间						
		新通街1至44号				48间						
		石门坎13至18号				14间						
		莲花洞10号	爆	1	1	1栋	25	9	7	2	43	
		大板桥沟河边	燃	2	2							
		南岸大佛段王家堡	爆	1	1	8栋	8	1	1		10	
		南岸石栏杆	爆	1	1	5栋						
		南岸新新印刷厂	爆	1	1	2间	1	1		1	3	
		南岸大佛段51、80号	爆	2	2	10间						
		南岸□□池河边	爆	2	2	3栋	1	1		7	9	
		南岸西南化学社	爆	4	4	1栋	8		5		13	
		南岸敦厚上段	爆燃	42 7	49	11间	13		5		18	
		南岸敦厚下段	爆燃	20 3	23	42间	4		6		10	
		南岸罗家湾	爆	10	10	10间	3		5		8	
		南岸玛瑙溪	爆燃	9 4	13	15间	2			1	3	
		南岸豫丰机器厂	爆	5	5	8间						
		南岸化学炼铁厂	燃	3	3	15间						

续表

空袭经过情形	投弹时间	投弹地点	投弹种类	投弹数目	合计	炸毁焚塌建筑物数目	伤亡人数 伤 男	伤 女	亡 男	亡 女	合计	备考
		南岸三十二厂	爆	3	3	5间						
		中国文化社侧	爆燃	4 1	5							
		南岸白子桥田中	爆	4	4							
		南岸弹子石曹府渡	爆	4	4	3间						
		江北简家台潘家码头	爆燃	1 1	2							
		江北毛溪沟山坡	燃	3	3							
		江北民生工厂	爆	1	1	8间						
		白市驿一带	爆	147	147	21间						
		合计	爆燃	426 268	694	损毁房屋988栋又2314间	173	35	65	10	283	
附记	1.本表系根据重庆防空司令部、重庆警备司令部、空袭服务联合办事处、宪兵第三团、宪兵第十二团、本部稽查处之报告汇制而成； 2.本日敌机投弹后，有半边街、大梁子等20余条街巷起火被焚，火势直至下午12时始熄灭； 3.敌机逸去后，本市救护、消防各团队，随即全体出动，施行各种急救工作，并在实验剧院等处设收容所收容难民； 4.未爆炸弹已饬要塞工兵第一团特务连掘取； 5.本日高射部队击落敌机2架，击伤敌机4架。											

(0053—12—169)

72. 重庆卫戍总司令部为1940年8月23日日机袭渝情形给重庆市政府的通报（1940年8月23日）

本（二十三）日敌机袭渝，据重庆防空司令部及本部派员调查情形，汇报如左〈下〉：

一、空袭经过。

本（二十三）日敌机共81架，分2批袭渝：

第1批54架，于9时52分在松滋发现，经长阳、施南、利川、石柱、丰都、涪陵、长寿，于11时50分侵入市空，在南岸海棠溪、玛瑙溪投弹后，经原路逸去；

第2批27架，于10时02分在资邱发现，随第1批敌机飞行，两批相距甚近，于11时50分在南岸弹子石、窍角沱一带投弹后，经原路逸去。

本市于10时30分悬红球1枚，10时54分发布空袭警报，11时33分发布紧急警报，12时23分发布解除警报。

二、我陆空部队对敌机战斗情形。

敌机高度6800公尺左右，行速95公尺/秒。我高射部队炮兵第四十五团第二、三、四、五各连共发炮弹110发，多中敌机附近，但无良好战果。

三、敌机投弹地点及损害情形。

海棠溪方面：

1. 烟雨堡北端自20至38号为被弹区域，共中爆炸弹20余枚，多落荒地，仅毁房9栋；公路上有重量炸弹3枚，交通因之断绝，旋经派工赶修，3时半左右已可通行车辆；该投弹地带死男1人伤男6人；

2. 敦厚上段投爆炸弹15枚，燃烧弹8枚，毁房3栋，死女1人，伤男9人。

玛瑙溪方面：

四川水泥厂附近落爆炸弹共30余枚，多落空地，厂房数间被毁，该厂后门一带居民草房中弹起火，焚毁多间，经施救后已于2时半左右熄灭，无死伤。

弹子石方面：

1. 长新街投爆炸弹1枚，毁房4间；

2. 凉水井35号投爆炸弹1枚，毁房3间；

3. 泰昌街7号爆炸弹2枚，毁房5间，死男2人；

4. 谦泰巷39号爆炸弹1枚，毁房2间，死1人；

5. 三十兵工厂新厂爆炸弹4枚，烧夷弹3枚，毁房24间，伤男5人，死女2人；

6. 警官学校爆炸弹4枚，燃烧弹2枚，毁房8间，伤男1人女3人；

7. 中正亭爆炸弹1枚，毁房1栋；

8. 百寿街6号爆炸弹1枚,毁房3间;

9. 瞭望楼1号爆炸弹1枚,毁房9间;

10. 石桥街82号爆炸弹1枚,毁房屋1间;

11. 长新街1号燃烧弹1枚,焚毁房屋1间;

12. 窝角沱燃烧弹11枚,焚毁房屋145间,伤男10人女3人,死男5人。

共计爆炸弹100余枚,燃烧弹40、50枚,死伤男女50余人,焚毁房屋200、300间。

四、损害详情,容后续报。

右〈上〉通报:

重庆市政府

重庆卫戍总司令部启

（0053—12—169）

73. 重庆卫戍总司令部为1940年8月23日日机袭渝详情给重庆市政府的通报（1940年8月30日）

查本（八）月二十三日敌机袭渝概况,业经于该日以坤二防字第4561号通报在案,兹复据各方先后将损害详情呈报到部,相应列表,随文送达,即请查照。右〈上〉通报:

重庆市政府

附表1份

重庆卫戍总司令部启

重庆卫戍总司令部调查8月23日敌机袭渝情况暨伤亡损害表

空袭经过情形	投弹时间	投弹地点	投弹种类	投弹数目	合计	炸毁焚塌建筑物数目	伤亡人数 伤 男	伤 女	亡 男	亡 女	合计	备考
本(23)日敌机81架,分2批袭渝:第1批54架,于9时52分在松滋发现,经长阳、施南、利川、石柱、丰都、涪陵、长寿,于11时50分侵入市空,在南岸投弹后,经原路逸去;第2批27架,于10时02分在资邱发现,随第1批敌机飞行,两批相距甚近,于11时50分在南岸投弹后,经原路逸去。本市于10时37分悬红球1个,10时54分发布空袭警报,11时33分发布紧急警报,12时23分发布解除警报。	11时50分	南岸窍角沱裕华厂	爆燃	12 5	17	损毁房屋17间	3				3	1枚未炸
		南岸中央警校	爆燃	7 3	10	11栋						
		南岸西南化工业社	爆	4	4	5栋	2	1			3	
		南岸华生电器厂	爆	8	8							2枚未炸
		南岸工矿调整处	燃	3	3	3间						
		南岸庆新纱厂	爆燃	9 1	10	3栋						
		南岸庆新村	爆	7	7	11栋	3				3	
		南岸复兴街	爆燃	8 15	23	33栋						
		南岸和平街	爆燃	3 10	13	49栋						
		南岸永平街	爆燃	5 9	14	77栋	1		3		4	
		南岸民新街	爆燃	2 8	10	27栋						
		南岸大友街	爆燃	3 7	10	16栋						
		南岸大佛段荒地	爆	5	5							
		南岸苏家湾	爆	3	3							
		南岸三十二厂内	爆	5	5							
		南岸三十工厂翻砂部及职员宿舍	爆燃	9 1	10		2		1		3	
		南岸谦泰巷	爆	4	4	2间			1		1	
		南岸泰昌街	爆	1	1	4间			1		1	
		南岸中兴街	爆	1	1	1间		1			1	
		南岸麻井街	爆	1	1	4间		1			1	
		南岸瞭望楼	爆	1	1	3间						
		南岸裕华街	爆	1	1	2间						

续表

空袭经过情形	投弹时间	投弹地点	投弹种类	投弹数目	合计	炸毁焚塌建筑物数目	伤亡人数 伤 男	伤 女	亡 男	亡 女	合计	备考
		南岸长兴街	爆燃	1 1	2	2间						
		南岸弹子石正街	燃	1	1		1				1	
		南岸东山街	爆	1	1							
		南岸凉水井	爆燃	1 1	2	8间						
		南岸水泥厂	爆燃	9 1	10	4间						
		南岸罗家坝	爆	5	5	4间			3		3	
		南岸菜园村荒地	爆燃	20 5	25							
		南岸森泰昌街	爆	1	1	1间		1			1	
		南岸窍角沱街1至18号	爆	15	15	18间	5	6			11	
		南岸窍角沱	爆	85	85							
		南岸海棠溪南山坡下	爆	1	1		4				4	
		南岸烟雨堡	爆	19	19	9间	6	1			7	
		南岸敦厚上段	爆燃	15 8	23	3间	9		1		10	
		南岸玛瑙溪	爆燃	28 3	31	34间	1				1	
		高朝站	爆燃	15 5	20	7间						
		南岸百寿街	爆	2	2	13间						
		南岸黄桷垭文峰塔	爆	1	1		8	2			10	
		合计	爆燃	318 87	405	损毁房屋242栋又139间	42	3	18	5	68	

附记	1.本表系根据重庆防空司令部、重庆警备司令部、空袭服务联合办事处、宪兵第三团、宪兵第十二团、重庆市警察局、本部稽查处之报告汇制而成； 2.敌机投弹后，各救护队即赶到办理各项救护工作。

74. 重庆卫戍总司令部为1940年9月12日日机（第1次）袭渝情形给重庆市政府的通报（1940年9月12日）

据重庆防空司令部及本部派往被炸地区调查人员先后呈报，敌机本（十二）日袭渝经过及损害概况各情如左〈下〉：

一、空袭经过。

本（十二）日敌机47架，分3批袭渝：

1. 第1批驱逐机11架，于9时58分在建始发现，经恩施、利川，于11时窜入市空，盘旋良久，俟第2批敌机窜入市空时，始向东逸去；

2. 第2批轻轰炸机9架，于9时32分在渔洋关发现，经来凤、丰都、涪陵，于11时18分窜入市空，即以4架低飞，在南坪镇投弹后，仍随机群东逸（未投弹之5架或系驱逐机）；

3. 第3批重轰炸机27架，于9时48分在董市发现，经五峰、忠县，于12时04分窜入市空，在遗爱祠一带投弹后，经双河、涪陵、丰都东逸。

二、我高射部队射击情形。

1. 第1、2批敌机窜入市空时，因其低飞投弹，我火炮方向及表尺距离变换不及，故未射击；

2. 第3批敌机窜入市空，高度约6000公尺，我第二、三、五连即予猛烈射击，共发射炮弹67发，炸点尚佳。

（0053—12—169）

75. 重庆卫戍总司令部为1940年9月12日日机（第2次）袭渝情形给重庆市政府的通报（1940年9月12日）

本（十二）日敌机第2次袭渝情形及损害概况，据重庆防空司令部及本部派往被炸区域调查人员先后报告各情如左〈下〉：

一、空袭经过

1. 本（十二）日18时15分，于南潭村发现敌机一批，架数不明，由东向西飞，经官店口、施南、利川、隆盛，于19时43分窜入本市上空投弹后，经永兴、双河，于19时59分过长寿向东逸去。至垫江时，重庆防空司令部据报后，以敌机逸去已远,于20时04分悬红球2个,讵知又有敌机1架复回,随我单机于本市上空盘旋,因系夜间,又均系单机,致无法判别。该敌机于20时17分复投弹后,经隆盛、长寿逸去。

2. 本市于18时47分悬红球1个,19时02分发布空袭警报,19时27分发布紧急警报,21时25分发布解除警报。

二、敌机投弹地点及损害情形如左〈下〉:

1. 五四路落爆炸弹2枚,毁房8栋,伤男6人;

2. 临江路落爆炸弹3枚(内1枚未爆),毁房12栋;

3. 中华路临江路口落爆炸弹1枚,毁房5栋,死1人;

4. 中华路华西旅社后面落爆炸弹5枚,毁房20余栋;

5. 临江门砖码头毛家坡落爆炸弹3枚,毁房5间,塌闭防空洞口1个,窒息死男5人,伤男5人;

6. 新生路落爆炸弹2枚,伤防护团员2人;

7. 天主堂街落爆炸弹1枚。

共计投爆炸弹17枚(1枚未爆炸),毁房40余栋又5间,伤男13人,死男6人。

三、其他损害情形,俟后续报。

右〈上〉通报:

重庆市政府

重庆卫戍总司令部启

(0053—12—169)

76. 重庆卫戍总司令部为1940年9月12日日机袭渝详情给重庆市政府的通报(1940年9月17日)

查本(九)月十二日敌机两次袭渝概况,业经于该日以坤字第5028及5029号通报在案,兹复据各方先后将损害详情呈报到部,相应列表,随文送达,即请查照。右〈上〉通报:

重庆市政府

附表1份

一、重庆卫戍总司令部有关日机袭渝情况及伤亡损害的调查   203

重庆卫戍总司令部启

1)重庆卫戍总司令部调查9月12日第1次敌机袭渝情况暨伤亡损害表

空袭经过情形	投弹时间	投弹地点	投弹种类	投弹数目	合计	炸毁焚塌建筑物数目	伤亡人数 伤男	伤女	亡男	亡女	合计	备考
本(12)日(第1次)敌机47架,分3批袭渝:第1批驱逐机11架,于9时58分在建始发现,经恩施、利川,于11时04分侵入本市上空,盘旋良久,直至第2批敌机侵入市空,始行东逸;第2批轰炸机9架,于9时32分在渔洋关发现,经来凤、丰都、涪陵,于11时16分侵入本市上空,即以4架低飞在南岸投弹后,仍随机群东逸;第3批重轰炸机27架,于9时48分在董市发现,经五峰、忠县,于12时04分侵入本市上空投弹后,经双河、涪陵东逸。本市于10时13分悬红球1个,10时18分发布空袭警报,10时45分发布紧急警报,12时35分悬红球2个,14时解除警报。	1、11时16分 2、12时04分	桂花园26号侧及对面	爆	3	3							
		李子坝正11号	爆	1	1	损毁房屋17间						
		半边街	爆	1	1	3间			1			
		李子坝河街	爆燃	7 1	8	30间	3				3	
		嘉陵新村8号后马路	爆燃	4 2	6	3间						
		嘉陵新村8号	爆	7	7	3间	1	1			2	
		遗爱祠正街	爆燃	14 2	16	34间						
		浮图关附近公路	爆	7	7							
		两浮支路	爆	4	4	3栋						
		南岸黄山路口到坐厅	爆	24	24	35间	3		12	2	17	
		南岸黄山路口西南运输处车厂	爆	8	8	13间	1				1	
		广黔路21至43号	爆	3	3	26栋	28	4	16		48	
		南岸南坪镇野地	爆	10	10							
		合 计	爆燃	93 5	98	损毁房屋29栋又138间	36	5	28	2	71	
附记	1.本表系根据重庆防空司令部、重庆警备司令部、空袭服务救济联合办事处、宪兵第三团、宪兵第十二团、重庆市警察局、本部稽查处之报告汇制而成; 2.死伤者已由各救护分别医治及掩埋。

2)重庆卫戍总司令部调查9月12日第2次敌机袭渝情况暨伤亡损害表

空袭经过情形	投弹时间	投弹地点	投弹种类	投弹数目	合计	炸毁燬塌建筑物数目	伤亡人数 伤 男	伤 女	亡 男	亡 女	合计	备考
本(12)日(第2次)18时15分,于南潭村发现敌机一批,架数不明,西飞,经官店口、施南、利川、隆盛,于19时43分窜入本市上空投弹后,经永兴、双河,于19时59分过长寿,向东逸去,至垫江时,防空部据报后以敌机逸去已远,于20时04分悬红球2个,讵知又有敌机1架复回,随单机于本市上空盘旋,因系夜间,又皆系单机,致无法判别。该敌机于20时17分复投弹后,经隆盛、长寿逸去。本市于18时47分悬红球1个,19时02分发布空袭警报,19时27分发布紧急警报,21时25分解除警报。	1. 19时43分 2. 20时17分	中华路口112号	爆	2	2	损毁房屋13间		1			1	
		临江路17、52、54号	爆	3	3	11间	1				1	1枚未炸
		五四路56号	爆	1	1	5间	1				1	
		夫子池空坝	爆	2	2							
		公园路特园	爆	2	2							
		民国路11号	爆	1	1							
		茅草坡	爆	1	1	3间	3		3		6	
		大同路9号	爆	1	1	4间						
		王家坡	爆	6	6	35间						
		铁路坝	爆	1	1	12间						
		戴家巷	爆	1	1							
		来龙巷	爆	3	3							
		新生路	爆	2	2		2				2	
		天主堂街	爆	1	1							
		魁星楼巷	爆	1	1							未炸
		临江门码头毛家坡	爆	3	3	5间	5		5		10	
		临江门顺成街	爆	1	1	3栋						
		苍坪街	爆	2	2							
		合计	爆	34	34	损毁房屋3栋又88间	12		9		21	

附记	1.本表系根据重庆防空司令部、重庆警备司令部、空袭服务救济联合办事处、宪兵第三团、宪兵第十二团、重庆市警察局、本部稽查处之报告汇制而成; 2.死伤者业经各救护队分别医治及掩埋; 3.未爆炸弹已饬工兵掘取。

(0053—12—169)

77. 重庆卫戍总司令部为1940年9月13日日机袭渝情形给重庆市政府的通报(1940年9月13日)

谨将本(十三)日敌机袭渝经过及损害概况报告如左〈下〉：

一、空袭经过。

本(十三)日敌机分3批袭渝：

1. 第1批敌机27架,于上午9时34分在湖北渔洋关发现,经石柱、丰都、涪陵、长寿、隆昌,于11时31分侵入市空,在上清寺、曾家岩、国府路一带投弹后,即沿小观音、南川、涪陵逸去；

2. 第2批8架,于10时28分在奉节发现,经万县、忠县、石柱、丰都、太平,于11时34分在南岸海棠溪、水泥厂、南温泉一带投弹后,即沿南川、涪陵、石柱逸去；

3. 第3批敌机驱逐机9架,于9时35分在长阳发现,沿石柱、涪陵、长寿、木洞,于12时03分折至璧山,遭遇我机,发生激烈空战,旋即沿关口、涪陵逸去。

二、敌机投弹地点及损害情形。

1. 下曾家岩对街投爆炸弹3枚,毁〈后缺〉；

2. 下曾家岩街投爆炸弹2枚,毁〈后缺〉；

3. 中四路公共汽车厂投爆炸弹3枚,〈后缺〉油及脚油各10万市斤,汽车3辆；

4. 行政院住宅投爆炸弹1枚,毁房屋4间；

5. 行政院办公室投爆炸弹3枚,毁房屋8间；

6. 行政院防空洞侧投爆炸弹2枚,无损失；

7. 公共汽车公司办事处投爆炸弹1枚,毁房屋9间；

8. 德安里共投爆炸弹6枚,毁坏房屋60余间；

9. 考试院投爆炸弹4枚,燃烧弹1枚,毁坏房屋40间又民房□□间；

10. 大溪别墅1号投爆炸弹2枚,毁房屋13间；

11. 大溪别墅3号投爆炸弹5枚,毁房屋6间；

12. 大溪别墅右侧外宾招待所德国大使馆附近投爆炸弹2枚,震毁房屋

10余间；

13. 国民政府门首空地投爆炸弹4枚，无损失；

14. 国民政府内投爆炸弹15枚，共震毁房屋90余间，主计处新会议厅、参军处全毁，大礼堂、文官处炸毁一部，侍卫队第二兵舍库房及官长室均震毁，伤公役1；

15. 学田湾侍从室第三组办事处投爆炸弹3枚，毁坏房屋6间，陈委员公馆投爆炸弹3枚，房屋全毁；

16. 中央党部投爆炸弹2枚，毁房4间；

17. 南岸玛瑙溪水泥厂投爆炸弹1枚，毁房屋5间，该厂之提越机及各机器均被炸毁；

18. 南岸水泥厂制桶厂投燃烧弹3枚，毁房屋7间，各种制桶机器被炸毁；

19. 南岸玛瑙溪街41至49号投爆炸弹5枚，毁房10余间，死男1人；

20. 南岸中华制革厂投爆炸弹2枚，毁房屋8间，货物全毁，死男1人。

共计投弹70余枚，毁坏房屋约340间。

三、损害详情，容后续报。

四、本市于9时46分悬红球1个，10时15分发布空袭警报，11时正发紧急警报，13时47分解除警报。

右〈上〉通报：
市政府

重庆卫戍总司令部启

（0053—12—169）

78. 重庆卫戍总司令部为1940年9月13日日机袭渝详情给重庆市政府的通报（1940年9月18日）

查本（九）月十三日敌机袭渝概况，业经于该日以坤字第5053号通报在案，兹复据各方先后将损害详情呈报到部，相应列表，随文送达，即请查照。

右〈上〉通报：
重庆市政府

附表1份

重庆卫戍总司令部启

重庆卫戍总司令部调查9月13日敌机袭渝情况暨伤亡损害表

空袭经过情形	投弹时间	投弹地点	投弹种类	投弹数目	合计	炸毁焚塌建筑物数目	伤亡人数 伤 男	伤 女	亡 男	亡 女	合计	备考
本(13)日敌机44架,分3批袭渝:第1批27架,于9时34分在湖北渔洋关发现,经石柱、丰都、涪陵、长寿、隆昌,于11时31分侵入市空,在上清寺、曾家岩一带投弹后,经南川、涪陵东逸;第2批8架,于10时28分在奉节发现,经万县、忠县、石柱、丰都、太平,于11时34分在南岸一带投弹后,经南川、涪陵、石柱东逸;第3批驱逐机9架,于9时35分在长阳发现,经石柱、涪陵、长寿、木洞,于12时03分折至璧山,遭遇我机,发生激烈空战,旋即经关口、涪陵逸去。本市于9时46分悬红球1个,10时15分发布空袭警报,11时发布紧急警报,13时40分解除警报。	1. 11时31分 2. 11时34分	学田湾18、20、24号	爆	4	4	损毁房屋9栋						
		上清寺76号后	爆	1	1	2栋						
		行政院防空洞口	爆	1	1							
		国府路257、306号	爆	4	4	3栋						
		国府路德大使馆后	爆	1	1	1栋						
		学田湾4、5号	爆	2	2	2栋						
		求精中学门口	爆	1	1							
		中四路宽仁医院	爆	1	1	2间						
		中四路4号屋前	爆	1	1	12间						
		中四路91、101号	爆	2	2	3间						
		国府内	爆	15	15	95间	1				1	
		国府路范庄	爆	5	5							
		中央党部	爆	1	1							
		中四路德安里	爆	6	6	65间						
		行政院	爆	4	4	2栋						
		考试院	爆燃	4 1	5	70间						
		大溪别墅1、3号	爆	7	7	19间						
		公共汽车公司办事处	爆燃	4 3	7	15间						
		下曾家岩河街	爆	3	3	3间						
		下曾家岩街	爆	2	2	6间						
		南岸水泥厂	爆燃	1 3	4	12间						
		国府路264、283号	爆	2	2	2栋						

续表

空袭经过情形	投弹时间	投弹地点	投弹种类	投弹数目	合计	炸毁焚塌建筑物数目	伤亡人数 伤 男	伤 女	亡 男	亡 女	合计	备考
		南岸玛瑙溪街41至49号	爆	5	5	15间						
		南岸中华制革厂	爆	2	2	8间						
		南岸南坪厂正街	爆	2	2	4间	1				1	
		南岸响水桥	爆	1	1	4间						
		合计	爆燃	82 7	89	损毁房屋21栋又333间	2		2		4	
附记		本表系根据重庆防空司令部、空袭服务救济联合办事处、本部稽查处之报告汇制而成。										

（0053—12—169）

79. 重庆卫戍总司令部为1940年9月14日日机袭渝情形给重庆市政府的通报（1940年9月14日）

据重庆防空司令部报告，本（十四）日敌机袭川各情如左〈下〉：

一、空袭经过。

本日敌机36架，分2批袭川：

1. 第1批驱逐机9架，于10时07分在资邱发现，经忠路、石柱、忠县、涪陵、龙岗，于11时47分窜至丁家寨上空盘旋后，向东逸去；

2. 第2批轰炸机27架，于9时50分在松滋发现，经五峰、利川、忠县、太平，于11时50分在大渡口一带投弹后，向东逸去。

二、本市于10时20分悬红球1个，10时45分发布空袭警报，11时38分发布紧急警报，12时40分悬红球2个，13时发布解除警报。

三、大渡口被炸，损害情形，因距离本市较远，现尚在调查中，容后呈报。

等情，相应通报，即请查照。右〈上〉通报：

重庆市政府

重庆卫戍总司令部启

（0053—12—169）

80. 重庆卫戍总司令部为1940年9月14日日机袭渝详情给重庆市政府的通报(1940年9月22日)

查本(九)月十四日敌机两次袭川概况,业经于该日以坤字第5082及5083号报告在案,兹复据各方先后将损害详情呈报到部,相应列表,随文送达,即希查照。右〈上〉通报:

市政府

附表2份

重庆卫戍总司令部启

1) 重庆卫戍总司令部调查9月14日第1次敌机袭渝情况暨伤亡损害表

空袭经过情形	投弹时间	投弹地点	投弹种类	投弹数目	合计	炸毁焚塌建筑物数目	伤亡人数 伤 男	伤 女	亡 男	亡 女	合计	备考
本(14)日(第1次)敌机36架,分2批袭川:第1批驱逐机9架,于10时07分在资邱发现,经忠路、石柱、忠县、涪陵、龙岗,于11时47分窜至丁家寨上空盘旋后东逸;第2批袭炸机27架,于9时50分在松滋发现,经五峰、利川、忠县、太平,于11时50分在大渡口一带投弹后东逸。本市于10时20分悬红球1个,10时45分发布空袭警报,11时38分发布紧急警报,12时40分悬红球2个,13时整解除警报。	11时50分	大渡口钢铁厂	爆燃	17 5	22	4栋						共伤男女77名死男女26名
		□□新库房	爆	4	4	1栋						
		继德里左侧	爆燃	1 1	2	1栋						
		石槽门四围	燃	3	3	11栋						
		沪汉新村	爆	18	18	26栋						
		大昌生	爆	13	13	45栋						
		修德里	爆	9	9	35间						
		洞庭村	爆	5	5	23间						
		厂区附近石板场四郊	爆	36	36							
		新村空地	燃	5	5							
		大湾	燃	3	3	1栋						
		合计	爆燃	103 17	120	损毁房屋44栋又103间						共伤男女77名死男女26名

续表

空袭经过情形	投弹时间	投弹地点	投弹种类	投弹数目	合计	炸毁焚塌建筑物数目	伤亡人数 伤 男	伤 女	亡 男	亡 女	合计	备考
附记		1.本表系根据重庆防空司令部、重庆警备司令部、空袭服务救济联合办事处、本部稽查处之报告汇制而成； 2.死伤者均由各救护队分别医治及掩埋。										

2) 重庆卫戍总司令部调查9月14日第2次敌机袭渝情况暨伤亡损害表

空袭经过情形	投弹时间	投弹地点	投弹种类	投弹数目	合计	炸毁焚塌建筑物数目	伤 男	伤 女	亡 男	亡 女	合计	备考
本(14)日(第2次)敌机21架,分2批袭渝:第1批轰炸机3架,于18时43分在奉节发现西飞,经忠县、垫江、依风,于21时16分侵入市空,在大溪沟一带投弹后东逸;第2批18架,于19时03分在奉节发现西飞,经忠县、涪陵,于21时06分窜至白市驿上空盘旋后,经双河、石柱东逸。本市于18时55分悬红球1个,19时15分发布空袭警报,20时07分发布紧急警报,22时40分发布解除警报。	21时16分	临江顺城街	爆燃	2 1	3	损毁房屋25间	3	4			7	
		连〔莲〕花洞	燃	1	1							
		三元桥5号	爆燃	1 1	2	1栋						1枚未炸
		飞仙宫坎上	燃	1	1	1栋						
		家鼻嘴坝	燃	1	1							
		大溪沟河边	爆燃	3 2	5							2枚未炸
		合计	爆燃	6 7	13	损毁房屋2栋又25间	3	4			7	
附记		1.本表系根据重庆防空司令部、宪兵第三团、重庆市警察局之报告汇制而成； 2.伤者当由红十字会送往宽仁医院医治。										

(0053—12—169)

81. 重庆卫戍总司令部为1940年9月15日日机袭渝情形给重庆市政府的通报(1940年9月15日)

本(十五)日敌机两次袭渝,据重庆防空司令部及本部派往各区调查人员先后报告各情如左〈下〉：

一、空袭经过。

（一）第一次

1. 本日7时10分,长阳发现敌机8架西飞,经资邱、施南、忠县、丰都、涪陵、垫江、石柱、长寿,于9时10分侵入市空,在中四路、上清寺、曾家岩、德安里一带投弹后,向涪陵方向东逸。

2. 本市于7时45分悬挂红球1个,8时12分发布空袭警报,8时56分发布紧急警报,9时50分解除警报。

（二）第二次

1. 10时08分,聂家河发现敌机9架西飞,经五峰、恩施、忠县、石柱、涪陵、长寿,于12时09分侵至化袭桥对岸之猫儿石及沙坪坝一带投弹后,向涪陵方向东逸；

2. 10时11分,聂家河发现敌机13架(计驱逐机6架,轰炸机7架)西飞,经恩施、利川、丰都、涪陵、南川、长寿,于12时33分侵至沙坪坝,低空机枪扫射后,在江北相国寺投弹,后向涪陵方向东逸；

3. 11时05分,渔洋关发现敌机9架西飞,经宣恩、石柱、长寿、合川、涪陵,于13时06分侵至南温泉一带投弹后,向涪陵方向东逸。

4. 本市于10时35分悬红球1个,10时57分发布空袭警报,11时51分发布紧急警报,13时40分解除警报。

二、我高射部队与敌机作战情形。

（一）第一次

敌机高度约6500公尺左右,航速约85公尺/秒,我共发射炮弹61发,均中敌机群附近。

（二）第二次

1. 第1批敌机9架,高度约6500公尺,航速85公尺/秒,我共发射炮弹50余发,炸点尚佳；

2. 第2批敌机13架,高度约6800公尺,航速90公尺/秒,我炮三连发射炮弹15发,当有敌机1架重伤,有坠落模样；

3. 第3批敌机9架,潜在云层上空,仅我炮五连发射炮弹数发。

三、损害概况。

1. 中四路11号落爆炸弹1枚,毁房1栋;

2. 中四路96号前马路中落燃烧弹1枚;

3. 中四路101号落爆炸弹1枚,毁房2栋;

4. 中四路102号内空地落爆炸弹1枚;

5. 中四路103号内空地落爆炸弹1枚,未爆;

6. 中四路104号落爆炸弹1枚,毁房2栋,105及106号房屋震毁2栋;

7. 中四路107号落爆炸弹1枚,毁房1栋;

8. 中四路108号落爆炸弹1枚,毁房1栋;

9. 中四路109号落爆炸弹1枚,毁房1栋;

10. 中四路129号落爆炸弹1枚,燃烧弹2枚,毁房2栋;

11. 中四路131号旁防空洞口落爆炸弹2枚,无损害;

12. 中四路142号落爆炸弹1枚,毁房1栋;

13. 中四路150及153号门侧落爆炸弹1枚;

14. 中四路154号落爆炸弹1枚,毁房1栋;

15. 中四路88号内空地落爆炸弹1枚;

16. 中四路135号落爆炸弹4枚,1枚未炸,毁房1栋;

17. 中四路151号落爆炸弹1枚,毁房1栋;

18. 中四路131号房空地落爆炸弹1枚;

19. 中四路148号侧空地落爆炸弹1枚;

20. 曾家岩130号落爆炸弹1枚,毁房3栋;

21. 曾家岩151号侧空地落爆炸弹1枚;

22. 曾家岩47号侧空地落爆炸弹1枚,燃烧弹1枚;

23. 大溪别墅7号落爆炸弹1枚,毁房1栋;

24. 小龙坎树人小学后水塘中落爆炸弹2枚;

25. 中央广播电台后荒地落爆炸弹2枚,无损失;

26. 猫儿石榨房沟落爆炸弹21枚,燃烧弹2枚,毁房2间,震坏1间,死男6

人,伤18人,内有5人重伤,有小型炸弹1枚未炸;

27. 猫儿石河街尾落爆炸弹1枚,毁房1间,炸毁小木船3只;

28. 江北龙溪乡脚板沟石中村落爆炸弹11枚,燃烧弹1枚,毁房10间,震毁5间,死男1人,伤男女各1人;

29. 江北相国寺及南温泉损害情形,因道路较远,一时无法查明,容续呈报。

四、总计落爆炸弹64枚,燃烧弹7枚,毁房屋20栋又19间,木船3只,死男7人,伤男女20人。

五、损害详情,容再详报。

右〈上〉通报:

重庆市政府

重庆卫戍总司令部启

(0053—12—169)

82. 重庆卫戍总司令部为1940年9月16日日机(第1次)袭渝情形给重庆市政府的通报(1940年9月16日)

据重庆防空司令部及本部派往被炸地点调查人员先后呈报,本(十六)日敌机袭渝各情如左〈下〉:

一、空袭经过。

本(十六)日0时50分,敌机多架(因夜间难辨机数)经恩施、团保寺、利川、忠县、涪陵袭渝,于2时14分侵入本市上空,在上清寺、国府路一带投弹后,经双河、涪陵、丰都向东逸去。

二、投弹地点及我损害情形。

1. 国府路范庄落爆炸弹1枚,损毁房屋5间;

2. 国府路口邮局后落爆炸弹1枚;

3. 上清寺2号至9号落爆炸弹1枚,损毁房屋25间;

4. 上清寺停车场落燃烧弹1枚,当即扑灭;

5. 上清寺公路局落爆炸弹2枚,燃烧弹1枚,损毁房屋15间。

共计落爆炸弹5枚,燃烧弹1枚,损毁房屋45间。

三、被炸地点之交通清扫,正饬队工作中。

四、本市于0时55分悬红球1个,1时07分发布空袭警报,1时47分发布紧急警报,2时55分悬红球2个,3时04分发布解除警报。

等情,相应通报,即请查照。右〈上〉通报:

重庆市政府

重庆卫戍总司令部启

重庆市警察局调查9月16日敌机炸渝投弹种量及伤亡损害报告表

二十九年九月十六日6时警察局长兼防护团长 唐毅

投弹地区及地点		弹种及数量			炸毁焚塌建筑物数目	伤亡人数					备考
地区	地点	爆炸弹数	烧夷弹数	未爆弹数	合计		伤		亡		合计	
							男	女	男	女		
二分局	民国路11	1		1		2栋					
	中正路空坝	空中爆炸弹1枚			3枚						
六分局	大溪别墅8	1		1		震毁1部					
	国府路范庄	1	1		6枚	电线炸断					
	国府路257	1									
	梯圣街24	1									
四分局	上清寺菜市场大陆公司	1			2枚						
	政治部		1								
总计	8处	7	2	2	11						

(0053—12—168)

83. 重庆卫戍总司令部为1940年9月16日日机(第2次)袭渝情形给重庆市政府的通报(1940年9月16日)

据重庆防空司令部报告,本(十六)日敌机袭川各情如左〈下〉:

一、本(十六)日敌机68架,分4批袭川。

第1批敌轰炸机24架,于9时36分在湖北五峰发现,经利川、石柱、丰都、涪陵、长寿、小观音,于13时51分在南温泉投弹后,经原路逸去;

第2批敌轰炸机9架,于9时15分在湖北松滋发现,经忠县、彭水、南川、木洞,于12时15分5架在鱼洞溪、12时20分2架在大渡口俯冲投弹后,经原路东逸;

第3批敌驱逐机17架,于10时30分在长阳发现,经资邱、施南、石柱、丰都、涪陵、双河,后即分散市空,复参加轰炸机,分批东去;

第4批敌轰炸机18架,于11时20分在湖北建始发现,经施南、石柱、丰都、涪陵、双河,于12时30分在南温泉投弹后,经原路逸去。

二、本市于9时52分挂红球1个,10时12分空袭警报,11时24分紧急警报,13时33分解除警报。

三、当第1批敌机侵至市空时,因距离较远,故我高射部队未予射击;其余各批敌机,均经我高射部队发炮射击,共发炮弹23发,炸点良好。

四、各地损害情形,待查另报。

等情,相应通报,即请查照。右〈上〉通报:

市政府

重庆卫戍总司令部启

(0053—12—168)

84. 重庆卫戍总司令部为1940年9月16日日机袭渝详情给重庆市政府的通报(1940年9月29日)

查本(九)月十六日敌机两次袭川概况,业经于该日以坤字第5095及5113号通报在案,兹复据各方先后将损害详情呈报到部,相应列表,随文送达,即希查照。右〈上〉通报:

市政府

附表2份

重庆卫戍总司令部启

1）重庆卫戍总司令部调查9月16日第1次敌机袭渝情况暨伤亡损害表

空袭经过情形	投弹时间	投弹地点	投弹种类	投弹数目	合计	炸毁焚塌建筑物数目	伤亡人数 伤 男	伤 女	亡 男	亡 女	合计	备考
本(16)日(第1次)0时50分,敌机多架(因夜间难辨机数),经恩施、团保寺、利川、忠县、涪陵袭渝,于2时14分侵入本市上空,在上清寺、国府路一带投弹后,经双河、涪陵、丰都向东逸去。本市于0时55分悬红球1个,1时07分发布空袭警报,1时47分发布紧急警报,2时55分悬红球2个,3时04分发布解除警报。	2时14分	民国路11号	爆	2	2	损毁房屋2栋						1枚未炸
		中正路空坝	爆	1	1							
		大溪别墅8号	爆	2	2	1栋						1枚未炸
		国府路范庄	爆 燃	1 1	2							
		国府路257号路上	爆	1	1							
		上清寺5号	爆	1	1							
		梯圣街24号山坡	爆	1	1							
		两路口政治部	燃	1	1							
		上清寺公路局	爆	2	2	15间						
		合计	爆 燃	11 2	13	毁损房屋3栋又15间						
附记	本表系根据重庆防空司令部、空袭服务救济联合办事处、宪兵第三团、重庆市警察局、本部稽查处之报告汇制而成。											

2）重庆卫戍总司令部调查9月16日第2次敌机袭渝情况暨伤亡损害表

空袭经过情形	投弹时间	投弹地点	投弹种类	投弹数目	合计	炸毁焚塌建筑物数目	伤 男	伤 女	亡 男	亡 女	合计	备考
本(16)日(第2次)敌机68架,分4批袭川:第1批轰炸机24架,于9时36分在湖北五峰发现,经利川、石柱、丰都、涪陵、长寿、小观音,于13时51分在南温泉投弹后,经原路逸去;第2批轰	1.12时15分及20分	南温泉半边山	爆	1	1							
		南温泉陈家桥马路	爆	5	5							
	2.12时30分	南温泉梯坎马路	爆	1	1							
	3.13时51分	南温泉河边及北岸	爆	8	8							
		南温泉小学校	爆	2	2							
		南温泉虎跳口	爆	5	5							
		南温泉灯草沟	爆	27	27							

续表

空袭经过情形	投弹时间	投弹地点	投弹种类	投弹数目	合计	炸毁焚塌建筑物数目	伤亡人数 伤 男	伤亡人数 伤 女	伤亡人数 亡 男	伤亡人数 亡 女	合计	备考
炸机9架,于9时15分在湖北松滋发现,经忠路、彭水、南川、木洞,于12时15分5架在鱼洞溪、12时20分2架在大渡口俯冲投弹后,经原路东逸;第3批驱逐机17架,于10时30分在长阳发现,经资邱、施南、石柱、丰都、涪陵、双河后,即分散市空,复参加轰炸机分批东逸;第4批轰炸机18架,于11时20分在湖北建始发现,经施南、石柱、丰都、涪陵、双河,于12时30分在南温泉投弹后,经原路逸去。本市于9时52分挂红球1个,10时12分发布空袭警报,11时24分发布紧急警报,13时33分解除警报。		南温泉白鹤林	爆	5	5							
		南温泉民间第二路	爆	1	1	损毁房屋5间	2	3			5	
		南温泉复兴路	爆	2	2	8间						
		南温泉青年会	爆	3	3	5间						
		南温泉化滩溪	爆	2	2	3间	1		1		2	
		南温泉警察分局后	爆	2	2							
		南泉路25号	爆	2	2	2间	3	4			7	
		南泉路38号	燃	6	6	28间						
		南泉路58号	爆	2	2	4间						
		南泉路95号侧	爆	2	2	2间						1枚未炸
		南泉路河边	爆	1	1	12间						
		南泉路78号	爆	2	2	8间						
		南泉新村	爆	1	1	1间						
		南泉路新村9号	爆	2	2	8间		1			1	
		南泉路政校	爆燃	20 6	26	26间	3				3	
		南泉路公路旁	爆燃	10 2	12							
		南温泉青年会附近	爆	15	15	25间	2	8	8	5	23	
		南温泉中央银行	爆	13	13	25间	10	3	4	5	22	
		南温泉宪兵队	爆	9	9	14间	2		3	4	9	
		南温泉白鹤林	爆	3	3	6间	1	3			4	
		南温泉温塘池左侧	爆	4	4	8栋						
		九龙坡	爆	8	8							
		合计	爆燃	157 14	171	损毁房屋8栋又181间	18	20	24	14	76	敌机用机枪招牌,毁航水上机1架

附记	本表系根据重庆防空司令部、重庆警备司令部、空袭服务救济联合办事处、宪兵第三团、宪兵十二团、本部稽查处之报告汇制而成。

85. 重庆卫戍总司令部为1940年10月6日日机袭渝情形给重庆市政府的通报（1940年10月6日）

据重庆防空司令部及本部派往被炸地点调查人员先后呈报，本（六）日敌机袭渝各情如左〈下〉：

一、空袭经过。

本（六）日敌机42架，分2批袭渝：

1. 第1批27架，10时12分于聂家沟发现，经五峰、黔江、涪陵、长寿、茨竹，于12时04分窜入本市市空投弹后，经太平、涪陵、石柱向东逸去；

2. 第2批15架，10时01分于三斗坪发现，经秭归、奉节、万县，于11时18分窜至梁山上空，有6架投弹后东逸，其余9架继续西飞，经涪陵、垫江、茨竹，于12时02分窜入本市市空投弹后，经永兴，于12时18分过涪陵时，有1架在涪陵投弹后，均经丰都、石柱向东逸去。

二、投弹地点及我损害情形。

1. 望龙门外民生北码头落爆炸弹7枚，炸毁棚户49间，死男5人女9人，伤男17人女12人；

2. 子弹库空地落爆炸弹10余枚，内1枚未发，死男6人，伤男2人；

3. 保节院落爆炸弹1枚，毁房2栋；

4. 保节院街落爆炸弹3枚，毁房20余间，死男2人女2人，伤男女10余人；

5. 中一路嘉庐内落爆炸弹1枚，毁楼房2间；

6. 中一路嘉庐对面落爆炸弹2枚，毁楼房19栋；

7. 通远门外空地落爆炸弹6枚，伤男1人；

8. 上南区马路落爆炸弹4枚，内1枚未发，毁房20余间，死男3人女2人，伤男10余人；

9. 川道拐落爆炸弹2枚，毁房5间；

10. 玄坛庙正街落爆炸弹3枚，燃烧弹2枚，毁房8栋；

11. 玄坛庙横街落爆炸弹4枚，毁房5间，死女1人；

12. 施家坡落爆炸弹5枚，毁房13间，伤男7人女1人，死男1人；

13. 施家河落爆炸弹6枚，燃烧弹1枚，毁房32间，死男1人；

14. 栋楼巷落爆炸弹37枚，燃烧弹1枚，毁房51间，伤男4人女3人，死男1人女1人；

15. 马房湾落爆炸弹22枚，燃烧弹2枚，毁房25间，伤男12人女8人，死男6人女4人；

16. 新院巷落爆炸弹28枚，燃烧弹1枚，毁房32间，伤男6人女4人，死男2人女2人；

17. 虎乳街落爆炸弹8枚，燃烧弹2枚，毁房13间，伤男7人女3人，死男2人女4人；

18. 领事巷唐公馆落爆炸弹2枚；

19. 自来水公司落爆炸弹1枚；

20. 英大使馆落燃烧弹1枚（已扑灭）；

21. 英领事馆落爆炸弹2枚；

22. 石板坡法领事馆落爆炸弹3枚，房屋被毁。

共计落爆炸弹152枚，燃烧弹10枚，死男29人女25人，伤男70余人女30余人，毁房260余间29栋。

三、被炸地点之交通清扫，正饬队工作中。

四、本市于10时31分悬红球1枚，10时52分发布空袭警报，11时43分发布紧急警报，12时50分发布解除警报。

右〈上〉四项通报：

市政府

重庆卫戍总司令部启

（0053—12—168）

86. 重庆卫戍总司令部为1940年10月6日日机袭渝详情给重庆市政府的通报（1940年10月12日）

查本（十）月六日敌机袭渝概况，业经于该日以坤字第5581号通报在案，

兹复据各方先后将损害详情呈报到部,相应列表,随文送达,即请查照。右〈上〉通报:

  重庆市政府

  附表1份

重庆卫戍总司令部启

重庆卫戍总司令部调查10月6日敌机袭渝情况暨伤亡损害表

空袭经过情形	投弹时间	投弹地点	投弹种类	投弹数目	合计	炸毁焚塌建筑物数目	伤 男	伤 女	亡 男	亡 女	合计	备考
本(6)日敌机42架,分2批袭川:第1批27架,10时12分于聂家河发现,经五峰、黔江、涪陵、长寿、茨竹,于12时04分在本市投弹后,经太平、涪陵、石柱东逸;第2批15架,10时于三斗坪发现,经秭归、万县、梁山,其中6架在梁山投弹后东逸,其余9架继续西飞,于12时03分在本市投弹后东逸,路过涪陵时,1架投弹1枚,落于涪陵北门外河坝。本市于10时31分悬红球1个,10时52分发布空袭警报,11时43分发布紧急警报,12时50分发布解除警报。	1. 12时02分 2. 12时04分	望袭门外民生码头	爆	7	7	损毁房屋49间	17	12	5	9	43	
		武器库空地	爆	15	15		2		6		8	1枚未炸
		保节院	爆	1	1	2栋						
		保节院街	爆	3	3	25间	10	5	2	2	19	
		中一路嘉庐内	爆	1	1	2间						
		中一路嘉庐对面	爆	2	2	19栋						
		上南区马路	爆	4	4	25间	12		3	2	17	1枚未炸
		川道拐	爆	2	2	5间						
		玄坛庙正街	爆燃	3 2	5	8栋						
		玄坛庙横街	爆	4	4	5间						
		施家坡	爆	5	5	12间	7	1	1		9	
		施家河	爆燃	6 1	7	32间		1			1	
		栋楼巷	爆燃	37 1	38	51间	4	3	1	1	9	
		马房湾	爆燃	22 2	24	25间	12	8	6	4	30	
		新院巷	爆燃	28 1	29	32间	6	4	2	2	14	
		虎乳街	爆燃	8 2	10	13间	7	3	2	4	16	

续表

空袭经过情形	投弹时间	投弹地点	投弹种类	投弹数目	合计	炸毁焚塌建筑物数目	伤亡人数 伤 男	伤 女	亡 男	亡 女	合计	备考
		领事巷唐宅	爆	2	2							
		自来水公司	爆	1	1							
		英领事馆	爆	2	2							
		英大使馆	燃	1	1							
		石板坡法领事馆	爆	3	3	1栋						
		新市区普连寺	爆	2	2	1间		1			1	
		中一路201号马路边	爆	1	1							
		兴隆街	爆	3	3							
		芭蕉院	爆	1	1	3间	12	14	9	6	41	
		元通寺侧面	爆	3	3	35间						
		冻绿房	爆 燃	3 1	4	10间	6				6	
		黄家垭口武器库对面	爆	1	1		2	1	3	2	8	
		双龙巷	爆	1	1	3间						
		临江门双溪汉	爆	7	7		3	1			4	
		中一路四德里后面	爆	1	1		1				1	
		金汤街五福宫庙内	爆	1	1	9间	2				2	
		合计	爆 燃	180 11	191	损毁房屋30栋又339间	101	55	41	33	230	
附记		1.本表系根据重庆防空司令部、重庆警备司令部、空袭服务救济联合办事处、宪兵第三团、宪兵第十一团、重庆市警察局之报告汇制而成； 2.敌机投弹后，防空司令部空袭督导组及空袭救济办事处均出动办理各项救济工作。										

(0053—12—168)

87. 重庆卫戍总司令部为1940年10月10日日机袭渝详情给重庆市政府的通报（1940年10月15日）

查本（十）月十日敌机袭渝概况，业于该日以坤字第5678号通报在案，兹复据各方先后将损害详情呈报到部，相应列表，随文送达，即希查照。右〈上〉通报：

重庆市政府

附表1份

重庆卫戍总司令部启

重庆卫戍总司令部调查10月10日敌机袭渝情况暨伤亡损害表

空袭经过情形	投弹时间	投弹地点	投弹种类	投弹数目	合计	炸毁焚塌建筑物数目	伤（男）	伤（女）	亡（男）	亡（女）	合计	备考
本(10)日敌机31架，分2批袭川：第1批轰炸机27架，于9时37分在湖北汪家畈发现，经五峰、宣恩、咸丰、黔江、石柱、丰都、涪陵，于11时50分侵至北碚投弹后，分两批东逸；第2批驱逐机4架，于10时在湖北三斗坪发现，经恩施、利川、丰都、涪陵、长寿，于10时27分侵入本市上空盘旋后，沿涪陵、丰都逸去。本市于10时07分挂红球1个，10时21分发布空袭警报，11时09分发布紧急警报，12时25分解除警报。	11时50分	北碚辽宁路	爆燃	2 1	3	损毁房屋35间	1		1		2	
		蔡锷路	燃	3	3							
		黑龙江路	爆燃	10 4	14	6间						
		北平路	爆	1	1							
		开封路	爆	6	6	40栋	3				3	
		癞疤路	爆燃	9 2	11	14栋	2	2	1	1	6	
		麻柳路	爆燃	3 1	4	32间		1	2	1	4	
		黄角〔桷〕树凉水井	爆	7	7							
		黄角〔桷〕树厂后湾	爆	9	9	12间						
		庙嘴	爆	7	7							
		嘉陵码头	爆	1	1							
		嘉陵江边	爆	5	5							
		合计	爆燃	60 11	71	损毁房屋54栋又85间	6	3	4	2	15	
附记	本表系根据重庆防空司令部、宪兵第三团、宪兵第十二团、本部稽查处之报告汇制而成。

(0053—12—168)

88. 重庆卫戍总司令部为1940年10月16日日机袭渝情形给重庆市政府的通报(1940年10月16日)

据重庆防空司令部、重庆市警察局及本部派往被炸各地调查人员先后呈报,敌机本(十六)日袭渝经过及损害概况如左〈下〉:

一、空袭经过。

1. 敌机3架,于16时35分在渔洋关发现西飞,经五峰、宣恩、咸丰、黔江、彭水、涪陵、长寿,于18时33分侵入本市上空投弹后,沿长寿、丰都、石柱东逸。

2. 本市于16时58分悬红球1个,17时13分发布空袭警报,18时13分发布紧急警报,19时05分解除警报。

二、损害情形。

1. 临江门顺城街马路中心落爆炸弹1枚,毁房屋6间;

2. 机房街落爆炸弹1枚,毁房4间,伤男3人;

3. 临江门罗家巷落爆炸弹1枚,毁房5间,伤女2人;

4. 张家花园孤儿院落爆炸弹1枚,无损害;

5. 宽仁医院落爆炸弹1枚,毁房3间,伤男1人;

6. 太平桥落爆炸弹2枚,毁房1间,伤男2人,死男1人;

7. 安乐洞水沟落爆炸弹1枚,无损害;

8. 临江门戴家巷落爆炸弹1枚,毁房5间。

共计投弹9枚,毁房24间,伤8人死1人。

三、其他详情,容后续报。

右〈上〉通报:

市政府

重庆卫戍总司令部启

(0053—12—168)

89. 重庆卫戍总司令部为1940年10月17日日机袭渝情形给重庆市政府的通报（1940年10月17日）

据重庆防空司令部及本部派往被炸地区调查人员先后呈报，本日敌机袭川经过暨我损害各情如左〈下〉：

一、空袭经过。

本（十七）日敌机18架袭渝，10时55分在湖北长阳发现，经资邱、五峰、恩施、忠路、黔江、石柱、丰都、涪陵、隆盛，于13时正侵入本市投弹后，经太平、涪陵、丰都、石柱东逸。

二、警报经过。

本市于11时15分悬红球1个，11时40分发布空袭警报，12时39分发布紧急警报，14时30分发布解除警报。

三、落弹地点及损害情形。

1. 人和街20号落爆炸弹1枚，毁房屋1栋；

2. 黄花园133号前面落爆炸弹1枚；

3. 人和街1号及72号落爆炸弹2枚，毁房屋1栋；

4. 国府路1号、15号、36号共落爆炸弹4枚（1枚未炸），毁房屋2栋；

5. 国府路59号、61号、115号共落燃烧弹3枚，房屋全部焚毁；

6. 国府路104号落燃烧弹1枚，毁房屋1间；

7. 国府路101号、110号、106号、144号共落爆炸弹9枚，燃烧弹3枚，毁房屋7间；

8. 大溪沟电力厂落爆炸弹3枚，燃烧弹1枚，毁房6间；

9. 三元桥62号、73号共落爆炸弹2枚，毁房屋12间，伤女1人；

10. 大溪沟河边落爆炸弹1枚，毁船3只，伤男3人；

11. 观音梁落爆炸弹4枚，毁房屋15间；

12. 白鹤亭河边落爆炸弹4枚，燃烧弹1枚，毁房屋20间，伤男1人，死男10人；

13. 丰碑街河边落爆炸弹4枚，燃烧弹1枚，伤男5人女3人，死男7人；

14. 大河顺城街40号落爆炸弹1枚，毁房1栋；

15. 东水门外沙湾落爆炸弹2枚,毁木船6只,伤男女21人,死男女19人;

16. 白象嘴落爆炸弹3枚,毁船13只,伤男9人女1人,死男7人;

17. 烫糟院落爆炸弹1枚,毁房10间。

以上共落爆炸[弹]42枚,燃烧弹10枚,损毁房屋9栋又71间,木船22只,伤男女44人,死男女43人。

右〈上〉通报:

重庆市政府

重庆卫戍总司令部启
(0053—12—168)

90. 重庆卫戍总司令部为1940年10月25日日机袭渝情形给重庆市政府的通报(1940年10月25日)

据重庆防空司令部、重庆市警察局及本部派往各灾区调查人员报告,本(二十五)日敌机袭渝经过及损害概况如左〈下〉:

一、空袭经过。

1. 本(二十五)日敌机共44架,分2批袭渝:第1批敌机26架,于9时10分在长阳发现,经利川、忠县、涪陵、长寿、邻水、清平、依凤,于11时20分侵入本市上空,在陕西街、信义街、打铜街一带投弹后,经涪陵、丰都、石柱向东逸去;第2批敌机18架,于10时35分在贺家坪发现,经利川、忠县、涪陵,于12时24分侵入本市上空,在小龙坎、土湾一带投弹后,转往长寿,复在涪陵投弹,再向丰都方向逸去。

2. 本市于9时38分悬红球1个,10时发布空袭警报,10时52分发布紧急警报,14时05分发布解除警报。

二、敌机投弹地点及我损害概略情形。

1. 陕西街落爆炸弹2枚(1枚未爆炸),燃烧弹2枚,炸毁房屋16栋,燃烧房屋17栋,无死伤;

2. 信义街落爆炸弹3枚,毁房屋20余栋;

3. 中正路落爆炸弹1枚(未爆炸),燃烧弹2枚,震毁房屋26栋,烧毁房屋

11栋;

4. 打铜街落爆炸弹3枚,炸毁房屋5栋,又交通银行屋顶落爆炸弹1枚;

5. 第一模范市场落爆炸弹1枚;

6. 千厮门落爆炸弹、燃烧弹各1枚,伤5人;

7. 小龙坎附近土湾渝鑫炼铜厂落爆炸弹14枚,该厂工作场、模型工场、工人宿舍炸毁三分之一,又炼钢器具全部被毁,死8人伤12人;

8. 小龙坎附近土湾豫丰纱厂落爆炸弹4枚,毁汽炉1个,伤4人。

总计投爆炸弹30枚,燃烧弹5枚,烧房屋28栋,毁房屋70余栋,死8人,伤21人。

三、详细损害情形,容后续报。

右〈上〉通报:

重庆市政府

重庆卫戍总司令部启

(0053—12—168)

91. 重庆卫戍总司令部为1940年10月26日日机袭渝情形给重庆市政府的通报(1940年10月26日)

本(二十六)日敌机袭渝经过及损害概况,兹据重庆防空司令部、重庆警察局、本部稽查处及本部派往各灾区调查人员报告如左〈下〉:

一、空袭经过。

1. 本(二十六)日敌机共33架,分2批袭渝:第1批9架,于9时17分在湖北三斗坪发现,经高店子、奉节、武陵、梁山、垫江、大竹、广安、岳池、武胜、南充、遂宁,行抵三台后,折向原路逸去;第2批24架,于10时20分在湖北松滋发现,经长阳、枝江、南潭村、施南、芭蕉、忠县、黔江、石柱、丰都、三峨山、涪陵、南川、小观音、龙岗,于12时20分侵入渝市市空投弹后,经木耳、双河、涪陵、丰都、石柱东逸。

2. 本市于9时54分悬红球1个,10时20分发布空袭警报,11时54分发布紧急警报,13时05分发布解除警报。

二、敌机投弹地点及我损害概略情形。

1. 下安乐洞第28号落爆炸弹5枚,毁房屋3间,伤男3人;
2. 地母亭4号落爆炸弹3枚,毁房屋2间,伤男2人;
3. 连〔莲〕花洞25号落爆炸弹1枚,毁房屋13栋;
4. 红十字62号落爆炸弹1枚,毁房屋9栋;
5. 宰房沟25号落爆炸弹1枚,毁房屋3栋;
6. 若瑟堂巷1号落爆炸弹枚,毁房屋5栋;
7. 安乐洞庙内落爆炸弹3枚,毁房屋3栋,伤男15人,死男5人;
8. 民生路247号落爆炸弹1枚,毁房屋9栋;
9. 民生路283号落爆炸弹枚,毁房屋7栋;
10. 连〔莲〕花池空坝落爆炸弹1枚,毁房屋5间;
11. 民生路空坝落爆炸弹2枚,毁房屋7栋;
12. 金汤街连花池口落爆炸弹1枚,毁房屋3间;
13. 金汤街25号落爆炸弹1枚,毁房屋3栋;
14. 新民街66号落爆炸弹1枚,毁房屋2栋;
15. 新民街34号落爆炸弹1枚,毁房屋5栋;
16. 吴师爷巷21号落爆炸弹1枚,毁房屋16栋;
17. 吴师爷巷28号落燃烧弹1枚;
18. 铜鼓台巷落爆炸弹1枚,毁房屋3栋;
19. 曹家巷45号落爆炸弹1枚,燃烧弹1枚,毁房屋6栋,伤男1人,死女1人;
20. 德兴里35号落爆炸弹1枚,毁房屋5栋;
21. 蜈蚣岭11号落爆炸弹2枚,毁房屋15间;
22. 劝学所8号落爆炸弹1枚,毁房屋6栋;
23. 劝学所2号落爆炸弹1枚,毁房屋5栋;
24. 报恩堂9号落爆炸弹1枚,毁房屋10栋;
25. 报恩堂15号落爆炸弹1枚,毁房屋10栋;
26. 民生路194号落爆炸弹1枚,毁房屋4栋;
27. 民生路209号落爆炸弹1枚;

28. 韦家院坝落爆炸弹3枚,燃烧弹1枚,毁房屋7栋;

29. 西来街落爆炸弹4枚,燃烧弹1枚,毁房屋14栋;

30. 大井巷落爆炸弹2枚,毁房屋4栋;

31. 临江顺城街落爆炸弹2枚,毁房屋3栋;

32. 北〔玄〕坛庙街落爆炸弹1枚,毁房屋4栋,伤男3人女1人;

33. 罗家巷落爆炸弹1枚,毁房屋31栋;

34. 杜家巷落爆炸弹1枚,毁房屋4栋;

35. 黑巷子落爆炸弹1枚,毁房屋6栋;

36. 太平桥落爆炸2枚,毁房屋7栋,伤男2人,死男1人;

37. 柴湾街落爆炸弹1枚,毁房屋26栋,伤男4人,死男5人;

38. 凉亭子落爆炸弹1枚,毁房6栋,死男1人;

39. 丁口横街落爆炸弹1枚,毁房屋4栋;

40. 飞仙宫落爆炸弹1枚,燃烧弹1枚,毁房屋2栋;

41. 长八间落爆炸弹1枚,毁房屋4栋,死男1人;

42. 四方街落爆炸弹1枚,毁房屋21间,伤男2人;

43. 太平门河边落爆炸弹1枚,毁木船3只,邮政趸船1只,伤男2人,邮件损失甚重。

共计爆炸弹61枚,未爆弹1枚,燃烧弹6枚,共计66枚;毁房屋49间又253栋,木船3只,囤船1只;伤男34人女1人,死男13人女1人。

三、详细损害情形,容后续报。

右〈上〉通报:

市政府

重庆卫戍总司令部启

(0053—12—168)

92. 重庆卫戍总司令部为1940年10月25、26两日日机袭渝详情给重庆市政府的通报(1940年10月30日)

查本(十)月二十五及二十六两日敌机两次袭渝概况,业经于各该日以坤

字第6047及6072号通报在案,兹复据各方先后将损害详情呈报到部,相应列表,随文送达,即希查照。右〈上〉通报:

重庆市政府

附表2份

重庆卫戍总司令部启

1) 重庆卫戍总司令部调查10月25日敌机袭渝情况暨伤亡损害表

空袭经过情形	投弹时间	投弹地点	投弹种类	投弹数目	合计	炸毁焚塌建筑物数目	伤亡人数 伤 男	伤 女	亡 男	亡 女	合计	备考
本(25)日敌机44架,分2批袭渝:第1批敌机26架,于9时10分在长阳发现,经利川、忠县、涪陵、长寿、邻水,于11时20分侵入本市上空投弹后,经涪陵、丰都、石柱逸去;第2批敌机18架,于10时35分在贺家坪发现,经利川、忠县、涪陵,于12时24分侵入市空,在小龙坎一带投弹后,转往长寿,复在涪陵投弹,再向丰都方向逸去。本市于9时38分悬红球1个,10时发布空袭警报,10时52分发布紧急警报,14时05分发布解除警报。	1. 11时20分 2. 12时24分	陕西街	爆燃	2 2	4	损毁房屋33栋						内爆炸弹1枚未炸
		信义街	爆	3	3	25栋						
		中正路	爆燃	1 2	3	37栋			9	4	13	爆炸弹1枚未炸
		打铜街	爆	4	4	5栋						
		第一模范市场	爆	1	1	2栋						
		连〔莲〕花街	燃	1	1	1间						
		大洪岗	燃	1	1							
		石门街	爆	2	2	9栋						
		水巷子	爆	3	3	31栋						
		行街	爆	1	1	12栋						
		千斯〔厮〕正街	爆	1	1	12间						
		西水横街	爆	3	3	27间	1		2		3	
		当归码头	爆	2	2	31间		1			1	
		嘉陵码头	爆	2	2	6栋	4				4	
		贺家码头	爆	4	4	13栋	2	3	2		7	
		赣江街	爆	2	2	2栋						
		金鸭巷	爆	1	1	1栋						
		姚家巷	爆	2	2	1栋						
		小河顺城街	爆	6	6	12栋						
		顶子巷	爆	1	1	1栋						
		字碑街河坝	爆	3	3		6	1	2		9	

续表

空袭经过情形	投弹时间	投弹地点	投弹种类	投弹数目	合计	炸毁焚塌建筑物数目	伤亡人数 伤 男	伤 女	亡 男	亡 女	合计	备考
		顺城街河坝	爆	2	2	11栋	1		1	2	4	
		〈后缺〉										

2)重庆卫戍总司令部调查10月26日敌机袭渝情况暨伤亡损害表

空袭经过情形	投弹时间	投弹地点	投弹种类	投弹数目	合计	炸毁焚塌建筑物数目	伤亡人数 伤 男	伤 女	亡 男	亡 女	合计	备考
本(26)日敌机33架,分2批袭渝:第1批9架,于9时17分在湖北三斗坪发现,经高店子、奉节、武陵、梁山、垫江、大竹、广安、岳池、武胜、南充、遂宁,飞抵三台后,折向原路逸去;第2批24架,于10时20分在湖北松滋发现,经长阳、枝江、南潭村、施南、芭蕉、忠路、黔江、石柱、丰都、三峨山、涪陵、南川、小观音,于12时20分侵入本市上空投弹后,经木耳、双河、涪陵、丰都逸去。本市于9时54分悬红球1个,10时20分发布空袭警报,11时54分发布紧急警报,13时05分发布解除警报。	12时20分	下安乐洞28号	爆	5	5	损毁房屋3间	3				3	
		地母亭	爆	3	3	2间	2				2	
		连〔莲〕花洞25号	爆	2	2	13栋						
		红十字62号	爆	1	1	9栋						
		宰房沟25号	爆	1	1	3栋						
		若瑟堂巷1号	爆	1	1	5栋						
		安乐洞庙内	爆	3	3	3栋	15		5		20	
		民生路247号	爆	1	1	9栋						
		民生路283号	爆	1	1	7栋						
		民生路空坝	爆	2	2	7栋						
		连〔莲〕花池空坝	爆	1	1	5间						
		金汤街连花池口	爆	1	1	3间						
		金汤街25号	爆	1	1	3栋						
		新民街66号	爆	1	1	2栋						
		新民街34号	爆	1	1	5栋						
		吴师爷巷21号	爆	1	1	16栋						
		吴师爷巷28号	燃	1	1							
		铜鼓台巷	爆	1	1	3栋						
		曹家巷45号	爆燃	1 1	2	6栋	1		1		2	

续表

空袭经过情形	投弹时间	投弹地点	投弹种类	投弹数目	合计	炸毁焚场建筑物数目	伤亡人数 伤 男	伤 女	亡 男	亡 女	合计	备考
		德兴里35号	爆	1	1	5栋						
		蜈蚣岭11号	爆	2	2	15间						
		劝学所2号	爆	1	1	5栋						
		〈后缺〉										

(0053—12—168)

93. 重庆卫戍总司令部为1941年3月18日日机袭渝情形给重庆市政府的通报(1941年3月18日)

本(十八)日敌机袭渝,兹据重庆防空司令部及本部派往灾区调查人员报告各情如左〈下〉:

一、空袭经过。

1. 本日敌机共18架,分2批袭渝:第1批9架,于10时12分在湖北五峰发现,经宣恩、垫江、丰都、涪陵、太平场,于12时12分侵入市空,旋在小龙坎一带投弹后,经长寿、忠县逸去;第2批9架,于10时25分在湖北五峰发现,经宣恩、垫江、彭水、涪陵、江津,于12时35分侵入市空,仅以机枪在浮图关一带扫射后,仓皇东逸。

2. 本市于10时20分悬红球1个,于10时49分发布空袭警报,11时15分发布紧急警报,13时22分发布解除警报。

二、敌机投弹地点及损害情形。

1. 小龙坎附近土湾豫丰纱厂第一分厂中爆炸弹1枚,毁洗纱机6部,房屋2间;

2. 小龙坎附近土湾渝鑫钢铁厂第一部炼铁场及附近江边共投弹24枚,计燃烧弹2枚,爆炸弹22枚,毁房屋10间,厂内机械略受损伤,并轻伤男2人,死3人,沉木船1只。

三、损害详情,容后续报。

右〈上〉通报：

重庆市政府

重庆卫戍总司令部启

重庆市警察局调查3月18日敌机炸渝投弹种量及伤亡损害报告表

三十年三月十八日16时局长兼防护团长 唐毅

投弹地区及地点		弹种及数量				炸毁焚塌建筑物数目	伤亡人数					备考
地区	地点	爆炸弹数	烧夷弹数	未爆弹数	合计		伤		亡		合计	
							男	女	男	女		
第十四分局辖境小龙坎	渝鑫钢铁厂翻砂部	2	0	0		房屋一角	2	0	0	0		
	渝鑫钢铁厂机器房	1	0	0	20枚	房屋一角	0	0	0	0		
	渝鑫钢铁厂大鑫路	3	0	0		房屋15间	0	0	0	0		
	豫丰纱厂细纱部	1	0	0		房屋一部分	0	0	0	0		
	豫丰纱厂外河坝	10	2	1		船1只	0	0	0	0		
	合计	17	2	1	20		2	0	0	0	2	

(0053—12—168)

94. 重庆卫戍总司令部为1941年5月3日日机袭渝情形给社会部的通报(1941年5月3日)

本日敌机袭渝及损害救护概略情形，通报如后：

一、敌机袭渝情形。

本(三)日敌机63架，分2批由鄂袭渝：第1批敌机54架，于10时26分在湖北野山关发现西飞，经奉节、长寿、北碚等处，于12时25分窜入渝市上空投弹；第2批敌机9架，于10时30分在湖北长阳发现，经恩施、涪陵、长寿，于12时24分在渝市上空投弹。[本市]10时27分悬红球1个，11时02分发布空袭警报，11时50分发布紧急警报，13时27分解除警报。

二、损害情形。

1. 卫戍总部大门口落重磅炸弹1枚，毁卫舍4间，门窗、办公棹〔桌〕橙

〔凳〕损坏甚多；

　　2. 卫戍总部后面山坡落1弹,损舍1间,大礼堂全部震塌；

　　3. 中二路中国饭店对面落燃烧弹、爆炸弹各1枚,毁房屋6栋,起火,已经扑灭；又川东师范落爆炸弹4枚,毁房屋10余栋；

　　4. 两路口落爆炸弹3枚,毁房屋10余栋,无死伤；

　　5. 中二路养花溪故乡旅社落爆炸弹2枚,毁房屋10余栋；中国银行附近落爆炸弹1枚,毁房屋数栋；又重庆村内落爆炸弹2枚,毁房屋数栋；

　　6. 学田湾落爆炸弹数枚,伤3人；

　　7. 国府路范庄对面落爆炸弹1枚,毁房屋2栋；国民政府对面落轻爆炸弹1枚,无损失；又大溪别墅落爆炸弹1枚,毁房3间；

　　8. 菜园坝下南区马路落爆炸弹3枚,毁房屋20余栋,起火,已扑灭,死男女各1人；

　　9. 燕喜洞落爆炸弹3枚,毁房数栋,死男1人伤女1人；

　　10. 曾家岩正风中学落爆炸弹2枚,毁房屋3栋；

　　11. 新生路落爆炸弹5枚,未炸1枚,毁房屋12栋；

　　12. 民权路落爆炸弹14枚,内未爆弹4枚,毁房屋40余间,未伤人；

　　13. 中华路落爆炸弹4枚,1枚未爆,毁房屋12间；

　　14. 新运模范工厂落爆炸弹3枚,死男2伤4,毁房屋8间；

　　15. 张家花园上首落爆炸弹7枚,燃烧弹3枚,毁房5栋；

　　16. 大溪沟上元桥落爆炸弹3枚,死男孩1人,毁房屋15栋；

　　17. 珊瑚坝〈后缺〉；

　　18. 以上共计投弹约100枚,毁房屋约200间,死6人,伤8人。

三、所有死伤男女人民,均经于警报未解除前,分别救护掩埋。

四、其余详细情形,容后续告。

　　右〈上〉四项通报：

社会部

（中国第二历史档案馆—787—16956）

95. 重庆卫戍总司令部为1941年5月9日日机袭渝详情给社会部的通报（1941年5月12日）

查本（五）月九日敌机袭渝概况，业于当日会同陪都空袭救护委员会联衔以坤字第2943号通报送达在案，兹复据各方先后将损害详情呈报到部，相应列表，随文送达，即请查照。右〈上〉通报：

社会部

附表1份

重庆卫戍总司令部调查5月9日敌机袭渝情况暨伤亡损害表

空袭经过情形	投弹时间	投弹地点	投弹种类	投弹数目	合计	炸毁焚塌建筑物数目	伤亡人数 伤 男	伤 女	亡 男	亡 女	合计	备考
本(9)日敌机80架，于10时30分在松滋、长阳附近发现，先后经五峰、咸丰、彭水、南川、綦江、江津袭渝。第1批44架，第2批27架，时分时合，均于12时56分窜入本市上空，在通远门、牛角沱、大溪沟、菜园坝等地投弹后，经涪陵、石柱东逸，中有8架经涪陵时，投弹2枚；第3批9架，于13时21分窜入本市上空，在朝天门、江北一带投弹后，经涪陵东逸。本市于11时15分悬红球1个，11时38分发布空袭警报，12时10分发布紧急警报，14时发布解除警报。	1. 12时56分 2. 13时21分	高家庄18号	爆	5	5	损毁房屋2栋						
		国府路58号	爆	1	1							
		国府路71号	爆	1	1	1栋						
		国府路83号	爆	2	2	12间						
		国府路84号	爆	1	1	8栋						
		国府路105号	爆	1	1	3间						
		国府路148号对面空地	爆	1	1							
		国府路156号	爆	1	1							
		国府路107号	爆	1	1	3栋						
		国府路259号	爆	3	3	1栋						
		国府路246号	爆	2	2	1栋						
		国府路278号	爆	1	1	4栋						
		国府内	爆	3	3	3间						
		大溪别墅2、5、6号	爆	3	3	3间						
		中央党部门前	爆	1	1	1间						
		中四路10号	爆	1	1	8栋						
		中四路13号	爆	1	1	5栋						

续表

空袭经过情形	投弹时间	投弹地点	投弹种类	投弹数目	合计	炸毁焚塌建筑物数目	伤亡人数 伤 男	伤 女	亡 男	亡 女	合计	备考
		中四路90号	爆	2	2	13间						
		中四路103号	爆	1	1							
		中四路147号	爆	3	3	5栋						
		中四路1号	爆	1	1	2间						
		中四路76至84号	爆	1	1	5间						
		曾家岩2号	爆	1	1	7栋						
		上清寺中央银行	爆	1	1	2栋						
		曾家岩汽车站	爆	1	1	1栋						
		牛角沱天成工厂	爆 燃	5 1	6	5间						
		两浮支路	爆 燃	3 1	4	1间						2枚未炸
		观音岩29号	爆	2	2	18间	1				1	
		巴县联中	爆	5	5	5间						
		菜园坝、铁路坝	爆	3	3	1栋						炸毁食盐800余包
		上菜园坝河边	爆 燃	2 4	6	16间						1枚未炸
		王家坝	爆	3	3	14间						
		米帮河街沙滩	爆	4	4							
		下菜园坝	爆 燃	6 4	10	50间						
		河溪沟	爆	1	1							
		教门厅森林地	爆	1	1							
		凉亭	爆	1	1	4间	1				1	
		大水井159号	爆	1	1							未炸

续表

空袭经过情形	投弹时间	投弹地点	投弹种类	投弹数目	合计	炸毁焚塌建筑物数目	伤 男	伤 女	亡 男	亡 女	合计	备考
		木牌坊	燃	1	1							
		大水井54号	爆 燃	1 1	2	5间						
		杨家井	爆	1	1							未炸
		下南区马路132号	燃	1	1	5间						
		遗爱祠	爆	7	7	5栋						1枚未炸
		陪都木厂	爆	1	1	4间						
		李子坝9号侧面防空洞	爆	1	1		8	2			10	毁防空洞1所
		嘉陵新村	爆 燃	13 3	16	12栋						1枚未炸
		李子坝	爆 燃	19 4	23	6栋						
		龙家湾2号	爆	1	1							
		建设路24号	爆	1	1							
		建设路安息会	爆	1	1							
		观音梁街24号	爆	1	1	18栋						
		观音梁街自来水厂	爆	3	3		7	2	5		14	
		朝天门河坝	燃	3	3		9		18		27	
		丰碑街河坝	爆 燃	9 5	14							2枚未炸
		陕西路	爆 燃	14 4	18	27栋	2		2		4	
		余家巷	爆	1	1	4栋						
		大河□□	爆 燃	4 3	7							
		金沙岗	爆	1	1	1栋	1				1	
		江北新村宋家花园	爆	2	2	1栋						

一、重庆卫戍总司令部有关日机袭渝情况及伤亡损害的调查

续表

空袭经过情形	投弹时间	投弹地点	投弹种类	投弹数目	合计	炸毁焚塌建筑物数目	伤亡人数 伤 男	伤 女	亡 男	亡 女	合计	备考
		江北新村廖家花园	爆	2	2							
		江北相国寺兴业公司趸船	爆	1	1	1间						炸毁木船1只
		江北陈家馆巴豆林	爆	2	2	6间						
		江北相国寺田家花园	爆	2	2	1栋	1				1	
		江北陈家馆王爷庙	爆	1	1	1间	1				1	
		江北陈家馆沙湾	爆	1	1							
		江北陈家馆小船码头	爆	2	2							炸毁小船4只
		江北官山坡	爆	1	1	2间						
		江北音溪镇喻家沟	爆	3	3		1				1	
		江北二十一工厂及河边	爆	8	8							炸毁木船2只
		江北簸箕石	爆	3	3		1				1	炸毁木船3只
		象鼻嘴河坝	爆	18	18	1间	12	8	11	5	36	
		合计	爆 燃	205 36	241	损毁房屋142栋又182间	45	12	40	5	102	
附记	本表系根据重庆防空司令部、重庆卫戍第一区警备司令部、宪兵第三团、宪兵第十九团、重庆市警察局、本部稽查处之报告汇制而成。

（中国第二历史档案馆—787—16956）

96. 重庆卫戍总司令部为1941年5月10日日机袭渝情形给社会部的通报（1941年5月10日）

兹将敌机本（十）日袭渝情形，通报如后：

一、本日敌机共54架，分2批袭渝：第1批27架，于8时46分在松滋发现，经宜都、五峰、宣恩、黔江、石柱、南川；第2批27架，于9时06分在王家畈发现，经五峰，循第1批航路西飞。以上两批，于10时37分至南川汇合，经綦江、龙岗侵入重庆市空，于10时55分、11时、11时04分先后分批在两浮路、李子坝、牛角沱、江北一带投弹后，经长寿、涪陵东逸。

本市9时15分悬红球1个，9时43分发布空袭警报，10时35分发布紧急警报，11时36分悬休息球2个，11时46分解除警报。

二、损害概况。

1. 大田湾51号落爆炸弹3枚，毁房1栋；

2. 两浮支路法领事馆门前及其附近落爆炸弹5枚，炸毁草房4间；

3. 两浮支路嘉陵新村大门口落爆炸弹2枚，无损失；其上首山岩及左边空地落爆炸弹5枚；

4. 浮图关李家花园及六合新村一带投弹10余枚，死1人伤10人，毁房屋数十间，孙院长公馆被炸毁；

5. 浮图关木牌坊落弹4枚，毁房屋10余间，其山下某防空洞内闷死3人，伤4人，并有训练团运输连营房1栋起火，已扑灭；

6. 浮图关中央训练团门首落1弹，毁房屋10余间；

7. 浮图关遗爱祠落爆炸弹6枚，毁房屋30余间；

8. 石庙子中央银行院内中1弹，未爆；扫荡报馆门口落1弹，李子坝附近亦落弹数枚；

9. 江北头塘附近投弹损失，正调查中；

10. 江北青草坝民生机器厂后面落弹数枚，炸毁职员宿舍1栋，无死伤；

11. 江北打金厂湾、会馆湾、长春沟一带（江北象鼻嘴以北）共落弹20余枚，死7人，伤10余人；

12. 江北刘家台二十一兵工厂附近之皂角岭、黄泥湾、老院子等处共落弹

20余枚,炸毁房屋数十间,黄家老院子并起火,共死10人,伤7人,兵工厂无损失。

以上共计投弹100余枚,毁房屋150—160间,伤30余人,死20余人。

三、各处死伤男女,于警报解除后1时内,已分别掩埋救护。

四、详细情形,容后续告。

右〈上〉四项通报:

社会部

(中国第二历史档案馆—787—16956)

97. 重庆卫戍总司令部为1941年5月10日日机袭渝详情给社会部的通报(1941年5月14日)

查本(五)月十日敌机袭渝概况,业于当日会同陪都救护委员会以坤字第2972号通报,送达在案。兹复据各方先后将损害详情呈报到部,相应列表,随文送达,即请查照。

社会部

重庆卫戍总司令部启

重庆卫戍总司令部调查5月10日敌机袭渝情况暨伤亡损害表

空袭经过情形	投弹时间	投弹地点	投弹种类	投弹数目	合计	炸毁焚塌建筑物数目	伤亡人数 伤 男	伤 女	亡 男	亡 女	合计	备考
本(10)日敌机54架,分2批袭渝:第1批27架,于8时46分于湖北松滋发现,经宜都、五峰、宣恩、黔江、石柱、南川西飞;第2批27架,于9时06分在王家畈发现,经五峰,循第1	1.10时55分	桂花园联立中学	爆	3	3	损毁房屋2间						
		桂花园左侧空地	爆	6	6							
	2.11时	桂花园政治部防空洞	爆	2	2							
	3.11时04分	桂花园坡上空地	爆	4	4							
		桂花园立法院	爆	2	2							
		贺公馆附近	爆	4	4	1间						
		中训团第二分□班	爆	3	3	11间						

续表

空袭经过情形	投弹时间	投弹地点	投弹种类	投弹数目	合计	炸毁焚塌建筑物数目	伤亡人数 伤 男	伤亡人数 伤 女	伤亡人数 亡 男	伤亡人数 亡 女	合计	备考
批航路西飞。以上2批于10时37分至南川汇合,经綦江、龙岗侵入本市上空,于10时55分、11时及11时04分先后分批投弹后,经长寿、涪陵东逸。本市于9时15分悬红球1个,9时43分发布空袭警报,10时35分发布紧急警报,11时46分解除警报。		童家花园警总二大队	爆	1	1	7间						
		李家花园坎下空地	爆	7	7		1				1	
		遗爱祠口马路上	爆	1	1							
		遗爱祠31号空地	爆	1	1							
		李家花园内	爆	6	6	5间						
		遗爱祠51号空地	爆	1	1							
		遗爱祠52号	爆	1	1	8间						
		遗爱祠61号	爆	1	1	3间						
		遗爱祠39号	爆	1	1	3间						
		遗爱祠125号	爆	2	2	5间						
		遗爱祠136号	爆	1	1	4间						
		遗爱祠青年团宣传队	爆	2	2	8间						
		遗爱祠输送连营房	爆	5	5	10间	1				1	
		遗爱祠防空洞	爆	4	4		7	1			8	
		大田湾附近	爆	5	5	7间						
		飞来寺俄使馆	爆	2	2	1间						
		遗爱祠内政部周部长公馆	爆	3	3	1间						
		美专校街9、8号	爆	2	2	2栋						
		大田湾法大使馆	爆	1	1	1间						
		大田湾44号	爆	1	1	21间						
		上清寺街	爆	1	1	5间						
		上清寺中宣部宿舍	爆	1	1	1栋						
		中央宣□	爆	1	1							
		李子坝正街38、49号	爆	17	17	42间						
		李子坝扫荡报社	爆	2	2	5间						

续表

空袭经过情形	投弹时间	投弹地点	投弹种类	投弹数目	合计	炸毁焚塌建筑物数目	伤亡人数 男	伤 女	亡 男	亡 女	合计	备考
		李子坝武汉疗养院	爆	2	2	3间						
		李子坝三江村前	爆	1	1							
		建设新村1号	爆	1	1	5间						
		嘉陵宾馆	爆	3	3	1栋						
		马家园40号门前	爆	1	1							
		李子坝山坡空地	爆	18	18							
		牛角沱27号前	爆	1	1	1间						
		牛角沱四维小学	燃	1	1	1栋						
		牛角沱四维小学防空洞	爆	1	1							
		牛角沱公路局总机厂	爆	1	1							
		牛角沱河街	燃	3	3	25间						
		兜子背岩上徐家坡24号	爆	5	5	3间						
		三洞桥沟棺山坡	爆	4	4		1		2		3	
		民生工厂及附近河坝	爆燃	2 1	3							
		刘家台后面棺山坡	爆	8	8	1间						4枚未炸
		廖家台大板桥会馆湾	爆燃	6 2	8	5间						
		大板桥马路上	爆	2	2							1枚未炸
		皂桷岭火湾沟	爆	14	14	9间	3			1	4	
		刘家台顶上王家渔塘内	爆	6	6	3间						
		江北五里店皂桷岭	爆	6	6	4间	4		3		7	
		五里店背后	燃	2	2	1间						
		溉澜溪白塔附近	爆	2	2							
		头塘大桥	爆	2	2							
		江北大板桥49号	爆	27	27	6间	5	1	6	1	13	

续表

空袭经过情形	投弹时间	投弹地点	投弹种类	投弹数目	合计	炸毁焚塌建筑物数目	伤亡人数 伤 男	伤 女	亡 男	亡 女	合计	备考
		江北忠和段127号	爆	18	18	3间	3		8		11	
		江北头塘董家院前	爆	1	1							
		江北简家台中段	爆	7	7	3间						
		江北王家湾	爆	15	15	3间	6	1	2	1	10	
		洗脚厅	爆	4	4	5间						
		杨家井空地	爆	3	3	2间						
		教门梯	爆	8	8	4间						
		合计	爆燃	279	280	损毁房屋15栋又257间	38	2	29	4	73	
附记	本表系根据重庆防空司令部、重庆卫戍第一警备区司令部、宪兵第三团、宪兵第十九团、重庆市警察局、本部稽查处之报告汇制而成。											

(中国第二历史档案馆—787—16956)

98. 重庆卫戍总司令部为1941年5月16日日机袭渝情形给社会部的通报(1941年5月16日)

兹将本(十六)日敌机袭渝损害情形,通报如后:

一、本日敌机分2批袭渝。

1. 第1批54架,于7时33分在西齐发现,经澧县、走马坪、宣恩、来凤、黔江、彭水,由彭水1架东返,经恩施投弹,其余53架经涪陵、南川、太平,至重庆市空投弹,9时55分经涪陵、丰都东逸;第2批敌机9架,于7时55分在西齐发现,经恩施、咸丰、黔江、彭水、涪陵、木洞,至重庆市空投弹,9时56分由关口、涪陵东逸。

2. 本市8时35分悬红球1个,8时45分发布空袭警报,9时40分发布紧急警报,10时25分悬休息球2个,10时54分解除警报。

二、损害概况。

1. 千厮门字水街3号起至30号止落爆炸弹4枚,又燃烧弹1枚,当经扑灭；

　　2. 小什字马路口落爆炸弹1枚，燃烧弹1枚，已扑灭；

　　3. 千厮门行街54号至56号共落弹2枚，震毁附近房屋约五六间；

　　4. 千厮门镇江寺马王庙鸡毛土地落爆炸弹1枚，又燃烧弹1枚，附近房屋均起火，现正扑灭中；

　　5. 小河顺城街四川银行堆栈落弹2枚，震坏房屋约五六间，损坏军米约200余担；

　　6. 打铁街川盐银行楼顶钢铁管理委员会落弹1枚，屋顶一层房屋已毁；

　　7. 中二路4号至27号落爆炸弹7枚，毁房10栋，内1枚未爆；

　　8. 中二路罗家湾调查统计局落炸弹3枚，毁房屋36间；

　　9. 中二路137号至167号落爆炸弹6枚，毁房10栋，伤男1人；又渝舍右边空地落弹数枚，无损失；又81号至93号落弹3枚，毁房屋14栋，死男1人；

　　10. 川东师范附近落爆炸弹3枚，毁房10间；又其操场落4弹，无损失；

　　11. 两路口社会服务处左侧落1弹，毁屋1栋；

　　12. 两浮支路新市街落炸弹3枚，毁房21栋；

　　13. 南区公园汽车防空洞口落2弹，伤男10人女2人，死男5人；

　　14. 南区支路30号落1弹，毁屋1栋；南区支路56号、58号、67号落弹2枚，毁屋4栋；又下南区马路余家院子落2弹，毁屋4栋；

　　15. 中三路140号财政部会计室门前落炸弹3枚，毁房10余栋，内有1枚未炸；

　　16. 复兴关中央训练团第二大队部门口落爆炸弹2枚，毁房屋数间；

　　17. 中央训练团医务所附近落2弹，房屋震毁，又四维堂附近落1弹，震毁房屋一部分；

　　18. 国府路228号至230号落炸弹2枚，房屋全毁；又240号落弹1枚，震毁房屋一小部分；

　　19. 学田湾落炸弹1枚，震毁房屋2间；又防空司令部门口落2弹，无损伤；

　　20. 枣子岚垭财政部警卫大队落爆炸弹2枚，毁坏房屋10余间；

21. 黄沙溪、大石盘、兜子背落爆炸弹10余枚,死男7人,重伤2,轻伤7。

以上共计约投爆炸弹八九十枚,燃烧弹10余枚,伤男20人女2人,死男13人,毁房屋80余栋又80余间,损坏军米200石。

三、所有死伤人民及焚烧房屋,已饬分别掩埋救护,并督饬消防队扑灭中。

四、其余损害详细情形,容后续报。

右〈上〉四项通报:

社会部

重庆卫戍总司令部

(中国第二历史档案馆—787—16956)

99. 重庆卫戍总司令部调查1941年6月1日敌机袭渝情况暨伤亡损害表(1941年6月7日)

空袭经过情形	投弹时间	投弹地点	投弹种类	投弹数目	合计	炸毁焚塌建筑物数目	伤亡人数 伤 男	伤亡人数 伤 女	伤亡人数 亡 男	伤亡人数 亡 女	合计	备考
本日敌机27架,由鄂袭渝,于9时24分在湖北宜都发现西飞,经长阳、五峰、施南、黔江、涪陵,于11时18分窜入本市上空投弹后,经关口、长寿东逸。本市于9时54分悬红球1个,10时20分发布空袭警报,11时08分发布紧急警报,12时20分解除警报。	11时18分	枣子岚垭	燃	2	2	损毁房屋15间						
		中一路特10号路边	爆	1	1							未炸
		中一路12号路边	爆	2	2							未炸
		中一路108号前街心	爆	1	1							
		中一路141号	爆	1	1							未炸
		中一路228号	爆	1	1	5间						
		黄家垭口菜市场	爆	1	1							未炸
		金汤街66号	爆	1	1	5间	3	1	3		7	
		通远门普善本空坝	爆 燃	1 1	2							
		劝居巷11号	爆	1	1							
		中一路69号	燃	2	2							
		中一路7号、210号	爆	2	2							1枚未炸

续表

空袭经过情形	投弹时间	投弹地点	投弹种类	投弹数目	合计	炸毁焚塌建筑物数目	伤亡人数 伤 男	伤 女	亡 男	亡 女	合计	备考
		中一路10、16、17号	燃	1	1							
		上安乐洞后街空坝	爆	2	2							
		纯阳洞24号	爆	1	1							未炸
		报恩堂5、16号	爆	2	2							
		下石板街街心	爆	1	1							
		下石板街上川公司	爆	1	1	1间						
		下石板街慈母堂	爆	1	1							
		代家巷14号	爆	1	1	1间						
		代家巷中茶公司	爆	1	1	1间						
		石板街宽仁女医院	爆	1	1	1间						
		石板街蓝宅	爆	1	1	1间						
		石板街俄国餐厅	爆	1	1	1间						
		临江路陪都商场	爆	1	1	5间						
		临江路中法比文化协会	爆	1	1	5间						
		黄桷街62号	爆	2	2	5间			3		3	
		江家巷4号	燃	1	1	1间						
		青年会民众影院	爆	2	2	1间						
		罗汉寺庙内	爆	2	2	1间						
		东升楼28号	爆	1	1	15间						
		民族路171号	爆	1	1	1间						
		民族路184号	爆	1	1	1间						
		民族路186号	爆	1	1	2间						
		民族路198号	爆	1	1	1间						
		民族路201号空地	爆	1	1							
		民族路208号	燃	1	1	1间						
		民族路217号	爆	1	1	1间						
		保安路18号空地	爆	2	2							
		保安路20号	爆	1	1	2间						
		正阳街12号	爆	1	1	1间						

续表

空袭经过情形	投弹时间	投弹地点	投弹种类	投弹数目	合计	炸毁焚塌建筑物数目	伤亡人数 伤 男	伤 女	亡 男	亡 女	合计	备考
		正阳街54号	爆	1	1	5间						
		机房街前□中校空地	爆	1	1							
		兴隆巷3号	爆	1	1		1				1	
		朝阳街空地	爆	1	1							
		民生路52号	爆	1	1	2间						
		民生路22号	爆	1	1	2间						
		民权路83号	爆	1	1	2间						
		民权路127号	爆	1	1	2间						
		民权路142号	爆	1	1	5间						
		新民街108号	爆	1	1	1间	5	8			13	
		新民街10至19号	爆	13	13	35间						
		新民街72号	爆	1	1	12间						
		水市巷22号	爆	1	1	2间						
		水市巷35号前街心	爆	1	1							
		和平路22号前街心	爆	1	1							
		和平路100号	爆	1	1	4间	2	1			3	
		和平路142号	爆	2	2	15间						
		和平路172号	爆	1	1	1间						
		和平路178号	爆	1	1	2间						
		大巷子39号	爆	1	1	3间	13		2		15	
		学田湾36号	爆	2	2	13间	1		3		4	
		第一模范市场13号	爆	1	1	2间						
		第三模范市场46号	爆	2	2	5间	5		2	1	8	
		仓坝子内	爆	3	3	15间						
		忠烈祠内	爆	1	1	1间						
		百子巷153号	爆	1	1	4间						
		曹家巷2号	爆	2	2	9间	1	2	1	2	6	
		曹家巷38号	爆	2	2	12间						
		潘家沟9号	爆	1	1	1间	1	1	2	6	10	

一、重庆卫戍总司令部有关日机袭渝情况及伤亡损害的调查

续表

空袭经过情形	投弹时间	投弹地点	投弹种类	投弹数目	合计	炸毁焚塌建筑物数目	伤亡人数 伤 男	伤 女	亡 男	亡 女	合计	备考
		潘家沟18号	爆	1	1	4间						
		和平路92号	爆	1	1	4间						
		和平路105号	爆	2	2	1间		2			2	
		至圣宫197号	爆	1	1	1间						
		陪德堂205号	爆	2	2	8间			1	1	2	
		陪德堂237号空地	爆	1	1							
		老街55号	爆	1	1	2间						
		尚武巷36号	爆	1	1	3间		1			1	
		月台坝26号	爆	1	1	1间						
		雷公嘴9号空地	爆	1	1							
		林森路	爆 燃	3 1	4	1栋						
		民生路40号	爆	1	1	1间						
		民生路86号	爆	1	1	1间						
		和平路83、112号	爆	2	2							
		和平路144号	爆	1	1							
		和平路136、180、191号	爆	4	4			1	2		3	
		四贤巷9号	爆	1	1	3间						
		天主堂24号	爆	1	1	3间						
		米亭子44、50号	爆	2	2	8间						
		米亭子26号	爆	1	1	5间						
		磁器街口	爆	1	1							未炸
		中华路93号	爆	1	1	5间						
		中华路53号	爆	1	1							未炸
		中华路22号街心	爆	1	1							
		保安路警察局内	爆	1	1	1栋						
		螃蟹井	爆	1	1	2栋	1	3			4	
		武库街13号	爆	1	1	3间						
		报恩堂巷大陆旅馆门口	爆	1	1	6间						

续表

空袭经过情形	投弹时间	投弹地点	投弹种类	投弹数目	合计	炸毁焚塌建筑物数目	伤亡人数 伤 男	伤亡人数 伤 女	伤亡人数 亡 男	伤亡人数 亡 女	合计	备考
		铜鼓台街	爆	6	6	25间						
		德兴里16号	爆	1	1	6间						
		骡马店警所侧	爆	1	1	14间						
		十八梯	爆	1	1							
		回水沟	爆	1	1	4栋						
		上罗家湾	燃	1	1	21间						
		蜈蚣岭20号	爆	1	1							未炸
		石灰市防空洞口	爆	1	1		8	1			9	
		火药局2号	爆	1	1							
		典□街1至5号	爆	2	2							
		中正路291号	爆	1	1							
		关庙巷	爆 燃	2 1	3	9栋						
		豆腐石	爆	1	1							
		飞仙石	爆	1	1	2栋						
		中兴路口	爆	1	1							
		中兴路口下公共防空洞附近	爆	2	2	4间	1				1	
		中兴路74号前	爆	1	1							未炸
		中兴路52号附近	爆	1	1	5间						
		合计	爆 燃	158 11	169	损坏房屋19栋又264间	42	17	20	12	91	
附记	本表系根据重庆防空司令部、重庆卫戍第一警备区司令部、重庆市警察局、本部稽查处之报告汇制而成。											

（中国第二历史档案馆—787—16956）

100. 重庆卫戍总司令部调查1941年6月2日敌机袭渝情况暨伤亡损害表（1941年6月8日）

空袭经过情形	投弹时间	投弹地点	投弹种类	投弹数目	合计	炸毁焚塌建筑物数目	伤亡人数 伤 男	伤 女	亡 男	亡 女	合计	备考
本(2)日敌机27架,于8时21分在湖北松滋发现,经五峰、来凤、黔江、彭水、太平,于10时08分窜入市空投弹后,经长寿、石柱逸去。本市于8时43分悬红球1个,9时□分发布空袭警报,9时45分发布紧急警报,10时55分解除警报。	10时08分	中一路特1号前	爆	1	1	4间	1				1	
		中一路12号	爆	1	1	4间						
		中一路39号	爆	2	2	3间						
		中一路123号	爆	1	1	14间						
		中一路73号	爆	1	1	7间						
		中一路53号	爆	1	1	4间						
		中一路113号	爆	1	1	5间						
		中一路四分局分驻所	爆	1	1	1栋						
		兴隆街6号	爆燃	1 1	2	3间						
		保节院17号至24号	爆燃	3 1	4	45间						
		民生路215号	爆	1	1							未炸
		民生路中	爆燃	5 1	6							1枚未炸
		报恩堂7、15、17号	爆	2	2	1间						未炸
		百子巷85至142号	爆燃	14 2	16	20间						
		第三模范市场30、35、36号	爆	5	5	15间						
		至圣宫17、18号	爆	3	3	8间						
		金汤街23、76、94、98号	爆燃	8 1	9	20间						
		莲花池前街4号	爆	1	1	7间						
		德兴里7、15、36号	爆	3	3	8间						
		铜鼓台巷12、13、14、17号	爆	2	2	9间						

续表

空袭经过情形	投弹时间	投弹地点	投弹种类	投弹数目	合计	炸毁焚塌建筑物数目	伤亡人数 伤 男	伤 女	亡 男	亡 女	合计	备考
		新华街10号至18号	爆	1	1	36间						
		金汤街72号	爆	1	1	6间						
		棉絮街10号	爆	1	1							
		新民街3、4、5、7号	爆 燃	3 1	4	15间						
		潘家沟36号	爆	1	1	4间						
		和平路60、76、82、84、121、123、124号	爆	6	6	34间			2		2	
		劝学所2号	爆	1	1							
		百子巷82至85号	爆	4	4	4间						
		潘家沟1号	爆	1	1	1栋						
		百子巷75号	爆	1	1							未炸
		百子巷73号	爆	3	3	5间						
		百子巷94号	爆	1	1	1间						
		百子巷	爆	8	8	142间						
		石灰市	爆	3	3	5栋						
		冉家巷14号	爆	2	2	2间						
		会府街	爆	2	2	15间						
		左营街空地	爆	1	1							
		中兴路蒋家院62、63、64号	爆	2	2	15间						
		中兴路	爆	6	6	28间						
		走马街三山茶社后空地	爆	1	1							
		走马街121号	爆	3	3	10间						
		市民医院门口	爆	5	5	15间						
		打枪坝自来水厂内	爆	4	4							
		领事巷2号	爆	3	3	5间						

续表

空袭经过情形	投弹时间	投弹地点	投弹种类	投弹数目	合计	炸毁焚塌建筑物数目	伤亡人数 伤 男	伤 女	亡 男	亡 女	合计	备考
		领事巷唐宅	爆	2	2	2间						
		领事巷康宅	爆	2	2							
		英国大使馆空地	爆	3	3							
		法国领事馆	爆	8	8	3间						
		至圣宫街王宅	爆	3	3	5间						
		新生路	爆	2	2	15间		1	1		2	
		忠烈祠2、8、20号	爆燃	1 1	2	4间						
		四贤巷12、20、89号	爆	4	4	2间						
		曹家巷14号	爆	1	1	3间						
		中正路	爆	2	2	3间						
		棉花街16号	爆	1	1	16间						
		九尺坎街1号	爆	1	1	11间						
		千厮门蔡家湾96号	爆	1	1	18间	1				1	
		千厮正街	爆	1	1	6栋	4				4	
		民族路63、89号	爆	2	2	4间						
		龙王庙街	爆	1	1	2间						
		米花街128号	爆	2	2	1栋						
		米花街建中旅馆	爆	2	2	1栋						
		鱼鳅石	爆	4	4	2间	7	1	2	1	11	
		上南区马路	爆燃	4 1	5	36栋						
		回水沟	爆	7	7	22栋						2枚未炸
		柑子坝1号	爆	1	1	1间			1		1	
		永具巷8号	爆	3	3	1间						
		十八梯黎家院	爆	1	1	2栋			1		1	
		上南区马路中	爆	1	1							未炸
		石板坡分驻所	爆	2	2	12间						

续表

空袭经过情形	投弹时间	投弹地点	投弹种类	投弹数目	合计	炸毁焚塌建筑物数目	伤 男	伤 女	亡 男	亡 女	合计	备考
		南纪门川道拐河坝	爆	2	2			1			1	
		保安路警察保安队内	爆	1	1	1间						
		中华路陪都计委会	燃	1	1	1栋						
		第三模范市场39号	爆	1	1	3间						
		凤凰台21号	爆	2	2	1栋						
		国珍街54号	爆	2	2	3间	4				4	
		马家岩	爆	1	1		36	4	101	4	145	
		千厮门外纸盐合街空地	爆	1	1							
		中央公园长亭下面	爆	2	2							
		学〔若〕瑟堂	爆	2	2							
		安乐洞	爆 燃	1 1	2							
		地母亭	爆	3	3							1枚未炸
		杨家花园	爆	2	2							1枚未炸
		二十梯	爆	1	1	2栋						
		螃蟹井	爆	1	1	2栋						
		厚慈街	爆	1	1	28栋	1	1	2		4	
		川道拐街	爆	2	2	1栋						1枚未炸
		育婴堂	爆 燃	2 1	3							
		机房街	爆	1	1	2栋						
		罗汉寺	爆	2	2	2栋						
		观阳巷	爆	1	1							未炸
		宰房沟	爆 燃	3 1	4							
		二郎庙	爆	1	1	5栋						

续表

空袭经过情形	投弹时间	投弹地点	投弹种类	投弹数目	合计	炸毁焚塌建筑物数目	伤亡人数 伤 男	伤 女	亡 男	亡 女	合计	备考
		新河后街	爆	1	1	11栋			1		1	
		镇江寺街	爆	2	2	3栋						
		纸盐河街	爆	2	2	6栋						1枚未炸
		永兴当巷	爆	5	5	5栋		1			1	
		江北县府空坝	爆	1	1							
		江北金山门得胜木厂	燃	1	1							
		江北金山门林家院	爆	1	1	1栋	1				1	
		江北顺城街	爆	1	1	10间						
		江北金沙门内军需处	爆	1	1	1栋						
		江北碛坝	爆	8	8		1				1	
		江北水府宫庙坎下	爆燃	1 1	2			1			1	
		江北水府宫后官山坡	爆	1	1	3间						
		江北虾蟆口	爆	2	2		11		1	1	13	
		江北毛溪桥内空地	爆	1	1							
		江北军需学校	爆	1	1							未炸
		江北公园	爆	1	1							
		江北三山庙街8号	爆	1	1	1栋						
		江北打鱼湾	爆	2	2		9	2			11	
		江北大庙街4、5号	爆	1	1	2栋		1	1		2	
		江北垮城场2号	燃	1	1	1栋						
		江北撑花街11号	爆	1	1							
		五四路	爆	3	3	2间						1枚未炸
		临江路	爆	1	1	4间						

续表

空袭经过情形	投弹时间	投弹地点	投弹种类	投弹数目	合计	炸毁焚场建筑物数目	伤亡人数 伤 男	伤 女	亡 男	亡 女	合计	备考
		临江顺城街	爆	1	1	1间						
		韦家院坝	爆	2	2	4间						
		大井巷	爆	1	1	1间						
		民权路	爆	2	2	3间						
		杜家巷	爆	1	1	7间	1				1	
		合计	爆燃	262 16	278	损毁房屋150栋又660间	76	10	112	12	210	
附记	本表系根据重庆防空司令部、重庆卫戍第一警备区司令部、宪兵第三团、宪兵十九团、重庆市警察局、本部稽查处之报告汇制而成。

(中国第二历史档案馆—787—16956)

101. 重庆卫戍总司令部为1941年6月5日日机袭渝情形给军令部的通报(1941年6月5日)

兹将本(五)日敌机袭渝及损害救护概略情形,通报如后:

一、敌机袭渝情形。

第1批8架,于17点33分在宜都发现,经五峰、利川、忠县、丰都、涪陵、长寿至重庆,于19点投弹后,经双河、涪陵、丰都、忠县东逸;

第2批8架,于18点59分在松滋发现,经五丰、咸丰、黔江、石柱、丰都、涪陵、长寿至重庆,于20点47分投弹后,经太平、涪陵、丰都东逸;

第3批架数不明,于20点09分在宜都发现,经五峰、利川、丰都、涪陵、长寿、铜梁、大足至重庆,于22点37分投弹后,经双河、涪陵、丰都东逸。

本市于18时08分悬红球1个,18时18分发布空袭警报,18时57发布紧急警报,23时27分解除警报。

二、损害情形。

1. 两路口附1号特1号附近落爆炸弹1枚,毁房7栋;

2. 中三路新村3号落爆炸弹3枚,毁房屋2栋;

3. 巴县中学内落爆炸弹5枚,燃烧弹1枚,毁房屋4栋,燃烧1栋;

4. 交通部小食部落燃烧弹1枚,烧房1栋;

5. 上清寺中央宣传部落燃烧弹2枚,爆炸弹2枚,宣传部大楼全毁,火已扑灭;

6. 大田湾孝友村附近落爆炸弹5枚,广播电台无损失;

7. 黄家垭口实验剧院隔壁落爆炸弹1枚,毁房屋1栋;

8. 观音岩得胜舞台门前落爆炸弹1枚,未爆发,无损失;

9. 黄家垭口水塔附近落爆炸弹1枚,无损失;

10. 神仙洞落爆炸弹1枚,毁房屋30余间;

11. 七星岗巴县汽车站及其下面安乐洞落燃烧弹2枚,大火将安乐镇以迄保节院全部房屋焚毁,约1000余户;

12. 通远门金汤街落爆炸弹1枚,毁房屋2栋;

13. 夫子池大隧道闷死小孩1人;

14. 十八梯隧道闷死200余人,但已有逐渐救愈苏生者;

15. 唯一电影院门前隧道内闷死300余人;

16. 石灰市防空洞内闷死200余人;

17. 南岸弹子石、玄坛庙、龙门浩等处及江北亦已投弹,损失情形未详。

以上投弹损害数目,因夜间无法确实查明,故未统计。唯因空袭时间较长,以致各隧道内(十八梯、石灰市、唯一电影院门口等处)闷死人数约数百人左右(因未完全救出,确数一时无法清查)。

三、本部彭参谋长进之及本会彭秘书长诚孚、王副秘书长尊五及社会部谷部长正纲、胡副司令伯翰、警察局唐局长等,刻正分别在各该区督导抢救中。唯因人数众多,且均系压积洞内,一时不易完全救出。

四、其余详细情形,容后续报。

右〈上〉四项通报:

军令部

重庆卫戍总司令部

(中国第二历史档案馆—787—16956)

102. 重庆卫戍总司令部、陪都空袭救护委员会为1941年6月7日日机袭渝情形给军令部的通报(1941年6月7日)

将本(七)日敌机袭渝经过及损害各情通报如后：

一、敌机袭渝经过。

本(七)日敌机31架，分2批由鄂袭渝：第1批27架，于11时35分在湖北宜都发现西飞，经五峰、宣恩、黔江、彭水、涪陵、太平，13时24分复折至南川，经綦江，于13时48分窜至本市上空投弹后，经木洞、长寿东逸；第2批敌机4架，于12时04分在宜都发现，经五峰、宣恩、黔江、石柱、丰都、涪陵、双河，于13时24分窜至本市上空盘旋，13时36分飞至木洞，内3架于13时45分飞至江津，14时07分复窜入本市上空，用机枪扫射，14时36分，4架在长寿汇合，经涪陵、丰都东逸。

本市于11时49分悬红球1个，12时20分发布空袭警报，13时发布紧急警报，15时08分解除警报。

二、损害情形。

1. 〈前缺〉保节院落燃烧弹2枚，大火除烧毁保节院街房屋100余栋外，复延烧七星岗自巴县汽车站起至通远门对面止，共烧100余家，伤3人，本会抚济组全毁；

2. 通远门金汤街21号至36号落爆炸弹3枚，毁房屋数十间；

3. 林森路东华观巷33号落燃烧弹1枚，毁房屋1栋；

4. 民族路168号至177号落爆炸弹5枚，房屋全毁；

5. 民权路83号至98号落爆炸弹5枚，毁房屋15栋；

6. 民族路正街107号落爆炸弹1枚；

7. 民族路171号至178号落爆炸弹3枚，毁房6栋；

8. 民族路200号至212号落爆炸弹3枚，毁房12栋；

9. 民族路54号落燃烧弹3枚，毁房70余间；

10. 米花街落爆炸弹3枚，毁房20余栋；

11. 较场口路中落爆炸弹2枚；

12. 较场口落爆炸弹4枚，毁房20余间；

13. 糟房街落燃烧弹2枚,毁房30余栋,起火,经扑灭;

14. 民生路万国理发店落爆炸弹1枚,毁房1栋;

15. 民生路288号左右落爆炸弹2枚,毁房3栋;

16. 中正路落爆炸弹2枚,新川电影院及左右房屋全毁;

17. 磁器街落爆炸弹3枚,未爆2枚,唯一电影院震毁;

18. 中正路美国饭店对面街上落爆炸弹1枚,未爆炸;

19. 米亭子街落爆炸弹2枚,毁房3栋;

20. 关庙街广东酒家落爆炸弹1枚,毁房1栋;

21. 桂花街落爆炸弹2枚,燃烧弹1枚,毁房20余间,烧房10余间;

22. 保安路落爆炸弹1枚,毁房3栋;

23. 神仙口落燃烧弹1枚,毁房10余间;

24. 会仙桥落燃烧弹2枚,毁房10余间;

25. 大梁子警备部内落燃烧弹1枚,毁禁闭室1间,炸死烟犯9名,伤7名;

26. 南纪门马蹄街75号落燃烧弹1枚,经防护团用沙土扑灭,未起火;爆炸弹1枚,毁房10余间;

27. 中华路第二分局落爆炸弹1枚,毁房3栋;

28. 中华路雪园附近落燃烧弹4枚,烧毁房屋24栋;又落爆炸弹1枚,毁房7栋;

29. 江北土地滩落爆炸弹1枚,毁草房2栋,死男2人;

30. 衣服街2号至26号落爆炸弹3枚,毁房15栋;22号死男1人;

31. 沙市街国民参政会右边124号落爆炸弹1枚,毁房3栋;

32. 千厮门豆腐祠落爆炸弹2枚,炸毁洋油趸船2只。

以上共计约投爆炸弹60—70枚,燃烧弹约20—30枚,毁房屋约200余栋又100余间,伤男10人,死男12人。

三、所有死伤人民及焚烧房屋,已饬分别掩埋并督饬将焚烧处所迅速扑灭中。

四、其余损害详情,容后续报。

右〈上〉四项通报:

军令部

> 重庆卫戍总司令部
> 陪都空袭救护委员会
>
> (中国第二历史档案馆—787—16956)

103. 重庆卫戍总司令部调查1941年6月7日敌机袭渝情况暨伤亡损害表(1941年6月24日)

空袭经过情形	投弹时间	投弹地点	投弹种类	投弹数目	合计	炸毁焚塌建筑物数目	伤亡人数 伤 男	伤 女	亡 男	亡 女	合计	备考
本(7)日敌机31架,分2批由鄂袭渝:第1批27架,于11时35分在湖北宜都发现西飞,经五峰、宣恩、黔江、彭水、涪陵、太平,13时24分复折至南川,经綦江,13时48分窜至本市上空投弹后,经木洞、长寿东逸。第2批敌机4架,于12时04分在宜都发现,经五峰、宣恩、黔江、石柱、丰都、涪陵、双河,于13时24分窜至本市上空盘旋,于13时36分飞至木洞,内3架于13时45分飞至江津,14时07分复窜入本市上空,用机枪扫射,14时36分,4架在长寿会合,经涪陵、丰都东逸。本市于11时49分悬红球1个,12时20分发布空袭警报,13时发布紧急警报,15时08分解除警报。	13时48分	保安路220号	爆	1	1	毁房4间						
		保安路31号	燃	1	1	1间						
		保安路64号	爆	1	1	1间						
		保安路238号	爆	1	1	3间						
		保安路212号	爆	1	1	4间						
		保安路146号	爆	2	2	6间						
		保安路128号	爆	2	2	6间						
		保安路44号	爆	1	1	17间						
		保安路48号	爆	1	1	6间						
		保安路54号	爆	1	1							
		磁器街31号	爆	1	1	18间						
		磁器街22号	爆	1	1	6间						
		中正路500号	爆	1	1	4间						
		中正路541号	爆	1	1	3间						
		中正路446号	爆	1	1	6间						
		中正路56号	爆	1	1	1间						
		中正路542号	爆	1	1	1间						
		中正路456号	爆	4	4	11栋						
		民权路9号	爆	2	2	2间						
		民权路164号	爆	1	1	17间						
		民权路104号	爆	1	1	12间						
		民权路110号	爆	1	1	16间						

续表

空袭经过情形	投弹时间	投弹地点	投弹种类	投弹数目	合计	炸毁焚塌建筑物数目	伤亡人数 伤 男	伤 女	亡 男	亡 女	合计	备考
		东华观21号远东新闻社	燃	1	1	1栋						
		中一路80号	爆	1	1	1栋						
		中一路44号至49号	爆	1	1	15间						
		中一路金山饭店马路中	爆	1	1	2间						
		蔡家石堡2号	爆	1	1	3间						
		保节院街79号至114号	燃爆	2 1	3	32间						
		和平路196号	爆	1	1	4间						
		和平路200号	爆	1	1	5间						
		金汤街73号右侧	燃爆	1 1	2	5间						
		金汤街56号右侧	燃	1	1	32间						
		通远门观音岩警察派出所	爆	1	1	6间						
		王爷石堡	爆	1	1	2间						
		维新街24号	爆	1	1	5间						
		水市巷子8号对面	燃	1	1	2间						未炸
		水市街五福街交界处	爆	1	1	2间						
		五四路第6号	燃	1	1	5间						
		五四路6号对面	爆	1	1	7间						
		五四路1号	爆	3	3	6间						
		民生路4号	爆	2	2	7间						
		民生路34号	爆	1	1	1间						
		竹子市10号	爆	1	1	5间						
		鲁祖庙街17号	爆	1	1	5间						

续表

空袭经过情形	投弹时间	投弹地点	投弹种类	投弹数目	合计	炸毁焚场建筑物数目	伤亡人数 伤 男	伤亡人数 伤 女	伤亡人数 亡 男	伤亡人数 亡 女	合计	备考
		鲁祖庙街51号	爆	1	1	3间						
		中华路82号	燃	2	2	16间						
		中华路46号	燃	1	1	20间						
		关庙巷4号	爆	1	1	4间						
		炒〔草〕房街5号	爆	1	1	12间						
		鼎新街20号	燃爆	1 1	2	20间						
		老衣服街6号	爆	1	1	8间						
		民族路15号	爆	1	1	14间						
		新生路49号	爆	2	2	5间						
		民国路37号	爆	1	1	2间						
		文华观138号	燃	3	3	20间						
		左营街警备部内	爆	1	1	2栋	7		10		17	
		联升街3号	爆	1	1	3间						
		至诚巷10号	爆	1	1	1栋						
		江北斜马口土地滩	爆	1	1	4间			1		1	
		龙门浩一天门2号	爆	1	1	2间	2		1	1	4	
		江北毛溪桥沟内	爆	1	1	1间						
		小计	爆 燃	65 17	82	损毁房屋15栋又427间	9		13	1	23	
附记		本表系根据重庆防空司令部、重庆卫戍第一警备区司令部、重庆市警察局、本部稽查处之报告汇制而成。										

（中国第二历史档案馆—787—16956）

104. 重庆卫戍总司令部、陪都空袭救护委员会调查1941年6月11日敌机袭渝情形给重庆市政府的通报（1941年6月13日）

查六月十一日敌机袭渝，曾在磁器口及大中坝两处附近投弹，除将进袭经过及磁器口附近损害情形，已于当日调查后以坤字第3772号通报查照外，兹续将派往大中坝调查人员所得情形通报如左〈下〉：

一、大渡口未曾投弹。

二、大中坝机场旁郑保长住宅附近落弹9枚，震塌房屋3栋；又居民易友柏房屋全院被炸；损失家俱〔具〕、牲口约2万元。

三、机场内落弹16枚，无损失。

四、机场对河鲜家石盘落弹24枚，多数落于河中，无损失。

五、中兴场落弹2枚，1枚未爆发，无损失。

六、冷水场落弹3枚，均在耕田中，无损失。

七、人和场落弹2枚，震塌房屋1间，无死伤。

右〈上〉通报：

重庆市政府

重庆卫戍总司令部

陪都空袭救护委员会

（中国第二历史档案馆—787—16956）

105. 重庆卫戍总司令部调查1941年6月11日敌机袭渝情况暨伤亡损害表（1941年6月18日）

空袭经过情形	投弹时间	投弹地点	投弹种类	投弹数目	合计	炸毁焚塌建筑物数目	伤亡人数 伤 男	伤 女	亡 男	亡 女	合计	备考
本(11)日敌机72架，分3批袭渝：第1批36架，于10时39分在宜都	1. 13时	磁器口二十四兵工厂门侧	爆	1	1							弹落空地
	2. 14时40分	二十四兵工厂动力部	爆	1	1							

续表

空袭经过情形	投弹时间	投弹地点	投弹种类	投弹数目	合计	炸毁焚塌建筑物数目	伤 男	伤 女	亡 男	亡 女	合计	备考
发现,经渔洋关、五峰、鹤峰、宣恩、小观音、黔江、丰都、涪陵,于13时在重庆之磁器口、小龙坎二十五兵工厂一带投弹,13时10分经长寿、涪陵、丰都东逸;第2批敌机9架,于11时枝江发现,经五峰、鹤峰、来凤、黔江、彭水、涪陵,于12时29分在重庆市空盘旋,13时15分经木洞、涪陵、丰都、石柱东逸(未投弹);第3批敌机于12时20分在宜都发现,架数不明,于12时27分经渔洋关时,得悉27架,复经五峰、咸丰、黔江、丰都、涪陵、南川、太平,于14时40分在重庆大渡口附近投弹,14时55分经涪陵、丰都、石柱东逸。本市11时悬红球1个,11时30分发布空袭警报,12时23分发布紧急警报,13时11分悬休息球2个,15时36分解除警报。		二十四兵工厂旧压铜部	爆	1	1	1间						
		二十四兵工厂李工程师宿舍	爆	1	1	1栋						
		二十四兵工厂动力部侧	爆	1	1							未爆
		二十四兵工厂工务课办公室	爆	3	3	2间						
		二十四兵工厂警卫队营房	爆	14	14	1栋						
		二十四兵工厂大钢部侧	爆	1	1							未爆
		二十四兵工厂子弟学校	燃 爆	1 1	2	1栋						
		二十四兵工厂装药部侧	爆	5	5							未爆
		二十四兵工厂工兵宿舍前二院	爆	1	1	1栋						
		二十四兵工厂马路侧	燃	2	2							未爆
		磁器口双碑田内	燃	1	1							弹落田内
		磁器口孙家湾荒野	爆	17	17							弹落荒野
		磁器口鲤鱼石河边	爆	4	4							弹落河边空地
		磁器口柏树湾唐吉昌家	爆	1	1	1间			2	1	3	
		磁器口张家溪马路侧	爆	6	6							弹落空地
		磁器口二十五兵工厂[松]坪工程宿舍	爆	3	3	1栋						
		二十五兵工厂松坪丙种宿舍侧	爆	2	2							弹落空地
		二十五兵工厂附近湖北小食店	爆	2	2	2间						
		二十五兵工厂中队部士兵宿舍侧	爆	2	2							弹落空地

一、重庆卫戍总司令部有关日机袭渝情况及伤亡损害的调查

续表

空袭经过情形	投弹时间	投弹地点	投弹种类	投弹数目	合计	炸毁焚场建筑物数目	伤亡人数 伤 男	伤 女	亡 男	亡 女	合计	备考
		二十五兵工厂炼钢部侧	爆	1	1							弹落空地
		二十五兵工厂洗衣店侧	爆	1	1							弹落空地
		二十五兵工厂工人旧宿舍	爆	1	1	1栋						
		二十五兵工厂翻砂部侧	爆	2	2							弹落空地
		二十五兵工厂大队部侧	爆	1	1							弹落空地
		二十五兵工厂厂内兵工署	燃	1	1							弹落空地
		二十五兵工厂厂外四周附近	爆	12	12							弹落空地
		巴县冷水场冷水垭	爆	1	1							弹落空地
		巴县跳蹬金□寺附近	爆	3	3							弹落空地
		歌乐山童家花园10号	爆	1	1							查所炸之痕，似系手榴弹，并未毁房屋及其他损失
		大土村附近	爆	3	3							
		大中坝飞机场旁	爆	9	9	3栋						
		大中坝飞机场内	爆	16	16							弹落空地
		机场对面鲜家石盘	爆	24	24							弹落河中
		中兴场	爆	2	2							未爆
		冷水场	爆	3	3							弹落河中
		人和场	爆	2	2	1间						
		合计	燃爆	4 150	154	毁坏房子9栋又7间						未爆4燃1
附记	本表系根据重庆防空司令部、第一、二、三、四各警备区司令部、空袭服务救济联合办事处、宪兵第三团、宪十九团、重庆市警察局、本部稽查处之报告汇制而成。

（中国第二历史档案馆—787—16956）

106. 重庆卫戍总司令部、陪都空袭救护委员会调查1941年6月14日敌机袭渝情形给军令部的通报（1941年6月14日）

兹将本（十四）日敌机袭渝经过及损害概略情形通报如左〈下〉：

一、空袭经过情形。

本日敌机34架，分2批袭渝：第1批27架，于12点5分在鄂之宜都发现，经五峰、施南、利川、石柱、丰都、涪陵，后2架返恩施投弹，其余25架仍经垫江、邻水、岳池、武胜、合川、依凤，于14时35分侵入市空投弹后，经永兴、太平、涪陵、彭水东逸；第2批7架，于12时58分在松滋发现，经宜都、渔洋关、五峰、黔江、彭水、涪陵、太平、木洞，于14时32分在市郊及附近各独立哨上空盘旋后，经南川、龙岗、木洞、长寿、涪陵、丰都、石柱东逸。

本市于12时25分悬红球1枚，12时54分发布空袭警报，14时20分发布紧急警报，16时02分发布解除警报。

二、损害情形。

1. 民生路146号门前马路上落1弹，震毁电线及铺房门面数间，余无损失；

2. 天主堂街落弹2枚，毁房6间；

3. 石灰市30号至31号落弹1枚，毁房2栋；又本部稽查处落3弹，房屋大部被毁；又50至60号落1弹，毁房2栋；

4. 四贤巷10号至11号落1弹，毁屋3间；

5. 较场口一带落弹8枚，另燃烧弹2枚，未起火，死男2人，伤男3人女1人；

6. 关岳庙街冠生园左隔壁中1弹，毁屋1栋；又庙前落1弹；

7. 段牌坊警察三分局中1弹，屋全毁；

8. 临江门白塘庙附近落弹2枚，毁屋1栋；

9. 丁口街8至25号落弹2枚，伤男2人，毁屋18栋；

10. 长八间附近落1弹，毁屋8栋；

一、重庆卫戍总司令部有关日机袭渝情况及伤亡损害的调查

11. 码头河中落弹10余枚；

12. 蓝子巷一带落弹3枚，毁层29栋；

13. 大井巷1号落1弹，毁房1栋；

14. 红十字街附近落5弹，毁房3栋；

15. 大院坝1至16号落弹3枚，毁屋10余栋；

16. 寄骨寺落弹2枚，毁屋12间；

17. 北坛庙落弹3枚，毁层11间；

18. 新码头落燃烧弹1枚；

19. 杜家巷震毁房屋1栋；

20. 丁口横街落弹1枚。

本日共投弹60余枚，毁房屋80余栋又30余间，死男女2人，伤男女6人。

三、警报解除后，所有救护人员均经出动，施行救护。

四、其余损害详情，容后续报。

右〈上〉四项通报：

军令部

重庆卫戍总司令部

陪都空袭救护委员会

（中国第二历史档案馆—787—16956）

107. 重庆卫戍总司令部调查1941年6月14日敌机袭渝情况暨伤亡损害表（1941年6月20日）

空袭经过情形	投弹时间	投弹地点	投弹种类	投弹数目	合计	炸毁焚塌建筑物数目	伤亡人数 伤 男	伤亡人数 伤 女	伤亡人数 亡 男	伤亡人数 亡 女	合计	备考
本(6)月10〔14〕日，敌机34架，分2批袭渝：第1批27架，于12时5分在湖北宜都发现，经五峰、施南、利川、石柱、丰都、涪陵后，2架返恩施投弹，其余25架仍经垫江、邻水、岳池、武圣〔胜〕、依凤，于14时35分侵入市空投弹后，经永兴、太平、涪陵、彭水东逸；第2批7架，于12时58分在松滋发现，经宜都、渔洋关、五峰、黔江、彭水、涪陵、太平、木洞，于18〔4〕时32分在市郊及附近各独立哨上空盘旋后，经南川、龙岗、木洞、长寿、涪陵、丰都、石柱东逸。本市于12时25分悬红球1枚，12时54分发布空袭警报，14时20分发布紧急警报，16时02分发布解除警报。	14时35分	双溪沟美廉厂	爆	1	1	4间						
		双溪沟天星桥	爆	2	2	2间	4				4	
		双溪沟吉利长木厂	爆	5	5	13间	1	2	1		4	
		双溪沟5号	爆	4	4	10间	2	1			3	
		大溪沟河中	爆	4	4	毁船1只						
		临江门大码头	爆燃	1 1	2	15间	3	2			5	
		临江门大院坝	燃	2	2	16间						
		临江门长坝间	爆	1	1	6间						
		临江门北坛庙	爆	1	1	1栋						
		临江门北坛庙	爆	1	1	14间						
		临江门红十字医院	爆	1	1	7间						
		福成路16号	爆	1	1	3间						
		福成路边空地	爆	1	1							弹落空地
		福成路26号	爆	4	4	8间 木船6只	4	2	1		7	
		四贤巷10号	爆	1	1	1栋						
		四贤巷32号	爆	2	2	14间						
		百子巷5号	爆	1	1	5间						
		百子巷16号	爆	1	1	2间						
		和平路105号	爆	1	1	12间						
		和平路8号	爆	1	1	8间						
		老街51至61号	爆	2	2	9间						
		老街49号	燃	1	1	1间						
		双溪沟19号	爆	1	1	2间						
		红十字街13号	爆	2	2	12间						
		华一公司	爆	5	5	7间						
		象鼻嘴	燃	1	1	1间						

续表

空袭经过情形	投弹时间	投弹地点	投弹种类	投弹数目	合计	炸毁焚塌建筑物数目	伤亡人数 伤 男	伤 女	亡 男	亡 女	合计	备考
		棉花洞	燃	1	1							弹落空地
		棉絮街4号	爆	1	1	1栋						
		新民街54号	燃	1	1	2间						
		仓坝子9号	爆	1	1	4间						
		三模范市场32号	爆	1	1	2间						
		三模范市场56号	爆	1	1	3间						
		红十字街51号旁	爆	1	1							空地
		石灰市本部稽查处	爆	3	3	1栋						
		老衣服街	爆	1	1	5间						
		关岳庙内	爆	1	1	2间						
		大同路12号	爆	1	1	4间						
		民生路146号	爆	1	1							弹落马路中
		保节院6号	爆	1	1	5间			1		1	
		黄土坡20号	爆	3	3	2间		1			1	
		十八梯观音岩	爆	2	2	3间						
		尚武巷口	爆	1	1	2间						
		磨子街	爆	1	1	12间	1				1	
		林森路警察三分局	爆	1	1	2栋						
		荒市街口	爆	1	1	3间						
		黄花园12号	爆	1	1	4间						
		保安路221号	爆	1	1	5栋						
		官井巷9号	爆	1	1	1栋						
		较场口旷地	爆	1	1							弹落空地
		民权路72号	爆	1	1	3栋						
		合计	爆燃	71 6	77	毁房12栋又224间	15	7	3	1	26	
附记	本表系根据重庆防空司令部、重庆警备司令部、空袭服务救济联合办事处、宪兵第三团、宪兵十二团、重庆市警察局、本部稽查处之报告汇制而成。

（中国第二历史档案馆—787—16956）

108. 重庆卫戍总司令部调查1941年6月15日敌机袭渝情况暨伤亡损害表（1941年6月20日）

空袭经过情形	投弹时间	投弹地点	投弹种类	投弹数目	合计	炸毁焚塌建筑物数目	伤亡人数 伤 男	伤 女	亡 男	亡 女	合计	备考
本(15)日敌机27架袭渝：于10时38分在湖北宜都发现，经宜恩、咸丰、黔江、彭水、涪陵、南川、綦江、小观音、渔洋关，13时04分侵入重庆市空投弹后，经双河、涪陵、丰都、石柱东逸。本市于11时12分悬红球1个，11时40分发布空袭警报，12时22分发布紧急警报，13时20分悬休息球2个，13时48分解除警报。	13时04分	东水门月亮街禹王庙内	爆燃	1 2	3	毁房1栋						
		东水门七星岩军政部防空洞附近	爆	3	3		7		1		8	
		东水门大码头河边	爆	1	1		8		1		9	
		东正街27号	爆	1	1	1间						
		东升楼空地	爆	1	1							弹落空地
		太平门外铜元码头7号	燃	1	1	1间						
		太平门二码头	爆	1	1							未爆
		太平门之江巷	爆	2	2	2间						
		太平门行街3号	爆	1	1	3间		1			1	
		二府衙门中	爆	1	1	5间						
		林森路聚兴诚银行	爆燃	3 1	4	1间						
		林森路50号	爆	1	1	4间						
		中正路打铁街	爆	1	1	5间						
		中正路半边街口	爆	1	1	7间						
		永龄巷5号	爆	1	1	2间						
		白象街保甲防空洞对门	爆	1	1	2间	1		1		2	
		白象街69号	爆	1	1	1间						
		中央公园外交部附近	爆燃	1 1	2	1间						

续表

空袭经过情形	投弹时间	投弹地点	投弹种类	投弹数目	合计	炸毁焚塌建筑物数目	伤亡人数 伤 男	伤亡人数 伤 女	伤亡人数 亡 男	伤亡人数 亡 女	合计	备考
		中央公园薹岭	爆	2	2	1间						
		商业场市商会门前空地	爆	1	1							弹落空地
		西大街街旁	爆	1	1							未爆
		征收局巷内	爆	1	1	1间						
		巴县政府门口	爆	1	1							未爆
		四坊街口	爆	1	1	3间						
		白理洋行	爆	1	1	4间						未爆
		元通寺街	爆	2	2							
		望龙门口马路	爆	2	2							弹落路中
		药王庙街	爆	1	1	4间						
		长安寺庙内	爆	1	1	1栋						
		后伺坡新街	爆	1	1	3间						
		后伺坡萧家凉亭	爆	1	1	10间						
		兴隆巷	爆	2	2	8间						
		民生码头	爆	3	3	3间						
		南岸枣子湾6号被服厂	爆 燃	3 3	6	13间	15	10	29	14	69	
		防空洞江边煤炭窑内	爆	1	1				5	1	6	
		水井院1至18号	爆	4	4	9栋						
		合计	爆 燃	50 9	59	毁房11栋又86间	31	10	37	16	94	
附记	本表系根据重庆防空司令部、卫戍一、二、三、四警备司令部、宪兵第三团、宪兵十九团、重庆市警察局、本部稽查处之报告汇制而成。											

（中国第二历史档案馆—787—16956）

109. 重庆卫戍总司令部调查1941年6月28日敌机袭渝情况暨伤亡损害表（1941年7月1日）

空袭经过情形	投弹时间	投弹地点	投弹种类	投弹数目	合计	炸毁焚塌建筑物数目	伤亡人数 伤 男	伤 女	亡 男	亡 女	合计	备考
本(28)日敌机53〔2〕架，分2批袭川：第1批27架，于11时20分在宜都发现，经长阳、五峰、恩施西飞，于12时35分至大吉场，经黔江、石柱、长寿、涪陵、忠县，至万县投弹后即逸去；第2批25架，在大吉场发现后，经石柱、忠县、丰都、涪陵、长寿，至重庆南温泉投弹后，经涪陵、丰都、石柱东逸。本市于11时45分悬红球1个，12时15分发布空袭警报，13时16分发布紧急警报，14时34分解除。	13时04分	南泉新村	爆燃	10 7	17	4、5、6、7、11、19、20、22、24、26号	15	5	1		21	
		菜子沟	燃	2	2	2栋			1		1	
		仙女洞	爆	3	3				1		1	
		复兴新村	爆	2	2	2间						
		陈乔小学	爆	1	1	1间						
		政治学校消防班	爆	18	18	全部住所被毁	1				1	
		合计	爆燃	34 9	43	16栋及政校消防班全部	16	5	2	1	24	
附记		本表系根据重庆防空司令部、空袭救护委员会、宪兵第十二团、本部稽查处之报告汇制而成。										

（中国第二历史档案馆—787—16956）

110. 重庆卫戍总司令部调查1941年6月29日敌机袭渝情形给军令部的通报（1941年6月29日）

兹将本(二十九)日敌机袭渝损害情形通报如后：

一、敌机袭渝经过。

第1批敌机36架，9时06分在宜都发现，经恩施、利川、忠县、丰都、垫江、长寿，于12时20分进入重庆市空投弹，11时36分经涪陵、丰都、石柱向东逸去；

第2批敌机27架,在松滋发现,经渔洋关、鹤峰、宣恩、咸丰、黔江、石柱、丰都、涪陵、长寿、北碚盘旋后,13时20分进入重庆市空投弹后,13时25分经双河、涪陵、彭水东逸。

本市9时42分悬红球1个,10时06分发布空袭警报,11时04分发布紧急警报,11时44分悬红球2个,12时48分下球,13时59分解除警报。

二、损害情形。

1. 黄家垭口(水塔下面)落爆炸弹1枚,死1人,伤8人,炸毁房屋1栋;

2. 中一支路落1枚,未爆;

3. 通远门外七星岗马路上落燃烧弹1枚,未起火;

4. 南纪正街上落爆炸弹2枚,炸毁房屋10余间;

5. 上南区马路15至19号上落燃烧弹3枚、爆炸弹1枚,死男1人,伤男1人,烧毁房屋5间;

6. 上南区马路104号落燃烧弹1枚,死男2人;

7. 上南区马路148号至163号落燃烧弹2枚,死男4人,伤男4人,烧毁房屋16间;

8. 石板新街66号落爆炸弹2枚,死1人,伤1人,炸毁房屋11间;

9. 南纪门马蹄街真源堂内落爆炸弹1枚,毁房3间;

10. 至圣宫和平路199号至17号落弹2枚,毁房屋40间(军械司一部被炸);

11. 新生路口落爆炸弹1枚,无损失;

12. 新生路84号落爆炸弹2枚,毁房屋20余间;

13. 新生路104号落爆炸弹1枚,毁房屋3间;

14. 中华路中国农民银行落爆炸弹1枚,毁房屋2间;

15. 保安路中营街市警察局内落爆炸弹3枚(该局全部炸毁);

16. 保安路米花街口落爆炸弹2枚,震毁50余间;

17. 巷平街口落爆炸弹1枚,毁房屋数间;

18. 巷平街青年商场落爆炸弹2枚,炸毁房屋10余间;

19. 小较场落爆炸弹3枚,伤男1人,毁房屋10余间;

20. 民权路4号至8号落炸弹3枚，毁房屋7间；

21. 民国路落爆炸弹1枚，毁房屋10余间；

22. 太平门太平桥落爆炸弹1枚，炸穿桥梁，死男女60余人，伤20余人；

23. 临江横街落爆炸弹2枚，毁房屋5间；

24. 五四路落爆炸弹2枚，毁房屋10余间；

25. 临江路35号落爆炸弹2枚，毁房屋10余间；

26. 临江路七星坎落爆炸弹3枚，毁房屋30余间；

27. 临江门兴隆台落爆炸弹1枚，无损失；

28. 临江门坳口落爆炸弹1枚；

29. 临江门茅草坡落爆炸弹1枚，死男3人，毁房屋数间；

30. 临江门柴湾石灰码头落爆炸弹1枚，炸毁木船3只，死女1人；

31. 临江门二圣宫落爆炸弹1枚，毁房屋8间；

32. 临江门二圣宫防空洞门口落爆炸弹1枚，死男1人，伤男女7人；

33. 临江门长八街落爆炸弹1枚，伤男3人；

34. 临江门丁口街落爆炸弹3枚，死老妇1人，毁房屋10余间；

35. 临江门黑巷子落爆炸弹1枚，伤男2人，毁房屋数间；

36. 临江门太平桥落燃烧弹1枚（未起火），爆炸弹1枚，死男1人，炸毁房屋数间；

37. 临江门临江正街落爆炸弹2枚，毁房屋10余间；

38. 临江门北坛庙落爆炸弹1枚，毁房屋20余间（北坛庙派出所全部炸毁）；

39. 临江门铁丝房子罗家巷落爆炸弹2枚，毁房屋数间；

40. 临江门吉祥寺落爆炸弹4枚，死男1人，毁房屋20余间；

41. 中一路金山饭店后面落爆炸弹1枚，毁房屋3间；

42. 海棠溪正街10号至17号落爆炸弹3枚，毁房屋7间，死男3人，伤男3人；

43. 海棠溪菜市场棚户落爆炸弹1枚，伤女2人，男1人，毁房屋3间；

44. 海棠溪盐店湾落爆炸弹5枚，燃烧弹1枚，毁房屋13间（燃烧弹燃烧

未久即扑灭,并有爆炸弹1枚未爆);

　　45. 海棠溪敦厚下岸落爆炸弹4枚,毁房屋7间,伤男2人,并毁木船10只,汽船1只;

　　46. 海棠溪佘家巷落爆炸弹1枚,毁房屋4间;

　　47. 南岸黄桷渡河嘴街落爆炸弹2枚,无损失;

　　48. 南岸土桥南端三公里落爆炸弹2枚,无损失;

　　49. 南岸老君洞落弹3枚,震毁防空洞1个,死55名,伤38名;

　　50. 体心堂街15号至18号落弹3枚,毁房8间;

　　51. 仁爱堂街37号至43号投弹2枚,毁房7间;

　　52. 领事巷4号至15号投弹5枚,英大使馆亦被炸,受伤20余人,英人受伤者有3(内参事1员及秘书夫妇2人),大使馆办公室被震塌二分之一;

　　53. 报恩寺街落爆炸弹1枚,毁房屋3间;

　　54. 劝工局新街及大公药房均各中爆炸弹1枚,毁房2间;

　　55. 忠烈池〔祠〕落中爆炸弹2枚,毁房屋5间;

　　56. 百子巷落弹5枚,毁房65间。

　　共计投爆炸弹110余枚,燃烧弹10余枚,死男女130余人,伤男女70余人,毁房屋510余间,汽船1只,木船13只。

　　三、其余详细情形,容后续报。

　　右〈上〉通报:
军令部

重庆卫戍总司令部

（中国第二历史档案馆—787—16956）

111. 重庆卫戍总司令部调查1941年6月29日敌机袭渝情况暨伤亡损害表（1941年7月2日）

空袭经过情形	投弹时间	投弹地点	投弹种类	投弹数目	合计	炸毁焚塌建筑物数目	伤(男)	伤(女)	亡(男)	亡(女)	合计	备考
本(29)日敌机63架分2批袭渝：第1批36架，于9时06分在宜都发现，经恩施、利川、忠县、丰都、垫江、长寿，于11时21分在重庆投弹后，经太平至涪陵投弹后，经丰都、石柱东逸；第2批27架，于10时36分在松滋发现，经渔洋关、五峰、鹤峰、恩施、咸丰、黔江、石柱、丰都、涪陵、长寿、北碚，13时20分在重庆投弹后，经双河、涪陵、彭水向东逸去。本市于9时42分悬红球1个，10时06分发布空袭警报，11时04分紧急警报，13时59分解除。	11时21分及13时20分	上南区马路一保一甲防空洞侧面	爆 燃	3 3	6	30间			1	1	2	
		上南区马路100号左侧	爆	1	1	6间			1	1	2	
		上南区马路144号至163号	燃	3	3	19间	4		3		7	
		南极〔纪〕门外正街110棚近	爆	1	1	2间						
		南极〔纪〕门外正街38号棚近	爆	4	4	15间						
		南区马路正街	爆	3	3	5间						
		石板坡新街	爆	1	1	4间						
		领事巷	爆	2	2	2间						
		仁爱堂	爆	1	1	1间						
		英使馆	爆	1	1	2间	3	1			4	
		十八梯82号	燃	1	1	3间						
		体心堂10、12号	爆	1	1	4间						
		南极〔纪〕门大码头	爆	2	2	4间						
		南区马路16至40号	爆	2	2	4间						
		茄子码头	爆	4	4	4间						
		正石板坡	燃	1	1							
		神仙洞新街	爆	1	1	4间	4	2	1		7	
		中三路金山及皇后饭店	爆	1	1	9间						
		中一路新华商场对面	燃	1	1							
		中一路韦宏岐诊所前	燃	1	1							
		中一路万国商行前	爆	1	1	19间						

续表

空袭经过情形	投弹时间	投弹地点	投弹种类	投弹数目	合计	炸毁焚塌建筑物数目	伤亡人数 伤 男	伤亡人数 伤 女	伤亡人数 亡 男	伤亡人数 亡 女	合计	备考
		报恩堂	爆	1	1	4间						
		四分局内	燃	1	1							未爆
		中一路85号	爆	2	2	6间						
		中一路123号	爆	1	1							
		兴隆街口	爆	2	2	7间	3		1		4	
		黄家垭口菜场口	燃	1	1		2				2	爆未燃
		报恩堂14号	爆	1	1	4间						
		林森路巴县府大门内	爆	2	2	7间	1	1	1		3	
		太平门太平桥	爆	2	2	河边民船5只被毁	12	8	60	50	130	
		文昌宫	爆	2	2	20间						
		中华路大中商行	爆	1	1	3间						
		新川影院	爆	1	1	5间						
		苍坪街口震亚药房	爆	2	2	1间						
		都邮街大光明眼镜行左侧	爆	1	1	3间						
		都邮街旗杆坝	爆	1	1							
		都邮街社会服务处右侧	爆	1	1	3间						
		新生路国东小食店	爆	1	1	2间						
		新生路84号	爆	10	10	20间						
		新生路104号	爆	1	1	1间						
		夫子池讲演台左侧	爆	1	1							
		中华17号	爆	2	2	2间						
		石板坡新复街87号	爆	1	1	30间						
		石板坡新复街19、31号	爆	1	1	20间						
		三较场33号	爆	1	1	1间		1			1	
		米花街口	爆	1	1							
		米花街86号	爆	1	1							

续表

空袭经过情形	投弹时间	投弹地点	投弹种类	投弹数目	合计	炸毁焚塌建筑物数目	伤亡人数 男	伤亡人数 女	伤亡人数 男	伤亡人数 女	合计	备考
		五四路华元楼	爆	3	3							
		宽仁医院	爆	3	3							
		小梁子湖北饭店	爆	1	1	1间	1			2	3	
		小梁子重庆商场	爆	1	1	1间						
		来龙巷1号	爆	1	1	1间				2	2	
		来龙巷2号	爆	1	1					4	4	
		来龙巷62号	爆	1	1							
		来龙巷冠生园工作房	爆	1	1	1间						
		夫子池82至100号	爆	3	3	2间			1		1	
		三较场口	爆	1	1		1				1	
		三较场24号	爆	1	1	1间						
		保安路警察总局内空地	爆	1	1	10间						
		保安路特12号	爆	1	1	3间						
		临江路12号	爆	1	1	40间						
		临江路俄国大餐厅	爆	1	1	3间						
		临江路13号集体米店	爆	1	1	3间						
		石板街12号	爆	1	1	10间						
		新民街潘家沟口	爆	1	1	3间						
		新民街口	爆	1	1	14间						
		白子巷兴坊坝	爆	2	2	2间						
		鲁祖庙青年服务总队	爆 燃	1 1	2	全毁						
		百子巷	爆	3	3	41间						
		天主堂街18号	燃	1	1	全毁	1				1	
		海棠溪正街	爆	3	3	20间	2	2	2	6	12	
		盐店湾	爆 燃	8 1	9	26间	1		2	3	6	
		菜市场	爆	1	1	1间	12				12	

续表

空袭经过情形	投弹时间	投弹地点	投弹种类	投弹数目	合计	炸毁焚塌建筑物数目	伤亡人数 伤 男	伤 女	亡 男	亡 女	合计	备考
		敦厚下坡	爆	1	1	3间						
		南坪场石板沟	爆	1	1	11间						
		南坪场土地滩	爆	1	1	10间						
		豆腐石码头	爆	5	5	沉船1只			2	1	3	
		洒金坡街	爆	3	3	24间			2			
		砖码头	爆	7	7	沉大小木船14只	1		1	1	3	
		上龙门浩瓦厂烧	爆	3	3	永昌公司永宁轮沉永昌轮伤	4		35		39	
		老酒精厂	爆	1	1	1栋						
		西南皮厂	爆	3	3	1栋						
		四川造纸厂	爆	1	1	1栋						
		合计	爆燃	138 14	152	543间及全毁4所	45	19	121	65	250	
		另：涪陵城垣门外	爆	2	2	毁木船1艘	8		4		12	据涪陵警备司令部电话
附记	本表系根据重庆防空司令部、宪兵第三团、宪兵第十九团、重庆市警察局、本部稽查处之报告汇制而成。											

（中国第二历史档案馆—787—16956）

112. 重庆卫戍总司令部调查1941年6月30日敌机袭渝情形给军令部的通报（1941年6月30日）

兹将本（三十）日敌机袭渝损害情形，通报如后：

一、敌机袭渝经过。

敌机48架，分2批袭川：第1批25架，于上午8时46分在湖北宜都发现，经鹤峰、石柱、丰都、涪陵、长寿、邻水、广安、铜梁、依凤进入重庆市空，11时11分投弹后，经涪陵、石柱向东逸去；第2批23架，于上午9时50分在湖北松滋发现,经长阳、五峰、鹤峰、恩施、石柱、丰都、涪陵、茨竹进入重庆市空投弹后,11时49分经涪陵东逸。

本市上午9时19分悬红球1个,9时50分发布空袭警报,10时35分发布紧急警报,下午0时10分悬红球2个,0时40分解除警报。

二、损害情形。

1. 观音岩本部后空地投爆炸弹2枚,震毁房屋3栋,燃烧弹1枚,未起火;

2. 张家花园投炸弹12枚,震毁房屋7间,死男1人;

3. 枣子岚垭投弹22枚,计爆炸弹18枚,燃烧弹4枚,毁房屋3栋,草房6间;

4. 国府路投弹5枚,毁房屋5栋;

5. 学田湾投弹4枚,均落空地,震毁房屋2栋;

6. 上清寺投弹12枚(内未爆弹6枚,燃烧弹1枚),毁房屋15间;

7. 大田湾投弹10枚(内未爆弹4枚,燃烧弹1枚),震毁房屋5栋,毁3栋,防空洞上中弹1,伤石工6人;

8. 牛角沱投弹1枚,未爆;

9. 扬子江南岸老君坡投弹2枚,死男2人,伤男5人,女3人;

10. 江北马号街防空洞中弹1枚,洞被炸塌,死男女10余人,伤数人,附近房屋震毁数十间;

11. 江北石塘口投弹3枚(1未爆),震毁房屋数十间;

12. 江北中山林投弹3枚,死伤10余人;

13. 江北洗布塘街投燃烧弹1枚,死伤各1人,毁房屋10余间;

14. 江北过路井投弹1枚,毁房屋9间;

15. 江北公园内投弹1枚,死1人,伤2人;

16. 江北书院街投弹2枚,毁房20余间;

17. 江北节孝洞街投爆炸弹1枚,毁房屋20余间;

18. 江北四□碑投爆炸弹2枚,毁房屋20余间;

19. 江北荒林街投弹4枚,死4人,伤2人,毁房约30余间;

20. 江北明心堂投弹1枚,未爆;

21. 江北三山庙投弹3枚,1未爆,毁房20余间;

22. 江北高脚土地街投弹4枚，2未爆，毁房约30间；

23. 江北金沙门江边投弹2枚，毁民船4只；

24. 江北金沙街投弹1枚，毁房屋10余间；

25. 江北保定门江边投弹3枚，毁民船数只。

共计投爆炸弹约100枚，燃烧弹10枚，死男女24人，伤20余人，毁房屋300余栋，民船8—9只。

三、其他详细情形，容后续报。

右〈上〉通报：

军令部

重庆卫戍总司令部

（中国第二历史档案馆—787—16956）

113. 重庆卫戍总司令部调查1941年6月30日敌机袭渝情况暨伤亡损害表（1941年7月5日）

空袭经过情形	投弹时间	投弹地点	投弹种类	投弹数目	合计	炸毁焚场建筑物数目	伤亡人数 伤 男	伤 女	亡 男	亡 女	合计	备考
本(30)日敌机48架，分2批袭渝：第1批于上午8时46分在湖北宜都发现，经鹤峰、石柱、丰都、涪陵、长寿、邻水、广安、铜梁、依凤进入重庆市空，于11时11分投弹后，经涪陵、石柱向东逸去；第2批23架，于上午9时50分在湖北松滋发现，经长阳、五峰、鹤峰、恩施、石柱、丰都、涪陵、荻竹11时49分侵入重庆市空投弹后，经涪陵向	1. 11时11分	张家花园3号	爆	1	1	9间						
		张家花园2号坎下	爆	1	1							
	2. 11时49分	张家花园21号	爆	2	2	8间						
		张家花园21号后面田坝	爆	1	1				1		1	
		张家花园41号	爆	2	2	1栋						
		枣子岚垭96号	爆	4	4	1栋						
		枣子岚垭同善堂附近	爆	1	1	1间						
		枣子岚垭89号	爆	1	1	1间						
		枣子岚垭65号	爆	1	1	3间						
		枣子岚垭53号	爆	2	2	13间						
		学田湾5号侧马路边	爆	1	1							

续表

空袭经过情形	投弹时间	投弹地点	投弹种类	投弹数目	合计	炸毁焚塌建筑物数目	伤亡人数 伤 男	伤 女	亡 男	亡 女	合计	备考
东逸去。本市于9时19分悬红球1个,9时50分发布空袭警报,10时35分发布紧急警报,13时40分解除。		国民政府	爆	1	1	1间						
		国府路范庄附近马路	爆	1	1	1间						
		川师校内财政部大礼堂	燃	2	2	25间						
		川师校内市政府合作社	爆	2	2	9间						
		川师校内市政府宿舍	爆	2	2	1栋						
		川师内教育部	爆	1	1	5间						
		川师校内调查统计局电台	爆	2	2	1栋						
		中三路财政部内钱币司	爆	4	4	4间						
		中三路140号	爆	3	3	6间						
		中三路聚兴村2号	爆	1	1							
		中三路聚兴村4号对面防空洞上面	爆	1	1							
		中三路144号	爆	1	1							
		上清寺56号	爆	2	2	11间						
		中三路警察七分局门前	爆	1	1							
		上清寺171号	爆	1	1							
		李子坝12号后面河边	爆	2	2							
		上清寺131号侧	爆	3	3	40间						
		中三路洪发利营造厂	爆	2	2	机器被毁						
		上清寺邮局前公路	爆	1	1							
		中二路132号	燃	2	2							
		中二路134号	爆	1	1							
		财政部19号	燃	1	1	20间						
		大田湾	爆	10	10	8间	6				6	

续表

空袭经过情形	投弹时间	投弹地点	投弹种类	投弹数目	合计	炸毁焚塌建筑物数目	伤亡人数 伤 男	伤 女	亡 男	亡 女	合计	备考
		大田湾	燃	6	6							
		巴中财政部后面	爆 燃	4 1	5							
		春森路口	爆	1	1	2间						
		江北六事局巷10号	爆	3	3	2栋						
		江北文庙内	爆	3	3	8间						
		江北文庙右侧	爆	1	1	3间	1	1			2	
		文庙街12号	爆	1	1	4间						
		江北书院街13号	爆	2	2	12间						
		江北米亭子后面	爆	1	1							
		江北戈阳观	爆	1	1	9间	1				1	
		江北文华街宪兵看守所	燃	1	1	1间						
		江北高脚土地街	爆	1	1	1栋						
		荒连街8号	爆	1	1	8间						
		下横街85号	爆	2	2	20间						
		金沙门河边	爆	3	3	毁木船30只						
		保定门河边	爆	3	3	毁木船10余只	3	1	2		6	
		磁器口教育学院内	爆	1	1							
		江北二十一兵工厂泥工厂房	爆	1	1	5间	6	2			8	
		江北二十一兵工厂内农场工人住宅	爆	1	1	4间						
		江北二十一兵工厂泥工场附近	爆	4	4							
		江北二十一兵工厂工人食堂	爆	1	1	5间						
		江北二十一兵工厂武器修理所	爆	1	1	10间						
		江北二十一兵工厂黄泥沟	爆	4	4							

续表

空袭经过情形	投弹时间	投弹地点	投弹种类	投弹数目	合计	炸毁焚场建筑物数目	伤亡人数 伤 男	伤 女	亡 男	亡 女	合计	备考
		江北肖家坪	爆	2	2	1间						
		江北简家台	爆	2	2	4间						
		江北中山林四川榨油厂防空洞	爆	1	1							
		中山林空地	爆	1	1							
		江北马号街防空洞后	爆	3	3	10间	3	3	3	2	11	
		江北洗布塘街后军需学校	爆	3	3	3间	1				1	
		江北五福后街	爆	3	3	5间		1		1	2	
		江北公园内图书室	爆	1	1	1栋	1				1	
		江北芭蕉湾	爆	2	2	10间	1			1	2	
		江北警察九分局门前	爆	3	3	10间						
		江北残废院	爆	2	2	1间						
		南岸老君洞大山门	爆	1	1		4	1		1	6	
		南岸老君洞小山门	爆	1	1							
		南岸老君洞南天门	爆	1	1							
		南岸向家湾	爆	1	1							
		合计	爆燃	126 12	138	39间及8栋船40余只	27	7	8	6	48	
附记		本表系根据重庆防空司令部、重庆警备司令部、宪兵第三团、宪兵第九团、重庆市警察局、本部稽查处之报告汇制而成。										

（中国第二历史档案馆—787—16956）

114. 重庆卫戍总司令部调查1941年7月4日敌机袭渝情形给军令部的通报（1941年7月4日）

兹将本（四）日敌机袭渝经过及损害情形，通报如左〈下〉：

一、空袭经过。

本日敌机28架，分2批袭渝，第1批4架，于5点40分在三斗坪发现，经巫山、奉节、云阳、万县、梁山、丰都、涪陵,7时由涪陵飞返丰都,经黔江东逸;第2批24架,于7点45分在松滋发现,经宜都、宣恩、黔江、丰都、涪陵、小观音、江津、永川,9点41分飞入市空投弹后,经木洞、涪陵、彭水、黔江东逸。

本市于6点18分发布空袭警报,7点05分发布紧急警报,10点20分发布解除警报。

二、损害情形。

1. 朝天门嘉陵码头落燃烧弹1枚,4号至13号房屋起火,燃烧甚烈;

2. 麻柳湾落燃烧弹1枚,爆炸弹1枚,1号至22号起火燃烧;

3. 朝天门101号地下堡落爆炸弹1枚,伤守兵6名;

4. 陕西街建设银行落爆炸弹1枚,该行全毁;

5. 朝天门小河顺城街江边落爆炸弹数枚,毁趸船2艘;

6. 江北观阳门老码头落爆炸弹3枚,毁棚户100余间,死男2女2,伤女10余人;

7. 江北观阳门新码头落爆炸弹2枚,毁棚户数十间;

8. 江北观阳门城楼落爆炸弹1枚,死卫兵2名;

9. 江北观阳门江边沙滩落爆炸弹3枚,毁木船4只;

10. 江北金沙街落爆炸弹5枚,震毁房屋30余栋;

11. 江北左顺城街落爆炸弹3枚,震毁房屋10余栋;

12. 江北文庙落爆炸弹2枚,庙宇震毁;

13. 江北公园落爆炸弹2枚;

14. 南岸周家湾落爆炸弹1枚,未爆;燃烧弹1枚,毁房屋数间,伤男女各1人。

以上总计投爆炸弹约27枚,燃烧弹3枚,伤男7人女10余人,死男4人女2人,毁棚户150余间,毁房屋约40余栋,毁船6只。

右〈上〉通报:

军令部

重庆卫戍总司令部

(中国第二历史档案馆—787—16956)

115. 重庆卫戍总司令部调查1941年7月4日敌机袭渝情况暨伤亡损害表（1941年7月）

空袭经过情形	投弹时间	投弹地点	投弹种类	投弹数目	合计	炸毁焚塌建筑物数目	伤亡人数 伤 男	伤亡人数 伤 女	伤亡人数 亡 男	伤亡人数 亡 女	合计	备考
本(7)月4日敌机28架，分2批袭渝：第1批4架，于5时40分在三斗坪发现，经巫山、云阳、万县、梁山、丰都、涪陵，7时飞返丰都，经黔江东逸；第2批24架，于7时45分在松滋发现，经宜都、宣恩、黔江、丰都、涪陵、小观音、江津、永川，9时41分飞入市空投弹后，经涪陵、彭水、黔江东逸。本市于6时03分悬红球1个，6时18分发布空袭警报，7时05分紧急警报，10时20分解除。	9时41分	朝天门三门洞	爆	3	3							
		天灯街20号	爆	1	1	1栋						
		嘉陵码头河边	爆	2	2	趸船2只	4		2		6	
		嘉陵码头河边	燃	3	3	18间						
		贺家码头河边	爆	3	3	毁木船7只			2		2	
		千厮门朋友旅舍	爆	2	2	12间						
		二郎庙街54号	爆	2	2	6间		1			1	
		小观井巷	爆	1	1	3间						
		千厮门炭码头	爆	2	2	4间						
		千厮门河堤	爆	4	4	炭船8只趸船1只						
		千厮门行街	爆 燃	3 2	5	9间						
		醋房院子	爆	2	2	1栋						
		朝天门半边街2号	爆	1	1	1间						
		信义街马路中心	爆	1	1		6				6	
		陕西街226号	爆	1	1	1栋						
		江北四方井2号	爆	1	1	1栋						
		江北金山街18号	爆	2	2	8间						
		江北荒连街3号	爆	5	5	11间						
		江北观阳门河边	爆	3	3	房20余间船2只						
		江北观阳门河边	燃	2	2							
		保定门外河边	爆	5	5	毁船2只			2		2	
		保定门外河边	爆	2	2							
		金沙门外河边	爆	2	2							
		江北文庙内	爆	1	1							

续表

空袭经过情形	投弹时间	投弹地点	投弹种类	投弹数目	合计	炸毁焚塌建筑物数目	伤亡人数 伤 男	伤 女	亡 男	亡 女	合计	备考
		江北正街十字口	爆	1	1	2间						
		高脚土地街	爆	3	3	6间						
		保定门外谢家坡	爆	2	2				1		1	
		双土地	爆	1	1	2栋	1		4		5	
		海狮路29号	爆 燃	1 1	2	4间			1		1	
		合计	爆 燃	55 10	65	房104间，趸船3只，木船19只	11	1	11	1	24	
附记	本表系根据重庆防空司令部、重庆警备司令部、宪兵第三团、重庆市警察局、本部稽查处之报告汇制而成。

（中国第二历史档案馆—787—16956）

116. 重庆卫戍总司令部调查1941年7月5日敌机袭渝情形给军令部的通报（1941年7月5日）

兹将本（五）日敌机袭渝损害情形通报如后：

一、空袭经过。

1. 敌机21架，于15时56分在湖北五峰发现，经鹤峰、黔江、涪陵、江津，17时54分侵入重庆市空投弹后，由涪陵、石柱东逸。

2. 本市16时20分悬红球1个，16时45分发布空袭警报，17时24分发布紧急警报，18时18分悬休息球2个，18时50分解除警报。

二、损害情形。

1. 中二路重庆村内落爆弹及未爆弹各1枚，毁屋1栋；

2. 中二路中央党部组织部内落爆炸弹1枚，毁屋4间，又门房后面及马路上落爆炸弹各1枚，门房全毁；

3. 中二路重庆村对面约百米处落爆炸弹3枚，毁房数栋，死女1人；

4. 两浮支路政治部内落爆炸弹1枚，震毁房屋数间，其附近马路及空场

上落爆炸弹5枚,未爆1枚,无损失;

5. 大田湾十六补训处三团第三营房内落爆炸弹1枚;

6. 康宁路财政部总务司落烧夷弹2枚,房屋完全被烧毁;

7. 川东师范内落爆炸弹3枚,毁房1栋;

8. 十八梯马路旁防空洞门口爆弹1枚,本部稽查处官兵死1人,伤10余人;纸烟公会工人及民众死伤颇多,确数待查;

9. 中兴路落爆炸弹、烧夷弹各1枚,无损失;

10. 后池落烧夷弹1枚;

11. 金马寺警察所落爆炸弹2枚;

12. 九块桥米厂落爆炸弹1枚;

13. 复兴关处马家祠第十重伤医院落弹数枚,起火,死8人,毁房数栋;第十六补训处第三团第二营部队于敌机投弹20分钟后驰往,将火扑灭。

以上共计投弹约数十枚,毁房数十栋,死女1人男9人,伤约10余人,起火地点均已扑灭。

三、其余详细情形,容后续报。

右〈上〉通报:

军令部

重庆卫戍总司令部
(中国第二历史档案馆—787—16956)

117. 重庆卫戍总司令部调查1941年7月5日敌机袭渝情况暨伤亡损害表（1941年7月9日）

空袭经过情形	投弹时间	投弹地点	投弹种类	投弹数目	合计	炸毁焚塌建筑物数目	伤亡人数 伤 男	伤 女	亡 男	亡 女	合计	备考
本(7)月5日敌机21架,由鄂袭渝,于15时56分在湖北五峰发现,经黔江、涪陵、江津,于17时54分侵入市空投弹后,经涪陵、石柱向东逸去。本市16时20分悬红球1个,16时45分发布空袭警报,17时24分发布紧急警报,18时50分解除。	17时54分	凯旋路35号	爆	1	1	5间						
		金家巷2号	爆	1	1	1栋						
		金马寺警察派出所	爆	1	1	1栋						
		厚慈街197号	爆	1	1	8间						
		厚慈街289号	爆	1	1	6间						
		十八梯57号	爆	1	1	3间						
		十八梯113号	爆	2	2	7间						
		十八梯观音崖〔岩〕	爆	1	1	落于洞口	42		4		46	
		马蹄街70号	爆	1	1	2间						
		马蹄街93号	爆	1	1	1栋						
		九块桥21号	爆	1	1	6间						
		中兴路53号	爆	1	1	4间						
		康宁路中央教育部	爆 燃	1 1	2	28间						
		康宁路小元球场	爆 燃	1 3	4							
		民权路9号	爆	1	1	5间						
		小元宿舍	爆	1	1	6间						
		盐务税局	爆	1	1	1栋						
		中三路财政部门首	爆	3	3							
		中三路151号	爆	1	1	2间						
		中三路152号	爆	2	2	2间						
		重庆村24号	爆	2	2	3间						
		巴中校门前	爆	1	1	朝门炸毁						
		中央组织部厨房	爆	1	1	2间						
		中央组织部食堂	爆	1	1	6间						
		中央组织部门前	爆	1	1							
		中央组织部传达室	爆	1	1	3间						

续表

空袭经过情形	投弹时间	投弹地点	投弹种类	投弹数目	合计	炸毁焚塌建筑物数目	伤亡人数 伤 男	伤亡人数 伤 女	伤亡人数 亡 男	伤亡人数 亡 女	合计	备考
		巴中校操场	爆	3	3							
		中三路9号	爆	2	2	6间						
		曾家岩河心	爆	2	2							
		川东师范操场	爆	2	2							
		中三路重庆村8号	爆	1	1	1栋						
		民生路67号	爆	1	1	1间						
		民生路43号	爆燃	1 1	2							
		中华路113号	爆	1	1	5间						
		和平路28号	爆	1	1	1间						
		和平路54号	爆	1	1	5间						
		书帮公所公共厕所附近	燃	2	2							
		扁担巷防空洞对面空地	燃	1	1							
		南纪正街后面担架连住处	爆	1	1	1栋						
		金紫门河边	燃	1	1							
		保安路56号	爆	1	1	16间						
		正阳街43号	爆	1	1	3间						
		民族路244号	爆	1	1	3间						
		百子巷22号	爆	1	1	9间						
		两浮支路8号	爆	1	1	2间						
		两浮支路重庆市立中学	爆燃	6 1	7	2栋						
		大田湾全国募寒衣总会	爆	2	2							
		天主堂22号	爆燃	1 1	2	8间						
		猪行街	燃	2	2	2栋						
		回水沟	爆	1	1	25间						
		永庐唐公馆	爆	1	1	3间						

续表

空袭经过情形	投弹时间	投弹地点	投弹种类	投弹数目	合计	炸毁焚塌建筑物数目	伤亡人数 伤 男	伤 女	亡 男	亡 女	合计	备考
		江北河边碛坝	爆燃	1 1	2							
		南岸南平〔坪〕镇九龙寺大田内	爆	2	2							
		合计	爆燃	66 14	80	毁房181间又10栋	42		2		46	
附记	本表系根据重庆防空司令部、重庆警备司令部、宪兵第三团、宪兵第十三团、重庆市警察局、本部稽查处之报告汇制而成。

(中国第二历史档案馆—787—16956)

118. 重庆卫戍总司令部调查1941年7月6日敌机袭渝情形给军令部的通报(1941年7月6日)

兹将本(六)日敌机两次空袭情形通报如左〈下〉：

一、空袭经过。

1. 第1次敌机9架，于上午7时53分在湖北秭归发现，经巴东，于8时09分窜至巫山盘旋，于8时22分及8时30分先后在巫山投弹，后经巴东、秭归逸去。该地非本部辖区，损害情形不详。本市于8时21分悬红球1个，8时45分将红球卸下，悬绿球1个。

2. 第2次敌机23架，分三批自鄂袭渝：第1批7架，于17时13分在湖北宜都发现，经石柱、垫江、邻水、合川、遂宁折返，复经潼南、合川，于8时正侵入重庆市空投弹后，经涪陵、丰都、万县东逸；第2批7架，于18时05分在湖北松滋发现，经恩施、云阳、忠县、涪陵、长寿，于20时08分侵入重庆市空投弹后，经长寿、涪陵东逸；第3批9架，于18时18分在湖北秭归发现，经巴东、奉节、万县、忠县、垫江、涪陵，于20时20分侵入市空投弹后，经涪陵、万县东逸。

3. 本市于17时55分悬红球1个，18时25分发布空袭警报，19时10分发布紧急警报，20时30分悬红球2个，21时16分解除警报。

二、损害情形。

1. 中二路(两路口)落爆炸弹1枚；

2. 中三路美专校街落燃烧弹10余枚,中央宣传部、中央组织部全部烧毁；

3. 美专校街1至4号待从室第二处陈主任公馆落燃烧弹4枚,全部烧毁；

4. 中三路春生路落爆炸弹2枚,炸毁房屋3栋；

5. 中三路大兴别墅门前落爆炸弹3枚,震毁房屋10余栋；

6. 美专校街特7号落爆炸弹1枚,燃烧弹1枚,烧毁房屋3栋,伤救护人员3名；

7. 上清寺街15号至20号落爆炸弹2枚,燃烧弹1枚,炸毁房屋6栋；

8. 上清寺街69号落燃烧弹1枚,烧毁房屋栋,其火现已扑灭；

9. 国府路288号附近落爆炸弹3枚,毁房屋5栋；

10. 两浮支路落爆炸弹1枚。

以上共计落爆炸弹10余枚,燃烧弹20余枚,炸伤3人,炸毁房屋数十间。

三、其余详细情形,容后续报。

右〈上〉通报：

军令部

重庆卫戍总司令部
(中国第二历史档案馆—787—16956)

119. 重庆卫戍总司令部调查1941年7月6日敌机袭渝情况暨伤亡损害表（1941年7月9日）

空袭经过情形	投弹时间	投弹地点	投弹种类	投弹数目	合计	炸毁焚塌建筑物数目	伤亡人数 伤 男	伤 女	亡 男	亡 女	合计	备考
本(7)月6日敌机两次袭川：第1次于7时53分在湖北秭归发现，经巴东、巫山盘旋，于8时22分及8时30分先后在巫山投弹，后经巴东、秭归东逸。本市于8时21分悬红球1个，8时45分下红球。第2次敌机23架，分3批袭渝：第1批7架，于17时13分在湖北宜都发现，经石柱、垫江、邻水、合川、遂宁折回，经潼南、合川，于8时正侵入市空投弹后，经涪陵、丰都、万县东逸；第2批7架，于18时在湖北松滋发现，经恩施、云阳、忠县、涪陵、长寿，于20时08分侵入市空投弹后，经长寿、涪陵东逸；第3批9架，于18时08分在湖北秭归发现，经宣恩、忠县、垫江、涪陵，于20时20分侵入市空投弹后，经涪陵、万县东逸。本市于17时55分悬红球1个，18时25分发布空袭警报，19时10分紧急警报，21时16分解除。	1. 20时 2. 20时08分 3. 20时20分	南纪门外飞机码头下面	爆	1	1							
		南纪门外石塘口	爆	1	1							
		菜园坝河边	爆	1	1							
		珊瑚坝河边	爆	1	1							
		学田湾15号	爆	1	1	5间						
		学田湾26号侧	爆	1	1	4间						
		中央广播电台汽车房	爆	1	1	6间						
		中三路聚兴村19号	爆	1	1	4间						
		中三路13、16号	爆	2	2	8间						
		上清寺18号	爆	1	1	5间						
		中三路聚兴村1号	爆	1	1	2间						
		中三路133号附近	爆	2	2	10间						
		中三路大兴别墅8号	爆	2	2	8间						
		美专校1号附近	爆	10	10	18间	3		2		5	
		美专校26号附近	爆	4	4	7间	1				1	
		美专校32号附近	爆	1	1	5间						
		李子坝17号后面坡上	爆	1	1							
		中三路130号前	爆	1	1	2间						
		中三路126号	爆	1	1	2间						
		中三路中国银行后面	爆	2	2	15间						
		中三路美专校后街2号至28号	燃	2	2	6间						
		中三路巴中校内	爆	2	2	5间						
		中央组织部内	爆	1	1	4间						

续表

空袭经过情形	投弹时间	投弹地点	投弹种类	投弹数目	合计	炸毁焚塌建筑物数目	伤亡人数 伤 男	伤 女	亡 男	亡 女	合计	备考
		中央执行委员会组织部	爆	4	4	全部毁						
		中央执行委员会组织部	燃	3	3							
		巴中校内军政部特务第五团三排	爆	10	10	4间						
		巴中校内	爆	3	3							
		中三路重庆村门前	爆	1	1	2间						
		重庆村内	爆	6	6	7栋						
		财政部消费合作社后面	爆	1	1	1栋						
		华岩寺附近陈家院后面空地	爆 手榴	3 4	7		2	2	1		5	
		华岩寺附近照空电台空地	手榴	2	2			1			1	
		南坪镇金家岩特务团六营	爆 燃	1 1	2	1栋	4				4	
		江北聚贤庄河滩	爆 燃	2 1	3							
		两浮支路政治部右侧	爆	1	1	10间						
		国府路296号	爆	1	1							
		国府路295号	爆	1	1							
		国府路306号	爆	1	1							
		林森路	爆	2	2	2栋						
		合计	爆 燃 手榴	74 8 6	88	毁房151间又11栋	10	3	2	1	16	
附记	本表系根据重庆防空司令部、重庆警备司令部、宪兵第三团、宪兵第十九团、市警察局、本部稽查处之报告合制而成。											

(中国第二历史档案馆—787—16956)

120. 重庆卫戍总司令部调查1941年7月7日敌机袭渝情形给军令部的通报(1941年7月7日)

兹将本(七)日敌机袭渝经过及损害情形,通报如后:

一、空袭经过。

1. 本(七)日敌机32架,分3批袭川:第1批驱逐机6架,于上午7时22分在湖北五峰发现,经黔江、丰都、涪陵、双河,8时39分到达市空,仍向西飞,至江津后折返,飞抵重庆,经木洞、涪陵、彭水东逸;第2批敌机17架,于7时在湖北宜都发现,经长阳、万县、梁山、邻水、岳池、合川、清平,9时10分侵入市空投弹后,经南川、涪陵、丰都东逸;第3批敌机9架,于7时45分在石牌发现,经两河口、巫山,8时35分在奉节投弹后,经原路东逸。

2. 本市于7时36分悬红球1个,8时发布空袭警报,8时28分发布紧急警报,8时47分悬红球2个,10时10分解除警报。

二、损害情形。

1. 两路口社会服务处斜对面街心落爆炸弹1枚,未爆发;

2. 巴县中学大门内外共落爆炸弹4枚,毁房数间;

3. 聚兴村落爆炸弹1枚,1号及12号楼房被毁,其右边落燃烧弹1枚,烧房1间;

4. 成渝支路落爆炸弹1枚,毁草房3间,伤男2人;

5. 上清寺街12号至16号落爆炸弹2枚,毁房约20余间,又22号落爆炸弹3枚,毁房5间;

6. 中四路陶园前面中央党部消费合作社落爆炸弹1枚,铺房4间及货物全毁,又震毁铺面10余间;

7. 中四路80号福泰翻砂厂落爆炸弹1枚,房屋全毁,又震毁铺面12间;

8. 中四路90号新闻检查局落爆炸弹1枚,毁楼房约10余间,震毁铺面8间;

9. 康庄落爆炸弹1枚,毁房3间,燃烧弹1枚,落空地延烧及木料经扑灭,无损失;

10. 求精中学后门落爆炸弹1枚,毁房3间,死男1人,伤男2人。

以上共计落爆炸弹约16枚,未爆弹1枚,燃烧弹2枚,毁房约100余间,伤男4人,死男1人。

三、其余详细情形,容后续报。

右〈上〉通报:

军令部

重庆卫戍总司令部

(中国第二历史档案馆—787—16956)

121. 重庆卫戍总司令部调查1941年7月7日上午敌机袭渝情况暨伤亡损害表(1941年7月)

空袭经过情形	投弹时间	投弹地点	投弹种类	投弹数目	合计	炸毁焚塌建筑物数目	伤亡人数 伤 男	伤 女	亡 男	亡 女	合计	备考
本(7)月7日,敌机32架,分3批自鄂袭川:第1批于7时22分在湖北五峰发现,经黔江、丰都、涪陵、双河,于8时31分侵入市空,仍西飞,至江津后折回重庆,经木洞、涪陵、彭水东逸,未投弹;第2批17架,于7时在湖北宜都发现,经长阳、万县、梁山、邻水、岳池、合川、清平,于9时10分侵入市空投弹后,经南川、涪陵、丰都东逸;第3批9架,7时45分在湖北石牌发现,经两河口、巫山,于8时35分在奉节投弹,仍循原路东逸。因其非本部辖区,损害情形不明。本市7时36分悬红球1个,8时发布空袭警报,8时28分紧急警报,10时10分解除。	9时10分	上清寺街10号	爆	2	2	5间						
		上清寺街19号	爆	2	2	3间						
		上清寺街30号	爆	1	1	7间						
		上清寺街45号	爆	2	2	9间						
		中四路45号	爆	2	2	9间						
		中四路60号侧	爆	1	1	5间						
		中四路求精中学侧	爆	3	3							
		中四路95号	爆	2	2							
		中四路89号	爆	1	1	5间						
		中四路64号	爆	1	1	6间						
		国府路316号内	爆	3	3	6间						
		下南区马路对面塞河口	爆	1	1	10余间	20	15	17	12	64	
		两路口大华公司	爆	1	1	1栋						
		中山路17号前	爆	1	1							

续表

空袭经过情形	投弹时间	投弹地点	投弹种类	投弹数目	合计	炸毁焚塌建筑物数目	伤亡人数 伤 男	伤 女	亡 男	亡 女	合计	备考
		两路口大田湾	爆	10	10	6间	12		12	6	30	
		菜园坝铁路坝	爆	1	1		2				2	
		两浮支路政治部附近	爆	2	2	6栋						
		合计	爆	36	36	69间及7栋	34	15	29	18	96	
		涪陵县	爆	4	4	90余间	28		13		41	据涪陵警备司令陈瑞河电
附记	本表系根据重庆防空司令部、重庆警备司令部、宪兵第三团、宪兵第十九团、重庆市警察局、本部稽查处之报告汇制而成。												

(中国第二历史档案馆—787—16956)

122. 重庆卫戍总司令部调查1941年7月7日下午敌机袭渝情形给军令部的通报(1941年7月7日)

兹将本(七)日下午敌机袭渝情形,通报如后:

一、空袭经过。

1. 第1批敌机3架,18时06分在湖北渔洋关发现,经五峰、石柱、丰都、涪陵、长寿,于19时18分窜入市空投弹后,经木洞、南川、彭水东逸;

2. 第2批敌机3架,于18时46分在鄂聂家河发现,经五峰、宣恩、石柱、丰都、涪陵、长寿、隆盛场,于20时29分窜入市空投弹后,经太平、涪陵、丰都、石柱东逸;

3. 第3批敌机3架,于20时30分在鄂聂家河发现,经长阳、资邱、宣恩、黔江、彭水、涪陵、太平,于22时05分飞达市郊,仍西飞江津,至永川折回,经丁家坳,于22时40分窜入市空投弹后,经木洞、涪陵、彭水东逸;

4. 本市于18时05分挂红球1个,18时48分发布空袭警报,于19时38分发布紧急警报,于21时悬休息球2个,21时50分落下休息球,23时02分复挂红球2个,于23时27分发布解除警报。

二、损害情形。

1. 较场口附近草药街、荒市街、鼎新街落燃烧弹5枚，未爆1枚，焚毁房屋约100余间，业经扑灭；

2. 社会局落燃烧弹3枚，未爆1枚，伤3人，房屋全部焚毁，正在扑灭中；

3. 南纪门马路上落弹1枚，未爆炸；

4. 中三路巴县中学内组织部落燃烧弹3枚，烧房1栋；

5. 浮图关六合新村附近落燃烧弹6枚，爆炸弹2枚，弹落空地，毫无损失；

6. 浮图关李家花园落燃烧弹2枚，未爆弹1枚；

7. 南岸马家坪亦落弹，损失情形不详。

以上共计约落爆炸弹2枚，燃烧弹14枚，未燃弹4枚，炸毁房屋100余间又一全栋，伤3人。

三、其余详细情形，容后续报。

右〈上〉三项通报：

军令部

重庆卫戍总司令部

（中国第二历史档案馆—787—16956）

123. 重庆卫戍总司令部调查1941年7月7日下午敌机袭渝情况暨伤亡损害表（1941年7月）

空袭经过情形	投弹时间	投弹地点	投弹种类	投弹数目	合计	炸毁焚塌建筑物数目	伤亡人数 伤 男	伤 女	亡 男	亡 女	合计	备考
本(7)日下午，敌机9架，分3批袭渝：第1批3架，于18时06分在湖北渔洋关发现，经五峰、石柱、涪陵、长寿，于19时01分窜入市空投弹后，经木洞、南川、彭水东逸；第2批3架，于18时46分在湖北聂家河发现，经五峰、宣	1. 20时09分	金汤街92号	燃	1	1	5间						
		金汤街55号	燃	1	1	4间						
	2. 20时29分	神仙洞新街社会局	燃	1	1	1栋						
		神仙洞新街社会局侧	爆	1	1	2间			2	1	3	
	3. 22时40分	至圣宫9号	爆	3	3	7间						
		打枪坝内	爆燃	2 2	4							

续表

空袭经过情形	投弹时间	投弹地点	投弹种类	投弹数目	合计	炸毁焚塌建筑物数目	伤亡人数				合计	备考
							伤		亡			
							男	女	男	女		
恩、石柱、丰都、涪陵、长寿、隆盛场，于20时09分窜入市空投弹后，经太平、涪陵、丰都、石柱东逸；第3批3架，于20时30分在湖北聂家河发现，经长阳、资邱、宣恩、黔江、彭水、涪陵、太平，于22时05分飞近市郊，西飞，经江津、永川折回，经丁家坳，于22时40分窜入市空投弹后，经木洞、涪陵、彭水东逸。本市于18时05分悬红球1个，18时48分发布空袭警报，19时38分紧急警报，23时27分发布解除。		领事巷口	爆	1	1	涵洞		1	1	1	3	
		上石板坡消防沟21至42号	爆	2	2	21间	3		1	1	5	
		上石板坡长五间1号至5号	爆	1	1	5间						
		上南区马路150至178号	爆燃	1 1	2	28间	1	3			4	
		和平路老日本领馆	爆	1	1							
		中三路12号	燃	1	1							
		巴中校内外交部招待所	燃	2	2	3栋						
		巴中校内巴联会宿舍	爆	2	2	3间						
		巴中校内草房	爆	2	2	3间						
		巴中校内洗澡堂	爆	1	1	5间						
		遗爱祠山坡	爆	1	1							
		十八梯观音崖〈岩〉洞口	爆	2	2							
		荒市街17号	爆	2	2	25间						
		火药局街上口	燃	1	1	1间	4				4	
		南岸黄桷渡上河街13号	爆	1	1	9间	2	1	1		4	
		南岸天星桥2号下空地		1	1							
		南岸天星桥7号至8号	爆燃	1 1	2							
		南坪镇响水沟5号后空地	爆	1	1			1	1		2	
		南坪镇响水沟6号前空地	燃	1	1							
		合计	爆燃	27 11	38	毁房118间又4栋	10	6	6	3	25	

续表

空袭经过情形	投弹时间	投弹地点	投弹种类	投弹数目	合计	炸毁焚塌建筑物数目	伤亡人数 伤 男	伤 女	亡 男	亡 女	合计	备考
附记	本表系根据重庆防空司令部、重庆警备司令部、宪兵第三团、宪兵第十九团、重庆市警察局、本部稽查处之报告汇制而成。											

（中国第二历史档案馆—787—16956）

124. 重庆卫戍总司令部调查1941年7月8日敌机袭渝情形给军令部的通报（1941年7月8日）

兹将本（八）日敌机袭渝经过及损害情形通报如后：

一、空袭经过。

敌机20余架（后经判明为25架）于上午7时21分在湖北松滋发现西飞，经渔洋关、五峰、鹤峰、咸丰、黔江、彭水、涪陵、长寿，于9时40分在木洞附近稍事盘旋并投弹2枚后，继续西飞，于9时51分窜入市空投弹后，经永兴、涪陵东逸。

本市于8时悬红球1个，8时26分发布空袭警报，8时55分发布紧急警报，10时10分悬红球2个，10时38分解除警报。

二、损害情形。

1. 较场口落爆炸弹1枚，炸毁房屋3间；

2. 善果街落爆炸弹2枚，炸毁房屋10余间；

3. 月台坝落爆炸弹2枚，炸毁房屋7间；

4. 回水沟3号落爆炸弹1枚，炸毁房屋10余间；

5. 厚慈街48号落爆炸弹1枚，炸毁房屋30余间；

6. 疗叶巷9至24号落爆炸弹1枚，炸毁房屋20余间；

7. 中兴路73号门前马路中央落爆炸弹1枚，伤男4人，炸毁房屋20余间；

8. 中兴路26号落爆炸弹1枚，炸毁房屋10余间；

9. 中兴路柑子堡13号落燃烧弹1枚，起火，烧毁房屋5间，火势当经扑灭；

10. 中兴路柑子堡15号门前落爆炸弹3枚，炸毁房屋10余间；

11. 中华路天主堂街口落爆炸弹1枚，炸毁房屋5间；

12. 民生路188号落爆炸弹1枚，炸毁房屋3间；

13. 中一路七星岗落爆炸弹3枚，炸毁房屋10余间，死4人；落燃烧弹1枚，起火，烧毁房屋3间，旋即被扑灭；

14. 中一路黄家垭口落爆炸弹1枚；

15. 中一路1至18号落爆炸弹2枚，燃烧弹2枚，死男5伤男1，炸毁房屋50余间；

16. 黄家垭口四德里后一防空洞口内落爆炸弹1枚，死男20余人，女6人，伤20余人；

17. 通远门水塔附近落爆炸弹2枚，炸毁房屋10余间；

18. 中一支路马路上落爆炸弹1枚，震毁房屋4间；

19. 黄家垭口四德里后落燃烧弹1枚，炸毁房屋6间；

20. 观音岩得胜大舞台落爆炸弹2枚，全部炸毁。

共计落爆炸弹约30枚，燃烧弹数枚，死男29人，死女6人，伤男女约30人，炸毁、焚烧房屋260余间。

三、菜园坝一带于发布紧急警报后，原有4处起火，因敌机业已迫近市空，无法抢救，至火势蔓延甚烈，后经消防部队拼命抢救，始灭〔渐〕扑灭，下南区马路12号至61号全被焚毁。本部于敌机离去后，即派员前往灾场调查起火原因，经询据警察第五分局陈巡官志恭谈称："恐系住户炉火于警报发出后，未经熄灭所致。至何以三四处同时起火，则颇费解。本局为查明真相起见，已将各起火处之居民拘局调查矣。"等语。本部以此案事出离奇，或系奸伪主使，也未可知？已饬属彻查真相及严加注意矣。

四、详情容后续报。

右〈上〉四项通报：

军令部

重庆卫戍总司令部

（中国第二历史档案馆—787—16956）

125. 重庆卫戍总司令部调查1941年7月8日敌机袭渝情况暨伤亡损害表（1941年7月12日）

空袭经过情形	投弹时间	投弹地点	投弹种类	投弹数目	合计	炸毁焚塌建筑物数目	伤亡人数 伤 男	伤 女	亡 男	亡 女	合计	备考
本(8)日敌机25架袭渝，于7时21分在湖北松滋发现，经五峰、鹤峰、咸丰、黔江、彭水、长寿、隆盛、木洞，于9时51分窜入市空投弹后，经永兴、南川、涪陵、彭水东逸。本市于8时悬红球1个，8时26分发布空袭警报，8时55分紧急警报，10时38分解除。	9时51分	凤凰台44号	爆	1	1				1		1	
		中兴路61号	爆	1	1	1栋						
		柑子堡13号	燃	1	1	1栋						
		柑子堡25号	爆	1	1	2间						
		军委会内交际科士兵室	燃	1	1	4间						
		军政部总务厅	爆	1	1	1栋						
		军委会内	爆	1	1							
		小巷子17号	爆	1	1	1栋						
		军令部高级参谋室	爆	1	1	3间						
		凯旋路5号	爆	1	1	1栋						
		雷公嘴交通道	爆	1	1							
		联升街16号	爆	1	1							
		中一路乐园旅馆右侧	爆	1	1	1栋						
		中一路144号	爆	1	1	2间						
		中一路军政部兵役署停车房	燃	1	1	汽车4辆						
		中一路得胜舞台	爆	1	1	全毁						
		中一路巴县汽车站	爆	2	2	12间	3		2		5	
		中一路15号	爆	2	2	10间						
		中一路17号	爆	1	1	8间						
		中一路四德里	爆	1	1	3间						
		黄家垭口506号防空洞	爆	1	1		41	15	16	10	82	
		黄家垭口支马路	爆	1	1	3间						

续表

空袭经过情形	投弹时间	投弹地点	投弹种类	投弹数目	合计	炸毁焚塌建筑物数目	伤亡人数 伤 男	伤 女	亡 男	亡 女	合计	备考
		仁爱堂街4号	爆	1	1	4栋						
		领事巷英国使馆	爆	2	2	2栋						
		金汤街88号	爆	1	1	7间						
		金汤街72号	爆燃	1 1	2	12间						
		金汤街57号	爆	1	1	4间						
		水市巷19号	爆	1	1	4间						
		水市巷1号	爆	1	1	3间						
		新民街63号后	燃	1	1	8间						
		新民街102号	爆	1	1	12间						
		新民街142号	燃	1	1	4间						
		木货街5号	爆	1	1	3间						
		尚武街53号	爆	2	2	3间	5				5	
		尚武街11号	爆	1	1	3间						
		老街90号	爆	1	1	11间						
		十八梯106号	爆	1	1							
		十八梯汪家公馆	爆	1	1	3间						
		善果街洞口	爆	1	1							
		瞿家沟97号	爆	1	1	1栋						
		金马寺警察分驻所	爆	1	1							
		厚慈街101号	爆	1	1	1间						
		神仙洞新街51号附近	爆	4	4	18间						
		兴隆街普麟寺	爆	2	2	4间						
		兴隆街自来水塔下面	爆	3	3	26间						
		窄房沟华一实业公司	爆燃	7 1	8	20余间						

续表

空袭经过情形	投弹时间	投弹地点	投弹种类	投弹数目	合计	炸毁焚塌建筑物数目	伤亡人数 伤 男	伤 女	亡 男	亡 女	合计	备考
		双溪沟郑家湾防[空]洞	爆	1	1		50	35	25	28	116	
		保节院38号	爆	1	1	12间						
		铜元局□华农场	爆	1	1							
		笕子背河心	爆	2	2							
		五福街菜市场	爆	1	1	6间						
		雷公嘴9号	爆	2	2	2间						
		临江门顺城街11号	爆	1	1	12间						
		韩家巷16号	燃	1	1							
		冉家巷19号	爆	1	1	2栋						
		南岸下龙门浩藕田	爆	7	7		6		1		7	
		中二路136号前后面	爆	2	2		4	6			10	
		飞仙宫仙佛石庙侧	爆	3	3	3栋	4	1			5	
		回水沟	燃	1	1	8间						
		回水沟防空洞	爆	1	1		10		5		15	
		下南区马路2至10号	起火			5间						起火原因正在彻查中
		南区支路	起火			15间						
		滥泥湾	起火			46间						
		滥泥湾河街	起火			13间			1		1	
		合计	爆燃	81 9	90	329间19栋	123	57	47	20	247	
附记	本表系根据重庆防空司令部、重庆警备司令部、宪兵第三团、宪兵第十九团、重庆市警察局、本部稽查处之报告汇制而成。											

（中国第二历史档案馆—787—16956）

126. 重庆卫戍总司令部调查1941年7月10日敌机袭渝情形给军令部的通报（1941年7月10日）

兹将本（十）日敌机袭渝损害情形通报如左〈下〉：

一、空袭经过。

敌机51架，11时02分在湖北松滋发现，经五峰、来凤、彭水、南川、綦江，13时11分至龙岗盘旋后，分2批，第1批26架，13时21分窜入市空投弹；第2批25架，13时25分窜入市空投弹后，并为一批，经木洞、涪陵、石柱、黔江、来凤东逸。

本市于11时58分悬挂红球1个，12时51分发布空袭警报，13时发布紧急警报，14时56分悬休息球2个，15时12分解除警报。

二、损害情形。

1. 新市场马路左侧落燃烧弹1枚，毁房屋1间，汽车1辆，死伤各2人；

2. 复兴关大坪检查站落燃烧弹3枚，炸弹6枚，死2人；

3. 大坪照测第二队营房东落爆炸弹1枚，燃烧弹1枚；

4. 大坪张家落爆炸弹1枚，毁房1栋；

5. 复兴关七牌坊东马路东侧落爆炸弹3枚，燃烧弹1枚，马路西侧落爆炸弹1枚；

6. 七牌坊东李家落爆炸弹1枚，毁房1栋，伤2人；

7. 七牌坊东山坡上落爆炸弹1枚，燃烧弹1枚，毁房1栋；

8. 七牌坊西侧庞家落爆炸弹1枚，毁房1栋，死1人；

9. 七牌坊西南稻田内落爆炸弹2枚，未爆弹1枚；

10. 中训团青干班附近落爆炸弹3枚，未爆1枚；

11. 茶亭十六补训处第三团营房落爆炸弹1枚，毁房1间；

12. 三青团劳动服务营落爆炸弹数枚，损失不明；

13. 南岸海棠溪轮渡码头上落爆炸弹2枚，燃烧弹1枚，毁房20余间，木料20余堆，伤男5人。

以上共计投爆炸弹约30枚，燃烧弹8枚，毁房30余栋，汽车1辆，木料20余堆，死5人，伤9人。

三、其余详细情形，容后续报。

右〈上〉三项通报：

军令部

重庆卫戍总司令部

（中国第二历史档案馆—787—16956）

127. 重庆卫戍总司令部调查1941年7月10日敌机袭渝情况暨伤亡损害表（1941年7月14日）

空袭经过情形	投弹时间	投弹地点	投弹种类	投弹数目	合计	炸毁焚塌建筑物数目	伤亡人数 伤 男	伤 女	亡 男	亡 女	合计	备考
本(10)日敌机51架,分2批袭渝:于11时06分在湖北松滋发现,经来凤、彭水、綦江,至龙岗盘旋后,分2批侵入市空:第1批26架于13时21分、第2批25架于13时25分先后投弹后,经涪陵、黔江东逸。本市于11时58分悬红球1个,12时15〔51〕分发布空袭警报,15时12分解除。	1. 13时21分 2. 13时25分	南岸泸溪沟	爆燃	7 2	9	4间	7	2	2		11	
		南岸杨家湾交通东路	爆燃	4 3	7	5间	1	1	2	3	7	
		南岸沙湾沱	爆燃	3 3	6							
		南岸龙家湾	爆燃	2 3	5	1间	1				1	
		南岸桃子林	爆	3	3	1院	1		1		2	
		南岸鲤鱼湾	爆	2	2	1间			1		1	
		南岸三公里半	爆	1	1							
		玄坛庙新生院巷13号	爆	1	1	1间						
		新生院路侧	爆	1	1							
		黑朝门有里44号	爆燃	1 1	2							
		南岸栋祥房54至58号	爆	1	1	3间						
		牛草坪	爆	1	1							
		南岸民生码头81至100号	爆燃	7 2	9	31间						
		南岸民生码头71号至81号	爆	3	3	3间						

续表

空袭经过情形	投弹时间	投弹地点	投弹种类	投弹数目	合计	炸毁焚塌建筑物数目	伤亡人数 伤 男	伤 女	亡 男	亡 女	合计	备考
		南岸民生码头110至115号	爆	2	2	5间						
		南岸烟雨堡284号	爆	2	2	2间						
		南岸滥冲口	爆	2	2	4间						
		南岸大屋塞	爆	3	3							
		南岸风主庙	燃	3	3	6间	2		4		6	马3匹毙
		复兴关内附近	燃	1	1							
		复兴关新市场口	爆	2	2	1栋						
		晒皮损荒坡	爆	19	19		3				3	
		李子坝正街24至37号	爆	17	17	48栋						
		同街扫荡报社	燃	2	2	全部						
		榨坊沟大川实业公司	爆	1	1		4				4	
		榨坊沟新昌机器场	爆	1	1	1间						
		肖家湾	燃	1	1	2栋	5		4		9	
		马家堡13号、14号	爆 燃	8 1	9	14间						
		马家堡16、17号	爆	15	15	53间	1				1	
		马家堡25、26、27、28、29、30号	爆 燃	2 1	3	39间			1		1	
		马家堡32、33号	爆	2	2	33间						
		马家堡特1号	爆	4	4	1间						
		南岸惠溪口	爆	10	10		10		1		11	
		合计	爆 燃	127 22	149	毁房197间又51栋	37	3	12	3	55	
附记	本表系根据重庆防空司令部、重庆警备司令部、宪兵第十九团、重庆市警察局、本部稽查处之报告汇制而成。											

（中国第二历史档案馆—787—16956）

128. 重庆卫戍总司令部调查1941年7月18日敌机袭渝情况暨伤亡损害表（1941年7月18日）

空袭经过情形	投弹时间	投弹地点	投弹种类	投弹数目	合计	炸毁焚塌建筑物数目	伤亡人数 伤 男	伤 女	亡 男	亡 女	合计	备考
本（18）日敌机27架袭渝，于10时47分在宜都发现，经五峰、鹤峰、石柱、涪陵、南川、綦江、江津，于13时05分侵入市空投弹后，经双河、涪陵、彭水、黔江东逸。本市于11时17分悬红球1个，11时40分发布空袭警报，12时22分紧急警报，13时54分解除。	13时05分	下南区马路55号	爆	1	1	5间						
		烂泥湾56、59、64号	爆	1	1	30余间	2				2	
		正街47、76号	爆	3	3	25间			2		2	
		正街下河滩棚户	爆	1	1	50余间	1				1	
		铁路坝	爆	1	1							
		两浮支路86号	爆	6	6	7间						
		木牌房附近空地	爆 燃	2 1	3							
		六合新村空地	爆	10	10							
		嘉陵新村一带空地	爆	5	5							
		上海银行附近空地	爆 燃	1 1	2							
		李家花园附近	爆	2	2	4间						
		适中花园附近	爆	1	1	8间						
		老两路口17号	爆	2	2	全毁						
		中三路26号门口	爆	2	2	6间						
		学田湾口	爆	1	1							未爆
		大田湾空地	爆	1	1							
		谢家湾第一兵工厂工房	手榴弹	2	2	3间	3		1	1	5	
		黄家码头河心	手榴弹	1	1							
		大桥头河街	手榴弹	1	1		1				1	
		罗家坝撤□工会后	爆	1	1							
		遗爱祠寒舍门前	燃	1	1	3间						

续表

空袭经过情形	投弹时间	投弹地点	投弹种类	投弹数目	合计	炸毁焚塌建筑物数目	伤亡人数 伤 男	伤亡人数 伤 女	伤亡人数 亡 男	伤亡人数 亡 女	合计	备考
		李子坝半山新林	爆 燃	1 1	2							
		人和街	爆	1	1							
		罗家湾12号	爆	1	1							
		罗家湾13号	爆	1	1	1栋						
		菜园坝丝厂	燃	1	1							未爆
		米帮街	爆	3	3	13间						
		大井口	爆 燃	1 1	2	1间	2	1			3	
		箅子背	爆	4	4	3间	2				2	
		美专校街第1号	爆	1	1	4间						
		杨华溪	爆	3	3	2间						
		新民村	爆	1	1							
		大田湾寒衣慰劳总会	爆	1	1	2栋						
		粮食管理处	爆 燃	3 1	4	3栋						
		广播电台附近	爆	1	1							
		财政部内	爆	1	1	4间						
		天星桥	爆	4	4	11间	2				2	
		珊瑚坝	燃	1	1							
		王家坡	爆	3	3	2间						
		肖家沟后街	燃	1	1							
		团山堡	爆 燃	1 1	2							
		铜元局后大山防空洞房	爆	1	1							
		合计	爆燃 手榴	83 4	87	29间及6栋	12	4	1	1	16 〔18〕	
附记	本表系根据重庆防空司令部、重庆警备司令部、空袭服务救济联合办事处、宪兵第三团、宪兵第十二团、重庆市警察局、本部稽查处之报告汇制而成。

（中国第二历史档案馆—787—16956）

129. 重庆卫戍总司令部调查1941年7月28日敌机袭渝情形给军令部的通报（1941年7月28日）

兹将本日敌机袭川经过及损害情形通报如左〈下〉：

一、空袭经过。

本（二十八）日敌机108架，分批袭川：第1批9架，于8时侵入渝市空投弹；第2批18架，于10时45分在自流井投弹[后]，折返至内江投弹；第3批27架，于11时28分在自流井投弹；第4批27架，于11时26分在重庆磁器口投弹后，西飞至泸县及自流井二处投弹；第5批27架，于13时30分在自流井投弹，折经合川时在北门外投弹逸去。

本市于6时39分发布注意情报，6时55分发布空袭警报，9时50分发布紧急警报，15时10分解除警报。

二、损害情形。

1. 中三路养花溪落爆炸弹1枚；
2. 曾家岩152号落爆炸弹2枚，伤男2，死女2，毁房2栋；
3. 德安里落爆炸弹1枚，毁房1间；
4. 曾家岩146、148号落爆炸弹2枚，伤男1，毁房6间；
5. 行政院落爆炸弹1枚，无损害；
6. 中四路141号落爆炸弹1枚，未爆；
7. 罗家湾3号之4落爆炸弹1枚，毁房4间；
8. 大溪沟大溪别墅右侧落爆炸弹1枚；
9. 大溪别墅内落燃烧弹1枚，毁房2间；
10. 防空司令部左侧前落爆炸弹1枚，房屋略毁一部；
11. 大溪沟码头附近江中落弹数枚；
12. 怀宁路川师内中央党部宿舍落爆炸弹1枚，毁茅屋2间；
13. 江北陈家馆河坝落爆炸弹1枚，伤男3，死男2，毁木船1只；
14. 江北鲤鱼池山坡落爆炸[弹]3枚，燃烧弹7枚；
15. 江北陈家馆川主庙坡上落燃烧弹1枚；

16. 磁器口、石井坡落爆炸弹4枚,无损害。

共计投爆炸弹25枚,烧夷弹9枚,未爆弹1枚,死男2名女2名,伤男6名,炸毁房屋20余间,木船1只。

三、空战经过。

我空军部队于12时35分与敌机遭遇,于清平场上空向敌猛烈攻击,敌机仓皇逸去;我高射部队因空战关系,故未射击。

详情容后续报。

右〈上〉通报:

军令部

重庆卫戍总司令部

(中国第二历史档案馆—787—16956)

130. 重庆卫戍总司令部调查1941年7月28日敌机袭渝情况暨伤亡损害表(1941年7月31日)

空袭经过情形	投弹时间	投弹地点	投弹种类	投弹数目	合计	炸毁焚埸建筑物数目	伤亡人口 伤 男	伤 女	亡 男	亡 女	合计	备考
本(28)日敌机108架,分5批袭川:第1批9架,于6时18分在湖北宜都发现,经宣恩、利川、石柱、涪陵,于8时侵入市空投弹后东逸;第2批18架,于7时30分在湖北松滋发现,经五峰、建始、利川、涪陵、铜梁,于10时45分在自贡投弹后东逸;第3批27架,于8时52分在湖北长阳发现,经利川、万梁、垫江、铜梁,于11时28分在自贡投弹后东逸;第4批27架,于8时51分在湖北松滋发现,经建始、利	8时11分25分	曾家岩杨圣街30号	爆	1	1							
		曾家岩142号	爆	1	1	1栋						
		曾家岩143号	爆	3	3	25间			4	3	7	
		曾家岩152号	爆	2	2	7间			4		4	
		国府路264号	燃	1	1							
		大溪别墅	爆	1	1	对面毁1栋						
		学田湾27号	爆	1	1	3间						
		中四路103、129号	爆	2	2							
		罗家湾4号	爆	1	1	2栋						
		罗家湾39号	爆	1	1							
		枣子岚垭71号	燃	1	1							

续表

空袭经过情形	投弹时间	投弹地点	投弹种类	投弹数目	合计	炸毁焚塌建筑物数目	伤亡人口 男	伤亡人口 女	伤亡人口 男	伤亡人口 女	合计	备考
川、忠县、长寿,于11时25分侵入市空投弹,至11时50分复至泸、梁投弹后东逸;第5批27架,于10时25分在江陵云浣市发现,经施南、黔江、涪陵、江津,于13时49分在自贡投弹后,复于14时31分至合川投弹后逸去。本市于6时39分发布注意情报,6时55分发布空袭警报,9时50分发布紧急警报,15时10分解除。		磨[康]宁街川东师范中央党部	爆	1	1	2间						
		陈家馆河边	爆	1	1	行船1只	3		2		5	
		川主庙附近	爆燃	1 1	2							
		鲤鱼池附近	爆燃	3 7	10							
		上河街26号	爆	1	1	2栋						
		孙家湾	爆	7	7							
		师娘沱	爆燃	11 2	13	6间	1		1		2	未爆弹1枚
		黄桷渡新中国人造汽油厂	爆	1	1	震毁房30间						
		金刚坡高射炮兵四三团二营八连阵地附近	爆	5	5		1		1		2	
		张家溪二十四厂装药部烘药房	燃	4	4	落水无损失						
		张家溪二十五厂警卫第一中队宿舍	爆	1	1							
		合计	爆燃	45 9	54	77间又6栋木船1只	5		12	3	20	
附记		本表系根据重庆防空司令部、重庆警备司令部、空袭服务救济联合办事处、宪兵第三团、宪兵第十二团、重庆市警察局、本部稽查处之报告汇制而成。										

(中国第二历史档案馆—787—16956)

131. 重庆卫戍总司令部调查1941年7月29日敌机袭渝情形给军令部的通报(1941年7月29日)

兹将本(二十九)日敌机袭渝损害概略情形通报如后:

一、敌机袭渝情形。

本日敌机101架,分5批袭川:第1批27架,于8时41分在重庆投弹;第2批4架,于9时05分侵入市空盘旋后,向东逸去;第3批22架,于12时34分在自流井投弹;第4批44架,于14时36分在重庆投弹;第5批4架,于15时20分窜入市空盘旋后东逸。

本市7时25分悬球1个,7时46分发布空袭警报,8时15分紧急警报,16时20分解除警报。

二、损害情形。

1. 中央训练团大营门口投爆炸弹2枚,震毁房屋3栋;

2. 中央训练团大礼堂门口投爆炸弹1枚,震毁升旗台;

3. 中央训练团教育委员会后投爆炸弹1枚,毁房2间;

4. 中央训练团理发间侧投爆炸弹1枚,毁房2间;

5. 中央训练团书库附近投爆炸弹1枚,毁房3间;

6. 中央训练团国民大会堂左侧投爆炸弹1枚,无损失;

7. 中央训练团第一医务所投燃烧弹1枚,毁大门;

8. 中央训练团军事组前空地投爆炸弹1枚,无损失;

9. 中央训练团军事组交际科投爆炸弹1枚,毁房4间;

10. 中央训练团总务处管理科投爆炸弹1枚,毁房2间;

11. 军委会机要室投爆炸弹1枚,毁房1栋;

12. 军委会电台投爆炸弹1枚,毁房2间;

13. 遗爱祠木牌坊投爆炸弹1枚,无损失;

14. 黄家山脚投爆炸弹4枚,毁房1栋;

15. 平安街榨房沟23号投爆炸弹2枚,毁房31间,伤男8人女2人,亡男2人女1人;

16. 龙家湾35号投爆炸弹2枚,毁房2间,伤男1人女5人;

17. 茶亭投爆炸弹10枚,毁房9间,伤男2人;

18. 上罗家湾8、28、53、66、88号投爆炸弹5枚,毁房13间,伤男3人;

19. 下罗家湾1、3、6、13、43号投爆炸弹9枚,毁房4栋;

20. 下罗家湾15、28、38号投爆炸弹3枚;

21. 下罗家湾22号投燃烧弹2枚,毁房2栋;

22. 枣子岚垭2、19、29、42、46、62号投爆炸弹10枚,毁房5栋;

23. 枣子岚垭14号投爆炸弹1枚,毁房1栋,伤男1人,亡男3人;

24. 枣子岚垭67、103、106号投爆炸弹12枚,毁房6间;

25. 临华前街4、15、19号投爆炸弹3枚毁房3栋;

26. 临华后街2、7、8、11、12、14、29、36号投爆炸弹8枚,毁房8栋,伤男1人;

27. 张家花园1、4、8、9、40、45、56号投爆炸弹7枚,毁房5栋;

28. 神仙洞附近投爆炸弹21枚,毁房34栋,亡男2人女1人;

29. 纯阳洞附近投爆炸弹20枚,燃烧弹2枚,毁房13栋,伤男2人;

30. 中一路237号附近投爆炸弹5枚,毁房18栋;

31. 黄家垭口附近投爆炸弹4枚,毁房46栋,伤男1人,亡男2人;

32. 普灵寺附近投爆炸弹2枚,燃烧弹1枚,毁房15栋,伤男1人女2人,亡男3人女3人;

33. 神仙洞新街投爆炸弹1枚,毁房5栋,伤男2人女2人;

34. 双龙巷投爆炸弹1枚,毁房8栋;

35. 本部传令排房屋震毁;

36. 本部各室处部厨房均被震塌;

37. 中一支路投爆炸弹4枚,自来水管被炸毁。

合计投爆炸弹143枚,燃烧弹6枚,伤男22人,伤女7人,死男12人,死女5人,毁房屋173栋又76间。

三、其余详细损害情形,容后续报。

右〈上〉通报:

军令部

重庆卫戍总司令部

(中国第二历史档案馆—787—16956)

132. 重庆卫戍总司令部调查1941年7月29日敌机袭渝情况暨伤亡损害表（1941年8月）

空袭经过情形	投弹时间	投弹地点	投弹种类	投弹数目	合计	炸毁焚塌建筑物数目	伤亡人口 伤 男	伤 女	亡 男	亡 女	合计	备考
本（29）日敌机101架，分5批袭川：第1批27架，于6时30分在湖北松滋发现，经长阳、五峰、丰都、涪陵、垫江，于8时48分窜入市空投弹后东逸；第2批4架，于6时50分在湖北长阳发现，同第1批飞行路，于9时05分侵入市空盘旋后东逸；第3批22架，于9时25分于湖北松滋发现，经长阳、五峰、恩施、石柱、铜梁、内江盘旋后，折返自贡投弹东逸；第4批44架，于12时19分在湖北宜昌发现，经巴东、恩施、万县、涪陵，于14时36分侵入市空投弹后东逸；第5批4架，于12时20分在湖北宜昌发现，沿第4批之飞行路，于12时20分窜入市空盘旋后东逸。本市7时25分悬红球1个，7时46分发布空袭警报，8时15分紧急警报，16时20分解除警报	1. 8时41分 2. 14时36分	骡马店金汤街	爆	1	1	1间						
		四德里	爆	1	1	1间						
		中一路169至220号	爆	3	3	9间						
		中一路32号	燃	1	1	3间						
		中一路36号	爆	1	1	36间						
		中一路164号	爆	1	1	5间			1		1	
		中一路勤居巷兵工署	爆 燃	4 8	12	大办公厅全毁及房10余间	2				2	
		黄家垭口29、32、43号	爆 燃	1 1	2	22间						
		黄家垭口93、97、98号	爆	1	1	15间			3	3	6	
		黄家垭口57号	爆	1	1	6间			7		7	
		普升寺32、30号	爆 燃	2 1	3	15间	1	7			8	
		双龙巷3、5号	爆	1	1	8间						
		神仙洞80号	爆	1	1	5间	2	2			4	
		张家花园38、47号	爆	2	2	5间						
		张家花园巴蜀小学	爆	2	2							
		张家花园临时公债劝募委员会内	爆	3	3	5间	1				1	
		张家花园空地	爆	3	3							
		卫戍总部左侧卫兵房	爆	1	1	3间						
		罗家湾警察训练所	爆 燃	5 2	7	2间			5	4	9	

续表

空袭经过情形	投弹时间	投弹地点	投弹种类	投弹数目	合计	炸毁焚塌建筑物数目	伤亡人口 伤 男	伤 女	亡 男	亡 女	合计	备考
		神仙洞街石塘口庙	爆	1	1							
		领事巷1、2号	爆	1	1	2间						
		中一支路	爆燃	1 4	5	9间						
		黄家垭口	爆	1	1	2间	1				1	
		新龙巷普林寺	爆	6	6	17间	5	4	3	4	16	
		纯阳洞1至50号	爆燃	58 4	62	72间	2				2	
		神仙洞144至255号	爆燃	19 1	20	9间	3	2	21	26	52	
		黄家垭口29至52号	爆	3	3	30余间				2	2	
		中二路中国饭店	爆燃	3 1	4	34间						
		中二路财政部	爆	2	2	3间						
		中二路45至59号	爆燃	3 1	4	8间						
		中二路72号马路中	爆	1	1							未爆炸
		中二路85号马路中	爆	2	2	6间	1				1	
		四行库隔壁	爆	11	11	10余间						
		中二路161、167号坡上	爆	1	1	6间						
		飞来寺后勤部后面	爆	1	1	56间						
		南区支路1号	燃	1	1	4间						
		中四路70、101号	爆	3	3	5间						
		于家坡42、43、54、75号	爆燃	4 1	5	5间				2	2	
		南区支路	爆燃	3 1	4							

续表

空袭经过情形	投弹时间	投弹地点	投弹种类	投弹数目	合计	炸毁焚塌建筑物数目	伤亡人口 伤 男	伤 女	亡 男	亡 女	合计	备考
		领事巷1至13号	爆	3	3	3间						
		下南区马路公园口	爆	1	1		12		2		14	
		下南区马路	爆	1	1	1间	5				5	无门牌
		飞机场马路中央	爆	2	2							
		上南区马路206至212号	爆	2	2	6间	3	1	1		5	
		神仙洞71、68、84、95、96号	爆 燃	4 1	5	20余间		1	2		3	
		神仙洞35、39至107号	爆	2	2	28间	3	2	1	1	7	
		上石板坡160、130号	爆	1	1	10间	3	1	1		5	
		消防沟61至64号	燃	1	1	4间						
		燕喜洞10号侧	爆	1	1	2间	24		1		25	
		兜子背61号	爆	1	1	2间	1				1	
		米帮河街	爆 燃	1 1	2	5间						
		王家坡42至56号	爆	2	2	32间						
		王家坡山坡上防空洞	爆	1	1	小防空1个被毁	2		1		3	
		教门厅下山坡上	爆	1	1				3		3	
		平安街榨房沟	爆 燃	1 2	3	26间	3	1	3	1	8	
		两浮支路青年团左边	爆	6	6							自来水管被毁
		木牌坊附近	爆	2	2							
		群舍附近	爆	4	4	10余间						

续表

空袭经过情形	投弹时间	投弹地点	投弹种类	投弹数目	合计	炸毁焚塌建筑物数目	伤亡人口 伤 男	伤亡人口 伤 女	伤亡人口 亡 男	伤亡人口 亡 女	合计	备考
		中训团大门内大礼堂附近	爆 燃	4 1	5							
		中训团新团附近	爆 燃	16 1	17	19间						
		榨河沟	爆	5	5		7	2			9	
		茶亭	爆	12	12	5间						
		两路口叔门厅	爆 燃	6 2	8							自来水管被毁
		徐家坡	爆	4	4	8间						电台大楼一座
		茶亭学文田	爆	26	26	12间						
		单巷子十六补训处二团门口	爆	5	5	3间						
		马家市	爆	18	18	1间						
		劳动营	爆	1	1	1间						
		沙湾川子庙	燃	1	1							
		沙湾巴道岭正街193号	爆	1	1	1间						
		沙湾河边	爆	1	1		2	3			5	
		兴隆湾8号	爆	2	2	15间						
		龙塘湾12号	爆	2	2							
		马家堡田维小学	爆	1	1	1间						
		合计	爆 燃	231 32	263	房750间大礼堂1电台1	63	36	31	44	173〔174〕	

附记	本表系根据重庆防空司令部、重庆警备司令部、宪兵第三团、宪兵第十九团、重庆市警察局、本部稽查处之报告汇制而成。

(中国第二历史档案馆—787—16956)

133. 重庆卫戍总司令部调查1941年7月30日敌机袭渝情形给军令部的通报（1941年7月30日）

兹将本（三十）日敌机袭川情形通报如后：

一、空袭经过。

本日敌机共130架，分5批袭川：第1批31架，由鄂经渠县，8时41分窜入市空投弹后东逸；第2批27架，10时31分窜入市空投弹后，复返梁山、万县投弹东逸；第3批27架，12时50分窜入市空投弹后东逸；第4批18架，12时27分窜入市空投弹后东逸；第5批27架，14时37分窜入市空，在磁器口二十四、二十五工厂及歌乐山等处投弹后东逸。

二、警报时间。

本市上午7时悬红球1个，7时20分悬红球2个，8时17分下球，15时20分解除警报。

三、本市损害情形。

1. 安乐洞落燃烧弹1枚，爆炸弹3枚，毁房屋52栋，无死伤；

2. 民生路恒丰米厂落爆炸弹1枚，167号、228号、173号、175号、134号、291号对面共落爆炸弹7枚，房屋损坏甚多，无死伤；

3. 牛皮凼口落燃烧弹2枚，起火，已扑灭；130号落爆炸弹1枚；

4. 马家巷360号咸丰贸易行落爆炸弹1枚；

5. 药王庙落爆炸弹1枚，毁房屋3栋；

6. 新丰街落爆炸弹2枚，毁房屋6间，震坏5间；

7. 萧家凉亭落爆炸弹2枚，燃烧弹2枚，毁房屋30余栋，伤1人；

8. 二府街落爆炸弹1枚，死2人；

9. 永影巷落爆炸弹1枚，毁房屋17栋；

10. 百货公会洞口落爆炸弹1枚，伤10人，死10余人（该洞系一口出入）；

11. 林森路商业场口落爆炸弹1枚，毁房屋3栋；

12. 白象街落爆炸弹2枚，死伤4—5人；

13. 遗爱祠落爆炸弹2枚，毁房屋3栋，死10人，伤25人；

14. 鹅项颈落爆炸弹8枚，毁房4栋；

15. 中央训练团落燃烧弹1枚,爆炸弹3枚,毁房屋4栋;

16. 徐家坡落爆炸弹2枚,毁房屋1栋;

17. 中三路3号落爆炸弹1枚,毁房2栋;

18. 中二路渝舍内落爆炸弹4枚,毁房屋14间;

19. 中二路151至156号落爆炸弹2枚,毁房屋25间;201号至209号爆炸弹1枚,毁房屋6间;

20. 康宁路落爆炸弹1枚,毁房1栋;

21. 川东师范内落爆炸弹3枚,毁房屋15间;

22. 川东直接税局落爆炸弹3枚,毁房屋12间;

23. 中央统计局宿舍落爆炸弹5枚,毁房屋18间;

24. 财政部公债室落爆炸弹3枚,毁房屋5栋;

25. 飞来寺空地落一弹,无死伤;

26. 国府路22、24、26、28、29、126、132、141号落爆炸弹10枚,燃烧弹1枚,毁房5栋又5间;

27. 大德里落爆炸弹5枚,未爆1枚,毁房数间;

28. 大溪沟电力厂落爆炸弹3枚,燃烧弹3枚,毁厂房数间;

29. 三元桥源记机器厂落爆炸弹1枚,毁房数间;

30. 源兴翻砂厂落爆炸弹2枚,厂房全毁;

31. 三元桥48、51号落爆炸弹2枚,毁房数间;

32. 人和街43、45号落爆炸弹1枚;

33. 张家花园警察总队落爆炸弹2枚,死病警1人;又张家花园与枣子岚垭间之空谷内落弹4枚,无损失;

34. 电力厂河边落爆炸弹5枚,死3人,伤10余人,沉木船3只;

35. 燕喜洞下南区马路、滥泥湾、菜园坝、铁路坝、杨家井、黄家坡等地共投弹约24枚,1枚未爆发〔炸〕,毁木船3艘,瓦屋16间,草房9间,伤男女3人;下南区马路粥厂被炸,下南区马路143号公共防空洞顶上落1弹,洞内落石头1块,压死2人,伤4人;

36. 陕西街145、167、205、68号落燃烧弹2枚,爆炸弹2枚,毁房15栋;

37. 赣江街、石门街、长安寺街、药王庙街、育婴堂街共落爆炸弹9枚，未爆2枚，毁房24栋；

38. 机房街落爆炸弹2枚，燃烧弹1枚，未爆1枚，毁房4栋；

39. 小河顺城街、盐井巷、姚家巷、余家巷、大河顺城街、中正路、醋房院、沙井湾共投爆炸弹15枚，燃烧弹3枚，毁房80余栋，伤男5人女3人，死女1人；

40. 李子坝时事新报馆落爆炸弹4枚，房屋全毁；

41. 上海银行宿舍落燃烧、爆炸弹各1枚，烧毁房屋1栋；

42. 交通银行宿舍洞口落爆炸弹1枚，毁房屋□栋，死4人；

43. 建设新村落燃烧弹1枚，爆炸弹2枚，未爆1枚，毁屋2栋，伤1人；

44. 建设新村洞口落爆炸弹1枚，无死伤；

45. 大公报馆落爆炸弹2枚，房屋全毁，死1人；

46. 红沙溪落爆炸弹数枚，损害未详；

47. 朱家岩落爆炸弹2枚，毁屋1栋；

48. 龙门浩枣子坑河内美舰傍落爆炸弹1枚，毁小汽船1只；

49. 龙门浩、桂花园、一天门各落爆炸弹1枚，毁房屋1间；

50. 海棠溪菜园村敦厚中段落爆炸弹2枚，毁房2栋；

51. 南岸老君洞侧黄川会山坡荒地及回家院酒精厂后半山荒地落重磅炸弹各1枚，无损失；

52. 江北简家台河街51、52、53号落爆炸弹1枚，毁建筑物3处，又石马河亦被炸，因路途甚远，尚未据报。

以上共计投弹约190余枚，毁房300余栋，伤60余人，死男女30余人，船7只。

四、其余详细情形，容后续报。

右〈上〉通报：

军令部

重庆卫戍总司令部

（中国第二历史档案馆—787—16956）

134. 重庆卫戍总司令部调查1941年7月30日敌机袭渝情况暨伤亡损害表（1941年）

空袭经过情形	投弹时间	投弹地点	投弹种类	投弹数目	合计	炸毁焚塌建筑物数目	伤亡人口 伤 男	伤亡人口 伤 女	伤亡人口 亡 男	伤亡人口 亡 女	合计	备考
本日敌机130架，分5批袭川：第1批31架，于6时22分在湖北松滋发现，经往长阳、恩施、梁山、广安、渠县，于8时41分窜入市空投弹后东逸；第2批27架，于7时06分于湖北松滋发现，经五峰、万县、涪陵，于10时31分侵入市空投弹后，复至梁山、万县投弹东逸；第3批27架，于8时25分在湖北公安附近发现，经鹤峰、黔江、彭水、南川，于12时05分窜入市空投弹后东逸；第4批18架，于10时05分在湖北宜都发现，经长阳、五峰、黔江、道真、合江，拆返永川、璧山，于12时27分窜入市空投弹后东逸；第5批27架，于10时50分在湖北宜都发现，经长阳、恩施、石柱、长寿、茨竹，于14时37分侵入市空投弹后东逸。本市7时悬红球1个，7时20分发布空袭警报，8时17分紧急警报，15时20分解除。	1.8时41分 2.10时31分 3.12时5分 4.12时27分 5.14时37分	陕西街民生公司	燃	1	1	45间						
		杨王庙低水岩73号	爆	1	1	6间						
		中正路85、87号	爆	1	1	4间						
		姚家巷	爆	2	2	16间		1		1	2	
		余家巷21号	爆	1	1	13间						
		陕西街建华公司	燃	1	1							未燃
		陕西街财政局饭堂	爆	1	1	1间						
		官井巷12号	爆	1	1	6间						
		中正路360号	爆	1	1							
		冉家巷18号	爆	1	1	1间						
		正阳街口	爆	1	1							
		中正街新都接待所巷内	爆	1	1	2间						
		肖家凉亭	爆	4	4	30间	1	2			3	
		东升楼街	爆	2	2	10间						
		二府衙街	爆	2	2	10间	1	2			3	
		新丰巷街口	爆	1	1							
		白象街	爆	2	2							
		白象街印书馆公共防空洞	爆	1	1							
		聚兴诚银行	爆	1	1	4间						
		商会前	爆	1	1							
		商会后防空洞口	爆	1	1		7				7	
		中大街	爆	1	1	3间						
		外交部门口	燃	1	1							
		二府衙12号	爆	1	1	12间						

续表

空袭经过情形	投弹时间	投弹地点	投弹种类	投弹数目	合计	炸毁焚塌建筑物数目	伤亡人口 伤 男	伤 女	亡 男	亡 女	合计	备考
		仓坝子4号	燃	1	1	1间			1		1	
		仓坝子后街	爆	1	1	8间						
		水井巷口	爆	1	1	4间						
		林森路14号	爆	1	1	7间						
		林森路及时公司	爆	1	1	10间						
		大平门大码头54号	爆	1	1	1间						
		大码头河边	爆	2	2	民船2只						
		元通寺34号	爆	1	1	9间						
		元通寺庙内	爆	1	1	1间						
		王家坝1号	爆	2	2	20间						
		元通街28号	爆	1	1	2间						
		报恩堂346号	爆 燃	2 1	3	6间						
		世资巷2、24号	爆 燃	1 1	2	4间						
		忠烈祠3号	爆 燃	1 1	2	4间						
		冉家巷8、10号	爆	3	3	6间						
		德兴里17、18、20、21、23、24、40号	爆 燃	1 1	2	7间						
		连〔莲〕花池正街	爆	1	1							
		新民街26、28号	燃	1	1							
		百子巷14、43号	爆	1	1							
		民生路130、131、134、175、218号	爆 燃	4 1	5	14间						
		大溪沟河边	燃	2	2	房1间木船1只			2		2	
		大溪沟25、26号	爆	2	2	2栋						
		浦〔蒲〕草田	爆	1	1	1栋						
		双溪沟49号	爆	1	1		4		1		5	

续表

空袭经过情形	投弹时间	投弹地点	投弹种类	投弹数目	合计	炸毁焚塌建筑物数目	伤亡人口 男	伤 女	亡 男	女	合计	备考
		双溪沟24、28、57号	爆燃	2 1	3	1栋						
		罗家沟29、40号	爆	2	2							
		枣子岚垭20、42、47、90、103、106号	爆	11	11	10间						
		张家花园56、93号	爆	2	2							
		人和街39、44、72号	爆	7	7	4栋						
		嘉陵新村上海银行	爆燃	2 2	4	4间						
		何部长公馆前	爆	3	3	1间						
		嘉陵新村路	爆	1	1	3间						
		李子坝交通银行	爆	1	1							
		嘉陵江内	爆	30	30							
		武汉疗养院	爆	3	3	5间	2	1			3	
		鹅项颈附近	爆	6	6	6间	22		10		32	
		民权及两浮支路1部	爆	7	7	9间						小汽车4部
		遗爱祠58号	爆	1	1	3间						
		刘家台河街	爆	2	2	1间						
		老岩关山上	爆	1	1	3栋						
		棉花山下	爆	2	2							
		地母亭1号	爆	1	1							
		民生路296号对门	爆	1	1							
		保节院60号	爆	1	1	14间	2				2	
		安乐洞后街空地	爆	1	1	棚户17间						
		安乐洞14号	爆	1	1	6间						
		安乐洞27、55、76号	爆	3	3	36间						

续表

空袭经过情形	投弹时间	投弹地点	投弹种类	投弹数目	合计	炸毁焚塌建筑物数目	伤亡人口 伤 男	伤亡人口 伤 女	伤亡人口 亡 男	伤亡人口 亡 女	合计	备考
		中一路2、4号	爆	2	2							
		四贤巷18至23号	爆	3	3	5间						
		会府坝11号	爆	2	2	3间						
		新民街19号	燃	1	1	1间						
		会府街阑庐	燃	3	3	3间						
		七星岗北平饭店	爆	1	1	3间						
		报恩堂4、6、8、17号	爆	4	4	10间						
		下南区马路防空洞口	爆	2	2		5	2	2		9	
		河滩内	爆	1	1							
		烂泥湾下河中	爆	3	3	木船9只						
		王家坡12号	爆	1	1	2间						
		铁道坝45至48号	爆	2	2	3间						
		大德里5号	爆	1	1	2间						
		大德里66、68号	爆燃	2 1	3	8间						
		国府路196、137、132、83号	爆燃	5 5	10	9栋						
		三元桥98、90、56、57、55、52、42号	爆燃	7 1	8	22栋	2	1			3	
		敦厚中段黄泥沟	爆	1	1	4间	1				1	
		一头门25号空地	爆	1	1		2				2	
		枣子口河边	爆	1	1							美国汽艇2只被毁
		海棠溪菜园村1号附近	爆	2	2							

续表

空袭经过情形	投弹时间	投弹地点	投弹种类	投弹数目	合计	炸毁焚塌建筑物数目	伤亡人口 伤 男	伤 女	亡 男	亡 女	合计	备考
		敦厚中段209号后面	爆	2	2		1				1	
		美孚洋油公司后面	爆	2	2		2				2	
		二十兵工局老厂及花园	爆	1	1							
		土桥回龙湾	爆	1	1	3间	7	2	1		10	其中有15补训处工兵一连士兵8人
		磁器口二十四兵工厂	爆燃	150	150	200间					62	旧制钢部、红炉部、机器部、新制钢部、汽车房,抽水船炸沉,水泄。水管炸毁,特别党部全部被炸,米房、炸药房、手榴弹装药房、新压钢部、新压钢锅水塔、脚动力中弹,3号防空洞被炸,□人数不详
		合计	爆 燃	350 22	372	房642间及42栋	59	7	11	1	88	内有十五补训处工一连士兵8人及木船14只、美国汽艇2只、小汽车4部

续表

空袭经过情形	投弹时间	投弹地点	投弹种类	投弹数目	合计	炸毁焚塌建筑物数目	伤亡人口 伤 男	伤亡人口 伤 女	伤亡人口 亡 男	伤亡人口 亡 女	合计	备考
附记		本表系根据重庆防空司令部、宪兵第三团、宪兵第十九团、重庆市警察局、本部稽查处之报告审制而成。										

（中国第二历史档案馆—787—16956）

135. 重庆卫戍总司令部调查1941年8月8日敌机袭渝情况暨伤亡损害表（1941年8月19日）

空袭经过情形	投弹时间	投弹地点	投弹种类	投弹数目	合计	炸毁焚塌建筑物数目	伤亡人口 伤 男	伤亡人口 伤 女	伤亡人口 亡 男	伤亡人口 亡 女	合计	备考
本（8）日12时许，敌机100余架分批袭渝：第1批58架，于12时34分经五峰、利川、石柱、涪陵、长寿，14时24分侵入市空投弹后东逸；第2批48架，于13时48分经梁山、垫江、长寿，14时44分侵入市区及南岸投弹逸去。本市于12时45分发布注意情报，13时16分空袭警报，14时08分紧急警报，15时45分解除警报。	1. 14时24分 2. 14时44分	上罗家湾1号	爆	1	1	毁房屋2间						
		上罗家湾5、6号	爆	1	1	6间						
		枣子岚垭4号	爆	1	1	8间						
		枣子岚垭106号	爆	1	1							空地无损失
		中四路23号	爆	1	1							未炸
		金城别墅	爆	2	2							未炸
		大兴别墅	爆			1栋						
		新村	爆	2	2	1栋						
		养花溪	爆	2	2	2栋						
		美术(术字为衍文)专校	爆	2	2	3栋						
		巴县中校内	爆燃	8 5	13	2栋						
		大田湾26、23号	爆	8	8	14间						
		重庆村	爆	2	2	2栋						
		美专街3、6号	爆	1	1							未爆
		老两路口2、6号	爆	1	1							未炸
		两浮支路马路	爆	1	1							马路水管炸毁
		中三路故乡旅馆	爆	1	1	1栋						

续表

空袭经过情形	投弹时间	投弹地点	投弹种类	投弹数目	合计	炸毁焚塌建筑物数目	伤亡人口 伤 男	伤亡人口 伤 女	伤亡人口 亡 男	伤亡人口 亡 女	合计	备考
		中三路105号防空洞上面	爆	1	1	2间						
		中二路中国饭店对门	爆	1	1	2栋						
		上清寺街157号	爆	3	3	1栋						
		上清寺街交通部113号	爆	2	2							未炸
		大田湾4、3号	爆	1	1	1栋						
		大田坝	爆	3	3							内未爆1弹均无损失
		大田坝6、5号	爆	4	4	3栋						
		大田坝30、32号	爆	3	3	3间						
		菜园入口桥后街	爆	1	1	3间						
		丝厂巷河边	爆	1	1							
		萧家沟	爆	2	2	60间						
		太平桥	爆	2	2	36间						
		下南区马路143号防空洞上面	爆	2	2							该洞挖掘挖结果，伤男女70人，死61人，此外另挖出活口10人
		江北青皮树街	爆	2	2	13栋			4	1	5	
		忠和段	爆燃	15 1	16	50间	13	2	7		22	
		虾蟆口	爆	1	1	2栋	17	1	21	1	40	
		体心堂街	爆	1	1	2栋	2	3			5	
		谢家沟	爆	1	1					1	1	未炸死女1人，系他处飞片炸死

一、重庆卫戍总司令部有关日机袭渝情况及伤亡损害的调查

续表

空袭经过情形	投弹时间	投弹地点	投弹种类	投弹数目	合计	炸毁焚塌建筑物数目	伤亡人口 伤 男	伤亡人口 伤 女	伤亡人口 亡 男	伤亡人口 亡 女	合计	备考
		中惠段	爆	3	3	4栋	8	5	1		14	内未炸1枚
		潮音寺	爆	2	2	3栋	1	1	1		3	
		水市口街	爆	1	1	1栋	2	1			3	
		诚厚街	爆	2	2	5栋	3	2	1		6	
		孙家凉亭	爆	2	2	2栋	2	1	1		4	
		布壳街	爆	1	1	1栋	1	2			3	
		邓家院	爆	3	3	2栋	1	1			2	
		沙井湾	爆	4	4	3栋	3	2			5	
		萧曹庙	爆	2	2	6间	3				3	
		衙门口顺城街	爆	1	1	10栋	2				2	
		岳家沟	爆	1	1	9栋						
		鲤鱼石	爆	2	2	6栋						
		经学巷	爆	1	1	7栋						
		九龙巷	爆	2	2	4栋						
		戈阳观	爆	2	2	2栋						
		演武厅	爆	1	1	4栋			1		1	
		洗布塘	爆	1	1	4栋						
		问津下顺城街	爆	3	3	16间			3		3	
		问津顺城街	爆	1	1	7栋						
		剃头街	爆	1	1	5栋						
		桂花街	爆	1	1	24间						
		三倒幺门	爆	4	4	16间	1		1		2	
		大水井	爆	1	1	1栋						
		撑花街	爆	16	16	3间	4		1		5	
		文华街永平门外	爆 燃	4 1	5	19间	17	1	21	1	40	
		永平门螺丝井	爆	1	1							无损失
		永平门外墓地	爆	1	1							无损失
		象鼻嘴	爆	3	3	1栋	4	2			6	

续表

空袭经过情形	投弹时间	投弹地点	投弹种类	投弹数目	合计	炸毁焚塌建筑物数目	伤 男	伤 女	亡 男	亡 女	合计	备考
		九龙巷军需学校	爆	2	2	2栋	1		1	1	3	
		盐井坡文星庙	爆	12	12	6栋	5	6	4	1	16	
		一人巷白家院	爆	4	4	9栋	3				3	
		大水井金厂街	爆	15	15	5栋	7	5	6	8	26	
		大板桥沟坡上	爆	3	3		1				1	
		大板桥对面田边	爆	1	1							无损失
		陈家馆23号兴业公司	爆	4	4	4间	2				2	
		香〔相〕国寺1、7号	爆	2	2	8间	2	2		1	5	
		香〔相〕国寺附近炮兵阵地	爆	1	1		3			5	8	
		香〔相〕国寺码头	爆	1	1							损木船8只
		香〔相〕国寺后街	爆	2	2	4间						
		岩口街1号美亚厂	爆	3	3	1栋						
		面粉厂	燃	1	1	1栋						
		新村1号	爆	1	1	1栋						
		新村小学	爆	2	2	1栋						
		岩口街	爆	1	1							未炸
		华新街13、15、17号	爆	1	1	3栋	2				2	
		华新街田内	爆	2	2							无损失
		新村中国实业公司	爆	5	5		4	1			5	
		海棠溪烟雨堡	爆 燃	30 2	32	19间	1		1	1	3	
		团山堡	爆 燃	43 1	44	31间	3		2		5	
		敦厚上段	爆	5	5	5间						

续表

空袭经过情形	投弹时间	投弹地点	投弹种类	投弹数目	合计	炸毁焚塌建筑物数目	伤亡人口 伤 男	伤 女	亡 男	亡 女	合计	备考
		向家坡	爆燃	2 1	3	9间	3		6		9	
		烟雨段	爆	10	10	5间	3		10	7	20	内未爆炸1
		民生码头	爆	7	7	5间	1	1	2		4	内未爆炸1
		海棠河街	燃	1	1	16间	1	1			2	
		尊义街	爆燃	34 1	35	17间	10	1	2		13	内未爆炸弹4枚
		高朝门1、6号	爆	6	6				1		1	
		海棠溪属代家院	爆燃	36 5	41	16间	2		3		5	
		海棠溪罗家坝附近	爆燃	6 3	9	11间	9	2	1		12	
		军政部汽艇管理所附近	爆	15	15							趸船1只全毁,桐油船被炸20余只,民划10余只
		合计	爆燃	414 22	436	损毁房屋148栋又428间	259		196		455	

附记	1.本表系根据重庆防空司令部江北地区指挥部、宪后第三团、宪兵第十九团、重庆市警察局、本部稽查处之报告汇制而成； 2.敌机在本市投弹后,向东逸去,经涪陵时,第1次1架投弹6枚;第2次又1架投弹1枚;第3次16架投弹13枚;第4次41架投弹4枚,共计死伤男女200余人,损毁房屋约70余间。

(中国第二历史档案馆—769—1971)

136. 重庆卫戍总司令部调查1941年8月9日敌机袭渝情况暨伤亡损害表（1941年8月20日）

空袭经过情形	投弹时间	投弹地点	投弹种类	投弹数目	合计	炸毁焚塌建筑物数目	伤亡人口 伤 男	伤 女	亡 男	亡 女	合计	备考
本（9）日敌机分3批袭渝：第1次敌机3架，于0时10分由鄂西经桃源、宣恩、鹤峰、黔江、石柱、涪陵等处，于1时34分侵入市空，在中二路中国饭店附近及南岸海棠溪附近一公里处投弹后，经涪陵、黔江东逸。本市于0时29分发布空袭警报，1时08分紧急警报，2时35分解除警报。第2次敌机9架，首在湖南南县发现，经桃源、辰溪，于7时18分侵入川境之秀山，经西阳、彭水、涪陵、长寿，于8时40分窜入市空，在化龙桥西之土湾等处投弹后东逸。本市于7时46分发布空袭警报，8时22分紧急警报，9时55分解除警报。第3批敌机50架，分2批袭渝：第1批6时48分空袭警		下土湾军政部纺织厂附近	爆	7	7		1	3			4	落于空地
		下土湾关岳庙下	爆	1	1							落于空地
		下土湾航空司令台四边	爆	6	6							落于空地
		鄢家花园24号	爆 燃	7 1	8	毁茅屋4间			1		1	
		上土湾二层岩	爆	8	8		3				3	
		黄泥湾3号	爆	2	2							空地
		黄泥湾8号	爆	2	2							空地
		黄金湾2号	爆	1	1	毁房3间						
		黄金湾4、5号	爆	7	7	10间		1			1	
		六店子	爆	1	1							空地无损失
		中训团国民大会堂	爆	3	3	会堂全毁						
		大〔中〕训团大礼堂	爆	1	1	礼堂被毁						
		中训团励志社附近	爆	2	2	毁屋2间						
		中训团卫兵连附近	爆	4	4	毁屋3间						
		中训团何家岩宿舍	燃	3	3	3间						中训团共死公役2人伤1人
		黄沙溪上面	爆	1	1	1间						
		黄沙溪街	燃	1	1	1间						
		榨房沟西岸	爆 燃	8 3	11	55间						
		龙塘湾马家堡一带	爆	35	35	78间						

续表

空袭经过情形	投弹时间	投弹地点	投弹种类	投弹数目	合计	炸毁焚塌建筑物数目	伤亡人口 伤 男	伤 女	亡 男	亡 女	合计	备考
报,7时30分紧急警报,11时45分解除警报;第2次敌机27架,于13时在湖北宜都发现,经长阳、咸丰、黔江、涪陵等处,于15时16分侵入市空,分3批在复兴关、小龙坎、沙坪坝一带投弹东逸。本市13时发布注意情报,14时05分空袭警报,14时55分紧急警报,16时05分解除警报。第3次18架,于16时55分于湖北三培坪发现,经建始、奉节、丰都、涪陵、木洞等处,于18时40分侵入市空,在观音岩、大溪沟一带投弹后逸去。本市于17时20分发布注意情报,17时45分空袭警报,18时25分紧急警报,19时24分解除警报。第4次6架,分2批进袭:第1批3架,于宜都附近发现,经奉节、梁山、邻水、合川,于22时		袁家岗1至9号	爆燃	26 1	27	36间						
		白墙院6号	爆	18	18	20间						
		竹帮街一带	爆	1	1		7		3		10	
		竹帮街16补[训]处	爆	3	3		2		2		4	
		潘公馆	爆	1	1	2间						
		中四路一带	爆	5	5	3间						
		张家花园1号、25号	爆	5	5	4间						
		临华前街4、9号附近	爆	6	6							无损失
		临华后街7、11、15、19号	爆	5	5	3栋						
		张家花园26号附近	爆	4	4	3栋						
		观音岩本部左侧	燃	2	2	3栋						
		观音岩本部后面	爆	5	5	4栋						本部工程处职员宿舍及卫兵房舍全毁
		中一支路	爆	2	2	2栋						
		神仙洞	爆	3	3	3栋						
		罗家湾44号	爆	2	2	1栋						
		学田湾政治部篮球场附近	爆	2	2	5间						
		大田湾荒地内	爆	4	4							无损失
		永卢	爆	2	2							弹落空地毁围墙一段
		肖家沟街后街横街	爆	4	4	28间	2				2	
		政治部门口至嘉陵宾馆	爆	6	6							落在马路上

续表

空袭经过情形	投弹时间	投弹地点	投弹种类	投弹数目	合计	炸毁焚塌建筑物数目	伤 男	伤 女	亡 男	亡 女	合计	备考
10分侵入市空，在大溪沟、两路口一带投弹后东逸；第2批3架，于22时32分在三斗坪发现，经奉节、万县、丰都、长寿，于0时18分侵入市空投弹后东逸。本市于20时15分发布注意情报，20时50分空袭警报，21时32分紧急警报，1时12分解除警报。		政治部后面	爆	1	1						1	无损失
		军法执行总监部	爆	5	5	12间						
		青年团中央团部	爆 燃	2 2	4	5间						
		七分局防空洞上	爆	2	2	2间	1				1	
		中训团一带	爆 燃	10 4	14	3间						
		遗爱祠	爆 燃	7 2	9	10间	3				3	
		徐家坡	爆	2	2	2间						
		菜园坝六水井	爆	4	4	9间						
		铁路坝	爆	3	3		1		1		2	
		江北横街	爆	1	1	3栋						
		江北四方井	爆	1	1	1栋						
		水府宫	爆	4	4	5栋	1		1		2	
		高脚土地街	爆 燃	1 1	2	4栋	1				1	
		六事局街	爆	1	1	1栋						
		观阳门河街	爆	2	2		1	2		3	6	
		陈家馆官山坡	爆	3	3	16栋	3	1	1	1	6	
		农本局训练所	爆	3	3		2				2	该所全部被毁
		官山坡空地	爆	2	2		1				1	
		沙坪坝正街	爆 燃	1 2	3	3间	1	1			2	
		凤嘴49号	爆	1	1							
		凤嘴空地	爆	5	5					1	1	
		重大校内	爆	7	7	6间	1		5	6	12	
		小龙坎正街203至220号	爆	9	9	65间	17	13	5	4	39	
		桤子湾7、5、18号	爆	7	7		2		6		8	

续表

空袭经过情形	投弹时间	投弹地点	投弹种类	投弹数目	合计	炸毁焚塌建筑物数目	伤亡人口 伤 男	伤 女	亡 男	亡 女	合计	备考
		杨家坟空地	爆	16	16		7	1	2		10	内未爆弹3枚
		杨家坟1至7号	爆燃	3 5	8	18间	7		4		11	
		黄桷湾	爆	3	3							
		小龙坎至沙坪坝乡间	爆	7	7							
		学田湾17号	爆	1	1	1间						
		合计	爆燃	214 24	238	损毁房屋49栋又277间	67	23	28	18	136	

附记	1.本表系根据重庆防空司令部江北指挥部、宪兵第三团、宪兵第十九团、重庆市警察局、本部稽查处之报告汇制而成； 2.本(10)日午后3时25分，敌机26架在长寿南门内左侧投弹1枚，死平民1重伤3。

（中国第二历史档案馆—769—1971）

137. 重庆卫戍总司令部调查1941年8月11日敌机袭渝情况暨伤亡损害表(1941年8月25日)

空袭经过情形	投弹时间	投弹地点	投弹种类	投弹数目	合计	炸毁焚塌建筑物数目	伤亡人口 伤 男	伤 女	亡 男	亡 女	合计	备考
本(11)日敌机2次袭川；第1次敌机100余架分5批袭川；第1批9架，于5时45分西飞至成都，与我空军发生剧烈空战并在成都南郊扫射4次；第2批13架，于8时35分侵入涪陵市区投弹；第3批27架，于9时25		磁器口蔡家湾	燃	1	1	毁房屋5间	1				1	
		蔡家坡官山坡	燃	2	2		2	1			3	
		童家桥龙洞湾	爆	23	23	4间	2				2	
		锅底塘	爆燃	14 4	18	4间						军政部弹药库4座全毁
		金蓉正街182号	爆	1	1	4间	2	2	1	1	6	
		金蓉正街161号	燃	1	1	9间		1			1	
		地王宫巷23小学	燃	1	1			1			1	
		金璧后街15至63号	爆燃	2 1	3	295间	4	7	3	2	16	

续表

空袭经过情形	投弹时间	投弹地点	投弹种类	投弹数目	合计	炸毁焚塌建筑物数目	伤亡人口 伤 男	伤亡人口 伤 女	伤亡人口 亡 男	伤亡人口 亡 女	合计	备考
分飞全宜宾投弹；第4批27架,于9时55分在重庆市区投弹后逸去；第5批9架,于10时20分在开县投弹；第6批23架,于12时55分在重庆投弹后东逸。本市于3时40分发布注意情报,3时55分空袭警报,7时52分解除。		金壁正街10至106号	燃	2	2	472间	6	3			9	
		徐家巷1至17号	燃	1	1	83间						
		金壁正街空地	爆	2	2							无损失
		石槽门1至24号	爆 燃	1 1	2	91间						
		田湾1至7号	爆 燃	2 2	4	42间			5		5	
		双土地	燃	2	2							无损失
		篙笋沟空地	燃	2	2							无损失
		金壁正街桥角	爆	1	1							无损失
		金蓉正街259号	燃	1	1	4间	1	1			2	
		上河街3、5号	爆	1	1	12间						
		教育院	爆	5	5			3		1	4	
		弹子石新村5号	爆	11	11	3间		1	1	1	3	
		窍角沱大佛段73号	爆 燃	13 1	14	23间	2	1	8	7	18	
		窍角沱大佛段21至32号	爆 燃	1 2	3	12间	3	4	2	3	12	
		春森路5至6号	爆	4	4	全毁						
		美专校街13至18号	爆	2	2	6间		1			1	
		梯圣街修道院	爆	2	2							
		曾家岩54号	爆	1	1	6间						
		曾家岩圣家书局	爆	3	3	12间						
		曾家岩民承中学门口	爆	1	1	2间						
		向家坡贸委会山麓防空洞口	爆	28	28	1栋	3	4	2	2	11	
		敦厚中段	爆	8	8							
		黄桷垭正街34号至3至7号及99号	爆	2	2	5栋						

续表

空袭经过情形	投弹时间	投弹地点	投弹种类	投弹数目	合计	炸毁焚塌建筑物数目	伤亡人口 伤 男	伤 女	亡 男	亡 女	合计	备考
		黄市街81至85号	燃	1	1	5栋		1		1	2	
		崇文马路31至36、87、7、8、9、27号	爆	3	3	10栋						
		崇文后段83号	爆	1	1	3栋						
		黄桷垭路1至5号	爆	1	1	5栋						
		何家南垭无号	爆	3	3	1栋	2	1	2		5	
		大公职校附近	爆	12	12							
		河沟湾一带	燃	8	8	10间						
		大龙坎人牛山与黄桷村一带	爆	4	4							
		马道子	爆	7	7	1间						
		沙坪坝小杨公桥	爆燃	2 2	4	1间						
		杨家坟	燃	4	4	1间						
		新桥高滩岩	爆	1	1		7		3		10	
		磁器口金河街	爆燃	2 3	5	20间	4				4	
		金蓉街	燃	4	4			4			4	
		金璧寺	燃	3	3	24至30被毁						
		金璧后街	燃	2	2	1至4、18至26被毁						
		金璧正街	燃	3	3							
		黄桷垭	燃	4	4		1	3			4	
		童家桥马路	爆	4	4							
		李家湾	爆燃	2 4	6							
		斧〔虎〕头岩青年书店印刷所	爆燃	2 10	12	库房4间						
		中央大学停车场	燃	1	1							

续表

空袭经过情形	投弹时间	投弹地点	投弹种类	投弹数目	合计	炸毁焚塌建筑物数目	伤亡人口 伤 男	伤亡人口 伤 女	伤亡人口 亡 男	伤亡人口 亡 女	合计	备考
		黄山	爆	6	6							
		汪山	爆	5	5		1	1	2		4	
		文峰塔	爆	49	49		2	1			3	
		合计	爆 燃	270 71	341	294间、53栋及全毁5座	66	24	34	14	138	
附记	本表系根据重庆防空司令部、重庆警备司令部、宪兵第三团、宪兵第十九团、重庆市警察局、本部稽查处之报告汇制而成。											

(中国第二历史档案馆—769—1971)

138. 重庆卫戍总司令部调查1941年8月12日敌机袭渝情况暨伤亡损害表(1941年8月28日)

空袭经过情形	投弹时间	投弹地点	投弹种类	投弹数目	合计	炸毁焚塌建筑物数目	伤亡人口 伤 男	伤亡人口 伤 女	伤亡人口 亡 男	伤亡人口 亡 女	合计	备考
本日敌机分3次袭渝：第1次9架，分3批来袭：第1批3架，于24时42分在三斗坪发现，经巴东、奉节、长寿，于2时07分侵市空投弹；第2批3架，于1时17分在长阳发现，经巴东、万县、涪陵并在该地盘旋后，于3时19分侵入市空，在关口东投弹；第3批3架，于1时55分在长阳发现，仍经第2批路线，于4时20分侵入市空投弹。本		枣子岚垭73号	爆	2	2							空地无损失
		枣子岚垭76号	爆	1	1	毁房屋2间	2				2	
		建设路2号	爆	1	1	1栋						
		龙家湾河边	爆	1	1							空地
		龙家湾山坡	爆	1	1							空地
		礼园	爆	12	12	10间	1	3	1	2	7	内4枚未炸
		化龙桥龙隐路6号大中公司	爆	1	1	3间						
		交通部汽车配件厂	爆	2	2	1间						
		龙隐路1、2、4号前后	爆	4	4	3栋	2	1		1	4	该处小桥尾炸毁少许
		中央电工器材厂	爆	1	1							空地
		龙隐路河街	爆	3	3	3间	1	2			3	
		化龙桥正街156至176号中间	爆	5	5	7间						

续表

空袭经过情形	投弹时间	投弹地点	投弹种类	投弹数目	合计	炸毁焚塌建筑物数目	伤亡人口 伤 男	伤 女	亡 男	亡 女	合计	备考
市于0时10分发布注意情况，0时34分空袭警报，1时12分紧急警报，4时50分解除警报。第2次36架，分2批来袭：第1批27架，于6时29分在湖北石牌发现，经长阳、五峰、恩施、石柱、长寿、木洞，于8时10分即分批于重庆、合川等地投弹；第2批9架，于7时36分于三斗坪发现，经巴东、奉节、万县，于8时31分在云阳投弹。本市于7时05分发布注意情报，7时25分空袭警报，8时08分紧急警报，9时35分解除警报；第3次27架，于10时27分在宜都发现，经恩施、万县、丰都、长寿，于12时18分侵入市空，在南岸马王场一带投弹。本市于10时发布注意情报，11时25分空袭警报，12时紧急警报，13时05分解除。		化龙桥大桥上面航会汽油库	爆	3	3	1间						
		华艺木厂	爆	1	1	1栋						
		化龙桥大桥河边	爆	12	12	2间	1	1			2	
		正街十字口	爆	2	2	12间						
		化龙桥河街62至60号	爆	2	2	5间			2	1	3	
		化龙桥45号	爆	2	2	3间	2	2	1	1	6	
		复记营造厂及铁工厂	爆	11	11	12间						
		瑞华玻璃厂	爆	5	5	10间		3			3	
		李子坝正街军政部电讯处	爆	15	15	23间	1				1	
		沙坪坝双巷子1号	爆	1	1	5间						
		双巷子43号前	爆	2	2	毁房屋3间						
		双巷子33号	爆	2	2	1间						未爆弹1枚
		双巷子37至40号	爆	1	1	14间	9	1	7		17	
		双巷子47号	爆	1	1	3间	2		1	1	4	
		双巷子43号	爆	2	2	8间	1	1			2	
		双巷子空地	爆	2	2				1		1	
		沙坪坝红十会附近	爆燃	19 8	27	15间	8		10		18	死一九九师迫炮连士兵8伤8军委会司机2
		学营湾二十四兵工厂	爆	11	11	2间	3			1	4	
		炼钢部	爆	5	5	1间	1				1	
		机器部	爆	3	3	1间	2				2	
		米房	爆	1	1	1间						
		水塘	爆	4	4							无损害

续表

空袭经过情形	投弹时间	投弹地点	投弹种类	投弹数目	合计	炸毁焚塌建筑物数目	伤亡人口 伤 男	伤 女	亡 男	亡 女	合计	备考
第4次敌机27架,于13时50分在湖南桃源发现,经沅陵、黔江、长寿,于15时40分在市区投弹。本市于14时40分发注意情报,15时04分空袭警报,15时30分紧急警报,16时47分解除警报。		动力部周围	爆	3	3							
		郊外	爆燃	21 15	36							空地
		中央广播台	爆	15	15		7		3		10	
		化龙桥资委会炼钢厂	爆	3	3	17间	2		2		4	
		江北头塘诚善学校	爆	1	1	1栋	7				7	校址全毁
		通顺桥50号土中	爆	1	1							空地
		猫儿石街	爆	19	19	11间	4				4	内7枚未炸
		南岸李家沱及附近工业区	爆燃	55 14	69	38间	18	12	6	6	42	
		合计	爆燃	249 37	286	毁房屋6栋又213间	76	24	32	13	145	
附记	1.本表系根据重庆防空司令部江南地区指挥部、宪兵第十九团、重庆市警察局、本部稽查处之报告汇制而成; 2.本(十二)日8时41分,敌机45架在合川药市街一带投弹100余,计炸毁房屋40余间,死1人伤60余人。											

(中国第二历史档案馆—769—1971)

139. 重庆卫戍总司令部调查1941年8月13日敌机袭渝情况暨伤亡损害表(1941年8月24日)

空袭经过情形	投弹时间	投弹地点	投弹种类	投弹数目	合计	炸毁焚塌建筑物数目	伤亡人口 伤 男	伤 女	亡 男	亡 女	合计	备考
本(13)日敌机120余架,6批分3次袭川;第1次3架,于0点41分在宜都发现,经五峰、施南、利川、	1. 2时45分 2. 5时56分 3. 8时8分	中二路第122、123、125、126号	爆	1	1	4间						
		新村内空地坝	爆	1	1							
		中三路110号中英庚款会	爆燃	1 1	2	8间						

续表

一、重庆卫戍总司令部有关日机袭渝情况及伤亡损害的调查

空袭经过情形	投弹时间	投弹地点	投弹种类	投弹数目	合计	炸毁焚塌建筑物数目	伤亡人口 伤 男	伤 女	亡 男	亡 女	合计	备考
忠县、涪陵、隆盛,于2点45分侵入市空,在小龙坎、石门、歌乐山一带投弹后东逸;本市1时20分悬红球1个,1时41分发布空袭警报,2时25分紧急警报,3时38分解除;第2次27架,于4时13分在长阳发现,经建始、恩施、武陵、忠县、丰都、涪陵、长寿,于5时56分侵入市空投弹后东逸;本市4时36分悬红球1个,4时56分发布空袭警报,5时35分紧急警报,6时44分解除;第3次第1批18架,于6时43分在宜都发现,经建始、恩施、石柱、丰都、涪陵、双河,于8时08分侵入市空投弹后东逸;第2批18架,于7时27分在宜都发现,经五峰、鹤峰、宣恩、石柱、丰都、涪陵、长寿、双河,于9时55分侵入市空投弹后东逸;第3批18架,于9时25分在松滋发现,经长阳、宣恩、石柱、丰都、涪陵、	4.9时56分 5.11时20分 6.13时50分	春生路20号故乡旅馆	爆	5	5	4间						
		川东师范内空地	爆	6	6							
		第七分局	爆	4	4	4间						
		美专校后	爆	3	3							
		中三路亚细亚	爆	3	3	损害1层						
		中三路139号	爆	1	1	6间						
		中四路6、8、10号	爆	1	1	3间						
		上清寺46、57号	爆	3	3							
		学田湾路旁	爆	2	2							
		学田湾17号后门	爆	2	2	6间						
		春生路第15、17号	爆	2	2							未爆
		国府路高庐内空地	爆	1	1							
		国府路大溪别墅内10号	燃	1	1							
		下罗家湾空地	爆	3	3							
		罗家湾37号	爆	3	3	全毁						
		罗家湾空坝	爆	3	3							
		枣子岚垭62号	爆	4	4	全毁						
		□庄39号	爆	2	2							
		枣子岚垭怡园	爆	2	2							
		枣子岚垭怡园空地	爆	2	2							
		宜庐内空地	爆	1	1							
		学田湾防空司令部	爆	1	1	前部损坏						
		大溪沟蒲草田	爆	1	1							
		罗家湾空地	爆燃	2 7	9	6间		1			1	

续表

空袭经过情形	投弹时间	投弹地点	投弹种类	投弹数目	合计	炸毁焚塌建筑物数目	伤亡人口 伤 男	伤 女	亡 男	亡 女	合计	备考
大平,于11时20分侵入市空投弹后东逸;第4批18架,于11时45分在宜都发现,经长阳、建始、恩施、忠县、丰都、长寿,于13时50分侵入市投弹后东逸,另18架于9时30分侵入涪陵城内投弹。本市6时52分悬红球1个,7时发布空袭警报,8时紧急警报,14时52分解除。		枣子岚垭湾内	燃	4	4							
		枣子岚垭湾内	爆	7	7	2间						
		下罗家湾	爆	4	4	3栋						
		枣子岚垭20、21号	爆	1	1	2间						
		财政部内坡顶上	爆	2	2							
		四行仓库面前马路中	爆	1	1	震毁2栋						
		教育部	爆	1	1							
		康宁路3号背后荒沟内	爆	1	1	10余间						
		广播大厦(美专校)	爆	1	1	10间						
		中三路财部盐局	爆	2	2	8间						
		美专校广播大厦门前马路	爆	2	2	20间						
		第七分局旁草地	爆	3	3							
		春森路8、9号	爆	2	2	40间						
		交通部内空地	爆	2	2							
		上清寺上街马路	爆	1	1							
		卫戍总部大礼堂工程处职员宿舍	燃	3	3	全毁						
		卫戍总部对门30号	燃	2	2	3间						
		林〔临〕华街特号	燃	1	1	1间						
		中一路246至283号	燃	3	3							
		中一路金山公司261、263号	燃	1	1	2间						
		纯阳洞街1至12号	爆	2	2	12间						
		纯阳洞180号公共防空洞	爆燃	1 1	2		73	51	80	50	254	

续表

空袭经过情形	投弹时间	投弹地点	投弹种类	投弹数目	合计	炸毁焚塌建筑物数目	伤亡人口 伤 男	伤 女	亡 男	亡 女	合计	备考
		纯阳洞街后面45、47、49号	燃	4	4	全毁						
		中二路财政部山上	爆	5	5	屋顶全毁						
		中二路103号公共防空洞	爆	1	1							
		中二路49号后面下坡	燃弹破片			棚户数十间						
		飞来寺1号军政部城塞局重庆工程	爆燃	1 1	2	飞来寺庙全毁	1				1	苏联大使馆墙震毁
		燕喜洞西南日报左下侧	爆	2	2	3间	1				1	
		上石板坡40至45号	爆	2	2	5间						
		上石板坡与消防沟之间	燃	2	2	4间						
		枣子岚垭100号	爆	1	1	1间						伤猪2头
		枣子岚垭102号	燃	1	1	2间						
		枣子岚垭102号附1、23号	燃	4	4	3间						
		枣子岚垭20号	爆	1	1	4间						
		神仙洞街201至258号	爆燃	4 4	8	100余间						
		神仙洞街147号	爆	2	2	3间						
		军统局	爆	2	2	草房1间						
		纯阳洞街35、38、42、44、57号	爆燃	5 2	7	8间						
		安息会	爆	13	13							
		三元桥街	爆			30余间						
		张家花园四保防空洞	爆	1	1		9		1	1	11	
		警总队	爆	7	7	全毁						

续表

空袭经过情形	投弹时间	投弹地点	投弹种类	投弹数目	合计	炸毁焚塌建筑物数目	伤亡人口 伤 男	伤亡人口 伤 女	伤亡人口 亡 男	伤亡人口 亡 女	合计	备考
		蒙委会	爆	18	18	全毁						
		学田湾12号	爆	3	3	5间						
		九七团手枪库	爆	2	2	全毁						物品损失一部分
		曾家岩河边	爆	4	4							
		中四路10号	爆	2	2	4间						
		大溪别墅2至5号	爆	3	3	10余间						
		大溪别墅9号前空地	爆	1	1							
		国府音乐队营房	爆	1	1	4间						
		大德里2至13号	爆	3	3	30余间						
		大德里240号前马路	爆	1	1	10余间						
		仁里前空地	爆	1	1							
		空地	爆	2	2	震毁5间						
		五里店镇顾家岩洞口	爆	1	1							
		镇家湾	爆	5	5							
		铁家湾红土地高射炮阵地	爆	4	4							有3枚未炸,致高射炮无损失
		铁家湾二十一厂附近荒地	爆	14	14		1				1	
		陈家馆二十一厂火药厂	爆燃	3 5	8	5间						
		陈家馆二十一厂步枪厂	爆燃	6 3	9	3间						
		陈家馆二十一厂机器厂	爆燃	1 1	2	4间						
		陈家馆官山坡25号	爆	1	1	1间						

续表

空袭经过情形	投弹时间	投弹地点	投弹种类	投弹数目	合计	炸毁焚塌建筑物数目	伤亡人口 伤 男	伤亡人口 伤 女	伤亡人口 亡 男	伤亡人口 亡 女	合计	备考
		陈家馆官30、38号	爆	2	2	3间						
		陈家馆官33、39号	爆燃	2 2	4	7间	3		2	2	7	
		陈家馆官37号	爆	1	1	1间						
		陈家馆官任家院田内	爆	3	3							
		永林寺	爆	4	4				4	3	7	
		康家湾	爆	1	1							
		二十工厂农场	爆	11	11		7	6			13	
		李家院	爆	20	20	20间	44	3	5	6	58	
		冯〔马〕王坪	爆	50	50	15间			4		4	
		合计	爆燃	312 52	364	500间全毁7处及3栋	121	62	96	62	341	
附记		1.本表系根据重庆防空司令部、宪兵第三团、宪兵第十九团、重庆市警察局、本部稽查处之报告汇制而成；2.本(十三)日敌机13架，在合川县投弹40余枚，毁房屋100余栋，死伤15人。										

(中国第二历史档案馆—769—1971)

140. 重庆卫戍总司令部调查1941年8月14日敌机袭渝情况暨伤亡损害表(1941年8月)

空袭经过情形	投弹时间	投弹地点	投弹种类	投弹数目	合计	炸毁焚塌建筑物数目	伤亡人口 伤 男	伤亡人口 伤 女	伤亡人口 亡 男	伤亡人口 亡 女	合计	备考
本(14)日敌机100架，分2批袭川；第1批78架，于9时45分在松滋发现，经建设〔始〕、彭水、南川，于12时侵入市空；52架分2批	1. 12时 2. 12时37分	国府路139号华西公司内私人防空洞	爆	4	4							
		隔壁小洞门口	爆	2	2							
		国府路91、92号	爆	1	1	2间						
		国府路125、145号	爆	2	2	2间						

续表

空袭经过情形	投弹时间	投弹地点	投弹种类	投弹数目	合计	炸毁焚塌建筑物数目	伤亡人口 伤 男	伤亡人口 伤 女	伤亡人口 亡 男	伤亡人口 亡 女	合计	备考
投弹，内中26架于12时16分窜入合川投弹，折返，于13时15分在忠县投弹后东逸；第2批23〔22〕架，于10时30分在宜都发现，经五峰、宣恩、石柱、涪陵、双河，于12时37分侵入市空投弹，返经长寿时投弹1枚，旋即东逸。本市10时28分悬红球1个，10时56分发布空袭警报，11时35分紧急警报，14时12分解除。		纪家花园警察六分局	爆	3	3	全毁						
		林〔临〕华前街11、12、19号	爆	3	3	3间						
		林〔临〕华后街7至11、17、36、38号	爆燃	8 3	11	7间						
		张家花园1号刘总司令公馆	爆	5	5	全毁						
		张家花园2、7、40、56号	爆燃	5 2	7	3间						
		张家花园8、12、47、45号	爆	6	6	2间						
		张家花园56、59、69号	爆	5	5	2间						
		三元桥对面空地	爆	2	2	木料100根						
		人和街7、2号	爆	3	3	全毁						
		人和街1、7至10、50号	爆	3	3	5间						
		大溪沟毓蒙联华永丰翻纱厂	爆	8	8	房屋机器全毁						
		双溪沟春美、福森二酱园	爆	5	5	20余间						
		黄花园	爆	18	18							
		人和街20号	爆	1	1	10余间						
		张家花园警察总队侧路上	爆	1	1							
		张家花园康〔蒙〕藏会	爆	30	30	全毁						
		张家花园永济医院	爆	5	5	20余间						
		张家花园巴中右侧	爆	4	4	10余间						
		张家花园中华职教会	燃	2	2	8间						

续表

空袭经过情形	投弹时间	投弹地点	投弹种类	投弹数目	合计	炸毁焚塌建筑物数目	伤亡人口 伤 男	伤亡人口 伤 女	伤亡人口 亡 男	伤亡人口 亡 女	合计	备考
		张家花园4、7号	爆	1	1	20余间						
		中一路果园附近	爆	12	12	16间						
		两浮支路教门厅中训团洗衣房	爆	24	24	20间	4		9		13	
		复兴关木牌坊马路旁	爆燃	1 2	3							
		嘉陵宾馆大门口	爆	1	1							
		桂花园空地	爆燃	7 3	10	政治部汽车棚毁3间						
		中一路7、2号	爆	2	2	4间						
		中一路4德里8号	爆	1	1	2间						
		国府路155号及对面	爆	4	4	2间						
		国府路5至34号	爆	3	3	全毁						
		两浮公路(大田湾)28附近	爆燃	4 3	7	15间						内有政治部汽车棚及茅屋6间
		两浮公路工务房防空洞上面	爆	1	1							
		四川水泥公司	爆	6	6	20余间						
		南园	爆燃	7 1	8	10余间						
		陈家馆正街7、16号(江北)	爆燃	1 1	2	11栋						
		陈家馆官山坡70号	炸	1	1	1栋						
		陈家馆河边	爆燃	1 1	2	木船2只						
		陈家馆二十一兵工厂饭堂	爆	1	1	1栋						
		二十一厂步枪厂	爆	1	1	1栋						无其他损失

续表

空袭经过情形	投弹时间	投弹地点	投弹种类	投弹数目	合计	炸毁焚塌建筑物数目	伤亡人口 伤 男	伤亡人口 伤 女	伤亡人口 亡 男	伤亡人口 亡 女	合计	备考
		陈家馆官山坡郊外	爆	2	2							
		廖家台	爆	2	2	10栋			3		3	
		简家台16至24号	爆	7	7	14栋						
		简家台河内	爆	2	2	船3只			4		4	
		大板桥河嘴	燃	1	1							
		大湾郊外	燃	1	1							
		烟雨堡20至23号公路边	爆	2	2	3间	2		4		6	
		烟雨堡34至37号	爆 燃	1 1	2	4间	7	2	7		16	死宪九团士兵2名,重伤1名
		烟雨堡公路西边山上139号	爆	19	19	6间						
		烟雨堡山上原高射炮阵地	爆	3	3							
		敦厚上段川黔驿运管理处	爆	2	2	2栋	1				1	
		黄家岩河沟内	爆	2	2							
		民生码头后面山坡上	爆	1	1							
		合计	爆 燃	232 35	267	房203间全毁□□及40栋木船5只木料100根	14	2	24	3	43	
		长寿□街春发堡空地	爆	2	2							
		长寿江中	爆	1	1							
		长寿河街小河边江德裕住宅	爆	1	2	1栋						
		长寿□□□井下面	爆	1	1							以上据长寿县长电呈

续表

空袭经过情形	投弹时间	投弹地点	投弹种类	投弹数目	合计	炸毁焚塌建筑物数目	伤亡人口 伤 男	伤 女	亡 男	亡 女	合计	备考
		合江〔川〕小南门鸭嘴	爆	3	3	5间	1	2			3	
		合川蟠龙山	爆	2	2	5间	1		1		2	
		合川南津镇	爆	4	4							以上据合川县电呈
附记		本表系根据重庆防空司令部、宪兵第三团、宪兵第十九团、重庆市警察局、本部稽查处之报告汇制而成。										

(中国第二历史档案馆—769—1971)

141. 重庆卫戍总司令部调查1941年8月22日敌机袭渝情况暨伤亡损害表(1941年8月29日)

空袭经过情形	投弹时间	投弹地点	投弹种类	投弹数目	合计	炸毁焚塌建筑物数目	伤亡人口 伤 男	伤 女	亡 男	亡 女	合计	备考
本(22)日敌机131架,分4批袭川:第1批54架,于10时06分在松滋发现,经五峰、利川、涪陵、双河、铜梁、内江、仁寿,施〔旋〕即分批于内江、合川等处投弹后东逸;第2批26架,于10时15分在宜都发现,经五峰、石柱、涪陵、双河,于12时4〔2〕5分侵入市空投弹后东逸;第3批27架,		自来水厂	爆	5	5	全毁						锅炉被破片打伤一部分,发动吸水机之马匹电动全损坏,吸水机后其他机器多被砖瓦压盖,现由防空司令部派兵挖掘。据该公司李工程师云:如吸水机未被炸坏,利用电力场之电力吸水,则一周时可能恢复供水;但在各部机器未挖出前,暂未能决定。

续表

空袭经过情形	投弹时间	投弹地点	投弹种类	投弹数目	合计	炸毁焚塌建筑物数目	伤亡人口 伤 男	伤亡人口 伤 女	伤亡人口 亡 男	伤亡人口 亡 女	合计	备考
十10时48分在长阳发现，经五峰、涪陵、石柱，于12时41分侵入市空投弹后东逸；第4批24架，于12时46分在松滋发现，经五峰、梁山、忠县、长寿，于14时42分窜入市空投弹后东逸。本市于10时35分悬红球1个，11时发布空袭警报，12时45分紧急警报，15时35分解除。		观音梁	爆	3	3	3间						
		安息会	爆	3	3	全毁	10	2	1	1	14	
		国府路133号门前	爆燃	3 1	4	10余间						
		国府路144号	爆	1	1	10余间						
		国府路158段宅	爆	4	4	15间						
		建筑路罗师长公馆	爆	2	2	8间						
		中三路洪发利铁厂马路旁	爆	1	1							
		中央训练团委员会操场	爆	1	1							未爆
		中三路中央宣传部空地	爆	1	1							
		中四路新闻检查所空地	爆	1	1							
		中四路103号马路上	爆	1	1							未爆
		曾家岩交通部	爆	1	1	4间						
		国府路215、217、228、232号前门	爆	1	1	221、224全震毁						
		国府路186号门前	爆	1	1	183、284、180房子震毁						
		国府路马路上	爆	1	1							
		国府路128、130号	爆	1	1	1间						
		国府路145号	爆	1	1	毁墙一段						
		美专7号	爆	2	2							
		上清寺路亘路中	爆	1	1							
		国府路284、285号	爆	3	3	11间						

续表

空袭经过情形	投弹时间	投弹地点	投弹种类	投弹数目	合计	炸毁焚塌建筑物数目	伤亡人口 伤 男	伤 女	亡 男	亡 女	合计	备考
		马鞍山空地	爆	2	2							
		国府	爆	3	3							
		国府前空地	爆	1	1							
		国府音乐队厨房	爆	1	1	3间						
		曾家岩19、22、33、36号	爆	12	12	36间						
		曾家岩益世报馆	爆	2	2	5间						
		曾家岩盛家书局	爆	2	2	4间						
		曾家岩十二小学公路运局	爆	6	6	16间						
		学田湾1号	爆	1	1							未爆
		玄坛庙靡家湾	爆	1	1		4				4	稻田中
		野猫溪黄家湾	爆	1	1		4				4	荒地
		大渡口第三兵工厂	爆	43	43	办公室住宅工房库房略损失	4	3	9	5	21	
		上土湾	爆	2	2	1间						
		小龙坎98号	爆	1	1	7间	6				6	
		小龙坎134号	爆	1	1	1间						
		小龙坎后面荒地	爆	1	1							
		小龙坎监槽塘	爆	1	1							
		小龙坎国际电台空地	爆	1	1							
		国际电台防空洞门口	爆	1	1							
		国际电台空地	燃	1	1							
		国际电台警卫室	爆燃	1 2	3	4间						
		国际电台制造厂空地	爆	6	6							

续表

空袭经过情形	投弹时间	投弹地点	投弹种类	投弹数目	合计	炸毁焚塌建筑物数目	伤亡人口 伤 男	伤亡人口 伤 女	伤亡人口 亡 男	伤亡人口 亡 女	合计	备考
		国际电台宿舍	爆燃	1 1	2	4间		1			1	
		沙磁区消防队	爆	3	3	1间						
		梅园新村	爆燃	4 1	5	2间						
		梅园新村3号	爆	1	1							
		大风房附近	爆	2	2		2				2	
		沙坪坝□□街	爆燃	4 4	8	7栋	8	4			12	
		沙坪坝盘庐	爆	1	1	3间						
		沙坪坝中渡口街	爆燃	2 5	7	5栋						
		中央大学教室	爆	1	1	1间						
		中央大学清洁班宿舍	爆	1	1	1间	2				2	
		中央大学篮球场	爆	1	1							
		中央大学储藏室	燃	1	1	1间						
		中央大学第三教室	燃	1	1	1间						
		中央大学第三教室侧旁	爆	1	1							
		南开中学大礼堂	爆	2	2	1间	1		1		2	
		南开中学会堂	爆	3	3	1间						
		南开中学门口	爆	2	2							
		南开中学空地	爆	2	2							
		双巷子□□□会汽车站	爆燃	5 1	6	3间						
		双巷子顶家院	爆燃	1 1	2	1间						
		重庆大学	爆燃	16 13	29	10间	3		3		6	

一、重庆卫戍总司令部有关日机袭渝情况及伤亡损害的调查

续表

空袭经过情形	投弹时间	投弹地点	投弹种类	投弹数目	合计	炸毁焚塌建筑物数目	伤亡人口 伤 男	伤 女	亡 男	亡 女	合计	备考
		小龙坎松树林重庆消防第五队	爆	1	1	1间						
		小龙坎马路旁	爆	1	1			1			1	
		沙坪坝马路旁	爆	1	1		6				6	
		沙坪坝堰堂〔塘〕田内	爆	3	3							
		沙坪坝黄桷村	爆	2	2							
		中央大学大礼堂	爆	2	2	房子略损						
		中渡口河边	燃	2	2	5间						
		小龙坎正街98至134号	爆	8	8	6间						
		陈家湾一保三甲	爆 燃	2 2	4	2间	1	1			2	
		陈家湾双巷子	爆	3	3	4间	4		2	2	8	
		陈家湾中央电台附近	爆	5	5							
		上土湾山上	爆	2	2							
		上土湾鸦十纱丝厂交界围墙	爆	1	1	1间						
		小龙坎中国红十字总会	爆 燃	7 1	8	6间						
		小龙坎高堡	爆	3	3							
		双巷子18至21号	爆 燃	2 1	3	16间汽车2辆						
		马王场	爆	11	11	草房2间	5	5	4	3	17	
		合计	爆 燃	236 38	274	251间14栋，全毁四处，木船2只	61	11	28	11	111	
		合川县城郊外	爆	100余		房40余栋，木船20余只	伤死60余					
附记	本表系根据重庆防空司令部、重庆警备司令部、宪兵第三团、宪兵第十九团、重庆市警察局、本部稽查处之报告汇制而成。

（中国第二历史档案馆—769—1971）

142. 重庆卫戍总司令部调查1941年8月23日敌机袭渝情况暨伤亡损害表（1941年9月30日）

空袭经过情形	投弹时间	投弹地点	投弹种类	投弹数目	合计	炸毁焚塌建筑物数目	伤亡人口 伤 男	伤 女	亡 男	亡 女	合计	备考
本（23）日敌机135架，分5批袭川：第1批27架，于9时30分在长阳发现，经建始、石柱，于11时20分有9架在涪陵投弹后折回，于11时48分在丰都、忠县投弹后东逸；第2批27架，于9时54分在长阳发现，经五峰、万县、涪陵，于11时40分侵入市郊投弹后东逸；第3批27架，于10时12分及第4批27架，于10时19分先后在宜都发现，11时43分在合川会合，13时50分经成都、安乐〔岳〕南下折返，于14时39分在合川投弹，14时56分在梁山投弹，15时15分在奉节投弹后东逸；第5批27架，于11时40分在五峰发现，经鹤峰、彭水、南川，于13时18分窜入市空投弹后折返，		小龙坎黄桷湾荒地	爆	1	1							
		倒碑空地	爆	2	2							
		小龙坎上土湾稻田	爆	1	1							
		小龙坎岩上防空洞口	爆	1	1		12	5	8		25	
		沙坪坝62、63号	爆	2	2	2间						
		正街后面田里	爆	6	6							
		正街71号后面	爆	1	1	1间						
		正街79号后面	爆	1	1	1间						
		十四分局	爆	1	1	1间						
		电力公司办事处	爆	3	3	1间						
		重大对面空地	爆	7	7							
		南开中学足球场	爆	2	2							
		南开田园坝	爆	2	2							
		中央大学牛奶场	爆	1	1	1间						
		双巷子田坝空地	爆	5	5							
		正街123至129号	爆	2	2	5间						
		同号后面空地	爆	4	4							
		省女职校	爆	2	2	1间						
		省女职校篮球场	爆	1	1							
		省女职校办公室	爆	1	1	1间						内有仪器图书
		沙坪坝柏树林	燃	2	2	4间						
		柏树林附近空地	爆	8	8							
		汤家湾田坝	爆燃	3 2	5		3				3	
		市立高级中学	爆燃	10 1	11	全毁						

续表

空袭经过情形	投弹时间	投弹地点	投弹种类	投弹数目	合计	炸毁焚塌建筑物数目	伤亡人口 伤 男	伤 女	亡 男	亡 女	合计	备考
于13时39分在綦江投弹后东逸。本市于9时56分悬红球1个,10时25分发布空袭警报,11时05分紧急警报,15时42分解除警报。		附近空地	爆	18	18							
		沙坪坝刘家湾后面	爆	1	1							
		交通大学外附近空地	爆	2	2							
		四公厂营门口	爆	2	2	毁5间震19间	3	1			4	电杆4根
		大溪沟汤家堡	爆	2	2	毁9间震21间	6	1			7	电杆2根
		街间至周围一带	爆	2	2	毁8间震109间	7	2			9	电杆3根
		重庆大学至周围一带	爆	2	2	毁草房6间震11间	1				1	
		南开中学	爆	1	1							
		五福洞对面	爆	1	1							
		郊五洞	爆	1	1							
		官山坡	爆	2	2							
		蔡家湾河边	爆	2	2							
		龙山二十三中心校	爆	2	2	2间	2		8		10	
		地主宫巷	爆	1	1	4间						
		金蓉正街	爆燃	1 1	2	22间						
		黄桷坪街	爆	5	5	30间			4		4	
		金蓉街巷	爆	2	2	5间	4		3		7	
		金璧正街	爆燃	3 1	4	5间						
		徐家巷	爆	2	2							
		金璧后街	爆	1	1	1间						
		金璧河街	爆	3	3							
		大码头	爆	3	3				2		2	
		龙山荒地	爆	4	4							
		合川县市区	爆	40	40	100余间	死伤15					据合川梗日电呈

续表

空袭经过情形	投弹时间	投弹地点	投弹种类	投弹数目	合计	炸毁焚塌建筑物数目	伤亡人口 伤 男	伤亡人口 伤 女	伤亡人口 亡 男	伤亡人口 亡 女	合计	备考
		合计	爆燃	1706	176	115间及全毁1处	38	5	10	15	83	合川死伤15人在内
附记		本表系根据重庆防空司令部、重庆警备司令部、宪兵第三团、宪兵第十九团、重庆市警察局、本部稽查处之报告汇制而成。										

(中国第二历史档案馆—769—1971)

143. 重庆卫戍总司令部调查1941年8月30日敌机袭渝情况暨伤亡损害表(1941年9月2日)①

空袭经过情形	投弹时间	投弹地点	投弹种类	投弹数目	合计	炸毁焚塌建筑物数目	伤亡人口 伤 男	伤亡人口 伤 女	伤亡人口 亡 男	伤亡人口 亡 女	合计	备考
本(30)日敌机205架，分10批袭川：第1批17架，于8时52分于安康发现，经巴东、奉节，于云阳双河镇投弹后东逸；第2批于8时50分于蓝田发现，经南郑、南充、永川，于10时59分窜入市郊投弹后东逸；第3批、第4批各27架，于9时35分在谷田发现，经南江、通江、巴中、阆中、铜梁、	1. 10时59分	中一支路53[号]前	爆	1	1	毁房屋12间						
	2. 10时59分	中一支路左侧	爆	1	1	6间						
		中一路纯阳洞13[号]后面	爆	2	2	9间						
	3. 11时35分	张家花园平安里17号	爆	1	1	2间及厕所						
	4. 12时	张家花园1号对面空地	爆	2	2							
	5. 12时56分	三分局牌坊派出所邮局码头右边人和一带	燃	1	1	临时□房30间						
	6. 4时05分	美专校特5号	爆	1	1	毁房屋1间						
		美专校1号左侧空地	爆	2	2				1		1	

① 本表不完整，不能代表1941年8月30日日机袭渝的全部情况。

续表

空袭经过情形	投弹时间	投弹地点	投弹种类	投弹数目	合计	炸毁焚塌建筑物数目	伤亡人口 伤 男	伤 女	亡 男	亡 女	合计	备考
江津，于10时55分侵入市空，分别投弹后东逸；第5批于9时44分在松滋发现，经建始、万县、涪陵，于11时35分窜入市空投弹后东逸；第6批27架，于10时25分在松滋发现，经五峰、利川、石柱、涪陵，于12时侵入市郊投弹后东逸。本市于8时17分悬红球1个，9时解除；9时12分悬红球1个，9时24分发布空袭警报，10时30分紧急警报，14时43分解除。		罗家湾空地	爆	3	3	5间						
		枣子岚垭漱庐	爆	1	1							
		马鞍山	爆	1	1	10余间						
		中二路3号防空洞	爆	2	2				3		3	
		学田湾防空司令部	爆	2	2	11间						
		梯圣街1至2号	爆	1	1	10余间						
		梯圣街12号空地	爆	1	1							
		蒲草田仁里	爆	2	2	全毁						
		国府路144号	爆	1	1	前日炸现复炸						
		国府路284号后面	爆	2	2							电线杆1根
		国府路282、283号	爆	2	2	6间						
		国民政府及对面	爆	3	3	8间						
		国府路168至224号	爆	10	10	50余间	1		1		2	
		龙洞坡无号	爆	5	5		3	4	3	3	13	
		南山复兴村41号广益中学	爆	5	5	2间又1亭子	1	2			3	
		南山复兴村41号广益中学	燃	2	2							
		杨光花园无号	爆	5	5	8栋	4	2		2	8	
		复兴关38、39、61号	爆	17	17	3间	1				1	
		复兴关31、44号	燃	3	3	2间						
		新市场	爆	3	3	1间	2	1	4	2	9	
		中正路16、17号	爆	8	8	3间	1	2	1	1	5	
		堡上园	爆 燃	4 1	5	1间						

续表

空袭经过情形	投弹时间	投弹地点	投弹种类	投弹数目	合计	炸毁焚塌建筑物数目	伤亡人口 伤 男	伤亡人口 伤 女	伤亡人口 亡 男	伤亡人口 亡 女	合计	备考
		老君洞镇江亭	爆	3	3	全毁	2		3		5	
		老君洞西北公司洞口	爆	1	1	震坏	3	1			4	
		老君洞太极宫上坡下	燃	1	1		1				1	
		老君洞36至41号	爆	1	1	5间	1	2			3	
		小函谷该庙后	爆	2	2	震坏	1				1	
		老君坡26号前山上	爆	2	2	2间			3		3	
		老君岩炮兵□指挥部	爆	3	3	前门炸毁						
		老君洞前区马路	爆	7	7	毁木料甚众			3		3	
		交子湾山王庙前	爆燃	5 1	6		1				1	
		小龙坎上土湾军政部纺织厂	爆燃	7 7	14	工房全毁机房震毁	9	2		1	12	
		上土湾街面	燃	6	6	11间	11				11	
		上土湾豫丰纱厂	爆	2	2	4间						
		重庆村门口内墙脚	爆	1	1	151、157共5栋	1				1	
		重庆村门口旁马路	爆	1	1							
		财政部钱币司	爆	6	6	档案室、缮室、会计室均被毁						
		中三路116[号]组织部临时收发室	爆	1	1	1间						
		中三路116号旁边马路中	爆	1	1	117至125共9栋						
		淋化溪湾内	爆	6	6	198号被毁及附号13间被毁						七分局全部又毁
		中国银行门口马路中	爆	1	1							

续表

空袭经过情形	投弹时间	投弹地点	投弹种类	投弹数目	合计	炸毁焚塌建筑物数目	伤亡人口 伤 男	伤 女	亡 男	亡 女	合计	备考
		〈后缺〉										
附记	本表系根据重庆防空司令部、重庆警备司令部、宪兵第三团、宪兵第十九团、重庆市警察局、本部稽查处之报告汇制而成。												

（中国第二历史档案馆—769—1971）

144. 重庆卫戍总司令部调查1941年8月31日敌机袭渝情况暨伤亡损害表（1941年9月5日）

空袭经过情形	投弹时间	投弹地点	投弹种类	投弹数目	合计	炸毁焚塌建筑物数目	伤亡人口 伤 男	伤 女	亡 男	亡 女	合计	备考
本(31)日敌机132架，分6批袭川；第1批18架，于9时在新江口发现，经五峰、施南、利川、涪陵、合川、潼南、遂宁，于11时25分在成都投弹后逸去；第2批9架，于9时25分在三斗坪发现，经建始、石柱、涪陵、合川、盐亭，于11时36分在成都扫射后逸去；第3批36架，于9时34分在公安发现，经黔江、彭水、綦江、合江、泸县、叙永、宜宾、西昌，于13时36分在彤〔潼〕南投弹后逸去；第4批25架，于10时10分在松滋发现，经宜都、丰都、涪陵，于11时56分窜入市空投弹后东逸；第5批27架，于11时25分在松滋发现，经施南、涪陵，于13时36分窜入市郊投弹后东逸；第6批17架，于12时15分在三斗坪发现，经巴东、云阳、开县，于14时	1.11时56分	国府路259号	爆	1	1							
		国府路283号	爆	3	3	1栋	1				1	
	2.13时36分	国府路310号	爆	1	1							防空洞面上
		学田湾2、25号	爆	2	2							
		中四路175号	爆	1	1	9间						
		曾家岩44、51、52号	爆	3	3	9间						
		曾家岩53及附3号	爆	4	4	7栋						
		下曾家岩70、127号	爆	3	3							
		下曾家岩72号	爆	1	1	6栋						
		下罗家湾29号	爆	1	1							
		枣子岚垭72号	爆	1	1							
		美专校街	爆	6	6	2栋						
		大田湾	爆	8	8	1栋						

续表

空袭经过情形	投弹时间	投弹地点	投弹种类	投弹数目	合计	炸毁焚塌建筑物数目	伤亡人口 男	伤亡人口 女	亡 男	亡 女	合计	备考
08分在梁山及阆中投弹后逸去。本市9时43分悬红球1个，9时58分发布空袭警报，10时17分紧急警报，15时30分解决〔除〕。		春森路行政会议	爆	4	4	2栋						
		聚兴村	爆	3	3	1栋						
		中三路洪发利	爆	4	4	1栋						
		养花溪	爆	1	1							
		陈家馆子111号后面	爆	2	2							
		鲤鱼池	爆	9	9							
		鲤鱼池田坝	爆	13	13							
		□□桥堡16至26号	爆	2	2							
		塔坪	爆	2	2	3栋	3	3			6	
		袁家堡	爆	4	4				1		1	
		学堂堡	爆	5	5	1间	5	3	4	5	17	
		牌坊湾	爆	1	1	1间						
		陈家馆河干	爆燃	4 1	5	1间	1				1	
		大兴场观音洞	爆燃	24 5	29	4间	3		17	10	30	
		汪山放牛坪一带	爆燃	17 5	22	9间	3		2	3	8	
		合计	爆燃	130 11	141	35间及24栋	16	6	23	19	64	
附记	本表系根据重庆防空司令部、重庆警备司令部、宪兵第三团、宪兵第十九团、重庆市警察局、本部稽查处之报告汇制而成。											

（中国第二历史档案馆—769—1971）

145. 重庆卫戍总司令部调查1943年8月23日敌机袭渝情形给重庆市政府的通报（1943年8月23日）

兹将本（二十三）日敌机袭渝损害概略情形通报如左〈下〉：

一、空袭经过。

1. 上午8时53分,在湖北宜都发现敌机27架,经长阳、恩施、丰都等处,于10时28分侵入重庆市空,在江北石门湾(小龙坎对岸)、小龙坎、沙坪坝一带投弹后,于10时53分离市空东逸;

2. 上午9时28分,在湖北长阳上空发现第2批敌机27架,旋于万县投弹后东逸;

3. 上午9时24分,本市发布空袭警报;

4. 上午9时53分,本市发布紧急警报;

5. 上午11时20分,本市发布解除警报。

二、损害情形。

1. 小龙坎对岸江北之石门湾落燃烧弹1枚,毁民房6间,伤男5名女4口;

2. 石门湾中国纺织厂之染整厂落爆炸弹2枚,燃烧弹1枚,毁房屋1栋,伤男6名死女1口;

3. 盘溪(小龙坎对岸)盘河面粉厂落燃烧弹1枚,毁房屋1栋,伤男10余名死女2口;

4. 盘溪二堰山谷间落爆炸弹8枚,燃烧弹10余枚,死男9名,伤男20余名(内有中央大学学生数人,因在该处泳池游泳被炸伤);

5. 小龙坎李家花园动力油料厂门口落燃烧弹1枚,无损害;

6. 江北石门湾(小龙坎对岸)江边落燃烧弹2枚,爆炸弹5枚,无损害;

共计落燃烧弹约20枚,爆炸弹约14枚,伤男41名,女4口,死男9名,女3口,毁房屋2栋又6间。

三、本日敌机在小龙坎投弹后曾散发传单。

四、详情容后续报。

右〈上〉四项通报:

重庆市政府

重庆卫戍总司令部

(0053—12—108)

146. 重庆卫戍总司令部调查1943年8月23日敌机袭渝详情给重庆市政府的通报(1943年8月23日)

查本(八)月二十三日敌机进袭江北盘溪、小龙坎一带，业经将损害概况于当日下午7时以坤字第4581号通报在案，兹复将损害详情列表，随文送达，即请查照。

右〈上〉通报：

重庆市政府

附表1份

重庆卫戍总司令部调查8月23日敌机袭渝情况暨伤亡损害表

空袭经过情形	投弹时间	投弹地点	投弹种类	投弹数目	合计	炸毁焚塌建筑物数目	伤亡人口 伤 男	伤 女	亡 男	亡 女	合计	备考
本(23)日上午8时50分，湖北宜都发觉敌机隆重机声，西飞至五峰，判明为27架，嗣经恩施、利川、石柱、丰都、涪陵、长寿、合川，侵入陪都，在江北境石马河、盘溪一带投弹后东逸；复上午9时25分，湖北长阳发现第2批敌机27架，经三斗坪、大支坪、崔家坝、白阳坝西飞，至万县投弹后逸去。本市于上午9时13分发布注意情报，9时24分发布空袭警报，9时53分发布紧	10时23分	石门街65号	爆	3	3	2间			1		1	
		盘溪河边	燃	2	2	6间	4	3			7	
		玉带山37号	爆	1	1	4间	1				1	
		盘溪侧	爆燃	8 3	11		5		7		12	落在空地
		石门街50号中工试验所	爆燃	2 1	3	8间	1				1	
		石门街中工陶业厂	爆燃	3 2	5	7间			3		3	
		石门街38号纺织厂	爆燃未爆	2 2 1	5	5间	2	1			3	
		石门街49号中工试验所	爆	1	1	12间	5		4		9	
		石门街55号	爆燃未爆	2 1 1	4	14间	1				1	
		忠烈祠	爆未爆	20 2	22	3间	3	1			4	
		五保12甲田中	爆未爆	5 2	7		1				1	空地无损失

续表

空袭经过情形	投弹时间	投弹地点	投弹种类	投弹数目	合计	炸毁焚场建筑物数目	伤亡人口 伤 男	伤亡人口 伤 女	伤亡人口 亡 男	伤亡人口 亡 女	合计	备考
急警报，10时55分回复空袭警报状况，11时20分解除警报。		玉带山58号附1号	爆	2	2	2间	1				1	
		玉带山41号	爆 未爆	16 2	18	3间	3				3	
		黄泥湾5号	烧	1	1							
		黄泥湾8号	未爆	1	1							
		老庄田2号	爆 燃	2 1	3							
		栀子林3号	爆 燃	1 1	2							
		陈家坪2号	燃	2	2							
		陈家坪5号	爆	1	1							
		烟灯山12号	爆	1	1							
		邵家湾情报所侧	爆	1	1							
		联芳桥15号	燃	1	1	2间						
		马王场狮子岩	爆	2	2							
		共计	投弹		98	77间	27	5	14	1	47	
附记	本表系根据重庆防空司令部、陪都空袭救护委员会、宪兵第十九团、重庆市警察局、内政部警察总队、本部稽查处之报告(通报)汇制而成。											

(0053—12—108)

二、陪都空袭救护委员会（重庆空袭服务救济联合办事处）关于空袭及工作情形的通报

1. 重庆空袭紧急救济联合办事处为检送历次空袭统计表致重庆市政府公函（1939年8月6日）

案准贵府秘字第1736号公函，嘱将历次空袭统计材料或表册抄送，等由。自应照办。兹将上项统计表检齐随函附送，至希查收为荷。此致：

重庆市政府

附送历次空袭统计表3份

主任委员　许世英

副主任委员　刘　峙

洪兰友

贺国光

民国二十八年八月六日

1）五月三、四、十二、二十五4日敌机投弹人物损失及救济工作汇报表

投弹数目	烧夷弹	3日	68枚	投弹合计	180枚	抚济数目	死亡	人数	2493人	抚济合计	3747人
		4日	48枚					金额	74690元		
		12日	45枚				重伤	人数	532人		
		25日	19枚					金额	10640元		
	爆炸弹	3日	98枚		341枚		轻伤	人数	722人		88940元
		4日	78枚								
		12日	66枚					金额	3610元		
		25日	99枚								

二、陪都空袭救护委员会(重庆空袭服务救济联合办事处)关于空袭及工作情形的通报

续表

死伤数目	死亡	3、4日	4572人	死伤合计	4776人	掩埋数目	死亡	4231具	掩埋合计	4755具
		12日	65人							
		25日	139人							
	负伤	3、4日	3637人		4721人		因伤致死	524具		
		12日	376人							
		25日	708人							
损失情形	燃烧及炸毁	3日	757栋	损失合计	1463栋	医治数目	城区医院	3233人	医治合计	6170人
		4日	506栋							
		12日	75栋							
		25日	125栋							
	倒塌	3日	141栋		771栋		郊外医院	2937		
		4日	545栋							
		12日	20栋							
		25日	65栋							
中弹地点	3日	苍坪街、大梁子、杨柳街、打铁街、第一模范市场、东升楼、二府衙、上黉学巷、金沙岗、下陕西街、金鸭巷、中陕西街、饼子巷、灯笼巷、朝天街河坝、白鹤亭、象鼻嘴、白象街、上左营街、神仙口、东川邮局前、人和湾、羊子坝、老鼓楼、老关庙、宝善寺、绣壁街、段牌坊、花街子、储奇门、玉带街、镇守使署、二三四牌坊、刁家巷、西四街、普安堂、三爷庙、雷公嘴、东华观、竹架子街、储奇门河边趸船、南岸玛瑙溪、南坪场乡间。									
	4日	上下都邮街镇、镇江寺、天官街、柴家巷、韦家院坝、劝工局街、至诚巷、苍坪街、鸡街口、塞家桥、会仙桥、戴家巷、石板家、韭菜园、香水桥、黄楠街、铁板街、石板坡、领事巷、下石板坡、鱼鳅石、三道拐、水井坎、一字街、诚街、禄名巷、国珍街、打枪坝、中一路、兴隆街、保节院街、安乐园、普林寺、寄骨寺、地母亭、太平桥、红十字会、小较场、大阳沟。									
	12日	(江北方面)打渔湾、上杨家溪、白家院、植物油厂、江北县政府、民事看守所、平儿院、平儿院城外、廖家台河坝、嘉陵门外、水月庵、兴隆桥、薄玻璃厂、叶姓院、天良厂、东昇门、顺城街8号、东胜街5号、嘉陵门一带；(南岸方面)弹子石、拐枣树街、太平门街、william hwil&Co、石门坎7号。									
	25日	西四街、陕西街、道门口、新丰街、小什子、顺城街、模范市场、鸡街、机房街、长安街□□家凉亭、打铁街、玉带街、文华街、中央公园、太平街、柴家巷、中大梁子。									
备考	一、本表系根据本处所属各组股报告汇集调制。 二、本表截至5月31日收到报告为止。									

重庆空袭紧急救济联合办事处

2) 各界人士及机关救济捐款金额表

日期	各界捐款机关及人士	金　额(元)
5月10日	陈凤鸣先生	10.00
5月10日	又新大舞台	250.60
5月10日	中国制片厂中央摄影场工友	37.20
5月10日	叶英晴湘夫人	100.00
5月10日	巴蜀学校	269.48
5月11日	中央警官学校特别党部	100.00
5月14日	南山服装商店阮长寿先生	50.00
5月14日	第一补充兵训练处新生活妇女工作分队	300.00
5月17日	南山贸易公司经理陈鳌洲	200.00
5月17日	宪3团第9连	3.85
5月17日	行政院水陆运输联合委员会	512.00
5月18日	财政部盐务总局技术工友	42.00
5月20日	巴蜀初中	55.57
5月21日	豫丰和记纱厂全体同仁	3630.00
5月22日	国民参政会罗参政员衡	350.00
5月23日	大公报交来伦敦华侨救济□□□合会	10000.00
5月25日	生活书店华清禾交来李勃先生	0.50
5月25日	江津中白纱竹字口同济药室熊祖然先生	10.00
5月25日	孙理甫先生交来许沈依仁夫人	50.00
5月25日	万县总站张主任汇黄总干转来万县难民募捐慰问重庆被难同胞宣传队	404.97
5月27日	外交部总务组交来驻德陈大使介	1000.00
5月27日	中国旅行社人员	137.50
5月31日	沙坪坝中大李证刚转李云麾先生	10.00
合计		17523.67
备　考	一、各方捐款除由本处出具临时收据外，捐汇汇送赈济委员会再行出给正式印收。 二、各方捐款逐日登报发表。	

重庆空袭紧急救济联合办事处制

3）本月六、七日敌机空袭人物损失及救济工作简表

投弹数目	烧夷弹	6日	19枚	投弹合计	35枚	掩埋数目	死亡	59人	掩埋合计	63人
		7日	16枚							
	爆炸弹	6日	46枚		84枚		因伤致命	4人		
		7日	38枚							
死伤数目	死亡	6日	32人	死伤合计	59人	收容数目	6日	117人		196人
		7日	27人				7日	79人		
	负伤	6日	重伤 73人		206人	住院人数	6日	80人		122人①
			轻 133人							
		7日	重伤 44人		136人		7日	44人		
			轻 92人							
损失情形	燃烧及炸毁	6日	112间	损失合计	198间	挖救人数	6日	4人		29人
		7日	86间							
	倒塌	6日	39间		84间		7日	25人		
		7日	45间							
中弹地点	6日	夫子池、魁星楼、新河市、国民参政会前面、演武厅、社交会堂、唯一电影院、黄家垭口、中一路、四德里、临江门、地母庙街、千厮门外、蔡家垭外、纸码头、天主堂街、百子巷、大观坪、国泰戏院门口、警察局、石板街、审判厅街、高等法院、十八梯、浩池街、善果街、第一模范市场、自来水池附近、临江门、机街、储奇门、南岸龙门浩、瓦厂垭。								
	7日	新街口、中国银行、字水街、三届土地市旧址、大河顺成、树行街、棉花街、储奇门、太平门、朝天门、雷公庙、龙门浩、电力有限公司办事处、马鞍山中央军校临时印刷所、老码头、中二路、天灯街、丰瑞桥街、沙垭桥、马王庙、一分局、枣子岚垭、临华街、警察第六分局、张家花园。								
备考	一、本表系根据本处所属各组会股报告调制。 二、所列投弹死伤损失等数目连同南岸在内。								

重庆空袭紧急救济联合办事处调制

---

① 档案原文如此，实应为"124人"。

4) 六月九日、十一日敌机投弹人物损失及救济工作汇报表

投弹数目	烧夷弹	9日	24枚	投弹合计	58枚	抚济数目	死亡	人数	180人	363人
		11日	34枚					金额	5400元	
	爆炸弹	9日	89枚		197枚		重伤	人数	109人	7950元
		11日	108枚					金额	2180元	
	照明弹	9日	3枚		8枚		轻伤	人数	74人	
		11日	5枚					金额	370元	
死伤数目	死亡	9日	9人	死伤合计	124人	掩埋数目	死亡	124人		掩埋合计 164人
		11日	115人							
	负伤	9日	重	14人	524人		因伤致死	40人		
			轻	44人						
		11日	重	172人						
			轻	294人						
损失情形	燃烧及炸毁	9日	37栋	损失合计	93栋	医治人数	城区医院	3250人		医治合计 3810人①
		11日	56栋							
	倒塌	9日	18栋		44栋		郊外医院	150人		
		11日	26栋							
中弹地点	9日		小梁子、九尺坎、香水桥、石板街、代家巷、书院街、老三王庙、正江寺、河边盐码头、字水街、第一模范市场、大阳沟、二府街、商业场、市商会、大华环球戏院、太平门、新嘉利、弹子石、海棠溪、盐店垭、大码头、正山门、红岩洞、道门街。
	11日		(市内)明诚中学、潘军长公馆、菜园坝、上清寺、曾家岩、山王庙、朝天门、关府路、珊瑚坝、川东师范、罗家湾、求精中学、行政院前、途实山院、下曾家岩、上罗家湾、中二路、牛皮凼、军令部、安乐洞、东水门、聚新村、张家花园、观工局街、枣子岚垭、中四路、双溪沟、巴蜀中学、农场、学田垭、方家什字、镇江寺、蒋山鸭儿凼、聚福巷、新市区、孤儿院、兜子背；(南岸)聚福洋行南岸分行、英美会、葛岭、黄经庙、兴隆垭、三块石、弹子石、玄坛庙、涂山；(江北)相国寺。

---

① 档案原文如此，实应为"3400人"。

备考	一、本表系根据本处所属各组会股报告汇集调制。 二、本表截至6月30日收到报告为止。 三、9日爆炸弹有11枚未爆炸,11日有16枚未爆炸,烧弹因扑灭迅速故燃烧效力减少。 四、11日空袭,中山公园大隧道内人数过多,空气塞昏100余人,均已救治医好。

重庆空袭紧急救济联合办事处调制

5) 医护委员会防疫队工作统计表

队别 \ 工作种类	统计	诊疗人数	注射人数	种痘人数	救护人数	附注
总计	22503	2023	19683	718	79	第一队住小龙坎大公学校难民收容所;第二队住化龙桥复旦中学;第三队住沙坪坝南开中学;第四队住江北问津门潮音寺市立第五小学;第五队住江北朝立寺市立第五小学;第六队住南岸下龙门浩市立第十一小学难民收容所;第七队住磁器口朱家巷国立药学专科学校。
第一队	1389	215	1165	6	3	
第二队	1537	360	1038	139		
第三队	5265	489	4723	37		
第四队	7448	133	7248	37	30	
第五队	1657	86	1535	16	20	
第六队	1849	531	1103	189	26	
第七队	2884	213	2397	274		
大部队	474		474			

6) 各重伤医院诊治被炸人数统计表

院别 \ 伤别		总计	出院人数	死亡人数	现有住院人数	自5月3日起至31日止门诊轻伤人数	自5月3日起至31日止住院重伤人数
总计		6170	921	186	404	3170	1552
城区	第一、二、三、六、八重伤医院	3233	714	98	48	1472	901
郊外	第四、五、七、十四重伤医院	2937	207	88	356	1635	651
备考	一、本表系根据医护委员会报告表调制。 二、本表自5月3日起截至5月31日止。						

救济联合办事处调制

7) 医护委员会防疫队工作统计表

队别 \ 工作种类数目	总计	诊疗人数	注射人数	种痘人数	救护人数	附注
总计	43537	10372	33004	151		第一队住小龙坎大公学校难民收容所；第二队住化龙桥复旦中学；第三队住沙坪坝南开中学；第四队住江北问津门潮音寺市立第五小学；第五队住江北朝音寺市立五小学；第六队住南岸下龙门浩市立十一小学难民收容所；第七队住磁器口朱家巷药学专科学校。
第一队	2147	637	1478	32		
第二队	2525	1103	1417	5		
第三队	11446	2017	9378	51		
第四队	12553	2311	10242			
第五队	6232	1855	4377			
第六队	3736	1735	1978	23		
第七队	4836	714	4072	50		
大队部	62		62			

8) 各重伤医院诊治被炸人数统计表

院别 \ 伤别数目	总计	门诊人数	死亡人数	新收人数[1]	住院人数[2]	附注
总计	3810	3172	40	260	338	本表系据医护委员会呈报调制，截至6月30日为止。
第一重伤医院	79	66	2	9	2	
第二重伤医院	19		3	16		
第三重伤医院	49	11	2	6	30	
第四重伤医院	620	431	15	91	83	
第五重伤医院	116	46	2	5	63	
第六重伤医院	117	169		6	2	
第七重伤医院	82	17	4	35	28	

[1][2] 档案原文破损严重，此处系编者根据上下文内容推定。

二、陪都空袭救护委员会(重庆空袭服务救济联合办事处)关于空袭及工作情形的通报

续表

院别 \ 伤别数目	总计	门诊人数	死亡人数	新收人数	住院人数	附注
第八重伤医院	2483	2432	6	45		
第九重伤医院	35		2	33		
第一重伤医院分院	10		1	9		
第十四陆军医院	140		3	3	132	

9) 抚恤被炸伤亡人数恤金统计表

数目区别 日期	伤亡区别	总计	市内放振〔赈〕			江北放振〔赈〕			南岸放振〔赈〕		
			轻伤	重伤	家属死亡	轻伤	重伤	家属死亡	轻伤	重伤	家属死亡
总计		3747	633		2442	87		48	2	4	3
		88940	3165		73200	435		1400	10	80	90
5月6日	人数	40	10		30						
	金额	950	50		900						
7日	人数	156	38		98						
	金额	3130	190		2940						
8日	人数	418	40		378						
	金额	11540	200		11340						
9日	人数	533	54		479						
	金额	14640	270		14370						
10日	人数	427	102		325						
	金额	10260	510		9750						
11日	人数	171	46		125						
	金额	3980	230		3750						
12日	人数	226	65		161						
	金额	5155	325		4830						
13日	人数	381	28	187	166						
	金额	8860	140	3740	4980						

续表

日期 \ 伤亡区别		总计	市内放振〔赈〕			江北放振〔赈〕			南岸放振〔赈〕		
			轻伤	重伤	家属死亡	轻伤	重伤	家属死亡	轻伤	重伤	家属死亡
14日	人数	205	36	56	83	16		14			
	金额	4290	180	1120	2490	80		420			
15日	人数	252	11	122	80	29		10			
	金额	5340	55	2440	2400	145		300			
16日	人数	86	13		51	14		8			
	金额	1950	65		1530	70		240			
17日	人数	51	13		25	9		4			
	金额	980	65		750	45		120			
18日	人数	127	18	2	99	4		4			
	金额	3240	90	40	2970	20		120			
19日	人数	46	7		36			3			
	金额	1205	35		1080			90			
20日	人数	31	9		20	2					
	金额	655	45		600	10					
21日	人数	28	6	2	15	4		1			
	金额	570	30	40	450	20		30			
22日	人数	8	1		6	1					
	金额	190	5		180	5					
23日	人数	38	4		32	2					
	金额	970	20		940	10					
24日	人数	33	9		13	3		3			
	金额	610	45		500	15		50			
25日	人数	24	1	7	16						
	金额	625	5	140	480						
26日	人数	71	31		39						
	金额	1325	155		1170						
27日	人数	139	44	57	28	1			2	4	3
	金额	2385	220	1140	840	5			10	80	90

二、陪都空袭救护委员会(重庆空袭服务救济联合办事处)关于空袭及工作情形的通报

续表

日期	伤亡区别	总计	市内放振〔赈〕			江北放振〔赈〕			南岸放振〔赈〕		
			轻伤	重伤	家属死亡	轻伤	重伤	家属死亡	轻伤	重伤	家属死亡
28日	人数	138	14	91	31	1		1			
	金额	2855	70	1820	930	5		30			
29日	人数	46	11	3	32						
	金额	1075	55	60	960						
30日	人数	35	4	1	30						
	金额	940	20	20	900						
31日	人数	26	7		19						
	金额	605	35		570						
6月1日	人数	5	5								
	金额	25	25								
2日	人数	17	5		13						
	金额	385	25		360						
3日	人数	9	1		8						
	金额	245	5		240						
附注	一、本表列入数字系根据抚济抚恤股每日报告填制。 二、按照死亡抚恤办法,轻伤每名5元,重伤每名20元,死亡每名30元。 三、南岸迭次被炸,伤亡较少,27号所发恤金均系抚恤5月30日被炸伤亡者,5月12日据报仅有1死者家属前来市区领取恤金。 四、23日内重伤1名身死,补发10元,24日内市内放振〔赈〕及江北放振〔赈〕内各重伤2名身死,每名补发10元。										

重庆空袭紧急救济联合办事处调制

10)城郊各临时收容所收容运配难民人数统计表

所名	人数\项别	总计	登记	疏遣	住所
	总计	4512	2739	1132	641
城区	第一临时收容所	474	467		7
	第二临时收容所	106	106		
	第三临时收容所				
	第四临时收容所	781	781		
	第五临时收容所	46	46		
	第六临时收容所	55	55		
	第七临时收容所				
	第八临时收容所				
郊外	第一临时收容所	277			277
	第二临时收容所	23			23
	第三临时收容所				
	第四临时收容所	3246	1071	1057	46
	第五临时收容所	334	207	59	18
	第六临时收容所	66	6	16	40
	第七临时收容所	130			130
附注	一、城区收容所登记人数均系指志愿疏遣者,至收容者除第一所外余住所者均自动出所,故未列入。 二、郊外登记人数系指住所者、疏散人数,有发给路费者,亦有自动出所者。 三、第四所发给路费者计224人,第五所计发路费63元整,第六所发路费者计13人。 四、本表人数除第四所系自5月5日列起外,余所均按15日以后所报填列。					

重庆空袭紧急救济联合办事处调制

11) 五月三、四、十二、二十五4日被炸伤亡人数统计表

医院名称 \ 伤亡类别	总计	重伤	轻伤	因伤至死	死亡
总计	10476	2665	3056	524	4231
第一重伤医院	291	117	169	5	
第二重伤医院	422	251	166	5	
第三重伤医院	577	397	174	6	
第四重伤医院	318	182	105	3	
第五重伤医院	299	144	133	22	
第六重伤医院	733	156	363	214	
□□□□□□	283	120	155	8	
□□□□□□	807	306	457	44	
江苏省立医院	23	3	20		
仁爱堂医院	78	32	45	1	
第三诊疗所	134	68	65		
第二诊疗所	206	57	144	5	
卫生局	810	266	384	160	
社交会堂	156	82	74		
第五诊疗所	226	72	146	7	
第六诊疗所	182	46	129	7	
新运总会	57	37	16	4	
中央助产学校	98	43	55		
掩埋队	2619				2619
96师补充团掩埋	986				986
红十字会掩埋	1019	285	255	5	474
运输配置站	74				74
第九补充团	78				78
附注	一、本表系根据各医院及本处各组股日报表所调制。 二、其他不属本处救济之伤亡人数无法调查，故未列入。				

重庆空袭紧急救济联合办事处调制

12）抚恤被炸伤亡人数恤金统计表

日期	伤亡区别数	总计	轻伤	重伤	死亡家属	补发因伤致死	临时救济
总计	人数	380	74	109	180	2	15
	金额	8150	370	2180	5400	20	180
6月1日	人数	14	7	4	3		
	金额	205	35	80	90		
2日	人数	17	5		12		
	金额	385	25		360		
3日	人数	9	1		8		
	金额	245	5		240		
5日	人数	21			10		11
	金额	355			300		55
6日	人数	18	1	1	16		
	金额	505	5	20	480		
7日	人数	9	1		8		
	金额	245	5		240		
9日	人数	15	4	2	9		
	金额	330	20	40	270		
10日	人数	①	1	12			
	金额		5	240			
附注	一、本表依据抚济组呈报调制，截至6月□日。 二、内6月5日发给孤霜救济费11名，共55元。 三、9日发给第三重伤医院员工□□□□□□。						

---

① 因档案原件损破，此行近可见"轻伤"、"重伤"两栏数字。

13) 各界人士及机关团体捐助救济金额表

日　期	摘　　　　要	金　额
6月1日	贵州金沙市学生自治会募捐队	75.60
6月1日	军政部总务厅交来西康天全张中公先生	20.00
6月1日	行政院水陆运输联合委员会转来贺贤铭、蒋国亨先生	20.20
6月6日	弘仁药房余自强交来中国红十字会泸县分会	130.00
6月12日	香港汇捐	1000.00
6月13日	成都季孟玖小姐节约捐	47.28
6月20日	棉花街28号怡昌□□遂宁先生捐款	□□□

(0053—12—9—2)

2. 重庆空袭紧急救济联合办事处关于1939年12月19日日机空袭被灾及工作情形给该处副主任委员贺国光的通报（1939年12月19日）

一、本日上午8时，据报敌机过宜昌沿江西飞，本市于9时56分发出空袭警报，10时25分发紧急警报，敌机曾在鱼洞溪飞沙坪坝等处，盘旋数十分钟后越过市空，迳往江北郊外投弹8枚即循〔遁〕去。14时26分发出解除警报。

二、据报江北郊外被炸，于解除警报后即派干事朱芳启、助理干事周家崧赶往江北，会同本处江北分处查明具报，以便救济。

右<上>二项通报：
副主任委员贺[①]

重庆空袭紧急救济联合办事处
二十八年十二月十九日15时
（0053—12—169）

---

① 即贺国光。

3. 重庆空袭服务救济联合办事处关于1940年5月20日日机空袭被灾及工作情形给所属医护委员会的通报（1940年5月20日）

一、据报，顷间敌机来袭，广阳坝附近被炸，弹多落水中，损害甚微。

二、已派员赶往救恤。

右<上>通报：

医护委员会

重庆空袭服务救济联合办事处
二十九年五月二十日下午9时半
（0066—1—45下）

4. 重庆空袭服务救济联合办事处关于1940年5月22日日机空袭被灾及工作情形给所属医护委员会的通报（1940年5月22日）

一、据报，顷间敌机来袭，白市驿附近被炸3次，广阳坝附近亦被炸1次。

二、派总务组副组长曹运、干事朱芳启、侯报瑶率领救护抚济人员、担架队及服务总队人员赶往白市驿抢救。

三、派干事王昭谟、张志良等率领救护抚济人员赴广阳坝抢救。

四、本处主任委员许特于敌机离开市空后召集派往白市驿、广阳坝抢救人员训话，指示工作机宜，训话后两路人员即连夜出发。

五、本处副主任委员谷正纲、洪兰友、黄伯度、卢作孚在轰炸前后亲往城内外视察各服务队服务情形。

右<上>通报：

医护委员会

重庆空袭服务救济联合办事处
二十九年五月二十二日上午2时
（0066—1—45下）

5. 重庆空袭服务救济联合办事处关于1940年5月22日日机空袭被灾及工作情形给所属医护委员会的通报（1940年5月22日）

一、据报，顷间敌机来袭，一再轰炸白市驿。

二、敌机离开市空后，本处即加派干事张振华率领救护人员增带药品赶往，会同昨夜所派人员办理抢救。

三、警报前后，本处主任委员许、副主任委员谷正纲、洪兰友、黄伯度皆亲赴城内外视察各服务队工作情形，并在处指挥各组会处工作。

四、据昨夜派往白市驿抢救之曹副组长电话报告，昨夜敌机轰炸白市驿，我损失甚微，仅死农民4人，重伤7人，轻伤□人，现尚在继续抢救中。

五、据本处医护委员会报告，白市驿受伤市民7人，均迳皆送往重伤医院诊治。

六、据本处抚济组报告，白市驿死伤市民4人已经掩埋，所有伤亡恤金亦经查发。

右<上>通报：
医护委员会

重庆空袭服务救济联合办事处

二十九年五月二十二日上午10时半

（0066—1—45下）

6. 重庆空袭服务救济联合办事处关于1940年5月22日夜日机空袭被灾及工作情形给所属医护委员会的通报（1940年5月22日）

一、白市驿附近于昨夜今晨两次被敌机连续轰炸，据本处各组会处派往抢救人员回处报告灾情如下：

（一）中弹数目：二十一夜共投爆炸弹约四五十枚；二十二晨共投爆炸弹100余枚，白市驿镇正街中弹约60余枚。

（二）中弹地点：二十一夜被炸地点计有何家湾、白沙岗、狮子口、牟家岗、邓子坟等处,但炸弹多落荒郊;二十二晨被炸地点计有白市驿镇大街、牟家岗、狮子坟、操场坝、老磨岩、沙石岗等处,除白市□□□□□外,余亦多落山野中。

(三)房屋损失:二十一夜仅炸毁房屋数间,焚毁草房10间;二十二晨白市驿正街全镇房屋被炸毁震倒者几占全镇二分之一。

(四)死伤人数:二十一夜死方贵林等5人及女孩1人,重伤男李海禄、刘东明、冷炳元、邓步康、郑华祥5人,女邓成氏1人;二十二晨,白市驿镇中弹虽多,但幸该镇市民因连日敌机来袭大多均避往附近乡间,死亡仅20余人,内有杨怀安一家8口全被炸死,重伤陈银山、彭绍武、廖海亭、宋兴发4人,轻伤10余人。

二、据派往广阳坝抢救人员回处报称,连日敌机来袭,广阳坝遭轰炸,但我损失甚为轻微,计:二十日弹落江中,我无损失;二十一日仅街市中3弹,炸毁民房8间,重伤6人;二十二日弹落荒郊,我无损失。

三、据本处医护委员会报称,白市驿二十一夜重伤市民5人已车送十二重伤医院,二十二日晨重伤市民4人亦车送十五重伤医院住院诊治。广阳坝重伤市民6人已送南岸海棠溪第九重伤医院诊治,其轻伤市民均经敷药裹伤。白市驿今晨受伤市民除由本处救护队敷药裹伤外,并得太子石野战医院协助办理。

四、据本处抚济组报告,白市驿被炸死市民已经会同当地保甲分别掩埋,伤亡市民并均登记,即复查发放恤金。

五、据本处收容运配组报告,白市驿镇被炸居民多已自往乡间投奔亲友,经会同地方保甲长慰问□□知如无亲友投奔者可报请收容。

六、本处各组会前往白市驿、广阳坝抢救人员:总务组副组长曹运、干事王昭谟、朱芳启、杨明禄、侯报瑶、张振华、张志良,医护委员会第二救伤站医师及护士怀斌才等6人,特约第十六救护队上海童子军团姚良等6人,抚济组赵光民、王次南、曾众鱼等12人,国际组挖救队何治鄗等7人,担架队钟泽等19人,于二十一夜3时出发,于二十二日下午10时半工作完毕回处。

七、白市驿灾情惨重,除伤亡照常抚恤外,其房屋被毁非振[赈]不生之民户,拟再彻底为一次之救济,已令派人员前往详确调查造册报核,并知会巴县县政府。

右<上>七项通报:
医护委员会

重庆空袭服务救济联合办事处
二十九年五月二十二日上午10时半
(0066—1—45下)

7. 重庆空袭服务救济联合办事处关于1940年5月26日日机空袭被炸及工作情形给所属医护委员会的通报(1940年5月26日)

一、据报,顷间敌机来袭,本市小龙坎、化龙桥附近被炸。

二、据报,顷间敌机来袭时,本市响水桥、储奇门附近防空洞坠石伤人。

三、急令本处总务组副组长曹运、干事周家崧、朱芳启率领医护委员会救护队、担架队、国际组挖救队、抚济组抚济队、掩埋队、收容运配组收容队前往小龙坎、化龙桥抢救具报。

四、派总务组干事王昭谟率领救护队前往响水桥抢救具报。

五、本处副主任委员黄伯度亲往小龙坎、化龙桥督促抢救,抚慰灾胞。

右<上>五项通报:
医委会

重庆空袭服务救济联合办事处
二十九年五月二十六日下午3时
(0066—1—45下)

8. 重庆空袭服务救济联合办事处关于1940年5月26日日机空袭化龙桥灾害情形给所属医护委员会的通报（1940年5月26日）

一、据本处各组会处部报告，本日敌机袭炸化龙桥灾害情形如下：

（一）中弹地点：计有国民公报、复旦中学内、龙隐路、交通部汽车修理厂、红岩嘴、炼铜厂、黄角堡、新太织布厂、化龙桥正街、小桥河边、化龙新村、中央日报、江中。

（二）中弹数目：已查出中弹地点者，计有国民公报附近燃烧弹1枚、爆炸弹15枚，复旦中学燃烧弹2枚、爆炸弹9枚，龙隐路爆炸弹35枚，红岩嘴爆炸弹1枚，化龙新村燃烧弹2枚、爆炸弹12枚，小桥河边燃烧弹2枚、爆炸弹3枚，共燃烧弹7枚，爆炸弹75枚；又汽车修理厂内，尚有爆炸弹3枚未炸，国民公报馆有爆炸弹1枚未炸，复旦中学内有爆炸弹1枚未炸，中央日报有爆炸弹1枚未炸，各处燃烧弹仅小桥河边起火焚烧，幸消防队赶到立即扑灭。

（三）死伤人数：计死亡市民男女76名，重伤男女70名，轻伤男女87名。

（四）损毁房屋：计国民公报附近毁房5间，复旦中学毁房8间，龙隐路毁房19间，红岩嘴毁房16间，化龙新村毁房18间，共毁66间，外木船5只。

二、本处主任委员许世英、副主任委员会黄伯度于敌机离开市空后即亲自赶往灾区指挥抢救，抚慰灾民。

三、本处服务总队部调派服务队员20余人赶往灾区为灾民服务。

四、本处医护委员会主任庞京周、救护股主任冯子明亲自率领救护队第七基本队、十六特约队、十二特约队、十三特约队、红十字会救护队第三救伤站担架队赶往抢救。据报，送往第三重伤医院者10名，送往第十二重伤医院者40名，送往武汉疗养院者20名；往第三救伤站敷药裹伤者32名，武汉疗养院敷药裹伤者46名，第三重伤医院敷药裹伤者4名，十二重伤医院敷药裹伤者5名。

五、据本处抚济组报告，死亡市民均由本处运送棺木，由掩埋队分别掩埋，死伤市民已经分别调查登记，即派员前往查放恤金。

六、据本处收容运配组报称，本组安置股长罗森华督率收容队赶往化龙桥收容被炸无家可归难民，当时有汤明亮等5人已送郊外第四收容所收容，其余难民因清理被炸物件正在继续收容中。

七、本处派往督率抢救之副组长曹运、干事张志良、朱芳启、周家崧及各组会工作队，于下午9时工作完毕回处。

八、据派往响水桥抢救被防空洞坠石打伤市民之干事王昭谟暨第六特约救护队报称，金紫门外马家岩第154号防空洞上面坠石打伤董希珍1人，已经敷药裹伤回寓。

九、据本处调查组报称，第二区响水顺城街外新建防空洞尚未完工，警报时突然掉下巨石一块，压死邱林臣及无名氏2名，重伤张方华1人，轻伤谭正富等5人，已径由第八重伤医院治疗。

十、据报，今日敌机来袭时广阳坝亦被炸，已派干事王昭谟前往查勘。

右<上>十项通报：

医护委员会

重庆空袭服务救济联合办事处

二十九年五月二十六日下午11时

（0066—1—45下）

9. 重庆空袭服务救济联合办事处关于1940年5月27日日机空袭被灾及工作情形给所属医护委员会的通报（1940年5月27日）

一、敌机今日来袭，据报第一批小龙坎、磁器口一带及江对岸空水沱地方被炸，第二批北碚镇及附近被炸，灾情甚重，第三批化龙桥附近被炸，猫儿石起火。

二、本处于敌机第一批投弹后，派总务组副组长陈宗如、干事杨明禄、张振华率同救护队、担架队及救伤站人员驰往小龙坎、磁器口抢救。

三、派本处副总干事胡仲纾、医护委员会主任庞京周会同防护团总干事杨震亚、防空司令部副处长丁荣灿，于第二批投弹后率领救护队及担架营士兵驰往北碚查勘抢救。

四、派本处交通股股长陈步海率领挖掘队、掩埋队、救护队驰往化龙桥抢救。

五、本处主任委员许世英、副主任委员黄伯度,于警报解除前亲自视察服务队情形,并驻处指挥调度各路抢救人员。

六、本处主任委员许世英,于敌机第三批离开市空后即亲往小龙坎、磁器口、化龙桥等各被灾区域视察,并指挥抢救、抚慰灾民。

七、据派往广阳坝查勘之干事王昭谟电话报告,广阳坝昨日被炸并无损害。

八、白市驿前次被炸应加发急赈民户已由本处总务组副组长曹运、振〔赈〕委会运配难民重庆总站主任姚慈仁于今晨前往,会同巴县县政府详查造册,以备核发。

九、昨日化龙桥、红岩嘴一带被炸,灾区善后等事本处业于本日分派员队办理完毕。

右<上>九项通报:
医护委员会

重庆空袭服务救济联合办事处
二十九年五月二十七日下午2时

(0066—1—44)

10. 重庆空袭服务救济联合办事处关于1940年5月27日日机空袭被炸及工作情形给所属医护委员会的第二次通报(1940年5月27日)

一、据本处与北碚电台电话报告及晚间9时由北碚回渝之友口称,该处中正路公共体育场、立信会计学校宿舍均被炸延烧,黄桷树镇复旦大学亦被炸,江边亦被炸,灾情甚重,死伤灾胞不明,唯闻复旦大学孙校务长受伤,本处所派抢救人员胡副总干事仲纾等,现正分别医护掩埋中。

二、据本处调查组报告,小龙坎渝星〔鑫〕钢铁厂被炸,炸死工人及附近居民共约8人,轻伤12人;豫丰纱厂被炸起火,重伤男女工人约13人、居民2人,死5人。

三、据本处收容运配组报告，土湾军政部纺织厂、大鑫炼钢厂、豫丰纱厂及一部分民房均被炸，共计炸毁约100余间，当有无家可归之难民张玉华等20人已在郊外第六收容所收容。

四、据本处总务组副组长陈亲如返处报告，磁器口华陀嘴、师娘坨沿岸山上河内均落弹甚多，重伤30人，轻伤10人，立即分送第十二、十五两重伤医院医治，死16人已掩埋；河内炸沉军政部永安差船1只、民船20余只；第二十四兵工厂亦被炸，损失甚微。

五、据本处江北分处报告，磁器口对面桂花园地方落弹5枚，炸4枚，轻伤1人，重伤1人，死1人。

六、本处主任委员许世英、副主任委员谷正纲、黄伯度亲赴小龙坎、磁器口、化龙桥各被灾区域指挥抢救，迄晚始返。

七、本处副总干事胡仲纾、医护委员会主任庞京周，率带担架营士兵驰赴北碚抢救，迄仍在工作中，尚未返处。

八、据副总干事胡仲纾、医护委员会主任庞京周于二十八日上午2时半由北碚返抵本处报告北碚灾况如下：

（一）北碚镇中正路体育场、厚德福饭店、陶陶酒馆等处中爆炸弹7枚，毁屋16栋；河岸投爆炸弹7枚、烧夷弹10枚，无损失；另用机枪扫射，死亡民众共20人，重伤20余人，轻伤40余人，微伤不计，举行运动会之某某军伤亡官兵23人。

（二）受伤民众由国立江苏医学院、振〔赈〕委会中医救济医院及本处救护队分别施行手术、治疗、裹药，尤以江苏医学院院长胡定安先生及全院员生最为出力，经治约50人。

死亡民众由三峡实验区区长卢子英派工收殓施给棺木，并加掩埋。

（三）死亡民众由三峡试验区区长卢子英派工收殓，施给棺木，并加掩埋。

（四）所有伤亡应发恤金当经对众宣布，由卢区长查明，依照本处向章，明日先行垫发，报由本处拨款归垫。

（五）北碚对岸黄桷镇中弹9枚，内复旦大学教职员宿舍、男生第二宿舍、办公厅共中5枚,炸毁震塌房屋50余间;癞疤路中弹4枚,炸毁震塌房屋40余间;镇外尖嘴地方中弹1枚,炸毁房屋2间。

(六)复旦大学死亡教务长孙海〔寒〕冰、职员汪兴楷、学生陈思枢、王茂泉、王丈炳、朱锡华、刘晚成,重伤学生贾开基,轻伤学生蔡志华、曹启斌、蒋作如、郭锡壬、朱永建及压伤在纪念周演讲之何浩若等14人,另尚未查明踪迹学生2人。

(七)癞疤路死亡民众7人,轻重伤40余人,尖嘴死亡一家7口。

(八)所有黄桷镇受伤员生民众均由江苏医学院及本处救护队救治。

(九)黄桷镇民众抚恤掩埋统由卢区长办理,复旦员生由学校收殓,另由本处商同学校办理抚恤。

右<上>八项通报:
医委会

重庆空袭服务救济联合办事处

二十九年五月二十七日下午10时20分(第二次)

(0066—1—44)

11. 重庆空袭服务救济联合办事处关于1940年5月28日日机空袭被灾及工作情形给所属医护委员会的第一次通报(1940年5月28日)

一、据报,顷间敌机来袭,第一次炸张家花园、观音岩、枣子南垭附近、川东师范、两路口附近、上清寺、国府路附近、南区马路、燕喜洞、珊瑚坝、菜园镇附近、江北三洞桥、中山林、刘家台附近;第二次炸广阳坝附近。

二、本处主任委员许世英、副主任委员谷正纲、洪兰友、刘峙、吴国桢、黄伯度于11时30分第一批敌机投弹后即出发各灾区指挥抢救,抚慰灾民。

三、派本处副总干事胡仲纾,率领干事唐思金、杨明禄、陈力华等在两路口公路局东站设立灾区总指挥部,指挥各组会处服务抢救工作队抢救。

四、派总务组副组长曹运、干事周家崧、张振华担任上清寺附近至两路口区指挥督率各组会工作队抢救。

五、派副组长晋传本、干事张志良、袁楠森担任南区马路、珊瑚坝、菜园坝至两路口区指挥督率各组会工作队抢救。

六、派干事王昭谟、乐奎鑫、侯报瑶担任通远门至观音岩、两路口附近区指挥督率各组会工作队抢救。

七、令医护委员会派第二救伤站第七、第十三、十四、十五各基本救护队赶赴两路口、川东师范一带抢救，派第三救伤站第十六特约队赴两路口抢救，派第一救伤站红十字会救护队及第十、第十一、第十二基本救护队赴南岸马路、珊瑚坝、菜园坝一带抢救，并派其他特约救护队一律出发赶赴附近灾区参加工作，通知各特约救伤站全体动员。

八、令抚济组全体掩埋队、抚济队赴各灾区抢救。

九、令国际组立即出动所有挖救队赴各灾区抢救。

十、令收容运配组出动全体收容队赴各灾区收容无家可归灾民。

十一、令江北分处全体人员赶赴灾区，会同救护队、担架队、抚济队、收容队抢救。

十二、据江北分处报告，江北城内马号后街、朝音寺、中山林、谢家沟、永平门、治平中学、高家土地、荒林街、吉人街、唐家院子等处被炸，正在抢救中。

十三、二十七日敌机来袭，本市被炸地点计有小龙坎附近、渝星钢铁厂、豫丰纱厂；土湾、军政部纺织厂、大鑫练钢厂、豫丰纱厂及民房100余间；磁器口、金璧寺、华陀嘴、师娘坨沿河岸、鹅井巷、滑拖嘴及二十四兵工厂；江北桂花园等处；北碚被炸地点计有中正路、体育场、厚德福饭店、陶陶酒馆□□店河岸；北碚对岸：黄桷树镇、复旦中学、癞疤路。

十四、已查出二十七日中弹地点及数目如下：(一)磁器口金璧寺、华陀嘴、师娘坨一带中炸弹6枚，滑拖嘴中炸弹30余枚，鹅井巷中炸弹4枚，二十四兵工厂中炸弹18枚，江北桂花园中炸弹5枚，有1枚未炸；(二)土湾中炸弹7枚，豫丰纱厂中燃烧弹18枚、炸弹20枚，军政部纺织厂中炸弹15枚，渝星钢铁厂中弹17枚，北碚中正路中弹7枚，河岸中弹7枚，燃烧弹10枚，黄桷树镇中弹9枚，癞疤路中弹4枚，尖嘴中弹1枚。

十五、死伤人数及损坏房屋情形：(一)磁器口、华陀嘴、师娘坨、金璧寺、滑拖嘴、鹅井巷死9人，重伤30人（内有7人在途中死亡），轻伤10人，炸毁草房10余间，民船20余只，又二十四兵工厂死2人，伤18人，毁房数间，江北桂花园死柯花清1名，重伤1人，轻伤1人；（二）土湾死23人，重伤18人，轻伤16人，毁房屋5间，草房4间，纺织厂重伤5人，轻伤12人，毁房5间，渝星厂死8人，重伤3人，轻伤5人，毁房66间（北碚死伤情形及善后处置已志第二次报告）。

十六、所有磁器口、土湾两处死亡市民均由本处抚济组掩埋队前往掩埋，重伤市民亦送各重伤医院，轻伤则敷药裹伤并分别发给恤金。

右<上>十六项通报：

医护委员会

重庆空袭服务救济联合办事处
二十九年五月二十八日下午2时
（0066—1—44）

12. 重庆空袭服务救济联合办事处关于1940年5月28日日机空袭被灾及工作情形给所属医护委员会的第二次通报（1940年5月28日）

一、据本处调查组及各组会处队报告，今午敌机来袭重庆灾害情形如下：

（一）被炸地点及中弹数目

乡村公寓中炸弹1枚，中四路30号康庄中炸弹1枚，又57号中炸弹1枚，罗家湾30号侧面路上中炸弹1枚，又后面池内及林内中炸弹多枚，又34号全园中炸弹1枚，枣子岚垭206号后面山上中炸弹1枚，又92号侧后山上中炸弹1枚，高家庄20号侧面中炸弹1枚，又22号侧中炸弹1枚，张家花园45号侧中炸弹1枚，牛角沱139号中炸弹1枚，美专校侧中炸弹1枚，大田湾土坡中炸弹4枚，又附近中炸弹6枚，又61号中炸弹1枚，又55号中炸弹1枚，又13号田内中炸弹8枚，上清寺葵园中炸弹1枚，桂花园中炸弹1枚，中二路95号中炸弹1枚，又166号右侧中炸弹1枚，又174号中炸弹1枚，又177号中炸弹1枚，又重庆车站后面防空洞口中炸弹3枚，飞来寺2号中炸弹2枚，6号中炸弹1枚，12号中炸弹2枚，康宁路2号中炸弹1枚，3号中炸弹1枚，4号中炸弹4枚，7号中燃烧弹1枚,12号中炸弹1枚,13号中炸弹9枚,15号中燃烧弹1枚,春森路19号右侧中炸弹2枚,20号侧中炸弹1枚,6号中炸弹2枚,中三路4号中炸弹1枚,又124号中炸弹1枚,125号中炸弹1枚,127号中炸弹1枚,监务总局内中炸弹7枚,红十字会内中炸弹4枚,巴县中学内中炸弹2枚,白鹤亭河坝中炸弹1枚,嘉陵江中中炸弹多枚,纯阳洞电话局中炸弹1枚,神仙洞205号柏庐中炸弹1枚,果园中炸弹1枚,张必果家祠中炸弹1枚,郭园坎下中炸弹1枚,伤兵管理处中炸弹3枚,财政部中炸弹6枚,教育部(川师内)中炸弹2枚,川东师范内操场花园中炸弹6枚,调查统计局(川师内)中炸弹2枚,市政府(川师内)中炸弹6枚,上南区马路3号中炸弹1枚,198号中炸弹1枚,珊瑚坝飞机场中炸弹3枚、燃烧弹6枚,消防沟146号中炸弹1枚,燕喜洞中炸弹25枚、燃烧弹5枚,大水井中炸弹2枚,支路坡中炸弹12枚、燃烧弹1枚,下南区马路75号中炸弹1枚,南区支路18号中炸弹1枚,肖家沟后街中炸弹1枚,共中炸弹约134枚、燃烧弹18枚,被炸地点约84处。

(二)死伤人数及损坏房屋

白鹤亭伤7人,纯阳洞电话局伤2人、死2人,柏庐伤1人、死4人,毁屋4间,果园伤4人、死2人,张必果家祠伤10人、死6人,郭园坎下死7人,珊瑚坝毁房1间,伤1人,消防沟伤1人,燕喜洞伤15人、死19人,毁屋29间,大水井伤6人、死3人,毁屋5间,南区支路两路口之支路坡伤49人、死40人,康庄伤1人、死1人,罗家湾伤1人,毁屋7间,枣子岚垭后山伤4人、死1人,毁屋2间,中四路57号毁屋2间,上清寺蜀瓷厂毁屋3间,牛角沱139号伤2人、死1人,毁屋3间,美专校侧伤3人,毁屋30余间,大田湾一带伤19人、死12人,夔园毁屋1栋,桂花园毁屋10余间,中二路伤16人、死16人,毁屋24间,飞来寺2号伤6人、死5人,毁屋4间,6号伤3人、死3人,毁屋2间,12号毁屋2间,康宁路29号伤10人、死8人,春森路伤14人、死1人,中三路伤3人,毁屋20余间,监务总局伤2人,毁屋数间,红十字会毁屋20余间,巴县中学伤3人、死1人,毁屋3间,重庆车站后防空洞伤27人、死4人,伤兵管理处死5人,财政部重伤14人,毁屋39间,教育部伤5人,毁屋3间,调查统计局死2人、伤2人,市政府死6人、伤11人,毁屋3间,共约轻重伤220余人,死130余人,毁屋240余间,又炸毁汽车12辆、人力车30余辆。

二、据本处江北分处报告,今午敌机来袭,江北城区被炸,灾害情形如下:(一)被炸地点有吉人巷、马号街、放生池、永平门、新城、文昌宫、兴隆桥、水月巷、水府宫、金沙、打铁街、廖家台等处;(二)中弹数目,计炸弹79枚,燃烧弹3枚;(三)轻重伤约160人,死亡44人;(四)毁房屋120余间。

三、据本处南岸分处报告,(一)南坪场、石堡沟、玄坛庙、兴隆湾、下龙门浩、江中共中炸弹4枚;(二)仅有轻伤2名,毁房2间。

四、本处主任委员许世英、副主任委员谷正纲、刘峙、洪兰友、吴国桢、陈访先、黄伯度、市警察局长唐毅,于敌机炸后即分途出发赶赴各灾区督率抢救,主任委员许世英、医护委员会主任庞京周并亲赴各重伤医院、各收容所慰问被炸民众。

五、据本处服务总队部报告,敌机炸后,即发动各服务队至各灾区慰问被炸民众,并指引至救伤站、重伤医院裹伤,至收容所收容,当在两路口车站设立临时指挥部督导工作。

六、据本处医护委员会报告,今日第一重伤医院收重伤60名,连前共收73名;第二重伤医院今日收重伤61名,连前共有76人;第三重伤医院收重伤10名,连前共有35名;第四重伤医院共收重伤37名;第五重伤医院(南岸)今日收1人;第七重伤医院共收25名;第八重伤医院今日收重伤47名,连前共收61名;第九重伤医院共收90人;第十重伤医院共收90人;十二重伤医院共收42人;十五重伤医院共收□□名;十六重伤医院共收16名,合共今日本市江北南岸各院共收重伤病人约200余名,为腾让床位,以备急用,现正漏夜将病人转送江北第十四重伤医院、南岸第五、第九、第十三、第十一各重伤医院,另经各救伤站、救护队、各重伤医院敷药裹伤者共100余人。

七、据本处抚济组报告,经本处发棺掩埋者本市有70余具,江北方面正派队连夜工作中,共死伤人数均经登记,即日发放恤金。

八、据本处收容运配组报告,南区马路及中二路灾民李海洲等60余人,均经菜园坝第八收容所收容。

九、两路口重庆车站后面土质防空洞倒塌,本处特派副组长曹运督率防护常备大队队员100余人漏夜赶挖中。

十、各灾区初步救护工作于下午5时即告完成,轻重伤病人均经安置,除挖救、掩埋工作漏夜赶办外,本处两路口车站灾区总指挥部及各区指挥抢救人员均于8时前后工作完毕回处。

十一、本市消防队及防护团拆卸队等出动迅速,用能扑灭各着火处所,未致起火延烧,减轻灾害。

右<上>十一项通报:
医护委员会

重庆空袭服务救济联合办事处
二十九年五月二十八日下午12时
(0066—1—44)

13. 重庆空袭服务救济联合办事处关于1940年5月29日日机空袭被灾及工作情形给所属医护委员会的通报(1940年5月29日)

一、据报,顷间敌机来袭,本市化龙桥、沙坪坝、磁器口等处附近被炸,磁器口且有起火模样。

二、本处主任委员许世英、副主任委员谷正纲、黄伯度、洪兰友皆于敌机袭炸前分赴各重要街市查勘各服务队工作情形,袭炸后又赴灾区督率抢救。

三、本处副总干事胡仲纾亲率救伤站救护队、担架队、掩埋队、挖救队、抚恤队、收容队赶往灾区指挥抢救,并于化龙桥、磁器口设立灾区指挥部,调度一切。本处医护委员会主任庞京周、抚济组长阎宝航、收容运配组长李景泌暨总务组干事王昭谟、张步湘,均随同出发灾区。

四、两路口重庆车站后面土质防空洞倒塌后,挖救工作自炸后开始,并加派防护大队、市工务局工伕会同漏夜赶掘,但因洞属土质,随挖随倒,经多方设法,截止〔至〕午前9时方现出洞口,但尚未发现压毙尸身,仍在继续加紧工作中。

右<上>四项通报:

医护委员会

重庆空袭服务救济联合办事处

二十九年五月二十九日下午1时

（0066—1—44）

14. 重庆空袭服务救济联合办事处关于1940年6月6日日机空袭被灾及工作情形给所属医护委员会的通报（1940年6月6日）

一、据本处各组会部报告，今午敌机来袭，慌忙在白市驿附近投弹，多落在韩古场、阴阳沟、周头场、四维壕一带山地中。

二、据本处派往指挥抢救之股长周祥泰、干事张志良回处报称，阴阳沟炸死郑罗氏、李耀全、李超权、陈廷福、李旺呀5名，韩古场等处有重伤李万香、周万平2名，轻伤丁银昌、陈明碧、陈明芳3名。

三、据本处医护委员会报称，除轻伤3名经敷药裹伤自行回家外，重伤2名经车送十五重伤医院医治。

四、据本处抚济组报称，死亡之5名已经会同地方保甲长掩埋，伤亡恤金亦经分别发放。

右<上>四项通报：

医护委员会

重庆空袭服务救济联合办事处

二十九年六月六日下午10时

（0066—1—44）

15. 重庆空袭服务救济联合办事处关于1940年6月10日日机空袭被灾及工作情形给所属医护委员会的通报（1940年6月10日）

一、据报，今日敌机来袭，本市新市区及沙坪坝被炸。

二、据本处各组会处报告，新市区损害情形如下：两浮支路、大田湾、重庆村附近被炸，死1人、伤5人；国府路、学田湾、罗家湾、枣子岚垭、大溪沟一带被炸，伤6人；宜舍、华居、高庐等房屋损毁，牛角沱生生花园被炸，损坏房屋13间，伤3人；中二路、观音岩坡下及燕喜洞等处均被炸，损害甚微，统计死伤不满20人，损失房屋50余间。

三、本处副主任委员谷正纲、黄伯度及警察局长唐毅，当于敌机投弹后赶往灾区，组织灾区指挥部督率抢救。

四、本处医护委员会立派第二救伤站及救护队等赶往学田湾设站，为新市区一带受伤市民敷药裹扎后，统由担架兵担送曾家岩第十四重伤医院诊治。

五、派总务组副组长曹运率领第三救伤站及救护队等赶往沙坪坝抢救。

六、本处抚济组、掩埋队、给恤队均分往新市区、沙坪坝等处收殓、掩埋并发放恤金。

右<上>六项通报：
医护委员会

重庆空袭服务救济联合办事处
二十九年六月十日下午3时半
（0066—1—44）

16. 重庆空袭服务救济联合办事处关于1940年6月11日日机空袭被灾及工作情形给所属医护委员会的通报（1940年6月11日）

一、据报，今日敌机来袭，江北及本市新市区、浮图关、兜子背等处被炸。

二、据本处各组会队报告，灾情如下：枣子岚垭、两路口、新村附近被炸起火，经救护部队努力抢救，火势已减，即可熄灭，现仅发现死亡1人；菜园坝、兜子背一带被炸起火，正努力抢救中，已发现伤亡8人；浮图关附近被炸起火。

三、本处主任委员许世英、副主任委员谷正纲、洪兰友、黄伯度均于炸前炸后分赴各地视导，并督率抢救。

四、派总务组副组长曹运,会同医护委员会救护股长边书珩率领第二救伤站、救护队、担架队等赶往两路口、浮图关一带抢救。

五、派总务组干事王昭谟率领第三救伤站、救护队、担架队赶往菜园坝、兜子背一带抢救。

六、派干事周家崧前往江北,会同江北分处专员徐宗翰及救伤站、救护队、挖掘掩埋队等抢救江北灾情。

右<上>六项通报:
医护委员会

重庆空袭服务救济联合办事处
二十九年六月十一日下午3时10分
(0066—1—44)

17. 重庆空袭服务救济联合办事处关于1940年6月11日日机空袭被灾及工作情形给所属医护委员会的第二次通报（1940年6月11日）

一、据本处各部会组处报告,今日敌机袭炸灾害情形如下:

(一)投弹地点及中弹数目

本市——两路口、中二路、中三路一带,中弹30余枚;枣子岚垭、罗家湾一带中弹20枚;南区马路、燕喜洞一带中弹6枚;菜园坝、王家坡、兜子背一带中弹6枚;神仙洞街中弹10枚;□□院、千斯〔厮〕门河边一带中弹3枚;化龙桥、新村、新蜀报后西山上中弹4枚,交通部配件厂、河边中弹8枚;复旦中学中弹4枚;浮图关遗爱祠一带中弹70余枚。

江北——金沙、兴隆街一带中炸弹16枚、烧夷弹4枚;水府宫山坡、河坝一带中弹9枚;大板桥沟及河边中烧夷弹7枚;保定门街及河坝中弹7枚;谢家沟、中山林、普道桥等处各中弹4枚;新城、三山庙街、衙门口街、高脚土地各中弹3枚;平儿院、节孝祠、米亭子街、公园口街、芭蕉湾、大事巷、弋阳街等处各中弹2枚;天主堂、上市场街、县政府、文昌宫街、金沙街、观阳顺城街、植物油厂、水沟街、地方法院、林家巷、岳家街、镇安门、洗布塘、书院街、军需学校正街等处各中弹1枚。

（二）中弹起火地点：计有两路口、复旦中学、南区马路、菜园坝、罗家湾下面、江北正街5处。

（三）死伤人数及损坏房屋

本市——两路口、中二路、中三路一带，死防护团团员吕正才1人，重伤4人，轻伤1人，烧毁房屋20余间，炸毁震塌者200余间；枣子岚垭、罗家湾一带，重伤1人，轻伤1人，烧毁房屋10余间，炸毁震倒者30余间；南区马路、燕喜洞一带，重伤15人，轻伤6人，烧毁房屋9栋，炸毁震倒者80余栋；菜园坝、王家坡、兜子背一带，死30人，重伤33人，轻伤十数人，炸毁草房100余间，木船5只；神仙洞街毁房21间；千厮门河边轻伤4人，毁房7间，船3只；化龙桥、配件厂死2人；复旦中学死小工2人，轻伤1人，烧毁理化试验室1间，校舍、图书馆被炸毁；浮图关中央训练团重伤工役4人，轻伤工役3人，牌坊上死3人、伤3人，总计全市被炸死30余人，重伤五六十人，轻伤三四十人，烧毁房屋四五十间，炸毁震倒连草房在内共四百五六十间，船8只。

江北——死40余人，重伤50余人，轻伤60余人，烧毁房屋20余间，炸毁震倒者50余间，木船10余只。

南岸——无损害。

二、据本处医护委员会报告，本市重伤市民均经救伤站裹敷药品，分送十二重伤医院、第八重伤医院分别收治，其轻伤者则由救伤站救护队分别敷药裹扎回家；江北方面，重伤病人则分别送至第七救伤站、第十四重伤医院，将于夜间转院，轻伤病人已经第一基本救护队、第十七、十八两特约救护队分别敷药裹扎返家。

三、据本处抚济组报告，本市及江北已派出登记给恤股职员多人前往查放恤金，掩埋工作将于夜间赶办完毕。

四、据本处收容运配组报告，本市两路口炸毁房屋甚多，无家可归之难民已经在两路口设临时收容登记处，经登记者有451人，但愿领疏遣费者较多，现正核发疏遣费转所收容；上清寺第六收容所登记者40余人，收容者苏张氏等4人；菜园坝第八收容所现仅收容数人，因兜子背难民多因生活关系不能投所,或以整理草房暂住;江北方面已收容刘天保等9人。

五、据本处国际组报告,在江北挖救向朱氏等10余人。

六、据本处江北分处报告,受伤市民已会同医护委员会分送第八、第十四各重伤医院及第七救伤站医治,无家可归之难民办经江北收容所收容,死亡尸身正会同抚济组殓埋,限于本夜赶办完竣。

七、据报,今日敌机来袭时有防护团员吕正方才、陈国斌2人殉职,本处服务总队部防护团已会同商定于十三日上午7时在两浮支路政治部操场举行追悼会,追悼连日殉职防护团员吕正才、陈国斌、董海清、庞延福、黄树江及服务队员徐谦。

八、十日,敌机袭炸,除新市区各处外,本市磁器口、孙家湾附近中弹数十枚,死3人,重伤16人,轻伤23人,除死亡者由其亲属掩埋外,重伤者已送十二重伤医院。

右<上>八项通报:
医护委员会

重庆空袭服务救济联合办事处

二十九年六月十一日下午8时40分

(0066—1—44)

18. 重庆空袭服务救济联合办事处关于1940年6月12日日机空袭被灾及工作情形给所属医护委员会的通报(1940年6月12日)

一、据报,今日敌机来袭,本市旧城区、新市区及江北被炸。

二、据报,旧城区东至小什字、龙王庙西至劝工局街、临江路南至西三街中央公园、打铁街北至临江顺城街当中一片均被炸,尤以三教堂街、杨柳街、朝阳街、机房街、龙王庙、会仙桥、小梁子、都邮街、临江路、夫子池各处中弹最多,小梁子、木牌坊起火延烧,惟死伤人数尚不多;新市区仅有国府路附近二三处中弹数枚。

三、本日旧城区被炸,灾情惨重,本处副主任委员谷正纲、吴国桢、洪兰友、黄伯度及防空司令部副司令胡伯翰、警察局长唐毅等,均亲自于敌机投弹后赶往灾区督率抢救中弹地。

四、本处即派总务组副组长曹运在小什字组织灾区指挥部,本处各重要人员轮流在指挥部督率工作。

五、本处医护委员会所属救伤站救护队,除派一小部至新市区外,全部赶往灾区四周抢救受伤难民。

六、本处国际组挖救队全部出发城区抢救。

七、本处抚济组、收容运配组全体工作人员皆赶往灾区办理登记、抚恤、收容、慰问事宜。

八、据报,都邮街重庆国货公司防空洞中弹倒塌,已派挖救队前往挖救,已救出30余人。

九、据报,较场口十八梯之观音岩防空洞窒死民众甚多,已调派救护队赶往抢救。

右<上>九项通报:
医护委员会

重庆空袭服务救济联合办事处
二十九年六月十二日下午3时半
(0066—1—44)

19. 重庆空袭服务救济联合办事处关于1940年6月12日日机空袭被灾及工作情形给所属医护委员会的第二次通报(1940年6月12日)

一、据本处各部会组处报告,今日敌机来袭被炸灾害情形如下:

(一)本市方面

1. 朝天门正码头中烧夷弹1枚(起火)、炸弹2枚,烧毁房屋35栋,炸毁木船3只。

2. 嘉陵码头中炸弹1枚,毁船4只。

3. 千厮门河坝中烧夷弹2枚(起火)、炸弹2枚,由千厮门新街口,延烧至炮台街四川旅行社第二招待所止,约焚毁房屋250栋。

　　4. 棉花街中烧夷弹1枚(起火),烧毁房屋3栋,炸毁趸船1只、木船5只。

　　5. 书院街中炸弹3枚,炸毁房屋20余栋。

　　6. 新川电影院中炸弹1枚,炸毁后面房屋5栋。

　　7. 新生路保安路口中炸弹1枚,炸毁房屋10栋。

　　8. 大阳沟菜场中炸弹1枚。

　　9. 新生路三教街口中炸弹1枚,炸毁房屋约15栋。

　　10. 国泰戏院中炸弹1枚,炸毁房屋3栋。

　　11. 夫子池中炸弹2枚,炸毁房屋10栋。

　　12. 公共体育场中炸弹1枚,未炸。

　　13. 民权路都邮街43号中炸弹1枚,未炸。

　　14. 又都邮街70号中炸弹1枚,未炸。

　　15. 中华路中炸弹1枚,炸毁房屋约10栋。

　　16. 关庙街中炸弹1枚,炸毁房屋约15栋。

　　17. 中正路正阳街口中炸弹1枚,炸毁房屋8栋。

　　18. 正阳街中炸弹4枚,炸毁房屋38栋。

　　19. 大阳沟中炸弹4枚。

　　20. 东岳庙中炸弹1枚,炸毁房屋15栋。

　　21. 育婴堂街中炸弹2枚、烧夷弹1枚,炸毁房屋42栋。

　　22. 机房街中炸弹1枚,炸毁房屋10栋。

　　23. 青阳巷中炸弹1枚,炸毁房屋8栋。

　　24. 桂花街中炸弹1枚,炸毁房屋12栋。

　　25. 字水街中炸弹1枚,炸毁房屋14栋。

　　26. 民族路中烧夷弹3枚(起火),烧毁房屋22栋,炸毁房屋21栋。

　　27. 罗汉寺街中炸弹6枚,炸毁房屋30栋。

　　28. 药王庙街中炸弹1枚(起火),烧毁房屋25栋,震毁40栋。

　　29. 打铁街中炸弹3枚,炸毁房屋33栋。

　　30. 关岳庙中炸弹1枚。

31. 国府路牛皮厂中烧夷弹1枚（起火）、炸弹1枚，烧毁房屋10余栋。

32. 国府路附近田野中亦中炸弹3枚，无损害。

33. 光第下面中炸弹1枚。

34. 国府大门中炸弹2枚（1弹未炸）、硫磺弹1枚，又后园中炸弹1枚，炸毁会议厅1栋。

35. 大溪别墅3号中炸弹2枚，房屋全毁。

36. 外宾招待所门前中炸弹2枚，损害甚微。

37. 曾家岩行政院门前中炸弹1枚，院内空地中炸弹2枚，无损害。

38. 曾家岩公共汽车公司中炸弹2枚，房屋全毁。

39. 交通部技术人员训练所中烧夷弹1枚、炸弹2枚，毁房屋3栋，无死伤。

40. 卫生局医院宿舍中炸弹1枚，炸毁房屋1栋。

41. 曾家岩27、28号中炸弹1枚，毁房屋3栋。

42. 梯圣街中炸弹3枚，毁18、19、20、21号房屋4栋。

43. 曾家岩诚实山庄中炸弹1枚，墙屋震毁，又隔壁吴宅中炸弹1枚，房屋全毁。

44. 曾家岩水井湾中炸弹1枚，炸毁房屋1间，死2人，伤2人。

45. 上清寺中炸弹1枚，炸毁43、44、45、46房屋4栋。

46. 西四街中炸弹1枚，炸毁房屋4间，伤1人。

47. 中央公园中炸弹2枚。

48. 东升楼中炸弹2枚，炸毁房屋6间，死3人，伤2人。

49. 中大街中炸弹2枚，炸毁房屋5间，死2人，伤2人。

50. 忠烈祠中炸弹3枚，炸毁房屋7间，伤3人。

51. 民生路中炸弹2枚，炸毁房屋6间，伤1人。

52. 约〔若〕瑟堂中炸弹3枚，炸毁房屋5间，伤1人。

53. 安乐洞中炸弹4枚，炸毁房屋8间，死2人。

54. 下南区马路、菜园坝一带中炸弹6枚，炸毁房屋8间。

55. 天星桥中炸弹2枚，炸毁房屋4间。

共约中炸弹120余枚、烧夷弹10余枚,已发现死40余人、伤60余人,毁房屋770余间、船13只。

(二)江北方面

1. 王家花园中炸弹1枚。

2. 垮城墙中炸弹2枚,毁房3间,死3人。

3. 潮音寺中炸弹2枚,毁房2间,伤2人。

4. 魁星阁中炸弹1枚,毁屋3间。

5. 鲤鱼石中炸弹1枚、烧夷弹1枚,毁房5间。

6. 武库街中炸弹1枚,毁屋10间。

7. 九龙巷中炸弹1枚,毁房5间。

8. 演武厅中炸弹1枚,毁房5间。

9. 新城边中炸弹2枚,死1人。

10. 火神庙中炸弹3枚,伤1人。

11. 镇安门中炸弹1枚、烧夷弹1枚,毁房1间。

12. 县政府中炸弹1枚。

13. 三倒么门中炸弹1枚,毁屋1间。

14. 新街中炸弹2枚,毁房屋12间。

15. 宝盖寺中炸弹1枚,毁屋15间。

16. 四棱碑中炸弹1枚,毁屋8间。

17. 三山庙街中炸弹4枚,毁屋26间,伤3人。

18. 放生池中炸弹2枚,毁屋7间,伤1人。

19. 上横街中炸弹1枚。

20. 菜什子中炸弹1枚。

21. 三洞桥正街中炸弹3枚,毁房5间,死17人,伤6人。

22. 谢家沟中炸弹1枚、烧夷弹1枚,毁房3间。

23. 鸾彩石中炸弹7枚,伤27人,

24. 金沙街中炸弹2枚,毁房2间。

25. 礁坊街中炸弹1枚,毁房8间,伤1人。

26. 高脚土地中炸弹5枚,毁房15间。

27. 荒林街中炸弹2枚,毁屋14间。

28. 保定门街中炸弹6枚。

29. 观阳顺城街等处中炸弹7枚、烧夷弹2枚,毁屋29间。

30. 观阳码头中炸弹4枚、烧夷弹1枚,死2人,伤2人。

31. 汇川门河坝中烧夷弹1枚。

32. 木关街河坝中炸弹2枚,死3人,伤5人。

33. 三洞桥河边中烧夷弹1枚,死3人,伤1人。

34. 岳家沟中炸弹1枚,毁房1间。

35. 军需学校中炸弹3枚,毁房3间。

36. 江北正街中烧夷弹1枚。

37. 王家巷中炸弹1枚,毁房1间。

38. 普渡桥中炸弹8枚、烧夷弹2枚,死2人,伤4人。

39. 新码头中炸弹8枚、烧夷弹1枚,毁房3间,死2人。

40. 打渔湾中炸弹3枚、烧夷弹1枚,毁房5间,死1人,伤4人。

41. 杨家溪中炸弹3枚,毁房15间,死15人,伤4人。

42. 棺材巷中炸弹1枚,毁房15间,伤2人。

43. 沙井街中炸弹1枚,毁房3间,伤1人。

44. 诚厚街中炸弹2枚,毁房9间。

45. 水府宫中炸弹7枚,毁房276间。

46. 金沙打铁街中炸弹1枚,毁房7间。

47. 金沙门河坝中炸弹3枚。

48. 聚贤岩中炸弹1枚,毁房2间。

共约中炸弹110余枚、烧夷弹10余枚,死40余人,伤60余人,毁房290余间。

(三)南岸方面

1. 野猫溪五桂石中炸弹1枚,炸毁3、4两号房屋全部,死许述珍等4名,重伤5名,轻伤2名。

2. 南坪场燕子岩中炸弹1枚。

（四）本市十八梯下观音岩大隧道直通演武厅唯一戏院一段，因两头出路拥挤，中间太长且多潮湿，加以今日警报时间甚长，避难人在敌机未临空前出洞休息，一闻机声后即挤入洞内，两头一挤，在中段之避难人因空气窒实因而闷死者计有73人，受伤者140余人。

二、本处主任委员许世英、副主任委员谷正纲、刘峙、吴国桢、黄伯度、洪兰友、防空副司令胡伯翰、警察局长唐毅，均于投弹后即驰赴灾区指挥抢救。新市区中弹较少，死伤甚微。旧城区多处中弹，且有4处起火，虽不减于去年"五三、五四"之情况，但生命之损失为数无多。江北方面情形亦重，但所投烧夷弹均经扑灭，尚未成灾，死伤100余人。

三、据本处医护委员会报告，各院站救护队于6时工作完毕，分别返会报告，旧城区受伤者40余人，已分送第一、第二、第四、第十二、第五、第十一等重伤医院诊治；伤势比较轻微者，则经敷药裹扎，各自回家；十八梯隧道中受伤人亦经分别医治送院。

四、据本处抚济组报告，十、十一两日炸死尸身均经收殓掩埋，本市十八梯闷死尸身已完全埋葬，今日在朝天门下掩埋尸身20具，中央公园内掩埋2具，国府路掩埋2具，现尚在继续搜埋中。

五、据本处国际组报告，在国府路一带挖出尸身2具，育婴堂巷救活2人，挖出尸身1具，在大阳沟、东岳庙挖出尸身14具，救活1人，在夫子池挖出尸身3具；又十八梯隧道内掘出尸身40余具，合共救活5人，挖出尸身60余具，现尚在继续挖救中。

六、据本处收容运配组报告，今日在各灾区收容灾民51人，现均住临江门城区第一收容所。

七、被炸非振不生之赤贫灾民，除死伤者依例发给恤金外，决加发急赈一次，现正查放中。

右<上>七项通报：

医护委员会

重庆空袭服务救济联合办事处

二十九年六月十二日下午10时45分

（0066—1—44）

20. 重庆空袭服务救济联合办事处关于1940年6月16日日机空袭被灾及工作情形给所属医护委员会的通报（1940年6月16日）

一、据报，顷间敌机来袭，本市旧城区南纪门、储奇门、段牌坊、绣壁街、三牌坊、新市区牛角沱、大溪沟、上清寺等处被炸，储奇门一带且中烧夷弹起火。

二、本处主任委员许世英、副主任委员刘峙、谷正纲、吴国桢、洪兰友、黄伯度，在紧急警报前均分赴各处视察服务队工作情形及交通秩序、避难管制等工作，敌机投弹后，又赶往灾区督导抢救，调度工作。

三、本处医护委员会立派第二救伤站、救护队等赴南纪门、储奇门一带抢救，另派第三救伤站、救护队等赴上清寺一带抢救。

四、本处抚济组、掩埋队、国际组、挖救队立即出动，赶赴灾区抢救。

五、本处收容运配组、收容队已赶往灾区引导无家可归灾民入各收容所。

右<上>五项通报：

医委会

重庆空袭服务救济联合办事处

二十九年六月十六日下午4时

（0066—1—44）

21. 重庆空袭服务救济联合办事处关于1940年6月16日日机空袭被灾及工作详情给所属医护委员会的通报（1940年6月17日）

一、据本处各部会组处报告，十六日敌机袭渝灾害情形如下：

1. 中正路左营街口投燃烧弹1枚、炸弹1枚，房屋3栋略受损失。

2. 中正路18—26号投爆炸弹1枚，毁1栋，4栋略损。

3. 中正路松樵药房投爆炸弹1枚,未爆炸。

4. 太平门上行街30号投爆炸弹1枚,毁屋1栋。

5. 文华街35号投烧夷弹1枚,经防护团当时扑灭。

6. 陕西路落爆炸弹1枚,无伤亡。

7. 太华楼巷附近等5处落燃烧弹5枚,起火后旋经扑灭,毁屋25间,无伤亡。

8. 新街口落爆炸弹2枚,无损害。

9. 神仙洞街落爆炸弹1枚,毁屋2栋,另3栋震倒。

10. 观音岩卫戍部周围共落爆炸弹约8枚、烧夷弹约2枚。

11. 中一路落烧夷弹1枚,毁房屋5栋,震毁10余栋。

12. 国府路落弹约24枚,毁房屋约150栋。

13. 学田湾落弹4枚,毁房15栋。

14. 大溪沟附近落爆炸弹1枚、烧夷弹1枚,共毁房屋24栋。

15. 枣子岚垭落弹约15枚,毁屋约20栋。

16. 刁家巷落爆炸弹2枚、烧夷弹3枚,毁屋约20栋。

17. 东华观巷落烧夷弹2枚,毁屋26间。

18. 酒行街落爆炸弹4枚、烧夷弹4枚,毁屋约30栋,伤男女各2人,死男女各5人。

19. 酒行街及柑子市河边落弹多枚,毁船约70只,烧汽油100余箱。

20. 柑子市落烧夷弹5枚,毁房屋30栋,烧死5人。

21. 林森路落爆炸弹9枚(3枚未爆炸)、烧夷弹6枚,伤1人。共毁屋85栋。

22. 储奇门街及河坝落烧夷弹4枚,毁房屋14栋。

23. 储奇门顺城街投烧夷弹2枚,毁屋15栋。

24. 储奇门行街投烧夷爆、炸弹各1枚。

25. 双溪沟投烧夷弹3枚、爆炸弹8枚,毁屋15栋,死男性13名,伤男性20人。

26. 汲泉巷投爆炸弹2枚,毁屋3间。

27. 白鹤亭河边投爆炸弹1枚,无损失。

28. 黑巷子投烧夷弹1枚,无损失。

29. 沙井湾城墙投爆炸弹1枚。

30. 过街楼投爆炸弹2枚,1枚未爆炸,无损害。

31. 美丰仓库附近落爆炸弹2枚,1枚未炸。

32. 太洪岗投烧夷弹1枚,毁屋3栋。

33. 观阳门码头落炸弹2枚,毁屋4栋,伤男女各1人。

34. 邵家湾落爆炸弹12枚、烧夷弹1枚,毁屋3栋。

35. 蒲草田落弹9枚,毁屋10栋。

36. 梯圣关落爆炸弹5枚,毁屋3栋。

37. 曾家岩落弹3枚,毁屋2栋。

38. 大溪别墅1号落爆炸弹1枚。

39. 黄家花园落烧夷弹1枚。

40. 双溪沟落爆炸弹1枚,死男性12名,毁屋3栋。

41. 张家花园巴蜀小学赈济委员会投爆炸弹9枚(1枚未爆炸)、烧夷弹1枚,当经扑灭,后山中爆炸弹1枚,死男6人,伤1人,毁屋5间。

42. 人和街落爆炸弹2枚。

43. 高家庄落爆炸弹2枚。

44. 凤楼路落爆炸弹1枚,伤男3名。

45. 珊瑚坝内河官塘落爆炸弹1枚,飞机场1枚。

46. 铜元局码头落烧夷弹1枚。

47. 芝江巷落爆炸弹1枚。

48. 胡家巷落烧夷弹1枚,毁屋5栋。

49. 金紫支马路落爆炸弹1枚。

50. 新生路特号落烧夷弹1枚,毁屋1栋。

51. 小较场投烧夷弹1枚,毁屋1栋。

52. 警察第三分局后院落弹1枚,未爆炸。

53. 大巷子落炸弹2枚,震毁房屋4栋。

54. 太平桥落炸弹1枚，死男3名，伤男3、女2。

55. 黄荆巷落烧夷弹2枚，毁屋13栋。

56. 花巷子落弹1枚，未爆炸。

57. 过街楼老市府内市参议会中炸弹数枚，房屋损坏。

58. 胡家巷落烧夷弹1枚，毁屋5栋。

59. 老关庙落烧夷弹2枚，毁屋20栋。

60. 南岸陈家沟落爆炸弹1枚，伤1人。

61. 玄坛庙落炸弹2枚，1落河中，毁屋4栋。

62. 十一分局侧面投爆炸弹1枚，无损害。

二、本处主任委员许世英、副主任委员谷正纲、刘峙、吴国桢、洪兰友、黄伯度皆于敌机投弹后赶往灾区督率抢救。本日敌机投弹数目较多，旧城区方面尤多烧夷弹，新市区所投炸弹多属重量，但除储奇门、大德里两处火势较炽外，其余各地所中烧夷弹虽曾延烧，均经立即扑灭，未酿巨灾，至死伤人数尚属轻微。

三、据本处医护委员会报告，本日在朝天门、林森路、段牌坊、人和湾、观音岩、储奇门、太平门、金紫门、民生码头、马家岩、南纪门、余家巷各处救得重伤男56人、女18人，轻伤男57人、女9人，送往第一、第五重伤医院住院诊治者，男55人、女20人，其余均经敷药裹伤自行回家。

四、据本处抚济组报告，在黄家垭已殓埋被炸尸体13具，在金紫门一带殓埋尸体21具，在太平门殓埋尸体3具，各重伤医院殓埋尸体10具。

五、据本处国际组报告，在金紫门防空洞及蔡家湾5号倒屋处挖出有伤尸体4具，救济轻伤陈钱发1名。

右<上>五项通报：

医护委员会

重庆空袭服务救济联合办事处
二十九年六月十七日上午11时

(0066—1—44)

22. 重庆空袭服务救济联合办事处关于1940年6月17日日机空袭被灾及工作情形给所属医护委员会的通报（1940年6月17日）

一、据报，今日敌机来袭，广阳坝被炸二次，白市驿被炸一次。

二、派医护人员连夜赶往白市驿抢救。

三、派总务组股长周祥泰前往白市驿查勘灾情，干事王昭谟前往广阳坝查勘，并会同当地人士抢救。

右<上>三项通报：

医护委员会

重庆空袭服务救济联合办事处

二十九年六月十七日下午8时半

（0066—1—44）

23. 重庆空袭服务救济联合办事处关于1940年6月24日日机空袭被灾及工作情形给所属医护委员会的通报（1940年6月24日）

一、据报，顷间敌机来袭，本市城内较场口、大梁子一带、新市区大溪沟一带及白市驿附近被炸。

二、本处副主任委员谷正纲、洪兰友、黄伯度等均于事前赴各处视察，炸后亲在灾区督导抢救。

三、本处医护委员会派第二救伤站至大溪沟，第三救伤站至较场口，救护队至白市驿抢救受伤灾胞；抚济组、国际组、掩埋队、挖掘队亦均驶赴灾区抢救；收容运配组收容队则赶紧登记被炸难胞，导入收容所收容。

四、本处派股长周祥泰赴白市驿，干事张志良、侯抱瑶赴大溪沟、较场口查勘灾情。

右<上>四项通报：

医护委员会

重庆空袭服务救济联合办事处

二十九年六月二十四日下午

（0066—1—44）

24. 重庆空袭服务救济联合办事处关于1940年6月25日日机空袭被灾及工作情形给所属医护委员会的通报（1940年6月25日）

一、据报，今午敌机来袭，本市浮图关、菜园坝、兜子背、天津桥一带被炸，新市区、兜子背、菜园坝起火。

二、据报，今日灾情如下：

（一）浮图关、遗爱祠、新市区一带中炸弹、烧夷弹30余枚，伤11人，毁房10余栋，烧房14栋。

（二）菜园坝、天津桥、兜子背一带中炸弹、烧夷弹50余枚，死9人，伤17人，毁房400余间，木船6只。

三、各处火头均经于5时半以前扑救熄灭。

四、本处副主任委员谷正纲、洪兰友、黄伯度等均于投弹后赶往灾区督率抢救。

五、本处医护委员会派第二救伤站至浮图关，第三救伤站至菜园坝设站抢救，救护队亦分至各灾区工作。

六、本处抚济组、国际组、收容运配组均于投弹后分别驰往灾区工作。

七、本月二十四日敌机袭炸灾情如下：

（一）本市方面

1. 中正路482、484号中炸弹1枚，毁房2栋。

2. 中正路531、533号中炸弹1枚，毁屋2栋。

3. 中正路571、573号中炸弹1枚，毁屋2栋。

4. 中正路620、622号中炸弹1枚，毁屋2栋。

5. 鱼市街中炸弹1枚，未爆炸。

6. 鱼市街195号门前中烧夷弹1枚，未燃烧。

7. 韩家祠中炸弹1枚，毁房屋10栋，又1枚未爆炸。

8. 百子巷中炸弹5枚,全街被毁房屋约50栋。

9. 苍坝子中炸弹约6枚,毁屋10余栋。

10. 第二模范市场中1弹,毁屋4栋。

11. 学院街口中烧夷弹1枚,毁屋3栋。

12. 和平路中段防空洞口中炸弹1枚,无死亡。

13. 蒋家院共中炸弹3枚,毁屋约25栋。

14. 和平路(走马街口)中炸弹1枚,毁屋5栋。

15. 螃蟹〔蟹〕井街中炸弹3枚,毁屋约10栋。

16. 回水沟96号中炸弹1枚,毁屋1栋。

17. 回水沟16、17、18、19号中炸弹3枚,毁屋5栋。

18. 厚慈街77号中烧夷弹1枚,当经扑灭。

19. 韩府大巷中烧夷弹1枚,毁屋10余栋。

20. 天橙街中炸弹2枚,毁屋6栋。

21. 川道拐玻璃厂侧中炸弹1枚,毁屋3栋。

22. 民生路老半斋中炸弹1枚,毁屋3栋。

23. 民生路杨家什字中炸弹2枚,毁屋8栋。

24. 瓷器街保安路中炸弹1枚,未爆炸。

25. 中华路杨柳街口中炸弹1枚,毁屋1栋。

26. 小较场中炸弹3枚,毁屋12栋。

27. 劝工局街口中炸弹1枚,无损害。

28. 牛皮函女师侧中1炸弹,无损害。

29. 夫子池高家院中炸弹1枚,毁屋3栋。

30. 张家花园王公馆侧中炸弹1枚,无损害。

31. 国府路附近犹庐门前中炸弹1枚,无损害。

32. 人和街朴园中炸弹1枚,房屋受损。

33. 人和街友居中炸弹1枚,房屋受损。

34. 人和街刘公馆中炸弹1枚,房屋受损。

35. 人和街国民基础学校中炸弹1枚,房屋受损。

36. 三元桥中3弹，毁屋8栋。

37. 国府路肉市场中炸弹1枚，毁屋3栋。

38. 新街中炸弹1枚，因炉火未熄以致燃烧，毁屋3栋。

39. 国府路鸿志翻沙厂中炸弹1枚，损失颇重。

40. 电力厂内中炸弹2枚，门前1枚，职员宿舍被焚，业务方面损失尚微。

41. 体心堂街附近中炸弹8枚，毁屋约30栋。

42. 神仙口附近中炸弹6枚，毁屋约20栋。

43. 二牌坊中炸弹1枚，毁屋2栋。

44. 米花街中炸弹1枚，未爆炸。

45. 川盐一里中炸弹2枚，无损害。

46. 新生路基督教公谊会中炸弹1枚，毁屋1栋。

47. 马蹄街中炸弹3枚，被服厂颇受损害。

48. 夫子池文庙内中炸弹1枚，殿屋被毁。

(二)江北方面

1. 简家台中炸弹3枚，1弹未炸，死1人，伤2人，毁屋5栋。

2. 刘家台中炸弹5枚，毁房15栋。

3. 肖家坪中炸弹2枚，1枚未炸，伤1人，毁房1栋。

4. 新登口河边中炸弹2枚，死2人，伤7人，毁房1栋、木船1只。

(三)北碚方面

1. 中弹地区及数目：由北碚至天生桥沿路，从金刚背至鸡公山一片共中炸弹20余枚、烧夷弹40余枚，北碚镇上中弹起火延烧甚炽，黄桷树空地亦中炸弹3枚。

2. 损害情形：北碚镇上汉口、嘉陵、温泉三路全毁，北平路亦毁三分之一，河边棚户区亦被毁，全镇繁盛街市几毁三分之一，其损毁约占全镇二分之一；江苏医学院毁第病房1栋、宿舍1栋；综计各处已查明者，死45人，伤37人。

八、据本处医护委员会报告，在本市较场口、武库街、天橙街、金马寺、领事巷、走马街、磁器街、回水沟、小较场、大梁子等处救得重伤男26人、女10

人,轻伤男15人,重伤者均经转送第一、第二、第四各重伤医院诊治,轻伤者亦敷药裹扎回家;江北方面受伤者则由第一救伤站抢救,送往第五重伤医院;北碚方面重伤者已送江苏医学院,轻伤者则分别敷药回家。

九、据本处国际组报告,在杨柳街口挖出活人1名,仓坝子挖出活人罗玉山1名,赖家院挖出死人2名,又挖出活人周钱氏、贺三娘、黄田民、童周氏、何正才、朱傅氏6人,死人3人。

十、据本处抚济组报告,在大溪沟殓埋2人,模范市场及石灰市殓埋5人,其余较场口、棉絮街、白水桥、神仙口亦各有数具。

十一、据本处收容运配组报告,北碚河边被炸棚户已经会同区署在复旦大学内设立临时收容所收容50余人。

十二、除北碚方面已派专员前往查放急振〔赈〕并发放死伤恤金外,本市菜园坝等处被炸非振〔赈〕不生之贫苦难胞亦正调查发放急振〔赈〕中。

右<上>十二项通报:
医护委员会

重庆空袭服务救济联合办事处
二十九年六月二十五日下午6时
(0066—1—44)

25. 重庆空袭服务救济联合办事处关于1940年6月26日日机空袭被灾及工作情形给所属医护委员会的通报(1940年6月26日)

一、据报,今午敌机来袭,本市被灾地点如下:

(一)城内方面

1. 大梁子、左营街、警备司令部前后门及院内共落重磅炸弹6枚,炸毁东方饭店房屋1栋,山东省立剧院及25师师部房屋均炸毁。

2. 小梁子、会仙桥一带落弹甚多。

3. 正阳街20号对面落重弹1枚,轻弹五六枚,炸毁房屋100余间。

4. 大阳沟落重磅炸弹3枚,炸毁房屋30余间。

5. 新生路42、43两号落弹各1枚,毁房两间,清真寺内落1弹,毁损甚轻。

6. 公园路青年会落重弹3枚。

7. 公园旁落重弹两枚,外交部情报司被炸。

8. 林森路中烧夷弹2枚、炸弹1枚,烧房28栋。火已救熄。

(二)城外方面

1. 曾家岩、浮图关、菜园坝、上清寺等处均落弹甚多。

2. 国府路范庄×××①中弹4枚,×××中弹2枚,毁房4栋。

3. 中央党部中烧夷弹2枚起火,当时扑熄。

4. 川东师范学校中烧夷弹起火,已救熄。

5. 南岸铜元局中烧夷弹起火,正扑救中。

二、本处主任委员许世英于警报解除后赶至各处灾区督率指挥救济工作,并在两浮支路本处发放急振〔赈〕时慰问难胞,宣布委座及中央德意。

三、本处副主任委员谷正纲、洪兰友、黄伯度即率带救伤站、救护队全部人员分赴各灾区施行抢救。

四、本处收容运配组不待警报解除即分队前往灾区收容无家可归之难民。

五、本处抚济、调查两组于警报解除后即分赴各灾区调查登记,以便发放急振〔赈〕。

六、本日敌机投弹虽甚多,但市民死亡轻微。

七、受伤者均分别轻重予以裹扎及送往各重伤医院医治。

八、死亡者立时即装殓掩埋。

右<上>八项通报:

医护委员会

重庆空袭服务救济联合办事处
二十九年六月二十六日下午4时
(0066—1—44)

---

① 原文如此,下同。

26. 重庆空袭服务救济联合办事处关于1940年6月27日日机空袭被灾及工作情形给所属医护委员会的通报（1940年6月27日）

一、据报，本日敌机来袭，小龙坎、李子坝等处被炸，灾情甚重。

二、本处救护队、救伤站、收容队、抚济组、服务队等业已驰赴灾区施行抢救工作。

三、本处副主任委员谷正纲、洪兰友、黄伯度于上开各队出动时即亲往各灾区指挥救护事宜。

四、本处总务组副组长曹运并赶至灾区担任联络视察事宜。

五、详情后报。

右<上>五项通报：
医护委员会

重庆空袭服务救济联合办事处
二十九年六月二十七日正午12时

（0066—1—44）

27. 重庆空袭服务救济联合办事处关于1940年6月28日日机空袭被灾及工作情形给所属医护委员会的通报（1940年6月28日）

一、据报，本日敌机来袭，本市上清寺起火，国府路、高庐旁起火，麦子市至凤凰台口一带起火，考试院、七星岗、南纪门、南区马路、通远门、菜园坝、十八梯等处均被炸，灾情甚重，马家岩公共防空洞洞门落烧夷弹1枚，旁边房屋起火，熏死10余人。

二、本处副主任委员谷正纲、洪兰友、黄伯度于敌机离市空后即驰赴灾区指挥抢救。

三、本处救伤站、救护队、收容队、抚济组、服务总队部、服务队即携带各种救护器材与药品分赴灾区施行抢救。

四、刻据报告，各处火头均经救熄。

五、六月二十七日被炸灾情续报如下：

（一）据本处调查组报告，李子坝、化龙桥、新市场等处投弹多枚，死伤男女七八十名。

（二）据本处医护委员会救护股报告，白骨塔、李子坝救治轻重伤男女共45名，土湾、步月桥、石门共救治轻重伤男女33名，化龙桥共救治轻重伤男女45名，以上重伤男女77名，轻伤男女48名，均立时予以敷药裹扎后分送第一、第三、第五、第七、第十、第十二各重伤医院治疗。

（三）据本处服务总队部报告，于警报解除后即派供应组前往化龙桥灾区架锅煮粥烧茶，供给各被难灾胞及各救护人员食用，灾胞先后前往食用者达百数十人。

（四）被灾非振〔赈〕不生之难胞，已由调查组、抚济组迅速调查登记造册，以便发放急振〔赈〕。

右通报：
医护委员会

重庆空袭服务救济联合办事处

二十九年六月二十八日下午1时30分

（0066—1—44）

28. 重庆空袭服务救济联合办事处关于1940年6月29日日机空袭被灾及工作情形给所属医护委员会的通报（1940年6月29日）

一、据报，今日敌机来袭，本市菜园坝、兜子背、小龙坎、沙坪坝、白市驿、江北等处被炸，菜园坝起火。

二、本处副主任委员谷正纲、洪兰友、黄伯度均于事前出发各处视察服务队工作暨各公共防空洞情形，炸后赶往灾区督率抢救。

三、本处医护委员会派第二救伤站、救护队、担架队赴菜园坝、兜子背一带抢救，派第三救伤站赴小龙坎、沙坪坝会同当地第九救伤站抢救。

四、本处抚济组携带现款赶往灾区会同警所、保甲长发放急赈，查发死伤恤金。

五、本处收容运配组立派收容队劝导被炸难民进入收容所。

六、本处服务总队部调派服务队赶往灾区为灾民服务。

七、二十八日被炸详情如下：

1. 马家岩防空洞口中烧夷弹1枚、炸弹4枚，烧毁房屋7栋，并延烧至林森路573号至601号，防空洞口阻塞，正挖掘中。

2. 上南区马路136号至14号中炸弹1枚，房屋全毁。

3. 上石板坡中烧夷弹3枚，烧毁茅屋3间，炸毁房屋8栋，内有1弹未爆。

4. 下石板坡中炸弹3枚，毁屋40余栋。

5. 南纪门沙塆中炸弹六七枚，死伤30余人。

6. 南纪门猪行街7□□号中炸弹1枚，房屋全毁。

7. 水沟街4号中炸弹1枚，房屋被毁。

8. 凤凰台、金马寺中炸弹4枚，毁屋20余栋。

9. 十八梯口中炸弹30枚，毁屋20余栋，烧夷弹1枚，幸未燃烧。

10. 响水桥□□号至13号中炸弹2枚，房屋全毁。

11. 林森路566号院内中炸弹1枚，毁屋3栋。

12. 花街子、金家巷、守备街交界处中炸弹3枚，毁屋15栋。

13. 小巷子、月台坝中弹3枚，毁屋8栋。

14. 善果街第六保中炸弹5枚，毁屋20余栋，死3人，伤4人。

15. 较场口中炸弹1枚，未爆炸。

16. 回水沟中炸弹4枚，毁屋20余栋。

17. 马蹄街中炸弹3枚，毁屋10余栋。

18. 百子巷中弹3枚，毁屋10余栋，内有1弹未爆。

19. 民生路14号中烧夷弹1枚，未燃烧。

20. 又新戏院中炸弹1枚，戏场被毁。

八、据本处医护委员会报告，二十八日由慈云寺僧侣救护队、担架队、童子军救护队在马家岩、十八梯、新马路、储奇门、牛角沱等处救得重伤男21人、女4人，轻伤男8人、女2人，当经转送第一、第四、第十二各重伤医院诊治。

九、据本处抚济组报告，二十八日被灾各处急赈已经调查完竣，正在发放中。

十、据本处国际组报告，在马家岩、储奇门、南纪门、观音岩等处救出唐金山、刘氏2人。

十一、据本处收容运配组报告，在林森路等处收容艾仲常等7人，均分送往第一、第四两收容所。

十二、据本处南岸分处报告，二十八日敌机在黄葛渡坡上沙坝投炸弹5枚，死2人，重伤1人，轻伤9人，毁房2栋、木船2只，重伤者已送往第九重伤医院。

右<上>十二项通报：

医护委员会

重庆空袭服务救济联合办事处
二十九年六月二十九日下午2时
（0066—1—44）

29. 重庆空袭服务救济联合办事处关于1940年6月29日日机空袭被灾及工作详情给所属医护委员会的通报（1940年6月30日）

一、据本处各组、会、部、处报告，二十九日被炸灾情如下：

甲、本市方面

1. 菜园坝下中烧夷弹20余枚，有18处起火，中炸弹40余枚，共焚毁屋约100栋，死3名。

2. 观音岩西路口一带中炸弹20余枚，毁屋约20栋。

3. 牛角沱落爆炸弹5枚，烧夷弹1枚未爆炸，无损失。

4. 小龙坎一带中炸弹约在40枚以上，烧夷弹数枚，某部纺织厂被炸毁，大公职校一部受损。

5. 白市驿机场中炸弹约五六十枚，无损害。

乙、江北方面

1. 廖家台街中爆炸弹1枚,毁屋1栋。

2. 大板桥坡沟中爆炸弹3枚、烧夷弹1枚,伤男性2名,毁屋3栋。

3. 简家台街及河边一带中炸弹25枚,死男性4名、女性1名,伤男性8名、女性2名。

4. 刘家台街中爆炸弹1枚,毁屋1栋。

5. 新登口河边中爆炸弹5枚,伤男性1名,毁屋6栋、船6只。

6. 陈家馆河边中爆炸弹6枚,亡男女性各1名,伤男性2名。

二、据本处医护委员会报告,派出第六、七特约救护队,第十、十一、十二基本救护队在白云观、石板街、上清寺、牛角沱、南区马路、菜园坝等处救得重伤男17人、女4人,轻伤男7人、女2人,均经转送第一重伤医院诊治。

三、据本处抚济组报告,被灾处所非振〔赈〕不生之灾民正分四组发放急振〔赈〕中,并在菜园坝、江北、刘家台、陈家坡、金紫门码头、朝天门码头、黑石子、马家店等处殓埋尸体15具。

五〔四〕、本处收容运配组派出收容队4队,分赴各灾区劝导被炸难民至收容所。

六〔五〕、本处服务总队部派出服务队至各灾区宣传发放急赈办法与收容地点。

右<上>六〔五〕项通报：
医护委员会

重庆空袭服务救济联合办事处
二十九年六月三十日下午11时

（0066—1—44）

30. 重庆空袭服务救济联合办事处关于1940年8月9日日机空袭被灾及工作情形给所属医护委员会的通报（1940年8月9日）

一、据报,顷间敌机来袭,本市会仙桥、小什字、打铜街、新丰街、长安寺、打铁街、公园路、青年会一带被炸,新市区曾家岩、江北相国寺、南岸海棠溪附近被炸,青年会、新丰街、海棠溪起火,现已救熄。

二、本处副主任委员谷正纲、洪兰友、黄伯度均于敌机投弹后弛赴灾区督导抢救,抚慰灾民。

三、本处医护委员会除令各灾区附近所驻救伤站、救护队、担架队迅速出发驰赴灾区抢救外,该会主任庞京周并亲往南岸指挥一切。

四、本处抚济组、国际组、挖救队、掩埋队均赶赴各灾区抢救。

五、本处收容运配组派出收容队至各灾区劝导无家可归难民入收容所。

六、本处服务总队部各服务队概于预行警报时出发维持秩序,管理防空洞,被炸后则驰赴灾区协助抢救,供应茶水。

七、除本处副总干事胡仲纾亲在会仙桥、青年会、新丰街一带指挥抢救外,并派总务组副组长曹运赴新市区督导联络,晋传本赴南岸会同分处努力抢救,另令江北分处驰往相国寺抢救。

右〈上〉七项通报:
医护委员会

重庆空袭服务救济联合办事处
二十九年八月九日下午4时
(0066—1—44)

31. 重庆空袭服务救济联合办事处关于1940年8月11日日机空袭被灾及工作情形给所属医护委员会的通报(1940年8月11日)

一、据报,今午敌机来袭,本市兜子背、两浮支路、浮图关、中李子坝、江北刘家台、南岸铜元局、水泥厂皆被炸。

本市损害情形如下:

1. 中李子坝、武汉疗养院附近荒山路侧中炸弹3枚,均无死伤。

2. 浮图关遗爱祠一带中炸弹数枚,炸塌壕沟1处,死10余人,现正挖掘抢救中。

3. 两浮支路政治部附近一带中炸弹数枚、燃烧弹1枚,烧毁房屋1栋,死1人,伤5人,火已扑灭。

4. 兜子背附近一带中炸弹4枚、燃烧弹1枚,尚有一批炸弹投落江中,烧毁房屋2间,炸毁21间,死1人,轻伤2人。

5. 中华路中炸弹2枚,1弹未炸,毁屋1间。

6. 中正路573号门前中1弹,未爆炸。

7. 中营街中1弹,未爆炸。

8. 市警察局周围中炸弹8枚,毁屋10余栋。

9. 保安路181号门前中1弹,未爆炸。

10. 民权路新生路口两侧中炸弹2枚。

11. 都邮街新运总会中炸弹1枚,毁屋一部。

12. 南岸马家店中1弹,毁屋20余间,无死伤。

13. 南岸观音滩中1弹,毁屋1大栋,重伤1人。

14. 南岸海关张家洞中炸弹数枚,死30余,伤2人。

15. 南岸黑岩中炸弹3枚,死27人。

16. 南岸子舜庙中炸弹1枚,死1人。

17. 南岸南园高朝门中炸弹1枚,伤1人。

二、本处副主任委员谷正纲、黄伯度均于预行警报时至各街道各防空洞视察服务队维持交通、管理防空洞情形,炸后驰赴灾区督导抢救,抚慰灾胞。

三、本处医护委员会派第三救伤站及救护队、担架队沿通远门、两路口至浮图关抢救,派十六救伤站及救护队、担架队沿菜园坝至兜子背一带抢救,派中医救护队至较场口、中营街各处抢救,另令驻上清寺之第二救伤站、驻江北之第一救伤站及驻南岸之医务总团与各灾区附近之救护队、担架队迅即驰赴灾区协同抢救。

四、本处抚济组、掩埋队、国际组、挖掘队均派员伕至浮图关抢救、殓埋,现尚留灾区工作。

五、本处服务总队部除在各灾区维持交通、协助抢救外,并在浮图关设置茶粥站,供应茶粥。

六、本处派副股长杨明禄至浮图关,干事朱芳启至兜子背,张志良至较场口一带联络抢救,查勘灾情,并派干事朱起英至南岸,李菊生至江北,会同各该分处人员联络抢救,查勘灾情。

七、据报,本月九日敌机袭炸,本市青年会小什字一带、南岸海棠溪、江北陈家坡损害情形如下:

(一)本市方面

1. 林森路93、94、96、97号落燃烧弹3枚,毁房4栋。

2. 打铜街1至7号落爆炸弹2枚,毁房4栋。

3. 陕西街四川建设银行门前街心落爆炸弹2枚。

4. 小什字上海银行门前落爆炸弹1枚。

5. 中正路81号落爆炸弹1枚,毁房1栋。

6. 中正路302号对面落爆炸弹4枚、燃烧弹2枚,毁房80间。

7. 民权路落爆炸弹4枚,毁房35间。

8. 曾家岩65、127、130、140、150、47号落爆炸弹10枚、燃烧弹6枚,毁房11间,伤男女各1人。

9. 国府路□□号落燃烧弹3枚,毁房4间。

10. 中四路30、57、53、80、81、82、□□、□□、□□、□□号落爆炸弹12枚,毁房1栋又27间。

11. 白象街89至95号落爆炸弹5枚、燃烧弹2枚。

12. 菜场坝1至27号落爆炸弹4枚。

13. 中央公园球场落爆炸弹2枚。

14. 储奇门顺城街落爆炸弹1枚,毁房1间。

15. 江家巷11、25号落爆炸弹3枚,毁房9间,伤男1人。

16. 五四路空坝落爆炸弹2枚。

17. 民权路空坝落爆炸弹1枚。

18. 公园路青年会内落爆炸弹4枚、燃烧弹1枚,毁房9栋,伤男5人、女2人,死男2人。

19. 中正路293号落爆炸弹3枚,毁房9栋,伤男2人。

20. 民族路228号落爆炸弹3枚，毁房7栋。

21. 小较场24号落爆炸弹2枚，毁房1栋。

22. 依仁巷4号落爆炸弹1枚，毁房1栋。

23. 保安路88号落爆炸弹3枚、燃烧弹2枚，毁房11栋。

24. 正阳巷7号落爆炸弹2枚，毁房5栋。

25. 正阳街57号落燃烧弹1枚。

26. 莲花街14号落弹2枚，1枚未爆，毁房2栋。

27. 陕西街218、217、219、226号落爆炸弹1枚，毁房4栋。

28. 芭蕉园8号落爆炸弹1枚，毁房1栋。

29. 曹家巷5号落爆炸弹1枚，毁房3栋。

30. 九道门4号至8号落爆炸弹1枚，毁房5间。

31. 中四路83、84、85、87、89、130、138号落爆炸弹3枚、燃烧弹1枚，毁房8间。

32. 建设路落爆炸弹1枚，毁房5间。

33. 赣江街84号落爆炸弹，毁1栋。

34. 大华楼街6号落爆炸弹1枚，毁房1栋。

35. 石门街77、78号落爆炸弹1枚，毁房2栋。

36. 中正路155号落爆炸弹1枚，毁房1栋，伤男15人，死男3人。

37. 机房街落爆炸弹1枚，毁房15栋。

38. 育婴堂落爆炸弹1枚，毁房6栋，伤男2人，死男2人。

39. 兴隆街落爆炸弹2枚，毁房3栋。

40. 罗汉寺落爆炸弹2枚，毁房7栋。

41. 二郎庙落爆炸弹2枚，毁房1栋，伤男1人。

42. 水巷子落爆炸弹3枚、燃烧弹1枚，毁房7栋。

43. 九尺坎落爆炸弹1枚，毁房2栋。

44. 行街落爆炸弹1枚，毁房5栋。

45. 民族路落爆炸弹1枚，毁房1栋。

46. 金沙岗落爆炸弹1枚，毁房4栋。

47. 白象街28、32、6至82、48至54号落爆炸弹5枚、燃烧弹2枚,毁房29间。

48. 耗子院落燃烧弹1枚。

49. 美丰银行落爆炸弹1枚,毁房15间。

50. 中央公园防空壕落爆炸弹1枚。

51. 萧家凉亭、仓坝子落爆炸弹8枚、燃烧弹8枚,毁房50间。

52. 鸡街落爆炸弹1枚。

53. 保安路落爆炸弹1枚。

54. 江海银行落爆炸弹2枚,1枚未炸。

55. 中国银行落弹2枚,1枚未炸。

56. 长安寺电话局防空洞落弹1枚,死5人,伤8人。

(二)南岸方面

1. 海棠溪正街中炸弹2枚,毁屋13栋,死男3名、女1名,伤男6名、女1名。

2. 佘家巷中炸弹2枚,毁屋6栋,死男5名、女1名,伤男8名、女1名。

3. 兴隆街中炸弹1枚,毁屋8栋,死男4名,伤男9名。

4. 敦厚中段中炸弹21枚,毁屋18栋,死男4名、女2名,伤男11名、女4名。

5. 敦厚上段中炸弹10枚,毁屋3栋,死男6名、女1名,伤男6名、女1名。

6. 菜园村中炸弹11枚,毁屋4栋,死男5名、女1名,伤男6名、女2名。

7. 烟雨段中炸弹12枚,毁屋7栋,死男18名,伤男5名、女2名。

8. 烟雨堡中炸弹3枚、烧夷弹3枚,毁屋19栋,死男11名、女6名,伤男10名、女2名。

9. 丁家咀中炸弹10枚、烧夷弹1枚,毁屋4栋,死男5名、女2名,伤男6名、女1名。

10. 民生码头中炸弹20枚、烧夷弹3枚,毁屋18栋,死男70名、女10名,伤男33名、女10名。

11. 贸易委员会第六油库中烧夷弹4枚,伤2人,油库被焚。

12. 海棠溪公路旁山坡中炸弹25枚,死10人,伤5人。

(三)江北方面

1. 陈家馆一带中炸弹5枚、烧夷弹3枚,毁屋51栋,死男4名,伤男4名、女1名。

2. 巴豆林坡上中炸弹1枚,死男15名,伤男2名。

3. 黄桷堡中炸弹1枚,毁屋1栋。

4. 耗子院中燃烧弹1枚。

5. 沙湾正街及河边中炸弹2枚,毁屋10间,死1人,伤1人。

八、本处医护委员会报告,派出第一、二、三、十六各救伤站及第二、三、六、七、十、十一、十二、十三、十六、十七、十八各特约救护队,第四、五、六、八、九、十、十一、十二、十三、十四各基本救护队,在中正路、林森路、五四路、民族路、青年会、中央公园、中国银行、机房街、南区干路、公园路、海棠溪、观音岩、菜园村、蔡家塆等处救护重伤男70人、女20人,轻伤男123人、女17人,重伤者均经送往第一、四、八、九各重伤医院,轻伤者则分别敷药裹扎。

九、本处抚济组报告,派出掩埋队12小队分赴第八重伤医院、朝天门、海棠溪、国府路、宽仁医院、江北蚂蝗梁、第一重伤医院、浮图关等处殓埋被炸尸体,并派出抚济队9小队分在本市马王庙、东升楼、南岸海棠溪、江北陈家馆等处发放急振〔赈〕,已发者计有大口1603人,小口425人,共2028人,计款18155元,仍在继续查放中。

右<上>九项通报:
医护委员会

重庆空袭服务救济联合办事处
二十九年八月十一日下午5时
(0066—1—44)

32. 重庆空袭服务救济联合办事处关于1940年8月12日日机空袭被灾及工作情形给所属医护委员会的通报（1940年8月12日）

一、今午敌机侵川时，本市于上午10时25分悬出红色信号球后，一般市民即避入防空洞及各大隧道，至下午2时25分解除警报后，即发现大梁子、左营街、本处门前大隧道内有因窒息闷晕倒毙情事，当即派第三、第十六两救伤站施以紧急救治，并调担架队、救护队入洞分别轻重伤先后抬出，另派服务队员入洞搀扶并维持秩序，仅有老弱幼童8名在洞内毙命，余均全数救出。除搀扶行走，施行人工呼吸后立即痊愈者不计外，计有重伤54人，当经车送第一、第四两重伤医院治疗，至晚已有多数痊愈出院，仅有1人不救死亡；轻伤经注射后各自回家者84人。所有死亡之9人，除由亲属认领外，均由本处抚济组殓理。本处副主任委员谷正纲、黄伯度及市警察局长唐毅均先后在场视察、抚慰，其贫苦者，特准发放急赈，当场即发出560元；其受伤送院未及请领者，均由抚济组派员至各院补发，所遗衣物由防护团第二分团全数搬出，陈列洞口，分别招领。

二、本处副主任委员谷正纲、黄伯度即晚召集主要负责人及各方有关人员研计，认为原因：(1)天气奇热；(2)在洞内时间过久；(3)隧道太深长；(4)人数相当多。补救办法：(1)责成服务人员负责传递情况，并指导市民在适当时间入洞，减少在洞内时间；(2)敌机远离悬出2个红色信号球时，劝导少壮市民出洞呼吸新鲜空气，减少洞内人数；(3)除供给各种成药外，再酌派救护人员携带急救药品分驻在内，以防万一；(4)隧道内装置通风设备已由防空司令部拟定计划及概算，由本处呈院请示中，应即设法提前赶办。

三、本月十一日敌机袭炸，本市及新市区、江北、南岸损害情形如下：

（一）本市方面

1. 中华路10号中炸弹1枚，毁屋1栋。

2. 中华路嘉鱼饭店门前中1弹，未爆炸。

3. 中正路573号门前中1弹，未爆炸。

4. 中营街中1弹，未爆炸。

5. 警察局中炸弹2枚、燃烧弹1枚,毁屋9间,伤3人。

6. 保安路181号门前1弹,未爆炸。

7. 民权路、新生路口两侧空地中炸弹2枚。

8. 新运总会内中炸弹1枚,毁屋1部。

9. 磁器街31号、55号中爆炸弹1枚,未爆。

10. 中正路566号中爆炸弹1枚,炸毁房屋2间。

11. 神仙口落爆炸弹1枚,炸毁房屋5间。

12. 民权路20、10号落爆炸弹4枚,炸毁房屋18间。

13. 新生路南京理发厅左侧空地落爆炸弹1枚。

14. 新生路口落爆炸弹1枚于空地。

15. 玉带街落爆炸弹1枚,伤男2,死男1、女1,炸毁房屋5间。

16. 林森路250号256号、310号各落爆炸弹1枚,轻伤1人。

17. 段牌坊落爆炸弹2枚。

18. 林森路中国银行办事处门前马路上落爆炸弹1枚。

19. 林森路361号落爆炸弹1枚,炸毁自来水管4处。

20. 两浮支路政治部落燃烧弹1枚,燃烧房屋1栋,当即扑灭,压死1人,伤5人。

21. 南区公园中炸弹2枚,死男1名,伤男女各2名。

22. 中李子坝武汉疗养院附近荒山路侧落爆炸弹3枚,均无死伤。

23. 兜子背一带中炸弹4枚、燃烧弹1枚,死男1名,轻伤男女各2名,计毁屋21间。

24. 苏联大使馆落爆炸弹2枚,炸毁房屋3间(内有武官室1间),伤华人1名。

25. 南区马路落空中爆炸弹1枚。

26. 康临路1号、小园4号各落爆炸弹1枚,炸毁房屋2间。

27. 浮图关马路投爆炸弹4枚,伤6人。

28. 中央训练团投爆炸弹6枚,炸毁房屋3间。

29. 遗爱祠马路上投爆炸弹2枚,炸塌水沟1段,内约有10余人,正挖掘中。

30. 遗爱祠派出所落爆炸弹5枚,炸毁房屋7栋,伤男1名。

31. 徐家坡落爆炸弹11枚,1枚未爆炸,毁房屋4栋。

32. 佛来洞马路落爆炸弹3枚,炸毁房屋1栋,伤男6名。

33. 浮图关正街新市场派出所落爆炸弹4枚、燃烧弹2枚,未燃烧,炸毁房屋8栋。

34. 黄沙溪竹帮街42号投爆炸弹1枚,伤男3名。

35. 李子坝正街21、36、35、23号各落爆炸弹1枚,炸毁房屋5栋,伤男4名。

36. 建设新村3、10号各落爆炸弹1枚,炸毁房屋1栋。

37. 李子坝河街24、23号各落爆炸弹1枚,炸毁房屋3栋。

38. 半山新村4号落爆炸弹1枚,无损失。

39. 蒲草田46、44号各落爆炸弹1枚。

40. 国府路246、202号各落爆炸弹1枚,炸毁房屋3间。

41. 枣子岚垭81号落爆炸弹1枚。

42. 曾家岩54号落爆炸弹1枚,炸毁房屋4间。

43. 南区公园落烧夷弹1枚、爆炸弹2枚,均未爆炸。

44. 王家坡落爆炸弹1枚,无损失。

(二)南岸方面

1. 海棠溪烟雨堡投弹6枚、烧夷弹1枚,毁屋34间,伤男8名。

2. 南坪场、山王岩、响水洞投弹4枚,均落田中,尚未爆发。

3. 南坪正街投弹1枚,炸毁房屋70号至99号,人无死伤。

4. 新街投弹1枚,毁屋1号至19号,人无损害。

5. 黑石岩坎落弹2枚,防空壕炸毁,男死22名,死女7名,伤男6名。

6. 高朝门落爆炸弹13枚、烧夷弹3枚,炸毁房屋3间,伤男4人、女2人,死男5人、女3人。

7. 水泥厂21号至32号投弹6枚、烧夷弹1枚,毁屋7栋,人无死伤。

8. 水岭岗1号投弹3枚、烧夷弹1枚,全院房屋约5栋均毁。

9. 上河街美亚炼油厂对坎投弹3枚,无损害。

10. 三圣殿坎下荒地投弹3枚,无损害。

11. 天星桥14号左侧烧夷弹1枚,无损害。

12. 南海岸坎投弹2枚,无损害。

13. 上河街1号投弹1枚,毁屋5栋,伤男3名、女1名。

14. 上河街24号人造汽油厂荒地投弹1枚,毁屋1栋,死男2名,伤2名。

15. 响水洞10号左右荒地投弹3枚,毁屋1栋,六楞碑投弹4枚,无损害。

16. 马家店中弹1枚,无损失。

17. 观音滩中弹1枚,重伤1人。

18. 海关张家洞中弹数枚,炸死30余,伤2人。

19. 子舜庙中弹1枚,死1人。

20. 尊义段投弹2枚、烧夷弹1枚,伤男2名。

21. 玛瑙溪落爆炸弹8枚、烧夷弹1枚,炸毁房屋7栋。

(三)江北方面

1. 陈家馆田家院中炸弹1枚,毁17、18号房屋2栋。

2. 陈家馆官出坡中炸弹1枚,伤女3人,毁12号至18号房屋7栋。

3. 高石坎中炸弹2枚,震坏房屋1栋。

4. 黄牛湾中炸弹2枚,震坏房屋1栋。

5. 赵家岭中炸弹2枚,死钢炮连士兵11人,毁房屋1栋。

6. 大石桥沟中炸弹18枚、烧夷弹2枚,伤男4人、女3人,死女1人,毁房屋9栋。

7. 五里店中炸弹20枚、烧夷弹3枚,毁房屋15栋,伤男12人、女5人,死男3人、女2人。

8. 中和段中炸弹32枚、烧夷弹5枚,毁房屋15栋,伤男12人、女3人,死男16人、女9人。

9. 陈家馆山坡投爆炸弹6枚,炸毁房屋10间,死3人,伤5人。

10. 陈家馆正街投爆炸弹1枚,炸毁房屋16间。

11. 皂角岭高射炮兵连驻地附近投爆炸弹5枚,炸毁房屋10间,死1人,伤2人。

12.大湾高拜台黄桷树顶上投爆炸弹1枚,炸毁房屋10间,死10人,伤4人。

四、本处医护委员会报告,派出各救伤站及第三、六、十、十六、十七、十八、十九、二十、二十一各特约救护队,第十、十一、十二、十三、十五基本救护队,在青年会、南区支路、两浮支路、铜元局、李子坝、兜子背、马家店、高朝庙、水泥厂、南区马路、菜园坝等处救护重伤男41人、女5人,轻伤男48人、女11人。

五、本处抚济组报告,派出掩埋队10小队在南岸第八重伤医院、浮图关、两路口、江北大湾、三皇庙等处殓埋尸体98具,急赈抚恤金现正查放中。

右<上>五项通报:
医护委员会

重庆空袭服务救济联合办事处

二十九年八月十二日下午12时25分

(0066—1—44)

33. 重庆空袭服务救济联合办事处关于1940年8月18日日机空袭被灾及工作情形给所属医护委员会的通报(1940年8月18日)

一、据报,顷间敌机来袭,本市临江门至会仙桥、机房街、小较场一带被炸起火。

二、本处副主任委员谷正纲、洪兰友、黄伯度均驰赴灾区视察督导。

三、临江路38号四层楼房被炸倒塌,市民彭怀之躲藏楼下方桌内,被砖料压没,高声求救,经本处副主任委员黄伯度发觉,立调挖救队将积有人深之木瓦掘开,将彭怀之救出送往医院,当奖给挖救队50元以示鼓励。

四、夫子池空场隧道附近中弹,震塌顶上石块一大块,致将避难市民打伤6人,亦经挖救队驰往救出送往医院。

五、本处抚济队、收容队、救护队、挖救队、掩埋队现均仍在继续工作中。

右<上>五项通报：

医护委员会

重庆空袭服务救济联合办事处

二十九年八月十八日上午4时半

(0066—1—44)

34. 重庆空袭服务救济联合办事处关于1940年8月19日日机空袭被灾及工作情形给所属医护委员会的通报（1940年8月19日）

一、据报，顷间敌机来袭，本市被炸灾情如下：

1. 燕喜洞河街中烧夷弹多枚起火，焚毁棚屋40余栋，并无死伤。

2. 中一路中1弹，毁屋2栋。

3. 枣子岚垭中烧夷弹多枚，四处起火，均即扑灭，并无死伤。

4. 大溪沟二十一兵工厂办事处中炸弹数枚，损失极微，亦无伤亡。

二、本处副主任委员谷正纲、黄伯度、洪兰友于敌机离开市空后即驰赴灾区督导抢救，并在南区马路、燕喜洞河街灾区抚慰受灾难胞。

三、本处医护委员会各救伤站、救护队、担架队均迅速驰至灾区抢救，挖救队、掩埋队亦在被灾地点搜索挖救，收容运配组收容队正在燕喜洞河街灾区劝导难民入收容所。

四、据本处各组会报告，本月十八日晨本市被炸灾情如下：

1. 临江门甕城街36号中1弹，毁屋1栋，死4人，伤1人。

2. 临江门甕城街河坝中烧夷弹1枚、炸弹1枚，毁屋2栋，伤18人、死1人。

3. 临江路33—38号中爆炸弹2枚，毁屋7栋，伤8人。

4. 临江路53号中弹1枚，毁房屋1间。

5. 国泰戏院后中烧夷弹1枚起火，当即救灭。

6. 戴家巷前马路旁中爆炸弹2枚。

7. 民权路174—184号中烧夷弹1枚起火，毁屋8栋，立即扑灭。

8. 民权路10号(会仙桥)中弹2枚,毁屋2栋。

9. 机房街中爆炸弹2枚,毁屋2栋。

10. 小较场中爆炸弹7枚,毁屋10栋。

11. 张家巷中弹数枚,毁房屋2间,压死1人。

12. 保安路53号投爆炸弹1枚,毁房屋2栋。

13. 依仁巷4号投爆炸弹1枚,毁房屋1栋。

14. 来龙巷37号投爆炸弹1枚,毁房屋16间。

15. 江家巷投烧夷弹1枚,死男1人。

16. 韭菜园空坝投烧夷弹1枚。

17. 丁口横街投烧夷弹1枚,毁房屋6间,伤女1人。

18. 二圣宫投爆炸弹1枚,毁房屋5间。

19. 新码头投爆炸弹1枚,毁房屋6间。

20. 兴隆台街投爆炸弹1枚,伤男1人,死男1人。

21. 民族路182号投烧夷弹3枚,毁房屋5栋。

五、本处医护委员会报告,十八日派出第三特约救护队、第十八特约救护队、第十六特约救护队、第七基本救护队在临江门、小梁子、临江路、戴家巷、夫子池、小较场等处,救护重伤男15人,轻伤男16人,女5人,重伤者经送往第一、第四两重伤医院治疗,轻伤者敷药裹扎。

六、本处国际组报告,派出挖救队14人,由队长刘宝络率领,在夫子池、石板街、金石院巷、临江门等处搜索,仅在临江门瓮城街36号挖出邓少康、邓妻、邓子及韩治卿尸体4具。

右<上>六项通报:
医护委员会

重庆空袭服务救济联合办事处
二十九年八月十九日上午4时半

(0066—1—44)

35. 重庆空袭服务救济联合办事处关于1940年8月19日日机空袭被灾及工作情形给所属医护委员会的第二次通报(1940年8月19日)

一、今午敌机续来狂炸全市，据报被灾地点如下：

(一)中燃烧弹起火地点：百子巷全部被焚；棉絮街全部被焚；黄荆桥全部被焚；鱼市街全部被焚；关庙街全部被焚；草药街全部被焚；鼎新街全部被焚；老街全部被焚；木货街全部被焚；第三模范市场1号至27号被焚；走马街82号至116号被焚；大梁子，由三圣店口起至苍坪街口止全部被焚；米花街139号至187号被焚；较场口，由民权路59号至十八梯口，并波及中华路、民生路一带；潘家沟，由2号至新民街口；管家巷；磁器街；十八梯；响水桥；汉慈街；永兴当街；观音岩；守备街；尚武街；蔡家石堡；放牛巷；凉亭子；新街；保安路。

(二)中炸弹地点：张家花园蒙藏委员会防空洞；韩府大巷书帮公所；体心堂街；南区马路；两路口(新昌宾馆全毁)；两浮支路；美专校街大兴别墅一带；通远门；九块桥；武库街；南区支路；南纪门马家岩；桂花街；天主堂街；都邮街；领事巷；打枪坝；大梁子警备司令部本处；林森路；南岸马家店。

二、截至12时止，上列起火各处均经扑灭，仅有余火未熄，尚在抢救中。

三、本处医护委员会派出第四、五、六、十、十一、十二各基本救护队、第六特约队等及第二、第三救伤站，在大梁子、林森路、马家岩、麦子市、两路口、两浮支路、金华门等处救护重伤102人，均已送第一、第四两重伤医院，正漏夜转送南岸第八、第九两院，轻伤敷药裹扎者200人以上。

四、本处抚济组、掩埋队全部出动，分赴各灾区漏夜殓埋尸身，截至12时止，已殓埋90余具。

五、本处收容运配组在金马寺警察局、国泰戏院、山东省立戏院、一园戏院、章华戏院五处设立临时收容所，由该组收容队及各服务队至各灾区劝导难民，并由保甲长鸣锣通知难民入所收容，截至12时止，金马寺已收容560人，国泰已收容245人，山东已收容245人，一园已收容20人，每人各发口粮1元。

六、本处特拨款5万元，饬由抚济组限于二十日晨7时邀同市党部、防空部、服务总队部、调查组、童子军等全市分五大区，各就灾情轻重情形分为2队至6队不等同时普发急振〔赈〕。

七、大梁子警备司令部大门内掩蔽押犯之地下室洞口中1弹，死亡较多，截至午夜12时止，已由本处挖救队会同各部队共同挖出尸体70余具，现仍在挖掘中。

八、张家花园蒙藏委员会防空洞在敌机第一次投弹时，洞口被炸封闭1个，本处服务总队部所属振〔赈〕济委员会服务队即会同参谋人员训练班第六防护区团抢救，当救出重伤29人，已抬送第一、第四两重伤医院，轻伤13人，施行人工呼吸注射针药后立即痊愈回家，死亡17人，内男8人、女3人、小孩6人，业已殓埋。

九、本处在敌机第三次投弹时连中炸弹、燃烧弹多枚，办公处所三面邻近之房屋均立即起火，当经扑灭一处，谷、洪、黄三副主任委员立饬救护人员冒火出发，指派各单位负责人领导全体员工分赴灾区抢救，并亲即巡回督导。

十、本处服务总队部全体工作人员及各区服务队均驰赴灾区协助抢救，连续供应茶粥，并派员至各收容所抚慰难民，供应茶水。

右<上>十项通报：
医护委员会

重庆空袭服务救济联合办事处
二十九年八月十九日下午2时
（0066—1—44）

36. 重庆空袭服务救济联合办事处关于1940年8月20日日机空袭被灾及工作情形给所属医护委员会的通报（1940年8月20日）

一、今午敌机袭渝，继续在本市商业区、贫民住宅区、南岸工业区及江北各地滥施狂炸，本市下城、中城、南岸窍角沱等地多处起火，灾情广泛、严重。兹志被炸地点如下：

（一）本市方面

中燃烧弹起火地点——

1. 复兴路中燃烧弹2枚,全街被焚,延烧至铁板街、韭菜巷、顺城街等处。

2. 会仙桥、小梁子一带中燃烧弹8枚,全街起火焚毁。

3. 苍坪街、天官街、米花街口中燃烧弹1枚,三街均被焚毁大半。

4. 机房街中燃烧弹1枚,被焚大半。

5. 大梁子公园路口中燃烧弹1枚,延烧至苍坪街口。

6. 望龙门商业场西二、三、四各街及陕西街等处共中燃烧弹10余枚,焚毁大半。

7. 白象街中燃烧弹1枚,毁屋300余栋。

8. 模范市场中燃烧弹2枚,两处起火,焚毁房屋甚多。

9. 民生公司中燃烧弹1枚。

10. 水巷子中燃烧弹1枚,毁屋一半。

11. 小什字半边街中燃烧弹多枚,房屋全毁。

12. 华光楼中燃烧弹多枚起火,全街被焚。

13. 行街中燃烧弹起火。

14. 香水街中燃烧弹起火。

15. 千厮门至姚家巷一带被焚。

中弹被炸地点——

1. 夫子池防空洞中1弹。

2. 临江路7号中1弹。

3. 江家巷中炸弹2枚。

4. 鸡街中炸弹2枚。

5. 中国国货公司中炸弹1枚。

6. 望龙门防空洞中炸弹1枚。

7. 白象街56号中炸弹2枚。

8. 东水门大码头中炸弹1枚。

9. 打铜街中炸弹1枚。

10. 曹家巷中弹炸2枚。

11. 川监银行中炸弹1枚。

12. 华光楼中炸弹2枚。

(二)南岸方面

1. 大佛段81号新新印刷社被炸。

2. 大佛段163号西南化学工业社被焚房屋9间。

3. 大佛段164号华生电器厂被焚。

4. 大佛段165号复兴翻砂厂焚房22栋。

5. 大佛段166号洽生电器厂被炸毁屋20余间。

6. 大佛段167号利民皂厂被炸全毁。

7. 大佛段168号经济部工矿调整处炸毁仓库5间、宿舍6间。

8. 大佛段172号由新纱厂被炸。

9. 大佛段173号民康药水花布厂被焚毁,又汉合建筑公司、棣华农场被炸。

10. 大佛段五家堡震毁房屋12间。

11. 大佛段80号震毁房屋4间。

12. 窍角沱河街焚房16间。

13. 窍角沱1号裕华纱厂焚房20余间。

14. 海棠溪、敦厚上段、烟雨堡、南坪场、响水洞、高朝门、玛瑙溪中炸弹69枚、燃烧弹18枚,毁屋48栋,死男7名、女4名,轻伤男7名、女3名,重伤男1人,计死伤22名。

(三)江北方面

1. 兰家□潘家码头河边中燃烧弹、炸弹各1枚。

2. 毛溪沟山坡中燃烧弹1枚。

3. 民生工厂中炸弹1枚。

二、城内千厮门、半边街、大梁子等处火势至下午6时已见减轻,至12时仅有余火,各消防人员仍在洒水抢救中。

三、夫子池防空洞被炸,仅死2人,伤2人;望龙门防空洞被炸封闭,现尚在挖救中。

四、本处副主任委员谷正纲、洪兰友、黄伯度在敌机投弹后即冒险出发灾区督导抢救,宣抚难胞。本日灾情较十九日尤为广泛、严重,渝市所有繁华街市如小梁子、会仙桥、大梁子、都邮街、关庙街、模范市街、新丰街等处均被焚一空,幸性命死伤尚少。

五、本处医护委员会派出第二、三、六、七、十、十一、十七、十八、十九、二十特约队,第四、五、六、八、十、十一、十二、十四、十五各基本救护队,会同各救伤站在太平门、莲花洞、白象街、望龙门、左营街、裕华庆兴纱厂、陈家湾、五福街、关庙街、苍坪街、中央公园、元通寺、大梁子、海棠溪、罗家坝、都邮街、神仙口、国府路、新华厂等地救护重伤男85人、女41人,轻伤男196人、女75人,重伤者均已分送一、四、五、八、十一各重伤医院,轻伤者敷药裹扎。

六、本处抚济组报告,连日分5区各区再分小队发放急振〔赈〕,并派出掩埋队在三皇庙、朝天门、大梁子、马家岩、走马路等处掩埋尸体97具。

七、本处收容运配组报告,本日国泰收容所收容400余人,山东省立戏院收容38人,征收局3号收容200余人,明来旅馆收容100余人,当先每人发给救济费1元。

右<上>七项通报:

医护委员会

重庆空袭服务救济联合办事处
二十九年八月二十日下午12时
(0066—1—45〔上〕)

37. 重庆空袭服务救济联合办事处关于1940年8月23日日机空袭被灾及工作情形给所属医护委员会的通报(1940年8月23日)

一、据报,今午敌机来袭,南岸海棠溪、铜元局、罗家坝、弹子石被炸,海棠溪、弹子石两处起火,江北城内亦被炸起火。

二、本处副主任委员谷正纲、洪兰友、黄伯度分赴江北、南岸视察督导,抚慰难胞。

三、医护委员会派第十六救伤站、救护队、担架队驰赴弹子石抢救，另派驻南岸之救伤站、救护队赶往海棠溪、罗家坝一带抢救，并令驻江北各站、队赶速抢救。

四、本处服务总队部供应组立即调派服务队驰赴江北、南岸供应茶粥。

五、本处抚济组长阎宝航亲率放发人员驰赴江北、南岸发放振〔赈〕恤，并调派掩埋队赶往工作。

六、本处收容运配组收容队驰赴灾区劝导难民入所。

七、本处派王昭谟赴南岸会同分处抢救，另派张振华会同第十六救伤站赴弹子石抢救，派张步湘赴江北会同分处抢救。

右<上>七项通报：
医护委员会

重庆空袭服务救济联合办事处
二十九年八月二十三日下午1时
（0066—1—45〔上〕）

38. 重庆空袭紧急救济联合办事处关于1940年9月12日日机空袭被灾及工作情形给所属医护委员会的通报（1940年9月12日）

一、据报，顷间敌机来袭，本市浮图关、李子坝及南岸南坪场等处被炸，其灾害情形如下：

1. 浮图关马路中弹约20枚，震毁房屋20余栋，无死伤。

2. 李子坝嘉陵新村附近中炸弹10余枚，多落荒山，震毁时事新报等房屋数栋，轻伤3人。

二、本处副主任委员谷正纲、洪兰友、黄伯度均于预行警报时赴各处视察，炸后驰赴浮图关、李子坝督导抢救。

三、医护委员会派救伤站、救护队驰往灾区抢救。

四、服务总队部派服务队驰往灾区协助工作。

五、本处派张振华会同救伤站、救护队前往南岸协同南岸分处人员赴南坪场抢救。

右<上>五项通报：

医护委员会

重庆空袭服务救济联合办事处

二十九年九月十二日下午4时

(0066—1—44)

39. 重庆空袭服务救济联合办事处关于1940年9月12日日机空袭被灾及工作情形给所属医护委员会的第二次通报（1940年9月12日）

一、据报，顷间敌机来袭，本市灾害情形如下：

1. 五四路中炸弹2枚，毁房5栋，伤车夫1名。

2. 临江路中炸弹4枚，毁房5栋。

3. 魁星楼巷中炸弹1枚，未爆。

4. 汤朝院中炸弹1枚，院内房屋全毁。

5. 南市场中炸弹1枚，未炸。

6. 临江门码头毛草坡中炸弹3枚，毁房5间，炸开防空洞口1个，窒息死5人，伤5人。

7. 新生路中炸弹2枚，伤2人。

8. 天主堂街中炸弹1枚。

9. 公园路青年会中炸弹1枚。

10. 中央公园中炸弹1枚。

二、本处副主任委员谷正纲、洪兰友、黄伯度于第一次敌机投弹后，即率领总务组副组长晋传本及第三救伤站、救护队人员分两车驰赴临江门抢救，行经劝工局街附近突遇第二批敌机投弹，散开卧地，幸未受伤。

三、本处国际组、挖救队在防空洞内得悉临江门毛草坡防空洞中炸弹封门情况后，立即冒险驰往抢救，当挖出头部受伤尸体2人，尸体残缺者3人，共5人。有朱锦荣私章1颗，法币8元1角，另一身上又洋8角，又另一尸身上1

元5角5分,均转被灾难胞遗产处理委员会。

四、本日中午,敌机来袭,损害详情如下:

1. 南岸南坪场、广黔路及广黔支路中炸弹13枚、烧夷弹2枚起火,当即扑灭,毁房36栋,死男女23人,伤27人。

2. 李子坝中弹4枚,毁房12栋。

3. 李子坝河边中炸弹7枚、烧夷弹2枚,毁房11间,伤3人。

4. 嘉陵新村时事新报中炸弹7枚,房屋全毁,伤2人。

5. 嘉陵新村路口中炸弹10枚、燃烧夷弹2枚,毁房3间、汽车2辆。

6. 米山新村中炸弹1枚,毁屋3间。

7. 桂花园山上中炸弹4枚。

8. 浮图关公路中炸弹7枚。

9. 两浮支路中炸弹4枚,毁屋3栋。

10. 遗爱祠正街中炸弹12枚、烧夷弹2枚,毁房34间。

五、据本处医护委员会报告,派出第九、十、十一、十二各基本救护队,第十六特约救护队在木牌场、中二路、南坪场、黄山支路、石板街、五四路、毛家坡、蹇字桥等处救得重伤男10人,轻伤男10人、女1人,均送第一、四、九各重伤医院。

右<上>五项通报:
医护委员会

重庆空袭服务救济联合办事处
二十九年九月十二日下午12时
(0066—1—44)

40. 重庆空袭服务救济联合办事处关于1940年9月13日日机空袭被灾及工作情形给所属医护委员会的通报(1940年9月13日)

一、据报,顷间敌机来袭,本市新市区一带被炸损害情形如下:

1. 国府路中炸弹6枚。

2. 国民政府中炸弹5枚。

3. 中央党部中炸弹1枚。

4. 范庄中炸弹5枚。

5. 中四路中炸弹6枚,毁屋6间。

6. 学田湾中炸弹1枚。

7. 德安里中炸弹8枚,房屋大部被毁。

8. 大溪别墅中炸弹6枚。

9. 行政院中炸弹4枚,毁办公室、厨房大部。

10. 公共汽车公司中炸弹4枚、烧夷弹3枚,毁屋3栋、旧车5辆、菜油100余桶。

11. 德大使馆中炸弹1枚。

12. 上清寺马路中炸弹1枚。

13. 南岸水泥厂中炸弹1枚,毁机器一部、房屋一部。

14. 南岸中华制革厂中炸弹2枚,毁屋20余栋。

二、本处副主任委员谷正纲、洪兰友、黄伯度立即驰赴灾区督导抢救。

三、夫子池公共防空洞人多天热,恐有窒息情事,特派总务组副组长曹运会同第三救伤站、十六特约救护队携带药品驰往照料、散发。

四、本处医护委员会派救伤站、救护队驰往新市区抢救。

五、本处国际组、挖救队亦驰往新市区灾区抢救。

右<上>五项通报:

医护委员会

> 重庆空袭服务救济联合办事处
>
> 二十九年九月十三日下午3时半

(0066-1-44)

41. 重庆空袭服务救济联合办事处关于1940年9月14日日机空袭被灾及工作情形给所属医护委员会的通报（1940年9月14日）

一、据报，顷间敌机来袭，本市沿长江上游大渡口一带被炸。

二、本处已派总务组副组长曹运、股长杨明禄、干事侯报瑶，会同抚济组副组长徐仲航及抚济人员、第三救伤站、十六救护队驰往抢救。

右<上>二项通报：

医护委员会

重庆空袭服务救济联合办事处
二十九年九月十四日下午1时

（0066—1—44）

42. 重庆空袭服务救济联合办事处关于1940年9月14日日机空袭被灾及工作情形给所属医护委员会的第二次通报（1940年9月14日）

一、据报，顷间敌机来袭，本市临江门一带被炸。

二、本处派张振华会同救伤站、救护队前往抢救。

三、本处副主任委员谷正纲、洪兰友、黄伯度均驰往灾区督导抢救。

四、今午大渡口某厂被炸，损失甚微，除轻伤者由本处救伤站、救护队赶往敷药裹扎外，重伤者均运送本处重伤医院诊治，雇工均由该厂从优抚恤，包工则造册送请本处依例发给恤金。

右<上>四项通报：

医护委员会

重庆空袭服务救济联合办事处
二十九年九月十四日下午11时

（0066—1—44）

43. 重庆空袭服务救济联合办事处关于1940年9月15日20时日机空袭被灾及工作情形给所属医护委员会的通报（1940年9月15日）

一、据报，今日敌机来袭，第一次炸新市区，第二次炸江北猫儿石（化龙桥对面）、龙溪乡、瓦店子、南岸小温泉等处，其损害情形如下：

第一次——

1. 中四路中炸弹8枚，3枚未炸，105至128号、142至153号房屋全毁，伤男2人、女1人。

2. 电力公司墙边中1弹，无损害。

3. 曾家岩中1弹，1至6号房屋炸毁。

4. 上清寺口中央银行中1弹，毁房1半。

5. 小龙坎中央电台中炸弹2枚，无损失。

6. 树人小学中炸弹2枚，均在空地。

第二次——

（一）江北

1. 猫儿石一带中炸弹20余枚、烧夷弹2枚，多落空坪，仅毁房屋8间，重伤5人，轻伤9人，死3人。

2. 天源二厂中炸弹1枚，毁房一部，无损失。

3. 第一区龙溪乡关家洋房背后中炸弹5枚，毁房2栋，重伤男2人，死1人。

（二）南岸

1. 小温泉某某学校中炸弹10余枚，资料室、总电话室、教职员家属住宅、文化服务社均被炸毁，教育长办公室震毁，死职员眷属1人，伤学生2人、工友5人、船夫1人及附近居民10余人。

2. 某某处中炸弹10余枚，炸毁房20余间，人无伤亡。

3. 陈家桥南泉疗养院中炸弹数枚房屋全毁附近民房亦炸毁十余间死五伤二人。

4. 某某学校附近民房中烧夷弹1枚起火，烧毁房屋数间，即经扑灭。

二、第一次被炸时，本处副主任委员谷正纲、洪兰友、黄伯度均驰往灾区督导抢救。

三、本处派总务组副组长晋传本,会同医护委员会第二、第三救伤站及基本、特约救护队驰往抢救,重伤者送十二重伤医院。

四、第二次被炸时,本处副主任委员黄伯度亲率第三救伤站及基本救护队、特约救护队驰往南泉抢救,重伤者均车送第八重伤医院诊治,轻伤者亦分别敷药裹扎,死亡者均由家属自行殓埋,20时工作完毕回处。

五、本处派干事张志良,会同医护委员会第十六救伤站,配备基本、特约救护队驰往化龙桥对岸猫儿石抢救,重伤者送第一重伤医院,轻伤者敷药返家,死亡者亦分别殓理。

六、江北分处专员徐宗翰率领医护人员驰往龙溪乡抢救,重伤者送第十四重伤医院,死亡者殓埋。

七、江北分处派干员会同医护委员会第一救伤站驰往瓦店子抢救,现尚未回。

八、令抚济组迅即配备人员分组出发各灾区发放恤振〔赈〕。

右<上>八项通报:

医护委员会

重庆空袭服务救济联合办事处

二十九年九月十五日20时

(0066—1—44)

44. 重庆空袭服务救济联合办事处关于1940年9月16日日机空袭被灾及工作情形给所属医护委员会的通报(1940年9月16日)

一、据报,今晨敌机袭炸本市新市区,今午敌机袭炸南泉,其损害情形如下:

(一)第一次

1. 上清寺中央银行对面中1弹,毁房6间。

2. 曾家岩公共汽车修理厂中1弹,微有损失。

3. 牛角沱新居中1弹，毁房数间。

4. 曾家岩中烧夷弹1枚，当即扑灭。

5. 新生路大阳沟中1弹，无损害。

（二）第二次

1. 小温泉某某学校中10余弹，教职员宿舍被焚。

2. 南温泉某某印刷所中1弹，房屋全毁。

3. 南温泉后中3弹，毁房数间。

4. 复兴路中1弹，毁房1栋。

5. 中央银行附近中1弹，毁房1栋。

6. 仙水洞中1弹，毁房1栋。

7. 皂角湾中1弹，毁房1栋。

8. 附近荒山中弹二三十枚，均无损失。

共死5人，重伤8人，轻伤17人。

二、本处副主任委员谷正纲、洪兰友、黄伯度于第一次被炸时均赴新市区各处督导抢救，第二次被炸时复率同医护人员、抚济队、收容队驰往南泉抢救，于22时半回渝。

三、重伤难胞8人，均送第九重伤医院，轻伤者由十六救伤站至南泉车站设站敷药裹扎，死亡者均由家属收殓。

四、曾指定南温泉南泉舞台清泉书场为临时收容所，仅收容数人。

五、死伤难胞由南泉警察所登记造册，由本处发放恤金。

六、本处服务总队部派供应组前往设立供应站供给茶粥。

右<上>六项通报：

医护委员会

重庆空袭服务救济联合办事处

二十九年九月十六日23时半

（0066—1—44）

45. 重庆空袭服务救济联合办事处关于1940年10月6日日机空袭被灾及工作情形给所属医护委员会的通报（1940年10月6日）

一、据报，顷间敌机来袭，本市通远门、南纪门、望龙门一带被炸。

二、本处副主任委员谷正纲、洪兰友、黄伯度于投弹后立赴灾区督导抢救。

三、本处派曹副组长运会同医护、挖救、掩埋人员前往通远门一带抢救，派晋副组长传本会同医护、挖救、收容人员前往南纪门、望龙门一带抢救。

右<上>三项通报：

医护委员会

重庆空袭服务救济联合办事处

二十九年十月六日下午1时

（0066—1—44）

46. 重庆空袭服务救济联合办事处关于1940年10月6日日机空袭被灾及工作情形给所属医护委员会的第二次通报（1940年10月6日）

一、据报，今午敌机来袭，本市损害情形如下：

1. 中一路中弹2枚，80号至87号房屋被炸毁。

2. 保节院中弹4枚，14号至24号、7至19号房屋被炸毁，死4人，重伤11人，轻伤6人。

3. 市民医院例唐公馆中炸弹1枚，炸毁房屋2间。

4. 南纪门仁爱堂下领事巷岩坡上中炸弹1枚，死2人，伤10余人。

5. 石板坡上中炸弹数枚，无死伤。

6. 望龙门张家亭中炸弹5枚，毁5号至26号房屋20余间，死5人，重伤6人，轻伤14人。

7. 南岸玄坛庙正街、横街、施家河家家坡、虎乳街、冻录房、新院巷、马房湾等处中炸弹100余枚，死20余人，伤60余人，毁房100余栋。

二、本处医护委员会报告，各救伤站、救护站共救炸伤病人34人，均暂送第一重伤医院，即转郊外重伤医院治疗。

三、本处抚济组报告，本日计在中一路、通远门、望龙门、南纪门等处殓埋尸体9具，订七日上午6时开始发放急赈。

四、本处服务总队报告，各服务队均于警报时出发工作，投弹后驰赴灾区协助抢救。

右<上>四项通报：
医护委员会

重庆空袭服务救济联合办事处
二十九年十月六日下午7时

（0066—1—44）

47. 重庆空袭服务救济联合办事处关于1940年10月16日日机空袭被灾及工作情形给所属医护委员会的通报（1940年10月16日）

一、据本处各组会报告，顷间敌机来袭，本市灾害情形如下：

1. 临江门马路中重磅炸弹1枚。
2. 临江门瓮城街1号至19号、32号、34号均震毁，轻伤3人。
3. 北坛庙派出所中炸弹1枚，毁13、14、15号房屋3间。
4. 太平桥中炸弹1枚，无损害。
5. 罗家湾中炸弹1枚，无死伤。
6. 机房街老门牌81号中1弹，毁房3间，轻伤3人。
7. 正阳街9号中炸弹1枚，毁房1间。

二、本处副主任委员谷正纲、黄伯度均于空袭时至各处视察，投弹后驰赴灾区督导抢救。

三、本处医护委员会派第三救伤站及救护队、担架队驰往灾区抢救，轻伤者均已敷药裹扎。

四、本处抚济组派登记人员至灾区调查登记受伤难胞，即日发放急振

〔赈〕，并派掩埋队出发工作。

五、本处国际组、挖救队、收容运配组、收容队、服务总队部各服务队均曾出发工作。

右<上>五项通报：

医护委员会

重庆空袭服务救济联合办事处
二十九年十月十六日下午7时
（0066—1—44）

48. 重庆空袭服务救济联合办事处关于1940年10月17日日机空袭被灾及工作情形给所属医护委员会的通报（1940年10月17日）

一、据报，顷间敌机来袭，本市大溪沟张家花园一带、东水门一带被炸。

二、本处副主任委员谷正纲、黄伯度于空袭时赴各处视察，敌机投弹后驰往灾区督导抢救。

三、本处医护委员会救伤站、救护队、担架队、国际组、挖救队、抚济组、掩埋队、抚济队、收容运配组、收容队、服务总队部各服务队均驰赴灾区抢救。

右<上>三项通报：

医护委员会

重庆空袭服务救济联合办事处
二十九年十月十七日下午2时
（0066—1—44）

49. 重庆空袭服务救济联合办事处关于1940年10月17日日机空袭被灾及工作详情给所属医护委员会的通报（1940年10月18日）

一、据报，十七日中午，本市东水门、大溪沟一带被炸，损害详情如下：

1. 白鹤亭河边中炸弹4枚、烧夷弹1枚，毁房20栋、船2只，死男10人，伤

1人。

2. 丰碑街河边中炸弹4枚、烧夷弹1枚,毁船2只,死男9人,伤男5人,死女3人。

3. 大河顺城街40号中炸弹1枚,毁房1栋。

4. 国府路中炸弹15枚、烧夷弹4枚,毁55、49、47、17、62、63、64、65、66、67、61、101、102、103、104、105、106、107、108、120、119、117、115〔号〕房屋24户烧毁,110、111、112、113〔号〕房屋4户,伤女1人。

5. 电力厂中炸弹3枚、烧夷弹1枚,毁房3栋,伤男1人。

6. 观音梁街中炸弹11枚,毁1、2、12、13、16、17、18、19、22、23、24、25、26、27、28、29、31、32、35〔号〕房屋19户,船3只,死男1人,伤男1人。

7. 三元桥中炸弹5枚,毁房46间,船2只,死男3人、女2人,伤男4人、女2人。

8. 人和街中炸弹6枚,毁房24栋。

9. 高家庄中炸弹1枚,毁房1栋,伤女1人。

10. 黄花园132号前面中炸弹1枚。

11. 大溪沟河边中炸弹1枚,毁船3只,伤3人。

12. 东水门外沙湾中炸弹2枚,毁船6只,伤男女21人,死9人。

13. 白象嘴中炸弹3枚,毁船13只,死7人、伤10人。

14. 烫糟院中炸弹1枚,毁房10间。

二、本处医护委员会报告,是日派出第三、第十六两救伤站及第四、五、七、八、十一基本救护队,第六、第十六特约救护队,在大溪沟、东水门等处救得重伤男8人、女2人,轻伤男12人、女14人,均送往第一重伤医院收治。

三、本处抚济组除当时派出掩埋队3队搜殓被炸尸体20余具外,尚在搜埋中;被灾贫民大溪沟一带约有1000人,东水门附近约有150人,现正发放急振〔赈〕中。

四、本处收容运配组收容队曾在灾区劝导难民入收容所。

五、本处服务总队部派出供应队4队在灾区供应茶粥。

右<上>五项通报:

医护委员会

重庆空袭服务救济联合办事处
二十九年十月十八日上午11时
（0066—1—44）

50. 重庆空袭服务救济联合办事处关于1940年10月25日日机空袭被灾及工作情形给所属医护委员会的通报（1940年10月25日）

一、据报，顷间敌机来袭，本市陕西街、新街口、两路口、土湾一带被炸。

二、本处副主任委员谷正纲、黄伯度于预行警报时即赴各处视察，指导各服务队工作；敌机投弹后，立驰灾区督导抢救，抚慰难胞。

三、本处医护委员会救伤站、救护队、担架队分三组驰赴陕西街、两路口、土湾抢救伤胞。

四、本处国际组、挖救队、抚济组、掩埋队均已驰赴各灾区抢救。

五、本处收容运配组已派员至各灾区设立收容站，并派收容队劝导难胞入所。

六、本处抚济组派给恤队至各灾区查放振〔赈〕恤。

七、本处服务总队部派供应队至各灾区供应茶粥，协助抢救。

右<上>七项通报：

医护委员会

重庆空袭服务救济联合办事处
二十九年十月二十五日下午2时
（0066—1—44）

51. 重庆空袭服务救济联合办事处关于1940年10月26日日机空袭被灾及工作情形给所属医护委员会的通报（1940年10月26日）

一、据报，顷间敌机来袭，本市通远门、临江门、安乐洞、会府一带及太平门被炸。

二、本处副主任委员谷正纲、黄伯度均于空袭时至各公共防空洞视察,敌机投弹后驰赴灾区督导抢救。

三、本处医护委员会救伤站、救护队、担架队、国际组、挖救队均于敌机离开市空后驰赴灾区抢救伤亡难胞。

四、本处收容运配组、收容队、抚济组、掩埋队、给恤队已出发灾区劝导收容,查放振〔赈〕恤。

五、本处服务总队部各服务队、供应队均驰赴灾区协助抢救,供应茶粥。

六、安乐洞中弹被炸,已经本处挖救队挖开,计死19人,伤14人;伤者已送重伤医院,死者正殓埋中。

七、二十五日,本市被炸灾害详情如下:

1. 中正路中炸弹两枚、烧夷弹1枚,炸毁15至35单号、10号至14号双号、55至65单号房屋共16栋,烧毁70至100号双号房屋15栋。

2. 陕西路中炸弹6枚、烧夷弹1枚,炸毁125至155单号、166至174双号房屋21栋,烧毁77至105单号房屋15栋。

3. 打铜街中炸弹3枚,毁房5栋,交通银行屋顶亦中炸弹1枚。

4. 鸿升大巷中炸弹1枚,毁屋5栋。

5. 姚家巷中炸弹2枚、烧夷弹3枚,炸毁烧毁房屋30栋。

6. 千厮门中炸弹2枚、烧夷弹1枚,炸毁60、61、62、67、72等号房屋,伤5人。

7. 水巷中炸弹4枚,炸毁3、4、5、6、7、37、38、40、41、46、47、48、49、50、95、96、97、98、104、105、106、107、108、109、110、111、112等号房屋,死1人。

8. 第一模范市场中炸弹1枚。

9. 当归码头中炸弹10余枚,毁木船30余只,伤8人。

10. 贺江码头中炸弹3枚,毁房16栋,死3人,伤5人。

11. 嘉陵码头中炸弹3枚,毁64、65、71、72、73、74、75号房屋,伤1人,轮渡趸船被炸沉,民船一只炸毁。

12. 小河顺城街中炸弹1枚,毁房2栋。

13. 信义街中炸弹4枚、烧夷弹1枚,烧毁炸毁37、38、39、40、41、42、43、44、45、46、47、48、49、50、51、52、53、54、55、56、57、58、71、73、74、77、79等号房屋,死1人。

14. 东水门顺城街象鼻咀中炸弹7枚,毁房11栋,死5人,伤19人。

15. 小龙坎土湾渝鑫炼钢厂中炸弹14枚,毁模型部、电焊部、第一机厂、职员宿舍、工人宿舍,死8人,伤12人。

16. 小龙坎土湾豫丰纱厂中炸弹4枚,毁汽炉1个,伤4人。

17. 重庆村中炸弹1枚,毁屋2栋。

18. 新村中炸弹1枚。

19. 桂花园中炸弹1枚。

20. 大田湾中炸弹2枚、烧夷弹1枚,毁房10余栋,伤2人。

21. 南岸下浩正街中炸弹2枚,毁42、44两号房屋,伤1人。

22. 南岸茶亭后街中炸弹1枚,毁40号房屋1栋,伤1人。

23. 南岸门朝街中炸弹1枚,毁10号房屋1栋,死1人,伤1人。

24. 南岸莲花山空地中烧夷弹1枚,死23名,伤25名。

25. 南岸一天门空地中炸弹2枚,死2人,伤9人。

26. 南岸涂山空地中炸弹2枚,无损害。

八、本处医护委员会报告,派出救伤站及七、八、十五基本救护队、第三、六、十六、十七、十八、十九、二十一、二十三各特约救护队在朝天门、信义街、东水门、过街楼、小龙坎、南岸等处抢救,计有重伤男21人、女2人,轻伤男17人、女3人,均已转送第一、第五各重伤医院诊治。

九、本处国际组报告,本日派出挖救队两中队计30人出发朝天门、打铜街、字水街、水巷子、信义街、盐井坡、赣江街、两路口、大田湾等处抢救,计在水巷子挖出无名女尸1具,信义街62号挖出男尸1具(名何海清),66号挖出活人男女各1口,男名涂万才,女名徐氏,盐井坡24号挖出活人男女各1口,男名刘玉林,女名刘陈氏,赣江街8号挖出女尸1口,名戴王氏。

十、本处抚济组报告,据查朝天门一带约难胞800人,大田湾一带约有难胞200人,南岸约有300人,均系贫户,即分5组出发发放急振〔赈〕。

右<上>十项通报：

医护委员会

　　　　　　　　　　　　重庆空袭服务救济联合办事处

　　　　　　　　　　　　二十九年十月二十六日下午1时半

　　　　　　　　　　　　　　　（0066—1—44）

52. 重庆空袭服务救济联合办事处关于1940年10月26日日机空袭被灾及工作详情给所属医护委员会的通报（1940年10月27日）

一、据报，昨午敌机来袭，本市损害详情如下：

1. 下安乐洞第28号中炸弹5枚，毁房屋3间，伤男3人。

2. 地母亭4号中炸弹3枚，毁房屋2间，伤男2人。

3. 莲花洞25号中炸弹2枚，毁房屋13栋。

4. 红十字62号中炸弹1枚，毁房屋9栋。

5. 宰房沟25号中炸弹1枚，毁房屋3栋。

6. 若瑟堂巷中炸弹1枚，毁房屋20余间。

7. 安乐洞庙内中炸弹3枚，毁房屋3栋，死男5人，伤男15人。

8. 民生路共落炸弹6枚，187、189、190、194、195、196等号房屋震毁，207、215、223、224、225、226、227、228、230〔号〕炸毁，234—304〔号〕均被震毁。

9. 莲花池空坝中炸弹1枚，毁房屋5间。

10. 金汤街莲花池口中炸弹1枚，毁房屋3间。

11. 金汤街25号中炸弹21枚，毁房屋3栋。

12. 新民街34、66两号共中炸弹2枚，毁房屋7间。

13. 吴师爷巷21、28两号中炸弹1枚、燃烧弹1枚，共毁房屋16间。

14. 铜鼓台巷中炸弹1枚，毁房屋3栋。

15. 曹家巷45号中炸弹1枚、燃烧弹1枚，毁房屋6栋，伤男1人，死女1人。

16. 德兴里35号中炸弹1枚，毁房屋5栋。

17. 蜈蚣岭11号中炸弹3枚,毁房屋15间。

18. 劝学所2、8两号共中炸弹2枚,共毁房屋11栋。

19. 报恩堂9、15共中炸弹2枚,毁房屋20栋,第二区署亦被炸。

20. 韦家院坝中炸弹3枚、燃烧弹1枚,未爆炸弹1枚,毁房屋7栋。

21. 西来街中炸弹4枚、燃烧弹1枚,毁房屋14栋。

22. 大井巷中炸弹2枚,毁房屋4栋。

23. 临江顺城街中炸弹2枚,85—103等号均被震毁。

24. 北坛庙街中炸弹1枚,16、19两号共毁房屋4栋,伤男3人、女1人。

25. 罗家巷中炸弹1枚,毁房屋31栋。

26. 杜家巷中炸弹1枚,毁房屋4栋。

27. 黑巷子中炸弹1枚,毁房屋6栋。

28. 太平桥中炸弹2枚,毁房屋7栋,死男1人,伤男2人。

29. 柴湾街中炸弹1枚,毁房屋26栋,死男5人,伤男4人。

30. 凉亭子中炸弹1枚,毁房屋6栋,死男1人。

31. 丁口横街中炸弹1枚,毁房屋4栋。

32. 飞仙宫中炸弹1枚、燃烧弹1枚,毁房屋2栋。

33. 长八间中炸弹1枚,毁房屋4栋,死男1人。

34. 四方街中炸弹1枚,毁房屋21间,伤男2人。

35. 太平门中炸弹1枚,计炸毁邮政趸船1只、木船3只、房屋2栋(重庆关全部炸毁)、汽车1辆,伤男7人。

36. 南岸大佛段蛇田沟中炸弹1枚,死女1人,伤5人。

二、据本处医护委员会报告,派出第四、第五、第七、第八各项基本救护队、第六、第十、第十一、第十四、第十五、第二十一各特约救护队及救伤站,在临江门、太平门、安乐洞、飞仙岩、七星岗等处抢救重伤男31人、女4人,轻伤男48人、女7人,均已抬送第一重伤医院转送郊外各重伤医院诊治。

三、据本处抚济组报告,被炸难胞急振〔赈〕尚在查放中,二十六、二十七两日已发大口1007人、小口214人,计振〔赈〕款11140元,并派出红十字会救济队、道德分会掩埋队、公益委员会抚济队在各灾区掩埋难胞尸身23具。

四、据本处国际组报告，派出挖救队三中队在安乐洞挖出男尸12具，女尸7具，另有姜清云、包兴发2名受重伤，包正华1名受轻伤。

右<上>四项通报：

医护委员会

重庆空袭服务救济联合办事处

二十九年十月二十七日下午10时

（0066—1—44）

53. 陪都空袭救护委员会关于1941年6月28日日机空袭被灾及工作情形给重庆市临时参议会的通报（1941年6月29日）

一、据报，二十八日敌机袭渝，南温泉一带被炸。

二、本会于二十八日14时20分命令医护委员会、服务总队部、振〔赈〕恤处分别派遣救伤站、服务站、掘埋队及查振〔赈〕员会同驰往办理救护，并由副委员长谷正纲、常务委员黄伯度亲自前往指挥督导。

三、先后据各该会部处报告各项情形如下：

（一）灾区地点

南泉新村（4至7号、11号、19号、20号、21号、22号、24号、26号）、仙女洞后山（草房3间）、小温泉中央政校（厕所1间）。

（二）灾害损失

死张陈氏1人及不知姓名缝工1人、不知姓名幼童1人，计3人；重伤郑华宣、胡黄氏2人；轻伤王尚富、王化云、吴纪云、张鼎荪、张森源、吴雨林、廖陆氏、蔡新彦、吴丽君、沈鸿举、李洪、彭树招、张子云、项陈氏、朱承宗、郑新芳、朱敬悉、张夏氏、沈萧氏19人；毁房19栋、单房3间、厕所1间。

（三）急救情形

重伤2人车送本会第九重伤医院收治，轻伤19人由第三救伤站、第十六特约救护队分别敷药裹治。

（四）振〔赈〕恤情形

经查明应发伤亡恤金24人,应发急振〔赈〕者96人,业于二十九日上午5时派遣放振〔赈〕队会同当地警局发放。

(五)服务情形

第二服务站在灾区供应茶粥,宣慰难胞,并协助抢救物资。

右<上>三项通报:

重庆市[临时]参议会

陪都空袭救护委员会

三十年六月二十九日上午6时

(0054—1—413)

54. 陪都空袭救护委员会关于1941年6月29日日机空袭被灾及工作情形给重庆市临时参议会的通报(1941年6月30日)

一、据报,二十九日敌机袭渝,城区暨南区马路、中一路一带、南岸龙门浩、盐店湾、瓦厂湾等处均被炸。

二、每次敌机投弹后,均由本会委员长许世英、副委员长谷正纲、常务委员黄伯度亲率医护、服务、振〔赈〕恤各站队工作人员驰赴灾区指挥抢救,抚慰难胞。

三、先后据各该会部处报告各项情形如下:

(一)灾区地点

本市二分局中正路、民族路、左营街保安路、临江门、夫子池等43处受灾;五分局南区马路、石板坡、领事巷、体心堂、十八梯等11处受灾;四分局中一路、至圣宫、忠烈祠、民生路等20处受灾;一分局新河正街、堆店巷等2处受灾;三分局太平桥、文华街等5处受灾。南岸十一分局龙门浩、马鞍山等4处受灾;十二分局盐店湾、海棠正街等7处受灾。

(二)损害情形

本市死男76人、女52人(以太平门、太平桥一处为多),南岸男14人、女3人(以盐店湾较多)。伤本市男77人、女51人,南岸男11人、女6人。毁房本市333栋147间,南岸60栋,小轮1只。

(三)急救情形

本会第三救伤站在南区马路一带急救重伤男7人、女5人,轻伤男8人、女2人,重伤者均送第四重伤医院。第二十一救护队在保安路急救重伤男2人、女1人,轻伤男1人,重伤者送第一重伤医院。第五救护队在太平桥急救重伤男10人、女6人,轻伤男3人、女2人,重伤者送第一重伤医院。第二救伤站在太平门救得重伤男9人、女8人,轻伤男女各1人,重伤者分送第一、四两重伤医院。第七、八、九、十、十二各救护队在海棠溪船上救得重伤男3人,已送第五重伤医院。担架二中队在太平门、南纪门救得重伤男17人、女3人,轻伤男14人、女1人,重伤者已分送第一、四两重伤医院。第七救护队在石板坡救得轻伤男6人。合共救治重伤71人,轻伤39人。

(四)服务情形

服务总队部派出3个服务站及直属一、二、三、四各队,第一、二、五、十一、十二各区队分别在灾区供应茶粥、药品,并协助办理抢救物资、清扫等工作。

(五)振〔赈〕恤情形

振〔赈〕恤处调派掘埋队在太平门等处装殓尸体已运至南岸莲花山埋葬,当在临江饭店设立临时收容站1处,收容难民300余人,供应难民饮食。

右<上>三项通报:

重庆市[临时]参议会

陪都空袭救护委员会

三十年六月三十日上午6时30分

(0054—1—413)

55. 陪都空袭救护委员会关于1941年6月30日日机空袭被灾及工作情形给重庆市临时参议会的通报(1941年6月30日)

一、据报,敌机今午来袭,本市新市区、江北刘家台、青草坝、南岸黄桷垭、老君洞等处被炸。

二、本会当即分饬救护、服务、振〔赈〕恤各队站分别驰赴各灾区抢救。

三、本会委员长许世英、副委员长谷正纲、常务委员黄伯度均亲赴灾区督导振慰。

四、据各该站队报告各项情况如下：

(一)灾区地点

本市枣子岚垭、张家花园、临华街、国府路、中四路、学田湾、中二路、康宁路、桂花园、上清寺、牛角沱、中三路、春森路、聚兴村等57处。江北城区金沙街、公园放生池、中山林、保定门等31处受灾。乡区简家台、肖家坪、伍家坡等11处,南岸老君洞山腰。

(二)损害情形

本市伤13人,死1人,毁房17栋又66间。江北伤39人,死14人,毁房56间。南岸伤8人,死2人。

(三)救护情形

医护委员会转据各站队报告,第三救伤站在刘家台急救重伤2人,已送第十四重伤医院；二十一救护队在鲁家坡急救重伤1人,轻伤2人,重伤已送第十四重伤医院；十六救伤站在大田湾急救重伤3人,轻伤5人,重伤已送第十二医院；担架第一中队在江北公园、中山林急救重伤8人,轻伤6人,重伤已送第十四重伤医院；第七救伤站在江北公园、中山林急救重伤2人,轻伤17人,重伤已送第十四重伤医院；第七救护队在临华街、张家花园急救轻伤5人；担架三中队在江北救重伤9人,分送第十三重伤医院、第五重伤医院,共计急救重伤25人,轻伤35人。

(四)服务情形

由第一、二、三服务站、六区第三队、七区第三队、十五区第一队及宣慰队等在灾区供应茶粥,协助难胞清扫街道。

(五)振〔赈〕恤情形

振〔赈〕恤处除派出26个振〔赈〕恤队在二十九日被炸各灾区发放急振〔赈〕外,已查出三十日新市区待振〔赈〕人数为张家花园236人、临华街28人、枣子岚垭53人、上清寺1586人、桂花园20人、美专校街106人、大田湾1419人,共计3448人,并在江北、枣子岚垭等处殓埋尸体17具。

右<上>三项通报:

重庆市[临时]参议会

陪都空袭救护委员会

三十年六月三十日下午12时

(0054—1—413)

56. 陪都空袭救护委员会关于1941年7月4日日机空袭被灾及工作情形给重庆市临时参议会的通报(1941年7月4日)

一、据报,今日敌机袭渝,在朝天门、千厮门沿江一带投弹,千厮门灾情较重,江北城内亦被炸,南岸亦有波及说。

二、本会已派第三救伤站、十六救护队在朝天门,第八十七、八十八两救护队前往千厮门,服务总队部救护队前往江北会同第一救伤站抢救。

三、本会委员长许世英、副委员长谷正纲均于敌机离开市空后亲赴灾区督导抢救,抚慰难胞。

四、所有灾害详情及本会各站队工作情况容再续报。

右<上>四项通报:

重庆市[临时]参议会

陪都空袭救护委员会

三十年七月四日上午10时30分

(0054—1—413)

57. 陪都空袭救护委员会关于1941年7月4日日机空袭被灾及工作详情给重庆市临时参议会的通报(1941年7月4日)

一、据报,敌机今晨袭渝,本市朝天门、千厮门沿江一带,江北观阳门、保定门一带,南岸海狮路等处被炸。

二、本会医护委员会、服务总队部、振[赈]恤处均于敌机离开市空后各派救护、服务、振〔赈〕恤站队驰赴灾区抢救。

三、本会委员长许世英、副委员长谷正纲亦亲至灾区督率抢救，抚慰难胞。

四、将各该站队报告灾害详情如下：

(一)灾区地点

本市：曹家巷52号，陕西街826号，二郎庙，千厮门行街，嘉陵码头河边，麻柳湾，信义街口标示牌附近，陕西路当归码头35至42又50至53号，正据码头，西水沟街33至46号，千厮码头10至15号，千厮水码头，千厮正街3至5号又28至44号，石坎坡36号，炭码头14号，蔡家湾公共防空洞口。

江北：观阳顺城街，四方井街，下横街口，观阳门口，观阳门新码头，观阳门老码头，观阳门左顺城街，保定门河坝，保定门外街，高脚土地街，五花洞，江北正街，黄土坡，放生池，双土地，金沙门兴隆外街，官山坡。

南岸：海狮路27、28、29、32号。

(二)损害情形

本市，死18人，重伤13人，轻伤15人，毁屋145栋。

江北，死21人，重伤4人，轻伤5人，毁屋84栋。

南岸，死1人，轻伤1人，毁房4栋。

五、据本会医护委员会报告救护情形：

1. 第二救伤站在陕西路江北河边救重伤1人，轻伤3人。

2. 第三救伤站在朝天门救重伤9人，轻伤5人。

3. 第七救伤站在江北木关沱救重伤3人，轻伤5人。

4. 第五救护队在朝天门、千厮门救重伤9人，轻伤14人。

5. 第十二救护队在上陕西街救重伤1人。

6. 担架二中队在吉全巷、朝天门、千厮门救重伤3人，轻伤5人。

7. 担架五中队在千厮门、嘉陵码头救重伤12人，轻伤10人。

8. 八十七救护队在千厮门、嘉陵码头、朝天门救重伤4人，轻伤10人。

9. 第七救护队在千厮门、嘉陵码头救轻伤5人。

10. 第二十一救护队在千厮门救轻伤4人。

二、陪都空袭救护委员会(重庆空袭服务救济联合办事处)关于空袭及工作情形的通报

11. 担架四中队在千厮门救重伤2人。

12. 担架一中队在江北咀救重伤5人,轻伤6人。

附注:以上各站队所报救护人数间有担架、治疗各计者,其轻重伤人数仍以第四项为准。

六、据本会服务总队部报告服务情形如下:派供应组第二服务站、第三服务站直属第一、二、三、四各队暨第一区一、二、三队,九区一、二两队在各灾区供应茶粥、担任挖掘等工作,并经常派供应车至各隧道出口平价供应干粮,紧急警报后并携入隧道内供应。

七、据本会振〔赈〕恤处报告,报告振〔赈〕恤情形如下:

(一)派出掘埋队一、二、三、四各队掩埋难胞尸体,计江北观阳门殓埋6人,保定门殓埋4人,朝天门殓埋6人。

(二)据查,各灾区难民人数如下:龙王庙镇二郎庙街280人,镇江寺镇坎坡69人,千厮门行街129人,千厮门正街90人,零星灾户67人,马王庙镇1136人。

右<上>七项通报:

重庆市[临时]参议会

陪都空袭救护委员会

三十年七月四日下午12时

(0054—1—413)

58. 陪都空袭救护委员会关于1941年7月5日日机空袭被灾地点及工作情形给重庆市临时参议会的通报(1941年7月6日)

一、据报,敌机五日下午袭渝,本市十八梯、绣壁街、川东师范、中三路一带以及复兴关本会第十重伤医院被炸。

二、本会副委员长谷正纲、常务委员黄伯度于投弹后亲率第三救伤站、二十一救护队及振〔赈〕恤服务站队人员驰赴灾区督导抢救,并指挥配备各灾区救护、服务、振〔赈〕恤站队。

三、据各站队报告各项情形如下：

（一）灾区地点

刁家巷，凯旋路40号，绣璧街104、105号，全家巷5号，扁担巷30号，石灰市31号，百子巷和平路51号，天主堂5、22号，民生路43、86号，保安路53号，民族路广场侧，珊瑚坝，猪行街，南纪正街，国珍街，厚慈街，回水沟，十八梯，关信巷，九块桥，马蹄街，体心堂，仁爱堂，二十梯，中兴路，上南区马路，铜元正街7号，春森路20号，中三路17、115、151、114号，巴中校，重庆村，新村永庐，大田湾政治部，两浮支路89号，川东师范财政部总务司，川东师范操场，廖家台河坝，崇文路79号，复兴关马家寺。

（二）灾害损失

毁房屋368栋71间，死3人，重伤16人，轻伤35人，间内计：

1. 十八梯关信巷（即小观音岩）死4人，重伤15人，轻伤27人。
2. 石灰市朝阳街轻伤6人。
3. 回水沟军粮分局土洞内死亡7人。
4. 马家寺本会第十重伤医院死护士1人、工役1人，共2人，重伤护士1人，轻伤2人。

（三）救护情形

本会医护委员会第三救伤站、第五救护队、二十一救护队、担架五中队均驰往十八梯抢救，除救出重伤15人已送第一、四两重伤医院外，轻伤27人已经分别裹伤敷药。

（四）服务情形

本会服务总队部派出各服务站、直属各区队分别驰赴灾区供应茶粥，抢救伤亡，清扫街道，挖掘难胞。

（五）振〔赈〕恤情形

本会振〔赈〕恤处在九块桥设立临时收容站1所，收容十八梯、金马寺、九块桥一带难胞，并查明各灾区待振〔赈〕人数如下：二十梯148人，和平路347人，中兴路143人，十八梯243人，正阳街33人，保安路110人，五四路10人，中华路27人，天主堂街口21人，民权路7人，回水沟111人，蒋家院57人，厚慈街136人，共计1843人。

四、本会马家寺自办第十重伤医院被炸，幸该院院长曾光叔及员役应变有方，全部住院伤胞180余人无一损害死亡，住勤护士杜泰雯及工役1人重伤，护士何素芬1人轻伤，护士陈坤霞、苏元悮2人〈轻伤〉，储藏室、办公室、宿舍、药库、手术室全部被焚，手术室器械抢出大半。该院暂借青年劳动服务营安置病人，本会据报后由副委员长谷正纲、常务委员黄伯度、医护委员会主任委员庞京周会同驰往视察，立即规划恢复。

右<上>四项通报：

重庆市[临时]参议会

陪都空袭救护委员会
三十年七月六日上午7时
（0054—1—413）

59. 陪都空袭救护委员会关于1941年7月6日日机空袭被灾及工作情形给重庆市临时参议会的通报（1941年7月7日）

一、据报，六日晚敌机来袭，本市中四路、国府路、大田湾、两路口、美专校街、上清寺等处被炸，两路口、美专校街起火。

二、本会立即命令医护委员会、服务总队部、振〔赈〕恤处飞派救护、服务、振〔赈〕恤各站队驰往抢救。

三、本会副委员长谷正纲、常务委员黄伯度亲赴灾区督率并抚慰难胞。

四、据各站队报告各项情形如下：

（一）灾区地点：中四路14、37、25、46号，国府路296、295、306号，巴县中学及门前，重庆村大厦，大田湾体育场，大田湾12号，孟园，中国银行对面、左面，老两路口16号，工务局，中三路111号，美专校街3号，新村，中三路131、133、144号，春森路菜市场，两浮支路，中二路飞来寺，上清寺街，成渝路，上清寺镇公所，上清寺69号，飞机码关河边，飞机场坝，下南区马路11号，燕喜洞河边。

（二）损害情形：死2人，轻伤4人，焚毁炸毁房共879栋、草房24间。

(三)救护情形:医护委员会派出第二救伤站、第三救场站、第十六救护队、二十一救护队、八十七救护队、八十八救护队驰赴上清寺、两路口、飞机场一带抢救,轻伤4人,均经裹治自回。

(四)服务情形:服务总队部派第二、三服务站及行政院服务团服务队、四川公路局服务队在各灾区供应茶粥,协助抢救,清除街道。

(五)据恤情形:振〔赈〕恤处派员赴各灾区调查待振〔赈〕人数,并派掘捏队赴各灾区抢救,收容队于各处收容难胞。

右<上>四项通报:
重庆市[临时]参议会

陪都空袭救护委员会
三十年七月七日上午7时
(0054—1—413)

60. 陪都空袭救护委员会关于1941年7月7日日机空袭被灾及工作情形给重庆市临时参议会的通报(1941年7月7日)

一、据报,七日上午敌机来袭,本市菜园坝、上南区马路、两路口、中三路、上清寺、大溪沟一带被炸。

二、本会立即命令医护委员会、服务总队部、振〔赈〕恤处立派救护、服务、振〔赈〕恤站队驰赴灾区抢救。

三、本会副委员长谷正纲、常务委员会黄伯度亲赴灾区督率抢救,抚慰难胞。

四、据本会各站队报告各项情形如下:

(一)灾区地点

菜园坝、滥泥湾、南区马路、上清寺、中三路、两路口77号至96号、大溪沟、双溪沟等处。

(二)损害情形

菜园坝76号下防空洞内死18人,重伤33人,附近毁屋10余栋。其他各灾区重伤21人,轻伤50人,重伤者已送第一、十二两重伤医院收治,轻伤者亦敷药裹扎各回家。

(三)救护情形

本会医护委员会第三救伤站在下南区马路涵洞救治重伤2人,轻伤16人;第七救护队在两路口、菜园坝救轻伤3人;第二十一救护队在滥泥湾一带救轻伤1人;担架二中队在南区马路、菜园坝救重伤8人,轻伤7人;第六救护队在上清寺、菜园坝一带救轻伤1人;第十四救护队在菜园坝救重伤1人,轻伤4人;第五救护队在菜园坝一带救重伤8人,轻伤6人;第七救护队在中三路一带救轻伤2人;第六救护队在上清寺救轻伤3人;二十一救护队在中三路救轻伤1人;第五救护队在中三路救重伤1人,轻伤3人。

(四)振〔赈〕恤情形

本会振〔赈〕恤处除派出查振〔赈〕、收容人员分赴各灾区调查待振〔赈〕人数、收容难胞外,并派掘埋队第一、二两队驰赴菜园坝挖掘被炸之防空洞,至中午12时55分工作完毕止,掘出尸体18具,除由尸亲领回自殓7具外,经该队殓埋者11具,漏夜运往南岸黄桷渡官山埋葬。

(五)服务情形

本会服务总队部派出第二、三各服务站及各区分队各直属队分赴各灾区供应茶粥,清扫街道,协助抢救,宣慰难胞。

五、七日晨3时半,本市临江门豆腐祠塌下大石崖一块,约有七八方丈,由城脚滚至江边,压毁镇江寺16号附13号、白塔庙1至8号、10、11、22、32到37各号房屋约17栋,计死亡17人,伤65人。

六、七日夜敌机再来袭,本市罗家湾、美专校街、遗爱祠、南纪门、较场口、中一路等处被炸;南岸铜元局、水泥厂附近亦中弹。

七、本会立即命令各部会处飞派站队驰往抢救,副委员长谷正纲、常务委员会黄伯度仍复亲自督率,抚慰难胞。

八、据本会各站队报告各项情形如下:

(一)灾区地点

罗家湾、巴中、中宣部宿舍、遗爱词、中训团附近、较场口老街、南区马路、南纪门、天主堂街、中一路、中一支路等处暨中宣部宿舍、巴中内记者招待所、较场口3处起火。

(二)损害情形

除中宣部宿舍及较场口一部分□□□房屋被焚外,南纪门、南区马路一带略有伤亡外,巴中伤2人,中训团附近轻伤1人。

(三)救护情形

本会医护委员会派出第三救伤站、第五救护队、第六救护队、第十四救护队、担架三中队等驰赴各灾区救护伤胞,重伤者2人已送重伤医院,轻伤者敷药回家。

右<上>八项通报:

重庆市[临时]参议会

陪都空袭救护委员会

三十年七月七日夜12时45分

(0054—1—413)

61. 陪都空袭救护委员会关于1941年7月8日日机空袭被灾及工作情形给重庆市临时参议会的通报(1941年7月8日)

一、据报,今晨敌机来袭,本市临江门、较场口、七星岗、中一路一带被炸。

二、本会立即命令医护委员会、服务总队部、振[赈]恤处迅速调派救护、服务、振[赈]恤各站队驰赴灾区抢救。

三、本会副委员长谷正纲亲赴灾区督率抢救,抚慰难胞。

四、据各站队报告灾害概况如下:

1. 市民医院内科室中1弹,贯穿三楼,未爆炸,该院尚能工作。

2. 黄家垭口、双溪沟、子弹裤防空洞门口中炸弹1枚,死伤25人,伤56人。

3. 七星岗中燃烧弹、爆炸弹,烧毁房屋数间,汽车站旁压死6人。

4. 菜园坝中弹起火,旋即扑灭。

5. 较场口、十八梯一带中弹10余枚。

6. 临江路中爆炸弹1枚,无死伤。

7. 武库街马路旁中弹1枚,无损害。

8. 磁器街马路旁中炸弹1枚,伤1人。

9. 劝工局乡村书店中炸弹1枚,毁房2间。

10. 南岸龙门下浩莲花山诚信火柴厂中重磅炸弹1枚,死1人,重伤2人。

五、本会救护、服务、振〔赈〕恤各项详情容再续报。

六、据本会各站队报告,敌机七日夜袭各项损害确数为死10人,重伤18人,轻伤13人,毁房129栋31间。

右<上>六项通报:

重庆市[临时]参议会

陪都空袭救护委员会
三十年七月八日中午1时
(0079—1—104)

62. 陪都空袭救护委员会关于1941年7月11日日机空袭被灾及工作情形给重庆市临时参议会的通报(1941年7月12日)

一、据报,十一日中午敌机来袭,在本市复兴关一带,南岸海棠溪等处,江北相国寺投弹。

二、本会立即命令医护委员会、服务总队部、振〔赈〕恤处飞调救护、服务、振〔赈〕恤各站队分别驰往各灾区抢救。

三、本会副委员长谷正纲、常务委员黄伯度于敌机救弹后亲赴灾区督导抢救,抚慰难胞。

四、据本会各站队报告各项情形如下:

(一)灾区地点

本市,复兴关一带,复兴关内,新市场,谢家花园,九坑子,草巷子,七牌坊,大坪,肖家湾,李子坝正街,河街,榨房沟,遗爱祠,王家花园;石桥铺一带,马家堡13、14、15、17、25、26、27、28、29、30、32、33、特一号。

南岸,海棠溪,民生码头66至76,烟雨堡107,高朝门5号,玄坛庙新院巷

12、13号,玄坛庙牛草坪、田坝、友千里附近,东绿坊54、57、58号。

江北,塔坪邻家花园。

(二)损害情形

计死14人,重伤9人,轻伤16人,内本市复兴关一带死11人,重伤2人,轻伤4人;石桥铺一带死3人,重伤1人;南岸重伤5人,轻伤6人;江北重伤1人,轻伤2人,毁屋53栋103间;复兴关器材栈及中训团器材库、李子坝扫荡报、大公报一部、新昌公司工人宿舍、海棠溪春记木厂等均被焚毁。

(三)救护情形

本会医护委员委派出第三救伤站、二十一救护队、十六救护队、十五救护队、第二救伤站、二十七救护队、十六救护站、担架五中队,分别在复兴关、新市场、马家寺、李子坝、玄坛庙、海棠溪、石桥铺等处抢救难胞,重伤者已送第十等重伤医院收治,轻伤者亦分别敷药裹扎回家。

(四)服务情形

本会服务总队部派出第一、二、三服务站直属第四队、第八区一分队、市党部服务队等,分赴各灾区供应茶粥,宣慰难胞。

(五)振〔赈〕恤情形

本会振〔赈〕恤处当时派员查明复兴关灾情,发放急振〔赈〕40人计800元,死亡恤金7人(外有2人不领)计420元,轻伤恤金1人15元,合共发放1235元。另查明海棠溪一带灾户37户,待振〔赈〕人193人,日内即往发放急振〔赈〕,并派出掘埋第二队带同伕役、棺木前往复兴关殓埋难胞尸体,计烧死者4具,炸死者5具,除4具由亲属领埋外,余均由该队抬埋。

右<上>四项通报:

重庆市[临时]参议会

陪都空袭救护委员会

三十年七月十二日上午6时40分

(0054—1—413)

63. 陪都空袭救护委员会关于1941年7月18日日机空袭被灾及工作情形给重庆市临时参议会的通报(1941年7月18日)

一、据报,今午敌机来袭,本市菜园坝、两路口、复兴关等处被炸。

二、本会副委员长谷正纲、常务委员黄伯度于敌机投弹后即驰赴灾区督导工作,并抚慰难胞。

三、立令服务总队部、医护委员会、振〔赈〕恤处调派工作站队驰赴灾区抢救。

四、据本会各部会处报告灾害情形如下:

1. 菜园坝重伤1人,烧毁草房2间,炸毁民房30余间。

2. 人和街无死伤。

3. 大田湾无死伤。

4. 养花溪无死伤。

5. 两路口无死伤,毁屋7栋。

6. 老两路口无死伤。

7. 两浮支路无损害。

8. 复兴关无死伤,毁房三四栋。

9. 遗爱祠无死伤。

五、据服务总队部报告,派出服务站3个在灾区供应茶粥,并协助难胞清除房屋。

六、据医护委员会报告,派出救伤站3个及各特约救护队、担架队分赴各灾区抢救,经查明死伤实况后已各返原驻扎地,重伤1人已送重伤医院收治。

七、据振〔赈〕恤处报告,派出查振〔赈〕队4小队分赴各灾区查报赤贫难胞名册,以便发放急振〔赈〕,并曾派掘埋队、收容队在灾区工作。

右<上>七项通报:

重庆市[临时]参议会

陪都空袭救护委员会

三十年七月十八日下午6时

(0054—1—413)

64. 陪都空袭救护委员会关于1941年7月28日日机空袭被灾及工作情形给重庆市临时参议会的通报（1941年7月28日）

一、据报，今日上午敌机来袭，本市中四路、国府路、学田湾等处及磁器口、张家溪、江北陈家馆一带被炸。

二、本会副委员长谷正纲、常务委员黄伯度于第一批敌机投弹后亲率救护、服务人员驰赴曾家岩等处督导抢救，抚慰难胞。

三、据各站队报告灾况如下：

（一）新市区

1. 学田湾震毁房屋1栋。

2. 国府路中3弹，无损害。

3. 中四路河坝死2人，伤2人。

（二）磁器口及张家溪

1. 磁器口河坝轻伤3人。

2. 张家溪河坝中燃烧弹起火焚屋1间。

3. 张家溪空地中3弹，死1人，伤1人。

（三）江北

1. 陈家馆河坝死2人，伤3人。

2. 陈家馆川主庙坡上中1弹，无损害。

3. 鲤鱼池山坡中弹10枚，无损害。

四、据医护委员会报告，派出救伤站2个、救护队12个分赴灾区抢救，轻伤者已敷药各自回家。

五、据服务总队部报告，派出服务站队在灾区供应茶粥，协助难胞清除房屋。本日警报时间特长，在各隧道及防空洞附近供应防空干粮达1500余斤，避难人民尚称便利。

六、据振〔赈〕恤处报告，本日各灾区死亡人民均经掘埋队分别掩埋。

查本会七月十一日上午6时40分所发通报第一项"据报十日中午敌机来

袭"误书为"十日",特此更正。

右<上>六项通报：
重庆市[临时]参议会

陪都空袭救护委员会
三十年七月二十八日下午6时
（0067—1—1465）

65. 陪都空袭救护委员会关于1941年7月29日日机空袭被灾及工作情形给重庆市临时参议会的通报（1941年7月29日）

一、据报，今日敌机来袭，先后在复兴关、王家花园、两路口、罗家湾一带及菜园坝、南区马路、石板坡、中一路、黄家垭口、观音岩、张家花园一带投弹。

二、本会副委员长谷正纲、常务委员黄伯度在每次敌机投弹后即督率救护、服务及振〔赈〕恤人员驰赴灾区，督导抢救，抚慰难胞。

三、据报灾情概要如下：

1. 遗爱祠震毁房屋1栋。

2. 卢家湾毁屋13栋，轻伤2人。

3. 中央训练团伤平民1人。

4. 中央团部毁屋5间。

5. 政治部毁屋1间。

6. 石板坡死12人，伤16人。

7. 两路口伤7人。

8. 中一路黄家垭口起至中二路四行印刷所止，沿途铺面多□被炸或被震毁，死18人，伤39人。

9. 纯阳洞泥洞震塌伤6人。

10. 张家花园18号、36号、38号、40号及56号（巴蜀小学）被炸，毁屋20余间。

11. 枣子岚垭8号右首隔壁死2人。

四、据医护委员会报告，派出第三救伤站、十六救伤站、三十救伤站、第五、十六、二十一各救护队、担架第二中队在各灾区急救，重伤39人已车送第一、十二两重伤医院收治，俟至明晨转送郊外各院，轻伤60人均经分别敷药裹扎回家。

五、振〔赈〕恤处报告，派出调查员12人分赴各灾区调查被炸待振〔赈〕平民，派第一、第二等掘埋队分赴各地挖掘被炸难胞，掩埋难胞尸身，在水培下震坍泥洞内挖出活口6口，另于黄家垭口实验剧院设立临时收容站，派收容队劝导难民入站，共计收容280余人；一面由服务总队部供应干粥（附榨菜），一面发给每名给养费2元，以备明日三餐自行果腹；赶速清理劫余财物，至明晚继续收容一宿后，按其志愿分别疏散外县，或转至郊外收容所收容。

六、据服务总队部报告，今日空袭时间较昨日更长，特别注重各防空洞、隧道干粮供应工作，计供应干粮2000余斤；市区被炸后，并调派各直属服务队、各区分队驰赴灾区清除街道，挖救难胞，另派第一服务站在水塔附近供应难民茶粥，第□服务站在实验剧院收容站供应茶粥，截至12时止煮米市石1石5斗。

右<上>六项通报：
重庆市［临时］参议会

陪都空袭救护委员会
三十年七月二十九日下午12时
（0054—1—413）

66. 陪都空袭救护委员会关于1941年7月30日日机空袭被灾及工作情形给该会委员康心如的通报（1941年7月30日）

一、据报，敌机今日先后在本市朝天门、商业场、石板坡、两路口、张家花园、李家花园、复兴关、李子坝、磁器口、南岸海棠溪、铜元局、老君洞、大慈寺及江北刘家台等处投弹。

二、本会立令医护委员会、服务总队部、振〔赈〕恤处、南岸江北两办事处迅速调派得力站队驰赴各灾区抢救。

三、本会副委员长谷正纲、常务委员黄伯度于每次敌机投弹后均亲自驰赴灾区督导抢救，抚慰难胞。

四、据各部会处报告灾害概况如下：

(一)本市

1. 陕西街滨江第一楼中燃烧弹起火，焚毁该楼全部。

2. 市参议会内中燃烧弹1枚，焚毁房屋两间。

3. 姚家巷街口中炸弹两枚，毁屋10间。

4. 商业场市商会内防空洞中1弹，砖墙倒塌，死5人，伤14人。

5. 白象街保甲自建防空洞中弹炸塌，死4人，伤5人。

6. 林森路老鼓楼街小苏州隔壁中1弹，毁屋4间。

7. 新丰街口中1弹，毁屋3间。

8. 永龄巷中弹2枚，毁屋7间。

9. 燕喜洞坡上中2弹，无损害。

10. 南区公园马路下防空洞中1弹，洞石震下1块，死2人，伤7人。

11. 武库街七星岗一带被炸，无死伤。

12. 三元桥附近被炸起火。

13. 张家花园下黄花园被炸。

14. 大溪沟人和街警察局分驻所被炸死1人。

15. 电力公司中弹数枚，微有损失。

16. 张家花园巴蜀小学操场中弹3枚，无损害。

17. 罗家湾中弹2枚。

18. 上清寺外交宾馆中燃烧弹1枚。

19. 中二路、两路口一带中10余弹，毁屋20余间，伤1人。

20. 大溪沟河边码头附近被炸。

21. 两浮支路伤2人。

(二)复兴关、李子坝一带

1. 复兴关关上死12人，伤26人。

2. 李子坝大公报机器房排字间库房被炸毁；武汉疗养院炸毁三分之一，

余亦被震毁,死1人,伤3人;上海银行中燃烧弹起火;建设银行炸毁;建设新村毁屋20余间;交通银行防空洞炸死4人。

(三)磁器口、张家溪

某某厂附近中弹甚多,重伤10人,轻伤20人。

(四)南岸

1. 老君洞下黄家坡毁屋1栋。

2. 大慈寺河下中弹6枚,炸沉小汽船1,炸伤1人。

3. 一天门中弹伤1人。

4. 马鞍山中弹,无损害。

5. 菜园村中弹,无损害。

6. 敦厚中段中弹,伤1人。

7. 铜元局山后中弹2枚,伤5人。

(五)江北

1. 刘家台、简家台、河街中弹,毁51、52、53〔号〕房屋3栋,无伤亡。

2. 石马河。

共计死亡29人,伤95人,毁屋约110间又5栋,船2只。

五、据医护委员会报告,派出第三救伤站、十六救伤站、担架一中队、二中队、四中队、五中队、第十六、二十一、五各救伤队,分别在各灾区急救,重伤37人已分送第一、四、七、十二各重伤医院救治,轻伤58人亦分别敷药裹扎回家。

六、据服务总队部报告,派出茶粥站2站、市党部服务队三区一分队、直属第三服务队、上清寺两路口中二路各服务队、童子军服务团一区一、二、三各分队、五区三分队,在各灾区清除街道,抢救挖救均甚努力,又该总队本日计供应各防空洞、隧道干粮2000余斤。

七、据振〔赈〕恤处报告,在复兴关挖埋难胞尸身12具,在大溪沟河边、商业场市商会防空洞、白象街保甲防空洞等处,挖救活口20人,尸身9具,分别派员调查登记本日被炸待振〔赈〕难胞。

八、据南岸办事处报告,轻伤7人已送第九重伤医院,被炸地点亦经会同防护团清扫完竣。

九、据江北办事处报告,刘家台炸毁房屋3栋,查得待振〔赈〕难胞人数为17人。

右<上>九项通报:

康委员①

陪都空袭救护委员会

三十年七月三十日下午9时40分

(0296—14—242)

67. 陪都空袭救护委员会关于1941年8月8日日机空袭被灾及工作情形给重庆市临时参议会的通报(1941年8月8日)

一、敌机本日袭炸,本市准防空司令部通知共系107架,分两次投弹,第一次在江北、南岸投弹,第二次在下南区马路、两浮支路、复兴关等地投弹。

二、正纲等于投弹后亲至下南区马路、两浮支路、复兴关等处视察,并督导救护,另并分派服务队、掘埋队、救伤站、供应站前往各灾区抢救。

三、据报,复兴关、两浮支路及大田湾等处受伤3人,江北受伤95人,死亡49人,南岸伤25人,死亡34人,死亡者均经装棺殓理,受伤者分别轻重敷裹送院。

四、下南区马路发生不幸事件,缘第143号公共防空洞洞顶中弹陷塌,因石质关系,随挖随塌,工作进行迟缓,至报告时止,尚有避难人民压陷洞内未能挖出。该洞系风化石质,共有3个出口,中弹处在第二、第三两口之间,两口均已堵塞,洞内崩塌多处,立时救出者计有轻伤32人、重伤38人(业送重伤医院)。嗣因崩塌之处挖掘困难,当由本会宣布奖励办法,凡救出活口每口奖给200元,死尸每具50元,因以振作效能,于下午6时半以前复经掘出活口8名,死尸10具。自6时半至9时,工作益难进行,勉强挖出死尸4具。现为防止再行陷塌,以致伤害工作员兵起见,经征调石木工匠赶紧支撑,继续掏掘。据该洞洞长及附近居民估计,洞内约尚有二三十人,幸石隙尚可通风,或不致

---

① 即康心如。

全数致死，自当督饬漏夜抢救，并经饬令服务总队部通宵供应茶粥干粮，本会各救伤站守候急救，掩埋队守候殓埋。至继续抢救情形，容当续报。

右<上>四项通报：

重庆市[临时]参议会

陪都空袭救护委员会
三十年八月八日下午9时
（0054—1—413）

68. 陪都空袭救护委员会关于1941年8月9日日机空袭被灾及工作情形给重庆市临时参议会的通报（1941年8月9日）

一、本日上午0时30分空袭警报，敌机在观音岩、两路口一带投弹，中国饭店炸毁房屋1栋，财政部门口及川东师范附近落弹均未爆，无伤亡。

二、下南区马路崩陷防空洞加撑工作极不易进行，续掏出1口，当时即毙命，洞内之人恐难有生望。

右<上>二项通报：

重庆市[临时]参议会

陪都空袭救护委员会
三十年八月九日上午3时40分
（0054—1—413）

69. 陪都空袭救护委员会关于1941年8月9日日机空袭被灾及工作详情给重庆市临时参议会的通报（1941年8月9日）

一、敌机于今日上午零时30分、8时、中午12时三次来袭。第一次在观音岩、两路口一带投弹，毁房1栋，无伤亡；第二次在小龙坎、土湾附近投弹，伤3人，已送院；第三次在大溪沟、中二路、复兴关、中央训练团、国民大会堂及兜子背、黄沙溪等处投弹，计大溪沟、中二路死2人，伤6人，毁屋50余间，中央训练团中炸弹17枚、燃烧弹3枚，死公役2人，伤公役1人，毁坏礼堂及学员宿舍等房屋20余间，国民大会堂全部被炸，兜子背、黄沙溪一带死6人，伤4人，毁屋20余间。

二、大溪沟被毁房屋均系贫民住宅,业经振〔赈〕恤处调查,当晚发放急振〔赈〕并由该处会同服务总队部供应站在菜市场、大观花园设立临时收容站办理收容。

三、下南区马路第143号公共防穿洞截至报告时止,业继续挖出活口2名、死尸11具,系改由洞顶岩隙向下开掘一面,仍在第三洞内掏挖,仍漏夜赶办。在场工作者计有八十八师工兵营、菜园坝防护分团、工务局工务队、服务总队部直属第一服务队、振〔赈〕恤处挖埋第一大队等,本会第三、第六、第十六、第三十各救伤站轮流到场守候急救,服务总队部连续供应茶粥,有关各机关均派员督导。总计该洞前后已救出轻伤32人、重伤38人,掘出活口10人、死尸25具。死者除尸亲认领外,并由掩埋队掩殓运埋毕,惟以洞质不良,为时过久,洞内之人恐已难有生望。

四、江业朝音寺虾蟆口防空洞昨日空袭时系洞口中弹封闭,当由振〔赈〕恤处掘埋队会同防护团队挖掘,计救出受伤者18人,挖出死尸22具,所有死伤人数均经列入昨日通报数字以内,另由振〔赈〕恤处在咏风旅馆及公园路设立临时收容站收容江北难胞714人,服务站在场供应茶粥,振〔赈〕恤处并在南岸海棠溪设临时收容站收容难胞134人。

右<上>四项通报:
重庆市[临时]参议会

陪都空袭救护委员会
三十年八月九日下午6时
(0054—1—413)

70. 陪都空袭救护委员会关于1941年8月10日日机空袭被灾及工作情形给重庆市临时参议会的通报(1941年8月11日)

一、八月十日,敌机早中晚夜四次袭渝,灾情概略如次:
第一次,两浮支路、政治部、中央团部附近及上清寺、警分局、大田湾、菜园坝等处投弹，共轻伤6人，重伤2人，毁屋19间又6栋，中央团部中弹3枚，储藏室、饭厅炸毁；临江门正街、炮台街、天成巷、纸盐河街一带及罗家湾投弹，共死5人，轻伤8人，重伤11人，毁屋76栋，罗家湾棚户37户。

第二次，小龙坎、沙坪坝投弹，共死亡28人，轻伤38人，重伤5人，菜园坝榨菜坊起火，合计炸毁焚毁房屋80余间。

第三次，观音岩、张家花园、大溪沟投弹，轻伤2人；观音岩起火，焚毁房屋20余间，经即扑灭。

第四次，上清寺、桂花园、两浮支路投弹，政治部轻伤工友1人，聚兴新村中央广播事业管理处房屋炸毁；上清寺、江北投弹损害未详。

截至十日晚12时止，共死亡33人，轻伤53人，重伤18人，毁屋130余间、82栋、棚户37户。

二、本会副委员长谷正纲于每批敌机投弹后均驰赴灾区督导抢救，抚慰难胞。

三、医护委员会各救护队、救伤站每次适时出动，所有轻伤经予敷裹，重伤分送各院。

四、振〔赈〕恤处掩埋队将死亡难胞装棺，分别抬至偏僻地点，俟天明一并运埋；该处收容运配组并在千厮门纱业公会设立临时收容站，收容临江门一带无家可归难民。

五、服务总队部供应站历在重灾区供应茶粥，并终日在各防空洞、隧道口供应平价干粮达1800余斤。

六、振〔赈〕恤处九日晚在大溪沟发放当月被炸贫户急振〔赈〕，计领振〔赈〕520口，发放振〔赈〕款10400元，当晚留居大观花园临时收容站难民数为235人，系由振〔赈〕恤处收容运配组派员照料，服务总队部供应茶粥。

七、八日被灾贫民经振〔赈〕恤处查明为1476人，预定发放振〔赈〕款29520元业经编配，放振〔赈〕队于本日上午6时分赴江北南岸准备发款，惟因四次空袭，迄尚未回处报告。

八、下南区马路崩塌防空洞挖掘工作未停，续挖出死尸12具，因有活口宋姓青年1名上身全已露出，下身为大岩石压住，正重赏石工打石营救，致多数人员不能同时工作,进行较缓。该青年迭经予以稀粥、饮水,尚能言语,惟极端疲乏,预期十一日清晨可以救出,救出后即实施大规模挖掘工作,彻底清除。

右<上>八项通报：
重庆市[临时]参议会

陪都空袭救护委员会
三十年八月十一日上午零时30分
(0054—1—413)

71. 陪都空袭救护委员会关于1941年8月11日日机空袭被灾及工作情形给重庆市工务局的通报(1941年8月11日)

一、本日敌机两次袭渝,灾情概略如次：

(一)磁器口：金碧寺街、金碧寺后街、菜湾一带大火,焚毁民房140余栋约400户,田湾、周家院炸毁房屋20余栋,共计死亡6人,轻伤17人。

(二)南岸：十一分局辖境大佛段重伤40人,轻伤22人,死亡11人,窍角沱、新村重伤51人,轻伤10人,死亡7人,焚毁房屋10余栋,并有防空壕1座炸塌,压埋尸首犹未全数掘出,桃子林、裕华纱厂附近并据报伤亡颇重；十五分局辖境大兴场五十兵工厂宿舍及附近民房炸毁,伤56人,死73人,总计本日各处已查明者共死亡97人,伤196人。

二、本会医护委员会、服务总队部、振[赈]恤处每次投弹后均经分派站队驰赴各灾区抢救。

三、磁器口伤者送第三重伤医院(即红十字会医院)诊疗,南岸大佛段重伤分送第五重伤医院、第十一重伤医院,窍角沱重伤中23人送第十一重伤医院。

四、磁器口由振[赈]恤处设立临时收容站收容难民住宿,并由服务总队部供应站供应茶粥,被灾难民约3000人即予发放急振[赈],南岸方面并饬办临时收容、准备发放急振[赈]。

五、九日、十日两日分设之大溪沟大观花园及临江门纱业公会两临时收容站十一日继续设置,收留难民住宿,并供应茶粥。

六、十日被炸临江门一带(龙王庙、盐码头、炮台街)贫户及罗家湾棚户应发急振〔赈〕于本晚发放,计临江门已放毕,领振〔赈〕355人,振〔赈〕款7100元,罗家湾尚在发放中。

七、应放八日被炸江北南岸各处急振〔赈〕,原经派队于十日晨间分别出发办理,惟因十日、十一日两日连续空袭,截至报告时尚多,赓续办理,详情另报。

八、十日最后一次空袭,江北方面被炸,经查明浔阳门河坝炸毁木船3只,炸死船夫4人,伤1人,木府宫炸死1人。

九、所有本日各处死亡难胞均由振〔赈〕恤处掘埋队队员伕役漏夜装棺运埋。

十、下南区马路炸坍防空洞待救青年1名,因十日连续警报,工作困难,至本日上午2时,因下部被压过久不支毙命,迄后开始大规模开掘工作,继续掘出死尸2具,已发现尸身即可掘出者6具,渐可清理完毕。所有前后已掘出之死亡难民39人,有家属认领者为19人,经由振〔赈〕恤处发给死亡恤金每人60元,共1140元;无家属者20人,经该处掘埋队代为埋葬。

十一、本会十一日晚8时召开常务委员会议,对于空袭期间之饮料、干粮供应及炸坍防空壕洞之挖掘均有商议,分别实施或建议有关机关办理。

右<上>十一项通报:

重庆市工务局

陪都空袭救护委员会

三十年八月十一日下午10时30分

(0079—1—104)

72. 陪都空袭救护委员会关于1941年8月12日日机空袭被灾及工作情形给重庆市临时参议会的通报(1941年8月12日)

一、本日敌机四次袭渝,灾情概要如下:

第一次,新市区:王家花园、学田湾等处,共死2人,重伤5人,轻伤2人,毁屋1间。

第二次，沙坪坝：国际电台及市街一带，共死11人，重伤3人，轻伤10人。

第三次，李家沱：顾家岗及马王坪附近峨山机制洋瓦厂瓦窑、恒兴机器厂、纱丝织造厂、酒精厂均被炸，共死10人，重伤7人，轻伤17人，毁屋18间。

第四次，化龙桥：正街、大桥、小桥、河坝等处，军政部通讯器材厂、交通部配件修理厂均被炸，共死9人，重伤6人，轻伤5人，毁屋50余间。

综计已查明者，共死23人，重伤21人，轻伤34人，毁屋70余间。

二、本会副委员长谷正纲、常务委员黄伯度迭次驰赴灾区督导抢救，抚慰难胞。

三、本会医护委员会各救伤站、救护队、担架队、振〔赈〕恤处掘埋队、收容站、服务总队部服务站、服务队、供应站，均于每次敌机投弹后赶赴灾区工作。

四、本日死亡难胞均经掘埋总队殓理，昨日南岸窍角沱死亡难胞及在炸塌之防空洞内挖出之尸身共129具亦由掘埋队装殓大半，已运至六公里以外掩埋，尚在继续包葬中。

五、本日重伤难胞均经第三、第七、第九各重伤医院收治，自本月八日至十二日，各重伤医院共收重伤病人206人，连同原有病人合计已超过450床位，医护委员会正计划大规模转院办法，俾便腾出床位备用。

六、大溪沟、临江门、磁器口、弹子石四处临时收容站十一日晚共收容551人。

七、被炸无家可归难胞，除九日大溪沟灾区、十日临江门罗家湾（罗家湾棚户共发127人2540元）灾区业经发放外，漏夜派员查明待振〔赈〕人数为：小龙坎101人，沙坪坝12人，遗爱祠27人，石桥铺10人，菜园坝365人，黄沙溪126人，中二路136人，大溪沟133人，张家花园414人，民生码头237人，合共1571人，预定于十三日分9个队同时放款。

八、服务总队部于空袭警报及敌机投弹后用卡车分送干粮供应各防空壕洞避难人民需要，计共十一日供应2400斤，十二日供应2160斤。

九、下南区马路炸塌防空洞本日继续挖出死尸13具，均经掘埋队殓理，并依例发给工作部队奖金、家属恤金，服务总队部直属服务队并在场照料一切。

右<上>九项通报：

重庆市[临时]参议会

陪都空袭救护委员会

三十年八月十二日下午11时

(0054—1—413)

73. 陪都空袭救护委员会关于1941年8月13日日机空袭被灾及工作情形给重庆市临时参议会的通报(1941年8月14日)

一、十三日敌机自上午2时起分批袭炸渝市，计发警报三次，灾情概略如左<下>：

第一次，沙坪坝重庆大学对岸被炸，弹落荒郊，无损害。

第二次，新市区中二路、中三路、学田湾及上清寺等处被炸，重伤1人，轻伤1人，毁屋17栋，广播大厦局部被炸，云庐院内中弹不能使用，玉川别业起火。

第三次，分四批投弹：

(一)南岸铜元局附近死6人，重伤6人，轻伤3人，毁屋5栋。

(二)石板坡、神仙洞、观音岩、枣子岚垭被炸，神仙洞180号公共防空洞两个出口同时中弹，死亡136人，轻伤172人(内送院104人)，重伤208人(全部送院，到达后伤重不治死亡41人)；石板坡自由西报邻近起火，轻伤1人，毁屋6栋；观音岩义林医院四周被炸，左邻及左对面起火，焚毁房屋7栋，无死伤，枣子岚垭起火，毁屋5栋。

(三)江北陈家馆被炸，死5人，重伤7人，轻伤6人，毁屋47间。

(四)黄家垭口、张家花园、双溪沟被炸，毁屋12栋，无死伤。

总计，十三日死亡(连到院身死者合计)188人，轻伤182人，重伤(除到院身死)180人，毁屋52栋又47间。

二、本会副委员长谷正纲、常务委员黄伯度等迭次驰赴灾区指挥抢救，并于晚间巡视善后工作。

三、神仙洞180号公共防空洞被炸几占十三日伤亡数字之全部,该洞两个洞口系在同一方向,一个中爆炸弹,一个中烧夷弹,因爆炸弹爆发时将洞内空气吸为真空,烧夷弹之硫磺火焰因之注入贯穿全洞,避难人民516人非死即伤,无一安全者。当由十六补训处及机一连士兵防护分团防护大队担架第三营及服务队直属第三队协力挖救,第三、第三十两救伤站临时施治。敌机后两次来袭,工作迄未间歇,轻伤由救伤站裹扎自回者为68人,其余轻重伤312人全数由市民医院(第一重伤医院)收治施救,全院医师护士并于紧急警报中工作,因患者性质系属火伤,而又因真空吸力关系,致重伤皮肤有揭去至全身二分之一以上者,故到院后当时不治者达41人之多,尚有预后必死者若干人。所有当场及在院毙命者,合计177人,均由本会振〔赈〕恤处掘埋队装棺运送江北埋葬,至下午6时即已全数运达朝天门,星夜分批过江,全部工作异常迅速。

四、本会医护委员会各重伤医院床位本已住满,突然增加多数重伤,本属极端棘手之事,实幸由该会主任委员梅贻琳之调度、军医署驻川办事处及民生公司之协助,将市民医院十三日所收重伤患者126人、原住江北陆军第五医院(十四重伤医院)之132人共计258人,于十四日上午2时由民由号轮船自临江门码头开行载送长寿陆军医院收容(沿途派有第二救伤站人员照料),因此即刻腾出第五军医院床位,备于十四日黎明将市内各院重伤再行转往市民医院之负荷。除去轻伤当时裹扎返家、重伤自愿他适就医者31人,重伤死去41人,转出126人,外只留有重伤10人,即为预后不良者,既无生望,亦即不必再予播徙矣。

五、神仙洞、石板坡一带被炸无家可归难民,由本会振〔赈〕恤处收容运配组在实验剧院设立临时收容站予以收容,登记者324人,依难民之志愿分别转往收容所或疏散外县,愿留市区自行谋生者亦听,当晚服务总队部供应站并在场供应茶粥;前在大溪沟、临江门、江北、南岸设立之收容站四处十三日晚间系继续办理,磁器口十一日灾区难民由该组在嘉陵小学亦设收容站一所,十一日晚住所440人,十二日晚住所324人,该所系由当地保甲自愿供给膳食。

六、十三日神仙洞一带急振〔赈〕，由本会振〔赈〕恤处抚济组派员当晚发放，因180号公共防空洞多属全家被难，故领振〔赈〕者人数不多，截至下午10时止，共发173人，振〔赈〕款3460元；该处伤亡恤金亦系立时发放，以同样原因，截至下午10时止，已领者为死亡34人2040元，重伤2人80元，轻伤18人360元（死亡家属中有黄萧氏者，原籍长寿人，2子1媳1孙同时遇难，该姬年已63岁，十四日早晨即欲他往，而该管保甲长亦在洞内毙命，当晚无为证明者，当于下午9时半本会谷副委员长巡视至该处时亲自询问详情，根据邻居谈话，特许具领死亡4人恤金240元，派员护送至其可靠之相识处住宿，此项款额已计入总数内）。

七、本会振〔赈〕恤处派赴江北、南岸发放八日各灾区急振〔赈〕人员十三日晨均已放毕回处，磁器口在赓续办理中。十二日通报列举之小龙坎、沙坪坝、遗爱祠、石桥铺、菜园坝、黄沙溪、中二路、大溪沟、张家花园、民生码头10处应振〔赈〕贫民1571人，除小龙坎、沙坪坝113人未及赶放外，余均于十三日警报解除后开始发放。另，江北打渔湾、陈家馆、相国寺、三洞桥、南岸窍角沱及化龙桥等处自九日至十二日先后被炸，各灾区并经派队前往查明，立予放振〔赈〕贫民，总数约1100元。

八、服务总队部十三日除派直属第三分队在神仙洞尽力抢救暨在各收容站供应茶粥外，并巡回供应全市隧道、防空壕洞干粮，从未间断；各灾区及收容站并派有宣慰队宣布政府德意及种种救济办法，解答困难，劝导疏散，为现代式之社会工作。

九、下南区马路143号公共防空洞剩余压埋之尸首，经十三日迅速进行挖掘，至下午10时工作告竣，由市政府工务局封闭，以免人民再往避难。计全日掘出死尸9具（业已装棺运埋），连前为61具，综计自八日起该洞除当时未受伤害自行他往者外，共救出轻伤32人，重伤38人，掘出活口10人，死尸61具，共为141人。所有附带掘出之财物、包裹均分别由保甲长证明、经家属说明数额花式相符后，捺盖指模具领。因警报连续不断，工作人员至为劳苦，在事出力者有防护团菜园坝分团、八十八师工兵营十六补训处部队、工务局工程队、担架第三营及本会服务总队部直属第一、第三各队、各供应站、振〔赈〕恤处挖埋队第一、二、三各队，自当由本会依照临时奖金给与办法及补充条文各别奖励。至督导人员亘5日夜始终不离者为宪兵司令部科长徐启杰君，余则为市政府所属各局及防空司令部所派人员，本会服务总队部总干事程朱溪等亦多于红球悬挂后驰往会同办理，所可遗憾者则彼萧姓青年（初次报告说宣为宋姓）屡有可活之机，终以敌机长期进袭，致成不可活之势，若干度之希冀终归于一瞑，弥可悲悯！该处一带居民，据家属所述自八日空袭时起尚有6人失踪，究系尸体后已模糊未能辨认抑或在他处遇难？又终难判明，极人天之痛事矣。

右<上>九项通报：

重庆市[临时]参议会

陪都空袭救护委员会
三十年八月十四日上午2时
（0054—1—413）

74. 陪都空袭救护委员会关于1941年8月14日日机空袭被灾及工作情形给重庆市临时参议会的通报（1941年8月14日）

一、本日敌机于中午分三批袭渝，灾情概略如左<下>：

（一）新市区：通远门炸毁房屋10余间，临华街毁屋7栋（6号至12号），张家花园炸毁震毁房屋37栋（巴蜀新村全部炸毁），巴蜀小学内战时公债劝募委员会余屋被焚，振〔赈〕济委员会办公厅直接中弹，毁屋8栋，大溪沟国府路炸毁房屋21栋，以上毁屋73栋又10余间，无死伤。临华街49号防空洞被炸塞没一口，无死伤。两浮支路李家花园山顶炸死士兵4人，重伤6人，轻伤4人。

（二）江北：陈家馆、廖家台、简家台、刘家台一带死2人，重伤3人，轻伤9人，毁屋30余栋。

（三）南岸：烟雨堡、高朝门、玛瑙溪一带死9人，重伤5人，轻伤10人，毁屋21间。

综计，已查明者共死15人，重伤14人，轻伤33人，毁屋约110栋30余间。

二、本会副委员长谷正纲、常务委员黄伯度均亲赴灾区督导抢救，抚慰难胞。

三、本日张家花园、大溪沟灾区振〔赈〕恤处已派员前往连夜发放急振〔赈〕；十一日磁器口灾区由振〔赈〕恤处派员驰往，于十二日开始发放急振〔赈〕，因屡次警报，至十四日上午2时放毕，计发921人，振〔赈〕款18420元；并发死亡恤金19人、重伤恤金4人、轻伤恤金9人，共恤金1435元。其他各灾区急振〔赈〕现均在发放中，今日待振〔赈〕难胞并已查明为：江北135人，南岸160人。

四、黄家垭口、大溪沟临时收容站仍继续办理，十三晚住宿难民共有391人。

五、医护委员会各重伤医院本日收治重伤难胞14人，各救伤站救护队在灾区裹扎轻伤33人，各院本月八日至十三日共收病人441人，原已住院病人272人除治愈出院或伤重不治者193人外，本日新旧住院人数共为520人，转往长寿第十一陆军医院者系并计在内，本市各院共已腾出床位约220个。

六、服务总队部本日除在黄家垭口、大溪沟两处收容站供应茶粥外，并派直属第一、第三队在张家花园一带清扫道路，协助各机关清除灾区。

右<上>六项通报：
重庆市[临时]参议会

陪都空袭救护委员会
三十年八月十四日下午10时
（0054—1—413）

75. 陪都空袭救护委员会关于1941年8月22日日机空袭被灾及工作情形给重庆市临时参议会的通报（1941年8月22日）

一、本日敌机于中午分三批袭渝，灾情概略如左<下>：

第一批，马王场附近投弹，南岸玄坛庙后费家湾亦中1弹，重伤1人，轻伤

3人。

第二批，新市区国府路、大溪沟、建设路、观音梁、学田湾、曾家岩等处被炸，国民政府毁房六七间，无死伤；自来水厂被炸，锅炉受震；安息洞防空洞被炸，共死3人，重伤6人，轻伤8人，毁屋40余栋又20余间。

第三批、沙坪坝、小龙坎、土湾等处被炸，沙坪坝中大、理工两院十二、十四两教室、总办公厅、第三、第四宿舍被毁，重伤校工1人，轻伤女生1人、校工2人；重大理学院被炸，轻伤1人；南开礼堂、合作社、校医院、宿舍、饭厅被炸，死校工2人，附近之红十字会及红十字会医院（本会第三重伤医院）均被炸，住院难胞全部安全，重伤市民4人，轻伤5人；中渡口中弹起火；陈家湾被炸，死1人，毁屋70余间；小龙坎正街及树人小学、土湾裕丰纱厂被炸，毁屋14间，重伤6人。

总计，已查明者共死6人，重伤18人，轻伤20人，毁屋50余栋又110余间。

二、本会委员长许世英、副委员长谷正纲、常务委员黄伯度亲赴各灾区慰问被炸学校及难胞，并督导各站队抢救。

三、振〔赈〕恤处在国府路大观花园设立临时收容站，收容无家可归难胞，并派查振〔赈〕人员分赴沙坪坝、小龙坎、曾家岩、大溪沟等处漏夜调查待振〔赈〕难胞，另派掘埋队至大溪沟、小龙坎、沙坪坝殓埋死尸。

四、医护委员会所属第一等重伤医院本日共收治重伤难胞18人，第二、第三、第十六、第三十各救伤站在各灾区为轻伤难胞敷药裹扎者共20人。

五、服务总队部除于空袭时大量供应干粮外，并派茶粥站至沙坪坝、小龙坎、曾家岩等处供应，另在大观花园临时收容站设站供应茶粥，并派服务队协助清扫街道。

右<上>五项通报：
重庆市[临时]参议会

陪都空袭救护委员会
三十年八月二十二日下午11时

（0054—1—413）

76. 陪都空袭救护委员会关于1941年8月23日日机空袭被灾及工作情形给重庆市临时参议会的通报(1941年8月23日)

一、本日敌机两次袭渝,灾情概略如左<下>:

(一)磁器口:金蓉正街横街一带中弹起火,死5人,重伤3人,轻伤7人,毁屋120余栋;黄埍坪等处死7人,重伤9人,轻伤8人,毁屋80余栋;宝轮寺公共防空洞洞口中弹,破片入洞,死8人,重伤6人,轻伤11人,共死20人,重伤18人,轻伤26人,毁屋210余栋。

(二)沙坪坝:重庆大学、南开中学均中弹,无损害;正街、十四分局、康家湾、高家花园等处死2人,重伤5人,轻伤9人,毁屋5栋又20余间。

总计,本日已查明者死22人,重伤23人,轻伤35人,毁屋220栋又20余间。

二、本会委员长许世英、副委员长谷正纲、常务委员黄伯度均亲赴灾区督导抢救,抚慰难胞。

三、医护委员会派出5个救伤站、2个救护队共110人分在磁器口、沙坪坝灾区抢救,重伤经以救护车分送第一重伤医院21人、十二重伤医院2人,轻伤经敷药裹扎各自回家。

四、磁器口本日无家可归难胞经振〔赈〕恤处派员在京川旅馆设立收容站,至10时止申请收容者509人;国府路、大溪沟昨日被火贫民仍由该处大观花园收容站继续收容,难胞为213人,均由服务总队部供应茶粥。

五、磁器口本日应放急振〔赈〕贫民现已查明,计金蓉街453人,黄桷坪466人,大码头江边33人,上河街10人,沙坪坝正漏夜调查中;二十二日国府路蒲草田、建设路观音梁、梯圣街龙家湾等灾区已查明待振〔赈〕人数共为652人,当于下午开始发放急振〔赈〕,至磁器口、陈家湾、中渡口一带待振〔赈〕难胞亦查明为227人。

六、被炸难胞尸体均经振〔赈〕恤处派掘埋队驰往装殓于附近公地掩埋。

七、服务总队部茶粥站二站连夜在磁器口工作,并供应京川旅馆及大观花园收容站难胞茶粥,本日市区各洞并供应干粮1600余斤。

右<上>七项通报:

重庆市[临时]参议会

陪都空袭救护委员会
三十年八月二十三日下午11时
(0054—1—413)

77. 陪都空袭救护委员会关于1941年8月30日日机空袭被灾及工作情形给重庆市临时参议会的通报(1941年8月30日)

一、本日敌机分六批袭渝,灾情概略如左<下>:

(一)下城区:储奇门外人和湾起火,焚毁房屋71栋。

(二)新市区:国府路、罗家湾、学田湾、中三路、中二路、曾家岩、观音岩、纯阳洞一带被炸,死2人,重伤2人,轻伤12人,毁屋20余间;中二路第三号防空洞被炸封一洞口,轻伤1人。

(三)小龙坎:上土湾裕丰纱厂被炸,死2人,重伤8人。

(四)新桥镇:高滩岩死9人,重伤3人。

(五)磁器口:水码头、蔡家湾、童家桥、金沙横街及沙坪坝、观音庙等处被炸,死9人,重伤6人,轻伤11人,毁屋300余间又20余栋。

(六)黄桷垭:海棠溪、龙洞坡、老君坡、复兴村、崇文路、菜市街、清水溪、汪家花园及附近某处被炸,死26人,重伤57人,轻伤56人,毁屋20余间(清水溪□□住宅被炸,其夫人受伤),本会第十三委托医院即红十字会分会医院黄桷垭分院本日亦被震毁,住院难胞24人及员役幸均安全。

总计,本日已查明者共死48人,重伤76人,轻伤70人,毁屋220余间110余栋。

二、本会委员长许世英当即亲赴新市区、小龙坎、磁器口、新桥镇等处督导抢救,抚慰难胞。

三、本会副委员长谷正纲、常务委员黄伯度亲率服务、救护、振〔赈〕恤人员驰赴城区及黄桷垭一带督导抢救,抚慰难胞。

四、黄桷垭重伤难胞57人均于下午7时以前车送本会第九重伤医院收治,其余磁器口、新桥镇、新市区等处重伤难胞亦分别车送第一、十二、十五各重伤医院收治(曾由资源委员会卡车予以协助),轻伤难胞均由各救伤站救护队分别敷药裹扎回家,至十三重伤医院暂已不能收容难胞,原住之24人经医护委员会转送南山疗养院。

五、本会振〔赈〕恤处在大溪沟之大观花园、中三路之板车行、储奇门之协庆旅馆三处设立临时收容站3所,收容本日被炸难胞,另派查振〔赈〕人员分赴各灾区调查待振〔赈〕难胞,准备发放急振〔赈〕,并派掘埋队队员多人分在黄桷垭、磁器口两处殓埋死亡难胞,漏夜工作。

六、服务总队部除在空袭时用卡车分送干粮至各防穿洞供应,并派茶粥站在各灾区各收容站供应茶粥,另派服务队员200人在国民政府彻夜清除。

右<上>六项通报:
重庆市[临时]参议会

陪都空袭救护委员会
三十年八月三十日下午11时45分
(0054—1—413)

78. 陪都空袭救护委员会关于1941年8月31日日机空袭被灾及工作情形给重庆市临时参议会的通报(1941年8月31日)

一、本日敌机两批袭渝,灾情概略如左<下>:

第一批,新市区曾家岩、上清寺、美专校街、聚兴村、大田湾、养花溪一带,国民政府外宾招待所、政治部招待所、中国运输公司驿运管理总站、益世报、商务日报皆被炸,共重伤1人,轻伤2人,毁屋7栋又60余间。中央党部防空洞上中弹2枚,无死伤;大田湾新民报土洞中弹炸毁,在内避难者2人全死。江北陈家馆、鲤鱼池、袁家堡、学堂堡、河街一带,死10人,重伤6人,轻伤9人,毁屋6间。

第二批，南岸汪山放牛坪、双合塘一带死13人，重伤10人，毁屋14栋又4间，汽车2辆。大兴场、兰花溪、大竹林湾子一带，死27人，重伤3人，毁屋4栋。大兴场对岸江北郭家沱某某厂死1人，轻伤5人，毁屋3栋。

总计，本日已查明者死53人，重伤30人，轻伤16人，毁屋28栋又70余间，汽车2辆。

二、三十日敌机袭渝，沙坪坝中央大学、土湾军政部纱厂、渝鑫铁厂亦曾被炸，仅纱铁两厂伤5人。

三、本会委员长许世英、副委员长谷正纲均亲赴灾区督导抢救，抚慰灾胞。

四、本会医护委员会派第一、二、八、十六、三十各救伤站及担架队、救护队分赴各灾区抢救受伤难胞，重伤者已分送第一、九、十二、十四各院收治，轻伤者亦分别敷药裹扎回家。

五、服务总队部在空袭警报及两次悬挂红球时用卡车分送干粮至各防空壕洞供应，并派茶粥站分赴各灾区、各临时收容站供应茶粥，宣慰难胞。

六、本日曾家岩被炸，已查明五、六、七各保待振〔赈〕难胞为359人，大兴场49人，其余尚在彻夜调查中。三十日被炸各地待振〔赈〕难胞已查明，石桥铺14人，段牌坊212人，观音岩63人，大溪沟349人，曾家岩22人，中二路160人，两路口269人，黄桷垭293人，小龙坎105人，磁器口1049人，共计2536人，均定一日发放急振〔赈〕。

七、本会振〔赈〕恤处在曾家岩五、六保茶社设立临时收容站，收容本日被炸难胞213人；三十日所设各站收容情形，计磁器口京川饭店收容324人，中三路板车行收容114人，储奇门协庆旅馆、鸿宾旅馆收容164人，大溪沟大观花园收容41人，共计643人，均经服务总队部茶粥站供应茶粥。

八、江北陈家馆、南岸大兴场均经振〔赈〕恤处掘埋队派员佽携带棺木前往协助殓埋死亡难胞。

右<上>八项通报：
重庆市［临时］参议会

陪都空袭救护委员会

三十年八月三十一日下午10时

（0054—1—343）

79. 陪都空袭救护委员会关于1941年9月1日日机空袭被灾及工作情形给重庆市临时参议会的通报（1941年9月1日）

一、本日敌机袭渝，在大渡口正街、杨家码头等处投弹，某某厂中弹150余枚，烧毁宿舍、医院及一部办公房屋，重要机件均无损毁；正街及河坝死7人，毁房40余栋；杨家码头多处起火，30余户均被烧毁。本日共已查明死亡9人，重伤20余人，轻伤20余人，毁屋80余栋，船5只。

二、本会当派救伤站、茶粥供应站、掘埋队及查振〔赈〕人员前往协助抢救。

三、据医护委员会报告，伤重者11人业专轮运至第九重伤医院收治。

四、查振〔赈〕人员现尚留在该处漏夜调查待振〔赈〕难民，即日发放急振〔赈〕。

右<上>四项通报：

重庆市〔临时〕参议会

陪都空袭救护委员会

三十年九月一日下午12时

（0054-1-413）

80. 陪都空袭救护委员会关于1943年8月23日日机空袭被灾及工作情形给该会委员康心如的通报（1943年8月23日）

一、今午敌机侵入市空，在江北盘溪（在沙坪坝对岸）一带暨本市警察第十七分局境内鹤公岩投弹，经驰往查明被炸灾害情形如下：

（一）江北盘溪

1. 中国纺织厂中弹2枚，房屋微有损失，死1人，伤1人。

2. 石门街沿江一带中弹10余枚，毁屋7幢，死3人，伤13人。

3. 运通炼油厂中弹5枚，伤1人。

4. 中央水利试验所附近水池中弹6枚,死10人,伤1人。

5. 舒家院子中弹20余枚,内有10余枚未爆,炸毁房3幢,死1人,伤6人。

6. 渝鑫炼钢厂中弹1枚,未爆炸。

(二)本市鹤公岩:鹤公岩陈家坪中弹10枚,无死伤。

以上各灾区共死15人,轻重伤22人。

二、本会委员长许世英因公出差,当由代理会务谷副委员长正纲、常务委员黄伯度等于敌机离开市空后,会同警察局长徐中齐、唐毅等亲往灾区查勘慰问,并督饬所属赶办紧急救护事项。

(一)本会医护委员会第三、第四、第十六三救伤站、第一特约救护队分别驰赴灾区抢救难胞,重伤16人当即抬送重伤医院治疗,其余轻伤者均经敷药裹扎。

(二)本会服务总队部直属服务队及供应站茶粥站均驰赴灾区抢救服务,并供应被灾地方灾民茶粥。

(三)本会振〔赈〕恤处派掩埋队一队购备棺木驰往灾区,将被炸身死难胞棺殓掩埋,当日办竣,并饬查振〔赈〕人员将被灾户口调查登记,发给恤金急振〔赈〕。

(四)本会订二十四日下午召开会报,督饬各单位加紧准备。

右<上>二项通报:

康委员

陪都空袭救护委员会
三十二年八月二十三日下午4时30分
(0296—14—242)

三、陪都空袭服务总队部关于日机空袭及工作情形的通报

1. 重庆空袭服务救济联合办事处服务总队部关于1940年7月16日日机空袭被灾及工作情形的通报（1940年7月16日）

本日敌机分三批袭我行都，11时10分第一、二批同时由北面窜入市空，投弹甚多，上清寺、陶园附近中弹起火；至1时零5分，第三批敌机25架又由南面窜入，刚达市中心区上空即行投弹，巴县县府右侧铺房当即被灾，火焰甚烈。本总队部总队长谷正纲、副总队长洪兰友闻报即率同各组队工作人员分途出发灾区指挥抢救，迨警报解除后未及1小时，两处火警次第扑灭。兹将服务总队部各组工作人员先后报告各队出动服务情形暨各处被灾大概综合报告于下：

（一）本日敌机虽投弹甚多，但死伤极少，市面和洞内秩序均佳。

（二）在林森路、磁器街等处灾区参加抢救、挖掘、协助扑灭火灾暨维持秩序、供应茶水者计有：党三、六、九、十四，政八、二十七，军八，特九、十九，强一、五、六、十，医五，工联十三、十五、十六、十九，及丝棉公会服务队等20余队，出动迅速，不畏艰危，其中以政二十七供应茶水，工十五供应稀粥，强六、医五协助救火，政八、特十七、党九、医治伤病最为努力，工十三、十六、十九于敌机甫过即分途出途大观坪、衣服街、中央公园等处挖掘塌洞，救出伤者23名，复分赴和平路、民权路、较场口一带清除瓦砾、整理交通，点灯时方行竣

事，尤为难能。又党一、党二、十一、十二、十三、十四、政十四、二十一、二十八、军四、保二十四等20余队在上清寺一带协助救火，清扫街道，维持交通秩序，行动非常迅捷，殊为难得。

（三）本总队部供应组在上清寺、磁器街、林森路分设茶粥站供应服务员工及被灾民众3处，饮茶喝粥者逾3000人，各队自动设站供应茶水者尚未计入。

（四）本总队部宣慰组派员分途宣布敌机罪言，并传达政府爱护民众德意，又指导组派员会同抚济组职员在米亭子发放灾民急赈，同时发散发告被灾同胞书500份。

（五）中央广播事业管理处服务队领队陈民夫、副领队张维和率领全体队员携带救火工具于昨日驰往上清寺、中四路一带灾区抢救，嗣以自来水中断，乃急将该队预储200余担之储水桶开放急应，协同防护团救火车努力施救，不及多时，即告熄灭。并于协同住户抢救衣物时，扶救一危坐房中之老妪，又抢救被焚住户电表10只、自行车1辆，均于昨日备文呈送本总队部转送重庆市空袭被灾人遗物处理委员会公告招领矣！该领队督率有方，抢救得力，至勘嘉奖。

右<上>通报。

重庆空袭服务救济联合办事处服务总队部
二十九年七月十六日下午10时
（0054—1—431）

2. 重庆空袭服务救济联合办事处服务总队部关于1940年7月31日日机空袭被灾及工作情形的通报（1940年7月31日）

一、本日下午2时55分空袭，发生灾情后，本总队部总队长、副总队长、总干事、副总干事当即率同各组工作同志驰赴灾区巡视一周，并命指导组在上清寺设立灾区临时指挥处，指挥各服务队从事抢救、救护及维持交通、填补道路等工作，供应组设茶粥供应站，宣慰组张贴标语、散发传单，并向灾民宣传暴敌兽行，加强其同仇敌忾之情绪。

二、各工作同志于下午9时后回部，报称本日敌机虽在市区投弹七八十枚，但多落空地，仅死伤船伕及市民30余人，毁屋64间，木船20余只；又供应组发放各灾民饼干200包，供给灾民及公务人员茶粥各2挑，就饮就食者约三四百人。在灾区参加服务者计有交通部队、中宣部队、保联二十四队、特十七施诊所队、考试院队、行政院服务团队、上清寺社会服务处队、国民政府队等，其中尤以交通部队、考试院队、行政院服务团队、上清寺社会服务处队最为努力。

三、特园内康庄汽车间中弹起火，即经考试院队全体队员携同消防器具在警报未解除前不避难危，从事扑灭，同时扑灭隔邻楼房之火焰，更属奋勇可嘉。

四、牛角沱交通部门口饭馆二处起火，于督察员宋志斌率国民政府队往救时已由交通部服务队扑灭，该领队及队员均极负责，尤以漆正坤、陶文选二队员为最努力。

五、中一路中国新闻摄影社因炉火未灭，延烧房屋，经督察员吴秀文督同医联三队协助消防队拆救，未酿成灾。

右<上>五项通报。

重庆空袭服务救济联合办事处服务总队部

二十九年七月三十一日下午9时

（0054—1—431）

3. 重庆空袭服务救济联合办事处服务总队部关于1940年8月9日日机空袭被灾及工作情形的通报（1940年8月9日）

本日敌机三批集合窜入市空滥投炸弹、燃烧弹，发生灾情后，总队长及各副总队长、总干事、副总干事即分别率同各组工作同志巡视灾区，在公园路、白象街、林森路设立灾区临时指挥处各一处，指挥各服务队维持交通、扑灭火灾、填补道路、抢救物资、救护伤病等工作，并命供应组于新街口、林森路、公园路、南岸各设茶粥供应站一处，供应茶粥，散发饼干；调查组分派得力干员赴各被炸处所作缜密之调查，以备发放急赈；宣慰组派大批宣慰队员分向民众宣传敌人暴行，加强抗战必胜信念，同时散发宣传品，直至夜深，各该员方先后回队报告，综合大概情形如下：

一、本日敌机投弹甚多，死伤约200余人，各处火灾经消防队及防护服务人员之努力灌救次第熄灭；本总队部供应各灾区茶粥各两挑，饼干各200包，散发宣传品各二三百份，灾情调查当夜完竣，准明日会同联办处各组处发放灾区急赈。

二、本日参加灾区服务者，上清寺、曾家岩方面计有中央组织部、中央宣传部、中央秘书处、中央广播电台、交通部、上清寺社会服务处、重庆市府、青年团中央团部各服务队、保联四中队等；新街口、公园路方面计有振〔赈〕委会及施诊所、红十字会、联办处、新运会、行政院服务团、兵役训练班、青年团第三、第四、第二十四、第三十五、第六、第二十八、医联第一、二、四、国民自强第二、保联第一、八、工联第一大队一、二中队、第二大队三中队、第三大队七中队、中政校实习队等服务队；白象街、林森路一带计有中央社会部、中央组织部、外交部、重庆海员区党部、西药公会、丝棉业工会、中央政校实习队、道教联合会、青年团二分团第三队、四分团、医联第五、自强第三、五、六、保联第十、三、二十八、工联第一大队三中队、三大队七中队、工联第四队、内政部警总队、药材公会等服务队；在南岸方面者计有医联第七队、第一、八、三区分部服务队、保联第四十四、五十五、特字第三十、团字第二十九等服务队。

三、本日工作最努力者为重庆丝棉工会、国民自强第二、六、保联十三、中政校实习队、道教联合会、工联三大队七中队、保联一大队三中队、保联第一、第十三、兵役训练班、青年团渝直属第二、第四、第八、工联一大队二分队、振〔赈〕委会施诊所、工联二大队三中队、行政院服务团、特字第二十九、中央广播电台、上清寺社会服务处等服务队。

右<上>通报。

重庆空袭服务救济联合办事处服务总队部

二十九年八月九日午后12时

（0054—1—431）

4. 重庆空袭服务救济联合办事处服务总队部关于1940年8月11日日机空袭被灾及工作情形的通报（1940年8月11日）

本日空袭，发生灾情后，本总队长、各副总队长、副总干事立率各组工作同志出发巡视灾区，调派各服务队从事扑灭燃烧弹、填补弹穴、清除道路及救护伤病市民等工作，迨警报解除时，各项工作大半完成，综合大概情形如下：

一、此次敌机虽投弹甚多，落弹起讫地区甚广，死伤仅100余人，毁房40余幢。本部供应南岸海棠溪灾区茶粥各4挑，饼干350包；浮图关方面茶8担，粥5担，两处就饮就食者达1300余人。又宣传品1000份，并随时向灾民讲演敌人泥足愈陷愈深，不能自拔，必归失败情形。又灾情调查当夜即已竣事。

二、本日各服务队参加抢救救护工作最力者为国民政府、交通部、军委会、政治部、中央秘书处、青年团中央团部、渝支团四、五两区队、上海童军、施诊所、第一、八、三区分部等队，及工联第十五、十六队，保联一大队七中队等，其余各队亦多数出动服务。

右<上>通报。

重庆空袭服务救济联合办事处服务总队部
二十九年八月十一日下午19时
（0054—1—431）

5. 陪都空袭服务总队部关于1941年5月9日日机空袭被灾及工作情形的通报（1941年5月9日）

一、本日上午8时45分，敌机侦察机1架在彭水上空发现，9时侵入市空，本市悬三角球1个，9时18分东窜。

二、11时0分，据报有敌机两批共60架在湖北鹤峰县发现，本市悬红球1个，11时30分到黔江，空袭警报，12时0分紧急警报，12时59分侵入市空，分在新市区、菜园坝及下陕西街、朝天门、江北陈家馆等处投弹，下午2时0分解除警报。

三、本日敌机甫离市空时，总队长即偕同洪黄两副总队长、程闵两总干事及组训组袁组长驰往灾区,督导队员工作。

四、空袭警报时,组训组派干事文德厚、陈永宏分赴各区视察各队出动与服务情形,据报各队一般情形尚属良好。

五、敌机离开市空后,总队部灾区服务站即分三站出发,第一站由刘副组长介鲁率领担任下陕西街一带灾区工作,第二站由许副组长蔚川率领担任牛角沱一带灾区工作,第三站由陈永宏同志率领担任菜园坝一带灾区工作,各该站除指挥各服务队工作外,并各配有茶粥站1站。

六、宣慰队全体队员分随各服务站出发,担任灾区宣慰及询问、登记等工作。

七、下陕西街一带灾区由杨督导员通权率领该区一、二、三队暨直属第一队,担任恢复交通及清扫街道工作,各该队出动迅速,警报尚未解除全部工作即告完成。又沙井湾受伤民众多人,均由直属第一队队员以担架送由总队部救护车转送市民医院,督导员督导有方,各该队工作努力,已并予嘉勉矣。

八、曾家岩、上清寺一带灾区由直属第三队全队队员担任清扫街道及恢复交通秩序,半小时全部工作完竣,该队全体队员精神振奋,已予嘉勉。

九、大溪沟等处灾区,由督导员吴秀文率领该区第三队全体队员担任挖掘及清扫工作,该处民众多人受伤,均由该队以担架送往宽仁医院收治,该队本日工作成绩尚佳,已予嘉勉。

十、上菜园坝及王家坡一带灾区,由陈督导员天学率领该区第二队队员40名参加抢救工作,尚为努力。

十一、本日,第二区服务队第一队、第四区第三队及第五区第一队,于警报发出时即全部出动维持秩序,工作努力,已予嘉勉。

十二、重庆市党部第二区党部服务队、第三区党部第二区分部服务队暨中央调查统计局服务队、振〔赈〕济委员会服务队、上海童军战地服务团服务队,本日分别在陕西街、林森路、南纪门、上清寺、牛角沱一带工作,均极努力,应予嘉勉。

十三、据第十区督导员陈幼秋报告,江北陈家馆地方有四处被炸,但灾情并不严重,已由该员率领该区服务队担任清扫等工作。

十四、据总队部派赴菜园坝灾区服务站工作之陈永宏、罗裴孙两同志报告,该处炸毁房屋较多,该站因办理供应、登记等工作,晚间始能返队。

十五、本日,就一般情形观察,各队准备程度尚有相当成绩,尤以直属第一、三队之分别赴灾区参加工作最获效果。

十六、第七区地段服务队员出动太少,该区督导员未能切实努力,已予警告。

十七、争取工作时间为工作第一条件,各队之配有工具者今后应特别注意此点。

陪都空袭服务总队部
五月九日下午5时45分
(0054—1—431)

6. 陪都空袭服务总队部关于1941年5月10日日机空袭被灾及工作情形的通报(1941年5月10日)

一、本日上午7时35分,敌侦察机1架在南川发现,7时50分侵入市空,本市悬三角球1个,8时零5分东窜。

二、9时零8分,据报有敌机两批共51架在湖北长阳发现,本市悬红球1个;9时50分过咸丰,空袭警报;10时45分过涪陵,紧急警报;11时22分侵入市空,先后在复兴关、遗爱祠及江北城外乡郊投弹;11时50分东窜,解除警报。

三、敌机离开市空时,黄副总队长即偕同程总干事、袁组长驰赴遗爱祠、复兴关等处灾区督导各队工作。

四、总队部灾区服务站于敌机离开市空时分三站出发,第一、二两站由许刘两副组长率领前往遗爱祠及复兴关等处工作,第三站由陈永宏同志率领赴江北工作,旋以复兴关、遗爱祠等处灾情不甚严重,该一、二两站于下午1时30分即行返队。

五、据第九区督导员袁麟书电话报告,江北被炸地点为离城六七里之大金沙湾(译音)等处乡村,乡民因未避入防空洞,致稍有死伤。

六、本日，第四区第二队出动工作极为迅速。

七、直属第二、第三两队于敌机离开市空时即全体携带工具跑步驰赴灾区，精神极为振奋，当由黄副总队长面予嘉奖。

八、上海童军战时服务团服务队队员20人由督导员余琪率领，于敌机离开市空时驰往两浮支路一带维持秩序，精神振奋，并由黄副总队长予以嘉奖。

九、行政院服务队于警报解除后，全体队员驰赴中央训练团参加工作，应予嘉勉。

十、两浮路孙院长公馆全部被炸，当由黄副总队长指派该区督导员舒正容督率直属第二队担任挖掘、清扫等工作，并须于全部工作完毕后始得返队，预料该队本日工作非至深夜不得完毕。

十一、本日灾情虽不严重，但各处仍有死伤，据报均由一般市民于紧急警报后不避入防空洞内所致，此点以后各队应特别注意劝导。

十二、据报，昨日林森路有两处因警报后住民未将炉灶熄灭发生火警，各队今后应特别注意劝导市民空袭时务须熄灭炉火。

陪都空袭服务总队部
五月十日下午6时30分

（0054—1—431）

7. 陪都空袭服务总队部关于1941年5月16日日机空袭被灾及工作情形的通报（1941年5月16日）

一、本日上午8时45分，据报有敌机两批计81架在湖北鹤峰发现，本市悬红球1个；8时55分过恩施，空袭警报；9时35分到涪陵，紧急警报；10时零3分侵入市空，先后在复兴关、上清寺、两浮支路、两路口、菜园坝、兜子背、字水街、水巷子、千厮门、当归码头等处投弹；11时零5分东窜，解除警报。

二、敌机离开市空后，总队长、副总队长即驰赴灾区督导各队工作。

三、总队部灾区服务站分三处出发工作，1站驰赴行街灾区工作，2站驰赴两路口灾区工作，各该站工作人员于达到地址后即开始设置茶粥供应站及办理宣慰、登记等工作。

四、本日千厮门、当归码头一带投燃烧弹甚多，计烧毁民房200余间，该区服务队第一、二、三队及直属第一队、第四队均于敌机甫离市空时赶往灾区工作，未到警报解除时灾区交通秩序、清扫等工作均告完成。此种精神，殊堪佩慰。该区督导员杨通权指挥各队工作极为努力，应予嘉勉。

五、两路口一带灾情较重，督导员舒正容、吴秀文、陈天泽、任朴之、李祥元及总队部供应组王组长，均集中各该处指挥工作。

六、直属第三队队员92人，由队长陈锡钦率领清扫四行仓库、美专校街、两路口马路、新村及川师一带街道，极为努力，截至现时止仍在继续工作中，已由总队长面予嘉奖。

七、第七区服务队第一、二、三队工作均甚努力，南区公园受伤13人均由各队以担架运送求精中学重伤医院救治。

八、第五区服务队第一队第二分队，本日除维持当地交通秩序外，并赶往灾区参加清扫街道及填补弹痕等工作。

九、中央组织部服务队，三民主义青年团中央团部服务队，市党部服务队，中央社服务队，上海童军战时服务团服务队，上清寺社会服务处服务队，第三区党部、第二区分部、第八区分部等服务队，本日出动迅速，在灾区维持交通秩序均极努力，尤以中央团部服务队本日于空袭警报后劝导两浮支路至两路口一带饭馆灭熄炉火，最获效果，因本日该处被炸虽重，但未酿成火灾，该队领队江孝柱同志及各队队员工作实际，均经总队长面予嘉奖矣。

十、本日被炸均为平民区域，就当归码头一处灾民无住无食者已达数百户，总队部为应事实需要，各供应站决扩大供应范围，并延长工作时间，藉使受难同胞均得免费享受茶粥及干粮之供应。

十一、总队部供应车今日出动20辆协助供应。

十二、各队实行清扫、挖掘等工作时，口罩与急救药品确有需要，总队部正向各有关方面洽商，各队应候令具领。

陪都空袭服务总队部
五月十六日下午6时
（0054—1—431）

8. 陪都空袭服务总队部为紧急服务救济事宜给所属各服务队员的通告(1941年5月28日)

本日敌机肆虐,为紧急服务救济,兹将左<下>列各项通告各服务队员,务即遵照服务。

一、本总队部在两路口车站设立临时指挥部。

二、新市区一带灾情较重,各服务队须即携带救济及服务工具前往参加工作。

三、凡无家可归之难民得送至:(1)曾家岩求精中学校内;(2)黄家垭口山东省立剧院;(3)唯一剧院;(4)国泰剧院。

四、紧急救伤站已由联合办事处、医护委员会于下列各地设立:(1)川东师范内;(2)上清寺;(3)南区马路飞机码头,凡受伤各难民须即送各该站急救。

五、本日可收容重伤难民之医院如下:(1)求精中学内宽仁医院;(2)七星岗市民医院;(3)夫子池第八重伤医院;(4)仁爱堂医院。

右<上>通告。

总队长谷正纲

三十年五月二十八日正午12时于总队部

(0054—1—413)

9. 陪都空袭服务总队部关于1941年6月1日日机空袭被灾及工作情形的通报(1941年6月1日)

一、本日上午9时40分,敌机27架在湖北长阳发现,本市悬红球1个;10时19分到利川,空袭警报;11时10分到涪陵,紧急警报;11时16分侵入市空,分在市中心区中华路、临江门、机房街、大阳沟、二府衙、较场口、十八梯、和平路、百子巷、石灰市、会府、驿马店、管家巷、金汤街、通远门、中一路、中二路、罗家湾等处投弹;12时10分东窜,解除警报。

二、敌机离开市空后,总队长暨洪黄副总队长即率领总干事、各组长等驰往灾区指导工作。

三、本日骡马店一带投弹甚多，该处多系平民，灾情较重，所有该处清扫、挖掘等工作由直属第三队及第四区第一、二、三等队担任，工作尚为努力。

四、本日总队部灾区服务站分两站出发，一站担任较场口一带工作，一站担任骡马店一带工作，均配有茶粥站1站。因各该处灾情较重，截至此刻止，各该员仍在继续工作中，恐至晚间方能返队。

五、据查二府衙灾情亦重，该区有无家可归之难民100余人，业由救委会抚济组予以收容，总队部为配合该组工作，计经派茶粥站1站前往供应难胞茶粥。

六、本日天气炎热，难胞茶粥极难解决，总队部已令饬各供应站延长供应时间。

七、打铁街及杂粮市街均中弹，分由直属第一队及第一区各队队员即时修复；和平路中弹甚多，由直属第二队队员即时修复，各该队工作努力，应予嘉勉。

八、第四区第三队在第三模范市场、百子巷等处扑灭燃烧弹多枚，并担送受伤难胞40余人。该队队长李敬恒指挥有方，队员工作努力，一律予以嘉勉。

九、第二区第三队全体队员于石板街、戴家巷等处扑灭燃烧弹极为努力，应予嘉勉。

十、第五区督导员陈天泽，于敌机离开市空即率领该区各队赶往和平路、十八梯等处参加工作。

十一、直属第四队队员本日工作均极努力，其因工作受伤或家室被炸者，总队部拟设法分别予以救济。

十二、第二区督导员瞿昌明同志全家被毁，除派员予以慰问外，拟即设法予以救济。

十三、总队部协助难胞挖掘清除办法本日开始实行，截至此刻止，来队申请者计有管家巷17号住户熊克勋暨和平路136号户主吴克煊二处，当派直属第四队队员25人分别前往工作。

十四、各队服务工具仍感缺乏，自即日起各区一律加配扫帚30把，各区督导员应予前来具领。

十五、本日伤亡甚重，因紧急警报发出不久，敌机即侵入市空，不及避入防空洞所致，各队今后应切实劝导市民于空袭警报后即进防空洞，以免危险。

陪都空袭服务总队部
六月一日午后5时30分
（0054—1—413）

10. 陪都空袭服务总队部关于1941年6月2日日机空袭被灾及工作情形的通报（1941年6月2日）

一、本日上午8时50分，敌机一批计27架在湖北鹤峰县发现，本市悬红球1个；9时零3分过利川，空袭警报；9时40分过涪陵，紧急警报；10时10分侵入市空，分在市中心区、大梁子、和平路、百子巷、武库街、领事巷、荆紫门、马家岩暨江北城内等处投弹；10时50分东窜，解除警报。

二、敌机离开市空后，总队长暨洪黄两副总队长即率同总干事、各组组长出发灾区督导工作。

三、总队部中爆炸弹2枚，毁会客室1间，人员均安。当由第一区督导员杨通权率领第二队队员26人前往担任清扫、整理工作，半小时即恢复办公，该区督导员暨该队队员一律予以嘉勉，并各奖汗巾1条。

四、本日总队部灾区服务站分两站出发工作，一站担任上南区马路、石板坡一带灾区工作，一站担任马家岩灾区工作，各站均配备茶粥站、救护队。

五、本日总队部救护队开始服务，工作成绩甚佳。该队自今日起，以后经常配合在灾区服务站工作。

六、本日马家岩防空洞口炸死平民50人，厥状至惨，均因避入不曲折之洞内所致。今后各队应严切劝导市民，务须紧急警报后进入防空洞。

七、石板坡一带灾情较重，该处服务站决延长工作时间，并扩大供应范围，临时救济无宿无食之难胞。

八、本日，依照协助难胞挖掘办法，来本总队部请求协助挖掘清理者计两处,经派直属第一及第二两队队员30人分别前往工作,并派员前往监督。

九、报据连日轰炸情形,各队今后应严切注意左<下>列各项:

(一)凡无特殊任务及未配备工具之服务队,应俟警报解除后方可出洞,以免危险,而遭无谓牺牲。

(二)空袭警报以后,街面市民不多时,各该服务队应即撤近至防空洞,以免紧急警报后,敌机凌空,仓促趋避,发生危险。

(三)凡无进出口之岩洞及未打通之防空洞,危险最大,除由总队部函请防空司令部予以封闭外,各队应切实劝导市民勿得入内避难。

(四)近日天气炎热,病疫流行,各队出发工作时务必劝止所属队员勿任意饮水或食凉物,注重卫生。

右<上>通报。

陪都空袭服务总队部
六月二日下午4时
(0054—1—413)

11. 陪都空袭服务总队部关于1941年6月6日日机空袭被灾及工作情形的通报(1941年6月6日)

一、昨日上午10时32分,敌侦察机1架侵入市空;6时零分,敌机24架分三批来袭,本市于6时17分发出空袭警报,6时48分紧急警报,11时40分解除警报。本日为本市本年遭受敌机夜袭之第一次。

二、敌机于侵入市空后,分在复兴关、石板坡、七星岗、南纪门、水街、坎井街、莲花池、国府路、枣子岚垭、罗家湾、临华街、美专校街及南岸等处投弹。

三、除七星岗美专校街因投燃烧弹多枚发生火警外,其余各处损伤极少。

四、本日空袭时间正5小时,敌机复以35架轮流侵入肆虐,故各大隧道均因空气堵塞发生窒息情事。

五、第一批敌机离开市空后,总队部得报门口大隧道发生窒息情事,当派救护队前往施救,结果仅死1人。

六、小观音岩、石灰市、演武厅、夫子池各大隧道均发生窒息情事,且情况极为严重。总队长、洪副总队长于第二批敌机离开市空后,即率同总干事暨总队部宣慰队、供应队、救护队全体工作人员分赴各该处参加抢救工作。

七、总队长于视察各该处后,鉴于洞内民众亟须抢救及各单位工作员兵之辛苦,当传令凡救护1人出洞者着给奖金5元,结果各单位员兵更为努力,增加工作效率不少,尤以在石灰市大隧道发生效力。

八、石灰市隧道截至天明8时止,计救出窒息未死民众600余人,搬出窒息致死难胞尸体100余具。据报洞内尚有窒息致死难胞三四百人,正在陆续搬运中。

九、小观音岩隧道截至同时止,计救出窒息未死同胞700余人,搬出窒息已死难胞尸体三四百具。据报洞内尚有二三百人,正在陆续搬运中。

十、演武厅截至同时止,计救出窒息未死民众300余人,搬出窒息已死难胞尸体二三百具。据报,洞内尚有窒息难胞100余人,正在陆续搬运中。

十一、夫子池隧道有窒息致死同胞3人。

十二、所有窒息未死民众于救出后,均由总队长、总干事长亲自率同总队部救护队暨救委会救护站予以强心针注射,或行人工呼吸,于恢复原状后即代雇车轿送其返家。

十三、所有窒息已死难胞尸体,均于搬出后由救护委员会抚济组掩埋股予以装殓,即由卡车送往市郊掩埋。

十四、总队部工作人员暨所属各队员均系通宵工作,8时后仍有继续工作者,各队长、督导员应即设法调节,另调队员接替。

十五、奉总队长谕,本晚出力人员着由总干事及各组组长造具名册,由总队部予以嘉奖,嘉奖情形另候通报。

十六、今后月色渐好,敌机难免不继续夜袭,各队应严切注意所属队员精神之调节、工作工具之准备。

十七、总队部备有大批口罩、火把,如有必要时各队可前具领,以备灾区及夜间工作使用。

十八、本日起,总队部宣慰队全体队员携带大批宣传片挨户劝导市民疏散。

十九、连日空袭,自动疏散者甚多,总队部于明日起分在千厮门、太平门两处设疏散服务站两站,每站配备免费搬运队员10名为疏散难胞服务,并准备大批干粮分赠疏散难胞。

陪都空袭服务总队部
六月六日晨8时
(0054—1—413)

12. 陪都空袭服务总队部关于1941年6月7日日机空袭被灾及工作情形的通报(1941年6月7日)

一、本日上午11时45分,敌机共63架分批来袭,本市于12时零分发出空袭警报,1时20分紧急警报,2时30分解除警报。

二、敌机于侵入市空后,先后在大梁子、米花街、都邮街、苍坪街、中营街、三较场、衣服街、鼎新街、桂花街、神仙口、七星岗、骡马店、体心堂、蔡家石堡、放牛巷、南纪门、马蹄街、国府路等处投弹。

三、敌机甫经离开市空,总队长、洪副总队长偕同程总干事、闵副总干事暨各组组长,分别视察灾区,并指挥各服务队工作。

四、除七星岗保节院、桂花街、东华观等处因投燃烧弹多枚发生火警外,其余各处损失极微。

五、本总队部中爆炸弹1枚,毁房屋1间。敌机离开市空后,直属第四队即派员前来清扫并恢复原状,应予嘉勉。

六、七星岗、都邮街两处灾区灾情重大,本总队部灾区临时服务站第一、三两站即分别于该两处设立,并大量供应茶粥。

七、本日,直属第一、二、三队,第一区第一队,第二区第一队,振〔赈〕委会服务队,工人福利社服务队,市党部服务队,上海童军服务队,木炭业同业公会服务队,出勤迅速,工作实际,应予嘉勉。

八、本日,敌机系集体投弹,故毁坏房屋甚多,但无死伤。

九、连日敌机昼夜来袭,各队队员均极劳倦,各督导员、队长、领队应予设法调节队员精神。

十、各区服务队增发扫帚30把,早经通报在案。未领各区仰即由督导员即日前来具领。

十一、午后5时17分,据报湖北松滋县发现敌机7架,有袭川企图,本市当悬红球1个,5时50分折转,6时4分发布解除警报。

右<上>通报。

陪都空袭服务总队部
六月七日午后7时
(0054—1—413)

13. 陪都空袭服务总队部关于1941年6月14日日机空袭被灾及工作情形的通报(1941年6月14日)

一、本日敌机63架分两批来袭,本市于午后1时零7分发出空袭警报,2时零1分紧急警报,4时零分解除警报。

二、敌机于侵入市空后,分在南纪门、林森路、较场口、通远门、张家花园、大溪沟、江北等处投弹。

三、总队长及洪黄两副总队长于敌机离开市空后,即出发各处视察,并督导各队工作。

四、本日敌机投弹甚多,但损伤极微。

五、直属第四队在较场口一带灾区担任清扫工作,极为努力,应予嘉勉。

六、南纪门一带避难民众于悬挂休息球时即纷纷返家,拥挤马路,劝阻无效,由本总队部附报主管机关予以注意。

七、据报,各服务队队员尚能服从管理防空洞宪兵之指挥。

八、各服务队维持交通秩序工作仍应遵照前日紧急命令,着即停止执行。

九、本会在左营街、十八梯等处隧道,经总队长亲往视察,秩序及空气均尚良好。

十、较场口受灾平民甚多,本总队已设茶粥站一站配合救委会收容所工作,并供应难胞茶粥。

陪都空袭服务总队部

六月十四日午后7时
(0054—1—413)

14. 陪都空袭服务总队部关于1941年6月15日日机空袭被灾及工作情形的通报(1941年6月15日)

一、本日上午11时20分,据报敌机一批27架在湖北宜都县发现,本市悬红球1个;11时49分过咸丰,空袭警报;12时30分过涪陵,紧急警报;1时10分侵入市空,分在半边街、青年会、公园路、太平门、白象街、东水门及南岸义中和、美大使馆下侧等处投弹;1时55分东逸,解除警报。

二、本日敌机投弹虽多,但除白象街、新丰街因中燃烧弹起火经消防队即时扑灭外,其余损伤甚少。

三、据报,南岸义中和煤炭厂及美大使馆附近被炸死伤较重,本总队部得报后,即派灾区服务站1站、茶粥站1站暨救护队驰往工作,预料各该站队须工作至晚间始得归队。

四、新丰街、白象街一带受灾较重,本总队部当设灾区服务站2站,配合茶粥站担任该处工作。

五、直属第二队担任该两处清扫工作,极为努力,应予嘉勉。

六、救护队于东水门河坝救治受伤难胞10余人后,即奉命驰赴南岸工作,精神振作,工作切实,应予嘉勉。

七、本日参加白象街一带工作之第三区一、二、三队暨丝棉业公会服务队、社会部服务队均尚努力,应予嘉勉。

八、谷总队长及洪黄两副总队长于空袭警报后即一同前往各大隧道视察,复于敌机离开市空后率同总干事暨各工作人员前往各灾区视察,并督导工作。

九、警报解除后,据青年会函请派队员前往该会担任清扫、挖掘工作,总队部当派直属第四队队员30人前往。

十、据聚兴诚银行报告,该行门口尚有炸弹1枚未爆,总队部当即电请防空司令部派工兵前往挖取。

十一、本日白象街火灾系由住民炉火未熄所致，今后各队仍应于空袭警报后切实劝导市民灭熄炉灶。

十二、各直属队连日担任协助挖掘、清扫工作，均极努力，殊堪嘉慰。

十三、总队部办公室因连日被炸受震，于前日天明时刻倒塌一部，刻仍在警备部内中山堂继续办公。

陪都空袭服务总队部
六月十五日下午6时30分
（0054—1—413）

15. 陪都空袭服务总队部关于1941年6月28日日机空袭被灾及工作情形的通报（1941年6月28日）

一、本日敌机54架分两批袭川，本市于上午12时20分发出空袭警报，下午1时20分仅仅警报，2时30分解除警报。

二、第一批敌机于1时50分在南温泉、小温泉一带投弹，第二批敌机于2时15分在万县投弹。

三、本总队部谷总队长、黄副总队长于敌机离开市空后，即率同总干事及灾区服务站人员驰赴南温泉、小温泉灾区工作。

四、小温泉投弹25枚，伤中央政校校警1人；成全小学校舍震毁一部。

五、南温泉桃子沟、仙女洞投弹25枚，另有2弹未爆炸，有民房3间起火，旋即扑灭；轻伤17人，重伤2人，死3人。

六、灾区服务站所配属之茶粥站、宣慰队、救护队，工作均极努力，迄至现在止，仍在工作中，尚未归队。

陪都空袭服务总队部
六月二十八日下午8时
（0054—1—413）

16. 陪都空袭服务总队部关于1941年6月29日日机空袭被灾及工作情形的通报（1941年6月29日）

一、本日敌机63架分两批袭渝，本市于上午10时零5分发出空袭警报，11时13分紧急警报，下午2时15分解除警报。

二、敌机于侵入市空后，分在南纪门、石灰市、中营街、三教堂、杨柳街、都邮街、临江门、骡马店、五福街、太平门、柴家巷及南岸盐店垮、龙门浩、瓦厂垮等地投弹多枚，灾区广泛，但灾情尚不堪重。

三、总队长、黄副总队长于第一批敌机离开市空后，即赴南纪门一带灾区视察，第二批敌机投弹后，复率同灾区服务站人员驰赴灾区设站，并督导各队工作。

四、本总队灾区服务站及各服务队出动灾区工作情形如下：

（一）第一灾区服务站及所配属之茶粥站、宣慰队、救护队，于太平门、太平桥一带工作后，并赶往南岸盐店垮一带灾区设站工作。

（二）第二、三灾区服务站及所配属之茶粥站、宣慰队、救护队在临江门一带灾区设站工作。

（三）直属第一队在黑巷子、毛草坡一带从事抢救工作；直属第二队在雷家坡、神仙洞、新街、石板坡、南区马路担任清扫工作；直属第三队四分队在各处担任清扫工作；直属第四队在大梁子、左营街、新民街、百子巷一带担任清扫工作，均属努力，应予嘉勉。

（四）第一区第一队一分队在会仙桥、重庆商场灾区工作。

（五）第二区第一队在大阳沟、苍坪街、保安路、中营街、杨柳街、都邮街、中正路等处，第三队在临江门、夫子池等处灾区担任清扫工作，均属努力，应予嘉勉。

（六）十一区第一、二、三队及卫生队全体人员于南岸瓦厂垮一带灾区担任救济、宣慰、清扫工作，工作努力，应予嘉勉。

（七）第五区第三队全体人员在南区马路一带打扫街道，并将建设五金号学徒周序昭从泥石中挖出得救，及将十八梯83号燃烧弹1枚扑灭，工作异常努力，应予嘉奖。

(八)据新生路102号住户刘茂楷申请派工协助挖掘倒压什物,当经调派直属第四队队员4人前往工作。

(九)十二区各服务队在灾区供应难胞茶水□□金油,并由该区第三队全体人员出发灾区担任清扫工作。

五、本日英大使馆办公厅被炸全毁,有中文参赞包克本等4人受伤,包克本伤势较重,当经救护队人员送往市民医院医治,闻者俱抱愤慨。

六、各灾区服务站及服务人员,迄现在止尚在努力工作中。临江门灾区服务站工作预料至夜间11时始能完毕。

右<上>通报。

陪都空袭服务总队部
六月二十九日下午6时30分
(0054—1—413)

17. 陪都空袭服务总队部关于1941年6月30日日机空袭被灾及工作情形的通报(1941年6月30日)

一、本日敌机54架分两批袭渝,本市于上午9时55分发出空袭警报,10时35分紧急警报,12时55分解除警报。

二、敌机于侵入市空后,分在本市中二路、大溪沟、两路口、南岸黄桷垭、老君洞、江北青草坝、刘家台等处投弹多枚,但损失轻微。

三、总队长、黄副总队长于敌机甫离市空即亲赴中二路、大溪沟一带视察,并督导各服务站队人员切实工作。

四、本总队灾区服务站及各服务队出动灾区工作情形如下:

(一)第一灾区服务站及所配属之茶粥站、救护队,派往南岸黄桷垭、老君洞灾区设站工作,以该两地灾情不重,工作两小时返队。

(二)第二灾区服务站及所配属之茶粥站、救护队,派在上清寺、中央党部附近设站工作。

(三)第三灾区服务站及所配属之茶粥站、救护队,派往江北青草坝、刘家台等地设站工作,旋据报该处灾情较重,复增派茶粥站1站前往供应。

（四）本总队宣慰队全体队员奉救委会调派赴各灾区发放急赈。

（五）六区第三队警报尚未解除，即由督导员吴秀文率领赶赴国民政府花园填补弹穴，出动迅速，工作努力，应予嘉奖。又该区第一、二队分在张家花园、国府路一带清扫工作，尚称努力，应予嘉勉。

（六）七区第三队队员10人，放警报解除后，赶赴中央党部清扫，总干事视察后，以瓦砾较多，复调第二队队员50人携带工具赶赴工作，并派员在场监督。

（七）十五区第一队在老君洞灾区担任救护，出动最早，工作甚力（当经运送伤胞9人赴红十字会医院诊治），尤以该队第二分队特别努力，应予嘉奖。黄桷垭施诊所服务队及11区第二队亦参加工作。

（八）中央组织部服务队领队汪一鹤、分队长董夏春，率领队员在上清寺美专校协同抢救，并协助国际宣传处挖掘行李，工作努力，应予嘉勉。

（九）直属第四队三分队在两路口灾区工作努力，应予嘉勉。

（十）江北灾区工作努力者应予分别嘉奖如下：(1)掩埋第二队由孙慈麟队员率领担任掩埋工作非常努力，应予嘉奖；(2)第四施诊所及三民主义青年团重庆青年招待所服务队担任救护、挖掘、掩埋工作异常努力，应予嘉勉；(3)九区督导员袁麟书、十区督导员陈幼秋协助服务站并督导所属各队，灾区服务颇称努力，应予嘉勉。

（十一）据中华路、临江门□□号川康藏电政管理局电请派工协助挖掘倒压什物，当经调派直属第一队队员40人前往工作。

六、第二、三灾区服务站迄现在止尚在努力工作中，预料至夜间9时始能完毕。

右＜上＞通报。

陪都空袭服务总队部

六月三十日6时30分

（0054—1—413）

18. 陪都空袭服务总队部关于1941年7月4日日机空袭被灾及工作情形的通报（1941年7月4日）

一、本日敌机28架分两批袭渝，本市于上午6时30分发出空袭警报，7时16分紧急警报，10时20分解除警报。

二、敌机于侵入市空后，分在朝天门、千厮门、嘉陵码头一带江岸及江北城内等处投弹。

三、总队长、副总队长、总干事，于敌机甫离市空即驰赴朝天门、嘉陵码头等灾区视察，并督导各队工作。

四、本总队灾区服务站及各服务队出动灾区工作情形如下：

（一）派供应组在嘉陵码头设置茶粥站2站。

（二）派灾区服务站第二站及所配属之救护队、供应站驰赴江北灾区工作。

（三）派灾区服务站第三站及所配属之救护队、供应站驰赴千厮门工作。

（四）直属第一队长连绍华、第三队长陈锡钦各率领队员60余人在嘉陵码头灾区工作，尚称努力，应予嘉勉。

（五）直属第二、四队均在千厮门灾区担任清扫工作，第四队于清扫工作完毕后复至二郎庙街32号担任挖掘工作，救出魏杨氏1名，应予嘉勉。

（六）第一区第一队在千厮门工作，第二队何炳林率领队员约30余人在朝天门清扫灾区马路，第三队约50余人在嘉陵码头协助灾区救护工作，均极努力，应予嘉奖。

（七）赈委会第四施诊所服务队及第九区一、二两队出动队员约100余人，在江北观阳门、保定门等灾区工作，第四施诊所服务队领队刘□民同志率领队员工作异常努力，应予嘉勉。

（八）派往嘉陵码头及千厮门之供应站及江北灾区工作人员，刻仍在各该处工作，预料至晚间8时许始可返队。

五、本部自七月一日起于各隧道出口经常设置供应车1辆供应干粮，紧急警报后并派员携带干粮入隧道供应。本日上午警报为本年最早一次，避难民众需要干粮甚多，上项办法尚能收供应之效。

六、午后敌机18架二次来袭,本市于6时5分发出空袭警报,7时5分在梁山投弹,7时10分解除警报。

七、顷奉陪都空袭救护委员会七月三日秘字第134号训令,转奉委员长蒋本年七月二日午冬侍秘三十第8063号电令,节开:"上月五日,本市大隧道发生窒息惨案,死难同胞虽已不能复生,而吾人惩前毖后,应以急图补救为唯一要务。溯念我陪都所有服务空袭防护、救济、医疗、抚恤、消防人员,三年以来多能忠勇尽职,不避艰危,积极努力,争取时间,此种精神与事迹,不惟为全市人民所共见,亦使敌人无所达其残暴肆害之毒谋。自经此次发生窒息惨案,几使积年辛劳坠于一旦。多数民众惨受牺牲,而我过去人员之因公殉职者亦难以瞑目,可见事之不周足使全功尽弃,一人之疏忽可令全体蒙垢。兹者善后方案业已鳌定,机关权责重予划分,自令以往,务望我各级服务人员仍本忠勇尽瘁之精神,切念此次惨痛之教训,倍加扬励,益使勤奋;同时,更望我民众与青年踊跃参加空袭服务,群策群力,同赴事功,期补前失而宏后效,实所切盼"等因;奉此,自应遵办。凡我服务总队各督导员、队长、领队,务应即行召集所属队员宣谈讲解,互相勉励,并将遵办情形具报为要。

八、重庆市党部预备有大批救济水,为分布普遍起见,凡本部督导员、队长、领队、队员愿担任施放者,仰将姓名、通讯处及避难之防空洞号码或名称,于5日内书面报告本部,当转请市党部发给该项救济水在各防空洞内施救。

九、连日空袭,各机关服务队、区服务队、直属队,多能振奋精神,迅速出动,不为炎热所屈,至堪嘉慰,仍仰维续此种精神,努力奋斗,以抵抗暴敌之轰炸,而副社会人士之属望,发扬三民主义之革命的服务精神,是为至要。

十、天气炎热,今后应随时劝导市民疏散下乡,并注意于警报前后加强扶助老幼病痛同胞,各队员于工作时切勿饮食生冷,以防疾病。

右<上>通报。

陪都空袭服务总队部
七月四日下午6时
(0054—1—413)

19. 陪都空袭服务总队部关于1941年7月5日日机空袭被灾及工作情形的通报（1941年7月5日）

一、本日午后4时14分，据报敌机一批计27架在湖北鹤峰发现，本市于4时44分发出空袭警报，5时20分紧急警报，6时48分解除警报。

二、敌机于侵入市空后，分在十八梯、回水沟、花街子、金家巷、和平路、放牛巷、天主堂街、川东师范、巴县中学等处投弹。

三、敌机离开市空后，总队长、黄副总队长暨程总干事，即率领全体工作人员驰往灾区视察，并督导工作。

四、本日除川师中燃烧弹起火当经消防队及时扑熄外，十八梯纸烟公会防空洞口中爆炸弹1枚，致略有伤亡。

五、总队部于十八梯、川东师范、巴县中学等处设灾区服务站2站，配合供应队、茶粥站担任工作。

六、本日四川公路局服务队副领队石孙辅率领队员20人，上清寺社会服务处服务队10人，乘自备卡车并携带工具驰赴灾区工作，极为努力，应各记功一次。

七、市党部服务队、行政院服务团服务队暨上海童军战时服务队，本日出动迅速，应各记功一次。

八、考试院服务队领队张一宽，于警报尚未解除时率领队员驰赴巴中等灾区工作，极为努力，应记功一次，所有出力人员仰候另奖给奖。

九、中央公务员惩戒委员会服务队驻在乡间，每次警报后均能切实工作，且自去年该队组织以来均依式填报报告，从无贻误，难能可贵，应予嘉奖。

十、第四区第三队二分队在天主堂街一纸铺扑灭燃烧弹1枚，经总队长、黄副总队长当场视察扑灭情形，除面予嘉奖外，着发奖金100元，仰即前来具领。

十一、南区马路24号中燃烧弹1枚，由第五区服务队第三队长凌云卿、队附严北祥率领队员扑灭，又书帮公所15号中燃烧弹2枚，由该区第一队分队长胡铭扬、分队附潘云程率领队员扑灭，各该员英勇工作，殊堪嘉慰，候令给奖。

十二、永贞当巷日升当投弹1枚，炸毁单口储藏小防空洞1个，据称内有5人被埋，经派直属第二队派队员驰往挖掘，该员等抢救努力，应候令给奖。

十三、第五区第三队在十八梯、厚慈街、回水沟等处担任清扫工作，尚为努力，应予嘉勉。

十四、本日直属第二、三、四等队在各灾区担任清扫、挖掘工作，均为努力。

十五、救委会振〔赈〕恤处收容十八梯、金马寺街、马蹄街、九块桥等灾区难胞，于九块桥街、福音堂街设收容所收容难胞400余人，本部当派茶粥站2站驰往设站，供应茶粥，该二站通宵工作。

十六、查各机关服务队工作情形当经令知于每次解除警报2小时后报部，便俾列入通报。近查各队照办者甚少，今后仍仰遵照规定填报为要。

十七、第七区督导员李祥元、任朴之，对该区各机关服务队工作情形甚少报告，以致各队工作情形时有漏列通报情事，李祥元、任朴之应各记过一次，同示惩警。

右<上>通报。

陪都空袭服务总队部

七月五日午后11时50分

（0054—1—413）

20. 陪都空袭服务总队部关于1941年7月6日日机空袭被灾及工作情形的通报（1941年7月6日）

一、本日敌机23架分三批袭渝，本市于6时12分发出空袭警报，7时15分紧急警报，9时25分解除警报。

二、敌机于侵入市空后，分在巴县中学、上清寺、大溪沟、学田湾一带投弹，除有数处中燃烧弹起火经消防队即时扑灭外，计炸毁房屋100余栋，死伤极微。

三、当敌机甫离市空，总队长、副总队长即驰赴上清寺一带灾区视察，并督导各队工作。

四、本总队灾区服务站及各服务队员灾区工作情形如下：

（一）派灾区服务站二、三站前往上清寺灾区设站供应茶粥，施放药品，唯本晚灾情轻微，除茶粥站继续设置外，其余工作人员于2小时后即行撤回。

（二）行政院服务团服务队、上海童子军服务队、考试院服务队，均先后到达灾区协助消防队担任抢救，工作努力，应予嘉勉。

（三）四川公路局服务队出动灾区担任清除街道，工作努力，应予嘉勉。

右<上>通报。

陪都空袭服务总队部
七月六日下午11时10分
（0054—1—413）

21. 陪都空袭服务总队部关于1941年7月7日日机空袭被灾及工作情形的通报（1941年7月7日）

一、本日敌机33架分三批袭川，本市于上午7时55分发出空袭警报，8时25分紧急警报，10时15分解除警报。

二、第一批敌机9架西飞宜宾投弹，第二批敌机18架侵入市空后即在菜园坝、下南区马路、上清寺、国府路一带投弹，第三批敌机6架（据报为驱逐机）侵入市空后盘旋未几即遁去。

三、敌机甫离市空，总队长、洪黄副总队长、程总干事即驰赴各灾区视察，并督导各队工作。

四、本日10时，接奉陪都空袭救护委员会急字14号命令派队前往各灾区抢救具报，等因；当即派出灾区服务队赶赴灾区工作，情形如下：

（一）派灾区服务站第一站前往考试院附近灾区设站工作。

（二）派灾区服务站第二站前往菜园坝灾区设站工作。

（三）据报，上清寺社会服务处服务队员10人在上清寺至牛角沱中段担任清除工作。

（四）上海童子军战时服务团服务队出动灾区调查，工作尚称确实。

（五）调派直属第二队驰赴上清寺灾区协助防护团清除街道，该队奉命后跑步出动,工作努力,应予嘉勉。

(六)第六区第三队在敌机甫离市空即出发大溪沟、□庄、中四路、考试院一带灾区工作,旋又派赴行政院经济会议办公室协助清除,工作努力,应予嘉勉。

(七)行政院非常时期服务团服务队全体队员及担架伕在菜园坝、两路口灾区工作努力,应予嘉勉。

(八)四川公路局服务队队员在上清寺及美专校支路担任抢救、清扫,工作努力,应予嘉勉。

(九)上清寺灾区(死伤无)工作人员甚多,特设茶粥站1站供应。

五、临江门城垣下悬岩突于今晨3时许崩塌3丈余宽,滚坠压毁民房数十余栋,平民死亡者40人,重伤者12人,轻伤者98人,合计死亡人数达160人,情况至惨,本部当于今晨3时半派直属第一服务队前往挖救,并派灾区服务站第三站前往设站供应茶粥,宣慰难胞,该队站工作至本日下午4时始撤退休息。

六、直属第一队队长连绍华率领队员在临江门灾区工作至为努力,应予嘉勉。

七、查下南区马路70号对过之涵洞口落1弹,该洞避难者伤32人,死18人,情况至惨。据调查,本日此洞内避有200余人,此类流水涵洞两端直通,原非防空洞,无知民众辄趋入躲避,危险甚大,服务队员应劝导民众勿入躲避,或报告本部,俾转请主管机关严加禁止。

八、连日各级服务同志日夜紧急工作,辛苦异常,总队长身为轸念,谕令嘉勉,并谆嘱在灾区工作时各自小心饮食,随带消暑药品,俾防疾病,仰各知照。

右<上>通报。

陪都空袭服务总队部

七月七日下午6时10分

(0054—1—413)

22. 陪都空袭服务总队部关于1941年7月7日日机第二次空袭被灾及工作情形的通报(1941年7月7日)

一、本日上午灾情，经于下午6时10分通报在案。午后6时15分，复有敌机三批来袭，本市于6时45分发出空袭警报，7时16分紧急警报，11时30分解除警报。

二、第一批敌机于侵入市空后，在罗家塆、巴中、遗爱祠、中宣部宿舍、中训团附近投弹，第二批在南纪门、较场口、药材街、新民街等处投弹，第三批在中一路一支路、天主堂街、南区马路等处投弹。

三、总队长、副总队长暨程总干事，于10时55分敌机离开市空时即驰赴灾区视察，并督导工作。

四、总队部于敌机离开市空后接奉救委会命令，当派灾区服务站第一、二两站驰往各灾区工作。

五、本晚除较场口、神仙洞等处中燃烧弹起火经消防队即时扑灭外，所有被炸各处损伤极为轻微。

六、本晚行政院服务团服务队暨第二区第一、二两队，直属第二队，出动均甚迅速。

七、第四区各队出动极少，该区受灾地点未见该区所属服务人员工作，该区督导员暨第一、二、三队队长应予警告。

八、总队部派往各灾区工作人员，因各处灾情不重，于1时零分先后返队。

右<上>通报。

陪都空袭服务总队部
七月七日午后12时零分
（0054—1—413）

23. 陪都空袭服务总队部关于1941年7月8日日机空袭被灾及工作情形的通报(1941年7月8日)

一、本日敌机25架分两批袭渝，本市于上午8时22分发出空袭警报，9时紧急警报，10时40分解除警报。

二、敌机两批侵入市空后，会合在观音岩、黄家垭口、较场口、骡马店等地投弹。

三、总队长、黄副总队长暨程总干事、袁组长，于敌机甫离市空时即驰赴各灾区视察，并督导工作。

四、总队部于10时零5分接奉救委会紧急命令，当派灾区服务站第一、三粮站前往各灾区供应茶粥，施放药品，救护伤胞。

五、本日灾情及各级服务队工作概况如下：

（一）七星岗、兴隆巷一带被灾起火，直属第三队四分队及工人福利社服务队当即驰往协助消防队抢救，工作努力，应予嘉勉。

（二）黄家垭口对面武器修械所防空洞口中弹，炸死平民25人，伤56人，直属第三队二分队、上海童子军服务队均先后到达该地担任救伤、担架，工作努力，应予嘉勉。

（三）中一路四德里后汽车场等地被炸燃烧，直属一队三分队，四区第一、三两队，行政院服务团服务队，市党部服务队，均先后到达该地灾区担任抢救、清除，工作努力，应予嘉勉。

（四）尚武巷64号塌屋内埋有难民数人，二区一、二两队即派队员前往挖掘，甚为努力，应予嘉勉，并于警报解除后在该处设茶粥站1站，供应工作人员茶水。

（五）南岸下浩莲花山诚信火柴厂前面荷叶田内亦投有重磅炸弹1枚，伤男女各1，重伤小孩1人，当即毙命；十一区第一队一分队全体人员出动救护迅速，工作努力，应予嘉勉。

（六）和平路102号有小女孩胡彩珍1名，又黄家垭口修械所防空洞内有七八岁女孩1人，均系父母生死未卜，状极可怜，当经本部分别派队员1名送往救委会抚济组收容。

（七）本日空袭警报时，菜园坝某户未将炉灶扑熄，致生火警，延烧房屋甚多。

（八）本市连日被炸，总队部据各方请求派队员前往协助挖掘、清扫工作者为数甚多,且各直属队员连日工作极为辛劳,复因空袭频仍,以致所派队员间有未能遵照时间出发工作情事,总队部除尽量设法调节调度外,各直属队仍应继续振奋为民众切实服务为要。

右<上>通报。

陪都空袭服务总队部
七月八日上午11时5分
(0054—1—413)

24. 陪都空袭服务总队部关于1941年7月10日日机空袭被灾及工作情形的通报(1941年7月10日)

一、本日敌机54架分三批袭渝,本市于12时12分发出空袭警报,12时50分紧急警报,下午2时45分解除警报。

二、敌机侵入市空后,分在新市场、李子坝、复兴关、海棠溪等处投弹。

三、敌机甫离市空,本总队总队长、洪黄两副总队长率同程闵两总干事、袁组长暨工作人员驰赴灾区视察,并督导工作。

四、本总队于1时40分接奉救委会紧急命令,当即派出灾区服务站第一、二、三站及直属第四队工作人员,前往指定灾区工作。

五、本日灾情:

(一)李子坝方面投弹30余枚,当即起火,旋经消防队、服务队扑灭,事后调查,扫荡报全部被毁,大公报一部被炸,尚有炸弹8枚未爆。

(二)海棠溪方面,民生码头第六保六、七、八甲伤2人,被炸毁民房10余栋,又娄溪沟(距海棠溪10公里)被毁民房7栋,死6人,伤10余人。

(三)新市场方面,炸毁民房10余栋,死伤□余人,本总队新市场交通服务站全部炸毁。

六、各服务站工作情形:

(一)李子坝、复兴关灾区方面——第八区第一队队长吴志煜、分队长王树荣、张廷杰,大公报服务队领队朱全康,时事新报、扫荡报各服务队领队,暨各该队全体队员,均能迅速出动,确实工作,应予嘉勉,以励来兹。

(二)海棠溪灾区方面——救委会振〔赈〕恤处、红十字会、上海童子军、第五特约救护队,各服务队工作努力,应予嘉勉;该区并设茶粥站1站于民生码头,供应工作人员茶水。

(三)重庆市党部服务队第三队领队吴迪同志,于警报解除后即率同队员前往新市场、海棠溪、李子坝各灾区,工作尚称努力,应予嘉勉。

(四)新市场灾区方面——因灾情不重,派往工作之第一站于达到后即撤回。

右<上>通报。

陪都空袭服务总队部

七月十日7时10分

(0054—1—413)

25. 陪都空袭服务总队部关于1941年7月18日日机空袭被灾及工作情形的通报(1941年7月18日)

一、本日敌机一批17架袭渝,本市于上午11时47分发出空袭警报,12时25分紧急警报,下午1时55分解除警报。

二、敌机于侵入市空后,分在复兴关、遗爱祠、两路口、菜园坝等处投弹。

三、本总队总队长黄、副总队长及程闵两总干事、袁组长等于1时30分敌机甫离市空时分往各灾区视察,并督导各队工作。

四、本总队于午后1时20分奉到救委会紧急命令,即派灾区服务站第一、二、三站及各直属队驰往指定各灾区工作。

五、本日灾情略记如下:

张家花园内政部警总队大操场中弹1枚,四周房屋略有震毁;罗家湾中弹2枚,毁民房两间;两路口中弹1枚,于马路中道旁,房屋亦被震毁;菜园坝中国铅笔厂被毁房屋多间;中三路中弹3枚,伤3人;王家坡中烧夷弹1枚,毁民房数间;滥泥湾1弹,毁民房10余栋,死担架队杨青云1名,伤1人;下南区马路中弹2枚,被毁民房10数间;复兴关附近投弹数枚,损伤均极轻微。

六、本日各站队工作概况:

（一）派往复兴关、菜园坝之第一、三两灾区服务站，以各该处灾情不重，无设站必要，遂相继撤回。

（二）本日因灾情甚微，机关服务队出动较少，惟市党部服务队领队徐崇水率领队员10人驰赴两路口灾区施放药品，协助工作，极为努力，应特予嘉奖。

（三）直属第四队三分队队员20人由该分队长率领驰往菜园坝灾区清除马路，工作迅速，解除警报时已竣，应予嘉勉。

（四）七区第二队第一分队分队长朱金楼率领队员金海清、张少清、刘炳云等在两路口填补弹坑，工作尚称努力，应予嘉勉，该处并设服务站一站供应工作人员茶粥。

（五）七区督导员李祥元本日调遣队员尚称努力，惟所属队员均未能迅速应调，殊属不合，着由该督导员切实调整所属各该队。

七、五区第一队一分队分队长陈绍华、分队附李树云，于本日警报解除后在南区马路集合所属队员，用木板罚打未到场受训队员3名之手心，经程总干事查见，当予制止，并予申斥，嗣后各区服务队员有不守纪律情事，轻者由队长劝导警诫，重者据情呈报总队部核予处罚，绝对不得施以体罚，仰各督导员切实晓谕各队长遵照办理。

八、本总队协助难胞清除挖掘工作办法自六月一日实施以来，尚收效果，兹将六、七月份协助挖掘工作列报于左<下>：

自六月一日起至六月三十一日止，应住户及机关之请求派出队员挖掘工作24次，所派队员777人，发出奖金2061元。自七月一日起至本月十七日止，派出队员工作32次，所派队员1121人，发出奖金4073元。

右<上>通报。

陪都空袭服务总队部
七月十八日下午6时半

（0296—14—242）

26. 陪都空袭服务总队部关于1941年7月28日日机空袭被灾及工作情形的通报（1941年7月28日）

一、本日敌机90架分五批袭川，本市于晨6时40分发出空袭警报，6时49分紧急警报，下午3时10分解除警报。

二、本日警报自清晨至午后计达8小时又30分，为本年度空袭时间最长之一次。

三、敌机除第一、第四两批在本市上清寺、曾家岩、国府路及磁器口等处投弹外，其余二、三、五等三批均先后在自贡市投弹，第五批并于返航时在合川投弹。

四、市区除曾家岩河沿炸毁民房数间、死2人、伤5人外，余无损害；磁器口约投弹三四十枚，均落河心，岸上中燃烧弹1枚，但仅烧民房1栋；自贡市及合川损害情形不详。

五、总队长、副总队长于敌机离开市空后即驰赴各灾区视察，并督导工作。

六、敌机离开市空后，总队部灾区服务站第一站即随同救委会工作人员驰赴磁器口灾区工作，第二站驰赴曾家岩灾区工作，旋据报各该处灾情均不甚重，先后于5时左右分别撤回。

七、本日清晨发出警报，市民均未及就餐，加之空袭时间复延至午后3时许，故食品极成问题，总队部除将预备各大隧道之供应车尽量供应外，临时复提库存大批干粮分送各该处，本日计供应市民约6000余人。

八、本日考试院服务队领队张一□于第一批敌机在曾家岩投弹尚未离开市空时，即督率所属队员携带工具出发工作，并于炸毁房屋内救出市民戴□民、李海洲2人，此种英勇□□□□□所有出力人员应候令给奖。

九、曾家岩无家可归难胞约200余人，已由抚恤处设所收容，本总队部已派茶粥站一站前往供应难胞茶粥。

右<上>通报。

陪都空袭服务总队部
七月二十八日午后7时48分

（0296—14—242）

27. 陪都空袭服务总队部关于1941年7月29日日机空袭被灾及工作情形的通报（1941年7月30日）

一、本日敌机90余架复分五批袭川，本市于晨7时45分发出空袭警报，8时10分紧急警报，午后4时15分解除警报。

二、本日空袭时间总计为8小时又30分。

三、敌机除第一、二、四等3批在本市投弹，第三批在自贡市投弹，其间以侦察机、驱逐机侵扰市空。

四、本市被炸地点为复兴关、榨坊沟、上清寺、中二路、观音岩、黄家垭口、七星岗、张家花园、枣子岚垭、罗家湾、神仙洞街、纯阳洞街、石板坡、燕喜洞、南纪门等处。

五、总队长、副总队长于敌机离开市空后即驰往各灾区视察，并督导工作。

六、□□除罗家湾等数处中燃烧弹起火经消防队即时扑灭外，黄家垭口至川师一带灾情较重，纯阳洞、燕喜洞、榨坊沟等处均有死伤。

七、总队部灾区服务部本日全部出发，担任各灾区工作，黄家垭口暨神仙洞等处茶粥供应站延长供应时间，俾难胞得免饥渴。

八、本日中央通讯社服务队、重庆市党部服务队、振〔赈〕济委员会服务队、行政院服务团服务队、上海童子军服务队，出动均极迅速，工作亦颇实际，应予嘉勉。

九、本日第五区服务队第一、二、三队，第六区第一队，第七区第三队工作均极努力，应予嘉勉。

十、本日直属第一、二、三、四队担任各灾区清扫及恢复交通秩序均极努力，第三队并在各灾区抢救受伤难胞11人，送市民医院救治。

十一、本日五、六、七等区督导员督导各队工作均极认真，应予嘉勉。

十二、本日第八区第三队于第一批敌机在榨坊沟投弹后即□该处灾情，填具报告送到总队部，该队长陈象周应予记功一次，以示奖勉。

十三、本日空袭时间仍在8小时以上，总队部干粮供应极为繁忙，计供应各大隧道暨大公共防空洞市民约9000余人。

十四、连日警报,时间甚长,干粮供应需要甚迫,总队部除对各大隧道及大防空洞利用供应车尽量供应干粮外,必要时决以小汽车运送干粮供应各洞,又各洞洞长或管理人得事先至本部供应组商洽批购干粮存储备用。

十五、又空袭时间市民饮食极为重要,各队应即劝导市民于空袭警报后自行携带开水入洞,如无水瓶盛水者可向总队部供应组供应车或各委托供应站购买备用。

右<上>通报。

陪都空袭服务总队部
七月二十九日午后10时
（0296—14—242）

28. 陪都空袭服务总队部关于1941年7月30日日机空袭被灾及工作情形的通报（1941年7月30日）

一、本日敌机100余架复分六批来袭,本市于晨7时22分发出空袭警报,8时19分紧急警报,下午3时40分解除警报。

二、本日空袭时间总计为8小时又18分。

三、敌机除以第一、三、五、六等4批在市区投弹,第二批驱逐机9架在市空侵扰外,第四批并在梁山投弹。

四、市区被炸地点为官井巷、大梁子、商业场、白象街、陕西街、朝天门、复兴关、化龙桥、小龙坎、磁器口、上清寺、中二路、两路口、大溪沟、人和街、张家花园、枣子岚垭、罗家湾及南岸老君洞等处,据报歌乐山附近本日亦有被炸说。

五、总队长、副总队长于敌机离开市空后即驰赴各灾区视察并督导工作。

六、本日除陕西路□江第一楼及市参议会、李子坝中央银行办事处等处中燃烧弹起火经消防队即时扑灭未成巨灾外,又白象街某保甲防空洞及市商会防空洞、南区公园下之公共防空洞中弹,均略有死伤。

七、本日第二批敌机离开市空后,总队部即派灾区服务站两站并直属第四队队员40人分赴复兴关、李子坝等处工作,惟复兴关一带灾情不重,派往该处工作人员旋即撤回;李子坝大公报馆被炸,所有机件多被埋压,当由直属队队员为其挖出,该处工作人员并将各被炸道路整理清楚后于晚7时半□返队。

八、第五区第三队三分队本日出动极为迅速,并在南区公园下土洞挖出被炸死尸2具,清扫街道亦极努力,应予传令嘉奖时有出力人员并准候令给奖。

九、直属第四队队员40人于第二批敌机离开市空后即驰赴商业场工作,应予嘉勉。

十、本日受灾之第一、三、五、六、七等区,服务队均能于敌机甫离市空后相机出动,达成任务,把握时间,运用灵敏,在技术方面较以前进步殊多,至为佩慰。

十一、本日中央通讯社服务队、市党部服务队或清扫街道,或施发药品,均极努力,应予嘉勉。

十二、本日仍尽量供应各大隧道各大防空洞避难市民干粮,并于迭次挂休息球时以小汽车运送补充,又发救火人员饼干100袋,藉示慰劳。

十三、本日晚,总队部于实验剧院及大溪沟人和街两处设茶粥站,供应难胞茶粥。

十四、连日空袭,时间均达8小时以上,惟各大隧道各公私防空洞秩序均极良好,无丝毫意外发生,其见我防空洞管理及设备均臻完善,各队今后应特别加强敬老慈幼等工作。

十五、重庆市党部以本队全体工作人员及所属全体队员连日工作辛勤,特致电慰劳,除复谢外,望各督导员、领队队长即转知照,仍望全体队员随时随地遵照总裁训示发挥忠勇服务之精神,本总队长有厚望焉。

右<上>通报。

陪都空袭服务总队部
七月三十日午后10时

(0296—14—242)

29. 陪都空袭服务总队部关于1941年8月8日日机空袭被灾及工作情形的通报(1941年8月8日)

一、本日敌机107架分两批袭渝,本市午后1时10分发出空袭警报,2时零分紧急警报,3时50分解除警报。

二、敌机第一批于侵入市空后先后在江北相国寺及城内桂花街、朝音寺、虾蟆洞、问津门及南岸海棠溪河街并沿公路一带投弹,第二批在市区大田湾、两浮支路、中二路、菜园坝等处投弹。

三、本日敌机均系密集投弹,故江北、南岸灾情均较重,海棠溪有两处起火,市区中三路巴县中学亦中烧夷弹起火,但因即时扑灭,仅烧草房1间。

四、总队长、副总队长暨程总干事、袁组长于敌机离开市空后即驰赴各灾区视察并督导工作。

五、总队部于3时40分案奉救护委员会命令,当派灾区服务站第一站驰赴南岸工作,第二站赴江北相国寺工作,第三站赴菜园坝工作,各站并配有□□队队员30名,□□清扫挖掘工作,救护队一分队担任救护工作。

六、菜园坝第143号公共防空洞本日中爆炸弹,洞内崩塌多处,当时救出轻伤32名,重伤38名(送重伤医院),嗣因岩石随挖随塌,工作更为困难,□□干事当即代表总队长□□救护委员会规定,现款重奖,□□□□□□[①]一名奖200元,死尸一具奖50元,截至6时半止,复掘出活人8名,死尸10具,嗣后工作进行更形困难,截至9时止,复掘出死尸4具。

七、9时以后,征调木石工匠□□□□□□□□□□□□据当地保甲长报告附近居民尚有□□□□□□□□□□。

八、总队长、总干事继续率领直属二队、直属三队、第五区队及茶粥供应站漏夜在该处□□抢救,并租汽油灯□□□以照明。

九、午后5时得江北第九区督导员袁麟书报告,该管虾蟆洞之一公共防空洞正门口亦中爆炸弹1枚,避难民众颇有死伤,惟详细数字尚在调查中。

十、南岸民生码头一带亦有死伤。

---

① 原文为铅印,年久褪色,故空白处甚多。

十一、江北相国寺复兴面粉公司中燃烧弹起火,麦库被焚,计损失存麦7000余石。

十二、本日督导员任朴之、陈天泽、领站李尧阶、陈永宏等及第五区各队并直属二、三两队参加抢救143号公共防空洞工作极为努力,该督导员、领站、队长等应各记功一次。

十三、本日督导员邓发清、赵冠三率领第十二区各队参加海棠溪一带工作极为努力,应予嘉勉。

十四、本日督导员袁麟书率领第九区各队参加江北各灾区抢救工作极为努力,应予嘉勉。

十五、本日督导员李祥元率领第七区第二队队员30名参加扑灭巴中火灾尚为努力,应予嘉勉。

十六、本日中央通讯社服务队、市党部服务队、考试院服务队、行政院服务团服务队、江北第四施诊所服务队等出动均极迅速,或施放药品,或清扫街道,工作均为实际,应予嘉勉。

十七、总队部灾区服务第一站因相国寺灾情不重,旋即撤回;第二站于晚10时□□南岸返队;第三站迄至现在止仍在菜园坝继续工作。

右<上>通报。

陪都空袭服务总队部
八月八日□□□□

（0296—14—242）

30. 陪都空袭服务总队部关于1941年8月9日日机空袭被灾及工作情形的通报(1941年8月9日)

本日敌机90架于午前零点5分起至下午3时15分止分三次来袭,本日本市共发警报三次,兹将各项情况分报于次:

一、第一次,敌机9架于午前零点25分侵入市空,在通远门外一带投弹,3时15分东窜,解除警报。

二、第二次,敌机计27架于午前8时35分侵入市空,在小龙坎、化龙桥一带投弹，9时零分复以侦察机1架侵扰市空，9时50分东窜，解除警报。

三、第三次，敌机计54架分两批来袭，第一批27架于12时20分侵入市空，在大溪沟、双溪沟、人和街、张家花园、枣子岚垭一带投弹；第二批27架下午2时25分侵入市空，在复兴关、兜子背一带投弹，3时15分东窜，解除警报。

四、本日空袭时间共9小时。

五、本日每次敌机离开市后，总队长、副总队长、总干事、副总干事、袁组长均率领工作人员驰赴各灾区视察，并督导工作。

六、本日除大溪沟平民区被炸民房多间，兜子背、竹帮街炸毁房屋多间损失较重外，其余各处损失均甚轻微。

七、本日除竹帮街死4人，伤5人，大溪沟死伤数人外，余无伤亡。

八、第一次，灾情极为轻微，总队部除派一部分工作人员前往调查外，各站队均未出发。

九、第二次，敌机离开市空后，总队部灾区服务站第一站即配合救护队及直属队队员30人驰赴小龙坎、化龙桥一带工作，据报该处炸弹均落荒郊，除轻伤3人外，余无损害，该站旋即撤回。

十、第三次，两批敌机投弹后，灾区服务站第一站复驰赴复兴关、竹帮街一带工作，并另派茶粥站一站赴大溪沟灾区担任供应难胞茶粥，因该处受灾多系平民，本晚振〔赈〕恤处拟于该区设所收容，并即时发放急振〔赈〕，总队部除飞调行政院非常时期服务团服务队队员20人于晚6时前往协助工作外，并饬茶粥站延长供应时间。

十一、菜园坝143号公共防空洞挖掘工作仍未完竣，本日每次警报后，总队长均前往指示工作，总干事并率领直属队队员挖掘。因该洞洞内土石堵塞，工作仍极困难，自开始工作起截至此时止，救出轻伤32人，重伤38人，掘出活人10名，掘出死尸28具，本晚仍租汽灯5盏继续挖掘。

十二、本日八区一队队员10余名于敌机投弹后即从化龙桥出发参加复兴关、竹帮街等处工作，精神振奋，良堪嘉慰，又该区第三队队长陈象周指挥该队队员担任竹帮街灾区工作，极为努力，复于警报解除后即将灾情报送总队部，经核所报详切，应予嘉勉。

十三、本日市党部服务队出动仍极迅速,并分往各灾区施放药品。

十四、截至此刻止,所有担任菜园坝、大溪沟等处之工作人员均未返队,菜园坝并拟于12时后派员前往接替工作。

右<上>通报。

陪都空袭服务总队部
八月九日午后11时55分
(0296—14—242)

31. 陪都空袭服务总队部关于1941年8月11日日机空袭被灾及工作情形的通报(1941年8月11日)

昨日敌机80余架于晨6时零分起至本日晨1时零5分复分四批来袭,本市计先后发出警报四次,兹将各项情况分报于次:

一、第一次,敌机28架分两批来袭,先后于7时36分及9时55分侵入市空,分在两浮支路、上清寺、大田湾、菜园坝、临江门正街、炮台街及罗家湾、朝天门等处投弹,11时20分东窜,解除警报。

二、第二次,敌机计27架于午后3时15分侵入市空,在沙坪坝、小龙坎、菜园坝、李家花园等处投弹,4时10分东窜,解除警报。

三、第三次,敌机计27架于午后6时35分侵入市空,在通远门、观音岩、张家花园、大溪沟等处投弹,7时20分东窜,解除警报。

四、第四次,敌机计9架分两批先后于10时零5分侵入市空,在上清寺、桂花园、两浮支路及江北等处投弹,本日晨1时5分东窜,解除警报。

五、每次敌机离开市空后,总队长、副总队长、总干事、副总干事、袁组长均分别率领工作人员驰赴各灾区视察,并督导工作。

六、第一次悬休息球时,总队部灾区服务站第一站及直属队队员30人由副总干事率领赴两浮支路一带工作,复于第二次悬红球时赴牛角沱一带工作,但各该区灾情均不甚重,旋即先后撤回。

七、观音岩、菜园坝两处中烧夷弹起火,均经消防部队即时扑灭。

八、小龙坎死伤约30人,多因不避入防空洞所致;沙坪坝死伤10人左右;

市中心区共死亡33人，伤71人。

九、小龙坎炸毁房屋20余间，化龙桥弹多投杨家坡及高家花园附近田野中，故未炸毁房屋；市中心区各处共炸毁房屋130余间，棚户37户。

十、第十四区服务队第一队，上海童子军服务队，第五十区党部服务队，第一区第一、二、三队，第七区各队，考试院服务队，中央广播电台服务队暨振〔赈〕委会服务队，市党部服务队，出动迅速，工作极为努力。

十一、昨晚振〔赈〕恤处于大溪沟设置收容所，本总队部派出茶粥站一站前往供应难胞茶粥。

十二、菜园坝被炸毁之143号公共防空洞昨晚仍继续挖掘，总干事并于每次敌机离开市空后率领直属队员前往工作，惟因敌机不时窜入市空，加之洞内土石随挖随崩，施救仍感困难，昨日截至深夜止，计掘出死尸12具，洞内尚有男性青年一人，因下部被崩石紧压，未能救出，虽奄奄一息，犹能讲话，总队长于亲自检视后下令重赏石工，务必设法将该青年救出，然后进行大规模挖掘工作，并予消毒清除。

右<上>通报。

陪都空袭服务总队部
八月十一日午前2时
（0296—14—242）

32. 陪都空袭服务总队部关于1941年8月11～12日日机空袭被灾及工作情形的通报（1941年8月12日）

昨日敌机80余架于午前4时零分起至本日晨4时10分止分两次来袭，兹将各项情况分报于次：

一、第一次，敌机63架分五批来袭，第一批袭成都，二、三两批磁器口一带投弹，第四批开县投弹，第五批江北、南岸投弹，午后1时30分东窜，解除警报。

二、第二次，敌机18架于午后2时在湖北宜都发现；2时40分过利川，本市发出空袭警报；3时17分过涪陵，紧急警报；3时30分过双河，侵入市郊，惟是时本市天候突变,雷电交作,敌机乃仓皇东窜,4时10分解除警报。

三、每次敌机离开市空后,总队长、副总队长、总干事、副总干事均分别率领各站队工作人员驰赴各灾区视察,并督导工作。

四、磁器口金碧街及金碧寺后街、菜湾一带中燃烧弹及爆炸弹20余枚,发生大火,焚毁民房140余栋约200余户,死亡6人,轻伤17人。

五、南岸大佛段炸毁民房30余栋,警官学校房屋多被震毁,大佛段计伤60余人,死11人;窍角沱、新村焚烧房屋10余栋,伤60余人,死7人,并有防空洞1座炸塌,压埋尸体尚未全数挖出;裕华纱厂附近据报伤亡颇重,惟确切数字待查;又大兴场五十兵工厂附近亦被炸,伤50余人,死亡13人,总计本日各处,经查明者共死亡97人,伤140余人。

六、其余各处损害极微。

七、当二、三批敌机投弹后,总队部灾区服务站第一站即驰赴磁器口等处工作,并另派工作人员分赴江北、南岸等处督导工作。

八、昨日昼夜在空袭中,总队部供应工作极为繁忙,除不断派员分赴各地定制大批干粮配备各大公共防空洞及大隧道外,并于每次敌机离开市空时,由副总干事亲率即以卡车装运干粮前往未配备供应车之各公共防空洞普遍供应一般避难民众,昨日计供应各种干粮2100余斤。

九、总队部关于供应干粮工作已另订办法,由全市各洞洞长或管理人平价批购,分别在洞内代售,各洞长得依各洞每次需要数目向总队部随时批购。

十、关于饮料问题,总队部因限于事实困难不能直接供应,拟自即日起遣派宣慰队员于空袭警报后携带简单传单分赴大隧道、各公共防空洞劝导市民自备茶水带入防空洞备用,总队部并备有大批水壶平价发售。

十一、菜园坝143号公共防空洞本日仍继续挖掘,总队长、副总队长、总干事亦不时前往督导工作,洞内经60小时续断抢救之某姓青年因下部被压过久,于昨日上午2时毙命,该洞有无活人拟即彻底挖掘。

十二、振〔赈〕恤处昨晚发放各灾区急振〔赈〕,总队部派工作同志4人分别协助工作。

十三、十四区各服务队及十一区各队在各该区受灾地点工作均极努力,应予嘉勉。

十四、市党部服务队于各灾区施放药品甚为普遍,应予嘉勉。

右<上>通报。

陪都空袭服务总队部
八月十二日午前7时30分
(0296—14—242)

33. 陪都空袭服务总队部关于1941年8月12日日机第二次空袭被灾及工作情形的通报(1941年8月12日)

本日敌机复于午前零点30分起至午后4点30分四次来袭,本市先后发出警报四次,兹将各项情况分报于次:

一、第一次,敌机计15架分三批来袭,第一批9架除以一部在罐口投弹外,复于2时20分侵入市空,在学田湾附近一带投弹;第二批计6架,于3时20分侵入市空,在两路口、大溪沟一带投弹;第三批计6架,于4时20分侵入市空,在小龙坎、化龙桥一带投弹,5时30分东窜,解除警报。

二、第二次,敌机计36架分四批来袭,除部分在云阳等处肆虐外,复以一部于9时20分侵入市空,在沙坪坝一带投弹,9时45分东窜,解除警报。

三、第三次,敌机计27架,于12时15分侵入市空,在南岸七公里半□□投弹,1时3分东窜,解除警报。

四、第四次,敌机计27架,于午后3时45分侵入市空,在小龙坎、化龙桥一带投弹,4时30分东窜,解除警报。

五、敌机每次离开市空后,总队长、副总队长、总干事、副总干事均率领工作人员驰赴各灾区视察,并督导工作。

六、第一次敌机离开市空后,副总干事、袁组长即分别率领灾区服务站第一、二两站驰赴两路口、大溪沟一带工作,惟各该处灾情极为轻微,旋即撤回。

七、第二次敌机离开市空后,总队部即派员驰赴小龙坎一带调查,据报小龙坎国际□□电台后侧计投弹30余枚,炸毁民房3栋,余均落四野,该处计死15人,伤21人,除大多数是士兵外,平民仅4人。沙坪坝磁器口落弹七八枚,无死伤。

八、第三次敌机离开市空后,总队部即派员驰赴南岸七公里半调查,据报该处投弹约100余枚,炸毁房屋20余间,余多落荒出田野间,炸死平民5人,伤14人。

九、第四次敌机离开市空后,总队部即派灾区服务站第二站并直属队员30人驰赴化龙桥等处工作,该处约投弹四五十枚,炸毁民房30余间,死八九人,伤10余人,当派直属队员协助当地工作人员恢复交通并清扫街道,晚8时始返队。

十、本日市党部服务队由督导员任朴之率领于第一次敌机离开市空后携带大批药品分赴化龙桥、小龙坎、沙坪坝、磁器口等处施放,颇获效果,各该员等不辞劳苦不避艰险,于敌机不断来袭情况下,犹能振奋精神,努力工作,至堪佩慰。

十一、□□督导员燕斌率领五十四区党部服务队,陶怡经率领十四区一、二、三等队及公益联合会服务队,分在磁器口、化龙桥等处工作,极为努力,公益联合会服务队员在能于烈日汗雨之下抬送受伤同胞至附郊医院救治,尤属难能可贵,应予嘉勉。

十二、本日干粮供应工作仍极繁忙,每次悬挂休息球时,仍由闵副总干事亲率工作人员以卡车装载大批饼干等件驰赴各处普遍供应,本日计供应上项干粮1900余斤。

十三、菜园坝第143号公共防空洞本日仍继续挖掘,截至此刻止,连同以前共计挖出死尸48具,预料一二日后全部工作可告完竣。

十四、本日为敌机连续长时间轰炸之第五日,各大隧道、各公共防空洞因设备改善尚无意外事件发生。

十五、连日敌机昼夜来袭,在物质方面虽予我相当损害,在精神方面并未能予我以丝毫威胁,全市同胞大多能在相当疲乏之下益坚同仇敌忾之心,各队今后应一面调节队员精神,一面更加奋发,以三民主义之革命精神应付敌人残暴之轰炸,颇能减少损害至最限度也。

右<上>通报。

陪都空袭服务总队部
八月十二日午后8时零分
（0296—14—242）

34. 陪都空袭服务总队部关于1941年8月13日日机空袭被灾及工作情形的通报（1941年8月13日）

本日敌机90余架于午前1时30分至午后2时50分复分三次来袭，本市先后发出警报三次。兹将各项情况分报于次：

一、第一次，敌机3架于午前3时零5分侵入市空，在沙坪坝重庆大学对面荒山投弹，3时40分东窜，解除警报。

二、第二次，敌机18架午前5时零5分侵入市空，在两路口、牛角沱、学田湾一带投弹，6时45分东窜，解除警报。

三、第三次，敌机75架分五批来袭，在大渡口、九龙坡、石板坡、两路口、观音岩、南纪门等处投弹，下午2时50分东窜，解除警报。

四、总队长、副总队长、总干事、副总干事于每次敌机离开市空后即率领各站队驰往各灾区视察，并督导工作。

五、本日沙坪坝及新市区损害均极轻微。

六、南岸铜元局附近死6人，重伤6人。

七、观音岩、石板坡等处中燃烧弹多枚起火，均经消防队先后扑灭。

八、神仙洞180号公共防空洞因两个洞口同时中弹（一中爆炸弹，一中燃烧弹），致洞内避难同胞非死即伤，无一幸免，计死136人（送医院后毙命者不在内），轻伤172人，重伤208人。

九、总队部得到180号洞被炸消息后，即调灾区服务站一站及直属队队员30人驰往抢救。

十、菜园坝143号公共防空洞挖掘工作于本日下午10时全部完竣，总计该洞前后救出轻伤32人、重伤38人，挖出活口10人、死尸61具，陪都空袭救护委员会对出力各单位将分别予以奖勉。

十一、本日总队部供应工作仍极烦〔繁〕忙，总计供应干粮2200余斤。

十二、本日总队部宣慰队员于空袭警报后分赴各隧道、各公共防空洞劝导市民即时疏散，并于警报时自备饮料带入防空洞备用。

十三、晚振〔赈〕恤处于黄家垭口实验剧院设立临时收容所，总队部派茶粥供应站一战前往供应难胞茶粥，宣慰队一队前往宣扬政府德意及各种救济办法并解答困难，效果尚佳。

十四、本日审计部服务队，行政院服务团服务队，公路局服务队，考试院服务队，第七区服务队第一队，直属第一、二、三队，出动均极迅速，工作亦为努力，应予嘉勉。

右<上>通报。

陪都空袭服务总队部
八月十三日午后11时
（0296—14—242）

35. 陪都空袭服务总队部关于1941年8月14日日机空袭被灾及工作情形的通报（1941年8月14日）

一、本日敌机80余架分三批来袭，本市于10时40分发出警报，<中缺>48分紧急警报，于下午2时18分解除警报。

二、第一、二两批敌机54架□□□□□，于11时44分窜入本市，分在观音岩、两路口、上清寺、张家花园、江北刘家台等地投弹；第三批于12时28分侵入市空，在南岸海棠溪、□□店、七公里各处投弹。

三、第一、二两批敌机投弹后，总队长、副总队长即驰赴各灾区视察，并督导工作。

四、总干事、副总干事于悬挂休息球时，即率领各站队分别前往张家花园、上清寺等处工作。

五、本日除张家花园振〔赈〕济委员会、□□公债委员会等机关□□□□，□□□总队部当派直属一、四两队队员120人，并□□□□四站前往工作，此刻尚在继续工作中。

六、本日除张家花园灾情较重外，市区各处损害轻微，具体损失尚在查报中。

七、本日计供应干粮900余斤。

八、本日总队部应各方请求□□□□，306人分别前往担任清扫□□工作，分派情形于次：（一）中央通讯社本日指派直属队队员20人前往，晚8时复增派40人；（二）振〔赈〕委会施诊所派直属三队队员10人前往；（三）财政部派直属一队队员20人前往；（四）振〔赈〕济委员会派直属一队队员40人前往。

九、本日市党部服务队，振〔赈〕委会服务队，第一区服务队，第四区第三直属队队员等迅速前往执勤。

<后缺>

右<上>通报。

陪都空袭服务总队部
八月十四日下午□□时
（0296—14—242）

36. 陪都空袭服务总队部关于1941年8月22日日机空袭被灾及工作情形的通报（1941年8月22日）

一、本日敌机135架分三批来袭，本市于上午11时零5分发出空袭警报，11时45分紧急警报，午后3时12分解除警报。

二、敌机一、二两批计108架同于12时零5分侵入市空，除以54架分在大溪沟一带投弹外，其余54架继续西飞，先后在三台、内江、合川等处投弹；第三批计27架于午后44分侵入市空，在小龙坎一带投弹。

三、总队长、副总队长于每次敌机离开市空后即驰赴各灾区视察，并督导工作。

四、本日国府路、大溪沟一带投弹甚多，国民政府前院中重量炸弹1枚，警卫室前部震毁；自来水厂中爆炸弹10余枚，机件、水池大部被炸，损失甚巨。

五、小龙坎正街炸毁民房约20余间。

六、沙坪坝中央大学、南开中学、红十字会均被炸，中央大学损失最大。

七、南岸玄坛庙下首亦被炸，仅震毁草房2间。

八、本日大溪沟安息会防空洞命中1弹，计伤18人，死3人；水厂附近伤平民3人；小龙坎、沙坪坝等处死1人，伤17人；南岸伤4人。

九、总队部于敌机离开市空后即派灾区服务站一站并直属队队员30人驰赴沙坪坝一带灾区工作，另一站驰赴国府路工作，各该站队截至此刻止尚未返队。

十、国民政府门首被炸，弹痕极大且深，交通甚为不便，总队部除派队员30人担任清扫填补弹痕工作外，明晨拟再派30人前往继续工作。

十一、红十字会第九材料库全部炸毁，埋压药品甚多，总队部派往工作之直属队员本晚决留该处协助挖掘药品，明晨拟再派20人前往继续工作。

十二、本日市党部服务队出发各灾区施放药品，甚为努力，应予嘉勉。

十三、小龙坎公益联合会服务队队员4名，十四区第一队队员3名，由本总队部服务车由小龙坎护送受伤同胞6名赴市民医院救治，甚为热心，应予嘉勉。

十四、本日接奉陪都空袭救护委员会令，以奉委员长蒋手令：本月八日，菜园坝143号公共防空洞被炸，本总队部程总干事朱溪督导工作努力，应先行传令嘉奖，所有救护出力人员应即呈报候奖，等因；除遵将本总队所属各队参加该洞救护工作人员造册汇报外，各队今后更应加倍努力奋发，用副领袖之期望，是为至要。

右<上>通报。

陪都空袭服务总队部

八月二十二日午后10时30分

（0296—14—242）

37. 陪都空袭服务总队部关于1941年8月23日日机空袭被灾及工作情形的通报（1941年8月23日）

一、本日敌机135架复分三批来袭，本市于上午10时零7分发出空袭警报，45分紧急警报，下午3时25分解除警报。

二、敌机除以54架先后在沙坪坝、磁器口、小龙坎等处投弹外,其余分扰成都、乐山、合川、梁山等处。

三、敌机离开市空后,总队长、副总队长即驰赴各灾区一带视察,并指挥工作。

四、本日市区仅磁器口、沙坪坝两处被炸,计磁器口、金蓉正街、黄塎正街、药专学校、马鞍山、蔡家湾、河边等处约投弹数十余枚,炸毁房屋约200余栋;二十六中心小学侧有一两空洞,因破片侵入,致伤9人,死8人,连同其他各处,共死22人,伤60余人。沙坪坝正街、高家花园及十四区署等处投弹约30枚,毁房屋10余间,计伤14人。

五、敌机离开市空后,总队部即派灾区服务站一站、茶粥供应站两站、直属队员30人前往各该处工作,晚9时得该站报告,各站队于达到沙坪坝,将该处交通恢复,市面清扫后即转赴磁器口工作,因该处灾情较重,无家可归难胞约600余人,晚拟协助振〔赈〕恤处收容所工作,并大量供应茶粥,宣慰人员亦将分别予各难胞以抚慰,各该站队预料明晨始可返队。

六、本日市党部服务队仍于警报解除后派员驰赴磁器口等处施放药品,工作甚为实际。

七、本日第五十区党部服务队暨十四区各服务队担任沙坪坝、磁器口等灾区工作均极努力,堪慰义务,督导员熊斌、陶怡经两同志分在磁器口、沙坪坝两处指挥调度,甚为辛勤,该员附属各该处党部负责人,总队部并无薪给,纯系站在党的立场为民服务,尤为难能可贵。

八、磁器口、沙坪坝两处党务工作极为健全,经核本日参加工作各队多系党的同志,均能发挥三民主义精神,努力为民众服务,不独为本总队工作之一特点,亦为本党为民众服务之一具体工作表现,今后应益扬励,充分发挥,以完成党的使命。

九、昨日国民政府门首中弹,本总队派直属第一队队员30人前往填补弹痕,恢复交通,惟该弹痕过大,工作未能完成,本日晚拟再派队员80人前往工作。

十、又昨晚参加该处工作人员蒙国民政府参军处总务局致送茶水费32

元,各该员以服务为本身应有之职责,且国民政府为我元首所在地,更不应让倭寇稍予摧毁,加倍工作,对总务局致送之茶水费于坚辞未获后,已解送本总队部,捐作救济空袭受伤同胞用。

十一、又昨晚小龙坎红十字会第九材料库被炸,本总队曾留直属第四队队员10人代为挖掘药品材器,本晨复增派队员30人前往,晚12时全部工作完毕返队,据报红十字会曾每人致送奖金16元,亦经该员自行辞谢矣。

右<上>通报。

陪都空袭服务总队部
八月二十三日午后10时零分
(0296—14—242)

38. 陪都空袭服务总队部关于1941年8月30日日机空袭被灾及工作情形的通报(1941年8月30日)

一、本日敌机约200架分七批来袭,本市于上午10时零分发出空袭警报,10时30分紧急警报,2时49分解除警报。

二、敌机于上午10时30分起连续侵入市空,其中除第六批在万县投弹外,第一、二两批各27架在磁器口、小龙坎等处投弹,第三、四、五三批各27架在南岸黄桷垭、老君洞等处投弹,第七批在中三路、大溪沟、国府路等处投弹。

三、总队长、副总队长于敌机离开市空后即驰赴各灾区视察,并督导工作。

四、总干事、副总干事于敌机离开市空后即分别率领灾区服务站驰赴磁器口、南岸黄角垭等处工作。

五、南岸约投弹200余枚,被炸地点为老君洞、南山、黄桷垭、龙洞坡、清水溪、向家坡、杨家花园、新市场等处,毁房屋约100余间,共死15人,伤63人。

六、磁器口约投弹200余枚,被炸地址为金蓉街、黄塃坪、帝王宫、高笋沟、童家桥、蔡家湾小街及杨家坡一带,炸毁民房100余间,焚烧房屋约400余户,计死18人,伤6人。

七、市区被炸地点为大溪沟、上清寺、两路口、学田湾、美专校、中三路及下城人和湾等处,除国民政府中爆炸弹多枚及人和湾起火经消防队即时扑灭外,其余各处损害轻微。

八、本日,考试院服务队,第三区第二队,第六区第二队,第七区第一、二队,第十二区一、二队,第十四区各队,第五十区党部服务队,出动均极迅速,工作亦甚努力,应予嘉勉。

九、磁器口灾情较重,无家可归难胞约600余人,本总队派赴该处工作之灾区服务站拟会同熊督导员斌配合收容所工作,大量供应茶粥。

十、国民政府大礼堂本日全部炸毁,总队部特调派直属第一队队员40人、第二队队员30人、第四队队员23人、第六区第三队队员95人前往挖掘清理,由吴督导员秀文负责调度指挥;晚10时,总干事暨袁组长、朱组长并前往视察,曾嘱各队队员努力工作,务于天明时将该处工作清理完竣,俾下星期一中枢国父纪念周仍可在原处举行,以示我革命政府之精神;晚12时,总干事返队,即将该处队员工作情形以电话报告总队长。

右<上>通报。

陪都空袭服务总队部
八月三十日午后11时

（0296—14—242）

39. 陪都空袭服务总队部关于1941年8月31日日机空袭被灾及工作情形的通报（1941年8月31日）

一、本日敌机100余架分六批来袭,本市于上午10时12分发出空袭警报,10时35分紧急警报,下午4时0分解除警报。

二、敌机除第一、二、三批西袭成都等处,第六批在梁山投弹外,其余两批分在大溪沟及江北刘家台、南岸清水溪、大兴场、铜锣峡等处投弹。

三、总队长、副总队长于敌机离开市空后,即驰赴各灾区视察并督导工作。

四、总队部于敌机离开市空后,除派员驰赴南岸各处调查灾情外,并派灾区服务站一站驰往曾家岩灾区工作。

五、本日曾家岩及江边码头中弹甚多,毁民房30余栋,除江北刘家台死3人外,市区各处无死伤。

六、南岸清水溪投弹甚多,但均落荒山,放牛坪死6人,伤4人,双合塘死5人,大兴场大竹林中弹两枚,内埋藏多人,多系开凿防空洞之石工,经当场挖出死尸17具;牛耳沱重伤1人,轻伤2人;五十兵工厂中烧夷弹数枚,宿舍及材料库一部起火,当经扑灭,损失甚微。

七、本日曾家岩被炸无家可归难胞甚多,振〔赈〕恤处决于该处设收容所,总队部当派茶粥站一站前往供应难胞茶粥。

八、国民政府昨日被炸,尚有一部分工作未完成,总队部本日于警报解除后再派队员100人前往继续工作,并限期本日漏夜赶竣。

九、总队部扩大干粮供应,计划业经施行,顷有大批干粮存备批购,各队队员如愿担任此项供应服务工作者即来总队部批购,照定价八折计算。

右<上>通报。

陪都空袭服务总队部
八月三十一日午后10时30分
(0296—14—242)

40. 陪都空袭服务总队部关于1943年8月23日日机空袭被灾及工作情形的通报(1943年8月23日)

一、本日上午9时20分,据报敌机54架分两批来袭,本市先后于9时30分发出空袭警报,9时58分发出紧急警报,11时20分解除警报。

二、本日为本年敌机袭渝之第八次。

三、敌机第一批在万县投弹,第二批于10时35分侵入市空,在小龙坎、对河盘溪一带郊区投弹。

四、敌机离开市空后,本部谷总队长偕同黄副总队长即驰往灾区视察,并抚慰难胞。

五、本部派出灾区服务站一站、茶粥供应站两站,由唐秘书暨李组长分别率领,会同医护委员会、振〔赈〕恤处等单位驰往灾区从事抢救工作。

六、午后3时零分，据唐秘书、李组长报告灾情及服务情况如次：

1. 盘溪石门街投弹10余枚，毁民房7幢，烧死市民3人，重伤男女各1名，轻伤男9人、女2名。

2. 中国纺织厂投弹2枚，房屋略受损失，冯厂长太太炸死，轻伤男8人。

3. 运通炼油厂投弹五、六枚，伤男1人。

4. 盘溪游泳池投弹五、六枚，炸死10人，内有学生2人。

5. 渝鑫炼钢厂投弹1枚，未爆炸。

6. 舒家院子投弹20余枚，内有10余枚未爆炸，舒保长房屋全毁。

7. 本部茶粥站供应难胞及工作人员茶8锅、粥1锅，现仍继续供应。

8. 直属第六队于敌机离开市空后即由熊督导员斌率领由磁器口赶往盘溪，担任抢救灾区、清除街道工作，甚为努力。

9. 所有受伤同胞均以担架送往红十字会医院疗治，死难同胞均就近予以掩埋。

10. 本日无家可归难胞甚多，本部茶粥站所有工作人员均留在该地与振〔赈〕恤处办理临时收容及发放振〔赈〕款等工作，预料须本日深夜或明晨方可归队。

七、本日警报发出后，街面秩序甚为紊乱，各防空洞亦甚拥挤，各队应加注意。

八、以后各队应特别加强扶老携幼工作。

九、各直属队工具应加清理，并应切实掌握，队员随时候令工作。

十、各督导员应于警报发出后驰往辖区切实指挥各该队工作，不得逗留原往址，并应于警报解除后1小时内将各该区工作情形详细报部。

十一、十四区督导员熊斌、直属第六队全体队员，本日出发迅速，工作努力，应予嘉勉。

右<上>通报。

陪都空袭服务总队部
三十二年八月二十三日下午4时

(0053—12—168)

四、陪都空袭救护委员会（重庆空袭服务救济联合办事处）医护委员会下属机构关于空袭救护工作情形的报告

1. 重庆空袭服务救济联合办事处医护委员会第二救伤站关于1940年5月18日、19日救护情形的报告（1940年5月19日）

查本站于本（十八）日下午6时空袭警报后，全体职工当即携带药械、器材、掩避。嗣于十九日晨2时悉小什字防空洞失事，当奉令派刘庆林、李志昌、王永年、陈忠连等四员前往该处急救。已死者4名，伤3名，内一名经本站救护，名何泽辉，男，20岁，巴县人，住棉花街13号，因被人多拥倒，腹部压伤。经填发伤票2042号后，送第六重伤医院治疗，等情，理应备文呈报备查。谨呈
医护委员会

医师 杨拱薇

中华民国二十九年五月十九日晨3时

（0066—1—45下）

2. 重庆空袭服务救济联合办事处医护委员会第二救伤站关于1940年5月26日救护情形的报告（1940年5月26日）

窃职本日奉令率领第二、第三站全体员工，往化龙桥抢救被炸灾胞，计共救护重伤22名，轻伤26名，各重伤均分别送往第三、第七、第十重伤医院住院治疗。爰将救伤情形造具纪录表呈请钧会鉴核！谨呈

医护委员会

附呈纪录表3份

第二救伤站站长 怀斌才

中华民国二十九年五月二十六日

附：

第二救伤站救护纪录报告表

姓名	性别	救护地点	伤者住址	受伤部位	伤票号数	转送处所	备考
赵年礼	男	化龙桥	化龙桥炼铜厂	头部	2010	第十院	
张又高	男	化龙桥	化龙桥河边	右大腿	2011	第十院	
奚银山	男	化龙桥	化龙桥河边	右肩压伤	2012	第十院	
韩炳清	男	化龙桥	化龙桥附近	头部	2013	第十院	
杨振武	男	化龙桥	化龙桥黄家花园	胸部、左右腿	2014	第七院	
贺成昭	男	化龙桥	化龙桥街上	右臂部	2015	第十院	
罗京臣	男	化龙桥	化龙桥炼铜厂	右大腿、左颊	2016	第十院	
无名氏	男	化龙桥	化龙桥街上	右上臂骨折	2017	第十院	
孙文彬	男	化龙桥	化龙桥碛石坝	右小腿骨折	2018	第三院	
陈扬辉	男	化龙桥	化龙桥河边	后腰部骨折	2019	第三院	
夏然氏	女	化龙桥	化龙桥河边	右大腿	2020	第十院	
欧士荣	男	化龙桥	化龙桥河边	胸部压伤	2021	第三院	
顾得扬	男	化龙桥	化龙桥河边	头部压伤	2022	第十院	
李永祥	男	化龙桥	化龙桥河边	右腿骨折	2023	第十院	
曾票氏	女	化龙桥	化龙桥河边	右上眼角	2024		
邱林氏	女	化龙桥	化龙桥河边	右前臂骨折	2025	第十院	
张氏	女	化龙桥	化龙桥河边	右上臂骨折	2026	第十院	
杨长楼	男	化龙桥	化龙桥河边	臀部	2027	第十院	
陈莲淑	女	化龙桥	化龙桥河边	头部压伤	2028	第十院	
刘仲坚	女	化龙桥	化龙桥	腿臂压伤	1910		
孙鹏	男	化龙桥	南岸	背压伤	1911		
吴志良	男	化龙桥	新蜀报馆	腿撞伤	1912		
杨少云	男	化龙桥	铜元局	头撞伤	1913		
胡凤标	男	化龙桥	化龙桥炼铜厂	腰炸伤	1914		
何心亭	男	化龙桥	交通部	头撞伤	1915		

续表

姓名	性别	救护地点	伤者住址	受伤部位	伤票号数	转送处所	备考
汤民良	男	化龙桥	江北	脚跟内部压伤	1916		
李海廷	男	化龙桥	化龙桥	脚部	1917		
曾德源	男	化龙桥	回水沟	头部跌伤	1901		
徐 旭	男	化龙桥	化龙桥	背			
周黄氏	女	化龙桥	化龙桥红岩嘴	颈部	2030	第十院	
无名氏	男	化龙桥	化龙桥河边	头部	2031	第十院	
黄淑珍	女	化龙桥	化龙桥黄家花园	腿部	2032	第十院	
何张氏	女	化龙桥	化龙桥河边	右腰压伤	2033		
陈忠和	男	化龙桥	江北	脚部擦伤	2035		
张全廷	男	化龙桥	化龙桥河边	左小腿、右手、左肩压伤	2036		
芮天秀	男	化龙桥	化龙桥河边	内部压伤	2037		
马维材	男	化龙桥	化龙桥河边	头部撞伤	2038		
陈万元	男	化龙桥	化龙桥河边	前胸压伤	2040		
颜天安	男	化龙桥	化龙桥□□公司	背部撞伤	2057		
刘金昌	男	化龙桥	回水沟	脚跟	1900	第十院	
蒋建川	男	化龙桥	化龙桥	腿部	1903		
秦道虎	男	化龙桥	化龙桥杨子饭店	腿背压伤	1904		
吴顺治	男	化龙桥	化龙桥	腿部	1905		
胡刘氏	女	化龙桥	化龙桥河边	腿臂	1906		
颜银三	男	化龙桥	化龙桥河边	腿	1902	第十院	
余海云	男	化龙桥	化龙桥河边	手、头	1907		
韩生云	男	化龙桥	化龙桥河边	背	1908		
张显名	男	化龙桥	售珠市	脚	1909		

二十九年五月二十六日9时　　　　报告者：第二救伤站站长　怀斌才

(0066—1—45下)

3. 重庆空袭服务救济联合办事处医护委员会第二救伤站关于1940年5月27日救护情形的报告(1940年5月27日)

窃职本日奉令率领第二站员工及童子军救护队前往小龙坎一带灾区抢救灾民，总计共救得重伤11名，轻伤6名。除将重伤分别送往十、十二重伤医

院诊治外,理合造具纪录表呈送钧会,请予鉴核！谨呈

医护委员会

附纪录表1份

职 怀斌才

中华民国二十九年五月二十七日

附：

第二救伤站救护报告纪录表

姓名	性别	受伤地点	受伤部位	受伤种类	正确伤情	施何救护	送往医院	伤票号数	备考
彭潘氏	女	贰寒洞	头	重	炸伤	包扎止血消毒	第十院	2042	
郑廖氏	女	土湾	头	重	炸伤	包扎止血消毒	第十院	2045	
龚正文	男	土湾	头	重	炸伤	包扎止血消毒	第十院	2043	
傅海清	男	土湾	腰	重	炸伤	包扎止血消毒	第十二院	2044	
张汉儿	女	土湾	腰臂	重	炸伤	包扎止血消毒	第十院	2046	
李方青	男	土湾	头、脚	重	炸伤	包扎止血消毒	第十院	2047	
谯先奎	男	大鑫厂	左上臂、腿	重	炸伤	包扎止血消毒	第十二院	2048	
□□林	男	土湾	右腿	重	炸伤	包扎止血消毒	第十院	2049	
杨定良	男	土湾	右大腿	轻	炸伤	包扎止血消毒		2050	
李登祥	男	土湾	□□□	轻	炸伤	包扎止血消毒		2054	
黄成云	男	土湾	大腿	轻	炸伤	包扎止血消毒		2053	
陈王氏	女	土湾	头、臂	轻	炸伤	包扎止血消毒		2055	
唐 炳	男	土湾	后腰	轻	炸伤	包扎止血消毒		2056	
张子君	男	土湾	右上臂	轻	炸伤	包扎止血消毒		2057	
无名氏	男	土湾	头、左小腿	重	炸伤	包扎止血消毒	第十院	2058	
吴之富	男	土湾	右大腿	重	炸伤	包扎止血消毒	第十院	2059	
无名小孩	男	土湾	左腹部小肠出	重	炸伤	包扎止血消毒	第十院	2060	

二十九年五月二十七日9时　　　报告者:第二救伤站站长 怀斌才

4. 重庆空袭服务救济联合办事处医护委员会第三救伤站关于1940年5月27日救护情形的报告(1940年5月27日)

查本站于本日(二十七)下午1时半磁器口被炸后当即奉令出发前往救护,计救护重伤18名,轻伤7名,分行送往各重伤医院治疗。除将所救负伤者列表填报外,理应备文呈报备查。谨呈

医护委员会

附呈纪录表2份

第三救伤站呈

中华民国二十九年五月二十七日

附:

重庆空袭紧急救济联合办事处医护委员会第三救伤站救护纪录表

姓名	性别	籍贯	年龄	受伤日期	地点	受伤部位	种类	伤情	已施手术	送往医院	备注
罗万青	男	四川	25	27日下午3时	磁器口	背	炸	轻	消毒包扎	15或16	1919
李吴氏	女	四川	38	27日下午3时	磁器口	背	炸	重	止血包扎	15或16	1920
刘明德	男	四川	31	27日下午3时	磁器口	腹	炸	重	止血消毒	15医院	1921
刘树久	男	四川	45	27日下午3时	河边	耳、头	炸	重	止血包扎	15或16	1922
贺张氏	女	四川	19	27日下午3时	河边	头部	炸	重	消毒包扎	15或16	1004
陈才义	男	四川	53	27日下午3时	中渡口	腿部	炸	轻	止血包扎	15或16	1923
杨克平	男	四川	40	27日下午3时	中渡口	手脚	炸	重	止血包扎	15或16	928
朱陈氏	女	四川	32	27日下午3时	磁器口	腿部	炸	重	止血消毒	15或16	1001
彭生福	男	四川	33	27日下午3时	磁器口	眼、鼻	炸	重	消毒包扎	15或16	0954
郑全三	男	四川	18	27日下午3时	磁器口	下颌	炸	轻	消毒包扎	15或16	1932
袁士花	男	湖北	19	27日下午3时	磁器口	背	震	重	消毒包扎	15或16	1933
田先榜	男	湖北		27日下午3时	磁器口	头、腿骨折	炸	重	止血包扎加板	16	999
王久安	男	四川	23	27日下午3时	磁器口	左臂	炸	轻	止血包扎	15或16	1934
温洪发	男	广安	39	27日下午3时	磁器口	头部	炸	轻	消毒包扎	15或16	1935
易江云	男	合川	42	27日下午3时	磁器口	腿部	炸	重	止血包扎	15或16	1936
曾陈氏	女	四川	21	27日下午3时	磁器口	左臂、头部	炸	重	止血包扎、打强心针	15或16	1937
李张氏	女	四川	40	27日下午3时	磁器口	头、嘴	炸	重	消毒包扎	15或16	927
曾长胜	男	四川	26	27日下午3时	磁器口	头、嘴	炸	重	消毒包扎	15或16	

续表

姓名	性别	籍贯	年龄	受伤日期	地点	受伤部位	种类	伤情	已施手术	送往医院	备注
彭少青	男	四川	35	27日下午3时	磁器口	腿部	炸	重	止血包扎	15或16	1043
张龚氏	女	四川	56	27日下午3时	磁器口	臀部	炸	重	消毒包扎	15	1924
唐海全	男	四川	30	27日下午3时	磁器口	脚、手部	炸	重	消毒包扎	15	1931
秀国顺	男	四川	32	27日下午3时	磁器口	脸、内伤	炸	重	消毒包扎	15	1925
李　三	男	四川	14	27日下午3时	磁器口	腿	炸	轻	止血包扎	15或16	1927
张　梦	男	四川	21	27日下午3时	磁器口	足	炸	重	包扎	15或16	1926
周李氏	女	四川	25	27日下午3时	磁器口	臀部	炸	重	消毒包扎	15或16	908

(0066—1—45下)

5. 重庆空袭服务救济联合办事处医护委员会第二救伤站关于1940年5月28日救护情形的报告(1940年5月28日)

窃属站本日午后1时奉令往川师一带救伤，计共救得重伤25名，轻伤16名，理合造具纪录表呈送钧会查核！谨呈

医护委员会

附表2份

代理站长　怀斌才

中华民国二十九年五月二十八日

附：

第二救伤站救护报告纪录表

姓名	性别	受伤地点	受伤部位	受伤种类	正确伤情	施何救护	送往何院	伤票号数	备考
曹光华	男	两路口	左上臂、右下臂	轻	炸伤		第一院	1801	
胡小孩	男	两路口	左上臂	轻	炸伤		第一院	1802	
陈良玉	男	两路口	右小腿	轻	炸伤		第一院	1803	
刘福安	男	两路口	右小腿	轻	炸伤		第一院	1804	
刘文章	男	石板坡	头顶	轻	炸伤		第一院	1805	
段王氏	女	两路口	腿部	轻	炸伤		第一院	1806	
胡自安	男	两路口	嘴	轻	炸伤		第一院	1807	
漆云夫	男	两路口	右腹、右小腿	重	炸伤	止血包扎消毒	第一院	2000	

四、陪都空袭救护委员会(重庆空袭服务救济联合办事处)医护委员会下属机构关于空袭救护工作情形的报告

续表

姓名	性别	受伤地点	受伤部位	受伤种类	正确伤情	施何救护	送往何院	伤票号数	备考
周晋文	男	南区花园	右腿部	重	炸伤	止血包扎消毒	第一院	2060	
彭本兴	男	两路口	左大腿、左小腿	重	压伤	止血包扎消毒	第一院	2070	
廖隆臣	男	两路口	膝部	轻	炸伤		第一院	2071	
张福强	女	两路口	腹	轻	压伤		第一院	2072	
陈易贤	女	两路口	头	轻	炸伤		第一院	2073	
无名氏	男	两路口	左右手、大腿、齿骨折	重	炸伤	止血包扎消毒	第一院	2074	
肖世彬	男	两路口	右小腿	重	炸伤	止血包扎消毒	第二院	2075	
刘少富	男	两路口	头、左小腿	重	炸伤	止血包扎消毒	第一院	2076	
吴刘氏	女	两路口	右腿、腰	轻	压伤		第一院	2077	
李少海	男	两路口	右小腿	重	炸伤	止血包扎消毒	第一院	2078	
银素贤	女	两路口	左小腿	轻	炸伤		第一院	2079	
陈全德	男	两路口	右手	轻	炸伤		第一院	2080	
方俊臣	男	两路口	右小腿	重	骨折炸伤	止血包扎消毒	第一院	2081	
张老幺	男	两路口	腰、臀	轻	压伤		第一院	2082	
李吉胜	男	两路口	左大腿、右臂	重	炸伤	包扎止血消毒	第一院	2083	
李雪齐	男	两路口	背	重	压伤	包扎止血消毒	第一院	2084	
胡光友	男	两路口	大腿、小腿	重	骨折炸伤	包扎止血消毒	第一院	2085	
无名氏	女	两路口	头	重	炸伤	包扎止血消毒	第一院	2086	
倪少卿	男	两路口	左大腿骨折、头	重	炸伤	包扎止血消毒	第二院	2087	
王云凡	男	两路口	头	重	炸伤	包扎止血消毒	第二院	2088	
周亚凡	男	两路口	头	轻	炸伤	包扎止血消毒		2089	
李大荣	男	两路口	头炸、左腿压	重	压伤	包扎止血消毒	第二院	2090	
无名氏	女	两路口	头	重	炸伤	包扎止血消毒	第二院	2091	
余和阳	男	市政府	头、背	重	炸伤	包扎止血消毒	第二院	2092	
郭义臣	男	市政府	左臂、足腿	重	炸伤	包扎止血消毒	第二院	2093	
刘纯云	男	川东师范	左手指	重	骨折炸伤	包扎止血消毒	第八院	2094	
刘德祥	男	市政府	右手、右臂	重	炸伤	包扎止血消毒	第二院	2095	
孙仲祥	男	市政府	下胸	重	炸伤	包扎止血消毒	第二院	2096	
王素辉	女	两路口	头	重	炸伤	包扎止血消毒	第二院	2097	
廖孟寿	男	两路口	左臂部	重	炸伤	包扎止血消毒	第五院	2098	

续表

姓名	性别	受伤地点	受伤部位	受伤种类	正确伤情	施何救护	送往何院	伤票号数	备考
刘均	男	两路口	下颌	轻	炸伤	包扎止血消毒		2099	
刘老幺	男	两路口	腹	重	压伤	包扎止血消毒	第五院	2100	
陈况氏	女	飞来寺	头	重	炸伤	包扎止血消毒	第一院	2068	

二十九年五月二十八日6时　　　　　　　　报告者：怀斌才

(0066—1—45下)

6. 重庆空袭服务救济联合办事处医护委员会第三救伤站关于1940年5月28日救护情形的报告（1940年5月28日）

查本站于本（二十八）日上午11时40分奉令携同童子军赴国府路、两路口等处被炸区域实施救护，兹救得轻重伤者计32名，除另行列表呈报外，理应备文呈报钧会鉴核备查！谨呈

医护委员会

第三救伤站呈

中华民国二十九年五月二十八日

附：

第三救伤站救护报告记录表

姓名	性别	受伤地点	受伤部位	受伤种类	正确伤情	施何救护	送往何院	伤票号数	备考
郑马儿	男	两路口	腿部骨折	炸伤	重伤	止血消毒打强心剂	第十二重伤医院	1929	
张素华	女	两路口	胸部	炸伤	重伤	止血消毒打强心剂	第十二重伤医院	1930	
久臣明	男	两路口	背部	炸伤	轻伤	止血清毒包扎	第十二重伤医院	1928	
刘蓬丹	男	两路口	右腕、二下肢	炸伤	重伤	止血清毒包扎	第十二重伤医院	1938	
张树芝	女	两路口	两□	炸伤	重伤	止血清毒包扎	第十二重伤医院	1939	
邓李氏	女	两路口	腿□	炸伤	轻伤	止血清毒包扎	第十二重伤医院	1940	
毛之心	男	两路口	头、腿部	炸伤	骨折重伤	止血清毒上甲板	第十二重伤医院	1941	
王德生	男	两路口	臂部	炸伤	重伤	止血清毒	第十二重伤医院	1942	

四、陪都空袭救护委员会(重庆空袭服务救济联合办事处)
医护委员会下属机构关于空袭救护工作情形的报告

续表

姓名	性别	受伤地点	受伤部位	受伤种类	正确伤情	施何救护	送往何院	伤票号数	备考
刘明雨	男	两路口	臂部	炸伤	重伤	止血清毒	第十二重伤医院	1943	
孙金河	男	两路口	臀部	炸伤	重伤	止血清毒	第十二重伤医院	1944	
张德操	男	两路口	股部	炸伤	轻伤	止血清毒	第一重伤医院	1957	
马福泉	男	两路口	头、臂、腿部	炸伤	轻伤	止血清毒	第一重伤医院	1958	
李岳三	男	两路口	背部	炸伤	轻伤	止血清毒	第一重伤医院	1959	
易志俭	男	两路口	臂、腰部	炸伤	轻伤	止血清毒	第一重伤医院	1960	
陈立志	男	两路口	上背、臂部	炸伤	轻伤	止血清毒	第十二重伤医院	1962	
陆耆	男	两路口	臂部	炸伤	轻伤	止血清毒	第十二重伤医院	1963	
杨三和	男	两路口	头部	炸伤	轻伤	止血清毒	第十二重伤医院	1964	
蒋炳臣	男	两路口	腿、腰部	炸伤	轻伤	止血清毒	第十二重伤医院	1965	
曾庆云	男	两路口	左肩、右腿	压伤	轻伤	止血清毒	第十二重伤医院	1966	
李玉成	男	两路口	背轻	炸伤	轻伤	止血清毒	第十二重伤医院	1968	
傅永恒	男	两路口	头部	炸伤	轻伤	止血清毒	第十二重伤医院	1961	
张少臣	男	两路口	手、足部	枪伤	轻伤	止血清毒	第十二重伤医院	1182	
曹文清	男	两路口	头、腰部	炸伤	轻伤	止血清毒	第十二重伤医院	0101	
卜海舟	男	两路口	左腿部	炸伤	轻伤	止血清毒	第十二重伤医院	1058	
郑永泰	男	两路口	内部	振伤	重伤	打强心剂	第十二重伤医院	2366	
宋周南	男	两路口	头骨部	炸伤	重伤	止血清毒	第十二重伤医院	1151	
梁华三	男	两路口	头部	炸伤	轻伤	止血清毒	第一重伤医院	1150	
王方洪	男	两路口	头、手部	炸伤	轻伤	止血清毒	第一重伤医院	1053	
包文臣	男	两路口	臂部	炸伤	轻伤	止血清毒	第一重伤医院	1153	
王树芳	女	两路口	脚部	炸伤	轻伤	止血清毒	第一重伤医院	1142	
胡树芬	女	两路口	手部	炸伤	轻伤	止血清毒	第一重伤医院	1117	
王文时	男	两路口	手部	炸伤	轻伤	止血清毒	第一重伤医院	1148	

(0066—1—45下)

7. 重庆空袭服务救济联合办事处医护委员会第二救伤站关于 1940年5月29日救护情形的报告(1940年5月29日)

窃属站奉令往小龙坎附近一带抢救灾民,结果计在沙坪坝附近救护重伤12名,轻伤13名,除重伤尽送往第三重伤医院治疗外,爰造具纪录表呈请钧

会鉴核！谨呈

医护委员会

附呈纪录表1份

第二救伤站

中华民国二十九年五月二十九日

附：

第二救伤站救护纪录报告表

姓名	性别	受伤地点	受伤部位	受伤种类	正确伤情	施何救护	伤票号数	转往何院	备考
周海林	男	重大	臂	轻	炸	包扎止血消毒	1808		
袁 三	男	半边街	头	重	炸	包扎止血消毒	1809	第三院	
蔡 三	男	半边街	左大腿	重	炸	包扎止血消毒	1810	第三院	
陈青云	男	半边街	右颈肩、左腿	重	炸	包扎止血消毒	1811	第三院	
陈仲芬	女	半边街	右腿	重	炸	包扎止血消毒	1812	第三院	
蔡炳云	男	半边街	头	轻	炸	包扎止血消毒	1813		
王中全	男	半边街	左下臂	重	炸	包扎止血消毒	1814	第三院	
张小孩	男	半边街	右前臂	重	炸骨折	包扎止血消毒	1815	第三院	
赵望西	男	半边街	头	轻	炸	包扎止血消毒	1816		
向万兴	男	半边街	头	轻	炸	包扎止血消毒	1817		
张裕如	男	半边街	左脸	轻	炸	包扎止血消毒	1818		
李树云	男	杨家坪	左右大腿	重	贯通炸伤	包扎止血消毒	1819	第三院	
杨世成	男	半边街	右腕	轻	炸	包扎止血消毒	1821		
杨树林	男	半边街	右上臂	轻	炸	包扎止血消毒	1820		
袁树宣	男	半边街	右腿	重	炸	包扎止血消毒	1822	第三院	
谈正兴	男	半边街	左右下臂	重	炸	包扎止血消毒	1823	第三院	
朱自安	男	半边街	左上臂	重	骨折炸	包扎止血消毒	1824	第三院	
稽揉然	男	力树坪	右大腿	重	炸	包扎止血消毒	1825	第三院	
何银臣	男	力树坪	右臂	轻	炸	包扎止血消毒	1826		
谈海山	男	力树坪	左臂	轻	炸	包扎止血消毒	1827		
何心臣	男	力树坪	臂、腿	重	骨折炸	包扎止血消毒	1828	第三院	
刘 九	男	□□沟	耳、足	轻	炸	包扎止血消毒	1830		
蒋志臣	男	□□沟	臂、腿	轻	炸	包扎止血消毒	1829		
童显禄	女	皂角树	颊、足	轻	炸	包扎止血消毒	1831		

续表

姓名	性别	受伤地点	受伤部位	受伤种类	正确伤情	施何救护	伤票号数	转往何院	备考
童登福	女	皂角树	头臂	轻	炸	包扎止血消毒	1833		

二十九年五月二十九日6时　　　　　　　　　报告者：怀斌才

（0066—1—45下）

8. 重庆空袭服务救济联合办事处医护委员会第三救伤站关于1940年5月29日救护情形的报告（1940年5月29日）

查本站于本（二十九）日上午11时许奉令前往磁器口被炸区域救护，兹救得轻重伤者52名，除将详细记录列表呈报外，理应备文呈报钧会鉴核备查！谨呈

医护委员会

附救护纪录表2份

第三救伤站呈

中华民国二十九年五月二十九日

附：

第三救伤站救护报告纪录表

姓名	性别	受伤地点	受伤部位	受伤种类	正确伤情	施何救护	伤票号数	送往何院	备考
徐开玉	男	磁器口	腿、背	炸	重	止血包扎	0971	第三重伤医院	
袁中亭	男	磁器口	足	炸	重	止血包扎	1568	第三重伤医院	
冯日结	男	磁器口	臂	炸	轻	止血包扎	1967	第四重伤医院	
王二文	男	磁器口	臂、腿	炸	重	止血包扎	1969	第四重伤医院	
周楼氏	女	磁器口	颈	炸	重	止血包扎	1970	第四重伤医院	
李贺氏	女	磁器口	腿、背	炸	重	止血包扎	1971	第四重伤医院	
谢炳林	男	磁器口	脚	炸	轻	止血包扎	1972	第四重伤医院	
刘长清	男	磁器口	脚	炸	轻	止血包扎	1973	第四重伤医院	
陈重治	男	磁器口	腿、手	炸	重	止血包扎	1974	第四重伤医院	
唐文涛	男	磁器口	颈、臂	炸	轻	止血包扎	1975	第三重伤医院	
刘海云	男	磁器口	头	炸	轻	止血包扎	1976		
张海云	男	磁器口	手	炸	轻	止血包扎	1977		

续表

姓名	性别	受伤地点	受伤部位	受伤种类	正确伤情	施何救护	伤票号数	送往何院	备考
犬海曲	男	磁器口	耳、头	炸	轻	止血包扎	1978		
唐云童	男	磁器口	腿	炸	轻	止血包扎	1979		
郭村民	男	磁器口	背	炸	重	止血包扎	1980		
陈中明	男	磁器口	头	炸	重	止血包扎	1981		
王书中	男	磁器口	头	炸	重	止血包扎	1982		
胡阴鲁	男	磁器口	头、腿	炸	重	止血包扎	1983		
梁海三	男	磁器口	背	压	重	止血包扎	1984		
岳海青	男	磁器口	手	压	轻	止血包扎	1985		
赵云山	男	磁器口	头	炸	重	止血包扎	1986		
何云青	男	磁器口	腿	炸	重	止血包扎	1987		
刘 氏	女	磁器口	腿	炸	重	止血包扎	1988		
罗陈氏	女	磁器口	头	炸	重	止血包扎	1989		
周王氏	女	磁器口	头	炸	重	止血包扎	1990		
丁 氏	女	磁器口	背	炸	重	止血包扎	1991		
严锡春	男	磁器口	臂	炸	轻	止血包扎	1992	第三重伤医院	
沈金宝	男	磁器口	腰	炸	重	止血包扎、强心针	1993	第三重伤医院	
周祥月	男	磁器口	头	炸	轻	止血包扎	1994	第三重伤医院	
文英才	男	磁器口	臂	炸	轻	止血包扎	1995	第三重伤医院	
李树年	女	磁器口	手、足	炸	轻	止血包扎	1996		
陈周氏	女	磁器口	内伤	压	重	止血包扎	1997		
袁梦宣	男	磁器口	头、脚	炸	轻	止血包扎	1998		
黎 树	男	磁器口	头、脚	炸	轻	止血包扎	1999		
吴陆斌	男	磁器口	背	压	重	止血包扎	2000		
鲁泉山	男	磁器口	脚	炸	轻	止血包扎	无伤票		
向德泉	男	磁器口	脚	炸	轻	止血包扎	无伤票		
刘屈生	男	磁器口	头	炸	轻	止血包扎	无伤票		
宋广宗	男	磁器口	腰	炸	轻	止血包扎	无伤票		
杨清和	男	磁器口	臂、腿、足	炸	轻	止血包扎	无伤票		
段洪桥	男	磁器口	足	炸	轻	止血包扎	无伤票		
何树青	男	磁器口	胸	炸	轻	止血包扎	无伤票		
李树芳	男	磁器口	脚	炸	轻	止血包扎	无伤票		

续表

姓名	性别	受伤地点	受伤部位	受伤种类	正确伤情	施何救护	伤票号数	送往何院	备考
余少臣	男	磁器口	下颚	炸	轻	止血包扎	无伤票		
徐海林	男	磁器口	背	压	轻	止血包扎	无伤票		
陆炳云	男	磁器口	背	擦	轻	止血包扎	无伤票		
郭建成	男	磁器口	头	炸	轻	止血包扎	无伤票		
蒋树青	男	磁器口	药	炸	轻	止血包扎	无伤票		
谈函莫	男	磁器口	手	炸	轻	止血包扎	无伤票		
陈德章	男	磁器口	头	擦	轻	止血包扎	无伤票		
王吴氏	女	磁器口	背	擦	轻	止血包扎	无伤票		
吴德生	男	磁器口	腿	擦	轻	止血包扎	无伤票		

二十九年五月二十九日6时　　　　第三救伤站

(0066—1—45下)

9. 重庆空袭服务救济联合办事处医护委员会第二救伤站关于1940年6月10日救护情形的报告（1940年6月10日）

窃本站奉令往上清寺、学田湾一带灾区救伤，先后共计救护重伤1名，轻伤2名，除重伤当即送往第十二重伤医院治疗外，理合造具纪录表报请钧会查核！谨呈

医护委员会

附纪录表1份

第二救伤站

中华民国二十九年六月十日

附：

第二救伤站救护报告纪录表

姓名	性别	受伤地点	受伤部位	受伤种类	正确伤情	施何救护	伤票号数	送往何院
陈淡氏	女	罗家湾	头、左耳	轻	炸伤	包扎消毒止血	1832	
徐世清	男	大田湾	左小腿	轻	炸伤	包扎消毒止血	1834	
张林氏	女	马鞍山	头、左手、右足	重	炸伤	包扎消毒止血	1880	第十二院

二十九年六月十日下午4时　　　　报告者：怀斌才

(0066—1—45上)

10. 重庆空袭服务救济联合办事处医护委员会第三救伤站关于1940年6月10日救护情形的报告(1940年6月10日)

窃本站于本月十日午后2时奉令同第二站及救护队出发国府路等被炸区域救护,于到达学田湾,复奉联办处曹股长命随往磁器口、小龙坎等处,当车行至中途,因公路炸毁,无法前往,复随曹股长返联办处请示,至4时半奉命回站待命。理应将经过情形备文呈报钧会备查!谨呈
医护委员会

第三救伤站代理站长 田竹轩呈

中华民国二十九年六月十日

(0066—1—45上)

11. 重庆空袭服务救济联合办事处医护委员会第六救伤站关于1940年6月10日救护情形的报告(1940年6月10日)

本日敌机空袭,职站辖区珊瑚坝附近被投弹5枚,弹均落江中,惟1弹在附近坎上暴〔爆〕发,幸市民均无伤,谨此报告
主任庞

第六救伤站负责人 楼道中呈

六月十日 南纪门

(0066—1—45上)

12. 重庆空袭服务救济联合办事处医护委员会第二救伤站关于1940年6月11日救护情形的报告(1940年6月11日)

窃本站本日奉令往菜园坝一带灾区救伤,计救护重伤15名,轻伤8名,除当将重伤分别送往第二、十二重伤医院治疗外,理合造具纪录表,备文呈请钧会查核!谨呈
医护委员会

第二救伤站

中华民国二十九年六月十一日

四、陪都空袭救护委员会(重庆空袭服务救济联合办事处)医护委员会下属机构关于空袭救护工作情形的报告

附：

重庆空袭紧急救济联合办事处医护委员会第二救伤站救护纪录表

日时	姓名	性别	年龄	籍贯	受伤地点	受伤部位	正确伤情	施何急救	送往何院	伤票号数	备注
6月11日	谢友之	男	21	安岳	菜园坝	右大腿	炸伤(轻)	止血包扎		1835	
6月11日	朱鼎臣	男	24	江西	菜园坝	上臂挫折	炸伤(轻)	止血包扎		1836	
6月11日	李晏三	男	26	巴县	菜园坝	右大腿、左足背	炸伤(重)	止血包扎	第十二院	1837	
6月11日	李鸿之	男	45	巴县	兜子背	左手	炸伤(重)	止血包扎	第二院	1838	
6月11日	杨全礼	男	61	巴县	兜子背	右前臂	炸伤(轻)	止血包扎		1839	
6月11日	谭国成	男	40	巴县	菜园坝	大上臂右前臂	炸伤(轻)	止血包扎		1840	
6月11日	余海合	男	54	成都	兜子背	右腹右大腿	炸伤(重)	止血包扎	第二院	1841	
6月11日	夏少章	男	21	内江	兜子背	腿部	炸伤(重)	止血包扎	第十二院	1842	
6月11日	甘国喜	男	11	巴县	兜子背	右腿	炸伤(重)	止血包扎	第十二院	1843	
6月11日	黄述清	男	30	纳溪	兜子背	左右大小腿	炸伤(重)	止血包扎	第十二院	1844	
6月11日	孙大荣	男	40	安岳	兜子背	胸部	压伤(重)	包扎	第十二院	1845	
6月11日	张顺和	男	21	江津	兜子背	右小腿	炸伤(重)	包扎止血	第十二院	1846	
6月11日	王艮山	男	52	巴县	兜子背	右腿	炸伤(轻)	包扎止血		1847	
6月11日	王少林	男	36	江北	兜子背	右手右膝	炸伤(重)	包扎止血	第十二院	1848	
6月11日	王洪顺	男	49	巴县	兜子背	左前臂	炸伤(重)	包扎止血	第十二院	1849	
6月11日	王直林	男	40	江津	兜子背	右臂	炸伤(重)	包扎止血	第十二院	1850	
6月11日	赵志清	男	31	安岳	兜子背	右颧	炸伤(轻)	包扎止血		1851	
6月11日	汤陈氏	女	37	武胜	兜子背	右肘关节	炸伤(轻)	包扎止血		1852	
6月11日	汤甫臣	男	40	武胜	兜子背	右小腿	炸伤(轻)	包扎止血	第十二院	1853	
6月11日	黄永清	男	35	叙府	兜子背	右大腿	炸伤(重)	包扎止血	第十二院	1854	
6月11日	无名氏	男			兜子背	头臂腰部	炸伤(重)	包扎止血	第十二院	1855	
6月11日	李青山	男	28	叙府	兜子背	手指骨折	炸伤(轻)	包扎止血		1856	
6月11日	张艮州[1]	男	24	涪陵	兜子背	左腿部	炸伤(重)	包扎止血	第十二院	0956	

(0066—1—45上)

---

[1] 原文有注，此人乃"基本九队送来"。

13. 重庆空袭服务救济联合办事处医护委员会第三救伤站关于1940年6月11日救护情形的报告（1940年6月11日）

窃本站于本月十一日午后2时奉令自联办处至浮图关被炸区域救护，车行中途，因公路炸毁无法前行，复奉令返至两路口施行救护，计救护轻重伤4人，于5时后完成任务返站休息。除将该受伤4名列表呈报外，理应将经过情形备文呈报钧会备查！谨呈

医护委员会

附救护纪录表1件

第三救伤站代理站长　田竹轩谨呈
中华民国二十九年六月十一日

附：

重庆空袭紧急救济联合办事处医护委员会第三救伤站救护纪录表

日时	姓名	性别	年龄	籍贯	受伤地点	受伤部位	正确伤情	施何急救	送往何院	伤票号数
6月11日3时	陈树元	男	17	巴县	两路口	内部压伤	重	打强心剂	第十二重伤医院	0972
6月11日3时	马树成	男	26	璧山	两路口	内部压伤	重	打强心剂	第十二重伤医院	1947
6月11日3时	王谢氏	女	40	山东	两路口	面部烧伤	轻	消毒敷药		
6月11日3时	张银海	男	22	巴县	两路口	面部左臂压伤	轻	消毒敷药		1948

（0066—1—45下）

14. 重庆空袭服务救济联合办事处医护委员会第六救伤站关于1940年6月11日救护情形的报告（1940年6月11日）

本日敌机空袭，职站辖区燕喜洞、下南区马路、兜子背、杨柳井等处均被投弹，共约11枚，炸伤民众约9人，死亡4人，均已由担架队护送附近重伤医院救治，谨此报告

主任庞

第六救伤站第三诊疗所主任　楼道中
六月十一日于南纪门

（0066—1—45上）

15. 重庆空袭服务救济联合办事处医护委员会救护股关于1940年6月11日空袭救护工作总报告表（1940年6月11日）

表一：

年月日时	工作队别	原机关名称	工作人数	救护地点	急救人数 重伤（男/女）	急救人数 轻伤（男/女）	转送救伤站或医院 名称	转送救伤站或医院 人数（男/女）	中途死亡（男/女）
1940年6月11日12时30分	第三基本队	担架十一连	80	江北前朝庙街一带	14/8	0/0	第七救伤站	14/8	0/0
	第三特约队	童子军第五十团	5	江北江边一带	2/0	2/0	第八重伤医院	2/0	0/0
	第十三、十五基本队	担架十五连	75	江北三兴街聚贤岩街	6/3	5/0	第七救伤站	4/0	0/0
							第十四重伤医院	2/3	0/0
	第十七、十八、十九特约队	僧侣救护队	45	江北礁坝石	15/5	0/0	第八重伤医院	6/2	1/0
							第七救伤站	9/3	0/0
合计					37/16	7/0		37/16	1/0
附注	因各队工作报告尚未送齐，俟后再作第二次报告。								

报告时刻：二十九年六月十一日19时4分，救护股主任干事冯子明、副主任干事赵人俊

表二：

年月日时	工作队别	原机关名称	工作人数	救护地点	急救人数 重伤(男/女)	急救人数 轻伤(男/女)	转送救伤站或医院 名称	转送救伤站或医院 人数(男/女)	中途死亡(男/女)
1940年6月11日13时30分	第四、五基本队	担架十二连	76	上清寺、兜子背、菜园坝	8/10	2/2	仁爱堂市民医院	10/12	0/0
	第十六特约队	上海市童子军	12	两路口、化龙桥	2/0	2/0	第十二重伤医院	2/0	0/0
	第八基本队	担架十三连	27	兜子背	5/0	0/0	第十二重伤医院	5/0	0/0
	第十、十一、十二基本队	担架第十四连	150	菜园坝、南纪门、中一路	23/12	12/3	第二、十二重伤医院	23/10	1/1
	□□□□□	行政院□□	10	□□□□□	0/0	3/0		0/0	0/0
合计					38/22	19/5		40/22	1/1
附注	当日空袭救护完毕，因各队报告一时不能送齐，故只能先作第一次报告，已于十一日19时分别发出。现因各队报告已陆续送到，特再作第二次呈报，以资统计。								

报告时刻：二十九年六月十二日7时10分，救护股主任干事冯子明、副主任干事赵人俊

（0066—1—45下）

16. 重庆空袭服务救济联合办事处医护委员会第二救伤站关于1940年6月12日救护情形的报告（1940年6月12日）

窃本站奉令往小什字一带灾区救伤，先后计救得重伤8名，轻伤6名，除重伤当即送往第八医院医治外，理合造具纪录表随文呈报钧会签核！谨呈医护委员会

附呈纪录表1份

第二救伤站代理站长 怀斌才

六月十二日午后6时

附：

四、陪都空袭救护委员会(重庆空袭服务救济联合办事处)
医护委员会下属机构关于空袭救护工作情形的报告

第二救伤站救护纪录报告表

姓名	性别	受伤地点	受伤部位	正确伤情	施何急救	伤票指数	送往何院	备考
梁兴全	男	小什字	右上臂	擦伤(轻)	包扎止血	1857		
练玉津	男	小什字	背部	炸伤(轻)	包扎止血	1858		
谢青云	男	嘉陵码头	背头部	炸伤(轻)	包扎止血	1859		
戴书中	男	千厮门	头部	炸伤(轻)	包扎止血	1860		
无名氏	男	朝天门	胸部	压伤(轻)	包扎止血	1861	第八院	
李 松	男	罗汉寺	头部	炸伤(轻)	包扎止血	1862		
张汉清	男	朝天门	左右腿	炸伤(重)	包扎止血	1440	第八院	第九队送来
姚海清	男	小什字	头腿部	炸伤(重)	包扎止血	1441	第八院	第九队送来
何树清	男	临江门	左右臂腿	炸伤(重)	包扎止血	1442	第八院	第九队送来
陈 武	男	朝天门	腿部	炸伤(轻)	包扎止血	1446		第九队送来
杨兴德	男	小什字	腰腹	炸伤(重)	包扎止血	1434	第八院	第九队送来
李洪发	男	朝天门	右腿骨折	炸伤(重)	包扎止血	1437	第八院	第九队送来
李明华	男	千厮门	头臂颈	炸伤(重)	包扎止血	1439	第八院	第九队送来
李松发	男	千厮门	腰部	炸伤(重)	包扎止血	1482	第八院	第九队送来

(0066—1—45上)

17. 重庆空袭服务救济联合办事处医护委员会第三救伤站关于1940年6月12日救护情形的报告(1940年6月12日)

窃职站于本日(十二日)午后敌机轰炸后奉令至两路口、上清寺一带救护,因该处未受损害,故折返至临江门一带开始救护。工作完竣又急赶至较场口、十八梯施行急救。该处有一防空洞,因人多闭气死伤颇多,职站到后即分别轻重施以人工呼吸及注射强心剂,因当时人多急迫,未记载姓名,至晚5时工作完毕返站。除将伤者23名列表呈报外,理合将出发救护情形备文呈请钧会鉴核!谨呈

医护委员会
附救护纪录表1份

站长 田竹轩谨呈
中华民国二十九年六月十二日

附：

重庆空袭紧急救济联合办事处医护委员会第三救伤站救护纪录表

日时	姓名	性别	年龄	籍贯	受伤地点	受伤部位	正确伤情	施何急救	送往何院	伤票号数	备注
6月12日2时	黄东良	男	29	巴县	朝天门	头臂足	炸伤	消毒包扎	第四重伤医院	1955	
6月12日2时	刘志斌	男	34	巴县	朝天门	头足	压伤	消毒包扎	第四重伤医院	1956	
6月12日2时	刘树青	男	32	巴县	朝天门	臂部	炸伤	消毒包扎	第四重伤医院	2901	
6月12日2时	张青云	男	31	巴县	朝天门	腿部	打伤	消毒包扎	第四重伤医院	2980	
6月12日2时	侯树平	男	32	巴县	朝天门	手头背	炸伤	消毒包扎	第四重伤医院	2981	
6月12日2时	蒋凤林	男	50	丰都	朝天门	右臂	炸伤	消毒包扎	第四重伤医院	2982	
6月12日2时	邓世璧	男	28	武胜	青杨巷	头部	炸伤	消毒包扎	第四重伤医院	2983	
6月12日2时	王富亭	男	50	巴县	教堂街	右足	撞伤	消毒包扎	第四重伤医院	2984	
6月12日2时	吴秋儿	男	5	巴县	五四路	左臂右足	炸伤	消毒包扎	第四重伤医院	2985	
6月12日2时	王海云	男	50	巴县	五四路	头背部	炸伤	消毒包扎	第四重伤医院	2986	
6月12日2时	胜银州	男	24	巴县	东岳庙	手头足	压伤	消毒包扎		2988	
6月12日2时	陈树斌	男	30	巴县	教堂街	足部	压伤	消毒包扎			
6月12日2时	杨正清	男	30	顺庆	夫子池	足部	打伤	消毒包扎		2987	
6月12日2时	黄喜元	女	16	四川	自信巷	腿部	压伤	消毒包扎			
6月12日2时	郎克明	男	24	巴县	自信巷	足部	挫伤	消毒包扎	第八重伤医院		
6月12日2时	谭曾氏	女	32	四川	木货街	内部	压伤	注射强心剂	第八重伤医院	2989	
6月12日2时	戴大犬	男	26	巴县	十八梯	足部	擦伤	消毒包扎			
6月12日2时	朱凤英	女	25	湖北	十八梯	腿背部	压伤	消毒包扎			
6月12日2时	姜王氏	女	34	巴县	十八梯	臂部	擦伤	消毒包扎			
6月12日2时	李傅氏	女	50	巴县	十八梯	内部	压伤	注射强心剂			
6月12日2时	周陈氏	女	72	巴县	十八梯	内部	压伤	注射强心剂		2997	
6月12日2时	梁文玉	男	13	四川	朝天门	头臂部	炸伤	消毒包扎		2998	
6月12日2时	高照天	男	28	四川	夫子池	腿部	炸伤	消毒包扎			

（0066—1—45上）

18. 重庆空袭服务救济联合办事处医护委员会救护股关于1940年6月12日救护工作情形的报告（1940年6月12日）

本日空袭，敌机在市区公园路、正阳街、小什字、夫子池、临江门、中华路等处投弹甚多，且有章华大戏院附近及朝天门至临江门沿江一带数处中投起火，本会各队全体人员均已自动出发各灾区抢救。

各救护队现正在各灾区抢救中，所有本日伤亡人数现尚无法统计呈报，惟经本股出发视察人员报称，在小梁子、大阳沟、小什字、朝天门一带见有死伤，约计40余人，经各救护队分别运送至各医院治疗。

本日空袭时，夫子池第八重伤医院及本股房屋亦遭轰炸，并有该院工役4名亦被炸死，现经各救护队送往该院之伤者约有30余人。

救护股股长边书珩、副股长赵人俊

六月十二日下午3时半，于救护股

（0066—1—45下）

19. 重庆空袭服务救济联合办事处医护委员会救护股关于1940年6月12日空袭救护工作总报告表（1940年6月13日）

年月日时	工作队别	原机关名称	工作人数	救护地点	急救人数 重伤（男/女）	急救人数 轻伤（男/女）	转送救伤站或医院人数 名称	转送救伤站或医院人数 人数（男/女）	中途死亡（男/女）
1940年6月12日13时	第十四、十五基本队	担架十五连	40	朝天门磨儿市	7/1	10/0	第八重伤医院	7/1	0/0
1940年6月12日13时10分	第六特约队	红会八十八队	15	中央公园、大阳沟、新街口、较场口、通远门一带	3/0	6/2	第八重伤医院	3/0	0/0
1940年6月12日13时10分	第五特约队	红会三十四队	6	江北水府庙一带	0/0	7/3		0/0	0/0

续表

年月日时	工作队别	原机关名称	工作人数	救护地点	急救人数 重伤(男/女)	急救人数 轻伤(男/女)	转送救伤站或医院 名称	转送救伤站或医院 人数(男/女)	中途死亡(男/女)
1940年6月12日13时30分	第十六特约队	上海市童军一团	12	安乐洞一带	18/1	1/0	第一重伤医院	18/1	0/0
1940年6月12日13时30分	第七特约队	行政院服务队	11	下安乐洞	2/0	7/1	第一重伤医院	2/0	0/0
1940年6月12日13时30分	第八基本队	担架十三连	33	心心花园、正阳街、山王庙、鸡街	6/3	0/0	第二、四重伤医院	6/3	0/0
1940年6月12日13时30分	第十、十一、十二基本队	担架十四连	49	菜园坝一带	1/0	5/0		0/0	1/0
1940年6月12日13时30分	第十三基本队	担架十五连	48	江北三洞桥打鱼湾	4/1	4/2	第七救伤站	4/1	0/0
1940年6月12日13时30分	第三特约队	上海市商会童子军五十团	8	中央公园、机房街、都邮街、打铁街	11/0	0/0	第四、第八重伤医院	11/0	0/0
1940年6月12日13时30分	第四、六基本队	担架十二连	80	大阳沟、瓷器街一带	13/4	6/6	第二、第八重伤医院	14/5	0/0
1940年6月12日13时30分	第七基本队	担架十三连	21	都邮街一带	5/2	0/0	第八重伤医院	5/2	0/0
1940年6月12日13时30分	第十七、十八、十九、二十特约队	慈云寺僧侣救护队	50	乌龟石、朝天门	13/3	1/1	第四、第五重伤医院	13/3	0/0
合计					83/15	47/15		83/16	1/0

报告时间：二十九年六月十三日5时，救护股主任干事冯子明、副主任干事赵人俊

(0066—1—45上)

20. 重庆空袭服务救济联合办事处医护委员会第二救伤站关于1940年6月16日救护情形的报告(1940年6月16日)

窃本站奉令往民森路一带灾区救伤，先后计救得重伤10名，轻伤九名，除分别轻重伤当即送往第一重院医治外，理合缮具纪录表随文呈报钧会鉴核！谨呈

医护委员会

附呈纪录表1份

第二救伤站代理站长 怀斌才

六月十六日下午6时

附：

第二救伤站救护纪录表

姓名	性别	受伤地点	受伤部位	正确伤情	施何急救	伤票号数	送往何院	备考
□□□	男	金紫门	左小腿	炸(重)	包扎消毒止血	1863	第一院	
□□成	男	金紫门	左右小腿	炸(重)	包扎消毒止血	0946	第一院	
罗吉山	男	金紫门	头	炸(轻)	包扎消毒止血	1865		
杨志昌	男	民生码头	头	炸(轻)	包扎消毒止血	1866		
吕氏	女	金紫门	胸臂	压(重)	消毒	1867	第一院	
朱涤清	男	金紫门	右前臂	炸(重)	包扎消毒止血	1868	第一院	
周荣丰	男	马家岩	右小腿	炸(轻)	包扎消毒止血	1869		
黄子云	男	金紫门	腿	炸(轻)	包扎消毒止血	0831		
廖树城	男	太平门	左小腿	炸(重)	包扎消毒止血	0891	第一院	
万发顺	男	马家岩	头、下肢	炸(轻)	包扎消毒止血	0777		
□树森	男	金紫门	头背	炸(轻)	包扎消毒止血	0905		
王明卿	男	人和湾	左臀	炸(重)	包扎消毒止血	1864		
陈玉珍	女	金紫门	头	炸(轻)	包扎消毒止血	2371	第一院	
周敬权	男	金紫门	左肩、右臂	炸(重)	包扎消毒止血	2373	第一院	
陈彭氏	女	金紫门	头	炸(轻)	包扎消毒止血	2368	第一院	
王春山	男	金紫门	左半身	炸(轻)	包扎消毒止血	2369	第一院	

续表

姓名	性别	受伤地点	受伤部位	正确伤情	施何急救	伤票号数	送往何院	备考
周少海	男	储奇门	胸	炸（重）	包扎消毒止血	2393	第一院	
胡海元	男	南纪门	左下□□	炸（重）	包扎消毒止血	2498	第一院	
廖开文	男	储奇门	背□	炸（重）	包扎消毒止血	1056	第一院	

(0066—1—45上)

21. 重庆空袭服务救济联合办事处医护委员会第三救伤站关于1940年6月16日救护情形的报告（1940年6月16日）

窃职站于今日（十六日）午后3时半奉命至两路口、上清寺一带救护，当即遵命前往，车行至观音岩，以火势汹汹，屋倒阻路，不能前进，折返意欲由林森路通过，不意亦因大火阻于该处，是以无法前往上清寺，当即在林森路设站救护。除将救伤23名列表呈报外，理合将经过情形备文呈请钧会鉴核！谨呈
医护委员会
附救护报告表1份

站长 田竹轩谨呈

中华民国二十九年六月十六日

附：

空袭救济联办处医护委员会第三救伤站救护报告表

日期	姓名	性别	年龄	受伤地点	受伤部位	正确伤情	施何急救	伤票号数	送往何院	备考
6月16日	韩鹏	男	25	林森路	面部胸部炸伤	重伤	消毒包扎	1951	第一院	
6月16日	邢阿泉	男	49	林森路	下颔左足炸伤	重伤	消毒包扎	2918	第四院	
6月16日	秦思志	男	18	林森路	头腰部炸伤	轻伤	消毒包扎	2916		
6月16日	梁顺贵	男	39	林森路	右臂炸伤	重伤	消毒止血包扎	1952	第一院	
6月16日	林松亭	男	30	林森路	右腿炸伤	轻伤	消毒包扎	1953		
6月16日	陈志彬	男	28	林森路	背部炸伤	轻伤	消毒包扎	1954		
6月16日	何平安	男	21	林森路	头部瓦片伤	轻伤	消毒包扎	2190		
6月16日	邓金生	男	11	林森路	两大腿炸伤	轻伤	消毒止血	2991	第一院	
6月16日	常汉洲	男		太平桥	□□□炸伤	轻伤	消毒止血	2992	第一院	
6月16日	杨树青	男	46	太平桥	头部炸伤	轻伤	消毒止血			

四、陪都空袭救护委员会(重庆空袭服务救济联合办事处)
医护委员会下属机构关于空袭救护工作情形的报告

续表

日期	姓名	性别	年龄	受伤地点	受伤部位	正确伤情	施何急救	伤票号数	送往何院	备考
6月16日	张海青	男	52	太平桥	脚炸伤	重伤	注射强心剂包扎	0913	第一院	
6月16日	王海钧	男	32	太平桥	□□□□	轻伤	消毒			
6月16日	陈述帆	男	48	仁和湾	头脚炸伤	重伤	消毒止血	1015	第一院	
6月16日	邓述和	男	22	仁和湾	两足炸伤	重伤	消毒止血	1016	第一院	
6月16日	黄述青	男	40	仁和湾	左足头部炸伤	重伤	消毒止血	0944	第四院	
6月16日	刘树华	女	11	太平桥	腰部炸伤	轻伤	消毒止血	2990	第四院	
6月16日	裴占祥	男	24	太平桥	腿擦伤	轻伤	消毒			
6月16日	张炳云	男	27	太平桥	腰部炸伤	轻伤	消毒			
6月16日	□□氏	女	67	李家院	腿炸伤	重伤	消毒止血	2993	第四院	
6月16日	陈树青	男	32	太平桥	□□□□	轻伤	消毒包扎	2994		
6月16日	周振志	男	26	太平桥	右腿炸伤	重伤	消毒包扎	2995		
6月16日	胡长华	男	36	丁字门	□□□□	轻伤	消毒包扎			
6月16日	张得胜	男	44	储奇门	□□□□	轻伤	消毒包扎			

(0066—1—45上)

22. 重庆空袭服务救济联合办事处医护委员会第六救伤站关于1940年6月16日救护情形的报告(1940年6月16日)

窃查本日敌机空袭,职站辖区马家岩、绣壁街、花街子等处均被投弹数枚,场2人,由担架队护送附近重伤医院救治,并焚烧市房数栋,特此报告。谨呈主任庞

第六救伤站 楼道中

六月十六日于南纪门

(0066—1—45上)

23. 重庆空袭服务救济联合办事处医护委员会救护股关于1940年6月16日救护工作情形的报告(1940年6月16日)

本日空袭,闻敌机在下半城一带投弹,并有数处起火,于警报解除后当派

周立信、林振森二助理干事前往灾区视察。据报,南纪门、储奇门、朝天门、较场各处均中弹起火,燃烧甚烈,本会基本、特约救护队早已自动出发各灾区救护。

派第二救伤站前往上清寺设站救护。

派第三救伤站前往储奇门设站救护。

□经救护队抬往第八重伤医院有重伤者5名,当即派担架5副送往第一委托医院治疗。

以上为视察、调查所见情形,详细报告俟各救护队送到后再行呈报。谨呈医委会

救护股股长 边书珩
副股长 赵人俊
六月十六日下午4时
(0066—1—45下)

24. 重庆空袭服务救济联合办事处医护委员会救护股关于1940年6月16日空袭救护工作总报告表(1940年6月16日)

表一:

年月日时	工作队别	原机关名称	工作人数	救护地点	急救人数 重伤(男/女)	急救人数 轻伤(男/女)	转送救伤站或医院人数 名称	转送救伤站或医院人数 人数(男/女)	中途死亡(男/女)
1940年6月16日16时	第六特约队	红会三十四队	11	朝天门、林森路	13/2	8/0	第一重伤医院	13/2	
1940年6月16日16时	第六特约队	红会三十四队	11	朝天门、林森路	0/1	0/0	第一重伤医院	0/1	
1940年6月16日16时	第七基本队	担架十三连	38	段牌坊、人和湾一带	11/2	8/1	第一重伤医院	19/3	
1940年6月16日16时	第七特约队	行政院服务团	9	观音岩、储奇门一带	3/0	6/0	第一重伤医院	3/0	

四、陪都空袭救护委员会(重庆空袭服务救济联合办事处)
医护委员会下属机构关于空袭救护工作情形的报告

续表

年月日时	工作队别	原机关名称	工作人数	救护地点	急救人数 重伤(男/女)	急救人数 轻伤(男/女)	转送救伤站或医院 名称	转送救伤站或医院 人数(男/女)	中途死亡(男/女)
1940年6月16日16时	第三特约队	童军第五十团	8	太平门、储奇门一带	9/2	9/2		0/0	
1940年6月16日16时	第十一基本队	担架十四连	49	观音岩、金紫门一带	0/0	10/0		0/0	
1940年6月16日16时	第十六基本队	童军第一团	18	储奇门、太平门一带	8/2	9/4	第一重伤医院	17/6	
1940年6月16日16时	第十七、十八、十九、二十特约队	僧侣救护队	50	朝天门、余家巷一带	3/8	0/0	南岸第五重伤医院	3/8	
合计					47/17	50/7		55/20	
附注	此为第一次报告,俟各救护队继续送到再行作第二次报告。								

报告时间:二十九年六月十六日21时10分,救护股主任干事冯子明、副主任干事赵人俊

表二:

年月日时	工作队别	原机关名称	工作人数	救护地点	急救人数 重伤(男/女)	急救人数 轻伤(男/女)	转送救伤站或医院 名称	转送救伤站或医院 人数(男/女)	中途死亡(男/女)
1940年6月16日13时	第十三、十四、十五基本队	担架十五连	126	白鹤亭、朝天门、东水门	6/5	6/2	第四、五重伤医院	6/5	/
1940年6月16日13时	第四、五、六基本队	担架十二连	148	马家岩、绣璧街、太平门、观音岩	42/4	2/1	第二重伤医院	42/4	/
1940年6月16日12时	第一特约队	卫戍部□□部	7	绣璧街、观音岩	5/1	42/17	第一重伤医院	1/0	/
合计					53/10	50/20		49/9	
附注	第一次报告业于16日下午9时发出,此为各救护队于第一次报告发出后继续送来报告之人数,谨再补报,以资统计。								

报告时间：二十九年六月十七日12时10分，救护股主任干事冯子明、副主任干事赵人俊

（0066—1—45下）

25. 重庆空袭服务救济联合办事处医护委员会第三救伤站关于1940年6月17日救护情形的报告（1940年6月18日）

窃职于昨晚（十七日）奉紧急命令，内开"派田团长酌量带救护人员、童子军4人赴白市驿救伤"等因；奉此。当即带本站助理护士姚爽之及童子军5人，担架4付，士兵13名于夜间12时到达白市驿，当即与空军总站值星官接洽，据云：敌机27架袭白，炸弹完全落于机场及场边沿，空军人员及民众未有死伤。为慎重计，职率救护人员到投弹地点寻视，幸我民众未有死伤。任务完毕，返渝已夜间3时余矣。理合将经过情形备文呈请鉴核！谨呈
医护委员会

站长　田竹轩谨呈
中华民国二十九年六月十八日

（0066—1—45上）

26. 重庆空袭服务救济联合办事处医护委员会第三救伤站关于1940年6月24日救护情形的报告（1940年6月25日）

窃查职站于昨日（二十四日）未解除警报前，即率部前往较场口设站救护，于6时返站，而站址已全部炸煅〔毁〕矣。除将受伤54人列表呈报外，理合将工作经过情形呈请钧长鉴核。谨呈：

主任庞

附表3张

职第三救伤站站长　田竹轩呈
六月二十五日

附：

四、陪都空袭救护委员会(重庆空袭服务救济联合办事处)医护委员会下属机构关于空袭救护工作情形的报告

重庆空袭紧急救济联合办事处医护委员会第三救伤站救护工作报告表

日期	姓名	性别	年龄	受伤地点	受伤部位	正确伤情	施何急救	伤票号数	送往何院	备注
6月24日	袁海青	男	42	蒋家院	腰部	轻挫伤	消毒包扎			
6月24日	周蒋氏	女	25	走马街	头及臂部	重炸伤	消毒包扎	2998	第一重伤院	
6月24日	潘尼权	男	39	走马街	头及腿部	轻炸伤	消毒包扎	2999	第四重伤院	
6月24日	蒋在安	男	40	走马街	头部	轻炸伤	消毒包扎	2915	门诊	
6月24日	朱 重	男	22	走马街	腿及臂部	轻炸伤	消毒包扎	2914	门诊	
6月24日	周少青	男	45	走马街	头部	轻炸伤	消毒包扎		门诊	
6月24日	马李氏	女	50	走马街	面部	轻炸伤	消毒包扎	2913	门诊	
6月24日	王少青	男	38	走马街	背部	轻压伤	消毒包扎		门诊	
6月24日	王德臣	男	25	走马街	脚部	轻挫伤	消毒包扎		门诊	
6月24日	王西珍	男	30	走马街	面部	轻炸伤	消毒包扎		门诊	
6月24日	李耀安	女	15	走马街	头部	轻炸伤	消毒包扎		门诊	
6月24日	罗立学	男	22	走马街	脚部	轻炸伤	消毒包扎		门诊	
6月24日	蔡陈氏	女	30	走马街	面部	轻挫伤	消毒包扎	2912		
6月24日	王忠全	男	22	蒋家院	腿部	轻挫伤	消毒包扎		门诊	
6月24日	赵树全	男	44	走马街	头部	轻炸伤	消毒包扎	2911	门诊	
6月24日	蒋文光	男	23	走马街	腿部	轻炸伤	消毒包扎		门诊	
6月24日	程光玉	男	16	走马街	头部	轻炸伤	消毒包扎	2910	门诊	
6月24日	周夏氏	女	46	走马街	手指	轻挫伤	消毒包扎		门诊	
6月24日	闻 氏	女	44	走马街	内部	重压伤	消毒及强心针	2909	第四重伤院	
6月24日	罗青云	男	28	走马街	背及腿部	轻挫伤	消毒		门诊	
6月24日	郭鸿元	男	40	走马街	□部	轻挫伤	消毒		门诊	
6月24日	权青云	男	36	走马街	手及腿部	重挫伤	消毒	2908	第四重伤院	
6月24日	杨田氏	女	40	走马街	背及□部	重压伤	消毒及强心针	2907	第四重伤院	
6月24日	周少容	女	22	走马街	面部	轻挫伤	消毒		门诊	
6月24日	龙张氏	女	34	走马街	腿部	轻挫伤	消毒		门诊	
6月24日	朱郑氏	女	25	走马街	手部	轻挫伤	消毒		门诊	
6月24日	彭轩绪	男	24	走马街	腿部	轻烧伤	消毒		门诊	
6月24日	杨利民	男	36	走马街	臂部	轻挫伤	消毒		门诊	
6月24日	赵王氏	女	33	走马街	面部	轻挫伤	消毒		门诊	
6月24日	李杨氏	女	46	走马街	腿部	重炸伤	消毒及强心针	2905	第一重伤院	
6月24日	刘青和	男	58	走马街	耳部	轻挫伤	消毒		门诊	

续表

日期	姓名	性别	年龄	受伤地点	受伤部位	正确伤情	施何急救	伤票号数	送往何院	备注
6月24日	廖云成	男	52	走马街	内部	轻压伤	消毒		门诊	
6月24日	龚金城	男	43	走马街	头部	轻炸伤	消毒	2904	门诊	
6月24日	刘海成	男	20	走马街	腿部	轻挫伤	消毒		门诊	
6月24日	柳树云	男	35	走马街	头部	轻挫伤	消毒		门诊	
6月24日	周志云	男	26	走马街	头及背部	轻挫伤	消毒		门诊	
6月24日	柳华氏	女	30	走马街	头部	轻炸伤	消毒	2903	门诊	
6月24日	蒋辉亭	男	60	走马街	头部	轻挫伤	消毒		门诊	
6月24日	柳春姑	女	3	走马街	面及足部	轻挫伤	消毒		门诊	
6月24日	张维和	男	63	百子巷85号	腰胸及腿	重炸伤	消毒及强心针	2902	第一重伤院	
6月24日	刘　氏	女	23	走马街	□腿部	□□□	消毒包扎		门诊	
6月24日	张海全	男	24	走马街	腿部	□□□	消毒包扎		门诊	
6月24日	叶树声	男	46	走马街	腿部	□□□	消毒包扎		门诊	
6月24日	袁安华	男	30	走马街	腿部	□□□	消毒包扎		门诊	
6月24日	李文林	男	25	走马街	手部	□□□	消毒包扎		门诊	
6月24日	罗海兴	男	32	走马街	手及腿部	□□□	消毒包扎		门诊	
6月24日	周汗书	男	40	走马街	背部	轻炸伤	消毒包扎		门诊	
6月24日	张汗书	男	32	走马街	□□□	□□□	消毒包扎		门诊	
6月24日	张海云	男	43	走马街	□□□	□□□	消毒包扎		门诊	
6月24日	蒋炳南	男	38	走马街	□□□	□□□	消毒包扎	2970	门诊	
6月24日	柳少青	男	40	走马街	手及□部	轻挫伤	消毒包扎		门诊	
6月24日	陈兴发	男	36	走马街	手指	轻压伤	消毒包扎	2978	门诊	
6月24日	唐树槐	男	30	走马街	腰及腿部	轻挫伤	消毒包扎		门诊	
6月24日	唐镜秋	男	25	百子巷	腿部	重炸伤	消毒包扎	2919	第一重伤院	

报告人：田竹轩

(0066—1—45上)

27. 重庆空袭服务救济联合办事处医护委员会第六救伤站关于1940年6月24日救护情形的报告（1940年6月24日）

查本日敌机空袭，职站辖区南纪正街、国珍街、鱼鳅石、季公馆侧、上南区马路、厚慈街、永兴当巷、漆家院、清真寺院、苍叶巷、韩家巷、体心堂均被投弹约15枚,伤市民男性5人,死亡男性1人,谨此报告。谨呈

主任庞

第六救伤站站长 楼道中

六月二十四日,南纪门

（0066—1—45 上）

28. 重庆空袭服务救济联合办事处医护委员会救护股关于1940年6月24日日机空袭被灾及救护工作情形的紧急报告(1940年6月24日)

  本日空袭,敌机在中正路、磁器街、演武厅、都邮街、夫子池、中华路一带投弹甚多,本会基本、特约各救护队均已自动出发各灾区抢救。

  派第三救伤站前往中正路、磁器街一段设站救护。

  派第二救伤站暨第十六特约救护队赶往北碚救护。

  本股股长边书珩于敌机投弹后亲赴各灾区视察,见各处共约有轻重伤者五六十名,均经各救护队救护后迳送第三救伤站或转送各重伤医院。

  本股股址暨第八重伤医院本日又遭投弹,房屋大部被毁,本股药品、公物稍有损失,职员物件亦有损失,现仍设法继续在原址办公。

  本日各队救护详细报告尚未送到,且因本股房屋已被炸毁,现正设法通知各队告以仍在原址办公,俟各队报告送到后再行详细呈报。谨呈

医委会

救护股股长 边书珩

副股长 赵人俊

六月二十四日下午7时于夫子池救护股

（0066—1—45 下）

29. 重庆空袭服务救济联合办事处医护委员会救护股关于1940年6月24日空袭救护工作总报告表（1940年6月24日）

年月日时	工作队别	原机关名称	工作人数	救护地点	急救人数 重伤(男/女)	急救人数 轻伤(男/女)	转送救伤站或医院人数 名称	转送救伤站或医院人数 人数(男/女)	中途死亡(男/女)
1940年6月24日15时10分	第十、十一基本队	担架十四连	49	回水沟一带	4/2	5/0	第一重伤医院	3/2	1/0
1940年6月24日15时10分	第三特约队	童子军五十团	8	小教场、大梁子一带	3/0	3/0	第一重伤医院	3/0	0/0
合计					7/2	8/0		6/2	1/0
附注	其余各救护队详细报告尚未送到，俟送到后再行呈报。								

报告时间：二十九年六月二十四日21时，救护股主任干事冯子明、副主任干事赵人俊

（0066—1—45下）

30. 重庆空袭服务救济联合办事处医护委员会救护股关于1940年6月24日空袭救护工作总报告表（1940年6月25日）

年月日时	工作队别	原机关名称	工作人数	救护地点	急救人数 重伤(男/女)	急救人数 轻伤(男/女)	转送救伤站或医院人数 名称	转送救伤站或医院人数 人数(男/女)	中途死亡(男/女)
1940年6月24日14时	第八基本队	担架十三连	42	较场口、武库街	8/2	0/0	第四重伤医院	3/0	
							第一重伤医院	4/2	
1940年6月24日14时	第四、五基本队	担架十二连	85	天灯街、金马寺、领事巷一带	8/3	7/0	第一重伤医院	14/5	
							第二重伤医院	1/0	
1940年6月24日15时	第七基本队	担架十三连	27	走马街、磁器街	3/3	0/0	第一重伤医院	3/3	
合计					19/8	7/0		25/10	
附注	一、本会其他各救护队报告尚未送到，俟送到后再行补报。 二、本会以外各救护队所救伤者本股无法统计。								

报告时间:二十九年六月二十五日8时40分,救护股主任干事冯子明、副主任干事赵人俊

(0066—1—45下)

31. 重庆空袭服务救济联合办事处医护委员会救护股关于1940年6月24日空袭救护工作的总报告表(1940年6月28日)

年月日时	工作队别	原机关名称	工作人数	救护地点	急救人数 重伤(男/女)	急救人数 轻伤(男/女)	转送救伤站或医院 名称	转送救伤站或医院 人数(男/女)	中途死亡(男/女)
1940年6月24日16时	第十六特约队	童子军第一团	10	较场口	10/1	4/3	第一重伤医院	10/1	0/0
1940年6月24日16时	第十六特约队	童子军第一团	10	北碚	0/0	0/0		0/0	0/0
合计					10/1	4/3		10/1	0/0
附注	第十六特约队出发较场口救护后,又奉派前往北碚救护,俟抵北碚后伤者已为当地救护完毕。								

报告时间:二十九年六月二十八日20时40分,救护股主任干事边书珩、副主任干事赵人俊

(0066—1—45下)

32. 重庆空袭服务救济联合办事处医护委员会救护股关于1940年6月25日救护情形的紧急报告(1940年6月25日)

本日空袭,据得情报:浮图关附近被炸,又学田湾附近亦被投弹,本股当通知各救护队分别出发各灾区抢救。

派第三救伤站及第十六特约救护队前往浮图关一带设站救护。

派本股助理干事林振森前往学田湾灾区一带视察,并通知第二救伤站在学田湾灾区附近就近设站救护。

据第三救伤站报称,该站出发浮图关救护途中见菜园坝附近中弹起火,但未有死伤;又□新运会救护队途中告称浮图关敌机投弹并无死伤。

据本股助理干事林振森出发学田湾视察后告称,该处附近并未投弹,该

□附近甲长亦云未有投弹。

本日各队救护情形以及伤亡人数，因各队尚无报告到股，俟各队报告送到后再行呈报。谨呈

医委会

救护股股长　边书圻
副股长　赵人俊
六月二十五日19时，于救护股

（0066—1—45下）

33. 重庆空袭服务救济联合办事处医护委员会救护股空关于1940年6月25日袭救护工作总报告表（1940年6月25日）

年月日时	工作队别	原机关名称	工作人数	救护地点	急救人数 重伤（男/女）	急救人数 轻伤（男/女）	转送救伤站或医院人数 名称	转送救伤站或医院人数 人数（男/女）	中途死亡（男/女）
1940年6月25日13时30分	第十、十一基本队	担架十四连	132	菜园坝、浮图关	23/1	11/7	第十、十二重伤医院	23/1	0/0
合计					23/1	11/7		23/1	0/0
附注	一、本会其他各救护队报告尚未送到，俟送到后再行补报。 二、本会以外各救护队所救伤者本股无法统计。									

报告时间：二十九年六月二十五日21时，救护股主任干事冯子明，副主任干事赵人俊

（0066—1—45下）

34. 重庆空袭服务救济联合办事处医护委员会救护股关于更正1940年6月25日报告表的报告（1940年6月26日）

查本股二十九年六月二十五日8时40分发出护发字第91号救护汇报1件，内急救人数与转送医院人数不符。本股汇报系根据各救护队报告表编制，因该日第四、五基本救护队报告表急救人数栏内漏填轻伤女2名，以致急救人数与送院人数不能相符。兹特造具汇报表1份，备文更正。谨呈

医委会

四、陪都空袭救护委员会(重庆空袭服务救济联合办事处)
医护委员会下属机构关于空袭救护工作情形的报告

附汇报表1份

救护股股长 边书玠

副股长 赵人俊

六月二十六日于救护股

附：

重庆空袭紧急救济联合办事处医护委员会救护股空袭救护工作总报告表

年月日时	工作队别	原机关名称	工作人数	救护地点	急救人数 重伤(男/女)	急救人数 轻伤(男/女)	转送救伤站或医院 名称	转送救伤站或医院 人数(男/女)	中途死亡(男/女)
1940年6月24日14时	第八基本队	担架十三连	42	较场口、武库街	8/2	0/0	第四重伤医院	3/0	
							第一重伤医院	4/2	
1940年6月24日14时	第四、五基本队	担架十二连	85	天灯街、金马寺、领事巷一带	8/3	7/2	第一重伤医院	14/5	
							第二重伤医院	1/0	
1940年6月24日15时	第七基本队	担架十三连	27	走马街、磁器街	3/3	0/0	第一重伤医院	3/3	
合计					19/8	7/2		25/10	

报告时间：二十九年六月二十五日8时40分，救护股主任干事冯子明、副主任干事赵人俊

(0066—1—45下)

35. 重庆空袭服务救济联合办事处医护委员会救护股关于1940年6月25日空袭救护工作的总报告表(1940年6月26日)

年月日时	工作队别	原机关名称	工作人数	救护地点	急救人数 重伤(男/女)	急救人数 轻伤(男/女)	转送救伤站或医院 名称	转送救伤站或医院 人数(男/女)	中途死亡(男/女)
1940年6月25日14时	第五、六基本队	担架十二连	69	兜子背、川洞、菜园坝	8/0	7/1	第一重伤医院	9/1	
合计					8/0	7/1		9/1	

续表						
附注	25日空袭救护第一次汇报已于25日下午9时分别送出,此为今晨收到第五、六基本队之报告,特再汇报,以资统计。					

报告时间:二十九年六月二十六日8时5分,救护股主任干事冯子明、副主任干事赵人俊

(0066—1—45下)

36. 重庆空袭服务救济联合办事处医护委员会救护股关于1940年6月25日空袭救护工作的总报告表(1940年6月28日)

年月日时	工作队别	原机关名称	工作人数	救护地点	急救人数 重伤(男/女)	急救人数 轻伤(男/女)	转送救伤站或医院人数 名称	转送救伤站或医院人数 人数(男/女)	中途死亡(男/女)
1940年6月25日	第十一特约队	新运总会	20	浮图关、菜园坝	3/0	1/0			
合　　计					3/0	1/0			
附注	该第十一特约队漏填转送医院人数,故无法填入。								

报告时间:二十九年六月二十八日19时50分,救护股主任干事边书珩、副主任干事赵人俊

(0066—1—45下)

37. 重庆空袭服务救济联合办事处医护委员会第二救伤站关于1940年6月26日救护情形的报告(1940年6月26日)

窃本站奉令往上清寺一带灾区救伤,先后计救得重伤1名,轻伤3名,除重伤当即送往十二重伤院医治外,理合造具纪录表随文呈报钧会鉴核!谨呈
医护委员会
附呈纪录表1份

第二救伤站代理站长　怀斌才

六月二十六日下午2时

附:

四、陪都空袭救护委员会(重庆空袭服务救济联合办事处)
医护委员会下属机构关于空袭救护工作情形的报告

医护委员会第二救伤站救护纪录报告表

姓名	性别	受伤地点	受伤部位	正确伤情	施何急救	伤票号数	送往何院	备注
陈平安	男	上清寺	头部	炸伤(轻)	包扎止血消毒	1870		
罗海宏	男	七分局	腿部	炸伤(重)	包扎止血消毒	1871	第十二院	
傅成子	男	美专	前胸左右臂	炸伤(轻)	包扎止血消毒	1872		
唐工合	男	美专	左颧骨炸伤	炸伤(轻)	包扎止血消毒	1873		

(0066—1—45上)

38. 重庆空袭服务救济联合办事处医护委员会第三救伤站关于1940年6月26日救护情形的报告(1940年6月26日)

窃查本日空袭后,奉命徒步赴附近被炸灾区救护,当即遵命率全站人员携带救护箱前往。由联办处出发,先赴中营街寻视,并无炸伤情形。闻临江门被炸,遂率全站人员迳赴该处,亦无炸伤,遂又转往民权路、五四路。见五四路被□□□□,在该处候有半时之久,亦无炸伤人民,遂又至大梁子、小梁子等处寻视一遍,均无有受伤情事,逐于5时率全体人员返站。理合将经过情形备文呈报。谨呈

主任庞

职第三救伤站站长 田竹轩
六月二十六日,发于南京饭店

(0066—1—45上)

39. 重庆空袭服务救济联合办事处医护委员会救护股关于1940年6月26日空袭救护工作的总报告表（1940年6月26日）

年月日时	工作队别	原机关名称	工作人数	救护地点	急救人数 重伤(男/女)	急救人数 轻伤(男/女)	转送救伤站或医院人数 名称	转送救伤站或医院人数 人数(男/女)	中途死亡(男/女)
1940年6月26日12时10分	第十、十二基本队	担架十四连	43	□门厅、川东师范	10/0	3/0	第一重伤医院	10/1	
1940年6月26日14时	第八基本队	担架十三连	11	江家巷	1/1	0/0	第四重伤医院	1/0	
1940年6月26日13时	第十五基本队	担架十五连	28	炮台街	1/0	2/1			
合计					12/1	5/1		11/1	
附注	一、第十五基本队救护重伤1名漏填，□□院，无法汇报。 二、非本会所属之救护队救护之伤者，本股无法统计。								

报告时间：二十九年六月二十六日18时30分，救护股主任干事冯子明、副主任干事赵人俊

(0066—1—45下)

40. 重庆空袭服务救济联合办事处医护委员会救护股关于1940年6月26日空袭救护工作的总报告表（1940年6月28日）

年月日时	工作队别	原机关名称	工作人数	救护地点	急救人数 重伤(男/女)	急救人数 轻伤(男/女)	转送救伤站或医院人数 名称	转送救伤站或医院人数 人数(男/女)	中途死亡(男/女)
1940年6月26日15时	第十一特约队	新运总会	21	川师、上清寺	2/0	0/0		0/0	0/0
1940年6月26日15时	第七特约队	行政院服务队	12	会仙桥、大阳沟	0/0	4/0		0/0	0/0
1940年6月26日15时	第四、五基本队	担架十二连	70	铜元局、瓷器街一带	1/1	9/2	第一重伤医院	1/1	0/0
合计					3/1	12/2		1/1	0/0
附注	左<上>列各队报告，因路途或其他原因，于28日下午5时才送到股，特再补报，以资统计。								

四、陪都空袭救护委员会(重庆空袭服务救济联合办事处)
医护委员会下属机构关于空袭救护工作情形的报告

报告时间：二十九年六月二十八日20时10分，救护股主任干事边书珩、副主任干事赵人俊

(0066—1—45下)

41. 重庆空袭服务救济联合办事处医护委员会第二救伤站关于1940年6月27日救护情形的报告(1940年6月27日)

本日上午空袭后，奉令赴浮图关及化龙桥一带救护，于车上复奉王委员佰度面谕，化龙桥一带被炸难胞极少，转赴土湾及浮图关一带救护，计在土湾救得重伤14名(分别送往第三重院及十二重院医治)，轻伤4名。时已下午5时半，又赴浮图关一带救护。惟因车路角度太高，汽油告罄，无法上驶，中路停止。理合将本日救护情形备文呈请鉴核！谨呈
医护委员会

第二救伤站站长　怀斌才
中华民国二十九年六月二十七日

附：

重庆空袭紧急救济联合办事处医护委员会第二救伤站救护纪录报告表

姓名	性别	受伤地点	受伤部位	正确伤情	施何急救	伤票号数	送往何院	备致
□正成	男	土湾	臂	炸伤(重)	包扎止血消毒	1874	第三院	
周泽寿	男	土湾	左臂	炸伤(重)	包扎止血消毒	1875	第三院	
卢受德	男	土湾	右足左腿	炸伤(重)	包扎止血消毒	1876	第三院	
杨定华	男	土湾	左臂	炸伤(重)	包扎止血消毒	1877	第三院	
黄海□	男	土湾	右臂	炸伤(轻)	包扎止血消毒	1878		
朱海清	男	土湾	左臂	炸伤(轻)	包扎止血消毒	1879		
周树□	男	土湾	右手	炸伤(压)	包扎止血消毒	1880	第三院	
卢忠□	男	土湾	右小腿	炸伤(压)	包扎止血消毒	1881	第三院	
□□□	男	土湾	右左手	炸伤(压)	包扎止血消毒	1882	第三院	
□□□	男	土湾	头	炸伤(轻)	包扎止血消毒	1883		
□□斗	男	土湾	头	炸伤(轻)	包扎止血消毒	1884	第三院	
李少云	男	土湾	头臂	炸伤(轻)	包扎止血消毒	1885		
王定金	男	土湾	左大腿	炸伤(重)	包扎止血消毒	1886	第十二院	

续表

姓名	性别	受伤地点	受伤部位	正确伤情	施何急救	伤票号数	送往何院	备致
杨李□	女	土湾	左□□□	炸伤(重)	包扎止血消毒	1887	第十二院	
□□□	男	土湾	右□前臂	炸伤(重)	包扎止血消毒	1889	第十二院	
周少竹	男	土湾	左右腿	炸伤(重)	包扎止血消毒	1990	第十二院	
李贝顺	男	土湾	右手	炸伤(重)	包扎止血消毒	1991	第十二院	
□□□	男	土湾	右膝	炸伤(重)	包扎止血消毒	1892	第十二院	

(0066—1—45上)

42. 重庆空袭服务救济联合办事处医护委员会第三救伤站关于1940年6月27日救护情形的报告(1940年6月27日)

窃查本日空袭后,奉命由职站派员1名协助第二救伤站出发救护,当即遵派职站助理护士姚爽之前往。兹据该护士报称:"当乘车至第二站,于1时出发,在小龙坎□□□□救伤18名□□"据此,理合备文呈报,呈请鉴核。谨呈

主任庞

职第三救伤站站长 田竹轩

六月二十七日

(0066—1—45上)

43. 重庆空袭服务救济联合办事处医护委员会救护股关于1940年6月27日空袭救护工作的总报告表(1940年6月27日)

年月日时	工作队别	原机关名称	工作人数	救护地点	急救人数 重伤(男/女)	急救人数 轻伤(男/女)	转送救伤站或医院人数 名称	转送救伤站或医院人数 人数(男/女)	中途死亡(男/女)
1940年6月27日11时30分	第十、十一基本队	担架十四连	85	白骨塔、李子坝	20/2	2/1	第十重伤医院	15/0	
							第七重伤医院	5/2	
1940年6月27日12时	第九基本队	担架十三连	15	土湾、步月桥、石门	10/1	7/4	第三、五重伤医院	0/0	

四、陪都空袭救护委员会(重庆空袭服务救济联合办事处)
医护委员会下属机构关于空袭救护工作情形的报告

续表

年月日时	工作队别	原机关名称	工作人数	救护地点	急救人数 重伤(男/女)	急救人数 轻伤(男/女)	转送救伤站或医院人数 名称	转送救伤站或医院人数 人数(男/女)	中途死亡(男/女)
1940年6月27日13时30分	第六特约队	红会八十八队	12	李子坝、化龙桥	9/2	22/0	第十二重伤医院	6/2	
							第一重伤医院	3/0	
1940年6月27日13时	第十六特约队	童军第一团	9	李子坝、化龙桥、土湾	25/2	6/0	第三重伤医院	8/0	
							第十二重伤医院	4/1	
1940年6月27日13时	第十一特约队	新运总会	25	化龙桥、李子坝	6/0	6/0		0/0	
合计					70/7	43/5		41/5	
附注	一、因灾区多在郊外,各队返股报告时已下午7时,故本日汇报已□□6小时规定。二、非本会所属各队救护伤者人数,本股无法统计。								

报告时间:二十九年六月二十七日19时40分,救护股主任干事冯子明、副主任干事赵人俊

(0066—1—45下)

44. 重庆空袭服务救济联合办事处医护委员会救护股关于1940年6月27日空袭救护工作的总报告表(1940年6月28日)

年月日时	工作队别	原机关名称	工作人数	救护地点	急救人数 重伤(男/女)	急救人数 轻伤(男/女)	转送救伤站或医院人数 名称	转送救伤站或医院人数 人数(男/女)	中途死亡(男/女)
1940年6月27日13时	第七特约队	行政院服务队	8	化龙桥、土湾	0/0	5/0			
合计					0/0	5/0			
附注	一、该队所救为轻伤者,故未送医院。二、非本会救护队所救者本会无法统计。								

报告时间:二十九年六月二十八日20时55分,救护股主任干事边书珩、副主任干事赵人俊

(0066—1—45下)

45. 重庆空袭服务救济联合办事处医护委员会第二救伤站关于1940年6月28日救护情形的报告(1940年6月28日)

窃本站今日空袭后即在上清寺一带灾区救伤,先后计救得重伤5名,轻伤6名,分别转送第十二重伤医院收治外,理合造具纪录表随文呈报钧会鉴核!谨呈

医护委员会

第二救伤站站长 怀斌才

中华民国二十九年六月二十八日

附:

重庆空袭紧急救济联合办事处医护委员会第二救伤站救护纪录报告表

姓名	性别	受伤地点	受伤部位	正确伤情	施何急救	伤票号数	送往何院	备注
□□□	男	牛角沱	头	炸伤(重)	止血包扎消毒	1893	第十二院	
谢 记	男	牛角沱	后大腿	炸伤(轻)	止血包扎消毒	1894		
谭国□	男	牛角沱	左右腿	炸伤(重)	止血包扎消毒	1895	第十二院	
李斤□	男	牛角沱	头	炸伤(轻)	止血包扎消毒	1896		
杨金华	男	牛角沱	背	压伤(重)	止血包扎消毒	3130	第十二院	
刘 □	男	牛角沱	右手	炸伤(重)	止血包扎消毒	3135	第十二院	
唐少卿	男	牛角沱	头	炸伤(轻)	止血包扎消毒	1897		
张树全	男	大田湾	头左右小腿	炸伤(重)	止血包扎消毒	1898	第十二院	
□玉成	男	大田湾	足	炸伤(轻)	止血包扎消毒	1899		
冯昌明	男	上清寺	□臂	炸伤(轻)	止血包扎消毒	3001		
张德昭	男	上清寺	头	炸伤(轻)	止血包扎消毒	3002		

(0066—1—45上)

46. 重庆空袭服务救济联合办事处医护委员会第三救伤站关于1940年6月28日救护情形的报告(1940年6月28日)

窃查本日敌机轰炸后,奉命赴储奇门救护,即遵命在该处设站工作。后又奉黄委员令至南纪门设站,遂率全站人员及第五站所派随本站见习之3员同往,当于该处设站工作。本日计救伤轻重伤共28名,理合填表备文呈送,

呈请鉴核！谨呈

主任庞

　　　　　　　　　　　　　　　职第三救伤站站长　田竹轩呈

　　　　　　　　　　　　　　　二十九年六月二十八日

附：

重庆空袭紧急救济联合办事处医护委员会第三救伤站救伤报告表

时日	姓名	性别	受伤地点	受伤部位	正确伤情	施何急救	伤票号数	送往何院	备注
28日2时	郭黄氏	女	下巴家院	头部	□□□	消毒包扎	2717	第四重伤院	
28日2时	黄方尧	男	香水桥	脚部	□□□	消毒包扎		门诊	
28日2时	明侧朴	男	龙王庙	□□	□□□	消毒包扎		门诊	
28日2时	胡张氏	女	森旁街	□□	□□□	消毒包扎	2976	第四重伤院	
28日2时	叔明远	男	马家岩	□□	□□□	消毒包扎		门诊	
28日2时	徐体兰	男	马家岩	□□	□□□	消毒包扎		门诊	
28日2时	李　氏	女	马家岩	□□	□□□	消毒包扎		门诊	
28日2时	陈　清	女	马家岩	□□	□□□	消毒包扎		门诊	
28日2时	丁音中	男	马家岩	□□	□□□	消毒包扎		门诊	
28日2时	全　允	男	马家岩	□□	□□□	消毒包扎		门诊	
28日2时	李中木	男	林森路	□□	□□□	消毒包扎		门诊	
28日2时	赵雨林	男	林森路	□□	□□□	消毒包扎		门诊	
28日2时	雷耀光	男	林森路	手部	轻撞伤	消毒包扎	2975	门诊	
28日2时	陈树清	男	南纪门	头部	重炸伤	消毒包扎	2974	第一重伤院	
28日2时	陈树华	女	南纪门	头部	重炸伤	消毒包扎	2972	第一重伤院	
28日2时	张　涛	男	南纪门	腿部	轻挫伤	消毒包扎		门诊	
28日2时	□万发	男	绵絮街	头部	重炸伤	消毒包扎	0796	第一重伤院	
28日2时	□□□	男	金字门	腰部	重炸伤	消毒包扎	2971	第一重伤院	
28日2时	□□□	男	金字门	脚部	轻炸伤	消毒包扎	2465	第一重伤院	
28日2时	刘淑芳	女	金字门	内部	□□□	消毒包扎	2970	第一重伤院	
28日2时	唐纪常	男	金字门	头部	□□□	消毒包扎	2969	第四重伤院	
28日2时	李体乾	男	马家岩	腰部	□□□	消毒包扎	2967	第四重伤院	
28日2时	唐庆心	男	马家岩	肩部	□□□	消毒包扎	1266	第一重伤院	
28日2时	刘万一	男	马家岩	臂部	□□□	消毒包扎		门诊	
28日2时	吴金贵	女	马家岩	腿部	□□□	消毒包扎		门诊	

续表

时日	姓名	性别	受伤地点	受伤部位	正确伤情	施何急救	伤票号数	送往何院	备注
28日2时	林文庆	男	马家岩	头部	□□□	消毒包扎	2966	门诊	
28日2时	马明高	男	马家岩	腰部	□□□	消毒包扎		门诊	
28日2时	陈国深	男	马家岩	腿部	□□□	消毒包扎		门诊	

（0066—1—45上）

47. 重庆空袭服务救济联合办事处医护委员会第六救伤站关于1940年6月28日救护情形的报告（1940年6月28日）

本日敌机空袭，职站辖区林森路、放牛巷、蒋家院等处均被投弹，共约30余枚，炸伤民众21名，已在职所救治16名外，其余5名均已由担架队护送附近重伤医院救治；死亡民众5名。谨此报告。谨呈

主任庞

附工作日报表1份＜略＞

第六救伤站站长 楼道中

六月二十八日于第三诊疗所

（0066—1—45上）

48. 重庆空袭服务救济联合办事处医护委员会救护股关于1940年6月28日空袭救济工作的总报告表（1940年6月28日）

年月日时	工作队别	原机关名称	工作人数	救护地点	急救人数 重伤（男/女）	急救人数 轻伤（男/女）	转送救伤站或医院人数 名称	转送救伤站或医院人数 人数（男/女）	中途死亡（男/女）
1940年6月28日14时	第十九特约队	慈云寺僧侣救护队		马家岩一带	4/0	0/0	第一重伤医院	4/0	/
1940年6月28日15时	第八基本队	担架十三连	14	十八梯新马路	2/2	0/0	第一重伤医院	2/2	/
1940年6月28日14时	第十六特约队	上海童军服务一团	12	储奇门	1/0	0/0	第一重伤医院	1/0	/
				牛角沱河畔	3/1	3/0	第十二重伤医院	3/1	/

四、陪都空袭救护委员会(重庆空袭服务救济联合办事处)
医护委员会下属机构关于空袭救护工作情形的报告

续表

年月日时	工作队别	原机关名称	工作人数	救护地点	急救人数 重伤(男/女)	急救人数 轻伤(男/女)	转送救伤站或医院人数 名称	转送救伤站或医院人数 人数(男/女)	中途死亡(男/女)
1940年6月28日14时	第七基本队	担架十三连	23	马家岩一带	4/1	0/0	第一重伤医院	2/1	/
							第四重伤医院	2/0	/
1940年6月28日14时	第十四基本队	担架十五连	44	马家岩一带	7/0	5/2	第一重伤医院	7/0	/
合　　计					21/4	8/2		21/4	
附注	一、各队报告尚未送齐，一俟送到再行汇报。 二、非本会救护队所救护者本股无法统计。								

报告时间：二十九年六月二十八日19时10分，救护股主任干事冯子明、副主任干事赵人俊

(0066—1—45下)

49. 重庆空袭服务救济联合办事处医护委员会救护股关于1940年6月28日空袭救护工作的总报告表(1940年6月29日)

年月日时	工作队别	原机关名称	工作人数	救护地点	急救人数 重伤(男/女)	急救人数 轻伤(男/女)	转送救伤站或医院人数 名称	转送救伤站或医院人数 人数(男/女)	中途死亡(男/女)
1940年6月28日13时10分	第十、十一基本队	担架十四连	94	川到拐、牛角沱一带	26/1	7/0	第一重伤医院	16/0	0/0
1940年6月28日13时10分	第四、五、六基本队	担架十二连	113	南纪正街、马家岩一带	41/2	24/3	第七重伤医院	10/1	0/0
							第一重伤医院	41/2	0/0
1940年6月28日13时10分	第二特约救护队	卫戍区组训会	8	黄桷渡一带	0/0	5/1		0/0	0/0
合　　计					67/2	36/4		67/3	0/0
附注	一、第一次报告已于28日19时10分分别发出。 二、非本会救护队救护者本股无法统计。								

报告时间：二十九年六月二十九日8时，救护股主任干事边书珩、副主任干事赵人俊

（0066—1—45下）

50. 重庆空袭服务救济联合办事处医护委员会救护股关于1940年6月28日空袭救护工作的总报告表（1940年7月1日）

年月日时	工作队别	原机关名称	工作人数	救护地点	急救人数 重伤(男/女)	急救人数 轻伤(男/女)	转送救伤站或医院人数 名称	转送救伤站或医院人数 人数(男/女)	中途死亡(男/女)
1940年6月28日13时30时	第七特约队	行政院服务队	12	白云观、石板街一带	1/2	1/2	第一重伤医院	1/2	0/0
1940年6月28日11时40分	第六特约队	红十字会八十八队	12	上清寺、牛角沱	3/0	0/0	第一重伤医院	2/0	1/0
合计					4/2	1/2		3/2	1/0
附注	一、6月28日空袭救护第二次报告已于29日上午8时分别发出。二、非本会救护队救护之伤者本股无法统计。								

报告时间：二十九年七月一日8时34分，救护股主任干事边书珩、副主任干事赵人俊

（0066—1—45下）

51. 重庆空袭服务救济联合办事处医护委员会第二救伤站关于1940年6月29日救护情形的报告（1940年6月29日）

空袭解除后，属站奉令随同边主任赴大湾、小龙坎、沙坪坝一带救护，惟经详细搜索无有受伤之难胞，当即□□□将出发救护情形备文呈请鉴核！谨呈

医护委员会

站长　怀斌才

中华民国二十九年六月二十九日

（0066—1—45上）

52. 重庆空袭服务救济联合办事处医护委员会第三救伤站关于1940年6月29日救护情形的报告（1940年6月29日）

窃查本日敌机轰炸后，奉命赴临江门、菜园坝等处救护，当即遵命率同前往。至临江门后，并未有被炸，遂迳赴菜园坝，当于该处设站工作，计救伤轻重5名，理合填表备文呈送呈请鉴核！谨呈

主任庞

职第三救伤站站长 田竹轩

中华民国二十九年六月二十九日

附：

重庆空袭紧急救济联合办事处医护委员会第三救伤站救护工作报告表

时日	姓名	性别	受伤地点	受伤部位	正确伤情	施何急救	伤票号数	送往何院	备注
29日2时	潘铁生	男	菜园坝	头部	重炸伤	消毒包扎	2921	门诊换药	
29日2时	康鸿兴	男	菜园坝	脚部	轻炸伤	消毒包扎		门诊换药	
29日2时	王明臣	男	菜园坝	脚部	重炸伤	消毒包扎	2927	门诊换药	
29日2时	曾品林	男	菜园坝	肩及腿部	重炸伤	消毒包扎	2968	第一重伤院	
29日2时	林雄姿	男	菜园坝	面部	轻炸伤	消毒包扎		门诊换药	

（0066—1—45上）

53. 重庆空袭服务救济联合办事处医护委员会救护股关于1940年6月29日空袭救护工作的总报告表（1940年7月1日）

年月日时	工作队别	原机关名称	工作人数	救护地点	急救人数 重伤（男/女）	急救人数 轻伤（男/女）	转送救伤站或医院 名称	转送救伤站或医院 人数（男/女）	中途死亡（男/女）
1940年6月29日13时	第六特约队	红十字会第八十八队	11	南区马路一带	1/0	2/0	第一重伤医院	1/0	0/0
1940年6月29日12时30分	第十、十一、十二基本队	担架第十四连	128	菜园坝一带	12/2	4/0	第一重伤医院	10/1	2/1
合计					13/2	6/0		11/1	2/1

续表

年月日时	工作队别	原机关名称	工作人数	救护地点	急救人数 重伤(男/女)	急救人数 轻伤(男/女)	转送救伤站或医院人数 名称	转送救伤站或医院人数 人数(男/女)	中途死亡(男/女)
附注	一、6月29日敌机在菜园坝一带投弹，本会基本救护队总队部（即担架第三营）被炸，并闻有死伤士兵数名，该营第⼁四连（即本会第十、十一、十二基本救护队）⼩被波及，故该队报告迟至7月1日7时方行送股汇转。 二、非本会所属救护队救护之人数本股无法统计。								

报告时间：二十九年七月一日8时4分，救护股主任干事边书珩、副主任干事赵人俊

（0066—1—45下）

54. 重庆空袭服务救济联合办事处医护委员会第三救伤站关于1940年9月13日救护情形的报告（1940年9月13日）

窃本日空袭，属站被派往夫子池门口之公共防空洞，因人数拥挤，时间过久，以致空气闭塞，故入洞避难者窒息，共计13名，除另附救伤工作姓名表外，理合具报备查。谨呈

主任庞

附救伤工作姓名表1件

第三救伤站长 姜天畴呈

中华民国二十九年九月十三日

附：

救伤工作姓名表

姓名	性别	年龄	籍贯	受伤地点	受伤部位	正确伤情	施何急救	伤票号数	备考
孟书氏	女	29	巴县	夫子池门口公共防空洞		窒息	强心剂		
□□声	男	28	巴县	夫子池门口公共防空洞		窒息	强心剂		
□曾氏	女	34	湖北	夫子池门口公共防空洞		窒息	强心剂		
□汤氏	女	33	潼南	夫子池门口公共防空洞		窒息	强心剂		
□素卿	女	35	巴县	夫子池门口公共防空洞		窒息	强心剂		

续表

姓名	性别	年龄	籍贯	受伤地点	受伤部位	正确伤情	施何急救	伤票号数	备考
殷□氏	女	29	巴县	夫子池门口公共防空洞		窒息	强心剂		
唐溪山	男	31	巴县	夫子池门口公共防空洞		窒息	强心剂		
岳立和	男	24	巴县	夫子池门口公共防空洞		窒息	强心剂		
谢振国	男	40	巴县	夫子池门口公共防空洞		窒息	强心剂		
高王氏	女	32	巴县	夫子池门口公共防空洞		窒息	强心剂		
何吴氏	女	28	巴县	夫子池门口公共防空洞		窒息	强心剂		
马王氏	女	31	巴县	夫子池门口公共防空洞		窒息	强心剂		
□□□	男	25	巴县	夫子池门口公共防空洞		窒息	强心剂		

(0066—1—44)

55. 重庆空袭服务救济联合办事处医护委员会第五乙种医务团关于1940年9月13日救护情形的报告(1940年9月13日)

窃属团于警报将要解除前,奉联办处令,往上清寺、曾家岩、大溪沟一带救护,被炸有数处,但只有1名受伤,于属团未达到前已由第二救伤站救护送院,于3时20分返站,理合备文呈请鉴核:谨呈

医护委员会

第五乙种医务团团长 戴芳岳呈

九月十三日

(0066—1—45下)

56. 重庆空袭服务救济联合办事处医护委员会第三救伤站关于1940年10月6日救护情形的报告(1940年10月6日)

查本日空袭,属站被派往通远门救护,计救治伤胞4名,内重伤2名,除附

呈救伤工作姓名表外,理合具报备查。谨呈

主任庞

附救伤姓名表1件

第三救伤站长 姜天畴呈

中华民国二十九年十月六日

附：

救伤工作姓名表

姓名	性别	年龄	籍贯	受伤地点	受伤部位	正确伤情	施何急救	伤票号数	送往何院	备考
米俊臣	男	39	川巴	通远门	手足	擦伤	急救裹伤			
史荣梅	男	26	江苏	通远门	下肢	擦伤	急救裹伤			
何培元	男	21	川巴	通远门	下肢	骨折	急救包扎	2150	第一重伤院	
邓焕章	男	50	川巴	通远门	头部	炸伤	急救包扎	2152	第一重伤院	

(0066—1—45上)

57. 重庆空袭服务救济联合办事处医护委员会第五乙种医务团关于1940年10月6日救护情形的报告(1940年10月6日)

窃属团于警报未解除前,奉联合办事处令出发往白象街、望龙门一带救护,共救重伤6名,轻伤14名,合计20名。理合造具空袭服务报告表1份,备文呈请鉴核备查。谨呈

医护委员会

附空袭服务报告表1份

第五乙种医务团团长 戴芳岳呈

六月十日

附：

第五乙种医务团空袭服务报告表

月日	姓名	年龄	籍贯	性别	受伤地点	受伤部位	正确伤情	施何急救	伤票号数	送何医院
10月6日	张纯英	28	四川	女	望龙门	左腿	重伤	包扎	3668	市民医院
10月6日	无名氏		四川	女	望龙门	头部	重伤	包扎	3671	市民医院
10月6日	蒋绍发	67	四川	男	望龙门	头部	重伤	包扎	3175	市民医院

续表

月日	姓名	年龄	籍贯	性别	受伤地点	受伤部位	正确伤情	施何急救	伤票号数	送何医院
10月6日	蒋海云	28	四川	男	望龙门	头部	重伤	包扎	3685	市民医院
10月6日	何清国	13	四川	男	望龙门	头部	重伤	包扎	3681	市民医院
10月6日	张少云	32	四川	男	望龙门	左腿	重伤	包扎	3674	市民医院
10月6日	富钧国	13	四川	男	望龙门	头部	轻伤	包扎	3669	市民医院
10月6日	蒋云盛	57	四川	男	民生北码头	头部	轻伤	包扎	1354	市民医院
10月6日	向世海	8	四川	男	望龙门	头部	轻伤	包扎	3104	市民医院
10月6日	谭扬氏	24	四川	女	白象街	头部	轻伤	包扎	3677	市民医院
10月6日	赖秀章	37	四川	男	望龙门	右手左足	轻伤	包扎	3174	市民医院
10月6日	黄章氏	49	四川	女	巴家园	头部	轻伤	包扎	3672	市民医院
10月6日	陈木生	16	四川	男	望龙门	头部	轻伤	包扎	3673	市民医院
10月6日	五少清	26	四川	男	望龙门	头部	轻伤	包扎	3690	市民医院
10月6日	刘朱氏	36	四川	女	望龙门	头部	轻伤	包扎	3688	市民医院
10月6日	周素清	30	四川	女	望龙门	头部	轻伤	包扎	3678	市民医院
10月6日	蒋陈氏	42	四川	女	望龙门	头部	轻伤	包扎	3679	市民医院
10月6日	黄绍清	86	四川	男	望龙门	头部	轻伤	包扎	3675	市民医院
10月6日	萧炳乙	46	四川	男	望龙门	头部	轻伤	包扎	3676	市民医院
10月6日	田云华	42	四川	男	望龙门	内伤	轻伤	包扎	3680	市民医院

(0066—1—45上)

58. 陪都空袭救护委员会医护委员会第五重伤医院1941年8月份住院病人明细月报表(1941年9月)

姓名	性别	年龄	职业	住址	诊断	普通	炸伤	入院日期	出院日期	住院天数	应给食费	合计(元)	备考
包九林	男	59		□州	腹部		炸	6.2	8.19	18	每日4元	72.00	
李胡氏	女	40		临江门	腰部		炸	6.7		31	每日4元	124.00	
张提珍	男	19		长寿	足部		炸	6.7		31	每日4元	124.00	
谢忠修	男	40		朝天门	腰部		炸	6.7	8.30	29	每日4元	116.00	
高云杰	男	34		朝天门	头部		炸	6.7	8.16	15	每日4元	60.00	
肖级青	男	32		下浩11号	头部		炸	6.15	8.6	5	每日4元	20.00	
张蔡氏	女	58		江北	头部		炸	6.30		31	每日4元	124.00	
吴张氏	女	33		美使馆	腹部		炸	6.30	8.13	12	每日4元	48.00	

续表

姓名	性别	年龄	职业	住址	诊断	普通	炸伤	入院日期	出院日期	住院天数	应给食费	合计(元)	备考
曾廷配	男	30		美使馆	腿部		炸	6.30	8.8	7	每日4元	28.00	
刘青一	男	56		牙膏厂	足部		炸	7.8		31	每日4元	124.00	
邓银成	男	30		美使馆	头部		炸	6.30	8.6	5	每日4元	20.00	
王江南	男	19		鸭儿凼	胸部		炸	8.11		21	每日4元	84.00	
潘玉珍	女	13		鸭儿凼	手部		炸	8.11	8.21	10	每日4元	40.00	
王洪韬	男	26		大佛段	臂部		炸	8.11	8.16	5	每日4元	20.00	
刘树华	女	15		裕华纱厂	腿部		炸	8.11		21	每日4元	84.00	
唐高氏	女	50		大佛段	胸部		炸	8.11	8.22	11	每日4元	44.00	
朱高氏	女	32		窍角沱	胸部		炸	8.11	8.26	15	每日4元	60.00	
邓银清	男	21		警校	背部		炸	8.11		21	每日4元	84.00	
曾绍云	男	20		警校	腿部		炸	8.11	8.12	1	每日4元	4.00	
朱大娃	女	3		窍角沱	头部		炸	8.11	8.22	11	每日4元	44.00	
朱小娃	女	1		窍角沱	头部		炸	8.11	8.22	11	每日4元	44.00	
李学渊	男	20		警校	胸部		炸	8.11	8.23	12	每日4元	48.00	
唐印生	男	15		大佛段	腹部		炸	8.11	8.23	12	每日4元	48.00	
张文清	男	38		窍角沱街	腿部		炸	8.11		21	每日4元	84.00	
文季珍	男	22		警校	腰部		炸	8.11	8.17	6	每日4元	24.00	
刘海清	男	42		大佛段	头部		炸	8.11		21	每日4元	84.00	
张金山	男	46		大佛段	腹部		炸	8.11	8.19	8	每日4元	32.00	
林今华	男	28		窍角沱	胸部		炸	8.11		21	每日4元	84.00	
龚邓氏	女	26		弹子石东正街	腿部		炸	8.11	8.12	1	每日4元	4.00	
周树桃	女	16		裕华纱厂	腿部		炸	8.11	8.19	8	每日4元	32.00	
彭二毛	男	3		裕华纱厂	胸部		炸	8.11	8.12	1	每日4元	4.00	
吴老幺	男	18		裕华纱厂	足部		炸	8.11		21	每日4元	84.00	
张顺清	男	36		警校	面腿		炸	8.11		21	每日4元	84.00	
刘兰英	女	28		五十兵工厂	腹部		炸	8.11	8.13	2	每日4元	8.00	
勾运良	男	30		窍角沱	背部		炸	8.11	8.12	1	每日4元	4.00	
陈隐圣	男	30		弹子石	腿部		炸	8.11	8.13	1	每日4元	4.00	

院长：梁正伦

59. 陪都空袭救护委员会医护委员会第九重伤医院1941年8月份住院病人伙食费月报表（1941年9月）

姓名	性别	年龄	职业	住址	诊断	普通	炸伤	入院日期	出院日期	住院天数	日给伙费（元）	合计（元）	备考
曾清云	男	48	商	石灰市	左腿断折		炸伤	6月1日	8月2日	1	0.60	0.60	
姚易忠	男	28	工	仓坝子8号	头部		炸伤	7月31日	8月2日	1	0.60	0.60	
曹治木	男	40	工	老君洞	右手臂骨折		炸伤	7月1日	8月3日	2	0.60	1.20	
周青云	男	27	军	中国制片厂	头部右足伤		炸伤	7月9日	8月3日	2	0.60	1.20	
张全安	男	21	工	通远门212号	头部烧伤		炸伤	7月9日	8月4日	3	0.60	1.80	
周述田	男	40	工	白象街125号	震伤		炸伤	7月31日	8月6日	5	0.60	3.00	
徐岳清	男	28	工	牛角沱	头部烧伤		炸伤	7月9日	8月6日	5	0.60	3.00	
彭显中	男	20	军	兵役署	头两足伤		炸伤	6月30日	8月6日		0.60		
蓝炳林	男	38	工	通远门	面部伤		炸伤	7月9日	8月7日	6	0.60	3.60	
李银山	男	22	军	防空司令部	背部伤		炸伤	5月5日	8月7日	6	0.60	3.60	
无名氏	男				内震伤		炸伤	8月8日	8月9日	1	0.60	0.60	死亡
无名小孩	男				内震伤		炸伤	8月8日	8月9日	1	0.60	0.60	死亡
无名氏	男				内伤		炸伤	8月8日	8月9日				死亡
黄绍祥	男	36	工	海棠溪	臂部伤		炸伤	8月8日	8月9日	1	0.60	0.60	死亡
袁阳金	男	15	民	重庆	内震伤		炸伤	8月8日	8月9日	1	0.60	0.60	死亡
胡长安	男	35	军	团山堡	左腿伤		炸伤	8月8日	8月9日	1	0.60	0.60	死亡
龙云海	男	22	军	戴家院	头臂伤		炸伤	8月8日	8月9日	1	0.60	0.60	死亡
王新福	男	11	民	重庆	右足伤		炸伤	8月8日	8月9日	1	0.60	0.60	死亡
王炳云	男	48	商	海棠溪	腰部伤		炸伤	8月8日	8月9日	1	0.60	0.60	死亡
邓得云	男	13	工	烟雨段	背腰部伤		炸伤	8月8日	8月9日	1	0.60	0.60	死亡
无名氏	男	38	工		头部伤		炸伤	8月9日	8月10日	1	0.60	0.60	死亡
曾昔之	男	37	工	南纪门	臂部伤		炸伤	6月1日	8月10日	9	0.60	5.40	
孙玉书	男	27	军	军政部军工署	头右臂伤		炸伤	6月1日	8月10日	9	0.60	5.40	

续表

姓名	性别	年龄	职业	住址	诊断	普通	炸伤	入院日期	出院日期	住院天数	日给伙费（元）	合计（元）	备考
黄述廷	男	34	工	七星岗6号	头部伤		炸伤	7月9日	8月10日	9	0.60	5.40	
彭永清	男	8	民	楼休沟	头部伤		炸伤	7月10日	8月10日	9	0.60	5.40	
何光云	男	14	商	菜园坝	右腿伤		炸伤	7月19日	8月10日	9	0.60	5.40	
何贵成	男	33	军	土桥回龙湾	头部伤		炸伤	7月29日	8月10日	9	0.60	5.40	
孔德明	男	28	工	仓坝子22号	腰部		炸伤	7月31日	8月10日	9	0.60	5.40	
陈绍云	男	28	军	浮图关	右手伤		炸伤	8月9日	8月10日	1	0.60	0.60	
廖银成	男	38	商	大水井	左手伤		炸伤	8月9日	8月10日	1	0.60	0.60	
萧何氏	女	23	民	菜园坝	面部伤		炸伤	8月9日	8月10日	1	0.60	0.60	
胡有林	女	42	民	重庆	右腿伤		炸伤	8月8日	8月10日	2	0.60	1.20	
熊银林	男	68	民	罗家坝	右膀伤		炸伤	8月8日	8月12日	4	0.60	2.40	
黄 相	男	45	军	戴家院	右足伤		炸伤	8月8日	8月12日	4	0.60	2.40	
戴云光	男	46	工	海棠溪	右手腰部伤		炸伤	8月8日	8月12日	4	0.60	2.40	
黎维怀	男	54	工	山溪	臂膀伤		炸伤	8月8日	8月12日	4	0.60	2.40	
张君礼	男	27	军	土桥回龙湾	震伤		炸伤	7月30日	8月12日	11	0.60	6.60	
向首富	男	28	军	土桥回龙湾	震伤		炸伤	7月29日	8月12日	11	0.60	6.60	
杨竹卿	男	28	军	土桥回龙湾	头部		炸伤	7月29日	8月12日	11	0.60	6.60	
尤振云	男	22	工	通远门	腿部伤		炸伤	2月7日	8月12日	11	0.60	6.60	
郑青山	男	38	工	大清沟	腰部伤		炸伤	5月10日	8月12日	11	0.60	6.60	
吴黄氏	女	34	民	罗家坝	头手两伤		炸伤	8月8日	8月13日	5	0.60	3.00	
曹任氏	女	28		海棠溪	腰伤		炸伤	8月8日	8月13日	5	0.60	3.00	
彭林氏	女	27		楼体沟	面部左手伤		炸伤	7月10日	8月13日	12	0.60	7.20	
刘陈氏	女	36		□□□	□□□		炸伤	6月30日	8月13日	12	0.60	7.20	
陈清云	男	38	工	南纪门	头右足伤		炸伤	8月10日	8月14日	4	0.60	2.40	
罗 长	男	47	工	民生路	左手伤		炸伤	8月10日	8月14日	4	0.60	2.40	
孙月昆	男	34	民	南岸龙慈寺	面部伤		炸伤	8月10日	8月14日	4	0.60	2.40	

四、陪都空袭救护委员会(重庆空袭服务救济联合办事处)医护委员会下属机构关于空袭救护工作情形的报告

续表

姓名	性别	年龄	职业	住址	诊断	普通	炸伤	入院日期	出院日期	住院天数	日给伙费(元)	合计(元)	备考
汤雅福	男	49	工	民生路	头部伤		炸伤	8月10日	8月14日	4	0.60	2.40	
张怀德	男	26	商	下安乐洞	头部伤		炸伤	8月10日	8月14日	4	0.60	2.40	
郑河成	男	40	工	七星岗	面部伤		炸伤	8月10日	8月14日	4	0.60	2.40	
□□□	男	66	商	千厮门	头部伤		炸伤	8月10日	8月14日	4	0.60	2.40	
何清云	男	22	军	江北	右腿伤		炸伤	8月9日	8月14日	4	0.60	2.40	
黄素云	女	16	民	安乐洞	内伤		炸伤	8月10日	8月14日	4	0.60	2.40	
王鸿恕	男	7	学	向家坡	腿伤		炸伤	8月8日	8月14日	6	0.60	3.60	
汪子平	男	38	工	黄桷垭	右腿头伤		炸伤	8月30日		2	0.60	1.20	
江广云	男	14	工	后伺坡28号	腰部		炸伤	7月31日	8月14日	13	0.60	7.80	
杨张氏	女	94	民	太平门	头部		炸伤	7月31日	8月14日	13	0.60	7.80	
何则云	男	20	工	东升楼6号	头部		炸伤	7月31日	8月14日	13	0.60	7.80	
王曾氏	女	30	民	民生路	头部伤		炸伤	6月29日	8月14日	13	0.60	7.80	
张海廷	男	36	工	朝天门	头部伤		炸伤	5月10日	8月15日	14	0.60	8.40	
谭和清	男	39	工	朝天门	右足部伤		炸伤	5月10日	8月15日	14	0.60	8.40	
王海如	男	45	军	大溪沟	腰部伤		炸伤	5月17日	8月15日	14	0.60	8.40	
李海云	男	40	工	玄坛庙41号	右足伤		炸伤	6月15日	8月15日	14	0.60	8.40	
曾玉□	男	49	民	磁器口船上	右腿		炸伤	6月30日	8月15日	14	0.60	8.40	
王清和	男	40	民	神仙洞	头部		炸伤	7月9日	8月15日	14	0.60	8.40	
陈道生	男	50	民	黄家垭口	面部伤		炸伤	7月9日	8月15日	14	0.60	8.40	
李光汉	男	20	军	土桥回龙湾	头部伤		炸伤	7月29日	8月15日	14	0.60	8.40	
龚海清	男	48	商	白象街26号	头部伤		炸伤	7月31日	8月15日	14	0.60	8.40	
刘顺夫	男	48	商	民生码头	头部伤		炸伤	8月8日	8月15日	7	0.60	4.20	
丁再中	男	40	军	罗家坝	左腿伤		炸伤	8月8日	8月15日	7	0.60	4.20	
魏运祥	男	24	商	和平路	背部伤		炸伤	8月8日	8月15日	7	0.60	4.20	
李长万	男	13	工	中三街	内震伤		炸伤	8月9日	8月15日	6	0.60	3.60	
紫炳生	男	40	商	七星岗	内震伤		炸伤	8月10日	8月15日	5	0.60	3.00	
张天福	男	14	民	海棠溪	背伤		炸伤	8月14日	8月15日	1	0.60	0.60	死

续表

姓名	性别	年龄	职业	住址	诊断	普通	炸伤	入院日期	出院日期	住院天数	日给伙费(元)	合计(元)	备考
金德礼	男	21	工	罗家坝	左膀,腰伤		炸伤	8月14日	8月15日	1	0.60	0.60	
刘炳南	男	24	商	烟雨段	两腿部		炸伤	8月14日	8月15日	1	0.60	0.60	死
蔡树林	男	12	工	烟雨段	腰部		炸伤	8月14日	8月15日	1	0.60	0.60	死
罗新元	男	34	工	罗家坝	右手		炸伤	8月14日	8月15日	1	0.60	0.60	
周马氏	女	45	民	黄家岩	头部伤		炸伤	8月14日	8月15日	1	0.60	0.60	
谢叶才	男	13	民	重庆	腰部		炸伤	8月14日	8月16日	2	0.60	1.20	死
蒋清云	男	47	商	化龙桥	头、两腿		炸伤	8月10日	8月16日	6	0.60	3.60	死
蔡光礼	男	40	民	烟雨段	内震伤		炸伤	8月14日	8月17日	3	0.60	1.80	
许百川	男	25	民	罗家坝	头臂伤		炸伤	8月14日	8月17日	3	0.60	1.80	
钟克明	男	22	工	民生码头	头背伤		炸伤	8月8日	8月17日	9	0.60	5.40	
马杨氏	女	30	民	民生码头	左手伤		炸伤	8月8日	8月17日	9	0.60	5.40	
曾运科	男	15	工	千厮门	刀伤	普通		8月4日	8月17日	13	0.60	7.80	
杨玉山	男	30	工	五十兵工厂	左腿伤		炸伤	8月15日	8月17日	2	0.60	1.20	
陆明矿	男	20	军	五十兵工厂	右眼		炸伤	8月15日	8月18日	3	0.60	1.80	
周汉章	男	50	民	黄家岩	头胸部		炸伤	8月14日	8月18日	4	0.60	2.40	
李祥成	男	23	工	海棠溪	两腿伤		炸伤	8月14日	8月18日	4	0.60	2.40	
王小文	男	57	商	民生路	右手伤		炸伤	8月10日	8月18日	8	0.60	4.80	
刘张氏	女	49	民	菜园坝	头部伤		炸伤	8月9日	8月18日	9	0.60	5.40	
陈胡氏	女	34	民	菜园坝	右手右足部伤		炸伤	8月9日	8月18日	9	0.60	5.40	
陈李氏	女	32	民	海棠溪	腰部伤		炸伤	8月8日	8月18日	10	0.60	6.00	
魏洁清	男	46	工	海棠溪	腰部伤		炸伤	8月8日	8月18日	10	0.60	6.00	
陶黄氏	女	19	民	罗家坝	右足伤		炸伤	8月8日	8月18日	10	0.60	6.00	
郑银山	男	76	民	菜园坝	左足伤		炸伤	5月12日	8月18日	17	0.60	10.20	死
张永华	男	13	民	中二路	内震伤		炸伤	8月10日	8月18日	8	0.60	4.80	
孔传江	男	24	军	罗家坝	头左足		炸伤	8月14日	8月19日	5	0.60	3.00	
孔化云	男	18	商	较场口	左手腿伤		炸伤	6月1日	8月19日	18	0.60	10.80	
刘摇氏	女	19	民	五十兵工厂	左大腿伤		炸伤	8月16日	8月19日	3	0.60	1.80	

四、陪都空袭救护委员会(重庆空袭服务救济联合办事处)医护委员会下属机构关于空袭救护工作情形的报告

续表

姓名	性别	年龄	职业	住址	诊断	普通	炸伤	入院日期	出院日期	住院天数	日给伙费(元)	合计(元)	备考
聂尚清	女	29	民	五十兵工厂	腰部伤		炸伤	8月15日	8月20日	5	0.60	3.00	
丁程林	男	45	工	五十兵工厂	右臂部		炸伤	8月15日	8月20日	5	0.60	3.00	
何进钦	男	27	军	罗家坝	头部伤		炸伤	8月8日	8月20日	12	0.60	7.20	
李廷章	男	38	下力	窍角沱	右大腿		炸伤	8月20日	8月21日	1	0.60	0.60	死
杨玉芳	男	16	民	五十兵工厂	右腿		炸伤	8月15日	8月23日	8	0.60	4.80	死
彭金成	男	10	民	重庆	头部		炸伤	8月14日	8月23日	9	0.60	5.40	
储忠同	男	27	工	黄桷垭	头部伤		炸伤	8月9日	8月23日	14	0.60	8.40	
刘何氏	女	65	民	民生码头	头部伤		炸伤	8月8日	8月23日	15	0.60	9.00	
刘杨氏	女	40	民	临江门	右手		炸伤	6月30日	8月23日	22	0.60	13.20	
黄海清	男	40	商	中二路	头部		炸伤	8月10日	8月24日	14	0.60	8.40	
张万一	男	30	民	中二路	内伤		炸伤	8月10日	8月25日	15	0.60	9.00	
王树三	男	25	工	菜园坝	面、右足伤		炸伤	8月9日	8月25日	16	0.60	9.60	
段□□	男	52	工	夫子池	右手、两足伤		炸伤	8月10日	8月26日	16	0.60	9.60	死
罗云成	男	32	民	夫子池	右眼		炸伤	8月15日	8月27日	12	0.60	7.20	死
吴任氏	男	30	民	菜园坝	右腿部伤		炸伤	8月9日	8月27日	18	0.60	10.80	
杨王氏	男	28	民	海棠溪	头部伤		炸伤	8月8日	8月27日	19	0.60	11.40	死
罗家声	男	29	工	高槽门	背、两手、两腿		炸伤	7月10日	8月27日	26	0.60	15.60	
魏月辉	男	18	工	尚家坡	左足		炸伤	8月16日	8月28日	12	0.60	7.20	
侯王氏	女	20	民	□□门	右臂伤		炸伤	1月24日	2月18日	27	0.60	16.20	
无名氏	男	30	民		头部		炸伤	8月10日	8月31日	21	0.60	12.60	死
黄刘氏	女	28	民	铜元局	左大腿骨折		炸伤	8月14日	8月31日	17	0.60	10.20	死
黄同芳	女	11	民	放牛坪	头伤		炸伤	8月30日	8月31日	1	0.60	0.60	死
□□清	男	14	民	□□场	内伤		炸伤	8月30日	8月31日	1	0.60	0.60	死
张泽秋	男	23	民	黄桷垭	内伤		炸伤	8月30日	8月31日	1	0.60	0.60	死
杨少安	男	12	学	林森路	头伤		炸伤	8月30日	8月31日	1	0.60	0.60	死
岳云山	男	38	民	黄桷垭	内震伤		炸伤	8月30日	8月31日	1	0.60	0.60	死

续表

姓名	性别	年龄	职业	住址	诊断	普通	炸伤	入院日期	出院日期	住院天数	日给伙费（元）	合计（元）	备考
冯仁成	男	12	工	弹子湾乡下	左腿骨折		炸伤	3月29日		31	0.60	18.60	
叶洪发	男	12	工	黄沙溪	双足□□		炸伤	11月17日		31	0.60	18.60	
罗永发	男	46	工	海棠溪	膀胱压伤		炸伤	2月7日		31	0.60	18.60	
杨代生	男	20	工	长生桥	足部伤		炸伤	2月7日		31	0.60	18.60	
殷王氏	女	32	民	石灰市	两手、两腿伤		炸伤	6月1日		31	0.60	18.60	
陈赵氏	女	20	民	走马街	右手骨折		炸伤	6月1日		31	0.60	18.60	
殷小孩	男	10	民	石灰市	左腿伤		炸伤	6月1日		31	0.60	18.60	
谢李氏	女	24	民	潘家沟	右手骨折		炸伤	6月1日		31	0.60	18.60	
王郭氏	女	30	民	吴师爷巷	臂肩部伤		炸伤	6月1日		31	0.60	18.60	
戴云委	男	26	工	月台坝	两腿伤		炸伤	6月6日		31	0.60	18.60	
李小孩	男	12	民	重庆	头部伤		炸伤	6月6日		31	0.60	18.60	
钱少成	男	43	军	瓷器街	左手腿伤			6月12日		31	0.60	18.60	
熊四为	男	11	民	草药街3号	右腿伤		炸伤	6月15日		31	0.60	18.60	
郑华则	男	42	工	□□□	头、两足伤		炸伤	6月28日		31	0.60	18.60	
陈维再	男	26	工	永昌船上	右肩膀伤		炸伤	6月29日		31	0.60	18.60	
王树清	男	24	工	黄桷垭	头颈伤		炸伤	6月29日		31	0.60	18.60	
宋周吾	男	41	军	太平门	头、腰、左足		炸伤	6月30日	8月12日	11	0.60	6.60	
赖德体	男	19	工	来龙巷	右足伤		炸伤	6月30日		31	0.60	18.60	
孙少祥	女	10	民	临江门	右手伤		炸伤	6月30日		31	0.60	18.60	
赵木轩	男	24	民	观音桥	右足伤		炸伤	7月7日		31	0.60	18.60	
刘素方	女	12	民	培德堂	右足伤		炸伤	7月9日		31	0.60	18.60	
马云腾	男	38	商	民生码头	左腿伤		炸伤	7月9日		31	0.60	18.60	
陈少清	男	40	工	陈家溪	右足伤		炸伤	7月10日		31	0.60	18.60	
汤福先	男	18	民	楼体沟	两腿伤		炸伤	7月10日		31	0.60	18.60	
李云清	男	30	军	滥泥湾	右腿伤		炸伤	7月19日		31	0.60	18.60	
魏小凡	男	28	工	滥泥湾	右肩伤		炸伤	7月19日		31	0.60	18.60	
苏　桃	男	15	军	土桥回龙湾	头部		炸伤	7月29日		31	0.60	18.60	

四、陪都空袭救护委员会(重庆空袭服务救济联合办事处)医护委员会下属机构关于空袭救护工作情形的报告

续表

姓名	性别	年龄	职业	住址	诊断	普通	炸伤	入院日期	出院日期	住院天数	日给伙费(元)	合计(元)	备考
丁中查	男	30	军	土桥回龙湾	头部、足		炸伤	7月29日		31	0.60	18.60	
郑焕清	男	62	商	二府街12号	震伤		炸伤	7月31日		31	0.60	18.60	
雷云宽	男	25	工	仓坝子	右腿伤		炸伤	7月31日		31	0.60	18.60	
杨素华	男	18	民	重庆	两足伤		炸伤	8月8日		24	0.60	14.40	
邓绍清	男	30	工	一公里	左臂膀伤		炸伤	8月8日		24	0.60	14.40	
赵仲音	男	21	军	罗家坝	右腿臂伤		炸伤	8月8日		24	0.60	14.40	
陈玉清	男	49	工	民生码头	右手指伤		炸伤	8月8日		24	0.60	14.40	
雷治高	男	50	工	汽车轮渡	头部伤		炸伤	8月8日		24	0.60	14.40	
陈炳来	男	27	军	水竹林	左足部伤		炸伤	8月8日		24	0.60	14.40	
甘光玉	女	18	民	海棠溪	左手部伤		炸伤	8月8日		24	0.60	14.40	
吴淑贞	女	17	民	团山堡	左足伤		炸伤	8月8日		24	0.60	14.40	
余海棠	男	20	工	海棠溪	腰部伤		炸伤	8月8日		24	0.60	14.40	
雷朝周	男	21	工	民生码头	头右手伤		炸伤	8月8日		24	0.60	14.40	
陈雨顺	男	38	工	海棠溪	手腰伤		炸伤	8月8日		24	0.60	14.40	
刘汉清	男	30	工	海棠溪	腿腰伤		炸伤	8月8日		24	0.60	14.40	
许吉铜	男	24	军	小龙坎	臂腰伤		炸伤	8月8日		24	0.60	14.40	
黄绍云	男	36	工	贸易委员会	臂部伤		炸伤	8月8日		24	0.60	14.40	
萧银友	男	32	商	戴家院	腰部伤		炸伤	8月8日		24	0.60	14.40	
陶银成	男	42	商	烟雨段	右腿伤		炸伤	8月8日		24	0.60	14.40	
罗陈氏	女	19	民	烟雨段	臂部伤		炸伤	8月8日		24	0.60	14.40	
罗龙全	男	4	民	罗家坝	左手部伤		炸伤	8月8日		24	0.60	14.40	
龚玉何	男	42	工	陈家溪	头部伤		炸伤	8月8日		24	0.60	14.40	
周积氏	女	63	民	戴家院	头部伤		炸伤	8月8日		24	0.60	14.40	
何新全	男	50	工	海棠溪	臂部伤		炸伤	8月8日		24	0.60	14.40	
陈洪顺	男	60	工	海棠溪	臂部伤		炸伤	8月8日		24	0.60	14.40	
尹绍全	男	22	工	海棠溪	两足部伤		炸伤	8月8日		24	0.60	14.40	
陈生火	男	19	工	海棠溪	左腿伤		炸伤	8月8日		24	0.60	14.40	
李树林	男	28	工	海棠溪	右足伤		炸伤	8月8日		24	0.60	14.40	
赖周氏	女	42	民	罗家坝	右足伤		炸伤	8月8日		24	0.60	14.40	

续表

姓名	性别	年龄	职业	住址	诊断	普通	炸伤	入院日期	出院日期	住院天数	日给伙费（元）	合计（元）	备考
刘海全	男	38	民	戴家院	左手膀伤		炸伤	8月8日		24	0.60	14.40	
李元清	男	45	工	山溪	右足伤		炸伤	8月8日		24	0.60	14.40	
陈银山	男	22	工	海棠溪	头部伤		炸伤	8月8日		24	0.60	14.40	
黄平辉	男	20	军	烟雨段	臂部伤		炸伤	8月8日		24	0.60	14.40	
詹吉祥	男	30	工	嘉陵码头	头部伤		炸伤	8月9日		23	0.60	13.80	
陈保田	男	9	民	消防街	左足伤		炸伤	8月9日		23	0.60	13.80	
盖学海	男	21	民	罗家坝	左足伤		炸伤	8月9日		23	0.60	13.80	
李刘氏	女	34	民	飞来寺	右腿伤		炸伤	8月10日		22	0.60	13.20	
杨戴氏	女	28	民	罗家塆	头、右腿伤		炸伤	8月10日		22	0.60	13.20	
夏生云	男	34	工	棉花街	头部伤		炸伤	8月10日		22	0.60	13.20	
阙炳生	男	58	商	地母庙	头部伤		炸伤	8月10日		22	0.60	13.20	
谢茂武	男	21	商	小龙坎	头左腿		炸伤	8月10日		22	0.60	13.20	
唐严贞	女	10	民	罗家坝	右腿		炸伤	8月10日		22	0.60	13.20	
黄友生	男	30	商	民生路	左手背伤		炸伤	8月10日		22	0.60	13.20	
张周氏	女	54	民	上安乐洞	头部伤		炸伤	8月10日		22	0.60	13.20	
黄曾氏	女	61	民	中二路	左腿伤		炸伤	8月10日		22	0.60	13.20	
郑李氏	女	37	民	上安乐洞	头,左手伤		炸伤	8月10日		22	0.60	13.20	
李贵林	男	40	工	兜子背	右腿		炸伤	8月10日		22	0.60	13.20	
王学元	男	20	军	板栗树	头部		炸伤	8月10日		22	0.60	13.20	
樊忠明	男	40	军	罗家坝	右脚		炸伤	8月11日		21	0.60	12.60	
王海清	男	37	工	民生码头	头部		炸伤	8月11日		21	0.60	12.60	
赵戴氏	女	38	民	民生码头	右腿伤		炸伤	8月11日		21	0.60	12.60	
毛云清	男	20	军	25师	左小腿		炸伤	8月12日		20	0.60	12.00	
周华云	男	19	军	25师	头部伤		炸伤	8月12日		20	0.60	12.00	
徐金生	男	19	军	25师	右大腿		炸伤	8月12日		20	0.60	12.00	
塗汤氏	女	20	民	则胜街	两腿伤		炸伤	8月12日		20	0.60	12.00	
何吉仕	男	52	商	铜元局	左腿与头部		炸伤	8月13日		19	0.60	11.40	
春桃	女	2	民	罗家塆	头与左手伤		炸伤	8月13日		19	0.60	11.40	
张小孩	男	2	民	烟雨段	左手伤		炸伤	8月14日		18	0.60	10.80	

四、陪都空袭救护委员会(重庆空袭服务救济联合办事处)
医护委员会下属机构关于空袭救护工作情形的报告

续表

姓名	性别	年龄	职业	住址	诊断	普通	炸伤	入院日期	出院日期	住院天数	日给伙费(元)	合计(元)	备考
陈远光	男	18	商	罗家坝	右手伤		炸伤	8月14日		18	0.60	10.80	
何云龙	男	43	商	炒房街	头部伤		炸伤	8月14日		18	0.60	10.80	
苏仁东	男	42	工	海棠溪	两腿伤		炸伤	8月14日		18	0.60	10.80	
向清山	男	22	工	林江路	右膀、腰部		炸伤	8月14日		18	0.60	10.80	
张有元	男	11	工	丁家嘴	左腿		炸伤	8月14日		18	0.60	10.80	
陈安富	男	11	工	烟雨堡	背部		炸伤	8月14日		18	0.60	10.80	
陈艾氏	女	40	工	烟雨堡	头、左手伤		炸伤	8月14日		18	0.60	10.80	
陈春发	男	30	工	罗家坝	背、两足伤		炸伤	8月14日		18	0.60	10.80	
郭江书	男	21	工	罗家坝	两足伤		炸伤	8月14日		18	0.60	10.80	
朱有成	女	16	民	普安堂	背部伤		炸伤	8月15日		17	0.60	10.20	
胡相成	男	38	工	团山堡	右足伤		炸伤	8月15日		17	0.60	10.20	
姚敬	女	9	民	50兵工厂	左上臂骨折		炸伤	8月15日		17	0.60	10.20	
姚根垲	女	21	民	50兵工厂	左臂伤		炸伤	8月15日		17	0.60	10.20	
吴银成	男	18	工	50兵工厂	左小腿		炸伤	8月15日		17	0.60	10.20	
李免之	男	18	工	50兵工厂	左手足伤		炸伤	8月15日		17	0.60	10.20	
陈之清	女	48	工	50兵工厂	左臂部		炸伤	8月15日		17	0.60	10.20	
郭同生	男	24	工	50兵工厂	右手伤		炸伤	8月15日		17	0.60	10.20	
刘树荣	男	30	工	撞子坪	腰背部		炸伤	8月16日		16	0.60	9.60	
徐清安	男	21	工	海棠溪	小腿伤		炸伤	8月21日		11	0.60	6.60	
杨德修	男	18	工	敦厚中段	右小腿伤		炸伤	8月29日		3	0.60	1.80	
杨东	男	13	工	敦厚中段	右小腿伤		炸伤	8月30日		2	0.60	1.20	
张国桢	男	28	军	侍从室	头部、右腿伤		炸伤	8月30日		2	0.60	1.20	
徐祖增	男	25	军	侍从室	右小腿、腰部		炸伤	8月30日		2	0.60	1.20	
周志贤	男	28	军	侍从室	右手、左小腿		炸伤	8月30日		2	0.60	1.20	
赵字奎	男	20	军	侍从室	右手伤		炸伤	8月30日		2	0.60	1.20	
金吾弟	男	22	军	侍从室	右手、大腿伤		炸伤	8月30日		2	0.60	1.20	
马春秀	男	28	军	侍从室	右手伤		炸伤	8月30日		2	0.60	1.20	

续表

姓名	性别	年龄	职业	住址	诊断	普通	炸伤	入院日期	出院日期	住院天数	日给伙费（元）	合计（元）	备考
黄章田	男	22	军	侍从室	右小腿伤		炸伤	8月30日		2	0.60	1.20	
叶金梁	男	29	军	侍从室	头部伤		炸伤	8月30日		2	0.60	1.20	
李保山	男	28	军	侍从室	头部伤		炸伤	8月30日		2	0.60	1.20	
应德令	男	28	军	侍从室	右手伤		炸伤	8月30日		2	0.60	1.20	
俞志君	男	25	军	侍从室	左手伤		炸伤	8月30日		2	0.60	1.20	
陈兴	男	23	军	侍从室	右手伤		炸伤	8月30日		2	0.60	1.20	
王维涛	男	30	工	新厂52号	头足伤		炸伤	8月30日		2	0.60	1.20	
万朋	男	20	军	宪兵团	头部伤		炸伤	8月30日		2	0.60	1.20	
何锡清	男	29	军	黄桷垭	背部伤		炸伤	8月30日		2	0.60	1.20	
李云周	男	50	军	海棠溪	右手伤		炸伤	8月30日		2	0.60	1.20	
黄羽芳	男	11	军	放牛坪	头、左腿伤		炸伤	8月30日		2	0.60	1.20	
刘信义	男	51	军	贸易会	头、右手伤		炸伤	8月30日		2	0.60	1.20	
包炳秋	男	45	军	黄桷垭	内伤		炸伤	8月30日		2	0.60	1.20	
李春林	男	51	农	黄桷垭	左腿伤		炸伤	8月30日		2	0.60	1.20	
罗勋	男	30	军	警察局	头背伤		炸伤	8月30日		2	0.60	1.20	
潘尤氏	女	42	民	坡地下	左腿骨折		炸伤	8月30日		2	0.60	1.20	
朱炳青	男	56	下力	老君洞	右腿骨折		炸伤	8月30日		2	0.60	1.20	
孙绍全	男	22	民	经铜背	背部伤		炸伤	8月14日		18	0.60	10.80	
刘红元	女	16	民	老厂第三保	两腿伤		炸伤	7月8日	8月13日	12	0.60	7.20	
钱若东	男	38	军	大场	大腿伤		炸伤	8月31日		1	0.60	0.60	
艾青明	男	23	军	大场	右足伤		炸伤	8月31日		1	0.60	0.60	
杨玉珍	女	24	民	国贸巷	头右足伤		炸伤	6月30日	8月1日		伙食不计		
戴东成	男	26	下力	黄桷垭	腰头伤		炸伤	8月30日		2	0.60	1.20	
程和生	男	80	民	江北	右手伤		炸伤	8月30日		2	0.60	1.20	
曹木治	男	13	学	打铜街	头部伤		炸伤	8月30日		2	0.60	1.20	
朱定耆	男	28	军	老君洞	两腿伤		炸伤	8月30日		2	0.60	1.20	
张翠林	男	31	商	黄桷垭	右臂伤		炸伤	8月30日		2	0.60	1.20	
朱炳生	男	40	下力	海棠溪	左手伤		炸伤	8月30日		2	0.60	1.20	
朱保南	男	21	工	海棠溪	头部伤		炸伤	8月30日		2	0.60	1.20	
李之友	男	13	学	黄桷垭	右腿伤		炸伤	8月30日		2	0.60	1.20	

四、陪都空袭救护委员会(重庆空袭服务救济联合办事处)
医护委员会下属机构关于空袭救护工作情形的报告

续表

姓名	性别	年龄	职业	住址	诊断	普通	炸伤	入院日期	出院日期	住院天数	日给伙费(元)	合计(元)	备考
朱家宝	男	11	民	黄桷垭	□□□		炸伤	8月30日		2	0.60	1.20	
张陈氏	女	28	工	黄桷垭	□□□		炸伤	8月30日		2	0.60	1.20	
魏胡氏	女	75	民	黄桷垭	□□□		炸伤	8月30日		2	0.60	1.20	
无名氏	女				头伤		炸伤	8月30日		2	0.60	1.20	
赵周氏	女	45	民	南田湾	头伤		炸伤	8月30日		2	0.60	1.20	
□□□	男	25	军	财政部	腿面部伤		炸伤	5月5日		18	0.60	10.80	
田凤鸣	女	24	民	50兵工厂	左脚头部		炸伤	8月15日	8月27日	12	0.60	7.20	
				总计病人						3619天		2171.40元	

院长:赵人俊

后　记

　　《重庆大轰炸档案文献》系《中国抗战大后方历史文化丛书》的重要组成部分。该档案文献初步计划编辑出版10册500万字，并根据其内容分为"重庆大轰炸之轰炸经过与损失概况"（内又分"人员伤亡"与"财产损失"两大部分）、"重庆大轰炸下重庆人民之反空袭措施"、"重庆大轰炸之附录（区县部分）"三编，每编又根据其档案数量的多少分卷成册，并根据其内容确定书名。

　　在编辑《重庆大轰炸档案文献》的过程中，我们对馆藏40余万卷抗战历史档案进行了全面查阅，重点查阅收集了馆藏有关"重庆大轰炸"的档案4000余卷30000余页；除此之外，我们还到有关档案馆查阅补充了部分档案，收集了现重庆市行政区域内各区县档案馆馆藏的"日机轰炸"档案，其总字数多达1500余万字，现正加紧编辑校对，渐次出版。

　　《重庆大轰炸档案文献》，是在中共重庆市委抗战工程办公室的指导下，由重庆市档案馆负责编辑，重庆市档案馆档案编研处具体实施。在编辑过程中，重庆市档案局、馆原任局（馆）长陆大钺、局（馆）长况由志，现任局（馆长）李华强及各位副局（馆）长，对此项工作给予了高度重视和支持；局（馆）相关处室也给予了大力协助。档案编研处处长唐润明负责全书总体规划及编辑方案的拟定、分类的确立和最后的统稿工作，并与编研处全体同仁一道，共同完成了该档案文献的收集与编辑、校核工作。在此，谨向所有关心、支持此项工作并为之付出辛勤劳动的单位和个人，表示诚挚的谢意！

编　者
2014年2月